U0875121

奋进中的甘肃水利

1978~2008

甘肃省水利厅　编

中国水利水电出版社
www.waterpub.com.cn

图书在版编目（CIP）数据

奋进中的甘肃水利：1978～2008／甘肃省水利厅编．北京：中国水利水电出版社，2009

ISBN 978-7-5084-6246-2

Ⅰ．奋…　Ⅱ．甘…　Ⅲ．水利史-甘肃省-1978～2008　Ⅳ．TV-092

中国版本图书馆CIP数据核字（2009）第009414号

书　名	**奋进中的甘肃水利 1978～2008**
作　者	甘肃省水利厅　编
出版发行	中国水利水电出版社（北京市三里河路6号　100044） 网址：www.waterpub.com.cn E-mail：sales@waterpub.com.cn 电话：（010）63202266（总机）、68367658（营销中心）
经　售	北京科水图书销售中心（零售） 电话：（010）88383994、63202643 全国各地新华书店和相关出版物销售网点
排　版	中国水利水电出版社微机排版中心
印　刷	北京市兴怀印刷厂
规　格	184mm×260mm　16开本　24印张　584千字　8插页
版　次	2009年1月第1版　2009年1月第1次印刷
印　数	0001—1200册
定　价	**72.00**元

凡购买我社图书，如有缺页、倒页、脱页的，本社营销中心负责调换

版权所有·侵权必究

《奋进中的甘肃水利 1978～2008》

编 委 会

主　　任： 许文海

副 主 任： 康国玺　周兴福　魏宝君　何春三　徐　登

编　　委： 路泽生　华文哲　杨成有　马湘贤　焦军毅
李甲林　王建设　周　荣　翟自宏　陈继军
朱希昭　刘建英　姚进忠　姜　仁　周逢魁
郑百战　雷小平　曹长久　张兴华　李　耀
侯银泉　何格经　李生庆　张发基　黄云飞
武治校　董映番　王　尧　王明孝　薄海明
潘俊德　金存智　杨志才　徐崇锋　尚　桢
苏永新　牛最荣　沈清林　王文进　张志中
刘　强　张本胜　李元红　陈家琪　杨言国
邓海英　桂建光　颜景洲　王海勇

主　　编： 许文海

副 主 编： 康国玺　周兴福　魏宝君　何春三　徐　登

编　　辑： 张建胜　张钧生　汪　栋　张治国　胥廷华

资料整编： 李　丽　白晓峰

2007年6月，中共甘肃省委书记、省人大常委会主任陆浩（左二）在石羊河流域视察

2008年10月，水利部部长陈雷（左二）视察武威市民勤县石羊河流域综合治理

2006年11月，原中共甘肃省委书记李子奇（左三）视察引洮工程

2006年4月，时任水利部部长汪恕诚（右三）视察中国水博会甘肃展厅

2008年1月，中共甘肃省委副书记、省长徐守盛（右三）视察嘉峪关市讨赖河北干渠改造工程

2007年6月，水利部副部长鄂竟平（前排右三）在平凉市静宁县视察旱情

2008年7月，甘肃省政协主席陈学亨（右三）视察景泰川电力提灌工程

2008年6月，中纪委驻水利部纪检组组长董力（左一）在陇南视察抗震救灾工作

2007年8月，中共甘肃省委副书记刘伟平（左二）视察引大入秦工程

2007年11月，水利部副部长矫勇（左二）在石羊河流域视察

2008年7月，甘肃省人大常委会副主任洛桑灵智多杰（右一）在定西市陇西县视察饮水安全工程

2008年6月，水利部副部长周英（左三）在陇南市康县视察抗震救灾工作

2007年10月，甘肃省副省长陆武成(左二)在疏勒河调研

2006年9月，水利部副部长胡四一（右二）在张掖市视察节水型社会建设

2008年11月，甘肃省副省长泽巴足(左三)视察景泰川电力提灌工程

2006年9月，水利部黄河水利委员会主任李国英（中）视察引大入秦工程

1999年7月，时任甘肃省政协副主席韩正卿（左一）陪同世界银行行长沃尔芬森视察引大入秦工程

甘肃省水利厅领导班子共商全省水利发展与改革

2006年9月，甘肃省水利厅党组书记、厅长许文海(左二)在平凉市调研水利工作

2004年5月，时任甘肃省水利厅厅长盛维德（中）在疏勒河调研

1996年7月，时任甘肃省水利厅厅长薛映承（右一）接收社会各界对“121”雨水集流工程捐赠

1988年8月，时任甘肃省水利厅厅长王钟浩（前排左三）在盐环定扬黄工程调研

1988年8月，时任甘肃省水利厅厅长李佐栋（左一）在基层调研水利工作

1985年3月，时任甘肃省水利厅厅长孙晋一（中）在基层调研水利工作

景泰川电力提灌一期工程总干渠

引大入秦工程庄浪河渡槽

疏勒河项目昌马水库

引硫济金工程枢纽

引洮工程九甸峡水利枢纽

平凉市庄浪县饮水安全工程

除险加固后的武威市民勤县红崖山水库

陇南市两当县防洪工程

黑河调水使居延海重现胡杨茂密碧波荡漾的美景

经过治理的平凉市泾川县田家沟小流域

临夏州洮河三甲电站

甘肃省水利厅召开全省水利系统党风廉政建设会议

中英合作水资源管理项目启动仪式

甘肃省水利厅承办中国为发展中国家提供雨水集蓄利用技术培训班

甘肃省水利厅举办“世界水日”“中国水周”大型宣传活动

甘肃省水利厅举办“党在我心中”水利职工文艺演出

甘肃省水利厅在金昌市召开节水型社会建设试点启动会议

2006年10月，甘肃省水利水电学校举行建校50周年活动

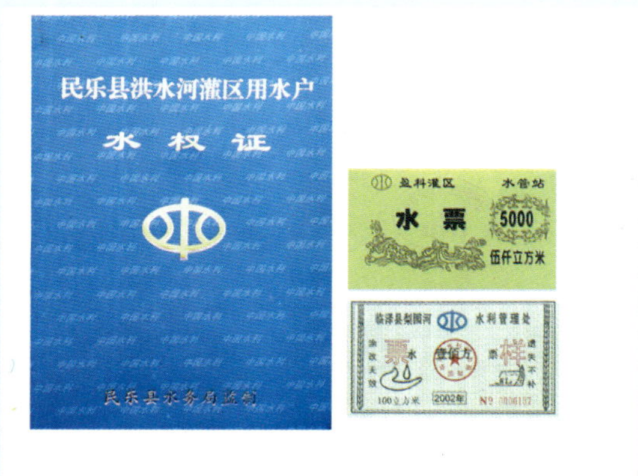

水权制度改革

新修的梯田美如画

盐环定扬黄一期工程十一泵站

白银市白银区节水灌溉示范区

序

甘肃地处内蒙、青藏、黄土三大高原交汇区，深居祖国西北内陆，自然条件严酷，生态环境脆弱。全省多年平均降水量仅277mm，是全国平均降水量的43%，多年平均自产水资源总量289.4亿m^3，人均水资源总量1077m^3，仅为全国人均占有量的1/2，是全国干旱缺水严重省份。特殊省情水情决定了水利在甘肃经济社会发展和人民生活中的特殊地位。

30年治水改土，兴利除害；30年栉风沐雨，建功立业。改革开放30年来，历届甘肃省委、省政府把水利事业发展作为全省经济社会发展的重要工作常抓不懈，全省水利干部职工大力弘扬“献身、负责、求实”的水利行业精神和“人一之，我十之；人十之，我百之”的甘肃精神，艰苦奋斗，迎难而上，完成了一次又一次永载史册的治水壮举，为陇原大地谱写了浓墨重彩的华章。

改革开放30年来，水利事业投入之大，建设之快，效果之好，都创下了历史新记录，水利建设出现了前所未有的发展盛况。

1. 治水思路实现重大转变

甘肃省水利厅认真贯彻国家水利部治水方略，认真落实省委、省政府水利工作要求，立足基本省情水情，立足经济社会发展的阶段性特征，不断探索和总结治水实践，不断深化和完善甘肃水利发展的基本思路，努力实现甘肃省水利事业科学发展。

2. 水利投入显著增长

改革开放30年来，全省共筹措水利建设资金328亿元，是新中国成立以来总投资的95%，形成了以供水、灌溉、防洪、发电、生态保护为主的水利工程体系，在保障用水安全、粮食生产、防洪减灾、经济发展、生态建设和环境保护等方面发挥了重要作用。

3. 农村饮水取得显著成效

坚持统筹规划、因地制宜、突出重点、分步实施的原则，精心设计、精心施工、精心管理，先后实施了小型水利工程、“121”雨水集流工程、抗旱应急工程、氟病改水工程、人饮解困工程和饮水安全工程，农村饮水安全人口达到1132万人，被人民群众誉为“小工程，大德政”。

4. 水利建设跨越发展

30年来相继建成了景泰川电力提灌二期和民调工程、引大入秦工程、疏勒河农业综合开发项目、引硫济金工程、东乡南阳渠灌溉工程、盐环定扬黄甘肃专用一期等一批骨干水利工程和遍及全省的各类中小型水利工程，年供水能力达到了140亿m^3，较1978年前增加37%，新增灌溉面积782万亩，大幅提升了水利对经济社会发展的支撑能力。

5. 引洮工程全线开工建设

引洮工程是长期备受干旱缺水之苦的甘肃省中部地区人民期盼了半个世纪的圆梦工程，该项工程包括九甸峡水利枢纽及引洮供水一期工程两部分。九甸峡枢纽于2005年11月22日开工建设，2007年12月31日基本建成并下闸蓄水，2008年7月28日首台机组投产发电。引洮供水一期工程于2006年11月22日开工建设，输水总干渠道隧洞全部开工，完成了施工供电、道路、供水等辅助工程，截至2008年10月，累计完成隧洞掘进及一次支护34km，工程进展顺利。

6. 流域治理取得突破性进展

石羊河流域重点治理于2006年正式启动，国家审批了《石羊河流域重点治理规划》，通过采取合理配置水资源、明晰水权、强化用水管理、调整产业结构、加强灌区节水改造、转移农村富余劳动力等管理措施和工程措施，在节约用水、高效用水的同时，改善全流域的生态环境，努力实现“决不让民勤成为第二个罗布泊”的目标；实施了黑河流域综合治理，连续9年完成了黑河水量调度任务，生态恢复成效不断扩大；敦煌党河流域生态治理前期工作积极推进。

7. 灌区节水改造效益明显

实施了灌区续建配套与节水改造、日元贷款农业节水灌溉，发展节水灌溉面积1145万亩，发展集雨节灌面积550万亩，推动了节水灌溉的快速发展，提高了灌区供水的保证率和水的利用效率，农业用水实现了负增长，极大地改善了农业、工业和生态发展的水利条件。

8. 病险水库除险加固进度加快

自1998年以来，根据国家的要求完成了全省水库大坝安全状况普查，131座水库列入全国除险加固三批规划，已累计投入资金9.2亿元，54座水库已完成除险加固任务投入正常运行，50座正在建设，23座正在准备开工。目前，正在编制剩余的99座小型水库除险加固规划。经过除险加固，全省水库防洪保安功能和供水保证率明显改善和提高。

9. 节水型社会建设深入推进

通过采取法律、工程、制度、行政等各种措施，张掖市节水型社会建设试点通过水利部验收。敦煌市、武威市国家级节水型社会建设试点积极推进，全省43个省级节水型社会建设试点工作全面展开。全省节水灌溉面积达到总灌溉面积的56%，节水灌溉普及率达到62%。

10. 抗旱防汛常抓不懈

立足省情，转变抗旱防汛工作思路，由被动抗旱防汛转为主动抗旱防汛，完善制度和预案，落实责任和措施，防抗并重，基本建成国家防汛抗旱系统省级网络中心，完成了重点河道治理工程，建成防洪堤3221km，防洪减灾能力明显增强，最大限度地减轻了旱洪灾害的损失。

11. 水土保持、农村水电快速发展取得新成效

水土流失得到初步遏制，已累计治理水土流失面积8万km^2，较1978年前增长78%，兴修梯田2870万亩，较1978年前增长73%。农村中小水电开发建设步伐加快，新建成中小水电站677座，总装机规模达191万kW，年发电量64亿kW·h。

12. 水资源统一管理得到加强

先后成立了黑河、疏勒河、讨赖河、石羊河流域管理机构，水资源实行了统一规划、统一调度、统一征收水资源费、统一管理水量水质，建立和完善了水资源论证、取水许可、水资源有偿使用、水功能区划、饮用水水源保护、入河排污口管理和河道管理等一系列管理制度。

13. 水利改革稳步推进

水权制度建设积极推进，水利投融资体制改革不断推进，公共财政在公益性水利事业中发挥了主导作用；水利工程建设管理体制不断深化，“三项制度”逐步完善；水利工程运行管理体制改革进入攻坚阶段。水价改革稳步推进。节水型社会的制度框架初步形成，试点建设取得明显成效。

14. 科学兴水取得重大进步，国际交流与合作广泛展开，水利科技水平明显提高

工程规划设计、施工技术、水土保持、水文水资源、防灾减灾、节水灌溉技术等领域的科技攻关取得突破，一大批先进实用技术得到推广应用，有80多项重大科研项目、30多项研究成果达到国内先进水平，荣获了50项国家和省部级科技进步奖。

15. 队伍建设得到全面加强

用中国特色社会主义理论武装头脑、指导实践、推动工作，党的建设不断深化，领导班子、专业技术和技能人才队伍建设不断加强，广大水利干部职工与时俱进、求真务实、艰苦创业、无私奉献、锐意改革、团结治水，创建了一大批“省级文明单位”和“全国文明单位”，涌现出一大批先进人物和典型，树立了良好的水利行业形象。

改革开放30年水利发展的实践让我们深深体会到，水利工作必须坚持以科学发展观为指导，紧紧围绕小康社会建设进程和新农村建设目标，着眼于建立水利与改善民生、发展经济、保护生态相协调的新型关系，走节水型社会之路，走现代水利之路；必须坚持立足省情水情，根据经济社会发展不同阶段需要，围绕人民群众最关心最直接最现实的水问题，通过水资源的合理开发、高效利用、优化配置、全面节约、有效保护、统一管理，不断提高水利服务于经济社会发展的能力；必须坚持把发展作为第一要务，以项目作支撑，以缓解水资源供需矛盾为落脚点，加快水利建设，强化水利管理，夯实水利设施基础；必须坚持深化改革，以创新体制机制为重点，建立政府主导、社会参与、公众投入的多元化投融资体制，建立精简高效、城乡一体的管理体制，健全合理的水价形成机制，加快水利科技创新，不断增强水利行业的发展活力；必须坚持依法行政，突出社会管理和公共服务，注重制度建设，依法调整水事关系，规范水事行为，提高水行政管理的能力和水平；必须坚持人才兴水和科技兴水战略，努力培养和建设一支政治坚定、思想解放、开拓创新、勤政廉洁、团结协作的领导干部队伍，培养和建设一支爱岗敬业、艰苦奋斗、敢打硬仗、勇于负责、无私奉献的水利专业人才和技术工人队伍，为加快水利事业发展提供坚强的人才保证。

值此改革开放30周年之际，甘肃省水利厅组织编写了《奋进中的甘肃水利 1978～2008》，旨在从不同角度和侧面，真实纪录和系统总结改革开放30年来甘肃水利事业发展历程，反映甘肃水利对经济社会发展的支撑作用，展示甘肃水利人的奋斗历程。

雄关漫道真如铁，而今迈步从头越。面对新任务新要求，甘肃水利工作将认真贯彻落实科学发展观，立足甘肃省情水情，突出发展民生水利、生态水利和资源水利三大主题；强化基础设施建设，构建方便卫生的农村供水体系、人水和谐的水生态体系、配置合理的水资源保障体系、功能完善的抗旱防汛减灾体系；统筹流域与区域、城市与农村、工程措施与非工程措施、建设与管理的关系；提升服务保障水平，加强项目前期工作管理、水资源管理、水利工程建设管理、工程运行管理、河道管理；加强行业自身建设，提高科学发展、依法行政、社会管理、改革创新、创业奋进、防腐倡廉能力。丰富治水新思路，创新水利新实践，实现水利新发展，为全省经济社会的发展壮大做出新的更大的贡献。

许文海

目　录

重点项目篇

市州水利篇

事业企业篇

综　述　篇

改革开放兴水利　开拓奋进谱新篇

甘肃省深居西北内陆，大部分地区气候干燥，地形地貌复杂多样，山地、平川、河谷、沙漠、戈壁类型齐全，交错分布。省内水资源短缺，生态环境脆弱，经济社会发展长期受制于水。全省横跨黄河、长江、内陆河三大流域，分属 11 个水系，多年平均降水量 277mm，不到全国平均降水量的一半；多年平均自产水资源总量 289.4 亿 m^3，人均 1077m^3，仅为全国人均占有量的 1/2。大力发展水利事业，为人民群众生活、工农业生产和生态环境建设提供水利保障是水利工作的重要使命。

改革开放 30 年来，甘肃水利事业进入了快速发展的新时期。甘肃省委、省政府始终把水利放在经济社会发展的战略高度常抓不懈，水利部始终给予了大力支持和精心指导，甘肃人民艰苦奋斗、扎实苦干。全省兴建了大批农村人饮解困和安全饮水工程，农村饮水安全达标人口达到 1018 万人；备受关注的石羊河流域综合治理工程全面启动实施，甘肃中部地区人民期盼了半个世纪的圆梦工程——九甸峡水利枢纽及引洮一期工程相继开工建设；建成了景泰川电力提灌工期及民调工程、引大入秦工程、疏勒河农业综合开发项目、东乡南阳渠灌溉工程等一批骨干水利工程，遍及全省的各类中小型水利工程，水利工程年供水能力达到 140 亿 m^3，全省供用水量由改革开放初期的 108 亿 m^3 增加到目前的 123 亿 m^3，极大地改善了农业、工业、群众生活和生态环境的水利条件；实施了黑河流域综合治理、日元贷款农业节水灌溉、大型灌区续建配套与节水改造、病险水库除险加固、高效节水示范等一大批工程项目，新增灌溉面积 782 万亩❶，发展节水灌溉面积 1211 万亩，发展集雨节灌面积 550 万亩；农村水利基础设施得到根本改善，水利化程度显著提高，水土流失得到初步遏制，已累计治理水土流失面积 8 万 km^2，兴修梯田 2870 万亩，农村中小水电开发建设步伐加快，中小水电装机容量达 157 万 kW，节水型社会建设蓬勃发展，水资源管理纳入法制化轨道。全省已初步建成了以供水、灌溉、防洪、发电、生态保护为主的水利工程体系，在保障饮用水安全、粮食生产、防洪减灾、经济发展、生态建设和环境保护等方面发挥了重要作用。

一、甘肃水利发展改革的历史回顾

经过 30 年坚持不懈的努力，甘肃省各项水利基础设施条件发生了巨大改变，水利保障能力有了显著提升。

1. 民生水利取得显著成效

水利兴、百业兴，仓廪实、天下定。改革开放 30 年来，甘肃省委、省政府及各级水

❶　1 亩＝667m^2。

利部门把广大人民群众最关心、最现实、最迫切的民生水利放在首位，着力抓好民生水利工程建设，让人人共享水利发展改革成果。

一是着力保障饮水安全，让老百姓喝上放心水。我省农村饮水不安全人口分布广泛、类型复杂，直接影响人民群众的生活和健康。从“九五”开始，甘肃省即致力于解决饮水困难问题，举全省之力实施“121 雨水集流工程”及“氟病改水工程”。“十五”期间，大规模实施“人饮解困工程”，因地制宜建设“抗旱应急工程”。特别是“十一五”以来，加大力度实施“农村饮水安全工程”建设，水利部门将其作为水利工作的首要任务来抓，按照“实现四个转变，树立三类典型，规范建设管理”的工作思路，坚持高起点规划、高质量建设、高效能管理，全面提高农村饮水安全工程建设与管理水平。截至 2008 年，全省已累计解决了 1396 万农村人口的饮水困难和饮水安全问题。

二是加快实施病险水库除险加固，保障水库安全运行。“十五”以来，国家开展了新中国成立以来最大规模的病险水库除险加固建设，甘肃省先后有 131 座病险水库列入了全国病险水库除险加固规划，已陆续有 122 座落实投资计划，实施除险加固，累计投入资金 9.2 亿元，其中：42 座通过竣工验收投入正常运行，6 座完工待验，51 座正在建设，23 座正在作开工准备。水库除险加固项目完成后，防洪标准大幅提高，水库的运行安全状况得到明显改善。

三是大力发展节水灌溉，提高灌区综合生产能力。相继实施了大型灌区续建配套与节水改造、农业综合开发重点中型灌区节水改造、节水增效示范项目、日元贷款节水灌溉项目、黑河流域综合治理项目、农牧区节水灌溉示范项目为重点的节水灌溉项目，因地制宜推广渠道防渗、喷灌、管灌、滴灌等节水技术，改进田间灌水技术，优化作物灌溉制度，节水灌溉工作取得了显著成效。节水灌溉普及率达到 60%。到 2007 年底，甘肃省灌溉面积由 1978 年的 1295 万亩，增加到 2007 年的 2078 万亩，年均递增 26 万亩；1978 年全省水地粮食产量仅有 210 万 t，2007 年增长到 385 万 t。在仅占全省耕地面积 1/4 的水地面积上，生产了全省 1/2 以上的粮食，灌区为我省国民经济和工农业生产的发展做出了重要贡献。

四是大力推进梯田建设，提高旱作农业的产出效益。全省梯田建设累计达 2851 万亩，为农业增效、农民增收发挥了重要作用。在梯田建设中，做到全面规划、以路定田、以田定窖、立体实施，同步配套，完善了田间道路和集雨水窖等措施，走出了一条“修梯田、集雨水、兴科技、调结构”的发展路子，不仅有效遏制了水土流失，而且从根本上改善了山区耕作条件，大大提高了土地产出水平，为贫困山区稳定解决温饱，增强造血功能打下了坚实的基础。梯田已成为旱作农业区实现粮食自给、保障粮食安全的基础工程和提升区域综合发展能力的长效工程。庄浪县被水利部命名为“中国梯田化模范县”。

2. 资源水利实现历史跨越

改革开放以来，甘肃水利基础设施建设步伐不断加快。已建成以灌溉供水为主的水库 285 座，总库容 24 亿 m^3，年供水量 28 亿 m^3；建成万亩以上灌区 193 处，控制灌溉面积 1393 万亩；建成固定排灌站 8248 处，机电井 49101 眼；发展集雨水窖 237 万眼。一批涉及国计民生和经济社会发展的重点水利工程陆续开工建设。

一是引洮工程全面开工建设。全省人民期盼了半个世纪的“引洮河清流、解陇中之渴”的圆梦工程，也是甘肃水利建设史上最大的水利工程——引洮工程，在“十一五”开局之年全面开工建设。该工程计划分两期建设，一期工程建设内容包括九甸峡水利枢纽及引洮供水一期工程。将彻底解决定西、兰州、白银三市所辖六县区39个乡镇、91万人的饮水问题，发展高新农业灌溉面积19万亩。

二是景电工程及民调工程全面建成。被誉为“中华之最”的景泰川电力提灌工程及民勤调水工程建成通水。景泰川电力提灌工程是一项跨流域、高扬程、多梯级、大流量的大型电力提灌工程，分一、二期工程建设，灌溉面积83万亩，年提水量4.14亿m^3。景电工程使昔日干旱的荒滩变成了良田，安置移民30多万人，景泰、古浪两县工农业生产发展、人民生活改善、生态环境建设有了良好的基础条件，产生了显著的经济、社会和生态效益。民勤调水工程是利用已建成的景电二期工程的灌溉间隙和空闲容量向民勤调水，缓解民勤水资源危机的应急工程。年调水量6100万m^3，恢复灌溉面积15万亩。

三是引大入秦工程基本建成。首次利用世界银行贷款，建设被称之为“现代都江堰”的跨流域调水工程——引大入秦工程，当初确定的“改变农业生产条件，改变贫困面貌，安置贫困山区移民”的三大目标已基本实现，灌区农业、农村、农民和生态基础条件得到根本改善，实现了由旱作农业向灌溉农业的历史性改变，区域经济有了较大发展，农民生产生活条件得到了极大的改善。随着经济社会的发展，工程已开始由单一的农业灌溉调整为统筹农业、工业、城乡生活、生态用水的多元化供水格局，全面为供水区建设小康社会提供水资源支撑。

四是疏勒河综合开发项目基本建成。河西走廊（疏勒河）农业灌溉暨移民安置综合开发项目是国家“九五”重点工程，安置移民7.5万人，新开发土地42万亩。项目已基本建成并发挥效益，移民安置、农业开发目标基本实现，生态环境保护初见成效。疏勒河昌马水库已于2003年建成运行，实现与下游的双塔水库、赤金峡水库联合调度，充分发挥调节天然径流、拦洪调蓄、农业灌溉、工业和城镇供水、生态调水、水产养殖、观光旅游等水电产业的综合功能，结束了疏勒河灌区春夏抗旱的历史；项目建设整体拉动了农、林、牧及相关产业的发展，推进了灌区经济社会可持续发展。

五是东乡南阳渠灌溉工程建成通水。东乡南阳渠灌溉工程是一项旨在解决东乡、和政、临夏三县农业灌溉、人畜饮水、改善当地生态和生产生活条件的扶贫工程，主体工程已全面建成通水，田间配套面积已完成10万亩，2005年开始灌溉，已初步发挥了工程效益。

六是盐环定扬黄一期工程建成通水。盐环定扬黄一期工程是为了解决革命老区陕西定边、甘肃环县和宁夏盐池、同心等县部分地区人畜饮水困难，防治地方病，发展农业灌溉，改善生态环境，促进老区人民脱贫致富而兴建的一项提水工程，分共用工程和三省区专用工程，解决了甘肃省环县甜水镇的生活用水及地方工业用水，发展灌溉面积2.35万亩。

七是引硫济金工程建成通水。引硫济金工程是解决金昌市工业及生活用水的跨流域调水工程，由引水枢纽和引水隧洞组成，引水枢纽在青海省门源县，引水自流至永昌县西大河水库，设计流量为7.5m^3/s，每年引水量4000万m^3。

八是农村水电建设快速发展。1978年，甘肃省农村小水电装机仅有8.5万kW，年发电量 1 亿 kW·h。经历 30 年发展后，截至 2007 年年底，全省中小型水电站累计达 626 座，装机容量 166 万 kW，占全省水电总装机容量 439 万 kW 的 38%。全省中小水电实现年发电量 59.7 亿 kW·h。全省有农村水电的县 54 个，以农村水电供电为主的县 34 个。

3. 生态水利取得重大突破

由于自然条件和人们生产活动的影响，使甘肃生态环境恶化愈加突出，特别是河西内陆河流域生态问题引起了社会的广泛关注。30 年来，甘肃省持续推进水生态环境建设，对水资源开发利用与生态环境保护的认识不断加深，水利发展理念不断调整创新。"十五"以来高度重视内陆河流域生态环境的治理与保护，以水资源的科学利用和节约保护为核心，大力发展生态水利，努力实现水资源可持续利用和经济社会可持续发展。

一是全面实施石羊河流域重点治理。石羊河流域是我国内陆河流域中人口最密集、水资源开发利用程度最高、用水矛盾最突出、生态环境问题最严重的流域之一。党中央、国务院对保护民勤绿洲高度重视，温家宝总理曾作出批示：决不能让民勤成为第二个罗布泊。2006 年，石羊河流域重点治理工作启动。甘肃省委省政府、省内有关部门及流域内广大干部群众齐心协力，扎扎实实地落实规划治理措施。不断完善流域管理体制机制，甘肃省人大颁布了《石羊河流域水资源管理条例》，省政府批准实施了《石羊河流域地表水调度管理办法》等 4 个规范性文件，流域内制定颁发了一系列加强管理的制度和办法。大力推进水权制度改革和调水工作，层层分解初始水权，确权到户，配水到户，全流域完成了初始水权分配和水权证颁发工作。2006 年以来，启动实施向下游调水，连续三年超额完成调水任务，累计调水 2.7 亿 m^3。加强机井及地下水管理，完成了全流域机井普查登记建档工作，严格控制机井数量，3 年来已关闭机井 1933 眼，安装地下水取水计量设施 12081 套，减少地下水开采量 3.4 亿 m^3。抓紧建设重点治理工程，已改建干支渠 133km，完成田间节水渠灌 17 万亩、管灌 9 万亩，建成日光温室 7 万多亩。2006 年以来已压减配水面积 23 万亩。通过加强水资源管理和压减配水面积，2006 年、2007 年总用水量分别比 2005 年减少 0.84 亿 m^3 和 2.73 亿 m^3。2008 年 1～9 月用水量较 2007 年同期减少 2.31 亿 m^3。

二是大力推进黑河流域综合治理。2001 年，国务院决定把黑河治理作为实施西部大开发战略的重点工程，通过灌区节水改造与配套，水资源统一管理和调控，经济结构调整，生态建设和水资源保护等措施，遏制下游生态恶化的趋势。共完成改建衬砌干渠 467km、支渠 611km、斗渠 674.3km，田间配套 115 万亩，建成高效节水面积 41 万亩。黑河调水 9 年来，在水利部、黄河水利委员会的指导下，甘肃省黑河流域各级政府和水利部门，克服干流缺乏骨干调蓄工程、中下游河道宽浅散乱、输水损失大以及近期治理工程部分投资未到位等不利因素，精心组织、精心调度，全力实行"全线闭口、集中下泄"和"限制引水、均衡下泄"等措施，连续 9 年完成了黑河水量调度任务。已累计向下游输水 88.09 亿 m^3，占 9 年黑河来水总量 153.36 亿 m^3 的 57.4%，实现了黑河干流全线通水，下游湖水面积达 40.5km^2。黑河调水的顺利实施，使下游生态环境得到持续改善，唱响了一曲绿色的颂歌。

三是积极开展敦煌党河流域生态环境治理。组织编制了《敦煌党河流域水资源合理利用与生态保护综合规划》，开展了《党河流域地下水径流宏观关系研究》、《苏干湖水系水资源平衡调查研究》。近期着力做好节水工作，着力调整产业结构，削减农田灌溉用水，严格控制地下水开采量，使地下水位不再下降。已关闭各类机井167眼，压减耕地2.5万亩。组织实施党河灌区续建配套和节水改造，改建干渠72km，完成田间配套面积1.4万亩，党河灌区的干、支、斗渠衬砌率分别达到100%、88%和56%，渠系水利用率提高到60%，灌溉水利用率提高到56%，多方筹措资金，积极扶持敦煌市发展高效节水灌溉技术，近3年已累计发展滴灌4.15万亩，其中棉花滴灌3.9万亩，果蔬、生态林等滴灌0.25万亩。

四是坚持推进小流域综合治理。30年来，甘肃省不断总结完善小流域治理和生态修复的经验，坚持以控制水土流失、改善生态环境、建设秀美山川为目标，把水土保持生态建设与加快农业基础设施建设紧密结合，注重生态、经济、社会三大效益同步提高，以小流域为单元，依托专项，突出重点及治理、开发、监督相结合，走出了一条富有甘肃特色的水土保持生态环境建设的新路子，取得了明显的经济和社会成效。截至2007年底，甘肃省累计完成水土流失综合治理面积7.92万km^2，比1978年的1.7万km^2净增6.22万km^2。甘肃省有8个县（区）被水利部、财政部命名为“全国水土保持十、百、千示范县”，125条小流域命名为“全国水土保持十、百、千示范小流域”。

4. 节水型社会建设开创先河

建设节水型社会是缓解甘肃省水资源短缺的根本出路，是提高甘肃省水资源承载能力最现实的途径。“十五”以来，甘肃省以张掖市节水型社会建设试点为先导，以法制化、制度化为手段，有力地推动了甘肃省节水型社会建设工作。

一是完成张掖市节水型社会建设试点。2001年3月，甘肃省政府和水利部确定甘肃省张掖市为全国首家节水型社会建设试点。水利部精心指导，省市县着力推进，通过积极探索实践，形成了“政府调控、市场引导、公众参与”的节水型社会建设运行机制，促进了黑河中下游用水矛盾的缓解，加快了黑河综合治理进度，保障了生态调水，被称为是我国治水史上一次前所未有的探索，为解决我国水资源问题提供了宝贵的经验。2006年8月，水利部对张掖市节水型建设试点进行评估认为，经过5年时间的建设，张掖市完成了试点阶段的任务，实现了既定的目标，取得多方面显著成效，为全国节水型社会建设起到了积极的示范作用。2006年9月，张掖市节水型建设试点通过水利部验收，被授予“全国节水型社会建设示范市”的称号。

二是开展敦煌市和武威市节水型社会试点。2006年11月，敦煌市被水利部确定为新一批全国节水型社会建设试点城市，明确了以保护敦煌生态环境和文化遗产为重点，制定了“禁止开荒、禁止打井、禁止移民”和“关井压田”政策措施，广泛开展节水宣传教育，积极探索以农民用水者协会为主的水权配置流转运作模式，完成了全市水权配置方案，进行计量设施和节水器具改造，多方筹措资金开展了节水工程建设，试点工作进展顺利。2008年4月，水利部又将武威市列为全国第三批节水型社会建设试点，目前已编制完成了《武威市节水型社会建设试点工作大纲》，将以《武威市节水型社会建设试点工作大纲》和《武威市节水型社会建设试点治理规划》为根本指针，加快推进试点工作。

三是积极推进省级节水型社会试点。按照水利部和甘肃省委、省政府的总体部署，2003年以来，甘肃省确定了以河西地区为重点，兼顾中东部地区，在全省范围先后分两批确定了43个省级试点开展节水型社会建设工作，实施方案已全部批复，各个试点进行了广泛的宣传动员，为有组织、有计划、有步骤地开展试点工作，制定了符合当地实际的节水型社会建设实施方案和规划，明确试点期间的目标、指标、任务、内容和措施，制定了与节水型社会密切相关的各项制度。在初始水权分配、水票流转和水权转让、水价改革、农民用水者协会组建等方面进行了积极探索和实践。

5. 水利管理与改革不断加强

一是加强流域管理和水资源统一管理。在河西走廊内陆河流域，先后成立了黑河、讨赖河、疏勒河、石羊河流域管理机构，明确了流域管理机构的法律地位，区域水资源管理体制基本理顺，流域区域相结合的水资源统一管理体制形成。水资源实行了统一规划、统一调度、统一发放取水许可证、统一征收水资源费、统一管理水量水质。确立了取水许可、水资源有偿使用、用水总量控制和定额管理、水功能区划、饮用水水源保护、入河排污口管理及节约用水等一系列水资源管理制度。加强城乡水资源的统一管理和优化配置，全省有 7 个市（自治州）、56 个县（市、区）成立了水务局，市县两级覆盖面分别达到 50％和 65％，对合理配置地表水、地下水，统筹解决城乡供水起到了积极作用。

二是深化水利建设管理体制改革。改革开放后，新的发展形势对水利建设管理提出新的要求。以引大入秦工程国际招标为标志的业主负责制、招标合同制和建设监理制拉开了甘肃省水利水电建设管理体制新的序幕。经过多年改革和逐步完善，已形成了包括项目法人、招标投标、建设监理、质量安全、合同造价以及开工、验收等基本建设程序管理为主要内容的一整套较为完善和规范的管理体系。招标投标活动进一步规范，水利工程施工招标率已基本达到 100％，监理招标率在 90％以上，限额以上重要设备和材料采购的招标率在 80％以上，勘察设计招标正稳步推进；监理市场初步形成；水利工程质量管理实施了政府委托质量监督机构监督制度，质量管理得到进一步加强；合同管理进一步规范，施工、监理等合同范本在水利建设中被普遍采用，市场主体各方的合法权益得到保护；水利工程造价管理得到推进。

三是积极推进水管体制改革。“七五”期间，甘肃省灌区推行各种形式的目标责任制和经营承包责任制，在甘州区西干渠灌区开展水利管理承包经营试点，同时，在全省大中型灌区开展灌区技术经济指标考核。“八五”期间，在凉州区黄羊河灌区开展水利现代企业制度试点。“十五”以来，全省水管体制改革深入推进，目前，14 个市（自治州）水管体制改革方案全部经市（自治州）政府批准实施，359 个水管单位制定了体制改革方案，357 个水管单位的改革方案已由当地政府批准实施，占 99.4％，308 个水管单位改革工作已通过各地水管体制改革领导小组验收，占 86％；已落实公益性人员经费 9269 万元，占应落实 13742 万元的 67.5％；落实公益性工程维修养护资金 4387 万元，占应落实 7877 万元的 56％。水管体制改革任务预计可在 2008 年年底前总体完成。

四是不断深化水价改革。按照“分级管理、分级决策、逐步到位”的水价改革总体思路，加快水价改革。到 2007 年，全省水费收入达到 5.25 亿元（含电费 0.68 万元），与 1995 年相比增加 3.45 亿元，水费收入增加了 192％。全省农业用水价格提高到 0.088 元/m^3，比 1994 年的平均不足 0.02 元/m^3 提高了 4.4 倍。

五是积极稳妥地开展农村小型水利改革。采取承包、股份制合作、拍卖、租赁一批小型水利工程，激发了群众办水利的积极性，形成了以群众投入为主，国家投入为导向，集体投入作补充的多渠道、多元化投入方法，使一大批年久失修的工程重新发挥了效益。据统计，在全省10.12万处小型水利工程中，已承包5016处，租赁4300处，拍卖2300处，股份合作制4200处。

6. 抗旱防汛减灾效能显著提高

改革开放30年来，甘肃省抗旱防汛立足省情，完善制度和预案，落实责任和措施，加快信息化建设，实行科学调度，旱情汛情分析预测，实行流域统筹，调整需水，科学配水，高效节水的灌溉农业抗旱措施；防汛减灾实现由控制洪水、人水抗衡向洪水管理、人水和谐转变，防汛减灾效能得到全面提升。

全省河道治理、防洪工程建设以兰州、平凉、天水等五座城市为重点，在主要河流建成防洪堤3221km，防洪标准普遍提高，减灾能力明显增强。编制了全省山洪灾害防治规划，国家防灾减灾法规和地方配套规章相继颁布施行；实行以行政首长负责制为核心的防汛责任制，完善汛前检查、防汛值班、安全监管等防灾减灾制度，防汛减灾能力逐步提高。

以抗旱防汛预案为主的防灾减灾建设全面推进，发布实施了《防汛抗洪应急预案》，完善修订了重点防洪城市、大型水库防汛抢险预案，抗旱预案及县乡级山洪灾害防御预案编制进展顺利。基本建成国家防汛抗旱指挥系统省级网络中心，抗旱防汛减灾机制逐步形成，为全省经济社会发展提供了重要保障。

随着经济社会的发展和抗旱防洪设施不断完善，甘肃省防御水旱灾害的能力不断提高，成功战胜1995年、1999年特大干旱和“81·9”黄河大洪水、“96·7”泾河大洪水等重大水旱灾害，连续50多年江河安澜，有力地保障了甘肃经济社会的稳定发展。

7. 依法治水和科技兴水深入实施

30年来，随着甘肃省水利改革不断发展，水利法规体系在不断完善，先后制定颁发了涵盖水资源管理、水利工程管理及其设施保护、防洪、水土保持等多方面等地方性法规5件、省政府规章5件和政策性文件300多件，使主要水事活动基本做到有法可依，有章可循。随着各类法规、规章、政策性文件的制定出台和全面贯彻实施，水资源法制化管理工作开始步入立法和执法并重的新阶段，有效地保障了甘肃省水利事业的健康发展。

在水资源研究、节水灌溉、雨水利用、水利工程质量检测以及对外合作方面，自主开发，积极引进，有80多项重大科研项目、30多项研究成果达到国内领先和国际先进水平。雨水集蓄利用在第三届世界水论坛上获得特别奖。多项科研成果获得国家级和省部级科学进步奖及其他奖项，先后获国家科技进步三等奖1项，省科技进步二等奖12项，三等奖14项；省农业技术推广奖3项，发明专利5项。

水文等基础事业蓬勃发展，已建成覆盖省内大部分河流与地区、布局较为合理、项目较为齐全、整体功能较强的水文站网体系。全省现有水文站93处，雨量站330处，水质站56处，地下水监测井199处，水情报汛站111个，构成了布局合理的三级报汛水情网络系统及全省水文情报预报工作体系，控制了全省三大流域各河流的水情变化，在防汛抢险、水量合理调度的科学决策中起到了举足轻重的作用。

8. 水利精神文明建设硕果累累

改革开放30年来，全省水利系统始终高举中国特色社会主义伟大旗帜，坚持用邓小平理论、"三个代表"重要思想和科学发展观武装干部职工的头脑，指导水利工作。按照"政治坚定、求真务实、开拓创新、勤政廉洁、团结协作"的要求建设各级领导班子，按照"献身、负责、求实"的行业精神塑造干部队伍，按照诚实守信、互助友善的行业风尚，努力构建团结、奋进和谐的职工队伍。基层组织建设和党员队伍建设不断加强，政治理论教育和精神文明建设稳步推进，为加快水利发展提供了坚强的思想政治保证；全省创建了一大批"省级文明单位"和"全国文明单位"。

党风廉政建设不断加强。各级纪检监察组织充分发挥职能，紧紧围绕全省水利中心工作和任务要求，坚持标本兼治、综合治理、惩防并举、注重预防的方针，积极推进惩治和预防腐败体系建设，坚持把党风廉政建设和反腐败工作与各项水利业务工作同部署、同推进。"十五"以来，水利厅系统共建立健全综合性的规章制度和办法 54 个，出台工程、资金、项目方面的管理制度和办法 37 个，通过这些制度的建立，为贯彻落实科学发展观，加快水利事业的发展提供制度保证。

水利人才队伍不断发展壮大。陆续制定出台了一系列促进合理配置人才资源，加强水利人才队伍建设、使用和激励人才方面的制度与政策，构筑了人才选拔培养开发建设的良好平台。截至 2007 年底，全省水利系统人才总数 31424 人，其中，党政管理人才 2589 人，专业技术人才 9613 人，技能人才 18293 人，经营管理人才 929 人。具有正高级职称 34 人，副高级职称 752 人，中级职称 2957 人。与改革开放初期相比，全省水利人才队伍总数翻了一番，中专以上学历人员由占人才总数不到的 20%提高到目前占人才总数的 53%。省水利水电学校办学质量不断提高，办学规模得到长足发展，向社会输送了 2 万余名中等专业技术人才。

改革开放的 30 年，是甘肃省水利跨越式发展的 30 年。这些成就的取得，得益于改革开放的伟大实践，得益于中央治水方针和水利部大力支持，得益于省委省政府的正确领导和有关部门的协同努力，得益于全省水利职工的扎实苦干。改革开放 30 年来的水利发展实践让我们深深体会到，水利工作要实现科学发展，必须做到以下几点。

一是以科学发展观为指导，坚持以人为本，不断丰富和完善治水思路。必须按照以人为本、全面协调可持续发展的要求，不断调整完善治水思路，着眼于建立水利与水土资源、生态环境、经济发展相协调的新型关系，从满足经济社会发展需求和提高人民生活质量出发，统筹城乡水资源，统筹考虑生活、生产和生态用水，统筹工程措施与非工程措施，在重视水资源的开发、利用、配置的同时，更加注重节约、保护和管理，加快水利法制化进程，积极探索和丰富可持续发展治水思路。

二是坚持发展第一要务，以项目为载体，不断推进水利事业的新发展。甘肃省仍处在工程水利向资源水利、传统水利向现代水利的转型阶段，水利基础设施仍比较薄弱，对水资源调控配置能力有限，水利保障能力不强。发展水利事业，必须紧紧围绕全省经济社会发展的大局，把项目建设放在首位，统筹规划，突出重点，着力推进水利建设项目，加快建设步伐，夯实水利设施基础。要做到建管并重，确保工程建设质量，确保工程良性运行。

三是坚持深化改革，以体制机制创新为重点，不断增强水利发展活力。在水利投入上，既要注重充分发挥政府投资的主渠道作用，又要逐步建立政策引导、政府参与、民间资本多元化投融资体制，创新投入机制，推动水利建设快速发展。在水利管理上，着力深化体制机制改革，建立精简高效的水管体制，城乡一体的水务管理体制，科学合理的水价形成机制。在科技创新上，要积极开发和引进推广各种先进实用水利技术，推进信息化，提升科技进步对水利事业的贡献率，促进水利事业快速发展。

四是坚持依法行政，以法规制度建设为核心，不断提高依法治水能力。水资源问题，关系国计民生，具有广泛的社会性。水利工作涉及到政府、社会、公众等方方面面，涉及到生活、生产和生态。水利部门要善于运用法规和制度手段调整水事关系，规范水事行为，要有超前性和战略眼光，科学分析和预测水利发展中的突出矛盾，加强水利立法和制度建设，加强部门配合协作，充分利用法制手段实现科学管水、依法治水，不断提高水行政管理的能力和水平。

二、甘肃水利发展改革展望

改革开放30年来，甘肃水利的发展变化为今后的水利事业奠定了良好的基础。成就来之不易，新的征程任重道远。解决民生水利问题，建设良好水生态环境，强化水资源配置、节约与保护，是当前和今后一个相当长时期全省水利发展中的突出任务和主要矛盾。一是全省仍有936万人饮水不安全，占全省农村人口比例大、分布广；二是防洪体系薄弱，重点城市、重要河段的河堤建设滞后，仍有100多座小（2）型病险水库亟待除险加固；三是流域水资源开发利用程度过高，用水矛盾尖锐，水生态环境形势严峻；四是水土流失严重，生态环境脆弱，每年流失的土壤达5亿t；五是工程型缺水和资源型缺水并存，水资源调控能力不足，制约了二农业生产发展和城镇化进程；六是用水结构单一，利用效率偏低，水资源在各行业之间的配置不尽合理。

当前和今后一个时期，我们将一如既往地按照水利部党组新的治水思路和省委、省政府的战略部署，结合黄河、内陆河、长江流域和不同区域的水资源特点，围绕发展民生水利、资源水利、生态水利三大主题；突出农村饮水安全项目建设、石羊河流域综合治理、引洮工程建设三大重点；着力构建方便卫生的农村供水体系、人水和谐的水生态保护体系、配置合理的水资源保障体系、功能完善的抗旱防汛减灾体系四大体系；统筹流域与区域、城市与农村、工程措施与非工程措施、建设与管理；加强项目前期工作管理、水资源管理、水利工程建设管理、工程运行管理、河道管理；提高科学发展、依法行政、社会管理、改革创新、创业奋进、防腐倡廉六种能力；推进甘肃水利事业科学发展，为全省经济社会发展提供有力的水利支撑。

（甘肃省水利厅办公室、规划计划处供稿）

水利规划与前期工作
奠定甘肃水利又好又快发展基础

一、水利规划

改革开放初期，特别是20世纪80年代，水利系统组织技术力量完成了内陆河流域水资源评价、全省水资源利用、水利简明区划、水力资源普查等重要基础规划编制工作，完成了省内主要河流的流域开发利用规划，系统地指导了全省经济社会发展对水资源的合理开发与利用。进入90年代，为适应国民经济快速发展，大力推进基础设施建设的要求，按照国家和省上对经济社会发展的“五年”计划部署，全省水利系统把“八五”、“九五”、“十五”水利计划做为水利规划的一项重要工作，谋划五年水利发展的思路、总体目标、建设布局、建设规模及主要任务，指导全省水利工作的开展。围绕水利建设，积极向国家争取水利建设资金，编制完成甘肃省水供求中长期计划防洪规划、大型灌区续建配套与节水改造、农村人饮解困、病险水库除险加固、洮河渭河等中小河流险段治理规划、农村水电电气化建设等水利建设专项规划。

进入新世纪以来，经济社会的快速发展，水作为人民生活和经济社会发展所必须的战略资源和生态环境的基本要素，水利对全省经济社会发展的基础性作用更加突出。为适应时代发展的要求，实现全省水资源的可持续利用，谋划好水利发展蓝图，在做好水利发展与改革“十一五”规划的同时，编制完成了三大流域水资源保护规划、水土保持生态环境建设规划，启动了新一轮全省水资源综合规划、长江黄河流域综合规划修编等工作。编制了全省农村人饮安全、城市饮用水源地安全保障规划、山洪灾害防治、黄土高原地区水土保持淤地坝建设、小水电代燃料、牧区草原生态保护水资源保障、水库建设、中小型灌区节水改造、水文事业发展、水利信息化建设等专业发展建设规划；围绕河西内陆河流域因水资源开发利用率过高及渭河下游河道淤积等生态问题，在国家有关部委的指导下，编制完成了黑河流域近期治理规划、渭河流域重点治理规划、石羊河流域重点治理规划，三个流域治理规划均由国务院批复实施。

改革开放30年来，这一系列水利规划的编制，给全省水利各专业领域在不同时期的发展目标和任务指明了方向，为政府决策提供了科学依据，为水利保障经济社会与环境可持续发展奠定了基础，为甘肃省改革开放30年及各阶段及今后水利发展制定了一个又一个的宏伟蓝图。

二、项目前期工作

20世纪80年代和90年代，按照国家和省上以粮为纲，解决全省人民温饱问题的战略部署，水利前期工作围绕改变农业生产条件、改变贫困面貌、安置贫困山区移民，以大力发展灌溉农业为出发点，重点开展了引大入秦工程、景电二期电力提灌工程、引硫济金、景电二期及延伸向民勤调水工程、东乡南阳渠灌溉工程、疏勒河农业综合开发、盐环定扬黄甘肃专用供水工程、沿黄电力提灌工程等工程的勘测设计工作，全力以赴地做好国家审批立项工作，积极争取国家建设资金，列为全国水利建设重点扶持项目，使全省以灌溉农业为主的大中型水利工程建设创造了甘肃水利史上的新篇章，其中引大工程、沿黄高扬程提灌工程在全国水利发展中树立了甘肃典范。

1998年以后，全省水利系统抢抓国家西部大开发的战略部署，以农村人饮、防洪河堤、病险水库加固、大型灌区续建配套与节水改造、水土保持、节水增产、农村水电等国家重点扶持的水利项目为重点，加快各年度实施项目的立项审查、论证、报批等前期工作；使全省以供水、灌溉、防洪、发电、生态保护为主的水利体系建设不断迈上新台阶，水利建设投资逐年加大，工程进度加快，水利在国民经济中的基础设施地位得到加强，有力地支撑了全省经济社会的可持续发展和生态环境的不断改善，社会各界对水利作用的认识不断提高。一大批水利基础设施建设和更新，在保障饮用水安全、粮食生产、防洪减灾、经济发展、生态建设和环境保护等方面发挥了巨大作用。

“十五”中期到2007年，全省各级水利部门围绕充实水利基建项目储备、落实工程建设规划布局、支撑流域和区域发展为重点积极开展工作，更加加大了水利前期工作的力度，落实项目前期工作程序，认真做好项目前期阶段的论证、勘测和设计工作，尤其是影响全省经济社会可持续发展战略的重点水利工程的前期工作，有计划地建立项目储备库，为实现水利规划目标和保持稳定的水利建设规模创造条件。在国家基本程序的不断完善和项目审批更加规范的要求下，全省水利项目前期工作不断创新，使全省水利建设项目和投资力度年年创新的历史纪录。

一是在项目论证中，积极转变治水观念、调整项目规划，合理进行项目定位。洮河九甸峡水利枢纽及引洮供水一期工程由原定位为单一的农业灌溉工程定位为以解决甘肃省中部地区城镇及工业用水、农村人畜饮水和农业灌溉用水，改变该地区贫困落后面貌和生态环境恶化状况的跨流域调水工程，促进了国家审批进程，使甘肃省中部地区人民期盼了半个世纪的圆梦工程于2006年正式开工建设；引大入秦灌溉工程适时调整规划，将原单一的供水结构调整为多元化供水结构；盐环定扬黄二期供水工程在调整水资源配置的基础上编制项目可研报告，报国家审批等。

二是按轻重缓急原则，狠抓国家重点扶持项目的前期工作，黑河流域近期治理项目已在2002年和2003年共完成了近期治理规划中67个节水、3个生态、22个节水替代退耕项目的前期工作，满足了工程建设需要，为顺利完成国务院批准的省际分水任务打下了坚实的基础。石羊河流域重点治理项目在规划报批阶段就提前开展年度建设项目前期工作，2007年国家批准规划前，完成了27个灌区节水项目的前期工作，完成了西营专用输水渠工程等项目设计工作，为流域治理的全面开展打下了坚实的项目支撑。

三是严格前期工作编制、审查、报批程序。在大型灌区续建配套与节水改造、农村人饮、节水增产、病险水库除险加固、水土保持、河道堤防等项目前期工作中，严格年度实施项目、可研、初步设计及实施方案报审工作，把好技术审查关，为最大可能地争取国家投资做好项目前期工作。

（甘肃省水利厅规划计划处供稿）

水利法规政策建设
保障甘肃水利事业健康发展

一、水利政策法规建设沿革及基本情况

（一）水利法规政策建设沿革

改革开放初期，我国立法及政策导向主要以规范人民群众基本权利和经济发展为主，环境资源立法相对较少，水利法规政策建设也处于起步阶段，在《中华人民共和国水法》（1988 年）颁布施行前，我国没有一部单一规范水事活动的法律。1988 年 1 月 21 日，第六届全国人民代表大会常务委员会第二十四次会议审议通过了《中华人民共和国水法》，于 1988 年 7 月 1 日起施行，这是我国第一部规范水事活动的法律，标志着我国的水资源管理进入了有法可依的新阶段。

《中华人民共和国水法》（1988 年）颁布施行后，甘肃省在全面学习贯彻该法律的基础上，按照水利部的要求，立即着手制定水法实施办法。1990 年 7 月 2 日，甘肃省七届人大常委会第十五次会议审议通过了《甘肃省实施〈中华人民共和国水法〉办法》，这是甘肃省第一部规范水事活动的地方性法规，为贯彻水法，加强依法治水工作提供了坚实的法制保障。进入 20 世纪 90 年代以来，随着甘肃省水资源紧缺状况的加剧并由此引发的全社会水资源忧患意识的增强，开源与节流并举，开发与保护共存的水资源管理理念应运而生，尤其是国家“依法治国”方略的确立，以法规建设与实施为核心的制度管理手段开始彰显，而与之相契合的《中华人民共和国河道管理条例》（1988 年）、《中华人民共和国水土保持法》（1991 年）、《中华人民共和国防洪法》（1997 年）等法律法规的颁布实施，使得水利发展的制度规范性和法制权威性逐步确立，甘肃省也由此进入了水利法规政策建设的高速运行时期，并重点开展了以制定相关的实施性法规和规章以及符合甘肃省情和水情特征为立法内容的水法规体系建设工作。

（二）水利法规政策建设基本情况

截至目前，甘肃省已出台地方性法规 5 件：《甘肃省实施〈中华人民共和国水法〉办法》（1990 年制定，此后又分别于 1997 年和 2003 年进行了修订）、《甘肃省实施水土保持法办法》（1993 年）、《甘肃省水利工程设施管理保护条例》（1997 年）、《甘肃省实施防洪法办法》（2003 年）、《甘肃省石羊河流域水资源管理条例》（2007 年）。其中《石羊河流域水资源管理条例》是甘肃省第一部关于流域水资源管理的地方性法规，也是继塔里木河流域水资源管理条例和浏阳河管理条例之后，规范我国内陆河流域水资源管理的第三部地方性法规。该法规的制定施行将为流域与区域相结合的水资源管理体制的推行，破解流域管

理难题，用法制措施保证石羊河流域综合治理的顺利开展发挥重要作用；甘肃省省政府规章 5 件，分别是《甘肃省实施防汛条例细则》（1993 年）、《甘肃省实施河道管理条例办法》（1993 年）、《甘肃省小型水利工程管理办法》（1993 年）、《甘肃省取水许可制度实施细则》（1995 年）、《甘肃省水资源费征收使用管理办法》（2003 年）。从规范内容来看，甘肃省的水法规和规章基本上涵盖了水资源管理、水利工程管理及其设施保护、防洪、水土保持等多方面，使主要水事活动基本上做到有法可依，有据可循。

另外，针对立法周期较长、部门协调难度较大和立法成本较高，相反政策性文件具有灵活、时效性强的特点，甘肃省各级政府和水利部门加大了政策性文件的制定出台力度，尤以水资源保护和节约用水以及水资源配置方面居多。截至目前，甘肃省共出台政策性文件 300 多件，对水利领域出现的新问题的解决上以其探索性和灵活性为表征的作用显著发挥，有效弥补了法律规范的缺失所带来的法制管理手段的缺位。随着各类法规、规章、政策性文件的制定出台和全面贯彻实施，水资源法制化管理工作开始步入立法和执法并重的新阶段，有效地保障了甘肃水利事业的健康发展。

二、水利法规政策建设的原则和内容

（一）水利法规政策建设的原则

水利法规政策工作影响到水利改革发展大局，长期以来，甘肃省在水利法规政策建设方面坚持三个原则：

第一，坚持与时俱进，把握好政策法规建设的规律，使政策法规在稳中求变、在变中求稳，不断改革创新，与不断发展的经济社会相适应。《甘肃省石羊河流域水资源管理条例》是在石羊河流域综合治理工作即将全面启动的关键时刻制定出台的，目的就是为了用法制手段保证该项目的顺利实施，可以说是践行这一原则的最好例证。

第二，坚持尊重和保障人民群众的合法权益。良法与恶法的区别之一就是看该法是在最大限度的保障人民群众合法权益的实现，还是限制，甚至阻碍人民群众合法权益的实现。甘肃省一直将保障人民群众合法权益的实现作为水利法规政策建设的中心思想贯穿始终，并深刻认识到水利法规政策是规范各项水事活动的法律依据，也是保障人民群众在水事活动中的合法权益的法律准则。

第三，遵循以水为主、兼顾其他的立法原则。生态环境的复杂性和系统性决定了规范内容的多样性和全面性，在重点规范水资源领域的同时，还应从水污染防治、水源涵养林保护、生态移民保障和农业种植结构调整等多方面予以规范，准确把握生态系统的运行规律，为有效发挥法规作用奠定基础。

（二）水利法规政策建设程序

在遵循以上原则的前提下，甘肃水利法规政策建设一直将水利法规政策建设必须有利于和服务于水利发展的大局，统筹安排，突出重点和急用先立作为主导思想，基本确立了一套比较成熟的立法程序。一是甘肃省水利厅根据国家法律法规的规定，尤其是新出台的法律法规以及全省水利事业发展现状，提出立法项目建议草案，在征求各地水利部门意见的基础上，修改完善后报省人大和省政府审核；二是省人大和省政府在审核后，按照全省立法现状确定水利立法年度项目；三是省水利厅根据年度立法项目，在省人大、省政府有关部门的指导下，开展立法调研和起草工作，并重点向水资源管理相对人征询对立法目标、内容、责任的看法和意见，形成草案稿经厅党组讨论通过后报省政府；四是对于地方性法规，由省政府法制办在调研和协调其他部门意见的基础上，报省政府常务会议审议通过后再呈送省人大审议；政府规章则由省政府常务会议审议通过。水利政策则由各级政府和水利部门根据本地水利发展现状灵活制定。

（三）水利法规政策建设的内容

改革开放以来，甘肃省水利法规政策建设成效较为显著，并具有涵盖范围广、操作性强、切合地方实际的特点。以 1990 年《甘肃省实施〈中华人民共和国水法〉办法》为立法开端，甘肃省水利立法内容广泛，规范有力：一是根据国家法律法规的规定，制定地方实施性法规和规章；二是针对水利工程设施管护薄弱，破坏严重的问题，加强水利工程设施的管理和保护；三是强化水资源管理，包括水资源费征收和取水许可管理等；四是针对甘肃省河西内陆河流域相继成立流域管理机构，实施流域与区域相结合的水资源管理现状，制定规范流域管理的法规政策。从总体来说，甘肃省相关法律法规的制定和政策性文件的发布施行，尤其是《甘肃省实施〈中华人民共和国水法〉办法》的制定出台，使各项水事活动基本做到了有法可依，依法治水工作取得了初步成效：通过深化水利改革，逐步理顺水资源管理体制，水资源统一管理的局面初步形成；以实施取水许可制度和水资源有偿使用制度为重点，建立和完善各项水资源管理制度；强化水行政执法的监督检查，促使水资源保护和节约用水政策的落实。

三、水利法规政策建设目标和方向

（一）水利法规政策建设的目标

水利事业的不断发展决定了水利法规政策建设永远没有终点，且随着依法治国理念的深入和治水思路的不断拓展而深化完善，加上水事领域政策法规体系建设的滞后性和不完整性的问题仍然存在，水利配套法规体系建设任重而道远。今后甘肃省水利立法要以保障民生水利和生态水利的发展为重点，实现可持续发展水利为目标，在以下三个方面实现突破：一是完善加强民生水利方面的法规政策建设，解决人民群众最关心、最直接、最现实的水利问题，保障和改善民生，如防汛抗旱、水库移民、农村水利等；二是加快节约用水和水资源保护、生态环境修复方面的法规政策建设，保护生态文明，促进人水和谐，如节水、水资源保护、地下水管理、水土保持等方面的水法规；三是加大水利社会管理方面的法规政策建设，为经济社会发展和人民群众提供良好的水事秩序和法治环境，如河道管理、采砂管理、洪水影响评价等，切实提高水利的社会化服务水平，为促进和谐社会建设提供法制保障。

（二）水利法规政策建设方向

一是按照地方立法“不抵触、有特色、可操作”三原则，研究制定水利立法的程序和质量保证措施，使甘肃省水利法制建设实现数量增长和质量提高的双重目标。在此基础上，以实施国家法律和法规为根本，充分调研、广泛讨论，提出切合实际的立法计划。首先要优先考虑对国家法律、法规加以细划的内容。其次要根据具体情况，制定适合甘肃水利发展的地方性法规和规章，确定立法方向，从源头上保证地方立法的必要性和可行性。

二是重视立法起草的调研论证环节。在全面调查和分析全省水情的基础上，深入研究立法条件和实施效果。另外，在立法过程中，要加强同其他部门的联系，注重具有交叉内容的法律法规之间的有效衔接，避免在实施过程中产生矛盾和摩擦。要按照甘肃省人大常委会制定的《甘肃省人民代表大会及其常务委员会立法程序规则》和《甘肃省人大常委会地方性法规质量标准及其保障措施（试行）》的规定开展立法调研工作。

三是建立法规的评价体系。地方性法规的质量和实施效果如何，需要有系统的评价体系为依托，这既是对已制定法规的实践检验，也是为新制定的法规提供修改建议。同时要为普通公众建立有效畅通的建议渠道，鼓励公众参与，广泛吸收社会意见。开门立法是现代立法的题中应有之意，在水利立法中，不仅要加强立法机关的能力，更要广泛征求和吸纳社会各方面意见，提高社会参与程度。建立社会监督机制。

四是加强水利政策的研究和制定。通过水利政策研究，发现水利发展中存在的问题和难点，找准水利立法的切入点，对于需要用法规形式来规范的内容，向省人大和省政府报送年度立法建议项目，对于需要即时规制的问题，要制定出台政策性文件；通过政策研究，结合《中华人民共和国水法》以及甘肃省制定的水法规的贯彻实施，注重研究成果的应用工作，提高政策研究成果的推广应用水平。

通过水利法规政策的不断建设，在不久的将来，甘肃省水法规体系建设应达到河西内陆河流域管理法规基本完善，流域与区域相结合的水资源管理体制运行良好；水资源管理的各项制度得以完善和推广，取水许可管理制度更为完备和规范，水资源有偿使用制度全面确立，水资源费征缴范围扩大，实缴数额逐年增加；水文资料的采集、整编和发布的程序更加规范，水文设施的保护有法可依，水文的基础性服务能力进一步增强；节约用水观念深入人心，节水措施推行得力，经济杠杆在节水中的作用明显增强，以节水型消费为特点的消费新观念逐步养成。

（甘肃省水利厅水政处供稿）

强化水资源管理保护
实现水资源优化配置

水资源是基础性的自然资源和战略性的经济资源。30 年来，水资源供求状况的变化，经济社会发展和生态环境保护对水资源的需求日益突出，水资源的稀缺性、基础性、竞争性日益显现，回顾水资源开发、利用、节约、保护、配置与调控管理的发展历程、成就和经验教训，科学谋划和展望甘肃省可持续利用问题显得尤为重要。

一、水资源利用回顾

（一）供用水历史变化分析

通过 30 年的努力，甘肃省供用水量由改革开放初期的 108.31 亿 m^3 增加到目前的 122.52 亿 m^3，国民经济各行业用水量增加了 14.21 亿 m^3，高于黄河流域平均增长速度，与全国平均水平基本持平。从各行业用水来看，全省有效灌溉面积从 1980 年到 2007 年，净增 520 多万亩，农业用水由 1980 年的 96.0 亿 m^3 增加到目前的 98.5 亿 m^3，新增用水 2.5 亿 m^3，在新增灌溉面积的情况下，实行了节水灌溉措施，用水量增加幅度较小。工业用水由 1980 年的 7.97 亿 m^3 增加到目前的 16.58 亿 m^3，增加了 8.8 亿 m^3；生活用水由 1980 年的 1.15 亿 m^3 增加到 2000 年的 3.52 亿 m^3，增加了 2.37 亿 m^3。其他用水增加了 0.54 亿 m^3。水资源的有效供给保障了全省经济社会全面快速发展。

（二）总体用水水平和用水效率

现状全省人均用水量 466m^3，高于全国平均水平 430m^3，较改革开放初期增加了 98m^3。全省各地区在水资源短缺的情况下，积极采取节水措施，大力推进产业结构调整，加强水资源管理，取得了一定成效。现状全省万元 GDP 用水量为 544m^3，与 1980 年相比减少了 10 倍，递减较快，但受经济发展水平制约，目前的水资源利用效率总体仍然较低，高出全国平均水平约 2 倍。通过大力推广农业节水等多项措施，农业用水占全省国民经济各部门总用水量由 1980 年的 93%下降到 74%左右，全省亩均灌溉用水定额较 1980 年下降了 320m^3，灌溉水利用系数由 1980 年的 0.33 提高到目前的 0.50；自改革开放以来，全省工业用水年平均增长率在 2.5%以上，工业用水的水平有了较大提高，工业万元增加值用水量由 947m^3 下降到 392m^3。从 2000 年到 2007 年随着节水力度的加大，工业用水增长趋势减缓。随着人们生活水平的不断提高，城市化进程的加快全省现状年城镇人均生活用水已由 1980 年的 105.3L/天提高到 177.49L/天；相比 1980 年增加了 72L。城镇现状平均节水器具普及率提高到 16%，管网漏失率下降到 23%。综上所述，随着改革开放进程的推进，甘肃省经济结构、用水结构不断优化、用水效率和效益的不断提高。

（三）水资源供求状况的变化

自改革开放以来，甘肃省人口净增700万人，其中城镇人口增加约240万，国内生产总值增加了30倍，有效灌溉面积净增520多万亩，随着社会经济的快速发展，产业结构调整和城镇化进程的加快，经济社会需水加大，用水结构发生了很大变化，与改革开放初期相比，在经济社会发展、产业结构调整、促进经济增长方式的转变、社会主义新农村建设、建设资源节约型和环境友好型社会等方面，对水资源的有效供给都发生较大的变化。新形势下，要求对水资源进行高效配置和有效管理，不断提高水资源和水环境的承载能力，保障经济社会的可持续发展；要求坚持经济效益、社会效益和生态效益相统一的原则，通过工程措施与非工程措施，强化水资源的统一管理，严格控制地下水超采，保护和改善生态环境。

（四）水资源管理

改革开放初期，全省水资源的可持续管理和利用问题比较突出，水资源管理体制不够完善，缺乏统一规范水资源开发利用和保护的根本大法，随着改革开放的深入，全省水资源管理通过更新观念，转变职能，理顺部门关系，切实加强了政策、法规、规划、协调、监督等宏观调节与控制。水资源实行了统一规划、统一调度、统一发放取水许可证、统一征收水资源费、统一管理水量水质。确立了取水许可、水资源有偿使用、用水总量控制和定额管理、水功能区划、饮用水水源保护、入河排污口监管管理及节约用水等一系列水资源管理制度。同时，也确立了流域与区域相结合的水资源统一管理体制，明确了流域管理机构的法律地位，区域水资源管理体制基本理顺，流域区域相结合的水资源统一管理体制初步形成。

二、主要成效

（一）水资源配置理念发生了深刻的变化

改革开放30年来，甘肃省水利建设和水资源配置由主要为农业和农村经济服务，突出发展农田灌溉，提高粮食产量，解决人民温饱的问题，向推进经济结构的调整、服务城镇化进程，满足国家对生态环境保护的要求转变，水资源配置要求服从和服务于用水结构的变化，顺应客观形势的需要。在中央的治水方针和可持续的治水思路的指导下，甘肃省水利厅按照国家对水资源配置的方针，结合全省国民经济和社会发展及生态环境建设对水资源的需求，积极转变治水观念，力求水资源配置从主要为农业和农村经济服务向为全社会服务、尽可能使水资源开发程度和水资源配置方案，与当地经济社会发展和生态建设的要求相协调，积极探索提高水资源利用效率和效益的多种途径。立足于供水和用水的整体优化配置，强化水资源开发利用全过程的管理，全面推广了再生水、雨洪水、矿井水和苦咸水的利用，确保了对国民经济的有效供给要求。

（二）完善了水资源管理各项制度

改革开放30年来，甘肃省水利厅积极推进水利立法工作，按照中央的治水方针和可持续的治水思路，陆续配套出台了涉及流域管理水资源费征收、取水许可、水量分配、定额管理、水价调节、水资源保护等规章制度，依法治水，科学管水，统筹规范水事活动与行为。

（三）全面推进取水许可管理工作

2002 年新《中华人民共和国水法》颁布以来，甘肃省从取水环节上狠下工夫，突出抓好地表水和地下水取水许可管理，从源头上遏制了盲目兴建高耗水、高污染项目，促进了节能减排和水资源的优化配置，建立并完善了取水许可监督管理台账、档案，完善取水计划管理和用水统计制度，加大监督核查力度。

（四）加强流域水资源的统一管理

切实加强流域水资源的统一管理，完善流域管理和区域管理相结合的体制和机制。在河西内陆河流域，成立了讨赖河、石羊河、疏勒河流域管理机构，强化水资源流域统一管理职能，在实施流域用水、配水、城乡水资源统一管理、行政监管方面进行了有益探索和实践。加强了黑河、黄河水量统一调度工作，加强政策引导和督促检查，积极推行城乡水务一体化管理，目前，全省有 7 个市（州）、56 个县（市、区）成立了水务局。市县两级覆盖面分别达到 50％和 65％，对合理配置地表水、地下水，统筹解决城乡水资源问题起到了积极作用。

（五）强化水资源基础工作

甘肃省水利厅十分重视水资源的基础工作，组织完成全省水资源综合规划、流域规划、水资源保护规划等基础工作，组织开展水资源监控和信息共享工作，对摸清水资源家底、分析水资源承载能力、优化配置水资源、完善流域水资源的权属管理、实施总量控制、定额管理和水资源保护等提供了良好的技术支撑。

（六）加强对重点用水行业的节水和用水的管理

随着改革开放的深入，甘肃省水资源供求关系发生深刻的变化，为合理抑制需求、有效增加供水、积极保护生态环境，坚持不懈地加大农业、工业和城乡居民生活节水力度，重视采取经济手段促进节水，近几年来，工业和农业用水持续实现了负增长和零增长，合理抑制水资源的需求取得明显成效。

（七）重视非常规水源利用与管理

甘肃省在合理开发利用地表水、地下水的同时，积极开发利用再生水、矿井水、雨水等非常规水源，增加可供水量，缓解水资源瓶颈制约。目前甘肃省要求新建的煤电、煤化工建设项目优先利用再生水，新建煤矿采区优先利用矿井水，并实行严格的水资源论证制度，积极倡导在城市绿化、市政环卫、生态景观公共建筑、生活杂用等方面扩大使用再生水，推广雨水集蓄利用技术，解决严重缺水地区水资源问题。

（八）强化地下水管理

针对部分地区地下水过度开发引发的生态环境问题，在石羊河流域及河西地区将地下水管理权限上收流域机构或市级政府进行管理和审批，规范了地下水的取水许可管理，从源头上控制乱打井行为。综合采取强制性和引导性措施，加强地下水资源管理和保护。制定《甘肃省地下水超采区划定规划》，明确全省地下水超采区范围、区域和限采量，维护地下水的采补平衡和生态平衡，保护地下水资源的可持续利用。在以地定水、以电控水、削减地下水开采量、完善地下水计量设施地下水资源的动态监测等方面从无到有，不断规范、完善和发展。

（九）推动了水资源参与式管理

强调和重视水资源社会化管理，初步形成了以专业管理、群众管理和用水者协会管理相结合的管理模式。全省已成立农民用水者协会2500多个，涉及行政村2100多个，农户100万户，协会不仅参与水权和水价的确定、水量水质的监督、公民用水权的保护，而且参与水市场的监管、水利工程的管理、维修和水费收取，使协会成为连接政府与公众、沟通管理部门与社会的渠道，为促进水资源社会化管理发挥了重要作用。

（十）积极推进水资源保护

根据甘肃省总体水污染程度有所加重，基本表现为由干流向支流、由城市向农村、由地表水向地下水发展这一态势。省政府已批准实施《甘肃省水功能区划》，建立了入河排污口监督制度，加强了水功能区、水源地、入河排污口的监测和监督管理，完善了黄河、渭河等重要河流的重大水污染事件应急管理制度，制定突发性水污染事故的预警预案。

（十一）着力进行水资源配置保障工程建设，提高了水资源调控能力

为解决甘肃省水资源时空分布不均问题，30年来，先后兴建了景电一期和二期、引大入秦、东乡南阳渠、引硫济金、农村人饮安全供水等大中型工程，提高现有工程的供水保证率，初步形成了较为合理的水资源配置格局，有效缓解了缺水状况，保障城乡供水安全。

三、甘肃省水资源可持续利用展望

（一）统筹考虑全省水资源的开发、利用、节约、保护、配置与调控等问题

随着甘肃省社会经济的发展，工业化、城市化进程的加快，人与环境关系的日趋紧张，所面临的水资源紧缺问题涉及到社会的多个方面，应按照促进水资源可持续利用，共建人水和谐社会的要求，针对水资源、水环境和水生态现实状况、经济社会特点及生产力布局，水资源条件，统筹好流域与区域、城市与农村、生产生活与生态、当前与长远、局部与全局等多方面用水要求，制定全面、综合的水资源规划及专项规划，力求水资源利用与经济社会发展布局的合理组合，促进人与自然和谐发展。

（二）合理配置水资源、努力实现水资源从粗放型向集约型管理的转变

要根据各地水资源特点与利用条件，遵守地表水和地下水可持续利用，并留有适当余地的原则，找准流域与区域水资源配置的主要问题，合理安排生活、生产和生态用水三类用水的合理比例及优先顺序，充分发挥市场在水资源配置中的基础性作用，引导水资源优化配置，做到效率优先，兼顾公平，真正让水流向人民群众最需要的地方，流向产出大、效益高、污染少的产业；下大力气改变现有的与经济社会发展、生态环境建设与保护不相适应的水资源开发利用模式，全面提升现状用水水平和水资源优化配置格局。

（三）强化水利立法与执法

按照水利立法规划，进一步完善水法规体系，制定具有可操作性的地方性配套法规和规章，建立全省水利法规实施的跟踪评价体系。制定切合实际又具有前瞻性的支撑节水型社会建设、推进水务管理和流域管理的法律、法规。全面完成水政监察和水土保持监督规

范化建设初步形成水务“有法可依、执法必严、违法必究”的氛围。强化水资源管理各项制度贯彻落实。

（四）推进水资源管理体制改革

完善流域管理与行政区域管理相结合的水资源管理体制和工作机制，进一步落实和理顺管理职能。制定主要河流的流域管理条例。进一步强化流域水资源统一管理职能，减少水事矛盾。综合考虑社会经济发展水平和国家政策法规，在各地实际管理经验和办法的基础上，加强宣传，引导地方政府加快水务一体化管理体制改革的进程。扩大水务管理的行政区域范围，加强对防洪、供水、水环境等涉水事务的统一管理，基本实现水务一体化管理体制。

（五）立足长远发展，坚定不移地推进节水型社会建设

进一步完善节水的地方性法规和规章制度，为节水型社会建设奠定体制基础；加快明晰水权和强化用水调控，强化水资源利用全过程的管理，充分运用经济手段促进节水，着力推进国家级和省级节水型社会建设试点工作，在实践中不断创新和提升其途径与手段，从微观用水效率的提高拓展到宏观的资源配置和产业结构调整，从传统的用水末端计量发展为水资源开发利用蓄、取、供、用、耗、排的系统控制，从传统的工程建设和技术推广转为制度建设和全过程管理，从传统的行政措施转为经济调节等多措并举上来。通过从传统节水到节水型社会建设的跨越，实现水资源利用的优化配置与高效利用，支撑经济社会又好又快发展。

（六）加强水资源保护及水环境治理

要实现水资源的可持续利用，必须进一步加强环境保护力度，切实保护水资源。贯彻《甘肃省水功能区划》，制定重要供水水源地的保护办法，建立入河排污口巡查制度，加强水功能区、水源地、入河排污口的监测和监督管理，建立水资源监测管理信息化平台。完善地表水、地下水的水质监测网络，制订全省地下水超采区的界定、限采、保护、管理制度。建立相关条例，采取强制性措施。完善黄河、渭河等重要河流的重大水污染事件应急管理制度，制定水污染事故的预警预案。做好 14 个主要城市集中供水水源地的保护工作。

（七）扩大水资源利用总量，实施跨流域调水工程

据测算，到 2020 年，甘肃全省需水总量将达到 150 亿 m^3。目前，甘肃省可利用水资源总量仅为 147 亿 m^3，与实际需求尚有较大差距。鉴于此，仅对甘肃省自身水资源进行开发，很难解决这一问题。因此，还需要跨流域调水，兴建南水北调西线工程，以补充黄河水源，实现黄河水资源的均衡供给，彻底解决水资源短缺的问题，为甘肃乃至黄河流域经济社会发展提供有力的水资源保障。

（甘肃省水利厅水政处供稿）

强化经济财务管理
促进甘肃水利事业又好又快发展

党的十一届三中全会以来，在中央部委的大力支持下，按照省委、省政府的统一部署和要求，甘肃省水利投资逐年增加，水利经济迅速发展，水权、水价改革稳步推进，水管单位体制进一步理顺，水利财务管理体制逐步完善，为实现水利又好又快发展发挥了重要作用。

一、水利投资大幅度增加

新中国成立后到改革前的1978年，全省水利投资累计13.12亿元。改革开放30年，水利投资达到328.56亿元，是改革开放前累计投资的25倍，尤其是从“八五”开始，随着中央治水思路的调整和宏观调控政策的建立，甘肃省水利投资开始大幅度增长，水利投资达到42.5亿元，“九五”期间达到82.57亿元，“十五”期间，甘肃省水利总投资达到118.41亿元，为“九五”水利投资82.57亿元的143.41%，较“九五”增长了30.27%。“十一五”的2006年至2007年全省水利投资达到53.27亿元。

30年来，全省共投入水利建设资金328亿元，建成了景电二期及延伸向民勤调水工程、引大入秦水利工程、疏勒河水利工程、南阳渠灌溉工程等大型水利骨干工程。完成了黑河近期治理工程和人饮解困工程。引洮供水一期、石羊河流域重点治理等工程正在如期建设。饮水安全工程、病险水库除险加固、灌区续建配套与节水改造、水土保持等项目稳步推进，全省已初步建成了以供水、灌溉、防洪、发电、生态保护为主的水利工程体系。这些水利工程在保障饮用水安全、粮食生产、防洪减灾、社会经济发展、生态建设和环境保护等方面发挥重要作用的同时，也为水利经济的发展奠定了坚实的基础。

二、水利投融资体制逐步完善

30年来，甘肃省水利投资从计划经济下单一的国家投资模式，逐步转变为以国家投资为主、国外贷款、社会捐助、群众投劳等多元化、多层次、多渠道的水利投入机制。根据水利工程的性质和特征，坚持“谁投资、谁受益”的原则，通过分级负责、合理划分事权，确定各类水利工程的投资主体，建立了财政投入和社会融资相结合的投融资渠道，放活市场，通过政府监管，建立了多渠道的投资体制。投资主体的多元化，使全省共形成水利国有资产约300亿元，这些国有资产为甘肃省国民经济和水利事业的发展发挥了重要作用。在防洪除涝、农田灌排、水土保持、水资源保护等功能为主的公益性服务方面以及以供水、水力发电、水库养殖、水上旅游、水利综合经营等功能为主的经营性方面发挥了巨大作用。

三、水利非税收入大幅度提高

（一）水利经营收入大幅度提高

全省水利经营经过 30 年的发展，收入稳步提高。2000 年以来，每年在 10 亿元左右，2007 年全省水利经营收入达到 10.48 亿元。

水利工程供水收入是水利经营收入的主题，占 60%。2000 年以前，水费收入主要是作为行政事业性收入，纳入财政预算，按照预算外收入管理，1985 年水费收入为 2386 万元，2000 年全省水费收入 3.3 亿元，2001 年根据国务院有关文件精神，甘肃省加快水价改革，将水费作为经营性收费管理，2007 年全省水费收入达到 5.25 亿元。水费收入的大幅度提高为水利工程的安全运行和水利建设的发展发挥了积极作用。

（二）水利行政事业性收费项目逐步规范，收入稳步增长

水资源费是行政事业性收费的主要项目。1997 年 10 月，甘肃省人民政府第 25 号令颁布《甘肃省水资源费征收和使用管理暂行办法》，并从发布之日起正式实施，并于 2003 年 5 月进行修订。以省政府 4 号令发布，自 2004 年 1 月 1 日起实施。2007 年，全省应征收水资源费 7370 万元，实际征收 4957 万元。通过水资源费的征收，完善了水价构成机制，促进了节水型社会的建立。

四、水管单位管理体制进一步理顺

2002 年 11 月，省政府印发《关于贯彻落实水利工程管理体制改革实施意见的通知》，2003 年 4 月，省政府办公厅批转了《甘肃省水利工程管理体制改革试点工作指导意见》。根据“统一政策、分级组织实施、试点先行、积极稳妥推进”水管体制改革工作的指导思想，2003 年 4 月，组织召开了全省水管体制改革试点工作会议，安排部署了在工程类型、规模、区域分布等具有代表性的 31 个试点单位改革试点工作。各地结合当地实际，积极开展试点改革，通过试点取得改革经验，2004 年 12 月，甘肃省省政府办公厅印发了《甘肃省水利工程管理体制改革方案》，全面安排部署了全省水管体制改革工作。

截至目前，水管体制改革取得了较好成效。14 个市（州）水管体制改革实施方案均由政府批准实施。有改革任务的 371 个水管单位均制定了改革方案，其中：359 个水管单位的改革方案已经当地政府批准实施，其中 352 个水管单位完成了改革验收，占总数的 98%。

全省已通过省级验收的水管单位已落实公益性人员经费 18973.5 万元，落实公益性工程维修养护经费 7284 万元。

水管体制改革初步建立起符合甘肃省省情、水情和社会主义市场经济要求的水利工程管理体制和运行机制的总体目标。

五、水价改革稳步推进

1978 年，甘肃省的许多灌区还只象征性地收缴水费粮（电力提灌工程按 0.01～0.03 元/m^3 收水费）。20 世纪 80 年代，逐步建立和完善水费收缴制度，90 年代为加快水价改

革奠定了坚实的基础。1995 年，甘肃省政府以〔1995〕9 号文件批转了省水利厅、省物价委员会《关于加快我省水费改革有关问题的请示》，明确提出“水是商品”，将水费纳入商品价格管理，对水价分类制定原则作出明确规定，同时再次明确了水价审批权限，并对水价到位作了安排，规定农业水费的最低标准是 0.03 元/m^3，使全省的水费改革取得突破性进展。“十五”期间，甘肃省在 20 世纪 90 年代中期建立的水价改革政策制度的基础上，加快水价改革。2001 年甘肃省省水利厅、省财政厅、省物价局联合下发《关于水利工程水费转为经营性收费管理的通知》，2002 年省国家税务局、省水利厅下发《关于水利工程水费转为经营性收费后使用税务发票有关问题的通知》，省政府办公厅印发了《甘肃省水利工程水费计收和使用管理办法》，这三个文件对水费转为经营性收费管理做出了具体的规定。“十五”期间，全省水利工程水价稳步提高。

2006 年 8 月甘肃省省物价局、省水利厅、省发改委联合颁发了《关于进一步推进水利工程水价改革促进节约用水的实施意见》，提出了甘肃省水价改革的总体方案和总体要求。为了推行终端水价制度，2007 年初省物价局、省水利厅共同制定并下发了《甘肃省农业末级渠系水价管理暂行办法》，明确了甘肃省农业末级渠系水价改革的方向和具体要求，各地加快了水价改革的步伐。2007 年年中，甘肃省物价局、水利厅在监审定价成本的基础上，将疏勒河流域的双塔、昌马、花海灌区的水价上调 0.017 元/m^3。实施石羊河流域综合治理中的金昌、武威两市，加大了水价改革力度，金昌市于 2007 年 1 月 1 日调整了水价，上调幅度达到 30%，农业水价达到 0.085 元/m^3，供工业用水价格达到 0.54 元/m^3；武威市农业水价于 2007 年 4 月 1 日起执行 0.12 元/m^3 的新价格，平均上调了 0.02 元/m^3。酒泉市在调整骨干工程水价时明确了末级渠系水价，推行了终端水价制，2006 年以来酒泉市农业水价上调了 0.015～0.02 元/m^3，末级渠系水价确定在 0.004/m^3 左右。2007 年全省水利工程供水平均水价 0.091 元/m^3。

六、水利财务管理体制逐步完善

财务管理体制改革伴随着财政体制改革不断推进，逐步完善。1978～1991 年，财政管理体制从制定相应的财政财务制度，调节国家与企业，中央与地方财政财务关系，调动各方面理财积极性，有力促进国民经济恢复和发展方面发挥了积极作用。1992～1999 年，依法理财成为财政财务改革的重点。企业全面实施财务通则和中华人民共和国会计准则，1994 年 3 月，全国人大通过了《中华人民共和国预算法》，国务院颁布了《〈预算法〉实施条例》，以强化预算管理、增强预算透明度、加强预算管理监督，把政府预算纳入法制化轨道。水利部门开始把预算管理纳入财务管理的主要内容。

自 2000 年开始，以部门预算为核心的公共财政体制改革日益深化，水利财务工作积极适应公共财政体制改革要求，不断强化资金管理，创新财务管理机制，努力向制度化、规范化管理发展。2001 年甘肃省水利厅作为部门预算实行的试点单位，开始建立编制科学、执行严格、监督有力的预算管理机制。多年来的不断细化部门预算，强化预算约束管理，建立了预算编制、执行、监督相分离的预算运行机制，实现了集中统一的财务管理体制，树立了依法办事的观念，加强了与业务部门的协作配合，发挥业务部门、审计监察部门在预算管理中的积极性，加强工作的预见性、计划性和协调性。2001 年完成预算 11000

万元，2007 年完成预算 32513 万元，平均每年递增 32%。

建立了国库单一账户体系管理的集中收付制度，对水利资金实行财政直接支付。2002 年甘肃省省政府办公厅把甘肃省水利厅及厅属二级预算单位列为财政国库改革试点单位以来，2003 年元月开始，经济财务处零余额账户正式启用，国库支付试点工作开始运行，7 月各预算单位零余额账户全面启用。当年完成国库直接支付 4328 万元，授权支付 5080.23 万元。政府采购 271.93 万元。工资统发 423.45 万元。额度全部支付完毕，试点工作进展顺利。从 2004 年开始甘肃省水利厅所有预算资金都通过财政直接支付，包括基本建设项目资金、大型修缮资金、人员工资、公用经费等。使财政预算资金直接支付到预算单位，基建资金直接支付到建设单位，收入直达国库，工资直达个人账户，采购资金直达中标单位，减少了资金运行中间环节，加快了资金拨付速度，保证了资金及时准确到达支付单位，有效地防止腐败行为的发生。2007 年，完成国库直接支付 32210 万元，授权支付 3288 万元。政府采购 1330 万元。工资统发 1489 万元。2006 年，财政收支分类改革的推行，按照资金的经济分类和功能，对水利资金进行细化，资金使用更加合理，更有效的对水利资金实行监控。

和国库集中收付制度相联系，建立了政府采购制度，把过去分散采购转为集中采购。目前，全省水利部门均完成了政府采购改革，采购范围和规模不断扩大。水利厅每年预算安排的采购资金都实行政府统一采购，2007 年完成政府采购 1330 万元。部分市县还对节水灌溉项目、人饮解困及安全饮水项目等材料采购试行了政府采购，基本上达到了监控、效益、透明的三大目标。通过政府采购，树立了良好的政府形象，提高了预算资金的使用效益。

积极推行水利国有资产管理改革，根据相关法规制度，结合水利行业实际，制定进一步加强水利国有资产管理的制度、办法并严格执行。在严格规范管理的基础上，合理配置国有资产，不断提高资产使用效益。特别是“十五”期间，各级水利部门从基础工作、产权管理等方面入手，在加强国有资产管理体制和运行机制改革等方面做了大量工作。各级水利部门以清产核资工作为依托，全面摸清了各类财产家底，规范了资产管理、真实反映水利国有资产及财务状况，积极开展水利国有资产产权登记工作，通过理顺产权关系，明晰企业产权，加强对水利经营性资产的监管，推动资产监管基础工作规范化。

七、今后工作展望

回顾过去、展望未来，全省水利经济财务改革取得了可喜的成效，但与全省经济社会发展改革目标要求，改革任务还十分艰巨。“十一五”及到 2020 年是甘肃省全面建设小康社会、贯彻落实科学发展观、完善社会主义经济体制的重要时期，水利经济财务体制改革还将面临一系列新的任务和要求，甘肃省水利厅经济财务处将进一步按照财政体制改革的要求，认真执行年度部门预算，确保省委、省政府及厅党组确定的重点工作。主动协调各方面关系，积极筹措资金，确保水利事业的发展。进一步推进国库集中支付改革工作；认真执行政府采购制度，加大政府采购力度；建立健全水利财务管理各项规章制度，采取切实可行的措施，强化对水利资金的监督检查；认真落实已出台的各项非税收费政策，加大收费工作力度。加强水资源费、水土流失补偿费、河道采砂管理费等的收缴和使用管理；

积极贯彻落实《水利工程供水价格管理办法》，全面推进水价改革，完善农业水费计收办法，逐步推行面向农民的终端水价和农业季节性水价制度，强化农业供水成本约束机制。积极推进水管体制改革，深化水利国有资产管理体制改革，进一步提高资产监管和运营水平。

（甘肃省水利厅经济财务处供稿）

以试点为先导 深入推进节水型社会建设

节水型社会是以建立以水权、水市场理论为基础的水资源管理体制，形成以经济手段为主的节水机制，不断提高水资源的利用效率和效益，促进经济、资源、环境协调发展。

一、甘肃省开展节水型社会建设回顾

甘肃省是一个水资源十分紧缺，全省自产水资源总量只有 294.9 亿 m^3，人均水资源量为 1150m^3，约为全国人均的 1/2，耕地亩均 378m^3，不到全国亩均的 1/4。随着经济社会快速发展，水资源短缺和水环境恶化形势更加严峻，水资源供需矛盾已经成为制约甘肃省经济社会可持续发展重要因素。因此，厉行节约用水，建设节水型社会是缓解甘肃省水资源短缺的根本出路，也是提高甘肃省水资源承载能力最现实的途径。自 2000 以来，甘肃省以法规和制度建设为切入点，开展了《甘肃省节约用水发展规划》、《甘肃省行业用水定额》等的调研起草工作，将节水工作和节水型社会建设纳入法制化、制度化轨道，为甘肃全省节水型社会建设奠定了基础。

1. 制定《甘肃省节约用水发展规划》

2000 年 9 月，根据甘肃省省政府关于在甘肃全省开展节约用水调查和测算工作的通知要求，甘肃省水利厅会同甘肃省经济贸易委员会、省建设厅、省环保局等部门按照各自分工，由甘肃省水利厅牵头对甘肃全省水资源及其开发利用现状进行普查，重点调查了内陆河、黄河、长江三大流域和全省大中型灌区，对工业用水、农业用水、生活用水废污水处理以及用水排水结构也进行了调查摸底。按照甘肃省政府的部署，甘肃省水利厅成立了由主管厅长任组长的领导小组，经过大量的调查研究工作，起草了《甘肃省节约用水发展规划》（送审稿）上报甘肃省政府审查。2002 年 7 月 16 日经甘肃省人民政府 152 次常务会议审定同意，批转了《甘肃省节约用水发展规划》，要求全省各地认真贯彻执行，成为全国首家由省人民政府批转节水规划的省份。

《甘肃省节约用水发展规划》结合甘肃省水资源现状，确定了甘肃全省节水发展的总体目标和到 2005 年、2010 年、2015 年的节水发展目标。到 2015 年甘肃全省节水发展目标是：农业节水灌溉面积达到 95%以上；工业万元产值取水量 68m^3/万元；城市人均日生活新水量达到 245L/（人·天）；全面推行节水器具与设备；污水处理率达到 45%，污水回用量占处理量的 60%。《甘肃省节约用水发展规划》还对全省近远期供需水情况进行了分析和平衡计算。通过对需水量、节水量、水源工程供水量态测算，分析各大流域和各行业到 2015 年的缺水程度，其中，河西内陆河是甘肃省需水量最大的地区。缺水程度为 3.1%，按照“开源与节流并重”的方针，《甘肃省节约用水发展规划》提出了节水发展规划要点、对策措施和节水思路，通过加大产业结构调整，以提高用水效率为核心，全面推行各种节水技术和措施，发展节水型产业，建立节水型社会等措施和对策，到 2015 年，甘肃省河西内陆河可节水 5.87 亿 m^3，并力争使甘肃省黑河、石羊河流域各行业的用水指标达到国内先进水平，接近国际先进水平。

2. 制订《甘肃省行业用水定额》标准

用水定额是衡量各行业节水水平的重要依据，对推行节约用水、优化配置和合理利用水资源、提高水利用效率具有十分重要的意义，也是水行政主管部门科学核定取水许可数量、建立水权分配制度的重要依据。根据水利部《关于加强用水定额编制和管理的通知》和《关于抓紧完成用水定额编制工作的通知》要求，从 1999 年开始在甘肃全省全面开展了行业用水定额调查编制工作。

为保证定额制订工作的顺利进行，甘肃省水利厅下发了《关于开展用水定额编制工作的通知》，要求各市（州）水利部门积极配合，加强对这项工作的组织领导，成立了由甘肃省水利厅和甘肃省质量技术监督局等单位组成的领导小组。根据对甘肃全省 14 个市（州）工业、农业、生活用水现状调查资料，编制完成了《甘肃省行业用水定额调查汇总报告》。经过两年多时间的努力，对甘肃省各个行业用水进行调查和相关行业水平衡测试等细致工作，收集了大量相关用水资料，在征求该省内有关单位和专家意见、科学分析的基础上制订出《甘肃省行业用水定额》（送审稿）。2004 年 10 月 8 日，甘肃省人民政府以甘政发〔2004(80)〕文印发了《甘肃省行业用水定额》。《甘肃省行业用水定额》颁布实施，对建立总量控制和定额管理相结合的管理制度，科学核定取水许可量，开展建设项目水资源论证工作，实现水资源优化配置，推进甘肃全省节水型社会建设发挥了重要作用。

二、国家节水型社会建设试点

1. 张掖市节水型社会建设试点

为贯彻落实水利部新时期治水新思路，配合黑河流域综合治理工程，确保国务院制定的黑河干流省际分水方案的实施，遏制黑河下游生态环境恶化趋势，努力寻求出一条节水与发展相互统一的新途径，2001 年，甘肃省水利厅向水利部申请将张掖地区列为全国建立节水型社会试点的请示。2002 年 3 月，水利部正式批复将张掖市确定全国首家开展节水型社会建设的试点城市。2002 年 12 月，水利部和甘肃省人民政府正式批复了张掖市节水型社会建设试点方案。在水利部和甘肃省水利厅的指导帮助下，张掖市以明晰初始水权作为试点工作的切入点，对用水指标进行二次分配，确定各县（区）、各行业的水量控制指标，改革县（区）两级水资源管理体制，围绕总量控制和定额管理开展制度体系建设，以经济结构战略调整促进节水增效目标的实现，水资源的利用效率和使用效益有了明显提高。试点过程中全面推进以农民用水者协会为主的公众参与组织形式，形成了“政府调控、市场引导、公众参与”节水型社会建设运行机制，经过张掖市广大干部和群众的艰苦努力，节水型社会建设取得初步成效，有力缓解了黑河中下游用水矛盾，加快了黑河综合治理进度，为生态环境的修复和建设做出了贡献，探索出了一系列可供借鉴的成功经验。2006 年 8 月，水利部对张掖试点进行评估认为，经过 5 年时间的建设，张掖市完成了试点阶段的任务，实现了既定的目标，取得多方面显著成效，为全国节水型社会建设起到了积极的示范作用。2006 年 9 月，张掖试点通过了水利部组织的验收，被授予“全国节水型社会建设示范市”的称号。

2. 敦煌市节水型社会建设试点

2006年11月敦煌市被水利部确定为新一批全国节水型社会建设试点城市，试点确定后主要开展了以下工作：编制完成了《敦煌市节水型社会建设规划》，明确了以保护敦煌生态环境和文化遗产为重点，确定了要采取的主要措施，制定试点期间要实现的目标和任务。2008年1月，甘肃省人民政府已正式批复该项规划。敦煌市成立以市政府主要领导为组长的试点工作领导小组，对全市水资源进行了调查评价，完成了敦煌市节水型社会制度体系建设专题研究报告。制定了“禁止开荒、禁止打井、禁止移民”和“关井压田”等政策措施，广泛开展节水宣传教育，积极探索以农民用水者协会为主的水权配置流转运作模式，完成了敦煌市全市水权配置方案，进行计量设施和节水器具改造，多方筹措资金开展了节水工程建设，2007年投资722万元完成滴灌工程10160亩，2008年投资1199万元完成滴灌工程11735亩，其中河水滴灌示范点5项3016亩，生态滴灌4项1000亩，试点工作进展顺利。

3. 武威市节水型社会建设试点

为配合甘肃省石羊河流域综合治理，在甘肃省水利厅的积极争取下，2008年4月，水利部又将甘肃省武威市列为全国第三批节水型社会建设试点，这是继张掖市、敦煌市之后，甘肃省第三个全国节水型社会建设试点城市。试点公布后，武威市按照水利部对试点工作的要求，编制完成了《武威市节水型社会建设试点工作大纲》，经甘肃省水利厅初审后已正式上报水利部审批。

4. 省级节水型社会建设试点

自2003年10月水利部在张掖市召开全国节水型社会建设试点现场经验交流会之后，甘肃省按照水利部和甘肃省省委、省政府的总体部署，确定了以河西地区为重点，兼顾中东部地区，在全省范围先后分两批确定了43个省级试点开展节水型社会建设工作，试点面已覆盖整个河西地区。在加强对试点工作组织领导的基础上，各个试点进行了广泛的宣传动员，为有组织、有计划、有步骤地开展试点工作，制定了符合当地实际的节水型社会建设实施方案和规划，明确试点期间的目标、指标、任务、内容和措施，制定了与节水型社会密切相关的各项制度。华亭县先后出台了《华亭县城市节约用水管理办法》等多项行政法规和规章。陇西县政府批转了《陇西县节水型社会建设工作实施意见》、制定了《陇西县水资源优化配置方案》等13个项配套制度，为开展节水型社会建设试点工作起到了制度保障作用。甘肃金昌市委、市政府专门召开了由5000多人参加的节水型社会建设试点动员大会，号召全市广大干部群众行动起来，动员全社会的力量创建节水型社会建设。甘肃酒泉市委、市政府制定了《关于加快节水型社会建设的实施意见》，明确了节水型社会建设指导思想和总体思路、分别制定了2007～2010年、2011～2015年分阶段目标和任务。在试点过程中，把节水工作不断向工业和生活领域拓展。金川公司积极采用节水新工艺、新技术，工业用水重复利用率提高到86%，万元产值用水量降至107m^3。酒钢公司、金川公司、兰州石化等重点企业完善了节水管理机构，明确了责任，形成了自上而下的节水管理机制。酒钢公司大力发展循环经济，提高水资源利用率，认真落实节能减排方案，年节水达到700万m^3，年重复利用水量达4600万m^3，吨钢新水消耗从1995年的48m^3

降至目前的 6.3m³，水的重复利用率达到 96%。近年来，酒钢公司产值增长了 1.5 倍，用水却呈现负增长趋势。金川集团公司万元产值水耗（90 不变价）已由 2000 年的 169.58m³ 下降到 2007 年 39m³，已较全国 169 立方米平均水平还低 54m³。工业用水重复利用率为 86%，已远远高于全国 60%～65%的平均水平。

5. 重点区域节水型社会建设

为贯彻落实甘肃省省政府《甘肃省国民经济和社会发展十一个五年规划纲要》确定的“全面推进节水型社会建设，率先把河西走廊建成节水型社会示范带”战略部署，组织力量编制完成了《河西地区节水型社会建设规划》。《河西地区节水型社会建设规划》以水权水市场理论为指导，以制度建设为核心，通过工程、技术、经济等措施的运用，明确了“十一五”期间，河西地区产业结构调整的方向、重点领域节水的目标、任务和措施以及实施步骤和必要的支撑条件。《河西地区节水型社会建设规划》在经甘肃省内专家多次咨询和水利部审查基础上，已修改完成，处于报批阶段。

制定《河西地区内陆河重要河流初始水权分配方案》。为推进河西走廊节水型社会示范带建设，组织力量制定完成《河西地区内陆河重要河流初始水权分配方案》，合理确定各流域和流域内不同地区、不同领域、不同行业的用水指标，建立宏观控总量制指标和微观定额相结合的新型水资源管理制度，为河西地区建设节水型社会奠定基础。

三、甘肃全省节水型社会建设展望

（1）推进石羊河流域重点治理工作。要以水利部将武威市列为全国节水型社会建设试点为契机，把节水型社会建设与甘肃石羊河流域重点治理工程相结合，在甘肃石羊河流域重点治理中，要突出抓好节水型社会建设工作，做好节水这篇大文章。在试点过程中要注重制度建设，建立总量控制和定额管理两套指标管理体系，不断调整用水结构，提高水资源的效率和效益，要以节水灌溉为重点，发展高效节水农业，以地下水管理为突破口，削减地下水的开采量；以生态环境的保护和治理为重点，确保民勤绿洲安全。

（2）认真抓好节水型社会建设试点工作。在巩固张掖市节水型社会建设试点工作的基础上，全力抓好敦煌、武威试点和省级 43 个试点工作，充分发挥试点的示范带动作用。加强对试点工作的指导和支持，及时协助解决试点工作中存在的问题，监督检查试点工作进展，组织试点经验交流，并将试点成果及时予以推广。试点地区要结合本地实际，科学推动，大胆创新，积极探索建设节水型社会的有效途径。

（3）抓好农业、工业、服务业和生活用水的节水工作。在优化产业结构的同时，农业节水的重点是大中型灌区节水改造、小型灌区和井灌区节水改造、田间节水改造、发展牧区节水灌溉、发展旱作农业、发展林果和养殖业节水及农村生活节水；工业节水的重点是抓好火力发电、石油化工、钢铁、纺织、造纸、化工、食品等高用水行业节水工作；城市生活节水的重点是加快城市供水管网改造、推广城市建筑的中水利用、加强供水和公共用水管理、全面推广节水器具等。

（4）抓好防污治污和非常规水源利用工作。在健全水功能区管理和入河排污口监督管理的同时，要加大城市污水处理力度和工业废水达标排放监管力度，改善水环境质量。同时，要充分重视污水处理后的回用，变废为宝，在治污的同时提高水资源的可利用量。对特别干旱缺水的地区，充分重视雨洪资源和苦咸水等非常规水源的开发利用。

（5）建立节水型社会建设绩效考核制度。将节水型社会建设的具体目标与任务分解到甘肃省各地区、各部门，落实责任，建立健全节水责任制和绩效考核制，确保节水型社会建设的各项措施落到实处。建立节水型社会指标体系，对节水工作做出突出贡献的单位和个人给予表彰和奖励。

（6）加大投入，拓展融资渠道。多方筹措资金保障节水型社会建设有稳定的投入。继续加大对节水灌溉和灌区节水改造的投入，加大对工业节水技术改造的支持力度。完善政府、企业、社会多元化节水投融资机制，引导社会资金参与，积极鼓励民间投资，拓宽融资渠道，鼓励民间资本投入节水设备（产品）生产、农业节水、工业节水改造、城市管网改造、污水处理再生利用等项目。

（7）加大水资源管理能力建设，强化管理基础。完善水资源监控硬件设施，推进水资源信息化管理工作。加强用水计量的监督管理，公共建筑和住宅用水计量到户，工业用水计量设施安装要符合有关规定，灌区农业用水计量设施安装到斗渠，井灌区用水推行井口计量。加强取用水统计工作，把取用水和节水统计纳入本地区国民经济核算体系；建立统计信息发布制度，定期发布各地区和主要行业节水主要指标变化情况。

（8）加强宣传教育，提高节水意识。要将节水型社会建设宣传教育作为一项长期任务来抓，充分利用各种媒体，大力宣传水资源和生态环境形势以及建设节水型社会的重要性，宣传资源节约型、环境友好型社会建设的发展战略，节约用水的方针、政策、法规和科学知识等，使每一个公民逐步形成节约用水的意识，养成良好的用水习惯。建设与节水型社会相符合的节水文化，倡导文明的生产和消费方式，逐步形成浪费水可耻、节约水光荣的社会风尚。

（甘肃省水利厅水政处供稿）

深化建管体制改革　推进甘肃水利发展

改革开放 30 年，甘肃水利基本建设取得了巨大成就，一批骨干水利工程相继建成，形成了灌溉、供水、防洪、发电等多种功能的水利工程体系，为甘肃省经济社会可持续发展提供了有力支持。由于甘肃省自然状况复杂，干旱少雨，水土资源分布不均衡，特定的条件，决定了水利建设的长期性、艰巨性和复杂性。

一、建设管理体制改革逐步深化

甘肃省水利工程建设管理体制是在计划经济向市场经济转变中发展变化走向成熟的。现在已形成了包括项目法人、招标投标、建设监理、质量安全、造价合同以及开工、验收等基本建设程序管理为主要内容、一整套较为完善和规范的管理体系。

（一）项目法人责任制

项目法人责任制是“三项制度”的核心，是项目实施的组织保证。1996 年甘肃省水利厅为贯彻执行水利部《水利工程建设项目实行项目法人责任制的若干意见》，结合甘肃省水利工程建设的实际情况，颁布了《甘肃省水利工程建设项目管理规定》（甘水基发〔1996〕5 号），提出“水利工程建设要积极推进项目法人责任制”并在省属重点水利工程及大中型水利工程建设项目中组织实施，1998 年又下发了《关于实行建设项目法人责任制的暂行规定》（甘水基函发〔1998〕24 号），2001 年甘肃省水利厅按照水利部《关于贯彻落实〈国务院批转国家计委、财政部、水利部、建设部关于加强公益性水利工程建设管理的若干意见的通知〉的实施意见》（水建管〔2001〕74 号）、水利部《关于在建水利工程实行项目法人责任制整改工作的通知》（水建管〔1998〕481 号）精神，加强了对水利建设工程推行项目法人责任制的监管力度，制定了《甘肃省水利工程建设管理办法》（甘水发〔2001〕197 号），明确规定了项目法人在工程建设中处于核心地位，对工程建设的全过程管理负总责，对项目的工程质量、工程进度和资金管理负总责并明确了有关项目法人的组建原则和要求；新开工的水利工程建设项目必须实行项目法人负责制并在省级水行政主管部门审查备案，否则不受理立项申请、开工审批和竣工验收。

（二）招标投标制

甘肃省水利建设管理探索试行招标投标制始于 1984 年引大入秦灌溉工程。当时在盘道岭隧洞施工项目中首次引进国际招标竞争机制，先后引进了日本、意大利等具有世界先进施工技术与管理水平的公司参加引大施工，取得了非常好的效果。1990 年 3 月甘肃省水利厅颁发了《甘肃省水利水电基本建设工程施工招标投标工作管理办法》（甘水基发〔1990〕7 号），开始在甘肃省省属部分重点工程进行招标投标工作的试点，1996 年制定了

《甘肃省水利工程建设项目施工招标投标工作管理办法》(甘水基发〔1996〕39号),要求在大中型水利工程建设施工中实行招标投标制。1999年8月《中华人民共和国招标投标法》(主席令第21号)颁布后,2001年月10月水利部制定了《水利工程建设项目招标投标管理规定》(水利部令第14号)明确规定:施工单项合同估算价在200万元以上;重要设备、材料的采购单项合同估算价在100万元以上;勘察设计、监理等服务项目的采购单项合同估算价在50万元以上的水利工程建设项目的勘察设计、施工、监理以及与水利工程建设有关的重要设备、材料的采购必须实行公开招标。甘肃省水利厅以甘水发〔2001〕450号转发了水利部的有关文件和《水利水电工程施工合同和招标文件示范文本》,制定了《甘肃省水利建设工程招标投标专家库管理暂行办法》并公布第一批评标专家名单(甘水办发〔2001〕100号),2007年又重新调整公布了甘肃省全省水利水电招标投标专家库专家组成人员名单(甘水发〔2007〕83号)。从招标管理机构、招标程序、招标委员会的组建、评标办法到监督检查等方面,形成了比较完整的招标投标管理机制,逐步规范了市场主体的招标投标行为,加大了招标投标监督管理力度。

(三)建设监理制

1991年水利部颁发《水利工程建设监理规定(试行)》和《水利工程建设监理单位管理办法(试行)》文件,水利工程建设监理开始起步。1995年甘肃省水利厅制定了《甘肃省水利工程建设监理实施办法(试行)》(甘水水基发〔1995〕17号),1996年下发《关于开展水利水电工程建设监理有关问题的通知》(甘水基发〔1996〕12号),要求开展工程建设监理工作并着手培训监理工程师。1999年水利部正式颁发了《水利工程建设监理规定》(水建管〔1999〕637号)同时下发了配套的《水利工程监理合同示范文本》(水利部、国家工商行政管理局 水建管〔2000〕47号)、《水利工程建设项目施工监理规范》等一系列水利工程建设监理规章制度和技术标准,水利工程建设监理型水利工程建设项目以及病险水库除险加固工程、大型灌区续建配套与节水改造等工程全部实行了工程建设监理制。甘肃省水利工程建设监理队伍也在不断壮大,到2007年经水利部批准获得水利工程建设监理资质的单位已达23家,其中甲级单位2家、乙级单位19家、丙级单位2家。甘肃省水利厅先后与水利部委托的有关院校举办监理工程师培训班16期,有1000余人参加水利部总监理工程师和监理工程师的培训,全省共取得总监理工程师资格的159人,监理工程师资格的960人。

改革开放为水利建设注入了活力,为水利建设体制改革增加了动力。实践证明,以"三项制度"为核心的水利建设管理体制及其配套管理制度的建立和完善,为保证水利建设的顺利实施发挥了积极作用。

二、水利工程建设质量监督逐步强化

经过多年的探索、实践,水利工程质量管理确立了项目法人负责、监理单位控制、施工单位保证和政府部门监督相结合的管理体制,围绕这一体制,通过完善制度建设、强化监督检查等措施,有效地保证了水利工程质量。

自20世纪80年代水利工程建设实行政府质量监督制度以来,特别是《建设工程质量管理条例》颁布后,水利工程质量监督工作取得了较大进展。1988年,根据《水利电力部基本建设工程质量监督暂行条例》的要求，甘肃省水利厅以甘水基〔1988〕第52号文件批准成立了甘肃省水利厅基本建设工程质量监督中心站。

甘肃省全省水利工程质量监督机构分两级设置：省水利厅设基本建设工程质量监督中心站，市（州）水利局设基本建设工程质量监督站。

省水利厅基本建设工程质量监督中心站在省重点工程引大入秦灌溉工程、疏勒河农业综合开发及移民安置工程、南阳渠灌溉工程、景泰川电力提灌工程设项目站，作为派出机构。项目站均由建设单位人员兼职。

14个市（州）水利局除嘉峪关市（由于该市水利基建项目少，由毗邻的酒泉市代行）和甘南州外，共有12个市（州）设基本建设工程质量监督站。

规范质量评定和验收管理。1992年印发了《甘肃省基本建设工程质量监督管理办法》（甘水基发〔1992〕4号），1996年下发了关于修订颁发《甘肃省水利工程建设质量管理办法（试行）的通知》（甘水质发〔1996〕6号），1997年转发了水利部《水利工程建设质量监督管理规定》（水件〔1997〕339号）、1999年转发了水利部第9号令《水利工程质量事故处理暂行规定》、1999年制定了《关于确保工程质量加强水利工程建设管理的若干意见》（甘水基〔1999〕15号），还出台了《甘肃省水利工程建设质量检测管理办法》（甘水基〔1999〕10号）。甘肃省水利厅实行了按照单元工程、分部工程、单位工程逐级评定的质量评定制度和项目法人验收和政府验收相结合的验收制度，规范了水利工程施工质量评定和验收的方法、程序，统一印制了工程质量评定表和验收表，使施工质量评定及验收管理标准化、规范化、制度，在质量评定和验收工作中充分发挥专家的作用，使质量评定和验收更加科学合理。

2000年1月30日国务院颁发了《建设工程质量管理条例》（国务院令第279号），建设部会同水利部共同编制了《关于发布〈工程建设标准强制性条文〉（水利工程部分）的通知》（建设部建标〔2000〕234号，以下简称《强制性条文》）。《强制性条文》是由现行水利技术标准中直接涉及人民生命财产安全、人身健康、环境保护和其他公众利益的、必须严格执行的强制性规定摘录而成，是水利工程建设全过程中的强制性技术规定，是从技术上保证水利工程建设质量的关键。甘肃省水利厅及时转发了水利部《关于加强〈工程建设标准强性条文〉（水利工程部分）实施工作的通知》并先后举办了两期《工程建设标准强制性条文》（水利工程部分）的培训班，对各地（州）市水行政主管部门、水利水电建设单位、设计、监理、施工单位的主要管理人员和专业技术人员600多人进行了培训，为《强制性条文》的全面贯彻落实奠定了基础。

三、水利工程施工安全管理得到加强

为贯彻落实国务院颁发《建设工程安全生产管理条例》，甘肃省水利厅结合水利工程建设实际，积极开展安全生产的规章制度制定工作。先后制定了《甘肃省水利厅安全生产责任制考核办法》、《甘肃省水利工程建设重大质量与安全事故应急预案》、《甘肃省水利工程建设安全生产管理规定》、《甘肃省水利安全生产隐患排查治理专项行动实施方案》、《甘肃省水利厅机关处室及厅属单位（具有行政职能的单位）安全职责》等一系列规章制度，并且成立了甘肃省水利厅安全生产委员会，下设办公室（由人事处办理日常事务）；各级水行政主管部门和建设单位、施工单位都成立了安全生产领导小组，安全生产实行行政一把手负责制，对质量和安全生产工作直接负责；省属重点水利工程建设项目、病险水库除险加固工程实行了项目法人终身责任制，并与省水利厅签订质量和安全生产目标责任书，其中质量和安全作为项目考核的重要内容；同时加大了对工程质量和安全的监督检查力度，检查工作采取先由建设单位、施工单位自查，省水利厅组织对重点项目和单位进行柚查，对检查发现的问题提出整改意见，责令限期整改，并对发生质量和安全事故的有关责任人进行行政和经济处罚，以确保工程质量和安全；按照国务院和水利部的安排，在甘肃省全省水利行业开展多次形式多样、生动活泼、行之有效的“质量安全年”、“质量安全月”活动。

按照《国务院安全生产许可证条例》的规定，水利部颁发了《关于建立水利建设工程安全生产条件市场准入制度的通知》（水建管〔2005〕80 号），甘肃省水利厅以甘水办发〔2005〕42 号转发了水利部文件并配合建设部门先后对甘肃省水利工程施工企业进行安全生产资质考核，对施工企业的安全生产组织机构、安全生产规章制度、安全生产条件装备、施工设备安全年检和安全生产业绩等进行考核，颁发《安全生产合格证书》，不达标的企业责令限期整改。到 2007 年，甘肃省水利工程施工企业全部取得了《安全生产合格证书》。2004 年水利部颁布《关于水利水电工程施工企业主要负责人、项目负责人和专职安全生产管理人员安全生产考核管理暂行规定》（水建管〔2004〕168 号），甘肃省水利厅下发了《关于贯彻落实水利部三类人员考核规定有关事项的通知》（甘水发〔2004〕309 号）转发了文件并部署安排考试、考核事宜，对全省水利施工企业进行了大规模的培训考核，先后举办了两期施工企业三类人员的安全生产培训、考试、考核，共考核合格企业主要负责人 82 人、项目经理 277 人、专职安全生产管理人员 264 人，另有一级施工企业直接参加了水利部的培训考试考核 800 多人次，上述人员全部取得了由建设部颁发的《水利行业安全生产考核合格证书》。2005 年按照水利部的安排，对全省水利建设所有监理人员进行了安全生产培训、考试、考核，颁发了《水利行业安全生产考核合格证书》。并要求各级水行政部门以及参加水利工程建设的建设单位、勘测设计、施工、监理都要对施工质量和安全履行监督检查职责，同时要求所有施工人员、监理人员都必须持《安全生产考核合格证》方可上岗。建立健全了社会舆论监督和举报投诉制度。任何单位和个人的对于违反《强制性条文》的行为，都有权向各级水行政主管部门举报、投诉，并严格依法加大对违反《建设工程安全生产条例》行为的处罚力度；对存在质量和安全隐患的工程项目发出整改通知，限期整改，并先后就疏勒河综合开发项目昌马水库排砂泄洪洞塌方事故（甘水基发〔1999〕39 号）、昌马水库临时路桥冲塌事故（甘水基发〔1999〕54 号）、天水市城区供水上上磨水源地输水泄洪洞工程质量问题、高台小海了水库坝体溃口等工程质量事故，进行了严肃查处并在全省水利系统进行了通报批评；为全面贯彻落实《建设工程安全生产条例》，确保了甘肃省水利工程建设质量安全生产起到了监督保证作用。

四、水利建设市场秩序进一步规范

甘肃省水利建设市场的主体主要是水利工程项目法人单位、水利工程施工单位、水利水电勘测设计单位、水利工程建设监理企业、水利工程金属结构制造企业。在 2000 年以前甘肃省水利工程建设市场不够发育，水利工程施工多采取行业保护措施，曾明文规定："凡甘肃省水利施工队伍能够完成的任务，均应安排本省本行业队伍承担，原则上不得引进外省外行业的施工队伍"（甘水基发〔1993〕16号）。按照建立和完善社会主义市场经济体制，铲除市场壁垒，打破行政保护，建立全国统一市场的要求，甘肃省水利厅开放水利建设市场，通过完善招标投标管理，一批外省、外行业具有相应的水利工程施工资质、施工力量雄厚、设备先进的施工队伍进入甘肃水利建设市场承揽项目。

在开放水利市场的同时，加强了市场监管。按照水利部《关于进一步整顿和规范水利建筑市场秩序的若干意见的通知》（水建管〔2001〕248号），甘肃省水利厅建管处提出建立水利市场准入和动态管理的清出制度。规定所有参加水利建设的勘测设计、施工、监理、咨询、招标代理单位，必须依法取得相应等级的资质证书，并在其资质等级许可的范围内从事相应的水利工程建设活动，严厉打击无证、越级或挂靠承接业务的行为；同时建立动态管理的清出制度，对于有市场违法违规行为、发生严重工程质量事故、出现重大安全事故、出现工程转包以及不执行水利工程建设强制性标准行为的单位，水行政主管部门要严格依照法律法规做出降低资质等级，直至依法将其清出水利建筑市场的处罚。甘肃省水利厅修改和补充了以前发布的水利工程建设管理办法，在水利工程招标投标工作中严格执行市场准入制度。根据工程规模和级别确定设计、施工、监理的资质等级要求，对于参加投标的单位进行严格的资质审查，对跨省、跨行业投标的单位必须经省水利厅对其资质等级、安全资格、相关业绩、财务状况、信用程度进行审查并备案方可参加投标。2004年水利部印发了《关于建立水利施工企业监理单位信用档案的通知》（水建管〔2004〕415号），甘肃省水利厅以甘水办发〔2004〕128号及时转发了文件组织施工企业监理单位填写并向水利部报送，并在2006年第二次组织填报，建立了甘肃水利建设市场主体及相关执（从）业人员信用档案系统，将企业信用信息与市场监管制度结合起来，建立了失信惩戒机制。通过加强市场监管、加大检查和稽查力度、严把市场准入关，加强行业自律等有力措施，规范了甘肃省水利建设市场，取得了明显的成效。

五、施工新技术、新材料及设备应用得到推广

甘肃水利建设在推广和使用新技术、新工艺、新材料方面有了长足的发展，一批新技术、新工艺、新材料在甘肃省水利工程建设中得到推广应用。

（一）新技术、新工艺在水利工程施工中的应用

1. 渠道工程施工

（1）推广"板膜复合结构"混凝土衬砌形式减少渠道渗漏。甘肃省水利工程根据多年施工的经验，在渠道施工中推广"板膜复合结构"混凝土衬砌形式，防渗材料大量推广选用一布一膜的复合土工布，其强度和耐久性均优于塑料薄膜，并选用黏性好、抗变性能好、耐老化的伸缩缝填筑材料。此项技术被广泛运用于节水灌溉工程、黑河流域综合治理工程、疏勒河引水工程的渠道施工中，较好地解决了渠道渗漏问题。

（2）在渠道抗冻胀方面，根据不同地方的气候、土质、地下水埋深及工程特性，甘肃省河西地区的渠道工程采用对冻胀变形适应性较强的孤底梯形渠，塑膜砂砾石防冲层渠、干砌预制板渠、加大阴坡渠道砂砾层厚度、断面较小的渠道多采用抗冻胀性能较好的U

形槽加撑杆等断面衬砌形式，断面较大的渠道多采用孤底梯形断面预制混凝土板衬砌，抑制了冻胀对渠道的危害。量水设施改进：为了量水准确，保证下游出流为自由流，优化了巴歇尔量水槽体型，在巴歇尔量水槽的内侧加钢肋衬。浇筑方法的改进：干渠渠道改变了以前的无模和滑模浇筑，而采用了有模浇筑和插入式振捣，既提高了渠道混凝土的密实度和强度，又保证了工程质量和加快了施工进度。通过以上技术措施和方法的改进，消除了灌区输水渠道的安全隐患，增大了渠道输水能力，减少了渠道淤积和渗漏损失，提高了工程安全运行制度。

(3) 新型消能方式的应用。

1) 筛网式消力井在景电二期延伸向民勤调水工程中的应用。景电二期延伸向民勤调水工程穿越沙漠腹地的暗渠工程有约 9km 的渠线基本垂直于等高线行进，地面呈不规则阶梯状下降，总落差约 74m。根据地形特征。经过比较，选用筛网式消力井作为暗渠工程的主要消能形式。在暗渠工程中共设置了 11 座落差 5～9m 的筛网式消力井，均为矩形竖井式结构。消力井的上、下游通过渐变段与暗渠相连接，根据不同落差高度，将消力井设计为多层筛网式消能和单层筛网式消能。其中最上层筛网网眼为矩形孔，其余层为圆形孔，筛网为钢筋混凝土预制件。根据工程特点，实践证明筛网式消力井运行安全可靠、消能效果好、具有良好的整体性、抗冻性及防风沙入渠能力，结构经济合理。

2) 尾栅式消力池在南阳渠灌溉工程中的应用。南阳总干渠工程，南阳山陡坡全长 310m。净落差 55.49m，设计流速 9.86m/s，流量 4.0m^3/s，工程布置受到兰郎公路的限制，常规措施投资过大，效果不理想。经过水工模型试验和方案优化，采用尾栅式消力池，即在消力池中设弧形消力墩、池尾的栅式尾坎和池后的二级消力墩，可基本解决渠道初始放水过程中消力池的水流垂直跃起的问题，在较大级流量时增加了消能的效果。尾栅设计可最大限度地降低池末尾水高度、均化池后水流流速，同时还有消能、稳水及保证冬季消力池内水流排空的作用。池后的二级消能墩的主要作用是保证在各级流量下，池后水流均能以缓流形式光滑与墩后水流相接。

3) 消能箱消能在南阳渠灌溉工程中的应用。消能箱为澳大利亚雪山公司技术，用以解决泄水渠高水头泄水消能问题。南阳渠总干渠工程的 5 号、6 号、泵站进口、泵站出口压力管道等四个泄水闸工程口，均采用了管道泄水、消能箱消能的新技术，其中 5 号泄水闸（渠）设计水头高达 110m，设计纵坡 1∶3.33，设计流速 19.56m/s，设计流量 4m^3/s。通过消能箱消能，流速减至 2.5m/s，出水平稳消能效果及极佳。而消能箱仅长 8m，宽 3.2m，高 3.4m 钢筋混凝土结构。其结构简单整体稳定性强、技术可靠、工程量小，对地基要求不高、易于布置。消能箱技术的成功应用，解决了高水头消能难题，通过多次运行，显示出其良好的技术可靠性和稳定性以及经济可靠的优点，是一种新型的消能型式，具有技术创新性，有进一步推广价值。

2. 隧洞施工

(1) 引大入秦灌溉工程依托当时先进的设计施工水平，通过技术经济比较，采用高水头、大跨度桥式倒虹吸和预应力钢筋混凝土空腹架拱渡槽跨越沟谷河流，选定长隧洞和隧洞群相结合的自流引水方案，在地形、地质条件极为复杂的地区快速建成了引大入秦工程，为跨流域调水工程开拓了新路。

引大总干渠全长 87km，隧洞总长 75km，隧洞占 86.2%，引水干渠总长 186km，隧洞总长 165km，隧洞占 88.2%。引大盘道岭地质条件极差，13km 的洞段为胶结不良、遇水软化、具有高流变性的极软岩。设计施工中以新奥法为基础，采用黏弹塑性有限单元分析设计，悬臂式掘进机无扰动开挖。预注浆，超前加固，锚杆、钢拱架、管棚、喷混凝土等一次支护及注模二次衬砌，攻克了在极软岩中建造水工隧洞的难题，达到国际先进水平。引大 30A 和 38 号隧洞地质条件复杂，岩性多变，软硬变化幅度很大。采用双护盾 TBM 掘进机，配备适应不同岩性的刀具及采用不同强度的预制管片衬砌，工艺先进，创造了日月成洞的历史最高纪录，施工技术达到国际先进水平，施工速度达到国际领先水平，使我国隧洞施工技术登上了一个新台阶。《引大入秦工程新技术、新工艺应用》获 1999 年国家科技进步二等奖。

(2) 采用小断面长距离隧洞解决渠道的稳定问题。南阳渠工程总干渠布置在分水岭上，山体滑坡密布，为了解决渠道的稳定问题，设计上大量采用了隧洞方案。总干渠全长 56.382km，隧洞总长 28.994km，南阳渠总干渠隧洞为三心圆拱断面，预制钢筋混凝土三铰拱片衬砌，净尺寸宽高各为 173cm×192cm 和 185cm×199cm 两种。总干渠单洞设计最长 7994m，经过设计优化，2 号、3 号洞连在一起，长达 9313m。如此小断面的长距离输水隧洞在国内并不多见。

(3) 土压平衡式顶管施工技术解决软岩隧洞的施工。南阳渠灌溉工程总干渠 5C－Ⅱ标工程 12 号隧洞出口段设计有 330m 内径 180m 的隧洞，该洞段位于南阳渠总干渠末端锁南坝沟道右岸，平均深埋约 18m，地质条件复杂，围岩为淤泥质土及杂色软土，地下水丰富，采用正常掘进开挖很难成洞，且支护成本较大。采用土压平衡式顶管法施工，有效地解决了这一问题，而且施工质量好、施工进度快，安全可靠。顶管法施工在 12 号隧洞的成功应用，开创了甘肃省水利工程顶管法施工的先例，同时为水利工程软岩隧洞的施工积累了成功经验。

(4) 用双液灌浆、管棚法施工技术解决隧洞冒顶、塌方问题。南阳渠总干隧洞围岩由上第三系粉质黏土岩，黏土岩及黏土岩夹砂砾岩构成。黏土岩具有失水干缩，遇水膨胀崩解，饱水后有塑性流变和蠕变特性。施工中各隧洞都出现了大面积塌方和大量的渗水和涌水，施工极为困难，其中在 7 号隧洞、9 号隧洞出现了冒顶塌方，塌方高达十几米，施工中先用水泥加水玻璃双浆对塌方段进行固结灌浆，再进行管棚法施工，有效地解决了 7 号隧洞、9 号隧洞冒顶、塌方问题。

3. 基础处理

(1) 采用水泥土梅花桩加水泥土垫方技术对软基进行基础处理。南阳渠灌溉工程对地下水丰富的三段长 1200m 暗渠软基采用水泥土梅花桩加水泥土垫方技术施工进行基础处理，以形成承载桩顶端荷载的挤密群桩复合地基。实践证明水泥土梅花桩具有承载能力强、地下水的作用不能降低其承载力、施工简便、工程造价低、工程质量易于控制的特点。水泥土梅花桩的首次应用为软基处理提供了新的科学方法，取得了良好的效果。

(2) 土工格栅方法施工快速处理软土地基。在南阳渠灌溉工程对地下水水位高、周边地下水丰富的 930m 基础为软土基础，采用土工格栅加筋砂砾垫层基础处理方法施工，提高地基的承载力和地基整体稳定性。通过沉降观测，地基整体稳定性良好，地基沉降量完全满足设计要求。实践证明该基础处理方法简单易行是快速处理软土地基行之有效的方法。

4. 信息化系统工程水利在水利工程建设中的应用

疏勒河项目信息化系统是甘肃省目前信息化在水利工程的最新应用。它是以现代遥测遥控技术、地理信息系统和三维数字化模拟等高新技术为手段，在高速宽带计算机网络的基础上，建成先进实用、高效可靠、覆盖疏勒河项目区的三维可视数字化水资源优化调度决策支持系统。采用数字光纤主干通信链路和三层星形网络架构体系，建设流域水资源管理局信息化网络中心连接昌马、双塔、花海三大灌区和昌马、双塔、赤金峡三大水库电站管理所6个信息化网络分中心，以及连接灌区12个水管所、37个水管段信息化网络工作站的水资源监控调度网络系统；实现了信息采集存储自动化，数据传输处理网络化，决策支持数字化，以达到水资源优化配置、提高水资源利用效率和效益、确保了水利工程安全运行。

利用先进的千兆以太网技术构建的流域管理局信息化网络平台，已成为流域水资源优化调度、灌区用水管理决策、水雨情动态监视、闸门远程集中控制、工程运行动态监视、流域管理三维仿真的数据中心和决策支持中心；采用快速以太网技术构建的3大灌区、3大水库、12个水管所的计算机局域网，为分布、分层实施全流域水情监测、视频采集、闸门监控、科学调度提供了重要的基础条件。

通过分层分布式综合数据库和流域水资源管理调度数据中心的建成，运用三维数字化模拟等先进技术，开发的流域水情实时动态监视、闸门运行状态监控、流域水资源调度决策、三大水库联合调度、灌区渠系优化配水、流域水资源管理三维动态模拟仿真、防汛抗旱调度指挥、灌区水费收缴网络化管理、流域综合业务管理等应用软件系统，不仅为流域水资源的科学管理提供了重要的技术手段，而且是实现水资源优化配置、最大限度发挥水利工程效能、提高水资源利用效率和效益的重要技术措施，取得了显著的成效。

甘肃省的景电工程实行了泵站联动，远程控制自动化调度的运行方式，张掖节水型社会水资源管理、民乐洪水河灌区、兴电灌区都建设了信息化管理系统。部分大中型水库建设了雨情测报及防洪调度自动化系统。

信息化技术在甘肃省水利建设重点工程和大、中型项目中的广泛使用，大大提高了水库运行、大坝监测、灌区调水的科学性和可靠性。

（二）新材料在水利工程施工中的应用

（1）南阳渠灌溉工程中首先采用保温板解决了高寒地区梯形明渠防冻胀技术难题。聚苯乙烯保温板俗称泡沫保温板是一种保温性能良好的防冻保温材料，具有保温性好、成本低、施工简单可靠的特点。在梯形明渠工程中采用聚苯乙烯保温板替代砂砾防冻保温层，衬砌渠道8.3km，保温板总用量4300m^3，此项技术在甘肃水利工程中大面积使用保温板开创了先例。与砂砾防冻保温层相比保温板保温层渠道每公里造价降低27.3万元，大大地降低了工程投资，显现出其良好的经济性。同时保温板是工业产品，质量可靠、品质均一、且不受细颗粒土的污染，施工工艺简便、施工效率高，避免对渠道的开挖和回填的土石方量，减少了工程占地有利于环境保护；通过一个冬季考验，渠道稳定无冻涨、变形现象，解决了高寒地区梯形明渠防冻胀技术难题。这项新材料在黑河流域综合治理工程中也被广泛使用。

（2）在疏勒河项目渠道施工中采用抗冲耐磨硅粉混凝土解决陡槽底板抗冲耐磨处理。疏勒河西干渠流速高达19.07m/s，需要对陡槽底板进行抗冲耐磨处理，在工程实施时采用了抗冲耐磨硅粉混凝土施工，同时采用加宽加深消力池及消力池边墙消除二次水跃，工程经多年运行状况良好。

（3）混凝土养护剂在工程中的应用。在景电二期延伸向民勤调水工程施工初期，采用传统的洒水养护方法，但由于气温高，混凝土表面易被风吹晒、易干燥，加之施工路线长，汽车拉水距离远，且费用高，使人工洒水养护很难保证混凝土养护要求，混凝土表面早期处于干燥的环境下，混凝土表面产生干缩、龟裂，降低混凝土强度，减少混凝土使用寿命。为了确保混凝土设计强度，保证混凝土施工质量，在混凝土养护中广泛推广和使用了混凝土养护剂，混凝土养护剂是将养护剂溶液喷涂在混凝土表面上，溶液挥发后混凝土表面形成一层薄膜，使混凝土表面与空气隔绝，封闭混凝土中的水分不再蒸发，从而使混凝土进行充分水化作用，达到混凝土养护的目的。使用混凝土养护剂，成功地解决了沙漠缺水地区暗渠混凝土养护难题，取得了显著效果。

（4）混凝土引气减水剂在混凝土工程中的应用。景电二期延伸向民勤调水工程暗渠，位于腾格里沙漠边缘，风沙大，气候炎热干燥，施工条件差，施工现场混凝土配制工艺难以控制，为了增加混凝土密实度，提高混凝土抗渗性，减少气泡，在混凝土工程中推广使用混凝土引气减水剂，在混凝土中掺入引气减水剂。混凝土引气减水剂的使用改善了混凝土拌和物黏聚性及混凝土施工工艺，大大改善了混凝土拌和物的和易性、保水性，可减少混凝土泌水和离析现象，同时可以减少混凝土坍落度的损失，从而改变混凝土内部密实性、不透水性和抗冻性。提高了混凝土强度、抗渗、抗冻及耐久性指标，特别是细砂配制混凝土尤为重要。在混凝土中掺入引气减水剂后，使对于混凝土内部结构发生了变化，减少混凝土后期产生微小裂缝。增加了混凝土密实度，提高侧墙底部抗渗性。

（三）新设备在水利工程施工中的应用

1. 钢模台车施工技术在暗渠工程中全面推广应用

景电二期延伸向民勤调水工程地处腾格里沙漠，全长99.04km，其中200号钢筋混凝土箱型暗渠近80km。暗渠作为主要输水渠道，其施工进度、质量直接决定着整个工程能否保质保量、按时完成景电二期延伸向民勤调水工程建设任务。由于地理环境和气候条件对施工的影响，若沿用常规方法施工，模板支撑、拆卸工作量大，稳定性差，浇筑进度慢，易跑模，易漏浆质量不易控制。为了确保工程质量和工程进度，在暗渠工程中强制性的全面推广钢模台车施工技术，共生产制造钢模台车20台。钢模台车施工技术具有省工、省时、省费用、施工进度快；混凝土一次浇筑成型，整体结构性好，暗渠高程、轴线、断面尺寸易控制，混凝土表面光滑、糙率小。为确保景电二期延伸向民勤调水工程质量、工期，发挥了很大作用。

2. 填方质量快速检测：核子密度仪在工程中的应用

景电二期延伸向民勤调水工程中有5处3km多的渠道处于填方段，填方段最大高度达4.6m，由于施工线路长，点多面广，施工初期一直采用传统的环刀检验夯填质量，环刀试验速度慢，不能及时得出结论，影响施工进行。经考察引进核子密度仪进行填方质量检测。核子密度仪的特点是轻便、灵活、快速，操作简单且易掌握，可随时随地跟踪碾压施工现场快速检测填方质量。能及时快速地将不合格的填方段检测出来，进行及时返工或重新压实，使夯填段工程质量、进度得到了保证。

（甘肃省水利厅建管处供稿）

推进水管体制改革　促进水利可持续发展

千里陇原绿荫尽染，莽莽戈壁换了新颜。库渠密布，润浸良田。水利管理改革开放30年，是解放思想、创新理念、团结奋斗、开拓进取的30年；是与时俱进、深化改革、科学发展、效益显著的30年。

一、加大改造力度　确保安全运行

在甘肃，缺水人所共知，节水潜力很大，因此水利管理显得尤为重要。1978年以来，甘肃省认真贯彻落实“巩固改造、适当发展”的水利方针，把工作重点放在了灌区维修改造、除险加固和完善配套上。

从20世纪70年代中期到80年代初，甘肃省开展了大规模的渠系改建和田间配套。到1990年，全省干支渠衬砌13637km，占干支渠总长的36.9%；田间配套面积636万亩，占有效灌溉面积1304万亩的48.8%，为灌区发展打下良好基础。如凉州区金塔河灌区经过工程改造，干支渠衬砌有效利用系数由衬砌前的0.73提高到0.86，从根本上改善了工程运行状况。在大力开展灌区改造的同时，“八五”以来，全省开始中低产田改造，到2007年，全省已治理耕地盐碱地61.9万亩，占全省盐碱地244.2万亩的32%，使灌区粮食生产能力得到巨大提升。

从1980年起，甘肃省在提水灌区开展了“泵站八项技术经济指标考核”，此举使各大中型电力提灌站能源单耗普遍下降，安全运行率逐年提高。而同时开展的泵站测试及机电设备改造，对促进泵站工程管理水平的效果更为明显，到2007年，全省7479处机电提灌工程，有效灌溉面积达367.22万亩。

1981年，根据全国水利管理会议提出的“把水利工作的重点转移到管理上来”的精神，甘肃省开展了“三查三定”工作，即查安全，定标准；查效益，定措施；查综合经营，定发展计划。进一步摸清工程管理情况，并针对工程现状制定出加强工程管理的计划和措施。

从1994年起，在全省大规模地开展了水利工程土地划界工作。至1996年底，全省水利工程已领到土地使用证的管理范围达162.83万亩，划定保护范围81.93万亩。通过划界，有力的制止了对水利工程的破坏，从根本上保护了水利工程设施安全运行。

20世纪90年代末期，国家加大了对现有水利工程改造的投入力度。1999年以来，全省有131座病险水库列入《全国病险水库除险加固专项规划》。国家发展和改革委员会、水利部下达除险加固计划107座水库，全省50座水库完成除险加固建设任务。为了加强水库安全管理，全省有285座水库进行了大坝注册登记，131座水库大坝进行了安全鉴定。通过除险加固，水库安全运行发挥了巨大的效益。全省水库总库容24.3亿m^3，年供水量 27.7 亿 m^3，有效灌溉面积 563 万亩。保护了下游 42 座县级以上城市、550 多万人口、780 万亩耕地的防洪安全，减缓了江河洪水对交通干线威胁，对甘肃省经济社会的发展和人民群众生命财产安全起着十分重要的作用。

同时，甘肃省有 14 个大型灌区列入国家规划并投资建设，其中景电一期等 5 个灌区开展信息化建设试点。国家发展和改革委员会、水利部下达甘肃省 12 处大型灌区开展续建配套与节水改造建设。到 2006 年，通过节水改造，使灌区渠系水利用系数平均由 0.57 提高到了 0.6，灌溉水利用系数由 0.5 提高到了 0.54；共新增和恢复灌溉面积 49.8 万亩，改善灌溉面积 108 万亩，新增粮食生产能力 11.5 万 t。

在甘肃省委省政府的高度重视下，洮惠渠、马营河和榆林河 3 个重点中型灌区在农业综合开发水利骨干工程改造中陆续安排实施；29 个 1 万～5 万亩灌区进行了续建配套与节水改造建设，使甘肃省现有灌区和水利工程改造进入了一个新的历史时期。

30 年来，甘肃省灌区水利工程得到了大规模的改造。到 2007 年，全省干支渠衬砌累计达到 2.45 万 km；田间工程配套面积 1110 万亩，占有效农田灌溉面积 1870 万亩的 59%，是 20 世纪 80 年代初田间配套 403 万亩的 2.8 倍；斗农毛渠渠系有效利用系数由配套前的 0.5～0.55，提高到现在的 0.7～0.75，从根本上改变了田间渠系的基本条件。2007 年，处理病险工程 646 座；设备更新 2898（台、套）。通过改建配套、除险加固和更新改造，水利工程安全运行，发挥了巨大效益，同时也为工农业生产持续稳定增长提供了重要保障。

二、推广科学用水　促进节水增效

甘肃省人均水资源总量不足全国平均水平的 1/2，耕地亩均水资源是全国平均水平的 1/4，在这样一个干旱缺水的自然条件下，要发展经济就必须搞节水，通过水的高效利用来推动经济社会持续稳定地发展，这是摆在甘肃省全省水利管理人员面前的一项艰巨任务。

从 20 世纪 70 年代后期至 80 年代初期，甘肃全省万亩灌区积极推行“六改、两建、一集中”，即改按行政区划配水为按渠系配水、改集中轮灌为合理分组轮灌、改串漫灌为沟畦灌、改按亩配水收费为按方收费、改山泉井水分散使用为集中统一使用；改不合理的灌溉制度为科学的灌溉制度；建立基层管水组织、建立合理的规章制度，水权集中。在万亩以上灌区积极推行计划用水，以水种植、以亩定水、斗口计量、按计划配水、按方收费和科学灌溉，采取总量控制，集中水权，计量供水，配水到地，分水到户的措施，充分发挥了灌溉工程效益，促进了灌区科学用水。

从 20 世纪 80 年代中期到 90 年中期，甘肃全省各级水利部门坚持“科教兴水”战略，加快科技成果的转化和应用推广，特别是河西、中部、河东等 12 个地市大规模开展了常规节水增产灌溉技术示范推广和低压管道输水灌溉技术示范推广，到 1993 年，甘肃全省推广常规节水增产灌溉技术示范推广面积达到 400 万亩、低压管道输水灌溉技术示范推广面积达到 24 万亩。

20 世纪 90 年代后期以来，甘肃全省节水有了进一步的发展。各级水利部门积极争取国外资金发展节水面积 140 万亩。目前，甘肃省节水已基本形成了自流灌区以常规节水为主，井灌区以管道输水为主，经济作物以喷灌、滴灌为主，旱作农业以集雨节灌为主的节水格局。到 2007 年，通过各种节水工程措施，甘肃全省发展节水灌溉面积 1156.8 万亩，全省节水灌溉工程水分生产率达到 1.59kg/m^3，粮食亩均增产 60kg，经济作物亩均增加产值 320 元，为全省和经济社会持续发展奠定了基础。

三、加快水价改革　建立合理机制

1978 年以前，甘肃省的一些灌区只是象征性地收缴水费粮（电力提灌工程按 0.01～0.03 元/m^3 收水费），从 20 世纪 80 年代开始，甘肃全省水费改革步伐加快，特别是 1985 年国务院颁布了《水利工程水费核定、计收和管理办法》，对于建立与社会主义市场经济相适应的水价体系打下了基础。

1994 年，甘肃省省政府出台了《关于加快水利改革和发展的决定》，对水费改革提出了“分级管理、分级决策、逐步到位”的水费改革总体思路。1995 年，甘肃省省政府以 9 号文批转了由甘肃省水利厅和省物价委制定的《关于加快甘肃省水费改革有关问题的请示》，甘肃全省水费改革步伐明显加快。同年，甘肃全省水费收入达到 1.8 亿元，是 1979 年 971 万元的 16 倍。紧接着，甘肃省又制定出台了《甘肃省水利工程供水生产成本、费用核算暂行办法》和《甘肃省水利工程水费计收和使用管理办法》，正式把水费确定为经营性收入，又将水费改革推向了一个新的发展阶段。到 2007 年，甘肃全省水费收入达到 5.25 亿元（含电费 0.68 万元），与 1995 年相比增加 3.45 亿元，水费收入增加了 192%。全省农业用水价格平均由 1994 年的不足 0.02 元/m^3 提高到 0.088 元/m^3，提高了 4.4 倍。

通过水价改革的不断深入，甘肃省水价管理的法规政策体系日趋完善，管理体制得到理顺，有效缓解了工程老化失修的严重状况和初步扭转了水管单位入不敷出的局面，并为促进节约用水和水资源的优化配置发挥了积极作用。

四、不断深化改革　促进良性发展

党的十一届三中全会后，国家提出要把水利工作的重点转移到管理上来，甘肃全省水利管理始终把改革作为工作的中心。

1988 年，甘肃省灌区推行各种形式的目标责任制和经营承包责任制。为了探索灌区改革的新思路，在甘肃甘州区西干渠灌区开展水利管理承包经营试点，在甘肃凉州区黄羊河灌区开展水利现代企业制度试点。同时，在甘肃全省大中型灌区开展灌区技术经济指标考核、划等晋级。到 1990 年，甘肃全省大中型灌区有 78 处实行了经营承包和招标承包，116 处灌区进入等级灌区，促进了灌区管理水平的提高和稳步发展。

20 世纪 90 年代，甘肃省又积极稳妥地开展了农村小型水利改革，采取承包、股份制合作、拍卖、租赁一批小型水利工程，激发了群众办水利的积极性，形成了以群众投入为主，国家投入为导向，集体投入作补充的多渠道、多元化投入方法，使一大批年久失修的工程重新发挥了效益。据统计，在甘肃全省 10.12 万处小型水利工程中，已承包 5016 处，租赁 4300 处，拍卖 2300 处，股份合作制 4200 处。

进入 21 世纪，甘肃省水利管理改革步伐加快。2002 年，国务院办公厅转发了《水利工程管理体制改革实施意见》。甘肃省政府先后批转了《甘肃省水利工程管理体制改革试点工作指导意见》、《甘肃省水利工程管理体制改革方案》等文件。根据“统一政策、分级组织实施、试点先行、积极稳妥推进”水管体制改革工作的指导思想，全面安排部署了甘肃全省水管体制改革工作，力争在3年内，初步建立起符合甘肃省省情、水情和社会主义市场经济要求的水利工程管理体制和运行机制的总体目标。

到2008年，14个市（州）及359个水管单位水管体制改革实施方案均由政府批准实施，明确了水管单位的类别和性质，落实了公益性经费，水管单位内部管理得到加强，水管体制改革任务基本完成。1996年，甘肃白银市东坪电灌作为甘肃全省实行参与式灌溉管理试点，成立了甘肃省第一个农民用水者协会，整个灌区实行参与式灌溉管理。通过试点，调动了用水户参与灌区建设和管理的积极性，节水节能效益明显，实现了节水、节能、增效，使灌区步入良性循环的轨道。到2007年，甘肃全省共组建农民用水者协会1770个，参与农户66.8万户。

五、健全法规体系　推进依法管水

30年来，随着甘肃省水利改革不断发展，水利管理法规体系也在不断完善，先后制定颁发了水利管理改革、河道管理、水价改革等法律、法规，为水利管理改革发展提供了保障。

1992年，甘肃省水利厅、省财政厅、省物价委员会联合颁发了《甘肃省河道采砂收费管理实施细则》，以及水利管理改革、水价改革等法律、法规。

1993年，甘肃省政府发布了《甘肃省实施河道管理条例办法》。

1994年，甘肃省人大颁发了《甘肃省水利工程设施管理保护条例》，并于1997年5月28日省人大八届二十七次会议和2004年6月4日省人大十届十次会议二次修订，这是甘肃省首次颁布实施的水利工程管理保护法规，保证了水利工程正常运行和发挥效益。

1997年，由省水利厅、省计委颁发了《甘肃省河道管理范围内建设项目管理办法》。

这些法规的颁布实施，使甘肃省水利管理工作逐步走上了依法管理的轨道。

20世纪90年代初，甘肃省重点加强了河道管理机构建设。全省31个县（市）设置了河道专管机构，共有河道管理人员331人，其中河道专管人员163人，为河道管理奠定了基础。为加强水行政执法，省水利厅水管局组建了省水管监察支队，为全省水利执法和河道管理提供了保障。省、市、县各级依据有关法规，加强了河道管理。全省各地普遍开展了河道采砂管理工作，实行河道采砂许可证管理制度。“十五”以来，全省加强了重点河道、重要河段、重点地区的巡查力度，据不完全统计，共查处各类水事案件1000多起。2007年，在全省范围内开展了河道采砂整治专项行动。通过强化管理，加大执法力度，使河道管理工作逐步规范，确保了河道防洪安全，维护了河流健康生命。

六、灌区面貌巨变　群众安居乐业

1978年，全省有万亩以上灌区167处，有效灌溉面积896万亩，灌区粮食总产183万t，粮食亩产仅271kg。到了2007年，全省共有万亩以上灌区193处，有效灌溉面积1393万亩，粮食总产340万t，粮食亩产达到460kg。其中30万亩以上大型灌区由“三查三定”时的8个发展到22个，有效灌溉面积800万亩；中型灌区53处，有效面积413万亩；1 万～5 万亩灌区 118 处，有效面积 180 万亩。这一个个灌区如同一颗颗璀绿宝石，镶嵌在甘肃省的山川大地，在那里，就会看到，水到哪里，植树到哪里；水到之处，一片碧绿。昔日荒滩变良田、荒漠变绿洲，灌区沟渠纵横、库塘遍布，麦棉丰收、瓜果飘香，交通便利、商贸活跃，群众安居乐业，笑逐颜开。不少水管单位利用水土资源优势，先后建成国家级水利风景区 12 处，不仅为甘肃省新农村建设新增了一道道亮丽的风景线，而且成为人们休憩和度假的一个个好去处。

30 年的不断改革，换来的是陇原水利事业翻天覆地的变化。1980 年，全省灌溉面积只有 1295 万亩，而到了 2007 年，全省达到 2078 万亩，比 1980 年新增 783 万亩，年均递增 26 万亩；1980 年，全省水地粮食产量只有 210 万 t，2007 年，增长到 385 万 t，增加了 175 万 t，年均递增 5.8 万 t。以占全省耕地面积 1/4 的水地面积上，生产了全省 1/2 以上的粮食，灌区为甘肃省国民经济和工农业生产的发展做出了应有的贡献，也使甘肃千百年来靠天吃饭的状况发生了历史性的转变。

七、展望未来发展　再创水利辉煌

30 年来，全省水利管理单位真抓实干，与时俱进，创造了令人瞩目的辉煌成就，实现了水利管理事业跨越式发展。同时，30 年的奋斗历程也为甘肃省积累了十分宝贵的经验。这些经验可以概括为“五个必须坚持”。

（1）必须坚持解放思想、转变观念。水利管理要适应社会主义市场经济的发展要求，只有解放思想、转变观念才能加快水利管理持续稳步的发展。

（2）必须坚持深化改革。随着社会主义市场经济的不断完善，水利基础产业的巩固和加强，只有加快建立适应市场经济的水利管理新体制和新机制，才能建立水利工程良性运行，加快水利管理走向市场经济的轨道。

（3）必须坚持科技发展。科学技术是第一生产力，积极引进先进的科学管理理念，加强适应甘肃省特点的各种先进技术试验研究，抓试点促普及，坚持不懈，不断提高水利管理水平。

（4）必须坚持以法管水。不断完善水法规体系，规范水利管理工作，做到依法管水，依法管工程，促进水利管理健康发展，为水利管理改革打好基础。

（5）必须坚持以人为本。水利管理的发展必须依靠科技进步和提高广大水利管理人员的素质，才能实现传统水利向现代水利、可持续发展的转变。

我们也清醒地看到，当历史进入新的发展时期后，我国的水利发展思路也随之发生了重大转变。“十一五”时期，党中央、国务院把解决水资源问题摆上重要议程，强调水是基础的自然资源和战略性的资源，把建设节水型社会作为解决我国干旱缺水问题最根本的战略举措，把保障饮水安全作为水利工作的重要任务，高度重视水资源的节约、配置和保护。我们要紧紧围绕党中央、国务院的方针政策和水利部的工作思路，以邓小平理论和“三个代表”重要思想为指导，坚持科学发展观统领水利管理工作。抓住国家加大水利工程建设投入和西部大开发的良好机遇，以深化水利管理改革为中心，积极推进农业水价综合改革，稳步实行国有水利工程水价加末级渠系水价的终端水价制度，逐步建立适应社会主义市场经济发展的管理体制和运行机制；以节水增效、建设节水型社会为目标，加快现有水利工程的改造；以加强培训、提高水管人员素质为基础，全面提高水利科学管理水平。

我们深知，随着水利事业的快速发展，今后水利管理工作责任更加重大，因此我们要进一步创新思维，开拓进取，团结协调，扎扎实实努力工作，为全面建设小康社会和社会主义新农村，为构建和谐社会，为甘肃省水利事业发展做出更大的贡献。

（甘肃省水利厅水利管理局供稿）

发展水利科技 支撑甘肃水利发展

近 30 年来，甘肃省水利科技事业取得了巨大的发展和进步，尤其是结合甘肃干旱少雨、水资源严重短缺的实际，先后在重点工程关键技术水资源研究、节水灌溉、雨水利用等方面，自主创新，积极引进，有力地推动了甘肃水利事业的发展。

一、水利科研成果

改革开放以来，特别是 1996～2008 年甘肃省水利科研成果硕果累累。据统计，获省部级以上奖项共 50 多项，其中：获国家科技进步二等奖 1 项；获甘肃省科技进步一等奖 2 项，二等奖 17 项，三等奖 30 项。“引大入秦工程新技术、新工艺应用”获国家科技进步二等奖和甘肃省科技进步一等奖，“甘肃省河西走廊（疏勒河）项目灌区地下水动态预测研究”获甘肃省科技进步一等奖。这些科研成果被广泛应用到水利建设的各个领域，有力地推动了甘肃省水利的发展。

二、雨水利用

自 20 世纪 80 年代以来，甘肃省在总结群众传统经验的基础上，在全国率先利用天然降雨解决干旱半干旱地区农村人畜饮水困难农作物补充灌溉问题，展开雨水的集蓄与利用研究。从集雨面的材料和形式、雨水集流系统方式到水窖的结构，经过充分的实验研究和现代材料及技术的集成，实现了传统水窖方面的巨大突破。甘肃的大面积推广建设雨水集蓄利用系统工程，在很大程度上解决了干旱半干旱地区人畜饮水困难问题，并建设农田水窖系统工程，发展集雨节灌事业，使雨水集蓄利用成为水利事业中不可缺少的一部分。1994 年 4 月，《甘肃省干旱半干旱地区雨水集蓄利用试验研究》获甘肃省科技进步三等奖；1999 年 10 月，《甘肃省雨水集蓄利用工程技术标准》获甘肃省科技进步三等奖；2001 年 9 月，《甘肃省干旱半干旱地区集雨农业产业化模式研究与推广应用》获甘肃省科技进步一等奖；2003 年 9 月，《半干旱山区天然降水富集利用技术集成与创新研究》获甘肃省科技进步一等奖和大禹水利科学技术三等奖。到目前为止，已累计建成各种水窖 297 万眼，解决了 263 万人的饮水困难问题，发展集雨节灌农业 550 万亩。以雨水集蓄利用为中心的甘肃水行动，在第三届世界水论坛上获得特别奖。雨水集蓄利用工程所取得的成就，充分受到党和国家领导人的肯定和重视，党和国家领导人多次到甘肃视察雨水集蓄利用工程。

三、水资源研究

甘肃的干旱半干旱自然条件，迫使水资源的研究、管理与应用成为甘肃水利科技事业的重中之重。自20世纪80年代开始，采用1956～1995年的40年水文系列，对甘肃省水资源及其开发利用现状进行评价，提出了甘肃河西地区维持社会经济及生态环境可持续发展的水资源优化配置模式；以GIS为平台，建立了疏勒河流域水土资源管理信息系统、决策支持系统，提出了疏勒河流域水资源的承载能力，并对疏勒河流域综合开发及移民安置项目的规模进行了论证；将决策支持系统应用于区域水管理研究，建立了石羊河流域水资源决策支持系统，提出了石羊河流域水资源开发利用方向。1993年，《石羊河流域水资源优化调配研究》获甘肃省水利科技进步一等奖；1995年，《甘肃省石羊河流域水资源规划决策支持系统》获甘肃省科技进步三等奖；2003年，《甘肃省可持续水资源战略研究》获甘肃省科技进步三等奖；2006年，《甘肃河西内陆区水资源战略安全及优化节水技术与开发》获大禹水利科学技术三等奖。

四、节水灌溉

在20世纪80年代，就开始进行渠道及水库的防渗抗冻试验研究、节水灌溉技术研究以及灌溉于农业综合措施研究。1985年，在全国较早地引进管灌技术，研究、试验示范并推广；在同一时期，引进燕山滴灌技术，在全省大面积推广应用。近20年来，重点开展了甘肃节水对策研究、黑河流域节水潜力分析及节水模式研究、综合畦灌技术与灌区高效种植模式研究、内陆河流域综合节水技术集成与示范、微灌技术推广应用、引黄提灌区滴灌技术推广应用等工作。多项科研成果获得国家级省部级科学进步奖及其他奖项，其中，《渠道防冻胀工程设计规范》获国家科学技术三等奖、《渠道防冻抗渗试验研究》获《渠道防渗抗冻试验研究》甘肃省科技进步二等奖、《燕山滴灌技术推广》获《渠道防渗抗冻试验研究》甘肃省科技进步三等奖、《民勤湖区苦水灌溉及农业综合措施试验研究》获《渠道防渗抗冻试验研究》甘肃省科技进步二等奖。到目前为止，实现节水灌溉面积8263.2km^2，其中，喷灌427.0km^2，微灌127.0km^2，低压管灌799.3km^2，渠道防渗面积5591.7km^2。

五、水利工程质量检测

甘肃省水利厅基本建设工程质量检测中心是甘肃省水利厅为加强水利工程质量检测工作，贯彻执行国家有关水利水电工程质量检测的法规、标准、规范和规程，于1992年组建。该中心具有甘肃省建设厅颁发的Ⅰ级建筑业试验室资质等级证书和甘肃省技术监督局颁发的计量认证合格证书，拥有水文水资源、灌溉技术、土壤水分分析、水利水电工程质量检测等方面的试验检测设备80余台（套），在水利水电工程建设和病险水利水电工程处理技术方面，完成了大量工作，先后完成了《监测并参与完成了引大秦王川工程盘道岭隧洞裂缝处理工作》、《监测并参与完成了引大庄浪河渡槽穿越兰武二线的震频和位移沉降处理工作》、《疏勒河昌马水库泄洪洞C50高强混凝土质量监测评估工作》、《昌马水库临时道路桥梁被洪水冲垮事故处理工作》等一系列的相关工作。甘肃省水利厅基本建设工程质量检测中心的组建及其工作的开展，使甘肃水利事业的建设和管理更加系统和完善。

六、对外合作与技术交流

甘肃水利工作者的重任以及甘肃水利科技事业所取得的成就，决定了甘肃省水利科技事业的对外技术交流与合作。甘肃省灌溉试验培训中心在欧盟的援助下，汇集德国、法国、以色列、美国等国家的先进灌溉技术和设备，拥有 GIS、ARC/INFO、ARC/VIEW 等软件在内的多功能数据图像处理和技术支撑手段，承担着甘肃省节水灌溉规划与设计、国内外技术培训工作。甘肃省水利科学研究院先后完成国家合作项目 4 项，智力引进项目 5 项，引进澳大利亚、荷兰、瑞典外国专家 3 人，技术外援项目 2 项，接待国际水资源、节水灌溉、雨水利用国家专家近百人，与荷兰、日本等国家相关科研院所建立了长期的合作关系。国际雨水利用技术培训中心是商务部确定的中国政府对外技术援助培训基地之一，是目前国际上唯一的国际性雨水利用专业培训机构，于 2003 年成立，到目前为止，已经承担商务部国际雨水利用技术培训班四期，先后有 47 个国家的 165 名专业技术人员得到了培训。同时，培训工作促进了甘肃省与尼日利亚、沙特阿拉伯、加勒比海地区和联合国环境署的技术合作。

（甘肃省水利厅科技外事处供稿）

发展节水灌溉　推动农民致富

甘肃省干旱少雨，水资源短缺，生产、生活及生态用水矛盾突出。全省多年平均降水量281mm，自产地表水资源量282.14亿m^3，与地表水不重复的地下水资源量7.3亿m^3，水资源总量289.44亿m^3，人均1150m^3，不到全国平均水平的1/2；耕地亩均水资源量只有378m^3，约为全国平均水平的1/4。在全部总用水量中，农村生产用水占80.66%，城镇生产用水占13.38%，农村生活用水占2.5%，城镇生活用水占4.02%，生态用水仅占0.18%，用水结构极不合理。发展节水灌溉，提高灌溉水利用率与利用效率，促进种植结构调整，是实现水资源可持续利用和农业可持续发展的重要途径。

一、发展节水灌溉的主要举措

（一）狠抓常规节水技术推广

从“七五”开始，节水灌溉正式列入省上的建设计划，开展了百万亩常规节水增产技术的试验示范，取得了每亩节水50m^3，增产50斤粮的效果。在取得百万亩节水增产示范成果的基础上，全省范围的常规节水灌溉技术推广全面开展。“八五”期间平均每年推广50万亩，建成了张掖盈科、大满和民勤跃进渠等以常规节水为主的示范样板。“九五”以来，常规节水技术推广取得了长足进展，特别是1998～2007年，甘肃省实施的景电一期、疏勒河流域水资源管理局双塔、白银市兴电、靖会、凉州区西营、民勤县红崖山、永昌县东河、西河、民乐县洪水河、金塔县鸳鸯、敦煌市党河、甘州区盈科、肃州区洪临等13处大型灌区，甘州区盈科、酒泉市肃州区丰乐河、武威市凉州区黄羊河、张掖市山丹县寺沟河、定西市临洮县洮惠渠、酒泉市肃州区马营河等6个重点中型灌区，嘉峪关市文殊、玉门市小昌马、甘州区花寨等25处1万～5万亩灌区续建配套与节水改造项目，共改建泵站28座，更换机电设备520台（套），改建、衬砌干支渠道1239km，改建各类建筑物5246座，完成田间配套面积73.4万亩，并对省景电一期、白银市兴电、靖会、凉州区西营、民乐县洪水河等五处灌区实施了初步的灌区信息化改造。目前，全省灌区渠道衬砌长度已由1996年底的1.8万km增长到2007年底的3.56万km，占干支渠总长的54.1%。灌溉水有效利用系数明显提高，大中型灌区渠系水利用系数达到0.51，小型灌区渠系水利用系数达到0.55。渠道衬砌形式由最初的孵石干砌渠道发展到混凝土预制块衬砌、混凝土现浇，断面形式更趋优化，防渗抗冻涨性能大大增强。

（二）大力发展管道灌溉技术

1987年开始，低压管道输水灌溉技术推广正式列入甘肃省节水农业科技承包项目。为避免重复建设，首先在工程不配套，量水设施不齐全的井灌区示范推广，在一些自流灌区小面积试点。地域上以河西的石羊河流域为重点，并兼顾中部和东部井灌区。由于加大了政策和投资力度，低压管道灌溉发展速度很快，灌溉面积由1996年底的55.65万亩，增加到2007年底的125.97万亩，增长126%，占全省节水灌溉总面积的10.67%。与明渠灌溉相比，管道输水灌溉具有节水、省地、省工、低能耗等优点，成为节水灌溉技术中的主要措施。管道灌溉比土渠灌溉可节水45%左右，比混凝土板衬砌渠道节水7%，比砌石防渗渠道节水15%左右。土渠一般占耕地2%左右，管道埋入地下代替土渠之后可增加1%的耕地面积，在人均耕地面积减少的条件下，发展管道输水灌溉具有显著的社会效益。灌溉范围已由川区向山区、由井灌区向提水灌区发展，成为水资源短缺地区适宜推广的节水灌溉模式。

（三）积极采用先进灌水技术

甘肃省水资源短缺，推广喷灌、微灌、坐水种等节水灌溉技术尤显必要。早在1980年，甘肃省就从美国、南斯拉夫、西德等国家引进23台时钟式、平移式、绞盘式、双臂轻型自走式、滚移式等喷灌机型，分别安装在景电灌区西九支、会宁白草原、天祝松山二道墩、靖远刘川、成县支旗、岷县西川、夏河甘加草原等地，引导作用明显。1987年，通过欧盟援助项目，再次从国外引进移动式、半固定式、固定式和绞盘式等多种形式的喷灌设备，在兰州市永登县建成我国当时规模最大（6000亩）、类型最全、设备最先进的喷灌技术综合示范基地，取得了良好的示范效果，为全省喷灌发展起到了积极的示范带动作用。1986年，根据节水灌溉发展需要，甘肃省首次引进燕山滴灌技术，在全省小范围内示范推广，建成示范点30余处、1.2万亩，覆盖全省大部分地区。“九五”以来，在国家节水灌溉增效示范项目的支持下，截至2007年底，甘肃省已建成91处节水灌溉增效示范项目，发展节水灌溉面积29.31万亩，其中喷灌9.41万亩，微灌4.76万亩，喷微灌面积占48.34%，形成了以先进灌水技术促进农业产业结构调整，推动农村经济发展，农民脱贫致富的良好局面。

（四）规模化实施黑河流域综合治理及日协节水项目

“十五”期间，张掖市实施了黑河流域综合治理项目，总投资13.26亿元，改建衬砌干渠461km，支渠605km，斗渠623km，新增节水灌溉面积108万亩，新打机井464眼，旧井改造1025眼，退耕还林10.3万亩，天然林封育10万亩，草地围栏封育20.9万亩，人工造林0.6万亩。黑河节水项目的实施，促进了张掖市农业发展模式乃至经济社会发展模式的转型，为黑河流域合理配置水资源、满足生产、生活、生态需水提供了重要的工程、技术支撑，为完成黑河水量调度任务提供了保障，为改善下游生态环境发挥了重要作用。同时，在河西五市及农垦和兰州市实施了日本协力银行日元贷款项目，投资7.92亿元，完成干支渠衬砌187.2km，斗农渠衬砌2455km，发展节水灌溉面积120万亩。项目实施后极大地改善了甘肃省河西、中部地区大中型灌区渠系工程的状况，实现了重点从干支渠节水向斗农渠节水的过渡，进一步提高了输水渠系水利用率。

二、节水灌溉成效

多年来，甘肃省委、政府坚持把发展节水灌溉作为缓解水资源紧缺矛盾、提高农业综合生产能力的战略举措，各级各有关部门高度重视，抢抓机遇，完善政策，强化措施，实施节水灌溉，因地制宜推广渠道防渗、喷灌、管灌、滴灌等节水技术，改进田间灌水技术，优化作物灌溉制度，同时积极推进水利工程产权制度改革，节水灌溉工作取得了显著成效。

一是节水灌溉普及率提高。截至 2007 年底，全省累计发展节水灌溉面积 1211.5 万亩，节水灌溉普及率达到 61%，其中常规节水面积 838.5 万亩，喷灌 66.6 万亩，微灌 24 万亩，低压管灌面积 129.2 万亩，其他形式的节水灌溉面积 153.2 万亩。节水灌溉工程建设促进了流域综合治理和节水型社会建设。张掖市较好地完成了全国第一个节水型社会建设试点的各项工作，试点建设工作顺利通过了水利部评估验收，被授予“全国节水型社会建设示范城市”称号。全省 43 个节水型社会建设试点工作全面展开。

二是灌溉用水定额下降。经对甘肃省实施的大型灌区续建配套与节水改造、农业综合开发重点中型灌区节水改造、节水增效示范项目、日元贷款节水灌溉项目、黑河流域综合治理项目、节水灌溉增效示范项目统计分析，渠灌亩均年节水 $50m^3$，管灌亩均年节水 $80m^3$，喷灌亩均年节水 $100m^3$，滴灌亩均年节水 $210m^3$。渠灌节水体现在采用沟灌、小畦灌、小块灌后净灌溉定额的降低和渠道衬砌后渠系水利用系数的提高两方面，河西地区渠灌工程节水 15%～18%，中东部地区渠灌节水工程节水 12%～15%，陇东南地区渠灌节水工程节水 8%～10%。管道输水灌溉节水效益体现在两个方面：一方面是提高水的利用率，据测试，采用管道输水灌溉，水的利用系数可达到 0.95 以上，与土渠、混凝土渠相比，分别提高 30%和 5%～15%；另一方面是用软管灌溉可实现长畦短灌，灌水均匀，降低灌水定额 $10～15m^3$。

三是灌溉作物产量增加。经统计，全省节水灌溉项目区亩均粮食增产 60kg，水分生产率 $1.59kg/m^3$。田间采用小畦、小块、沟灌后，粮食增产 5%左右；实施管灌后，田间沟渠减少，增加了灌溉面积，粮食增产 7%左右。大田作物喷灌，增产 13%，果树喷灌增产 11%。滴灌增产效益最为明显，据金塔县 10 个乡镇、100 个测点实测，棉花膜下滴灌亩均产籽棉 362kg，较渠灌大田棉花亩均增籽棉 48kg，增产率 13.25%。张掖市黑河流域综合治理项目区测试资料为，温室蔬菜滴灌亩均增产 400kg，增产率 20%；酿酒葡萄滴灌亩均增产 90kg，增产率 11%；啤酒花滴灌亩均增产 25kg，增产率 10%；加工番茄滴灌亩均增产 1600kg，增产率 29%；制种玉米滴灌亩均增产 105kg，增产率 28%。

四是生态效益明显。节水灌溉项目实施后，田、林、路、渠综合配套，防风林带为农田、路、渠筑起了绿色屏障，风沙侵略大大减少。节水灌溉项目的实施，使项目区林草灌溉用水量增加 20%，林草成活率提高，覆盖率增大，生态环境改善。陇东南地区节水灌溉项目与退耕还林草项目结合，不仅增加了生态工程量，同时提高了生态工程保证率。

五是节水灌溉管理改革成效显著。大中型灌区初步形成了以景电、西电两处高扬程提灌为代表的专业管理和群众管理相结合的管理模式；以民乐洪水河自流灌区、兴堡子川电灌为代表的企业化管理与用水者协会相结合管理模式；以东坪电灌为代表的整体灌区实行参与式灌溉管理模式。全省已成立农民用水者协会 1768 个，其中灌溉用水者协会 1701 个，人饮工程用水者协会 67 个，涉及行政村 2295 多个，农户 66.8 万户，277 万人，管理斗、农渠道 16411 条，控制灌溉面积 748 万亩，农民用水者协会在促进节约用水方面发挥了重要作用。

六是面上节水灌溉工程，形成了各具特色的管理办法。酒泉市以项目点为单位，成立了膜下滴灌农民用水者协会。张掖市在节水灌溉工程管理中推行“农民用水者协会＋水票”的农业用水权配置流转运作模式，将水票作为水权、水量和水价的综合载体，70％的灌区已实行水票制。

三、节水灌溉展望

党的十五届三中全会的《中共中央关于农业和农村工作若干重大问题的决定》明确了“加快以水利为重点的农业基本建设，改善农业生态环境”，其中指出“把推广节水灌溉作为一项革命性措施来抓，大幅度提高水的利用率”。甘肃省是一个农业大省，水资源十分短缺，随着国民经济的发展和社会生活的需要，农业发展向现代农业转变，要求灌溉技术向精准化、高效节水化方向发展，发展节水灌溉势在必行。目前，甘肃省灌溉水利用系数、水分生产率都不高，提升空间较大，节水灌溉面积比例有待于进一步提高，“十一五”节水灌溉发展目标是，灌溉水利用系数每年增长0.8％，由“十五”末的0.51％，提高到2010的0.55％；水分生产率达由“十五”末的1.306kg/m^3提高到2010年的1.382kg/m^3；节水灌溉面积达到1300万亩，占总灌溉面积的比例达到62.5％。

（甘肃省水利厅农水处供稿）

利用雨水资源　造福干旱山区

一、雨水利用的发展背景

甘肃水资源严重短缺，全省地域辽阔，自然条件复杂。黄河以西为著名的河西走廊，农业区中年降水量从东部的约200mm降至西部的50mm，这里无水不植，是典型的灌溉农业区，也是甘肃省主要的商品粮基地。黄河以东是甘肃省雨养农业区，又可大致分为中东部黄土高原丘陵沟壑区和南部的土石山区，年降水量从北部靖远、景泰的200mm增加到东、南部的600多mm。其中，中东部黄土高原丘陵沟壑区，境内沟壑纵横，年平均降水量350mm左右，农业生产长期靠天吃饭，由于降水分布多集中在7～8月，作物生长季节经常无雨受旱，生产水平十分低下，遇到大旱之年，往往颗粒无收。特别是1990年以前这里有300万农民人畜吃水得不到保障，遇到旱年，群众饮水非常困难。干旱缺水已严重影响了这里群众的生存和发展。实践证明，要从根本上改变这里的面貌必须解决水的问题。这里地面水和地下水十分贫乏，唯一最有潜力的水资源是雨水。这些区域的人民很早就有利用雨水求得生存和发展的传统，他们利用屋顶、场院、道路和天然坡面收集雨水，储存于水窖、水池中作为旱季之用。但由于生产力水平所限，这种对雨水的利用是十分原始的。对于干旱的抵御能力很有限，收集的雨水经常不能满足人畜饮用之需，更不必说发展灌溉了。

如何解决半干旱山区人畜饮水问题和发展高效灌溉，实现广大农民的稳定脱贫和经济快速发展，一直是历届甘肃省省委、省政府、广大基层干部和科技工作者多年来潜心研究的重大课题，也是每遇大旱之后反思的焦点。甘肃水利人在认真总结群众与干旱做斗争的实践经验的基础上，开始把目光瞄准大气降水。1987年底至1988年初甘肃省水利厅的领导和专家提出，在中、东部山区开展雨水集蓄利用的试验研究和推广应用的建议，这个建议得到了甘肃省省政府领导的支持，并指示一定要先抓好试验研究和试点示范，在取得科研成果的基础上进行大面积推广。因此，甘肃省水利厅于1988年正式列项，把干旱半干旱地区雨水集蓄利用研究作为全省水利重点科研项目开展试验研究，从而开始了甘肃的雨水利用工作。

二、雨水利用的发展历程

甘肃省雨水利用发展经历了四个阶段。

第一个阶段是1988～1991年开展了雨水集蓄利用的试验研究，历时四年，主要开展了各种防渗材料下垫面在不同降雨特性下集流效率的试验研究，取得了766场降雨集流资料，分析得出了各种防渗材料的集流效率与降雨特性、材料雨前含水量的定量关系。收集了中、东部200个测站的降水资料，基本搞清了中、东部地区的降水资源及时空分布特征，提出了雨水集蓄系统规模的设计计算方法。同时，提出了雨水集蓄解决人畜饮水及发展高效灌溉的模式包括庭院集流系统和坡面集流灌溉发展经济作物的两种模式。并进行了水窖水质的分析测定，证明了雨水集蓄系统中的水质基本符合饮用及灌溉用水标准。解决了雨水利用中集流形式、储存方式、利用模式三大难题。试验研究在1992年2月通过省科委主持的鉴定，鉴定委员会一致认为这项技术居国内领先水平，达到了国际先进水平。

第二个阶段是1992～1994年进行了初步的推广应用。雨水集蓄利用成果通过鉴定后，从1992年开始在甘肃省内进行了推广应用。1992～1994年3年内，在4万农户中推广了雨水集蓄系统，解决了4万户、20万人的饮水困难，还发展了一批庭院经济。推广雨水集蓄系统正值甘肃省连续数年大旱，这一系统经受住了干旱的考验，保证了农户用水所需。因此这项工程受到了广大群众的热烈欢迎。他们把通过雨水集蓄解决了吃水问题看作为第二次解放，说庭院雨水集蓄工程把远水变成了近水，苦水变成了甜水，稠水变成了清水。不少农户在水窖盖上刻上了“饮水不忘共产党”。

第三个阶段是1995～1996年实施了“121雨水集流工程”。1995年，甘肃省遇到了60年不遇的特大干旱，中东部地区有130多万人、100多万头牲畜发生了严重水荒。针对旱情发展的严峻形势，甘肃省省委、省政府认真总结了雨水集蓄利用试验研究取得的成功经验，果断决策实施“121雨水集流工程”，动员全社会力量，组织各方资金，在社会各界的大力捐助和积极支持下，共投入资金1.03亿元，在甘肃省中东部干旱缺水的8个市(州)、27个县（区）建成水窖30万眼，解决了130万人、98万头牲畜的饮水困难，同时发展庭院经济1.7万亩。“121雨水集流工程”的成功实施，在国内外产生了广泛影响，受到极大关注，广大群众称赞水窖工程是德政工程、爱民工程、生命工程。

第四个阶段是实施延伸，发展集雨节水灌溉工程。根据“121雨水集流工程”的实践和所产生的显著经济和社会效益，从1997年开始，甘肃省政府及时引导“121雨水集流工程”向三个方面延伸，即：在实施范围上，由中部地区向全省整个旱地农业区延伸；在建设方式上，由单一模式向多形式和多种技术配套延伸；在发挥效益上，由主要解决人畜饮水向发展农田灌溉延伸，并在全省11个市州的65个县（区）全面实施集雨节灌工程。

三、雨水利用的主要成效

雨水利用工程是一项惠民工程，在既无地表水又无地下水的地区，除了解决人畜饮水，还紧密结合农业种植结构调整、高效农业、节水技术、退耕还林，抓点促面，大力推广农业实用技术，逐步走出了一条以集雨节灌工程为基础，发展两高一优农业的新路子。其综合效益体现在以下几个方面：

（1）建立了雨水集蓄利用的技术体系。为使集雨工程的发展具有正确的理论依据，甘肃水利科技工作者开展了大量的基础性理论研究。在理论和试验示范上找到了突破口，证明了干旱地区发展集雨节灌旱地农业的可行性。《干旱半干旱地区雨水集蓄利用》、《集流面集雨效率试验》、《甘肃中东部干旱半干旱区降水特征及雨水资源研究》、《集雨农业生产模式试验研究》等一大批科研成果通过省级鉴定。《集水农业引论》、《集水高效农业》等学术著作相继出版，从而建立了雨水集蓄利用的技术理论体系，从根本上突破了干旱缺水无法根治的传统观念，找到了一条切实可行的兴水治旱新路子，开辟了脱贫致富和发展两高一优农业的新途径。理论体系的建立，为甘肃的这项技术冲出国门，走向世界奠定了坚实的基础。2003 年 3 月在日本召开的世界水论坛大会上，甘肃的“雨水利用行动”在参赛的 150 个展览项目中，被评为“水行动大奖赛”特等大奖，并荣列三个获奖组织的第一。这是国际社会对甘肃利用雨水解决山区人畜饮水、发展集雨农业、改善生态环境工作的认可，也是对甘肃省委、省政府支持和发展雨水利用工程战略和发展思路的肯定。为此，商务部已将“雨水集蓄利用技术”培训纳入国家对外技术援助计划，面向 116 个发展中国家开展培训。目前已经累计完成了三期培训任务，为 30 多个国家的 110 多名学员提供了培训交流机会，取得了非常好的效果，得到了国际组织和学员的高度评价。联合国粮农组织、联合国教科文组织表示愿意扩大与甘肃在这一领域的合作和交流。另外，甘肃省水利厅还开展了雨水利用国际技术服务与技术咨询工作，在尼日利亚、沙特阿拉伯等国家实施了雨水利用解决人畜饮水的推广工作和发展农业灌溉示范工程的设计工作。

（2）创出了一条具有甘肃特色的旱作农业新路子。十年九旱是甘肃的基本省情，全省每年都有近 2000 万亩耕地不同程度地受旱，几乎每年都动员大量的人力、物力、财力用于抗旱生产，但始终没有摆脱被动抗旱的局面。自 1995 年实施雨水集蓄利用工程以来，即使在最缺水的定西市也没有发生严重的吃水困难，并走出了一条“梯田＋水窖＋科技＋结构调整”的旱作农业发展新路子，使干旱区群众由被动抗旱的局面，走上主动抗旱的新路。1999 年 9 月～2000 年 6 月下旬，在将近 9 个月的时间里甘肃没有大范围的降雨，但是，凡是实施了雨水集流工程的地方，不仅没有发生大的人畜饮水困难，而且通过点浇点灌，坐水种等措施，保苗 195 万亩，补灌 90 万亩，大大提高了抗灾能力。

（3）有效地促进了结构调整和高效农业的发展。甘肃雨水利用工程的兴建不仅实现了多项农业现代技术组装配套对水的要求，提高了农作物产量，而且使种植结构的调整发生了比较大的变化，农业种植结构从传统、单一的粮食种植向粮、经、果、菜、花等综合发展，农村产业结构从单一的种植业，向农、林、牧、副全面发展。据统计，目前利用集雨水窖已发展日光温室 1.12 万亩，塑料大棚 1.35 万亩，林果 63.75 万亩，其他经济作物 36.78 万亩，共计 103 万亩，占集雨补灌面积 550 万亩的 18.7％。

（4）加快了贫困地区的脱贫步伐。实施集雨节灌工程大大提高了农作物的产量，典型试验表明，实施雨水补充灌溉后，大田粮食作物平均亩产可增加 30％～40％，其中地膜小麦增产 20％～30％，比普通旱地小麦平均亩增产 100kg 以上，典型田块可达到 40％以上，地膜玉米增产 40％～50％，亩均达 150kg 以上。尤其是在发展果树栽培和设施农业上，取得了很好的效益，发展设施农业的灌溉效益尤为显著，果园增产约 40％。塑料大棚蔬菜种植可获得 1 万元/亩的收入（亩用水量一般在 $250m^3$ 左右）。通过集雨节灌和调整种植结构，发展高效农业，增加了农民收入。因此国家扶贫办把集雨节灌确定为甘肃扶贫攻坚的主要措施之一。省政府要求贫困地区在解决吃水的基础上，人均拥有半亩以上的集雨节灌田，确保贫困地区人口有水喝、有粮吃。

（5）拓宽了水利建设的路子，促进了生态环境建设。雨水集蓄利用不仅在一定程度上缓解了甘肃水资源短缺、降水时空分布不均的矛盾，而且真正实现了地表水、地下水、天上水“三水”齐抓的水利建设新局面。特别是采取“小型水源工程＋水窖”的模式大力发展梯田灌溉，拓宽了农村水利建设的路子。另外，雨水利用工程不仅为农业发展提供了水源，而且成为小流域综合治理和退耕还林（草）的水源工程。甘肃通过退耕还林试点，提出“适地适树，树跟水走”，在降水量 400mm 以下的地区，退耕还林配套集雨水窖或者其他小型水利工程，保障了草树成活率，促进了生态环境建设。

四、雨水利用的发展展望

随着经济和社会的不断发展，人类在水资源利用方面的需求将会不断增长，而水资源量是有限的，这就迫使人们不得不在雨水利用这个广阔的领域寻求发展空间，这是解决未来水资源不足问题的一个弹性很大的空间，也是可以大有作为的新领域。雨水利用不仅适用于半干旱地区解决生活用水困难、发展旱作农业，在湿润地区和缺水城市也同样有广阔的应用价值，其发展的适用条件和应用领域会愈来愈广阔，我们相信，依靠人类共同智慧的发挥，人们在实现水资源可持续利用和解决世界水危机方面一定能走出困境，迎来新的希望。

（甘肃省水利厅农水处供稿）

星星之火　光耀陇原

1978 年以来，甘肃省全省农村水电随着社会主义经济体制改革的深入，坚持以改革促发展，创新和转换投资、管理体制为主线，以水电农村电气化县建设为契机，充分利用国家各项优惠政策和紧抓西部大开发机遇，艰苦奋斗，锐意进取，与时俱进，在开发建设和管理模式上不断探索和创新，使农村水电的管理职能、管理模式、投融资机制等发生了重大的变化，有力地推动了农村水电的建设与发展，使全省农村水电进入了快速发展的新时期。

一、30 年农村水电建设成就辉煌

新中国成立以来，甘肃省农村水电经历了从无到有，不断发展壮大的建设历程。到 1978 年底，全省农村水电已建成小水电装机 8.5 万 kW，年发电量 1.02 亿 kW·h。党的十一届三中全会以来，甘肃省农村水电迎来了发展的新时期。截至 2007 年底，全省中小型水电站累计达 626 座，装机容量 165.8 万 kW，占全省水电总装机容量 439.3 万 kW 的 37.7%。其中：中型水电站 8 座，装机容量 59.8 万 kW；小型水电站 618 座，装机容量 106 万 kW。2007 年，全省中小水电实现年发电量 59.7 亿 kW·h，其中：中型水电站实现年发电量 19.5 亿 kW·h，小型水电站年发电量 40.2 亿 kW·h。全省有农村水电的县 54 个，以农村水电供电为主的县 34 个。全省有农村水电的县乡、村、户通电率分别达到 100%、99.9%、99.42%。目前全省在建中小水电站 136 座，总装机容量 190.2 万 kW，其中：中型水电站 16 座，装机容量 116 万 kW，小型水电站 120 座，装机容量 74.2 万 kW。农村水电迅猛发展给有水能资源的市县经济发展提供了强有力地能源基础，特别在少数民族地区农村水电的发展，有力地促进了其经济社会的繁荣昌盛，使少数民族人民群众的生活更加充裕幸福。

二、市场运行机制的建立使农村水电进入了新的发展时期

从 1979 年开始，随着我国经济体制改革的深入，原有计划经济下农村水电投资和管理体制，已与社会经济的发展不相适应。在国家市场经济体制改革政策方针的指引下，甘肃省农村水电建设开始走上一条多渠道、多层次、多元化的投资轨道，极大地拓宽了农村水电的投资渠道。在管理上逐步实施了适合市场经济发展的新管理理念，形成了市场化运作的新格局，激发了全社会投资办电的积极性，使社会办电不断掀起新高潮。截至 2007 年底，全省农村水电装机是 1978 年的小型水电装机的 12.5 倍，实现年发电量是 1978 年的 39.4 倍。对水电的管理推行多种形式的经济责任制，引入竞争机制，招标承包、采取企业、集体、个人联办，产权转让，企业改制等形式，加快了水电企业的转轨变型，提高

了水电站的经济效益，2007 年，全年投资 36.5 亿元，其中国家投资仅有 1790 万元，社会投资 36.3 亿元。全省中小水电固定资产达到 94.2 亿元，是 1978 年底全省农村水电固定资产 1.08 亿元的 87 倍。全年发电收入 12.4 亿元，实现利税 4.2 亿元。市场运行机制的建立和完善，除了在投融资和管理机制上完成了历史性的跨越，同时也使农村水电的建设进入了迅猛发展的历史时期。

三、水电农村电气化县建设使群众生活水平得到显著提高

1985 年，立足解决农业生产、农村产品加工和市（州）县工业用电，提高群众生产和生活水平的全国初级电气化县建设开始后，甘肃省临夏市加大、加快了电源、电网的建设规模和速度，到 1990 年，全面完成了初级电气化县的各项建设任务，群众的用电水平达到或超过了人均年用电 150～200kW·h，户均生活用电量 200kW·h 初级电气化县的标准，在甘肃省率先实现了农村初级电气化，并成为全国第一批一百个农村电气化县之一。临夏市初级电气化的建设，在全省产生了较好的影响，一些水能资源丰富，水电基础设施较好的县市，争相加入电气化县建设行列。从"八五"的永昌、敦煌等 4 个县到"九五"22 个被列入全国初级电气化县的建设，如火如荼，进展顺利。到"九五"末，22 个县户通电率达到 90%以上，用电保证率达 85%以上，人均年用电量达到或超过 200kW·h。到"十五"末期，甘肃省 23 个县被列入全国水电农村电气化县建设显现出巨大的成效，户通电率、人均用电量、户均年生活用电量分别达到 98%、500kW·h、500kW·h，小水电代燃料户达到 23%，电炊户均用电量达 800kW·h。人均、户均年用电量的大幅提高，从以前油灯粪火到现在家庭电气化的变迁，使广大群众生产、生活条件发生了翻天覆地的变化。同时，为当地经济社会的发展提供了充足的能源，水电建设所取得的经济效益，成为经济发展战略的重要组成部分，如甘肃省的卓尼、临潭、文县、舟曲、肃南等县水电收入已成为财政收入的重要支柱。张掖黑河水电集团公司借水电农村电气化建设的契机，对企业实行改制，资产重组，壮大了企业的实力，2006 年以总资产 12 亿，利税总额达 5000 万元进入了甘肃工业百强。甘肃省 22 个被列入"十一五"全国水电农村电气化建设的县，水能资源的开发建设已成为拉动经济发展的"亮点"，如甘肃省甘南州、陇南市将水能资源开发列为全州"五大"优势资源开发之首，临夏州提出了把临夏建成甘肃省重要的水电能源基地的目标。

四、小水电代燃料项目的实施显现了人与自然的和谐

2002 年，根据国务院和水利部的安排，组织专门力量根据甘肃省全省的实际编制了《甘肃省小水电代燃料生态工程规划》，甘南、临夏等市州的 32 个县列入全省小水电代燃料试点规划县。2006 年国家安排了甘肃省永昌县丁家峡水电站（装机容量 3000kW，用于代燃料容量为 1500kW）代燃料工程和甘肃东乡县小庄水电站代燃料工程（装机容量 1890kW），2007 年又启动了甘肃岷县梅川水电站代燃料工程（装机容量 1260kW）。这 3 个项目的实施可保护项目区内退耕还林面积 2.79 万亩，森林植被面积 7.05 万亩，解决 0.45 万户、1.97 万人的生活用电问题，对于合理利用当地水能资源优势，保护当地生态环境，解决和改善农民的生产、生活条件，提高生活质量，恢复和改善区域内的植被和生

态，建设社会主义新农村，实现人与自然和谐，具有重要的现实意义。目前，这3个项目正在按实施方案紧张有序地进行，预计2008年10月底前可全部投产发电。同时这些项目的启动实施，为下一步在甘肃省全省更广泛的开展小水电代燃料工程摸索和积累了宝贵经验。

五、担负和谐水电的使命，努力开创农村水电发展新业绩

甘肃全省农村水电30年的改革与发展，建立完善了市场化运作机制，水电农村电气化县建设摸索总结出了较为科学的管理方法和模式，小水电代燃料把农村水电的发展与生态的保护以及改善、同提高群众的生活水平有机地结合起来，为今后农村水电的发展提供了经验奠定了基础。面对新形势下农村水电的发展实际，我们将以科学发展观为统领，认真总结30年来的经验和教训，在农村水电开发建设和运行管理中立足于“实”，追求于“细”，以更加科学和严谨的态度把水能资源的开发与自然的和谐、区域经济的增长、维护公共利益和公共安全统一起来，继续保持农村水电发展的强劲势头，圆满完成农村水电建设任务，为全省经济社会又好又快发展不断做出新的贡献。

（甘肃省水利厅农电处供稿）

国际合作交流　推进水利发展

自改革开放以来，甘肃省把开展水利国际合作与交流，作为加快水利发展的一项重大举措，以项目建设为中心，积极开展国际合作与交流，多渠道、全方位地引进国外资金、技术和先进的管理经验。在引进的同时，随着我国经济的发展和科学技术的不断进步，以及我国加入世界贸易组织的有利契机，为甘肃省水利“走出去”，开拓海外市场提供了有利条件。

一、无偿援助项目

甘肃省开展水利国际合作工作起始1982年，首次接受世界粮食计划署无偿援助小麦67599t，食油1126.65t，其他食品726.94t，用于甘肃皋兰县西岔电灌工程的田间配套工程（中国/WFP 2604）。完成平整土地9万亩，渠系配套14万亩，植树2万亩，修筑道路915km。通过项目的引进，使该工程发挥了应有的效益。在此基础上，又先后实施了甘肃省靖远兴堡子川电灌工程（中国/WFP 2639）、靖远县刘川电灌工程（中国/WFP 2697）、会宁县白草塬电灌工程（中国/WFP 2697）、甘谷县南岭渠灌区配套工程（中国/WFP 2697）和景泰川电灌二期田间配套工程（中国/WFP 3355）。上述六项目世界粮食计划署共无偿援助小麦272391.5t，食油2868.65t，其他食品1470.35t，折合6117.66万美元。

通过成功实施世界粮食计划署无偿援助项目的经验，甘肃省水利利用外资又接受了世界开发署和联合国粮农组织的无偿援助项目，以及欧洲经济共同体的无偿援助项目、联合国儿童基金会、英国政府、日本政府项目总计16项，接受无偿援助资金约7600万美元。

二、贷款项目

利用外资是水利对外经济合作的重要组成部分，也是水利行业对外开放的重要内容。对外经济合作的开展，不仅使甘肃省这样一个西部经济欠发达的省份引进了水利建设所需的资金和设备，而且使我们学到了国际先进的科学技术和管理经验。

1987甘肃省水利国际合作首次利用世界银行贷款1.23亿美元，用于引大入秦工程建设。项目实施中聘请澳大利亚雪山公司（SMEC）作为国际咨询专家，推行世界银行的工程招投标制、施工监理制和项目法人负责制。三项制度的应用，提高了项目的管理绩效，降低了项目成本，为甘肃省水利工程管理体制注入了新的活力，甘肃省在以后的项目实施中全面推行这种行之有效的工程管理制度。在引大入秦工程项目建设中，积极引进了意大利的全断面双护盾掘进机（TBM）和新奥法（NATM）施工技术，从而加快了施工进度，大大缩短了工程建设周期。

贷款项目的引进弥补了甘肃省水利建设的资金缺口。结合甘肃省水利发展规划，甘肃省水利厅又引进了世界银行贷款甘肃黄土高原水土保持项目（一期、二期项目）、世界银行贷款甘肃河西走廊（疏勒河）灌溉农业综合开发项目、日本协力银行（JIBC）贷款甘肃省农业节水灌溉项目等，这些外资项目的实施，解决了甘肃省水利建设所急需的部分资金，有效地缓解了水利建设资金的压力。30 年来甘肃省水利厅共引进世界银行、日本国政府贷款八项，贷款总计 44734 万美元。

三、引进国外智力，提高人员素质

引进国外智力工作主要依靠项目实施，通过引进的国际合作项目，使我们学到了国际上先进的管理经验、先进技术和管理模式。国际合作项目的实施，不仅为甘肃省引进了大量贷款和无偿资金以及先进的仪器设备，而且解放了水利工作者的思想，开阔了眼界，使水利工作更具有科学性和前瞻性。通过严格的立项准备、项目谈判、项目监督和审计，为甘肃省在水利工程建设、水资源可持续利用、节水灌溉、水土保持综合治理、农村供水等领域引进了先进的管理理念和经验，为甘肃省水利管理和制度创新起到了较好的示范作用。在国际合作项目执行期间，为了提高各级项目管理人员的认识水平，及时引进国内外先进的技术，掌握外资项目招标采购及贷款管理方法，项目实施中邀请国内外专家和学者，举办各类项目管理和技术培训班。通过学习和培训，使参加项目建设的各级项目办管理人员熟悉了国际通用的工作程序，为项目各项工作的顺利开展打下了坚实的基础，锻炼和培养了一批业务技术骨干，为甘肃省水利管理和工程建设储备了懂技术、会管理的人才资源。

在引进国外智力工作中，针对甘肃省水利建设方面的难题聘请外国专家，如结合国家“九五”重点科技攻关项目——西北地区水资源合理开发利用及生态保护研究项目第三课题第四专题——“疏勒河流域水土资源合理开发利用及生态保护研究”项目，邀请澳大利亚农业部水资源专家 John Simons（约翰·西蒙斯），并由澳方专家主笔制定出了进行疏勒河流域水盐动态模拟分析的工作计划和方案。同时提出了疏勒河流域水盐动态模拟分析系统和水盐动态监测系统的具体方法和步骤，初步确立了所需采用的地下水水质模型。针对引大灌区地下水位升高，地下水出露的情况，与荷兰农科院水土资源综合研究中心合作，邀请该中心水资源专家埃瑞克·奎纳博士（Dr. Erik querner）来兰州提供技术援助。期间由荷兰专家主笔提出引大灌区水盐动态模拟模型，并对中方技术人员进行了技术培训。通过引进国外智力，使甘肃人学到了知识，积累了经验，提高了素质。

四、国际交流

自改革开放以来，甘肃省水利国际合作工作一直以“引进来”为主，而“走出去”的工作十分薄弱，水利施工企业和设计单位仅限于在国外分包承揽小项目。随着我国经济持续发展和科学技术不断进步，以及我国加入世界贸易组织，为甘肃人“走出去”开拓海外市场提供了有利条件。

积极探索国际合作途径，扩大对外交流领域。2000 年甘肃省水利厅与尼日利亚吉卡瓦州水利部门建立了联系，并与该州在雨水利用技术方面签订了合作协议，应吉卡瓦州的邀请，甘肃省水利厅组织专业技术人员于 2001 年 10 月赴该国进行了实地考察，随后在该国开展技术援助项目。2004 年，甘肃省水利厅灌溉培训中心承担了中国政府援助阿尔及利亚水窖项目，该项目由中国政府提供 500 万元人民币，用于在该国修建水窖、集流场和教学培训基地等。

2003 年 3 月，由甘肃省水利科学研究院提供的“甘肃雨水利用行动”在日本第三届世界水论坛“水行动”大奖赛中获得特等奖，这充分肯定了甘肃雨水利用在研究、应用、效益等方面的国际先进地位。由于在雨水利用领域内的突出成绩，水利部将新成立的雨水利用专业委员会办事机构也设在甘肃省水利科学研究院。

2003 年 9 月 8 日至 10 月 22 日，由商务部支持并受其委托，厅水利科学研究院承担举办了第一届“国际雨水集蓄利用技术培训班”。培训班聘请了来自新西兰、菲律宾、美国、印度、荷兰和日本的 6 位国际资深专家为参加培训班的国内外学员授课。来自尼日利亚、斯里兰卡等 19 个国家的 40 多位国际学员参加了为期 45 天的技术交流和研讨培训活动。截至 2007 年底，甘肃省共举办了 4 期国际雨水集蓄利用培训班，培训了来自 70 多个国家的 165 名学员。培训班为促进发展中国家的雨水利用技术发展、缓解这些国家和地区的水资源危机做出了贡献，发挥了传授经验、互相学习、扩大影响、增进友谊的作用。

充分利用培训班所产生的成效，扩大国际合作与交流，为甘肃水利走向世界创造条件。主动把握培训班所带来的商业机会，经过 4 年的努力，甘肃省水利厅水科院与尼日利亚、沙特阿拉伯、马里、联合国环境署等国家和国际组织合作，派出技术人员为上述国家培训人员、修建雨水利用工程、进行工程规划设计等，并发展成为工程总承包，采取公司运作方式，获得了经济效益。

2003 年，在联合国粮农组织和我国农业部的大力支持下，甘肃省水利厅积极参加了“中尼南南合作项目”，共向尼日利亚派出 17 名专业技术人员，开展水利技术援助活动。通过合作与交流，向国外同行介绍了甘肃省的水利建设与科技成果，增加了国外同行对甘肃省水利的认识和了解，也为甘肃省拓宽国际合作领域创造了有利条件。

（甘肃省水利厅科技外事处供稿）

着眼水利发展
全力打造水利人才队伍方阵

人才资源是第一资源。改革开放30年来。全省水利人才队伍建设工作紧紧围绕甘肃水利建设持续、快速、健康发展，严格把握“两个坚持”、牢牢抓住“三个环节”，以“四支人才队伍”为主体，努力开创人才工作新局面，取得了显著成效，初步形成了一支素质较高、学科门类齐全的水利人才队伍，为甘肃全省水利现代化建设提供了有力的人才支持。

改革开放初期，甘肃全省水利人才队伍总量不足，整体素质不高，学历层次偏低，结构不尽合理，高层次人才严重缺乏。党的十一届三中全会以来，改革开放的总设计师邓小平同志强调尊重知识、尊重人才，党中央、国务院和甘肃省省委省政府高度重视人才工作，采取了一系列办法和措施，努力加强人才工作。甘肃全省水利系统各级党组织积极贯彻落实上级精神，掀起了尊重知识、尊重人才、大力选拔培养使用人才的新高潮。随着我国教育事业的快速发展，甘肃全省水利人才资源总量也持续增长，水利人才队伍的素质也在不断提高。2002年，党中央提出“人才强国”战略，把人才问题提升到国家战略的层面，标志着我国的人才工作进入了一个新的发展阶段。2003年底，党中央、国务院召开了全国人才工作会议，作出了《关于进一步加强人才工作的决定》，就加强人才工作做出了重大决策。2004年甘肃省省委、省政府下发了《关于贯彻落实中共中央、国务院关于进一步加强人才工作的决定的实施意见》。甘肃全省各级水利部门按照中央和省委、省政府安排部署，高度重视水利人才队伍的开发培养选拔使用，采取各种措施吸引和培养水利人才。随着改革开放的不断深入，甘肃全省水利改革和建设事业不断发展，甘肃水利厅党组始终围绕“人才兴水”战略进行了积极探索，尤其在“九五”以来，先后出台了《2001～2005年水利行业干部教育培训规划》、《甘肃省水利厅“十一五”人才规划》、《甘肃省水利厅关于合理配置人才资源，加强水利人才队伍建设的意见》、《甘肃省水利工程中、高级专业技术职务任职资格量化评审实施办法》、《甘肃省水利专业技术人才知识更新实施办法》、《甘肃省水利厅干部教育培训实施细则》、《甘肃省水利系统选拔培养学术技术带头人暂行办法》、《甘肃省水利厅吸收录用工作人员办法（试行）》等一系列人才培养、激励和使用方面的制度与政策，初步构筑了人才选拔培养开发建设的平台。1997年在甘肃全省水利系统开展了“水利人才年”活动。“九五”期间，在甘肃全省水利系统实施“三百人才工程”计划，即培养100名年青党政领导干部，培养100名青年学科带头人，培养100名经营管理人才。“十五”期间，实施“152”人才工程，努力培养德才兼备、具有开拓创新意识和苦干实干精神，年富力强的地厅级党政后备干部10名，县处级后备干部50名，培养掌握市场经济理论知识，懂经营、会管理的水利经营管理干部200名。“十一五”期间，大力实施甘肃全省水利系统“18625513”人才工程，即培养县处级中青年党政领导后备人才100名、专业技术正高级职称80名、学术技术带头人60名、引进和培养博士研究生20名、吸纳和培养硕士研究生50名、吸纳和培养本科生500名，使1000名中专以下学历人员通过在职教育达到大专以上学历，培养合格的中专学历毕业生3000名。

经过30年的发展，截至2007年底，甘肃全省水利系统人才总数31424人，其中，党政管理人才2589人，专业技术人才9613人，技能人才18293人，经营管理人才929人。其中，具有博士学历7人，硕士研究生学历54人，大学本科学历3408人，大专7484人，中专5798人；具有正高级职称34人，副高级职称752人，中级职称2957人；高层次特殊专业技术人才达71人，其中国家有突出贡献的中青年科学技术管理专家1人，享受国务院政府特贴10人，省级优秀专家4人，省级“333”科技人才工程一层次、二层次11人，省级“555”创新人才工程一层次1人、二层次11人，市（州）级拔尖人才或中青年科技带头人33人。与改革开放初期相比，甘肃全省水利人才队伍总数翻了一番，中专以上学历人员由占人才总数不到20%提高到目前占人才总数的53%，年龄结构趋向年轻化，40岁以下各类人才占人才总量70%，以高层次特殊专业技术人才为核心的高层次专家群体已具规模，成为甘肃全省水利改革和建设的中间力量和水利学科带头人，为全省水利改革和建设任务的完成提供了人才支撑和保障。

一、以能力建设为核心，各级水利党政人才队伍建设成绩显著

改革开放30年来，甘肃全省水利系统已经形成了一支优秀的党政管理人才队伍。经过水利改革和建设的实践锻炼，甘肃全省水利系统党政人才队伍学习运用马列主义、毛泽东思想特别是邓小平理论、“三个代表”重要思想和科学发展观及贯彻党的基本路线的自觉性不断提高，领导水平以及驾驭全局、处理复杂问题，拒腐防变的能力进一步增强，面对实施西部大开发战略的机遇和挑战，针对甘肃水利改革和建设的繁重任务，甘肃全省水利系统各级领导班子不断解放思想，开阔眼界，勇于改革和创新，为甘肃水利建设认真履行各自职能，努力完成工作目标和生产任务，立志建功立业。通过“三讲”教育和保持共产党员先进性教育，着力解决各级领导班子和领导干部党性党风方面存在的突出问题和群众反映强烈的热点难点问题，各级领导班子普遍增强了政治意识、大局意识、责任意识。水利党政人才的政治、思想、作风建设明显得到加强，整体素质明显提高。截至2007年12月，甘肃全省水利系统各级党政领导干部专科以上学历达到95%以上，平均年龄45岁。

1. 公务员队伍建设明显加强

1993年，《国家公务员暂行条例》正式颁布实施，公务员制度在全国全面推行，2006年，《中华人民共和国公务员法》正式颁布实施，《中华人民共和国公务员法》是我国第一部人事人才工作的重要法律，在人事人才工作法制化进程中具有重要里程碑意义。甘肃全省水利系统在公务员制度推行以来，按照政府履行经济调节、市场监管、公共管理和社会服务等主要职能的要求，围绕建设一支政治强、业务精、高效、精干的公务员队伍的目标，通过理论学习、业务培训、调任、转任、挂职锻炼等多种形式加大公务员能力建设力度，进一步完善公务员管理制度，规范公务员队伍建设，完善公务员职务晋升的公平竞争

机制，积极推行公开选拔和竞争上岗，使优秀人才脱颖而出，切实使全省水利系统各级公务员队伍建设得到了明显加强。

2. 各级领导班子的结构进一步得到改善

30年来，甘肃全省水利系统各级党组织坚持干部队伍“四化”方针、德才兼备的原则和公道正派的作风，按照《党政领导干部选拔任用工作条例》，大力培养党政领导干部的“五种能力”，努力改善领导班子的知识、专业、年龄结构和领导类型结构。根据需要在领导班子中配备具有现代科技、经济、管理、法律等知识的党政领导人才和具有较高水利专业技术水平的科技领导人才，及时把那些政治可靠、业务精良、作风过硬、实绩突出、群众拥护，热爱水利事业的干部选拔到领导岗位上来。以提高素质、优化结构、改进作风、增进团结、增强战斗力为重点，选好配强各级领导班子，形成朝气蓬勃、奋发有为的各级水利领导集体。专业结构和年龄结构更趋合理，甘肃全省水利系统各级领导班子的年龄、文化、知识和专业结构与改革开放前有了很大的改观，真正把各级领导班子建设成为了政治坚定，凝聚力强、结构合理、优势互补的坚强领导集体。

3. 后备干部队伍培养力度不断加大

根据甘肃省委组织部《甘肃省后备干部培养管理办法》，甘肃全省水利系统各级党组织着眼甘肃全省水利事业长远发展需要，通过培训进修、实践锻炼、岗位交流等多种方式，有计划、有步骤地选拔培养一支数量充足、门类齐全、专业配套、素质优良的水利系统各类年轻后备干部队伍。有重点地把思想政治素质好、科学文化水平高、组织领导能力强、专业技术过硬，政绩突出、群众公认的年轻干部选拔进各级领导班子，加大对后备干部的培养力度。采取多种方式培养锻炼年轻干部，有计划地安排党校学习；根据需要安排国内外培训、进修、考察；有目的安排到重要岗位锻炼；鼓励干部轮岗交流或到基层单位挂职锻炼，包括选派年轻干部到基层挂职锻炼，在关键岗位和艰苦复杂环境中培养锻炼年轻干部，提高实际工作能力。通过多途径的培训培养，甘肃全省水利系统后备干部人才队伍整体素质明显提高。

二、以高层次人才为重点，专业技术人才队伍建设取得明显成效

水利工作作为一项专业技术较强的工作，需要大量的专业技术人才特别是高层次专业技术人才作为支撑，在水利系统建设一支专业技术过硬的专业技术人才队伍是促进水利现代化建设的关键。因此，改革开放30年来，甘肃省水利厅始终把专业技术人才队伍建设作为人才队伍建设的首要任务抓实抓好，并取得了明显成效。

1. 创新教育培训模式，专业技术人才队伍素质全面提高

（1）加大学历教育。不断采取优惠政策，鼓励专业技术人员以不脱产的函授、夜大、自学等学习形式为主取得大中专学历。2001年以来，甘肃全省水利行业职工1416人被水利成人院校录取，其中本科218人，专科1198人。

（2）强化职业教育。甘肃省水利水电学校主要任务是承担甘肃省水利职业教育。改革开放以来，特别是“十五”期间，学校由普通中专晋升为国家级重点中等职业学校，办学规模逐步扩大，学校各项事业得到了快速发展，初步形成了以中等职业教育为重点，职业学校学历教育与各种培训并举，与成人教育相互沟通的职业教育体系。发展到目前，学校

现在拥有 23 个专业，教职工 168 人，在校学生 3100 人。改革开放以来，共培养毕业生 1.8 万人，其中，大部分人成为水利战线上各级、各单位专业技术骨干。

（3）委托教育。针对水利行业艰苦，职工收入低，行业吸引高校毕业生不强的问题，甘肃省水利厅多方面与有关高校联系，委托高校为甘肃全省水利系统定向培养急需的本科、专科人才。1999 年以来，共委托省内外的 12 所高等学校为甘肃全省水利系统定向培养本科和专科生 257 名，委托西安理工大学水电学院培养水利水电工程专业工程硕士研究生班 40 人，甘肃省水利厅与湖南大学网络学院和甘肃电大开办会计学专升本、高升本和水利水电工程专升本远程教育，136 人毕业，本科 101 人，专科 35 人。这一举措解决了甘肃全省水利系统急需人才的问题。通过不同途径学历的教育，与改革开放初期相比，人才队伍层次明显提高。

（4）加强继续教育培训。甘肃全省水利教育培训工作随着社会的发展和国家人事人才政策不断调整和完善，形成了符合甘肃省水利工作特点的教育培训体系。目前，甘肃全省水利系统共建立了 7 个专业技术人员继续教育培训基地。多年来，甘肃全省水利系统专业技术人员继续教育公共课全员培训率达到了 98％以上，专业课全员培训率达到了 90％以上。充分运用电教多媒体技术，进行情景式、模拟式教学，并依托互联网、水利局域网开展网络教育培训，使广大干部不受时间、空间限制，进行经常性的自我培训，大大提高了专业技术人员队伍的业务知识和工作能力。

2. 深化职称改革，专业技术人才评价体制不断创新

1978 年国家开始恢复评定学术职称的准备工作。1979 年 12 月在甘肃全省范围开展了职称评定工作。1986 年，根据人事部要求，甘肃全省水利系统实行了专业技术职务聘任制，职称工作步入正常化、规范化。1995 年和 1997 年承担人事部、水利部专业技术资格试点和量化条件评审试点，通过水利工程技术资格试点，甘肃全省有 55 人取得高级工程师技术资格，有 77 人取得工程师技术资格。1997 年承担的量化条件评审试点工作，甘肃省水利厅制定了《甘肃省水利工程中、高级专业技术职务任职资格量化评审条件实施办法》，甘肃全省 11 个市（州）水利部门成立了水利工程中级专业技术职务任职资格评委会，甘肃全省水利工程高级职务任职资格，统一到甘肃省水利厅水利工程高评会评审，实现了行家评专家的评价体系，取得了好的效果；按照量化条件评审，积极引导专业技术人员科技创新和理论创新。量化评审办法实施以来，有近 1000 多人取得高级工程师任职资格，2000 多人取得工程师资格。1988 年和 1989 年甘肃全省开展了正高级工程师评审工作，甘肃全省水利系统有 27 人取得正高级工程师任职资格。2004 年甘肃全省又开展了正高级工程师评审工作，甘肃全省水利系统有 49 人取得正高级工程师任职资格。职称评定恢复以来，甘肃全省水利系统有 76 人取得正高级工程师资格，有 1500 多名取得副高级职称任职资格，有 3000 多人取得中级职称任职资格。目前，甘肃全省水利系统在职副高级以上专业技术人员 786 人，占专业技术人才总数的 8.2％；中级专业技术人员 2957 人，占专业技术人才总数 31％。经过 30 年的发展高中级专业技术人才数量和质量上得到较大提高。为了加强专业技术人员的执业准入控制，保障工作质量，随着职称改革进一步深化，人事部和有关部门在全国有关专业中实行执业资格制度，自实行以来，甘肃全省水利系统有 1816 人取得各类执业技术资格。职称评定工作的恢复、改革深化和完善，大大推进了全省水利系统人才评价体系的建设，为高层次专业技术人才成长搭建了服务平台，有力稳定和促进水利专业人才队伍建设。

3. 加大选拔培训力度，高层次人才队伍建设初具规模

以国家级、省部级、地厅级等各级学术带头人评选和各级各类人才选拔培养工程为载体，大力开展高层次人才选拔培养工作，一大批高层次优秀人才脱颖而出。30年来，甘肃全省水利高层次专家队伍建设工作在甘肃省省委省政府有关政策的指导下不断创新、完善，涌现了一大批行业知名的优秀专家。1984年，国家实行选拔有突出贡献的中青年专家制度。截至目前，甘肃全省水利系统有2人当选国家级有突出贡献的中青年科学、技术管理专家。1990年，国务院开始实行政府特殊津贴制度，截至2007年，甘肃全省水利系统共有43人享受国务院政府特殊津贴，有8人被评为甘肃全省优秀专家，有5人入选水利部专家库，有7人推荐为寸肃省委直接掌握联系的高级专家人才库人选。特别是近年来，甘肃全省水利系统以具有中高级职称和大专以上文化程度的中青年专业技术骨干为重点，以水利新知识、新理论、新技术、新方法为培训内容，加强高层次水利专业技术人才的继续教育和培训，使水利高层次专业技术人员的知识和技能不断得到更新、补充、拓展和提高。“九五”期间，甘肃全省组织实施了培养造就年轻学术技术带头人的专项计划即“333创新人才工程”，甘肃全省水利系统有10人入选“333创新人才工程”第一、第二层次人选。“十五”期间，甘肃全省组织实施了科技人才工程计划即“555科技人才工程”，有1人入选“555科技人才工程”第一层次人选，有11人入选为第二层次人选。甘肃全省水利系统有33人入选市（州）级拔尖人才或中青年科技带头人。

4. 采取各种措施，积极引进急需紧缺人才

甘肃省水利厅针对甘肃地处偏僻，经济相对落后，缺少吸引人才的硬件环境的实际，制定了一系列吸引人才的优惠政策。引进了博士生、硕士生等高学历和高职称人才，甘肃省水利厅在解决住房和给予一定的安家补助的同时，并在科研项目上给予大力的资金扶持。近几年先后争取和接收了清华大学、河海大学等一批重点院校的本科生达100多人，较好地解决了部分重点工程、科研单位、流域机构及大型灌区急需人才紧缺的问题。同时为工程施工单位引进和接收了大中专实用型人才达1000多人。先后引进博士后1人、硕士生和具有高级职称的急需人才20多人。以人才资源共享，合理配置保证重点的原则，在甘肃全省水利系统范围内柔性使用各类专门人才达100多人。多渠道、多形式的人才引进，使甘肃全省水利专业人才队伍整体素质得到加强。

三、以高技能人才为重点，专业技能人才队伍技术水平大幅提高

水利技能人才是人才队伍的重要组成部分，改革开放以来，甘肃全省水利系统高度重视技能人才队伍建设，采取多渠道、多途径地进行了水利技能人才的开发、培养、选拔和使用，取得了明显成效。截至2007年底，甘肃全省水利系统技能人才数为18293人，占职工队伍总数的58%，其中：技术工人16868人（特有工种13173人，其他工种3695人），占技术工人总数的92%，普通工人1425人，占工人总数的8%。按技术等级分：技师62人，占工人总数的0.3%；高级工4779人，占工人总数的26%；中级工6834人，占工人总数的37%；初级工4882人，占工人总数的27%；无等级人数1736

人，占工人总数的9.5%。与30年前相比，甘肃全省水利行业技能人才队伍技术水平大幅提高。

(1) 加大水利技能人才培训和鉴定力度。甘肃全省水利系统开展职业技能培训和鉴定以来，甘肃省水利厅成立了“甘肃省水利行业特有工种职业技能鉴定站”，通过技术工人岗位等级考核、技术比武、技能竞赛、技术培训、选拔推荐技术能手等工作。截至目前，累计培训和鉴定人数达6416人次，其中初级工396人次、中级工4996人次、高级工944人次、技师80人次。2008年，甘肃省水利行业特有工种职业技能鉴定站被甘肃省劳动和社会保障厅技能鉴定中心评定为优秀特种行业技能鉴定站。

(2) 积极开展各种技能竞赛。甘肃全省水利系统积极开展各种技能竞赛活动，多年来，甘肃省景泰川电力提灌管理局和甘肃省水文水资源勘测局积极组织开展了10多次泵站运行工和水文勘测工技能竞赛活动，同时积极参加全国和甘肃全省的技能大赛，甘肃省景泰川电力提灌管理局有4人分别获得水利部、劳动部“全国技术能手”、“全国水利技术能手”、“全国水利十佳技术能手”和“全省水利技术能手”荣誉称号；甘肃省水文水资源勘测局有3人获得水利部“全国水利技术能手”，1人获得水利部、劳动部、团中央“全国水文勘测工技术能手”荣誉称号，2人分别获得甘肃省劳动厅和社会保障厅“甘肃省技术能手”和“陇原技术能手”荣誉称号，8人分别获得甘肃省人事厅、甘肃省水利厅授予的“全省水利技术能手”、“全省水利行业技术能手”荣誉称号。甘肃省景泰川电力提灌管理局2人获得泵站运行工“第三届全国水利行业职业技能竞赛各种全国决赛前30名选手”称号。2006年，甘肃省景泰川电力提灌管理局获得“水利行业技能人才培育突出贡献奖”。30年来，通过开展各种技能竞赛活动，极大调动了广大技术工人的学技术、练本领的积极性和创造性，增强了职业责任感、荣誉感和敬业精神。

随着改革开放不断深入和市场经济的逐步完善，甘肃全省水利系统企业经营管理人才队伍也不断得到发展。截至2007年底，甘肃全省水利系统企业经营管理人才929人，占人才总量的3%，其中专业技术人员918人，占企业经营管理人才的99%。与改革开放初期甘肃全省水利系统严重缺乏企业经营管理人才的局面相比，目前从人才数量和队伍素质上均有很大的转变和改善。甘肃全省各级水利部门十分重视水利企业经营人才队伍建设，积极探索和适应现代化企业制度，企业经营管理人才不断引入竞争机制，竞争上岗、公开向社会招聘结合起来，努力改善人才结构，逐步建立有利于企业经营管理人才健康成长的激励、考核、监督、约束制度，不断改进培养、造就企业家队伍的途径和方法，切实加强企业经营管理和技术创新，甘肃全省水利系统企业经济效益逐步提高，国有资产保值增值逐步增长，不断扩大水利职工子女就业渠道，培养和锻炼了一大批懂经营、会管理的水利企业经营管理人才大军，为甘肃全省水利改革和建设作出了积极贡献。

着眼现实，新的历史时期，随着我国社会主义市场经济体制的不断完善，水利改革不断深化，水利发展的人才供给已打破传统的行业界限，人才资源配置的市场化程度越来越高，人才的流动性也越来越强。甘肃省全省水利人才队伍建设面临着资源开发、结构调整、能力建设和管理体制改革等一系列重要课题。展望未来，任重道远，甘肃水利人才工作要继续深入贯彻落实中央和甘肃省省委、省政府的人才方针和政策，在甘肃省水利厅党组的领导下，从实际出发，积极探索，勇于创新，不断总结经验，大力破除影响人才成长和作用发挥的体制机制性障碍，着力营造拴心留人的制度环境和尊重劳动、尊重知识、尊重人才、尊重创造的良好氛围，把甘肃全省水利人才队伍建设提高到一个新水平，为甘肃全省现代水利发展提供组织保障和智力支持。

（甘肃省水利厅人事劳动教育处供稿）

发展水利教育事业　实施人才兴水战略

改革开放30年来，甘肃省水利教育事业在改革中发展，在发展中提高，走过了行业特色突出、人才储备喜人的发展历程，逐步构建了良好的现代继续教育体系和人才培育体系。

一、坚持人才兴水战略　不拘一格发展教育

甘肃省水利厅党组借改革开放的东风，解放思想，振奋精神，坚持党的十一届三中全会以来的各项方针政策，特别是认真贯彻落实“人才兴水”战略，狠抓水利教育事业，面向甘肃、面向水利、不拘形式、加大投入，积极创造条件，为甘肃水利教育事业的可持续发展提供了有力保证和支持。

（一）人才机制和制度不断创新

30年来，甘肃省水利厅围绕“人才兴水”战略进行了积极探索，尤其在“九五”、“十五”期间，先后出台了《2001－2005年水利行业干部教育培训规划》、《甘肃省水利厅“十一五”人才规划》、《甘肃省水利厅关于合理配置人才资源，加强水利人才队伍建设的意见》、《甘肃省水利专业技术人才知识更新实施办法》、《甘肃省水利厅干部教育培训实施细则》、《甘肃省水利系统选拔培养学术技术带头人暂行办法》、《甘肃省水利厅吸收录用工作人员办法（试行）》等一系列人才培养、激励和使用方面的制度与政策，初步构筑了人才选拔培养开发建设的平台。

（二）学历教育成绩显著

（1）直属的中等职业学校——甘肃省水利水电学校，是甘肃省唯一一所培养水利水电中等职业技术人才的工科类学校，经过50多年的发展，特别是1979年复校后，通过全体教职员工30年的努力，该校已成为一所以水利水电专业为主，土木建筑、能源交通、经济管理等各专业协调发展的国家级重点中等职业学校。学校现开设水利水电工程技术、机电设备与维修、测量工程技术等专业，下设十多个方向性专业。2000年以来又分别开设了水利工程、工程测量与施工、机电一体化、水土保持等专业的“3＋2”高职班，2005年建成了“OSTA”考试站。

甘肃省水利水电学校现代化教学设施齐全，建有水化学、土壤学、土力学、材料力学、建筑材料等实验室和大型水力实验馆、电教室、计算机室，与Internet相连接的校园局域网为科研、教学及办公提供了有利条件。学校图书馆藏书7万余册，各种期刊500余种。

近几年来，虽然中等专业学校面临招生就业的严峻挑战，但在甘肃省水利厅的正确领

导和相关单位的大力支持下，甘肃省水利水电学校紧紧围绕“教书育人、管理育人、服务育人”的指导方针，抓住机遇、解放思想、转变观念，并确定了“以扩大毕业生就业来带动生源”和“内抓教育教学质量，外抓毕业生就业市场”的基本办学理念，依靠全体师生员工的共同努力，大力进行学生综合素质的培养，办学质量不断提高，办学规模得到了长足发展，受到了社会各界的肯定。截至目前，甘肃省水利水电学校已向社会输送了2万余名毕业生，大多数毕业生已成为本单位本部门的技术骨干，有相当数量的毕业生已走上了各级领导岗位。

(2) 成人在职教育。1993年《中国教育改革和发展纲要》指出，“成人教育是传统学校教育向继续教育过渡的一种新型教育制度”。据此，甘肃省水利厅采取优惠政策，积极鼓励职工参加成人学历教育，以不脱产的函授、夜大、自学等形式取得大中专学历。甘肃省水利厅依托省内外高等院校提高专业技术人才的学历教育层次。1983年以来，甘肃省水利厅多方面与有关高校联系，委托河海大学、华北水利水电学院等高校为甘肃省水利系统定向培养急需的大专、本科人才275人，与湖南大学合作开展远程教育专升本、高升本学历班125人，与省电大联合培养水利水电工程本科班40人，与西安理工大学合作培养水利水电工程硕士40人，与中国人民大学合办哲学与现代科技在职研究生80人，与北京师范大学合作培养本专科学生50名。1983年以来，教育部先后批准北京水利水电函授学院、河海大学、华北水利水电学院和丹江口职工大学在甘肃省水利水电学校设立了函授站。建站至今，共培养了大专毕业生2200余名，本科毕业生近200名。

这些毕业学员大都活跃在甘肃省水利水电建设、水土保持生态建设生产一线，为提高水利职工的学历层次、增强水利教育的可持续发展发挥了积极作用，为提高甘肃省水利水电建设队伍素质做出了重要贡献。

(3) 为适应甘肃省水利建设发展对熟练技术工人日益增多的需求，1990年5月经甘肃省水利厅党组和省劳动局批准甘肃省水利厅正式开办“甘肃省水利水电技工部”（以下简称技工部）。技工部隶属水利厅领导，由水利厅人事处具体管理。技工部的创立，结束了新中国成立以来甘肃水利行业没有技工培训基地的历史。2000年4月，根据职业教育发展的需要，甘肃省水利厅下发了（甘水人发〔2000〕19号），按照文件精神甘肃省水利水电技工学校并入甘肃省水利水电学校。

甘肃省水利水电技工学校自创办以来，按照厅党组关于采取“统一管理、分散办学，委托负责”的指示精神，相继开设了机电排灌、水利施工、水文勘测、水利管理、微机应用、野外勘测钻探、机电设备安装与维修等7个专业，累计招生1301人，毕业学生1183人。技工教育在一定程度上缓解了甘肃省基层水利单位特别是偏远地区体力劳动操作工种用人紧张局面，也在一定程度上解决了甘肃省水利职工子女就业难的问题，为稳定水利职工队伍，解决职工后顾之忧做出了积极贡献。

二、发挥自身优势，开拓岗位培训新途径

（一）充分发挥继续教育培训基地培训作用

甘肃省水利厅党组按照甘肃省省政府及上级有关部门针对继续教育培训工作颁布的规定和要求，认真实施专业技术人才继续教育工程，先后建立了甘肃省水利水电勘测设计

院、甘肃景电管理局、甘肃疏勒河管理局、甘肃水文水资源勘测局、甘肃讨赖河管理局、甘肃省水利水电学校等6个继续教育培训基地，并充分发挥了这些继续教育培训基地的作用。“十五”期间，甘肃省水利系统98%以上的专业技术人员接受了公共课和专业课培训；每年举办的2～3期高级研修班，累计参加人员330人；各个继续教育基地，每年每人脱产完成专业技术培训72课时；采取举办水利工程建设和水资源管理等中短期培训班的形式，为甘肃省培训高素质水利人才，较好地解决了部分重点工程、科研单位、流域机构及大型灌区急需人才紧缺的问题。

（二）特有工种技能鉴定工作卓有成效

1995年，经甘肃省水利厅申请，报经劳动部、水利部批准，依据劳动部《关于批准成立五十二个水利行业职业技能鉴定站的批复》（劳培司字〔1995〕5号）文件精神，成立了“甘肃省水利行业特有工种职业技能鉴定站”，主要工作是全省水利行业机关事业单位及其他单位技术工人岗位等级考核、技术比武、技能竞赛、技术培训、选拔推荐技术能手等。1995年7月，根据《关于组建工人技术等级岗位考核六个专业考评组的通知》（甘水人发〔1995〕46号）成立了“工人技术等级岗位考核六个专业考评组”。甘肃水利特种工种行业技能鉴定站设在甘肃省水利水电学校，负责在校学生（含水利系统技工）进行职业技能的培训、鉴定和考核。具有多证书、多技能的水校学生备受用人单位的欢迎。多年来，累计培训初级工396人次、中级工4996人次、高级工944人次、技师80人次，共计6416人次。2008年该站被甘肃省劳动厅技能鉴定中心评定为优秀特种工种行业技能鉴定站。

（三）雨水集流工程高级研修班广受赞誉

甘肃省水利厅党组结合“121雨水集流工程”，深挖潜力，开拓创新，自2003年开始至今，在水利部和省政府的支持下，创办了全国唯一的“国际雨水集流工程高级研修班”，聘请水利部、省内外等技术专家来兰州做专题报告，每年为亚非地区培训高级水利专业技术人员50人左右，受到联合国、各国学者及受训人员的广泛赞誉。

三、充分认识继续教育形势，切实加大水利教育力度

（一）大力实施“人才兴水”战略

教育的根本任务是培养人，实施教育优先发展战略，加快人才培养是增强我国综合国力，应对国际竞争的决定因素。继续教育是一项维系国民经济发展后劲的长远战略工程。因此，必须从适应新时期水利发展的需要、立足甘肃省人才开发的战略高度，深刻认识党中央提出的实现人才战略重要决策的深远意义；必须从实现甘肃省水利“两个转变”、完成水利“三大任务”、以水资源可持续利用支持经济社会可持续发展的高度，深刻认识实施水利人才战略的重要性和必要性；必须确立“以人为本”和“促进人的全面发展”的大人才理念，把人才工作摆到更加突出的位置，切实加强对人才工作的领导；必须紧紧抓住培养、吸引、用好人才三个环节，破除束缚人才健康成长的观念，改革不利于人才施展才华的体制，调整一切不利于人才创新的政策，使人才得到充分尊重，人才价值得到充分体现，把各级各类水利人才聚集到为甘肃省水利建设的事业中来，争创新一轮发展的人才

优势。

（二）认真落实“十一五”人才培养规划

（1）努力造就高层次专业技术人才队伍。“十一五”期间，深入实施水利系统高层次人才建设工程，进一步加大甘肃省学术和技术带头人培养力度，形成多层次、多渠道、多形式的学术、技术带头人及其后备人才的培养体系。力争五年内培养中青年县处级党政领导后备人才100名、正高级专业技术人才80名、中青年学术技术带头人60名；引进和培养博士研究生20名、吸纳和培养硕士研究生50名。

（2）加强专业技术人员学历教育。利用在职教育培养本科生500名；使1000名中专以下学历人员通过在职教育达到本科以上学历；依托甘肃省水利水电学校培养合格的大中专学历毕业生3000名，使甘肃省水利厅系统人才队伍学历层次由“十五”末中专以上学历占职工总数的45%提高到“十一五”末的55%。

（3）加大继续教育力度。全面推动水利专业技术人才知识更新工程。按照《甘肃省水利专业技术人才知识更新工程实施办法》的要求，以新知识、新理论、新技术、新方法为主要内容，以创新能力建设为核心，以中、高级专业技术人才为重点，通过集中脱产培训、网络远程培训、工作实践培训、在职函授和在职自学等途径，大规模开展专业技术干部继续教育工作。围绕能力建设，创新教育方式，加强创业精神教育，发挥企事业单位在专业技术人才继续教育中的主体作用，确保专业技术人才每年接受继续教育时间不少于72学时。

（三）完善人才激励机制，改善人才创业环境

（1）完善人才招聘、引进政策和对专业技术人才的分配激励政策。积极鼓励各级水利部门和单位通过提供优厚的待遇，创造宽松的工作环境吸引高层次人才。在引进和招聘人才方面，坚持“五个优先”原则，即：博士生、硕士生优先；高级职称优先；在同等条件下有执业资格者优先；重点项目紧缺人才优先；同等条件下水利职工子女优先。在选用人才上，克服求全责备、论资排辈的旧观念，凭能力、凭业绩、凭公论用人，形成公开竞争、择优使用的良好氛围。拓宽用人渠道，将人才的学习培训、考核与使用、待遇结合起来，制定能上能下、奖优罚劣的配套政策，激励和奖励做出突出贡献的人才。

（2）完善事业单位用人机制。建立以社会和业内认可为主要标准的专业技术人才评价机制，积极推行专业技术职务评聘分开，在事业单位推行专业技术职务聘任竞争上岗，打破专业技术职务聘任终身制。

（3）改善人才优化配置环境。结合未来水利发展对各类人才的需要，制定合理的人才队伍配置方案，把各级和各类人才配置到最合适的工作岗位上，最大限度地发挥人才的潜能和作用。努力改善人才工作环境生活。改善人才的工作、生活条件，创造和谐的工作环境。大力弘扬“尊重知识、尊重人才”的理念，营造拴心留人的良好氛围。改善人才选拔政策环境。坚持“公开、平等、竞争、择优”的原则，做到制度规范、透明公正、运行有序。

（4）多方筹措资金，加大对人才开发的投入。一是积极争取各级政府对水利人才开发的资金投入。二是坚决落实从职工工资总额中提取1.5%的经费用于职工培训的规定。三

是多渠道筹措资金，用于重点人才开发和教育培训、资助高新技术项目、吸引和支持高技术人才培养培训等，逐步形成社会各方筹措资金，全员参与、多方位争取培训投入的机制，为人才创新提供保障。

（5）办好继续教育，增强竞争能力。企事业单位面对激烈的市场竞争要不断提高产品的技术、知识含量，要不断进行技术创新和提高管理水平，要不断了解国内外最新信息和动态，要不断深化改革，这一切都有赖于提高企事业单位职工的知识和能力，也迫使从业人员要不断迅速更新知识或转向新的专业。这就要求企事业单位必须根据政府统一要求、社会发展的需要和单位实际需求，合理开发和挖掘现有继续教育基地等教育资源，积极开展继续教育和岗位培训，逐步构建政、企、学结合和产、学、研结合的新形式，调动各方面的积极性，为在职人员创造更多灵活多样的终生学习的机会，也为继续教育质量的提高做出更好更多的贡献。

（甘肃省水利厅人事劳动教育处供稿）

抗旱防汛并举 提高减灾能力

甘肃省是一个十年九旱、暴洪灾害频繁的省份。新中国成立以来的58年中，水旱灾害给甘肃省造成的经济损失达340亿元，特别是20世纪90年代以来，水旱灾害愈加频繁，已成为影响甘肃省农业乃至整个经济社会发展的重要因素。为有效抗御水旱灾害，从根本上改善农业及经济基础条件，在党和政府领导下，甘肃省坚持以人为本和全面、协调、可持续的科学发展观，实行兴利与除害结合，以确保工农业增效、农民增收、经济社会稳定发展为目标，以确保生命安全、饮水安全、粮食安全为重点，按照抗旱防汛并举的方针，全力开展抗旱防汛减灾工作，全省上下投入大量人力、物力和财力，坚持不懈兴修水利、治理水患，建成了一大批抗旱防汛基础设施，初步建立了水旱灾害防御体系，在防御水旱灾害中发挥了巨大作用，同时也积累了许多宝贵经验，为今后防灾减灾奠定了良好基础。

据统计，截至2007年底，全省建成水库279座，总库容93.7亿m^3，有效灌溉面积509.5万亩，保护了下游42座县级以上城市、550多万人口、780万亩耕地的安全；修建堤防3220.8km，保护人口397万人，保护耕地306万亩；全省水地面积2078万亩，梯田面积2800万亩，节水灌溉面积1156万亩，解决了1200多万农村人口的饮水困难，城市供水保证率达到90%以上。在加大工程设施建设的同时，加强非工程措施建设，制定出台了《甘肃省实施〈中华人民共和国防洪法〉办法》、《甘肃省实施防汛条例细则》等法规制度，建立完善了防洪法规体系；先后编制了《甘肃省防洪规划》、《甘肃省山洪灾害防治规划》《甘肃大、中型水库洪水调度系统建设规划》等一系列规划，开展了雨洪水利用、暴洪灾害等研究，为科学有效防御水旱灾害，促进抗旱防洪体系建设奠定了基础；组织开展了《甘肃省防汛抗洪应急预案》、《甘肃省抗旱预案》等预案编制工作，初步建立了全省抗旱防汛预案体系；在长期的抗旱防汛实践中，形成了指挥高效、运转协调的抗旱防汛应急管理体系。随着经济社会的发展和抗旱防洪设施不断完善，甘肃省防御水旱灾害的能力不断提高，战胜1995年、1999年特大干旱和“81·9”黄河大洪水、“96·7”泾河大洪水等重大水旱灾害，连续50多年江河安澜，有力地保障了甘肃经济社会的稳定发展。

一、加强抗旱基础设施建设，提高抗旱减灾能力

改革开放以来，在国家的关心和支持下，全省人民大力兴建各类水利工程，基本上形成了较为完善的蓄、引、提、调抗旱工程体系，逐步改变以往的农业生产易旱多灾的被动局面。截至2007年底，全省灌溉面积由1980年的896万亩增加到2078万亩，占现有耕地面积的29%；建成引水工程489处，总引水流量1260m^3/s；建成提水工程7600处，总提水流量268m^3/s；建成主要调水工程3处，年调水规模6.33亿m^3，其中引大入秦工程

4.33 亿 m^3，民勤调水工程 1.5 亿 m^3（包括古浪黄灌区向民勤调水），引硫济金工程 0.4 亿 m^3；1995 年以来，陆续建成了一大批人畜饮水工程，修建集雨水窖、水池 270 万眼处，其中生活水窖 57 万眼，解决了 253 万人的吃水困难。改革开放以来，全省累计解决 1400 万人、1270 万头农村人畜饮水困难，其中“十五”期间累计解决了约 500 万人农村人饮困难。

二、落实各项抗旱应对措施，全面提升应急抗旱效能

坚持不懈搞好防旱抗旱减灾的实践与探索，实现抗旱思路全面转变。一是强化水资源管理，以水资源配置确定经济社会布局，以水资源确定发展规模；二是全力争取中央和省上的资金支持，加大防旱抗旱投入；三是积极抓好抗旱水源工程建设，坚持不懈分批修建“投资少、见效快”的小机电井、小塘坝、小涝池、小提灌、小水窖等小型和微型工程，同时加快水毁工程修复，确保现有水利设施正常发挥效益；四是大力抓好解决农村人畜饮水困难，及时准确掌握人饮困难动态和趋势，加快实施农村饮水安全项目和应急项目建设，提高农村人畜饮水保障能力，积极做好极度旱区农村群众应急饮水问题；五是积极调整农业种植结构和经济结构，依据水资源量合理调整粮经种植和夏秋种植比例，尽量使种植作物需水量与来水趋势相吻合；六是科技抗旱和传统抗旱措施相结合，实施镇压保墒、松土免耕、配方施肥、增施有机肥料、强化农艺科技保水技术和各种传统的抗旱措施，积极推广科技地膜覆盖、膜侧沟播、配方施肥、药剂拌种和旱地龙、保水剂等多项科技抗旱措施抗旱产品；七是采取行政、经济、工程、科技多项措施，以推广节水灌溉新技术为重点，大力普及节约用水，加快节水型社会建设步伐，同时加大城市生活、工业建设节水力度，增强全社会的节水意识；八是完善应急管理体系，建设干旱监测网络，建立抗旱信息化系统，开展抗旱预案编制工作，制定抗旱水源调度方案，为科学防旱抗旱打好基础。九是注重生态抗旱措施，合理布局农业、林业和畜牧业，坚持退耕还林，种草植树，依法管护生态林、水源涵养林、湿地和草场，恢复植被和生态自然系统，以形成良好的生态环境。

三、加强江河防洪治理，不断完善防洪工程体系

堤防工程是甘肃省的主要基础防洪设施。在改革开放以来的 30 年来，甘肃省加快了堤防工程建设步伐，在总结以往江河治理经验教训的基础上，注重规划、设计等前期工作，按照国家补助、分级筹资、群众投劳的原则，在修复水毁堤防的同时，以城镇河段为重点，建设了一批质量较好的达标堤防，重点河段防御洪水能力有所提高。1988～2007 年的 20 年间，全省堤防长度增加 1187km，各类堤防工程达到 3220.8km，其中，达标堤防 1077.2km，保护人口 397 万人，保护耕地 306 万亩。堤防工程不但在数量上增长较快，而且堤防工程的防洪标准和质量不断提高，黄河兰州段、渭河天水北道段、泾河平凉段、大夏河临夏市段、白龙江武都段等重点防洪河段，经过整体规划设计和施工建设，筑起防御大洪水的高标准河堤，多数市县城镇也修建了永久性或半永久性堤防，对保护城乡人民生命财产安全和经济建设发展发挥了巨大作用。

四、加快病险水库除险加固，发挥水库调洪蓄洪作用

20世纪90年代开始，甘肃省开展了病险水库除险加固工作。从1998年水利部大规模开展全国病险水库除险加固项目以来，甘肃省有131座病险水库被列入《全国第一批病险水库除险加固专项规划》、《全国第二批病险水库除险加固专项规划》、《全国第三批病险水库除险加固专项规划》，其中第一批、第二批中已有69座列入国家病险水库除险加固投资计划，总投资7.6338亿元，其中中央补助资金5.1026亿元，地方配套资金2.5312亿元。现已竣工验收24座，已初验或完成工程建设19座，正在进行建设的13座，开工前准备13座，其余52座病险水库计划用3年时间完成除险加固。

五、注重防灾减灾技术研究，为防灾减灾提供保障

一是积极探索雨洪水资源利用。针对西峰城市集流面大，防洪排洪基础差，缺水与防洪矛盾突出，地下水位逐年减少，生态环境日益恶化的现实，2003年4月，甘肃省抗旱防汛指挥部办公室组织开展了庆阳市西峰新城区集雨抗旱水源工程试验项目，于2004年4月建成占地170亩、呈“品”字形布置、大小不等的三个蓄水湖，设计蓄水总量13.28万m^3，年复蓄水40万m^3。2007年12月14日，试验项目通过了甘肃省抗旱防汛指挥部办公室的鉴定和验收。该项目在甘肃省干旱地区城市雨洪水利用和管理方面实现了四个转变：由控制洪水向利用洪水转变，城市雨洪水由排到蓄、由害到利的转变，雨水利用资源由农村分散小工程向城市集中大工程的转变，水土保持由坡道治理、沟头防护到源头治理的转变。

二是开展灾害临界雨量与灾害暴雨特征研究。2003年，为解决山洪灾害防治规划中有关技术难题，甘肃省抗旱防汛办公室组织开展了甘肃省灾害临界雨量与灾害暴雨特征研究工作，分析研究甘肃灾害暴雨特点，揭示暴雨山洪灾害特征和规律，为山洪灾害防治规划提供了重要技术依据。该项研究成果2004年被《甘肃省山洪灾害防治规划》和《全国山洪灾害防治规划》采用，2005年12月通过甘肃省科技厅组织的技术鉴定，2008年7月被评为甘肃省水利科技进步一等奖。

三是开展中小河流暴雨洪水研究。针对山洪灾害防御和中小河流治理中急需解决的洪水分析计算问题，2006～2007年，省抗旱防汛指挥部办公室组织开展了中小河流暴雨洪水研究工作，从影响洪水形成的地质、地形、地貌等三类地理因素入手，分析研究暴雨洪水特征和规律，综合影响产流汇流的下垫面因素，科学划分产汇流分区，推求出全省8类自然地理区的10%、5%、2%、1%四种频率的洪峰流量经验公式，2007年12月，该项目通过甘肃省科技厅组织的技术鉴定，为甘肃省暴雨洪水预报预警和中小河流治理提供科学可靠的洪水分析计算模型和方法，为防灾减灾提供科学依据。

六、加强法规制度建设，逐步推进依法防洪

《中华人民共和国防汛条例》、《中华人民共和国防洪法》颁布实施后，甘肃省抗旱防汛指挥部办公室根据全省实际情况，先后起草了《甘肃省实施防汛条例细则》、《甘肃省实施〈中华人民共和国防洪法〉办法》，分别于1993年7月3日、2002年12月7日由省政

府、省人大颁布实施。在法规建设的同时，1991 年以来，先后制定出台了《甘肃省防汛工作正规化、规范化、制度化具体规定》、《甘肃省特大防汛抗旱补助费使用管理暂行办法》、《甘肃省防汛物资储备及经费管理试行办法》、《甘肃省水旱灾害统计上报和宣传管理办法》、《甘肃省水库安全责任制管理办法》等规范性制度，进一步规范和完善了甘肃省抗旱防汛工作，为依法防洪奠定了坚实基础，使甘肃省抗旱防汛工作步入了法制化、正规化、制度化轨道。

七、全力推进抗旱防汛信息化建设，提高信息化管理水平

进入 21 世纪以来，甘肃省抗旱防汛信息化建设得到较快发展。一是实施了省抗旱防汛指挥系统建设。自 2003 年 6 月至 2006 年底，投资 458.57 万元，基本建成了省计算机网络中心、省工情中心和省水情中心，安装建成了防洪工程数据库系统及视频会议系统。二是建设水库洪水自动化调度系统。先后建成了鸳鸯池、双塔堡、巴家嘴、锦屏水库洪水自动化调度系统，逐步实现水库自动化调度系统与骨干网联网，为水库水情数据自动采集、实时调度提供条件。三是开发建设省水情接收服务系统，以网络中心设备为依托，建设省市 VPN 虚拟防汛专用网，建成了水情接收服务系统，实现水情自动传输上报，提高了水情接收处理水平。四是进一步完善了防汛通讯系统，初步建成以短波通讯为骨干，以超短波通讯为补充的全省防汛通讯网络，拥有通讯网点 138 处，短波电台 230 部，无线通信网络覆盖全省 14 个市州。

八、加强规划编制工作，科学制定防治方案

一是编制完成全省防洪规划。1998 年 12 月，开展全省防洪规划编制工作，在甘肃省各有关市（州）、县（市、区）的积极配合和大力协助下，于 1999 年 12 月编制完成了《甘肃省防洪规划报告》（黄河流域、内陆河流域）、《甘肃省兰州市城市防洪规划报告》、《甘肃省大中型病险水库除险加固规划报告（黄河流域）》等有关专题报告及附件，于 2000 年 7 月编制完成了《甘肃省防洪规划报告（长江流域）》。二是编制完成重点大中型水库洪水调度系统建设规划。2002 年，按照国家防总要求，甘肃省抗旱防汛办公室开展了重点大中型水库洪水调度系统建设规划工作，确定了 27 座对国民经济发展和人民生命财产严重威胁的重点大中型水库洪水调度系统建设方案，有力地推动了水库防洪调度信息化、自动化建设。三是编制完成全省山洪灾害防治规划。2003 年 3 月，按照温家宝总理的批示，水利部等五部委组织开展全国山洪灾害防治规划，甘肃省成立了由省水利厅牵头，有关部门组成的全省山洪灾害防治规划领导小组，开展了全省规划编制工作。2004 年 11 月编制完成《甘肃省山洪灾害防治规划报告》及《甘肃省山洪沟治理规划报告》、《甘肃省泥石流防治规划报告》等 8 个专题规划，通过省山洪灾害防治规划领导小组审查，上报全国山洪灾害防治规划领导小组，纳入《全国山洪灾害防治规划》。

九、加强预案体系建设，强化抗旱防汛应急管理

按照国家防总的要求和甘肃省抗旱防汛指挥部的统一安排，全力组织开展了各类抗旱防汛预案编制工作。一是按照甘肃省政府编制突发公共事件应急预案的要求，编制完成了

《甘肃省防汛抗洪应急预案》，2006年12月经省政府批准执行。二是开展了山洪灾害预案、大型及重点中型水库防汛抗洪应急预案、城市防洪应急预案的编制工作。目前已编制完成了75个县级和361个乡镇级山洪灾害防御预案、16个城市和24个县城防洪应急预案、11座大中型水库防汛抗洪应急预案。三是按照国家防总办公室的要求，自2006年开始，开展抗旱预案编制工作，目前该项预案正在全面编制中，省级预案预计在年底编制完成。这一系列抗旱防汛预案的编制发布，强化了抗旱防汛的统一指挥、统一调度，为及时、高效防御和处置水旱突发灾害提供了科学依据。

（甘肃省抗旱防汛指挥部办公室供稿）

发展水保事业 治理水土流失

“川谷林之美，天材之利多”，“闾阎相望，桑麻翳野，天下称富庶者无如陇右”，这是司马光在《资治通鉴》中对盛唐时期陕、甘发展情景的描述。但长期以来随着人类活动的影响和自然生态的变迁，导致甘肃省自然环境不断退化，水、旱灾害频繁发生，成为全国水土流失最为严重的地区之一。全省土壤侵蚀总面积 38.6 万 km^2，占土地总面积的 91%。境内土壤侵蚀类型齐全，有重力侵蚀、水力侵蚀、风力侵蚀和冻融侵蚀等形式，土壤侵蚀模数每年达 5000t/km^2 以上，局部每年高达 15000t/km^2，每年输入江河泥沙 6 亿 t，年均流失土壤有机质约 400 万 t、氮 25 万 t、磷 65 万 t、钾 1050 万 t。全省水资源十分短缺，多年平均降水量仅 277mm，多年平均自产水资源总量仅 289 亿 m^3，人均水资源占有量 1100m^3，约为全国平均水平的二分之一，耕地亩均水资源占有量仅为 378m^3，不到全国平均水平的四分之一。严重的水土流失，短缺的降水资源，脆弱的生态环境，成为长期制约甘肃省农业生产乃至经济社会持续协调发展的主要障碍。

改革开放 30 年来，甘肃省的水土保持工作在历届省委、省政府的高度重视和国家有关部委的大力支持下，通过全面贯彻落实《中华人民共和国水土保持法》，坚持高举改革发展大旗，拓宽水土流失防治思路，加大水土流失治理力度，实现了跨越式发展，创造了新的辉煌，取得了明显成效。党和国家领导人胡锦涛、江泽民、李鹏、朱镕基、温家宝等先后视察了甘肃省定西小流域综合治理工程，并给予高度评价，1995 年江泽民同志视察甘肃省小流域治理工程后指出：“你们搞的小流域治理，就是加强农业、脱贫致富的好路子，应该长期坚持下去”，并欣然题词：“群策群力，定西大有希望”。

截至 2007 年底，全省累计完成水土流失综合治理面积 7.92 万 km^2，占土壤侵蚀总面积的 21%，占水力侵蚀面积的 54%；其中兴修梯田 2873 万亩、营造水保林草 6432 万亩、封禁治理 1412 万亩、保土耕作措施等 1160 万亩，建成淤地坝 1274 座、各类小型拦蓄工程 23 万座（处）。其中，近 30 年间新增综合治理面积达 6.3 万 km^2，占总治理面积的 80%，新增梯田 2101 万亩，占梯田总面积的 73%，新增水保林草 5876 万亩，占林草总面积的 91%，完成投资约 27.6 亿元。期间，全省有 8 个县（区）被水利部、财政部命名为“全国水土保持十、百、千示范县”，125 条小流域命名为“全国水土保持十、百、千示范小流域”，庄浪县被水利部命名为“中国梯田化模范县”。通过这些工程的示范带动，成功地走出了一条“以防治水土流失为基础、以促进生态文明为根本、以培育支柱产业为纽带、以加快经济发展为目标”的可持续发展之路。

一、咬住梯田建设不放松，着力改善农业基础条件

梯田建设是甘肃省水土保持生态环境建设的主体工程，也是甘肃省提出“有水走水

路，无水走旱路，水旱不通另找出路”发展战略中的“旱路”。多年来甘肃省从实际出发，根据不同时期的发展要求，制定相应的梯田建设规划，有力地指导梯田建设工作。特别是20世纪90年代后期，甘肃省庄浪县实现梯田化后，为全省梯田建设的大发展探索了成功的路子，以此为契机，省上制定了全省梯田建设规划，明确提出了到2010年全省旱作农业区基本实现梯田化的奋斗目标，确立了梯田建设在治理水土流失，改善农业生产条件中的基础地位。各级政府紧紧围绕这一目标，把梯田建设作为改善生态环境和改变农业生产基本条件的一项关键措施来抓，纳入了政府目标考核责任制，层层签订责任书，不断弘扬领导苦抓、部门苦帮、群众苦干的“三苦精神”和实事求是、崇尚科学、自强不息、艰苦创业的“庄浪精神”，广泛发动群众，精心组织实施，建设形式由人工为主转向了人机结合、机修为主的新阶段，形成了“水保搭台、政府导演、部门唱戏”的水土保持建设合力，确保了全省梯田建设的稳步发展和梯田质量的明显提高。继庄浪县实现梯田化，被水利部命名为“中国梯田化模范县”之后，甘肃省的宁县、安定区、西峰区也已实现了梯田化县（区）。截至2007年底，全省累计兴修梯田2873万亩，占宜修梯田的坡耕地面积4269万亩的67%，这些梯田已成为广大旱作农业区农业发展的载体，作用凸显。

二、突出抓项目促发展，强化工程建设与管理

甘肃省的水土保持工作经历了从单一治理向综合治理、从单纯治理向治理开发转变的发展历程，在改革开放的大背景下，实现了创新和突破。国列项目从无到有，从小到大，目前全省已有国列水土保持重点项目10余项，这些工程都是改革开放以来甘肃省水土保持的“重头戏”，项目的建设在防治水土流失、改善生态环境、拉动区域经济发展等方面起到了十分重要的作用。全省各级水土保持部门非常珍惜这些发展机遇，在项目管理工作上严格按照国家项目建设管理的要求，切实加强了项目建设管理和资金管理，并力争创建精品工程，保质保量地完成了项目建设任务。黄土高原世行一、二期项目，黄河水土保持生态工程淤地坝坝系项目，天水籍河示范区一期项目，庆阳蒲河一期项目，兰州西果园项目，国家水土保持重点建设工程安定区项目，长治工程（共七期）等一批国家重点水土保持建设项目都按期完成了建设任务，形成了各具特色的样板工程，顺利通过国家验收。如黄河水土保持生态工程天水籍河示范区项目通过以产业结构调整、创新管理运行机制为重点，严格按照基建项目的管理程序开展工作，稳步推进三项制度改革，激活了示范区建设理念的创新，在项目投资体制改革方面初步形成多渠道、多层次、多元化投资的良好发展势头，吸引社会资金投入示范区设施建设，构建了多种经济成分并存的水土保持融资机制，项目建设取得了显著成效，成为全国水土保持示范工程；黄土高原水土保持世界银行贷款项目的建设，被世行官员称为“黄土高原水土保持的旗帜工程”和“非常满意项目”。

三、加大监督执法力度，实现监督管理的规范化建设

依法保护和合理利用水土资源是水土保持监督管理的中心任务。30年来，甘肃省的水土保持监督执法经历了试点、达标、规范化建设等阶段，特别是1991年《中华人民共和国水土保持法》颁布后，甘肃省水土保持工作步入了法制化、规范化的轨道。全省建立健全水土保持监督管理机构与管理服务体系，各级水土保持机构得到了建立和完善，水土

流失重点 10 个市、州和 40 多个县、区都相继成立了水土保持局（站），全省 14 个市、州和 60 多个县、区全部成立了预防监督机构，使水土保持组织管理得到了前所未有的重视和加强。通过始终坚持依法行政，全面贯彻落实《中华人民共和国水土保持法》，建立向同级人大汇报水土保持工作的制度，广泛开展法律法规宣传，完善水土保持法律法规制度，大抓开发建设项目水土保持方案催报、审批、检查、验收、查处等工作环节，加大了水土保持监督执法力度，有效地落实了开发建设项目水土保持“三同时”制度。目前，全省共审批各类开发建设项目水土保持方案 5400 多个，征收水土流失危害补偿费 7200 多万元，建立恢复治理示范工程 648 项，查处水土保持违法案件 1100 起，核定生产建设项目投入水土流失治理资金近 20 亿元，使甘肃省水土保持监督管理步入了规范化建设的新阶段。

四、紧扣社会发展主题，构筑起山区经济发展的基础平台

甘肃省各地坚持因地制宜，分类指导的原则，在大力推行水土保持综合治理的基础上，充分利用规模化的梯田资源和经济林果资源，进一步调整产业结构，大力发展区域优势产业和特色产业，培育了一批适销对路的洋芋、苹果、花椒、核桃、桑蚕等市场前景良好的优势特色产业和支柱产业，发展和壮大了一批具有地方特色和资源优势的区域性特色产业基地，为农业增产、农民增收和农村经济发展创造了新的经济增长点，促进和带动了相关产业及后续产业的发展，延长了产业链，形成了多业并举、协调发展的大农业格局，促进了区域经济的快速协调发展。

30 年水土保持建设，30 年陇原山川巨变。由于坚持了“顺应天时、遵循自然规律，顺应市场、遵循经济规律，顺应时代、遵循科学规律”的指导原则，可以肯定地说，改革开放的 30 年是甘肃水土保持创新发展的一个崭新时期，是水保事业步入实事求是、崇尚科学的崭新时期，同时又是水土保持建设成效最为显著、山区条件明显改观的崭新时期。水土保持工程的建设，有效地解决了生态、粮食、民生、经济等长期制约甘肃省广大山区发展的瓶颈，在水、土、钱、粮等方面发挥了显著的综合效益：

1. 有效调控水土资源，促进了旱作农业发展

甘肃省有耕地面积 6940 万亩，其中旱地 5405 万亩，占耕地面积的 77.87%，这些旱地主要集中在甘肃省黄河、长江流域的广大水土流失地区。该区水资源短缺，土壤肥力有限，农业生产长期低而不稳。通过长期不懈地大力开展水土保持综合治理，使有限的降水得到了有效拦蓄，减少土壤水、肥流失，大大提高耕地的蓄水保墒和拦泥培肥能力，提升了土地的质量等级，推进了旱作农业的发展。据监测分析，全省现有各类水土保持措施每年可拦蓄径流 23 亿 m^3、拦蓄泥沙 2.8 亿 t；仅现有梯田每年可拦蓄径流近 10 亿 m^3，相当于每年节省小型水利工程投资 100 多亿元；每年可拦蓄泥沙 1.1 亿 t，占全省年输沙总量的 1/5。全省黄河流域建成的 1274 座淤地坝，已控制水土流失面积 1310km^2，累计拦蓄泥沙 3.54 亿 t，已淤成坝地 2380hm^2，拦蓄径流 1.16 亿 m^2，通过沟坡兼治，蓄浑调清，使治理区的水土资源得到了有效调控，基本实现了“泥土不下山，洪水不外流”。由于水土流失的有效治理，农业的基本条件初步改善，为旱作农业的发展搭建了基础平台。全省粮食播种面积中梯田面积的比例已由 1990 年的 24.27%提高到 2006 年的 46.03%，

机播面积由14.37%提高到26.61%，机耕面积由27.14%提高到43.1%。

2. 改善农业基本条件，促进了粮食生产和农业增效

梯田工程是防治水土流失的基础，是发展农业生产的载体，坡耕地修成梯田后，随着微地貌的改变和土壤水肥状况的改善，使“三跑田”变成了“三保田”，土地生产能力大大增强，为推广旱作农业适用技术、提高旱作农业水平创造了条件。据测算，在相同立地条件和耕作条件下，梯田与坡耕地相比，每亩梯田可增产40～100kg，平均增产50kg以上。以此推算，全省现有梯田按生产粮食计算每年可增产150万t，占全省粮食总产量808万t的18.6%。梯田已成为旱作农业区实现粮食自给、保障粮食安全的基础工程和提升区域综合发展能力的长效工程。

甘肃省庄浪县是中部18个干旱县之一，也是国扶贫困县之一，是典型的旱作农业区。在20世纪六七十年代，全县处于“三缺”、“三靠”状态，粮食总产徘徊在5万～6万t。通过近40年的不懈努力，全县累计修成梯田98万亩，占坡耕地面积的94%，人均梯田达到了2.5亩，使全县走出了长期困扰“三农”问题的艰难境地，实现了农业生产条件的极大改善和县域粮食自给。尤其是近年来全县通过大面积推广良种选育、机耕机播、间作套种、轮作换茬、配方施肥、节水灌溉、全膜双垄沟播等旱作农业技术，大大提高了土地产出率，在土地结构调整、粮播面积明显减少的情况下，使粮食总产基本稳定在12万～13万t，实现了粮食总量的翻番。由于国列水土保持重点项目长治工程的建设，2007年甘肃省陇南全市粮食总产达到9亿kg，比治理前1988年的4.87亿kg增长了86%，农民人均产粮326kg，比1988年增长了46%，其中仅长治工程新增的坡改梯一项，每年可增产粮食1.7亿kg，占陇南市粮食总产的18%。通过实施坡改梯工程，不仅防治了坡耕地的水土流失，而且为农民增产增收打下了坚实基础，保障了项目区粮食安全。

3. 大力调整产业结构，促进了农民增产增收

多年来，甘肃省在大力推行综合治理的基础上，进一步拓宽了建设理念，按照“治理抓特色、特色抓产业、产业抓优势、优势抓规模”的思路，以水土保持综合治理为载体，以梯田等基础设施建设为平台，培育、发展、壮大了一大批具有资源优势和地方特色的农业特色产业基地，实现了经济结构的优化配置。同时，随着各地产业结构调整的不断深化，农业生产开始由粗放型经营向集约化方向发展，目前全省约有30%以上的梯田调整了种植结构，形成了“梯田＋马铃薯”、“梯田＋经济林果”等多种产业模式，发展经济林果面积达1243万亩，产值35亿元，这些模式都已成为发展现代农业的样板，成为提高农民收入的支柱产业。

定西市依托梯田工程资源，把马铃薯作为全市第一大主导产业来培育，种植规模不断扩大，产业体系基本形成，已成为全国马铃薯三大主产区之一。2006年，以马铃薯为主导的特色优势产业实现产值50多亿元，农民人均获利1300元，占人均纯收入的73.8%。2007年，全市马铃薯种植面积达到366万亩，其中梯田中种植面积占60%以上；总产量500万t，实现产值17.5亿元，占全市生产总值的1/5，农民人均从马铃薯产业中获利530元，约占农民人均纯收入的1/3。被誉为“中国马铃薯之乡”的安定区，于2003年整体实现梯田化后，全区上下围绕150多万亩梯田的深度开发做文章，使马铃薯种植呈现出规模化、良种化、机械化、标准化的发展态势，种植规模扩大到2007年的100万亩。今年全区马铃薯产业总产值达11亿元，占生产总值的60%以上，农民人均获利1200元，占农民人均纯收入的2/3。静宁县依托全县135万亩梯田资源优势，大力培育果品支柱产业，全县果园面积达50万亩，人均1.2亩，其中发展山地梯田果园38万亩，占果园总面积的76%。目前挂果面积16.5万亩，年产量18万t，实现产值2.62亿元，人均果品收入590元，占农民人均纯收入的近1/3，被农业部划定为苹果优势产区，山地梯田撑起了静宁果品产业开发的"大梁"。陇南市以梯田建设为载体，发展农业特色产业面积748万亩，占全市耕地总面积的60%以上，其中花椒面积达到203万亩。以花椒、核桃、茶叶、果品、油橄榄为主的特色产业，形成了县域经济发展的"拳头"产品，实现了农业增效、农民增收的"双赢"，特色产业在农民人均纯收入中的比重由2006年的48.7%提高到2007年的50.2%。同时，由于农业基本条件的改善，降低了耕作成本，有效解放了农村劳动力，使一定数量的农民群众从粗放经营的传统农业中解放了出来，形成了劳务产业，仅庄浪县2006年输转劳务12万人、创收7亿多元。

4. 突出综合治理，区域生态环境得到了明显改善

近年来，甘肃省广大水土流失地区通过各类水保重点项目的实施，大大改善了基础设施条件，使农村的生产生活环境发生了根本性的变化，为社会主义新农村建设起到支撑作用。分析表明，由于小流域综合治理的不断深化，使水土保持林草植被的建设得到了提升，2006年全省森林覆盖率达到了13.42%，小流域的植被覆盖率都在30%以上，大地植被得到了一定的恢复和重建，生态环境明显得到改善，使人与自然和谐相处得到了初步的印证，取得了明显成效。定西市安定区在小流域治理中，按照"缓坡耕地兴修梯田、荒山荒坡整地造林、陡坡耕地退耕种草、沟道打坝淤地拦蓄"的原则，通过实施山水田林路综合治理，使流域面貌发生了根本性的变化，流域平均治理程度达76%以上，有效促进了人口、资源、环境的协调发展、区域水土资源的可持续利用和生态环境的可持续维护，实现了"春有花、夏有绿、秋有果"的生态效果。据陇南市水保部门调查测算，长治工程建设19年来，重点治理的小流域水土流失面积减少60%～80%，水土流失强度明显降低1～2个等级，土壤侵蚀量减少60%以上；新增林地345万亩，草地142.5万亩，荒坡及坡耕地减少近一半，林草覆盖度提高30%～40%。平凉市泾川县田家沟小流域经过多年的综合治理，生态环境从根本上得到改善，林草覆盖率达到了80%以上，已由治理开发走向了开发开放，被水利部命名为国家水利风景区和水土保持科技示范园区，被甘肃省旅游景区质量等级评定委员会批准为国家3A级旅游景区，建成了一个以水土保持地文景观、人文景观与旅游休闲紧密结合的生态景区，发挥水保效能、建设生态文明得到最根本、最生动、最具体和最直接的体现，基本构建了生态良好、生态文明的雏形。

五、雄关漫道真如铁，而今迈步从头越

党的十七大报告在科学发展观的指导思想下，把生态文明建设提到了战略的高度予以重视和加强，提出了"建设生态文明，基本形成节约能源资源和保护生态环境的产业结构、增长方式、消费模式，使生态环境质量明显改善，生态文明观念在全社会牢固树立"的新要求，赋予了水土保持工作崭新的内涵和神圣的使命，这既为加快水土保持生态建设步伐指明了前进的方向，又为水土保持工作提出了新的和更高的要求。面对新的发展时

期，充分认识甘肃省水土流失防治任务依然繁重的形势，牢固树立长期奋斗的思想，进一步加快水土保持生态环境建设，推进生态文明建设步伐，意义重大而深远。为此，在今后的工作中，甘肃省的水土保持工作将以邓小平理论和“三个代表”重要思想为指导，认真贯彻党的十七大精神，坚持科学的发展观，按照全面建设小康社会、构建和谐社会和新农村建设以及建设生态文明的要求，全面落实水利部新的治水思路和省委、省政府抓项目促发展的重要部署，坚持预防为主、保护优先的原则，树立人与自然和谐相处的理念，加快甘肃省水土流失防治步伐。落实配套好综合治理、有效保护、高效开发、科学管理的支持系统，以改善农业生产条件，发展农村经济，促进农民增收，建设良好的生态环境为目标，继续坚持大示范区建设不动摇，坚持梯田建设不动摇，坚持淤地坝建设不动摇，坚持监督执法不动摇，逐步实现水土资源的可持续利用，为全面建设小康社会提供支撑和保障。不断解放思想，进一步落实科学发展观，充分发挥水土保持的监督执法、综合治理、监测预报等职能，实现水土保持大发展，推进生态环境大改善，引领经济社会大繁荣，力争再用 20 年左右的时间，使全省水土流失重点区域得到初步治理，全省实现梯田化，建设起生态文明的雏形和人与自然和谐相处的山川秀美环境，进而推动生态、经济、社会各项事业的繁荣与进步。着力抓好以下工作，为全省社会经济的发展提供基础：

（1）牢固树立法制观念，坚持依法防治水土流失。随着经济社会的发展和工业化、城市（镇）化进程的加快，大量的开发建设项目和各类基础设施建设的修建，必将破坏原有的地貌植被和自然景观，造成新的水土流失。同时，我们也明显地认识到在具体监督管理过程中，执法难、难执法的矛盾和一系列具体问题，如在水保案件的查处、开发建设项目水土保持的监督管理方面因法律依据不充分、不具体等因素而造成执法被动。因此，各级政府、水行政主管部门、开发建设项目单位要充分认识生态文明建设的重要性，切实贯彻“以防为主”的水土保持方针，加大宣传教育力度，提高人们珍惜水土资源、保护生态环境的意识。落实水土保持依法行政，加强水土保持监督管理，强化开发建设单位的水土保持方案的编报、审批和验收工作，全面落实水土保持方案的编制和“三同时”制度，有效遏制人为造成的新的水土流失。

（2）切实推进梯田建设，加快改善农业生产基础条件。实践证明，兴修梯田是改变山区农业生产条件、发展现代农业的基础工程；是发展旱作农业、保障粮食安全的温饱工程；是调整种植结构，发展特色产业的致富工程；是调控坡面径流、优化降水资源利用的主体工程；是建设生态文明、实现人与自然和谐的生态工程。甘肃省省委、省政府在批转《甘肃省 2001～2010 年梯田建设规划》中明确指出，到 2010 年全省旱作农业区的 67 个县（区）要基本实现梯田化，梯田面积要占宜修坡耕地面积的 90%以上，人均梯田面积达到 3 亩以上。各级政府要紧紧围绕这一目标，把梯田建设作为改善生态环境、强化农业基础地位、促进农业产业化发展的基础工程切实抓紧抓好。要将梯田建设与各级政府的任期目标考核结合起来，与新农村建设结合起来，与解决“三农”问题结合起来，与解决民生的长效机制建立结合起来，继续弘扬“庄浪精神”，不断加强对梯田建设的组织领导，加强梯田建设管理，拓宽资金筹措渠道，研究解决梯田建设中出现的新情况和新问题，探索梯田建设的新办法和新途径，确保全省梯田化建设的稳步推进。

（3）积极开展大示范区建设，提升水土保持综合治理水平。以小流域为单元，实行综合治理，是甘肃省水土保持工作长期实践的成功路子，并创建了一批具有示范效应的样板工程，符合水土流失防治规律的发展之路，也是甘肃省水土保持的一大亮点和特色，要毫不动摇地坚持下去。因此，要在不断总结和探索小流域综合治理中的成功经验、治理模式和综合开发路子的基础上，进一步丰富小流域治理的内涵，整合小流域建设项目资源，集中使用建设资金，连片进行高效开发，建成一批规模大、标准高、质量和效益好、建管机制健全的水土保持大示范区。“十一五”期间及今后一个时期，要重点抓好天水耤河、庆阳蒲河、平凉庄静、刘家峡库区、长治工程和国家水土保持重点治理工程定西项目区六大水土保持示范区建设，加强黄土高原淤地坝坝系工程建设，进一步提升水土保持综合治理和水资源利用水平，带动区域经济、社会的全面协调发展。

（4）不断创新防治思路，大力发展水土保持特色产业。各级水利水保业务部门在水土流失防治思路上，要由传统水土保持向现代水土保持转变，由单纯的防治水土流失向发展水土保持经济转变。突出以治理水土流失，改善生态建设，促进农民增收，发展区域经济为目标，充分依托区位优势和资源优势，发展壮大水土保持特色产业。坚持因地制宜、分类指导的原则，将水土保持综合治理与发展区域优势产业和调整种植结构、产业结构相结合，充分利用规模化的梯田建设和经济林果建设，大力发展梯田产业、经济林果产业和草畜产业，力争建成一批各具特色的苹果、花椒、核桃、油橄榄等名、优、特经济林果产业基地和水土保持支柱产业，为农业增产、农民增收和农村经济发展寻求新的经济增长点，进而在实现水土资源有效治理与保护的基础上，拓宽群众致富奔小康和区域经济社会又好又快发展的路子。

（甘肃省水利厅水土保持局供稿）

党建工作为甘肃水利发展改革提供政治思想保障

党的十一届三中全会以来的30年，甘肃省水利厅党建工作始终高举中国特色社会主义伟大旗帜，以马列主义、毛泽东思想、邓小平理论和“三个代表”重要思想为指导，认真落实科学发展观，坚决贯彻党的路线、方针和政策，紧密围绕水利中心工作，按照求真务实、注重实效的总体思路，不断增强各级党组织的凝聚力和战斗力，为全省水利改革发展提供有力的政治保证和思想保证。

一、基层组织建设和党员队伍建设不断加强

各级党组织坚持认真贯彻落实《中国共产党党和国家机关基层组织工作条例》，密切联系水利行业特点，重点加强基层党组织建设，通过抓班子、抓制度、抓活动、抓培训，加大工作力度，基层党组织的建设不断加强。

（一）健全党内生活制度，严格组织生活

一是各级党组织都能按期召开组织生活会，经常分析党员思想状况，加强党员的教育管理。不断丰富组织生活内容，改进组织生活方式，既注重原则性，又体现人性化管理，既解决思想问题，又解决实际问题，增强组织生活的感召力和党组织的凝聚力。党员领导干部以普通党员身份主动带头参加所在支部组织生活会，向党组织汇报思想工作情况，自觉接受党组织的教育、监督和管理。

二是按照中央和省委关于党员领导干部民主生活会的有关规定，认真开好一年一度的党员领导干部民主生活会。领导班子民主生活会在认真广泛征求下属单位和机关各支部的意见的基础上，开展谈心活动、开展批评与自我批评、认真进行整改，并将整改情况向群众通报。对厅属党委领导班子召开的民主生活会，直属机关党委、人事劳动教育处、纪检组都派人参加，了解情况，沟通联系，加强指导。

（二）加强制度建设，规范党员和基层党组织的管理

始终将制度建设贯穿于党员教育管理监督工作的各个环节，使每个党员置身于制度的约束之中。在对实践中形成的“三会一课”制度、民主生活会制度、党的活动日制度和民主评议党员制度等有效的党员管理教育形式，随着形势任务的变化，不断完善的基础上，根据先进性教育所取得的成功经验，结合水利工作实际，形成了《健全和完善保持共产党员先进性长效机制的意见》等一系列行之有效地长效机制，并将新时期保持共产党员先进性的具体要求列入党员考核内容，进一步规范党员和基层党组织的管理。

（三）加强和改进基层党组织建设

认真贯彻《党政领导干部选拔任用工作条例》，一是要本着精干、高效和有利于加强

党的工作的原则，设置办事机构，配备必要的工作人员。在涉及机构改革和人事改革时，能妥善解决好党建工作的机构设置、人员编制和干部配备等问题，做到调整基层党组织与调整基层行政单位同步，配备党务干部与配备行政干部同步。二是本着有利于优化结构、增强活力、相对稳定、合理流动的原则，有组织、有计划地安排党务工作人员与行政、业务工作人员之间的双向交流。三是建立党务干部集中培训制度。定期开展党支部书记、支部委员集中培训工作。尤其是对新任党支部书记、支部委员集中培训工作。各个党支部都能把政治素质好、工作能力强、热心党务工作的同志选配到支部班子中来，增强了党支部的战斗力和凝聚力。

（四）认真做好党员发展工作

按照“坚持标准、保证质量、改善结构、慎重发展”的方针，根据《中共中央组织部关于进一步做好新形势下发展党员工作的意见》和《甘肃省发展党员公示制和责任追究制暂行办法》的有关规定，有领导、有计划、积极慎重地做好党员发展工作，注重吸收水利工作一线、业务骨干、高知识群体和青年中的优秀分子入党。甘肃省水利厅现有党员2489人，其中大专学历以上662人，占26.5%；本科学历以上797人，占32%；研究生学历以上34人，占1.3%；35岁以上党员543人，占21.8%。平时注意对年轻干部和先进青年的培养教育，及时发现他们的特长和优点，定期举办入党积极分子培训班，鼓励他们树立正确的人生观、价值观和远大的理想信念，积极加入到中国共产党组织。党员队伍不断发展壮大，组织结构日趋合理。

二、政治理论教育和精神文明建设稳步推进

水利思想政治工作的出发点和最终落脚点，是服从服务于水利建设这个中心。甘肃省水利厅系统各级党组织充分发挥思想政治工作的优势，真正起到了对水利业务工作的政治保证作用、动力支持作用和精神凝聚作用。

（一）政治理论教育扎实有效

始终坚持把政治理论学习作为党建工作的长期任务来抓，按照中央和甘肃省委的总体部署，结合甘肃水利改革发展的实际，从完善学习制度入手，采取得力措施，坚持集中学习与自学相结合的原则，通过集中培训、专题辅导、交流讨论等各种形式，在广大党员干部职工中深入开展了政治理论学习，取得了明显成效。一是坚持各级党组织理论学习中心组学习制度，辐射带动广大党员干部特别是各级领导干部的学习，不断地用马克思主义最新理论成果武装头脑，提高政策理论水平和水利发展改革的决策能力，确保各个时期党的路线、方针、政策和省委、省政府重大决策的贯彻执行。二是坚持经常性思想教育，引导广大党员树立坚定的共产主义理想和中国特色社会主义信念，自觉投身于甘肃水利改革与发展的伟大实践，胸怀远大理想，自觉履行全心全意为人民服务的宗旨，诚心诚意地为人民群众谋利益；坚持解放思想、实事求是、与时俱进，创新思路，转变观念，始终走在群众的前列，为群众做表率，增强感召力和凝聚力，积极推进水利事业的改革与发展。三是大力倡导理论联系实际的马克思主义学风，明确新时期党建设工作的基本方针，使之成为做好各项党务工作的行动指南。始终把学习贯彻党在各个时期的路线、方针、政策与全省

水利建设有机地结合起来，着眼于解决水利改革与发展的实际问题，充分发挥水利在全省经济社会又好又快发展中的基础作用。四是把政治理论学习与业务知识学习、普法教育、公民道德建设教育紧密结合起来，教育水利系统广大党员树立正确的世界观、人生观、价值观；紧随时代脉搏，培养适应现代生活方式的文明素养，切实提高党员的综合素质。

（二）精神文明建设稳步推进

坚持以开展“献身、负责、求实”为主要内容的主题实践活动为载体，不断弘扬水利行业精神，加大精神文明建设力度，营造水利改革发展的良好氛围。一是深入学习《公民道德建设实施纲要》。加强对干部职工进行爱国主义、集体主义、社会主义教育，激发职工的爱岗敬业意识。制定了《甘肃省灌区水管人员文明守则》，在灌区管理单位开展窗口行业优质服务示范活动，深得灌区群众和当地政府的称赞和拥护。二是深入开展“双优一文明”创建活动。在全行业组织开展了以“服务人民、奉献社会”为宗旨的一系列富有时代气息和行业特色的群众性精神文明创建活动，初步形成了以创建文明单位、文明工地为龙头，以创建文明机关、处室、站所、班组、家庭和文明职工为基础，以提高职工素质、塑造行业良好形象为目的，以推动水利改革和发展为目标的共建文明、共求发展的良好局面。三是各级水行政机关和事业单位结合开展“三优一满意”活动，广泛开展了以创建优秀党组织、优秀党员和文明机关为内容的“双优一文明”活动。景电管理局被中央文明委表彰为全国文明单位；甘肃省水利厅机关、甘肃省疏勒河管理局、甘肃省水电设计院、兰州市水利局等单位先后被评为为全国水利系统精神文明建设先进单位；甘肃省疏勒河流域水资源管理局、甘肃省水利水电勘测设计研究院等单位先后被甘肃省委、省政府授予文明单位；涌现出了李培福、翁建才、左凤章等一大批热爱水利事业、无私奉献的优秀党员。四是充分发挥思想政治工作优势，突出载体作用，针对职工思想、生活、工作实际做深入细致的思想政治工作，利用逢年过节等多种形式慰问厅属施工企业的困难职工，慰问离退休老领导、老专家及生病住院的老同志，凝聚了人心，体现了以人为本，建设和谐社会的总体要求。

扎实有效的思想政治工作及精神文明建设，整体改观了职工队伍的思想状况。党员、职工的思想稳定，安心、热爱水利工作。特别是基层水利职工，面对枯燥单调的工作和生活环境，默默无闻地为水利事业奉献青春、无怨无悔，求知欲望强烈，学习上进，能严格遵守规章制度，自我管理和自我约束的意识不断增强。

三、在新的历史起点上全面推进甘肃水利党建新的伟大工程

中国特色社会主义最大的特色就是有一个坚强的执政党。全面推进传统水利向现代水利、可持续发展水利转变，必须发挥各级党组织的政治优势、组织优势和密切联系群众的优势，统一思想，凝聚力量，为加快水利发展提供坚强的政治和思想保证。

（一）坚持以科学发展观为统领，围绕中心、服务大局，充分发挥党的领导核心作用和政治保障作用

科学发展观不仅是经济建设、政治建设、文化建设和社会建设的指导方针，也是加强党的建设的行动指南。要坚持以科学发展观为统领，紧紧围绕水利中心工作，找准党建工

作融入业务工作的切入点和结合点，动员和带领广大干部职工聚精会神搞建设、一心一意谋发展，从思想上、政治上、组织上保证水利又好又快地发展。要进一步开展“为民、务实、清廉”主题教育实践活动，牢固树立执政为民意识、改进工作作风、保持清正廉洁，把心思用在干事业上，把精力投到抓落实中，切实解决人民群众最关心、最直接、最现实的水利问题，做出让人民群众满意的实绩。

（二）坚持以基层组织建设和干部队伍建设为重点，抓基层、打基础，为加快水利发展提供组织和人才保障

如何把各方面力量最大限度地凝聚起来干事创业，这是各级领导干部面临的一个重大课题。一要加强党的基层组织建设。要按照重在建设、重在基层、重在平时、重在实效的原则，加强对党员的教育管理和监督，健全组织体系，改进工作方式，创新活动内容，增强基层党组织的创造力、凝聚力和战斗力，充分发挥凝聚人心、推动发展、促进和谐的作用。二要加强领导班子建设和干部队伍建设。严格执行《党政领导干部选拔任用工作条例》，不断规范选任程序，拓宽选人渠道，创新选人机制，坚持公道正派，真正做到全面历史地看待干部、公正无私地评价干部、客观准确地推荐干部、科学合理地使用干部。要以选贤任能为目标，大力选拔优秀年轻干部，同时注意合理使用其他年龄段的优秀干部，进一步优化领导班子结构。

（三）坚持积极探索、不断完善，健全和落实实践科学发展观的长效机制

实践证明，制度建设带有根本性、全局性和长期性。坚持把实践中的具体经验系统化、成功做法制度化，是加强党的先进性建设的必然要求。要以中央四个长效机制文件和厅党组长效机制意见为指导，结合实际，大胆探索，建立健全符合科学发展观要求的制度和机制，保障水利发展。要建立健全教育制度监督并重的惩治和预防腐败体系，突出重点领域、重要岗位和重点环节，积极推进各项改革和制度建设，充分发挥制度的规范作用，用制度管权、制度管人、制度管事，确保工程安全、资金安全、干部安全。

（四）坚持以党建工作责任制为保障，明确责任、形成合力，从制度和组织上保证党建各项任务的落实

坚持甘肃省水利厅党组抓党建与分级负责相结合，健全和落实党建工作责任制。一要健全党建工作领导体制。坚持厅党组负总责，党组书记带头抓，分管厅领导具体抓，机关党委抓落实，一级抓一级，一级带一级的党建工作格局，形成责任明确、领导有力、运转有序、保障到位的领导体制和工作机制。二要建立党建工作汇报制度。三要积极探索党建工作考评机制。

（甘肃省水利厅直属机关党委供稿）

履行纪检监察职能　服务水利中心工作

改革开放30年来，作为水利纪检监察部门，驻厅纪检组、监察室始终坚持以邓小平理论和“三个代表”重要思想为指导，充分发挥纪检监察两项职能，紧紧围绕甘肃省全省水利中心工作和任务要求，坚持标本兼治、综合治理、惩防并举、注重预防的方针，全面加强新形势下领导干部作风建设，积极推进惩治和预防腐败体系建设，把党风廉政建设和反腐败工作不断引向深入，为全省水利改革发展提供了纪律支持和政治保证。

一、推进水利构建惩防体系建设，拓展从源头上加大防治腐败的工作领域

（一）制定贯彻《建立健全教育、制度、监督并重的惩治和预防腐败体系实施纲要》的《关于建立健全惩治和预防腐败体系的实施意见》

为进一步推进水利构建惩防体系建设，努力拓展从源头上加大防治腐败力度，根据中央《建立健全教育、制度、监督并重的惩治和预防腐败体系实施纲要》（以下简称《实施纲要》）和甘肃省委《关于建立健全惩治和预防腐败体系的实施意见（试行）》（以下简称《实施意见》），深入开展反腐倡廉工作，从源头上预防和治理腐败，由驻厅纪检组牵头，结合水利实际开展调研，拿出初稿后征求了上级部门及部分厅属单位的意见，五易其稿，于2006年初经厅党组研究下发实施《省水利厅党组关于构建教育、制度、监督并重的惩治和预防腐败体系实施意见》。召开水利厅系统贯彻《实施纲要》、构建惩防体系情况汇报及座谈交流会，厅属单位对如何贯彻《实施纲要》进行了专题发言和座谈交流，在总结经验、查找差距、理清思路、推动工作方面起到了很好的促进作用，对构建水利特色惩防体系起到了积极指导作用。

（二）建章立制，为从源头上防治腐败提供纪律保证

水利行业不仅需要解放思想，转变观念，更需要加强制度方面的建设，建立科学、民主和依法决策机制。甘肃省水利厅机关有关处室和厅属有关单位在工程管理、资金管理、人事管理、财务管理和廉政建设方面制定了相关的管理制度，由驻厅纪检组和厅办公室共同编写了《甘肃省水利厅机关管理制度汇编》。在不断理清和完善规章方面力求制定管用的制度、建立系统的制度，又编写了《甘肃省水利厅机关管理制度汇编（续）》。水利厅系统共建立健全综合性的规章制度和办法54个，出台工程、资金、项目方面的管理制度和办法37个，通过这些制度的建立，为贯彻落实科学发展观，加快水利事业的发展提供制度保证。

二、周密安排党风廉政工作，认真落实党风廉政建设责任制

党风廉政建设责任制是推进反腐倡廉和惩防体系建设的“龙头工程”，是督促各级领

导班子和领导干部担负起反腐倡廉职责。通过加强监督，紧紧围绕以强化责任意识、强化组织领导、强化任务分解、强化检查考核、强化责任追究的“五个强化”，贯彻落实党风廉政建设责任制。水利厅党组一直把党风廉政建设工作放在突出位置，认真贯彻中纪委、甘肃省纪委及水利部党风廉政建设和反腐败工作的一系列要求和安排部署，在党风廉政建设责任制执行方面扎实安排，明确任务，制定措施，狠抓落实，使党风廉政建设责任制得到了落实。

（一）抓好反腐倡廉等会议精神的传达学习和责任分解

每年初，迅速准确地传达中央、甘肃省和水利部等相继召开的纪检监察工作和反腐倡廉方面的会议精神、讲话要求及作出的纪律规定，牵头筹备以甘肃省水利厅党组名义召开省水利系统反腐倡廉专题工作会议，由厅党组书记作专题讲话，突出强调工作重点，紧密联系水利实际，对党风廉政建设责任制和反腐败工作做出具体安排部署，使厅党风廉政建设责任制抓法和设计紧扣中央、甘肃省和水利部的要求，用中纪委、甘肃省纪委和全国水利系统反腐倡廉会议精神总揽工作全局，统一思想，提高认识，推动工作。及时印发《甘肃省水利厅党组党风廉政建设及反腐败工作安排意见》及《责任分解》等文件，把工作任务分解到厅领导班子成员、承办处室和厅属单位，确定了主办、协办单位，明确了各自职责任务，使责任体系要求具体，目标明确，具有可操作性。

（二）抓好对责任制落实情况的督促检查

为了使党组的安排意见及责任体系得以贯彻落实，甘肃省水利厅党组用党风廉政建设责任制总揽反腐倡廉工作全局，一把手做到逢会必讲反腐倡廉，努力履行第一责任人的责任，各党组成员按照分工，努力做到把党风廉政建设和业务工作同安排、同部署、同检查、同落实，把反腐倡廉融入各项工作中。每年组织开展两次以上定期和不定期督促检查、抽查，工作结合年度考核加强述廉工作以及对责任制的考核。对厅系统科级以上干部建立了廉政档案，对地、县级干部进行了收入申报登记。通过督促检查，使责任制工作得到了分层次推进。

三、结合水利实际搭建教育平台，努力推进水利系统反腐倡廉教育

教育是反腐倡廉的重要基础工作，是预防的有效形式。根据反腐倡廉面临的新情况、新形势、新任务，努力探索反腐倡廉教育的内容、形式和途径。一是通过学习“三个代表”重要思想和开展“两个务必”为主要内容的作风教育和“保持共产党员先进性教育”活动，使广大党员干部特别是县（处）级以上领导干部普遍受到了一次深刻的思想和作风方面的教育。二是厅机关及厅属单位党员领导干部通过观看《廉政中国》电视月刊、《天职》、《居安思危》等光盘，接受反腐倡廉警示教育。三是组织党员干部收听甘肃省纪委及广电媒体等组织的反腐倡廉专题辅导及廉洁自律好党员专题报告，接受反腐倡廉政策形势和典型示范教育。四是先后为水利厅系统一把手配发《领导干部廉洁从政手册》，为厅领导班子成员、机关处级干部及厅属单位领导班子成员配发《新形势下领导干部作风建设学习读本》、《廉洁从政党纪政纪及相关法规手册》、《54种职务犯罪介绍》、《甘肃省预防职务犯罪条例》等学习手册，通过认真学习，接受纪律、法规和案例教育。五是水利厅系统

各单位围绕水利工程建设开展工程安全、资金安全、干部安全“三个安全”主题教育活动。

四、积极开展对重点部位的监督检查，不断推进职务犯罪预防工作

结合甘肃省水利部门源头治理面临的形势分析，可能引发水利行业腐败的源头问题有：

（1）水利项目的申报、审批不够规范，缺乏严格的科学性、合理性、规范性和严肃性，个别项目从初设、筛选到申报、审批和最后的立项及设计变更等方面不同程度地存在着随意性，缺乏对有关部门审批权和相关环节的有效监督。

（2）水利专项资金管理存在薄弱环节，主要表现在：程序不够规范、制度不够健全、预防监督工作有断层现象，缺乏有力的约束机制。主要表现为通过打招呼、批条子和变通等手段，挪用、挤占、滞留、转移水利专项资金的问题。

（3）水利建设程序不够规范，基建程序和制度不落实，主要表现在该报批的不按规定程序报批，工程“三制”（项目法人负责制、招投标制、工程监理制）不落实。

（4）工程竣工验收中存在着先验后审的问题。

为认真贯彻落实《甘肃省预防职务犯罪工作条例》，开展了以下主要工作：

（1）有针对性地开展执法监察。每年有侧重的组织对重点项目、有关资金的实施及执行情况进行执法监察。由驻厅监察室牵头，相关处室和单位配合组织联合执法监察组，主要对农村人饮、牧区水利工程、抗旱防汛资金使用、病险水库除险加固、大型灌区续建配套、省水文站危旧房改造、水保等项目的申报、审批、资金管理、项目实施及验收等环节进行了执法监察。对发现的问题提出了监察意见和整改措施，对这些项目的正确实施起到了较好的监督作用。

（2）以组织实施水利“政风行风”热线直播节目为契机，加强政风行风建设。按照甘肃省委、省政府“两办”通知，甘肃省水利厅在2006年6月举行“政风行风”热线直播。由驻厅纪检组牵头，积极组织制定工作方案和编写基础材料，按期组织实施了节目直播和有关问题的督办，办结率达到100％。同时，对干部群众提出的问题进行以依法行政层面和加强水行政行业形象塑造方面的思考，在组织调研和充分征求意见的基础上，由驻厅纪检组、监察室牵头起草并经党组研究下发了《甘肃省水利厅关于加强政风行风建设的意见》，从加强政风行风建设的指导思想、总体目标、主要任务、具体措施等方面提出了建设性意见，为树立水利部门廉洁、务实、高效、诚信的良好形象，在制度机制方面打下了基础。由驻厅监察室、水管局组成的检查组，先后对甘肃省大型灌区的水管站（段、所）开展民主评议行风活动的情况，采取听取汇报、实地查看、召开座谈会及问卷调查等形式，对大型灌区开展民主评议作风活动情况进行检查和抽查，促进了行风评议工作。

（3）联系水利实际，组织开展治理商业贿赂工作。为进一步规范水利建筑市场秩序，维护公平竞争，促进水利事业健康发展，切实做好水利系统治理商业贿赂专项工作，甘肃省水利厅党组成立了治理商业贿赂领导小组并下设办公室，下发了《省水利厅开展治理商业贿赂专项工作实施方案》和《甘肃省水利系统组织开展不正当交易行为自查自纠工作方案》，要求从水利工程建设、政府采购、水资源开发等方面，开展治理商业贿赂专项工作。

厅属各单位按照甘肃省水利厅党组的统一部署，分别成立了相应的领导机构和工作班子。厅属各单位纪委在调查研究的基础上，积极探索水利工程领域发生不正当交易的行为和商业贿赂案件的特点及规律，认真分析其表现形式、产生环节和原因，从政策、法律和工作三个层面上研究提出治理的具体思路和对策，制定了适合各单位实际、内容具体、目标明确、重点突出、步骤严格、便于落实和监督检查的具体实施方案，使水利系统从业人员普遍受到教育，经营者的错误观念基本得到纠正，经营行为和从政行为基本得到规范，促进了水利事业的健康发展。

（4）做好重点工程招投标中的监督工作。为了在水利建筑领域做好职务犯罪预防工作，结合水利行业实际，驻厅纪检组、监察室积极直接参与了有关大的水利工程招投标工作。在工程开标、评标前都要宣布评标纪律，对开标、评标、议标实行全程监督。驻厅纪检组、监察室组织力量先后对引洮供水一期工程、甘肃水情中心系统、疏勒河流域水资源管理局信息系统及该局双塔灌区 2006 年度续建配套与节水改造招标工作进行了全程监督。通过强化监督，进一步规范了招标投标工作程序和行为，在防止各种违法违纪行为的发生，确保资金运行和使用安全方面发挥了积极作用。

（5）加强对干部任用和领导班子考核的监督。驻厅纪检组、监察室参与并监督了厅系统领导班子和厅系统干部选拔工作。参与了厅机关处级以上干部及厅属单位领导班子年度考核和日常考核及述职述廉和民主测评方面的相关工作。

五、加强对来信、来访、举报和案件的督办查办工作

甘肃省水利厅党组和厅领导班子成员非常重视信访工作，凡遇集体访、个人访都能认真接待，认真答复，限时办结，做到不推脱、不沉淀。对省纪委转来的群众来信，都及时进行了督办和答复。除重复信件已答复和非署名外，都及时进行了信访处置，使信访中群众关注的突出问题得到了较好解决。

六、纪检监察队伍自身建设进一步加强

纪检监察干部始终牢固树立社会主义荣辱观，保持谦虚谨慎的作风和奋发有为的精神状态，坚持原则，实事求是，清正廉洁，敢于碰硬，自觉接受党组织和人民群众的监督。提出了“业精、守纪、协作、务实、高效”的工作要求，理出了“高奏反腐倡廉基调，夯实预防教育基础，扭住制度建设抓手，把好监督环节关口，不忘惩治这个手段，构建惩防体系工程”的工作思路。组织纪检监察干部进行以《实施纲要》、《“三个代表”重要思想反腐倡廉理论学习纲要》、《纪检监察业务简明教程》、《党纪与党风》、《廉政大视野》及三个《条例》（三个《条例》指：《中国共产党党员处分条例》、《中国共产党党内监督条例》、《中国共产党党员权力保障条例》）为主要内容的学习及业务培训，学习中纪委、甘肃省纪委及甘肃省监察厅下发的有关文件和相关的法律法规，认真领会精神实质。积极参加纪检监察部门组织的执法监察和综合能力培训，以进一步提高纪检监察干部的业务素质和工作水平，为甘肃全省水利事业又好又快发展发挥了应有的作用。

（甘肃省驻厅纪检组监察室供稿）

严格审计监督　促进水利发展

1989年10月，为加强审计监督，服务水利改革发展大局，经省政府批准省审计厅在省水利厅设立了省审计厅驻省水利厅审计处，2001年2月，根据省政府批准的《甘肃省水利厅职能配置，内设机构和人员编制规定》，省水利厅再次设置了审计机构。全省各地州市水利部门根据省水利厅的要求，结合当地实际，组建了相应的审计机构，配备了专兼职结合的审计人员。截至2007年，全省水利行业有内审机构20个，其中专职机构8个；有内审人员67人，其中专职人员24人。

一、工作回顾

改革开放的30年，是甘肃水利跨越式发展的30年，更是甘肃水利取得辉煌成就的30年。伴随着甘肃水利改革与发展的不断深化，历届水利厅党组对水利审计工作高度重视，注重发挥审计监督在推进法治、维护民生、推动改革、促进发展等方面的积极作用。多年来，全省水利审计部门认真贯彻《中华人民共和国审计法》等法律法规，围绕中心、服务大局、突出重点、依法审计，认真履行审计监督职责，加大审计监督力度，努力探索内部审计新途径，在维护财经纪律、促进依法行政、加强廉政建设等方面发挥了重要作用。据不完全统计，近十年以来，驻厅审计处共完成审计资金50多亿元，提出审计整改建议200多条，其中，水库除险加固工程72条、大型灌区续建配套与节水改造工程89条、农业节水灌溉日元贷款项目56条，主要完成了财务收支审计、工程投资审计、离任审计、任期经济责任审计、任中审计、承包经营审计、经济效益审计、专案审计、专项审计、审计调查、协助审计。配合了工程验收、工程检查、单项检查等常规审计工作达200多项，主要有：

一是完成了授权的审计项目4项，配合审计项目15项，配合省财税物价大检查工作12次。

二是完成财务收支审计38项、工程投资审计105项、专项审计7项、干部离任审计31项、承包经营审计2项、审计调查21项，培训审计人员50人（次）。

三是从2000年开始，开展了对大型灌区续建配套与节水改造的审计工作，其中：景电灌区审计9次，兴电灌区审计8次，靖会、西营河、鸳鸯、党河、双塔灌区审计各7次，洪水河、西河、东河灌区审计各5次，盈科灌区审计1次。节水增效示范项目审计20次，中小型灌区审计5次。饮水安全项目：两当县、酒泉市、临夏市。

四是对29个病险水库除险加固工程项目进行了专项审计。主要有：夹山子水库、花园水库、榆林河水库、锦屏水库、赤金峡水库、桥子东坝水库、双塔水库、临水七一水库、二坝水库、黄羊水库、西营水库、南营水库、红河水库、晚家峡水库、大野口水库、酥油口水库、西大河水库、铧尖七一水库、解放村水库、双树寺水库、李桥水库、石灰关水库、祁家坝水库、跃进坝水库、条湖水库、马尾湖水库、郑国寺水库等。

五是根据甘肃省农业节水灌溉项目执行办公室《关于开展甘肃省节水灌溉（日元贷款）项目竣工财务决算审计工作的通知》（甘水日协办发〔2006〕11号）要求，先后安排了对永昌县等15个县、省农垦集团有限责任公司和张掖市、酒泉市、武威市、兰州市的市级管理费使用情况的项目审计工作。

六是完成厅属单位领导干部任期经济责任审计14人（次），提出整改建议100多条，不仅拓宽了干部监督管理的渠道，也强化了领导干部依法行政的意识。

七是对甘肃省水文水资源勘测局张掖、庆阳水文局办公楼，危旧站房改造工程24处，省水电学校综合实验楼进行了专项工程审计；对厅物资公司、水利经济公司、水科院爱得基金进行了专项资金审计；对厅外事公司、地方水电公司进行了委托审计。

八是配合水利部、甘肃省发展和改革委员会、黄委审计局及其他部门的工作，督导了黑河流域项目的检查工作。

九是对黑河流域金塔县鼎新灌区节水改造6个单项进行了竣工决策审计。

驻厅审计处先后获得甘肃省审计厅先进审计处1次，先进审计个人表彰1次，审计杂志发行先进单位3次；获得水利部审计室年度统计工作先进单位4次，统计工作先进个人1次，张掖市获得水利部先进审计单位表彰，获得水利部先进审计个人表彰1次。

二、今后的展望

新形势新任务为水利审计工作提出了新要求，加强审计监督，是水利事业又好又快和科学发展的需要，今后要继续发挥“一审、二帮、三促进”的积极作用，本着“积极稳妥、量力而行、提高质量、防范风险”的原则，以维护正常的财经秩序，加强被审计单位和项目的内部管理为目标，着重做好四个方面的工作：一是要求各项目单位克服困难做到工程资金的足额筹措到位，保证工程资金的合理使用和全面完成；二是针对以往工作中存在的问题，有针对性地进行整改，要把好前期工程设计、招投标管理、合同签订、财务核算等关口，避免以上问题的重复发生，特别是不能在工程投资中列支项目外的支出；三是要做好竣工财务决算的编制工作，注意做到各种手续必须齐全，清理库存材料和往来账务，核对工程结算与财务核算的一致性，核对工程结算与项目批复的对称性，做好必要的补充工作，完善报账手续等基础性工作，使财务决算准确、内容齐全，会计资料完整，并规范地进行会计核算；四是要继续做好干部任期经济责任审计和任中审计工作，确保“工程安全、资金安全、干部安全”，为全省水利发展起到保驾护航的作用，促进全省水利事业的又好又快发展。

（甘肃省水利厅审计处供稿）

水政监察 为甘肃水利发展保驾护航

自《中华人民共和国水法》、《中华人民共和国防洪法》和《中华人民共和国水土保持法》等法律法规相继出台后，水行政执法就成为法律赋予各级水行政主管部门的一项重要职责。成为有效维护水事秩序、清除河道内的行洪障碍，保障水利设施安全运行的重要组成部分，成为依法治水和水行政管理工作中不容忽视的重要环节。因此，加强水政监察规范化建设，加大水事案件查处力度，是建立完备的水利法制体系的重要内容，也是切实保障甘肃省水利事业又好又快发展的重要举措。

一、从改革中求索

“十五”伊始，水利部以加强执法能力和执法保障两个建设为重点，在全国范围内全面展开水行政专职执法队伍的组建工作。按照水利部文件精神，1996 年甘肃省相继在武威、庆阳、酒泉等地组建起水政监察队伍，各试点均制定了《水政监察规范化建设实施意见》和《水政监察规范化建设实施方案》，专设了规范化建设领导小组，组建了总支队、大队和分队，并按照“先培训，后上岗”的原则，选拔任命水政监察员，为今后甘肃省建立起一支关系协调、组织严密、纪律严明、运行有力的水政监察专职队伍打下了坚实基础。

至 2002 年新修订的《中华人民共和国水法》颁布后，试点工作已取得了突破性的进展，形成了集省、市、县共同组成的三级执法网络体系，其中成立总队 1 支，水管、水保、石羊河流域管理局等厅直属单位支队 8 支，各市州成立支队 13 支，各县区成立大队 85 支，全省共任命专（兼）职水政监察员共 2450 人。主要负责在同级管辖区域内依法对水资源、河道、水土保持、水工程、水文设施和防汛抗旱设施的保护管理进行监督；依法对水事活动进行监督，调解水事纠纷，查处水事违法案件，维护正常的水事秩序；依法办理取水许可、征收行政事业性规费和水资源费等有关事宜，并对下一级水行政主管部门行政性规费的征收、使用、管理情况实施监督检查等职责。甘肃省水行政执法队伍已在机构设置、人员编制等方面初见成效。

二、在探索中前进

近年来，甘肃省水行政执法队伍以邓小平理论和“三个代表”重要思想为指导，严格执行《中华人民共和国水法》、《中华人民共和国防洪法》、《中华人民共和国水土保持法》和《河道管理条例》等水法律法规，以实现水政监察的“八化”（执法队伍专职化、执法管理目标化、执法行为合法化、执法文书标准化、学习培训制度化、执法统计规范化、执法装备系列化、检查监督经常化）为目标，以规范队伍建设、强化人员培训、加大宣传教育力度为重点，严厉打击查处各类水事违法案件，违法必究、执法必严，为甘肃省水行政执法工作打开一个崭新的局面。

（一）队伍建设规范化

1. 明确单位性质

成立之初，很多队伍属于自收自支企业性质单位，严重阻碍了执法工作的有效开展。2002 年执法体系初步形成后，情况有所好转，大部分执法队伍转变为全额拨款的事业单位，但仍就存在执法没有力度、经费没有保障的问题。2007 年《中华人民共和国公务员法》颁布实施后，为了更好地履行水政监察员的职责和任务，树立法律权威，提高办案效率，各级水政监察队伍向有关部门提出了纳入参照公务员管理的请示，积极争取实现了监察队伍机构健全、编制落实、人员到位的基本目标。

2. 强化人员培训

水政监察队伍从提高执法人员的专业法律和行政法律知识入手，举办了水政水资源管理、行政执法和行政管理培训班，邀请了有关专家和学者，系统讲授了有关《中华人民共和国水法》、《中华人民共和国行政许可法》、《中华人民共和国行政处罚法》的实践和应用，参加培训的水行政执法人员累计达到 1200 多人，不断提高执法人员的业务素质和工作能力。

3. 规范执法证件

2001～2008 年，甘肃省 2450 名水政监察人员按计划，分批参加了法律知识的培训考试，申领了由水利部颁发的《水政监察证》，并由总队负责将全体人员资料录入了水政监察数据库，汇总上报水利部存档。同时，按照甘肃省法制办要求，水政监察员截至目前已进行了三轮执法证的换证工作，在通过由水利厅组织的专业法律知识考试和法制办统一组织的综合法律知识培训考试后，领取了《甘肃省行政执法证》和《执法监督证》。

（二）水法规宣传形式多样化

水政监察队伍成立后，承担起了水法律法规宣传的重任，历时十五年来，各级水政监察队伍借以“三五”、“四五”、“五五”普法活动为契机，组建了普法领导小组，制定了普法规划和年度要点；充分利用“世界水日”、“中国水周”和“12.4 法制宣传日”等节点，深入开展了《中华人民共和国水法》、《中华人民共和国防洪法》和《中华人民共和国水土保持法》等水法律法规的宣传；通过电台、电视台、报纸等媒体，采取印发宣传材料、召开座谈会、举办学习班、法律咨询、在报刊上发表文章等多种形式，普遍开展了水法普法宣传活动。以“五五”普法为例，各级水政监察队伍积极配合当地水行政主管部门，组织开展了以“一学三讲”为主题的“法律六进”活动，在此期间，共向水利部征订普法书籍《普法干部法律知识读本》等教材 300 余册，印制新《中华人民共和国水法》等宣传材料 10 多万份，发放宣传材料 7 万余份，张贴宣传画和宣传标语 2 万多条（张）、出动宣传车 10 余辆，通过电视传媒、报刊、网络，刊登普法和执法信息 20 多篇。同时，每年统一编制普法考试试卷后，向水利系统全体干部职工开展普法考试，将成绩归档管理。通过多种形式的宣传教育，一是使执法人员自身法律素质得到提高；二是使民众更多地了解和掌握法律知识，水法律意识普遍增强；三是促进社会公众对水行政执法工作的监督；四是全社会节水意识和水忧患意识进一步增强。

（三）水事案件查处程序化

在行政执法查办案件过程中，各级水行政执法队伍能够做到适用法律准确、事实清楚、证据确凿、办案程序合法，有效地维护了法律的尊严，维持正常的水事秩序。一是上下联动，严肃查处水事违法案件。如2006年静宁县水文测站被毁，省水政监察总队联合省水文监察支队、平凉市水政监察支队和静宁县水政监察大队，共同查处了该地区因修路非法拆毁水文站的违法行为，并按照《甘肃省实施〈中华人民共和国防洪法〉办法》的规定，下发整改通知，在短时间内恢复了水文站的测报设施。二是依法办案，清除河道违章建筑。如武威市水政监察支队对古浪县邮电局职工黄某，擅自在水工程（暗渠）上修建房屋，却又不接受责令停止违法行为通知，支队执法人员及时申请人民法院强制执行，最终拆除了违章建房。三是送法上门，防患未然，开展专项执法检查工作。如在2007年开展的水土保持专项执法检查工作，各级水政监察队伍组成督察组，对甘南州境内的水泊峡等十个水电站工程等开发建设项目水土保持方案实施情况、水法律法规落实情况进行了检查，利用现场检查的机会，水政执法人员适时将水法律法规，特别是针对水利项目的审批程序、设施保护和防洪措施等问题详细解释给业主单位，对发现的问题和存在的水事隐患及时提出，限期整改，将违法行为遏制在了萌芽状态。

近年来，水行政执法工作取得了一些成绩。以2006年为例，甘肃省共发生水事违法案件934余件，立案358件，结案310件，结案率达到了85%以上，其中河道案件260件，水工程案件139件、水资源案件227件，水土保持案件261件，其他47件。造成直接经济损失95.23万元，挽回直接经济损失70.65万元，为各类水事活动提供了可靠的法律保障，有效地维护了用水安全和社会稳定。

（四）管理制度科学化

随着依法治国、依法治省基本方略的确立，甘肃省水政监察队伍认真贯彻“有法可依、有法必依、执法必严、违法必究”的法制工作方针，对依法行政工作的重要性有了全新的认识。2006年甘肃省水利厅制定了《甘肃省水利厅行政执法责任制》，进一步细化了执法岗位责任，明确了岗位职责，量化分解各项工作。同时，2002～2008年，逐步建立完善了《甘肃省水利厅行政执法程序和执法文书规范制度》、《法律、法规规章制度的学习、宣传、培训制度》、《行政执法人员工作准则》以及《水政监察巡查制度》和《水政监察行为规范》等17项内部管理制度，明确了省、市、县三级执法队伍的执法权限、执法依据和隶属协调关系，为各级执法队伍有法可依提供了法律依据，使执法行为在合理、合法、公正、严明的环境下进行，从根本上遏制了腐败现象的产生。

（五）水利规费征收制度化

按照《取水许可和水资源费征收管理办法》和《甘肃省水资源费征收管理办法》相关规定，各级水政监察队伍准确核实水量，发放取水许可证，严格按标准征收水资源费的同时，加大征收力度，例如在2008年，执法机构对长期拖欠或拒缴水资源费的兰碳集团、白银公司等4家单位进行了多次催缴，并采取了行政处罚措施，实征的水资源费逐年有所增长，确保水资源费的征收和管理工作顺利开展。

三、传承中的新起点

2008 年 3 月 25 日，温家宝总理在国务院第一次廉政工作会议上指出：“要继续推进相对集中行政处罚权和综合行政执法试点工作，全面落实行政执法责任制”。2006 年起水利部分别在陕西、山西、河北等 14 个省 23 个市、县的水利（水务）局开展水利综合执法试点工作，并对开展综合执法的做法、经验、取得的成效和存在的问题进行认真总结和分析。试点单位用实际行动证明，开展水利综合执法在提高执法效率、降低执法成本、强化执法管理，理顺执法队伍与相关业务管理机构的关系，树立行业良好形象等方面均取得了积极成效。

目前，甘肃省已完成了省、市、县三级执法队伍的组建规范工作。新形势下，各级水政监察队伍正在积极争取建立与相关部门联合执法的新机制，加强与水资源、水管、水保、防汛等部门的执法沟通协作，组建起一支专业化的综合执法队伍，针对无证取水、非法采砂、侵占河道、水土流失等一系列涉水建设项目中存在的违法行为，集中力量开展专项执法检查活动，从而解决过去多头执法、交叉执法的问题，有效克服部门内部在执法过程中互相推诿、扯皮的现象，减少执法矛盾，为甘肃省水利事业的健康发展提供强有力的法制保障。

（甘肃省水政监察总队供稿）

以人为本　做好水利工会工作

改革开放的30年，是甘肃省水利工会工作不断前进、发展、壮大的30年。甘肃省水利工会工作委员会在全国农林水利工会、省总工会和厅党组的领导下，在厅系统各党委、行政的支持下，经过历届省水利工会的努力，基层工会组织从无到有，从小到大，各级工会组织和会员在省水利工会及基层单位党政组织的领导下，以党的十一届三中全会以来的路线方针为指导，学习和实践邓小平理论和“三个代表”重要思想，依照《中华人民共和国工会法》和工会章程，多年来，甘肃省水利工会的工作由最初的以组织职工开展文体活动为主，向建立健全工会组织，开展民主管理，维护职工权益，培养和推荐评选劳模，开展困难职工帮扶等多方面、多领域拓展和发展，经过不懈努力，取得了可喜的进步与成就。

回顾30年来，甘肃省水利工会工作，主要有以下几方面的进步和成果。

一、工会组织建设更加健全，管理更加细化

甘肃省水利工会1985年组建，按照水利系统企业、企业化管理事业单位、事业单位三大类型，省水利工会所辖的基层单位工会组织由最初的5个发展到现在的24个，二级工会组织由最初的8个发展到现在的36个（包括省水利工会代管的省水电工程局、省引大工程管理局、省引洮公司、西北工勘院、西北水电公司、黄委上游局工会），建立女工组织和女工委员会6个，建职工之家150个，工会小组全部按班组设立。全系统9742名职工全部参加工会组织，省引大工程管理局的168名农民工也全部加入工会，成为工会会员。

特别是近5年来，甘肃省水利工会工作委员会按照《中华人民共和国工会法》、《中国工会章程》和《企业工会工作条例》的法规和要求，对系统内部各单位工会组织建设的基本情况进行了深入调查摸底，建立了基层工会资料库，使工会组织管理工作深入和细化。甘肃省水电工程局等单位工会探索企业在新的形势下做好工会工作的思路和方法，大胆开展工会组织建设创新，在工程中标后组建项目部时，同时组建分工会组织，根据企业实际出台了《项目部分工会组织管理办法》，使工会组织管理更加灵活机动，强化了管理职能。在各单位党政组织的大力支持下，基层工会通过多种方式加强与职工的联系，保持了水利系统员工在多年分散、流动的施工状态下，对员工起到一定的管理、监护作用，又使员工感到“职工之家”的温暖。各基层单位党政组织和领导高度重视工会组织建设，在机构和人员发生变动时，省水利工会协调和建议，及时做到各级工会组织健全，工会干部到位，工作正常运转。

为了使工会干部更好地适应改革发展的工会工作需要，近5年来，甘肃省水利工会选

派 32 名各级工会专兼职干部到甘肃省总工会干部学校进行改制企业基础知识、劳动合同和工资平等协商、工会新法律法规、职工劳动保护等方面的业务培训，增长了知识，提高了工会干部的素质，为做好工会工作创造了有利条件。

二、坚持和推进企事业民主管理制度　督促按期召开职代会暨工会会员代表大会

遵照《工会法》、《企业工会工作条例》和《企业职工代表大会条例》等有关法律法规，甘肃省水利工会指导企业和企业化管理的 10 个单位全部建立了职代会制度，坚持督促基层单位落实职代会内容，每年按期召开职工代表大会暨会员代表大会，在召开的职工代表大会暨会员代表大会上，职工代表和会员代表普遍听取审议行政领导工作报告、业务招待费使用情况的报告、领导干部廉洁自律的情况报告和民主评议领导干部制度、安全生产制度落实情况的报告等。在召开好职代会的同时，工会组织还注重从源头上参与民主管理和民主监督工作，凡是单位出台涉及职工切身利益的各项规章制度、关系群众切身利益的重大问题，在酝酿、起草、讨论过程中，就有工会方面的代表参加，并经职工代表、会员代表在职代会期间审议通过。为了广泛宣传动员，履行民主监督程序，各单位职代会、会员代表大会在会前均印发征集提案单，征集职工代表提案，在会议上审议讨论中提出的意见和建议，并经归纳整理，由行政领导分别做出解答，并安排相关部门和单位来处理落实。使职工对本单位生产、经营、安全、分配等重大决策有了知情权、参与权、表达权、监督权。据初步统计，每年基层单位职代会期间收到职工代表提案或建议 800 多条，被各级党政组织采纳的达 350 多条。对个别单位会员代表大会任期到届的，甘肃省水利工会积极督促按规定进行会员代表大会按期换届。

各级工会组织坚持推行公示制度，将本单位干部提拔任命、推荐评选先进与劳模、员工职称评定、职工住房分配、职工养老金缴纳等重要内容，通过黑板报、墙报、《厂务公开栏》，编印下发的《厂务公开简报》等形式，向广大职工公示，接受广大职工的监督。

多年来，甘肃省水电设计院、甘肃省水电工程局、甘肃省疏管局、甘肃省讨管局、甘肃省景电管理局等企事业的水电站开发建设议案、购置大型设备议案、创建职工股份公司议案、单位重大建设项目投资等重大事宜都做到了由职代会会议审议讨论。有些单位在职代会闭会期间有工会代表参与决定的紧急事项，都并在下年度按有关规定向职代会进行了报告。

三、创建新型劳动关系　构建和谐水利职工队伍

随着改革开放的深入，推行签订劳动合同制度，调解职工与企事业单位的劳动纠纷，稳定职工队伍，构建和谐社会，成为工会组织一项新的重要工作。

甘肃省水利工会所属基层企业和企业化管理的事业单位，从 1995 年开始，先后推行签订劳动合同制度，到 2007 年，已顺利完成了第三轮合同续签工作。西北工勘院等 6 个企事业单位，与在职职工签订劳动合同 4447 份，有三个单位劳动合同签订率达到 100%。甘肃省引大管理局多年来一直使用农民工，2007 年，管理局与 168 名农民工全部签订了

劳动合同。甘肃省景电管理局与合同制职工续签劳动合同488份，与局内临时用工签订劳动合同272份，签订率100%。经过甘肃省水利工会与基层单位工会的扎实工作，水利系统企业和企业化管理的事业单位集体合同、职工个人劳动合同内容比较完备，管理基本规范，合同签订、变更、续签、解除和终止程序合法。有关企事业单位的工会组织积极配合党政组织协调解决了多起因劳动争议、劳动纠纷引发的职工集体上访等问题，从而维护了行业职工队伍的稳定。

为了提升职工队伍的整体技术素质，甘肃省水利工会在每年工作中，均安排和组织职工开展技术岗位练兵、集中培训、技术比武、劳动技能竞赛活动。据初步统计，目前职工已有近12000人（次）接受过各种类型的培训，有3600多人拿到了省劳动部门或有关协会、培训机构颁发的合格证书。职工在水利施工、水利管理、水利科研、水利教学、水文监测工作中小发明、小改造、小革新中取得了的80多项成果，有许多获得国家、省部级和省科委、水利科研奖项，50多项在水利建设中取得了一定的经济效益。甘肃省水文局陇南局职工芦继江研制的水文缆道测验操作台在全省水文站推广应用。

近几年来，有640多人参加了水利部、甘肃省总工会、建筑和机械行业等系统和行业协会开展的岗位劳动技能比赛、电焊工等多工种比武，激发了职工热爱水利工作、献身水利事业的热情，坚定了在艰苦环境中工作的信心，提升了职工队伍的整体素质，为稳定水利职工队伍，搞好水利建设和管理工作，构建和谐企事业单位、和谐社会奠定了基础。

四、培养和树立先进模范，促进精神文明建设

甘肃省水利工会在职工“四有”队伍建设中，注重抓职工精神文明建设，加大培养教育力度，用身边的事教育身边的人，用身边的人带动职工队伍整体素质的提升，使职工队伍中先进事迹层出不穷，先进人物不断涌现。自甘肃省水利工会成立以来，先后有近30人分别荣获全国和省部级劳模、全国五一劳动奖章、全国行业先进、省部级先进等荣誉称号。顾纪元、张豫生、王银、吕保定等全国和省部级劳模、全国五一劳动奖章获得者一大批先进模范人物，已成为甘肃省水利职工队伍中模范群体的杰出代表。全国五一劳动奖章获得者、黄委上游局职工谢会贵同志的事迹在中央电视台《劳模风采》专栏、《中国水利报》专版宣传报道，谢会贵同志并随水利部劳模先进事迹报告团在全国十多个省份水利系统进行了巡回报告，成为甘肃水利职工和水文职工的楷模，在水利职工中形成了学劳模事迹、创一流业绩的氛围。

近几年来获得全国和省部级以上集体先进荣誉称号的主要有：全国“五一”劳动奖章获得者西北水电公司拉西瓦项目部、省疏管局昌马灌区总干渠西干所、全国“安康杯”竞赛先进班组的景电管理局。全总表彰的“全国模范职工小家”疏勒河水资源管理局昌马灌区管理处、“全国女职工建功立业标兵岗”甘肃省水文局临洮女子水文站、全国学习型班组省疏管局昌马灌区总干渠管理所、全国妇女巾帼文明岗的省疏管局双塔灌区管理处北干女子段、省总表彰的“甘肃省模范职工小家”疏勒河水资源管理局、景电管理局。

近几年来，省水利工会所辖基层单位中获得全国、省部级以上的劳动模范的个人主要有：全国和甘肃省劳模王银、王建仁，全国五一劳动奖章获得者许文海、李元红、路泽生、马世华等9位同志，水利部劳模张永瑛和甘肃省工人明星王保祯，甘肃省劳模王海

勇、张宏伟、甘肃省五一劳动奖章获得者焦军毅，中国农林水利工会表彰的“劳动模范”温续余、全国水利系统技术能手史佩山、全省优秀工会工作者贾幸福、全省职工技术标兵尚玉喜、全省优秀女工干部赵惠珍等。

近 5 年来，省水利工会表彰奖励的模范职工之友 11 名、女职工工作者 7 名，先进女职工 20 名。

多年以来，甘肃省水电工程局还先后培养和评选表彰奖励了企业的三批劳动模范 30 人，评选表彰奖励了文明职工家庭三批 30 户，促进了企业精神文明建设。

五、开展送温暖活动帮扶特困职工

关心爱护职工群众，帮助特困和困难职工（单亲家庭）是甘肃省水利工会近几年所做的一项重要工作。甘肃省水利工会和各基层单位工会近年全部建立健全了困难职工档案，为帮扶和救助困难职工家庭作了扎实的基础工作。

甘肃省水利工会和各级工会组织把平时和节假日看望、慰问困难职工和特困职工及家庭已形成一项惯例的工作。特别是每年的元旦、春节期间，在水利厅党组高度重视和组织下，厅属各单位党政工领导带队，进家入户向困难职工和特困职工家属送上慰问品、慰问金。据初步估算，近 5 年来省水利工会和各级工会组织累计慰问困难职工和特困职工家庭 3683 户，向困难职工和特困职工发放慰问金达 428 万元。慰问全国和省部级劳模 300 多人（次），发放慰问金和补贴费达 18 万多元。并积极争取到上级工会组织“金秋助学金” 20 多万元，省水利工会和基层单位工会又拿出资金 107 万元，资助 67 名特困职工和单亲职工家庭考上大学的职工子女走进了大学的校门。

在省水利工会的反映和积极配合下，促成了中国农林水利工会对甘肃省水文职工的专项生活状况的调研，争取到了 1800 万元危房改造资金，完成了对甘肃省水文局及临洮、陇南、定西等十三个基层水文站危房改造，尤其是陇南地区经改造的水文站危房，经受了 2008 年 5 月 12 日四川汶川大地震的考验，安然无恙，保护了水文职工的生命安全，得到了广大水文职工好评。

近 5 年，省水利工会和基层单位工会按照省委省政府的号召，积极开展向困难地区、对口帮扶单位（乡村）、灾区“送温暖、献爱心”活动，厅机关和各级领导干部踊跃带头，据粗略计算，全系统共捐款 310 多万元，捐献衣物 5692 件，其他物资（水泥、建材、面粉、桌椅板凳、电脑等）价值 480 多万元，向困难地区和灾区人民送去了一片温暖，奉献了一片爱心。甘肃电视台、《甘肃工人报》、甘肃省民政厅编发的《简报》中均进行了宣传报道，展示了新时期水利职工的精神面貌。

六、水利职工的文化生活有了巨大变化

改革开放前，水利职工在工地、泵站、水管所、水文站上听不到广播，看不到电视，许多地方电话也不通，职工业余生活十分贫乏。改革开放以来，在各级党政组织和工会组织的积极努力下，最基层水利施工、水利管理、水文站的职工们在偏僻、荒凉、交通不便的工作和居住地方，基本上都有了文化活动室，开展文体活动有了场地，不仅通上了电话、看上了电视，有些还连上了互联网，收看电视节目、现场直播、查询资料、传递水情

信息都十分方便。甘肃省水电工程局有些项目部还在工地为职工建起了洗浴室，使职工的野外作业生活质量有了新的提高。据不完全统计，现在，水利系统各单位为一线职工建立职工小家（开设）文化活动室、健身房等131个，为职工购买或提供阅览图书15000多册、订阅报刊杂志427种（册），配发电视机（VCD）52台（套），安装通讯电话机149台，配发电脑（包括打印机）33台（套）。每年，各基层单位为职工配发篮球、乒乓球、排球、羽毛球、扑克牌、象棋等活动器材价值达20000多元，推动了基层工会组织职工开展各类文艺和体育竞赛活动的顺利实现。

在职工文体活动上，影响比较大的是1989年9月15日，甘肃省水利工会在省政府礼堂举办了全省水利系统厅直单位“水利之光”歌咏比赛，参加单位有15个，参演职工达2000多人，在社会上引起轰动。1999年12月15日，又在兰州“黄河剧场”组织了“迎澳门回归水利之光交响音乐会”，把高尚音乐和水利宣传有机的结合在一起的成功尝试，得到广大职工的赞赏。1999年甘肃省水利厅机关党委、水利工会、厅团委联合在兰州和景泰县分别举办纪念毛泽东诞辰一百周年歌咏比赛，参加人数之多，节目演出水平之高，影响力之大，备受职工欢迎和好评。

职工文艺表演活动呈现丰富多彩局面。省景电管理局成立了职工文艺演出团，自编自演文艺节目20多台，经常到灌区为群众、一线职工演出，受到职工好评，并代表甘肃省水利系统参加水利部举办的水利职工艺术节获得了优异成绩，在景泰县组织的县区文艺会演中，多次获得奖励。甘肃省水电工程局组建了以内退和退休职工为主体的“中老年夕阳红艺术团”，自编自演文艺节目60多场，经常参加兰州市、城关区、街道、九洲社区和黄河风情线演出，并多次获奖。2005年，甘肃省水电工程局投入近100万元，在九洲基地建成了占地2900多m^2的职工文化广场，成功举办了为期9天的首届职工文化节，演出文艺节目20多个，并进行了拔河、篮球、排球、羽毛球等8个体育项目比赛。在开幕式当晚，整个广场张灯结彩，夜空焰火礼花竞相怒放，彩色气球悬挂的巨幅标语和彩旗飘扬，职工及家属和周边社区居民3000多人观看，在社区和职工中引起轰动。

在每年“三·八”、“五·一”、“七·一”、国庆节等重大节假日，甘肃省水利工会都指导基层单位结合实际举办各种不同类型的体育比赛和文艺活动，并积极参加省总、省直单位组织开展的各类文体活动，以寓教于乐的形式，丰富职工文体生活，促进行业和谐建设。并多次组织基层单位参加省上举办的书画摄影作品展览、文艺演出、主题演讲等诸多活动。

甘肃省讨赖河管理局投入大量资金和人力，把所辖的5个水管所建成了观光旅游胜地，不仅美化了工作和生活环境，而且给单位创造了增加收入的途径。

甘肃省水利工会和各级工会干部、职工近年来，积极探讨工会和职工思想教育新途径、新方法的文章，先后有136篇在《中国政工思想政治工作论文集》、《中国水电勘测设计思想政治工作研究》、《发展》、《五月花》、《思想政治工作理论研究》、《甘肃日报》、《甘肃工人报》省内外报刊杂志发表。

由职工个人撰写编辑出版的专著、文学、影视作品纷呈多彩。由李效栋撰写的专著《科技论文的写作导论》等公开出版，并被有关学校采用。省水利学校多位教师编书立著，公开出版。

化成同志撰写的长篇报告文学《李培福同志在景泰》，李辗同志撰写的报告文学《深切的怀念》，唐红兵同志撰写的报告文学《难忘的时刻　深切的怀念》，在《景泰文史资料·第一辑》被收编。唐红兵同志撰写的报告文学《绿洲在延伸》在甘肃人民广播电台播送。

李宗泉同志撰写、编著甘肃省水利行业精神文明建设丛书《陇上禹工歌》、《陇原铸水魂》两册，共约64万多字，公开出版。

回顾水利工会改革开放30年的工作，甘肃水利人深感自豪与光荣；展望未来甘肃水利事业的发展与进步，甘肃水利人充满信心与干劲。甘肃水利人站在新的起点上，将以昂扬的斗志，奋发的精神和进取的勇气，团结带领全体水利职工，为甘肃水利健康、快速、高效地发展做出新的更大的贡献。

（甘肃省水利工会供稿）

以优质的水文水资源信息服务经济社会可持续发展

伴随着我国改革开放的30年，甘肃水文走过了艰难曲折而富有成就的历程，一代又一代陇上水文人书写了甘肃水文光辉的篇章，以优质的水文水资源信息支撑水资源的可持续利用和经济社会的可持续发展。甘肃水文横跨内陆河、黄河、长江三大流域，点多面广线长，作为国民经济建设和社会发展的重要基础性公益事业，在全省防汛抗旱、水资源开发利用管理、生态环境保护、饮水安全保障、水土保持、水利工程建设管理等方面发挥着重要的技术支撑作用，直接为饮水安全、防洪安全、生态安全、粮食安全以及经济用水安全提供服务。

一、改革开放30年回顾

（一）管理机构和主体功能不断完善

甘肃省水文水资源勘测局的前身是甘肃省水文总站，是主管全省水文行业的科学技术事业单位，省局机关下设办公室、人事劳动教育处、财务处、后勤服务中心、工会、纪委、团委等7个行政处室部门，水情处、站网处、计划处、水资源处、水环境监测中心、水文水资源开发中心、地下水勘测队、信息中心等8个业务处室。按流域水系下设酒泉、张掖、武威、定西、临洮、庆阳、平凉、陇南等8个二级水文水资源勘测局。

改革开放前全省水文系统有职工544人，事业经费111.35万元，人均仅为0.20万元。改革开放30年来，职工队伍不断壮大，技术力量得到加强，事业经费不断增加。目前，在职职工691人，其中专业技术人员388人，占56.2%，有教授级高级工程师1人，高级工程师50人，工程师95人，助理工程师114人，技术员129人。现有博士1人，在读博士2人；本科学历100人，本科以上学历人员占在职职工总数的14.5%；大专学历218人，占31.5%；中专学历130人，占18.8%。目前，事业经费达到3075.51万元，人均4.45万元，是改革开放前的22倍。

甘肃省水文行业主要承担着全省地表水、地下水、大气降水、土壤墒情等的监测工作，积累长历时水文系列资料，掌握各种水文气象要素的动态变化过程，分析研究水循环变化规律；提供水文情报预报，为全省及下游省区抗旱防汛服务；运用水文资料为合理开发利用水资源、保护生态环境，促进国民经济可持续发展提供科学依据；开展与水文、水资源有关的科学实验、研究和新技术推广示范应用研究。

（二）水文站网建设发展迅速

甘肃省水文站网经历了充实发展、优化调整等发展过程，到目前为止，已初步建成了覆盖省内大部分河流与地区、布局较为合理、项目较为齐全、整体功能较强的水文站网体系。改革开放前的水文站网建设发展缓慢，站网密度较低。20 世纪 70 年代末、80 年代初发展迅速，短短几年内水文站达到 101 处，雨量站 413 处，水质站 16 处，并开始进行地下水观测。到 1990 年水文站增加到 118 处，雨量站增加到 540 处，水质站增加到 33 处。1990 年至 2008 年，通过优化调整，水文站网稳步发展，现在甘肃省共有水文站 93 处，雨量站 330 处，水质站 89 处，地下水监测井 199 处。在增加测验项目、改善测验条件、改进测验设施、提高测验精度等方面取得了重要进展。

近十年来，甘肃省水文基础设施建设和仪器设备发展较快。在省水利厅、部水文局全国农林水利工会、地方各级政府和社会各界的热心帮助和大力支持下，甘肃省水文局争取到专项资金，对全省基层水文站的危旧房进行了改造建设，如图 1～图 4 所示。经过两年多的努力，已完成 29 个水文站的改造任务，目前还有 15 个水文站正在改造建设中。通过危旧房改造工程，水文站面貌焕然一新，职工从低矮残破的茅草屋搬进了宽敞明亮的办公楼，极大地改善了职工的工作、生活条件。逐步引进先进技术，部分雨量观测实现固态存储，引进了一些适合甘肃省各河流特性的定位、测深、测速新仪器，一些站实现测流自动化或半自动化。

改建前

改建后

图 1　连城水文站改建前后对照

改建前

改建后

图 2　南营水库水文站改建前后对照

（三）水文情报预报为防汛抗旱发挥重要作用

改革开放以前甘肃省境内仅有报汛站 40～50 个，中央报汛站 7 个，现在全省有水情

改建前

改建后

图 3　新地水文站改建前后对照

改建前

改建后

图 4　尧甸水文站改建前后对照

报汛站 111 个，构成了布局合理的三级报汛水情网络系统及全省水文情报预报工作体系（见图 5），控制了全省三大流域各河流的水情变化，在防汛抢险、水量合理调度的科学决策中起到了举足轻重的作月。通讯设施由改革开放前的手摇电话发展为语音报汛系统，现在每年发出水情信息 3 万多份，报汛质量始终位于全国前列，2007 年水情电报 30 分钟内到北京实时报汛率达到 96.7%。近年来，甘肃省水文局加快水情中心网络传输系统建设，成功实现与国家防汛指挥系统的联结，建立了省水情中心和张掖、陇南两个水情分中心。在 2008 年“5.12”抗震救灾中，全省水文系统反应迅速，应对果断，措施得力，在积极开展抗震自救的同时坚持水情测报，服务抗震救灾抢险大局，为宝成铁路 109 隧道和嘉陵江堰塞湖抢险以及全省抗震救灾提供了及时、准确的水情信息。

（四）水环境监测为水资源保护和生态环境建设提供了重要依据

改革开放前水环境监测以常规水化学为主，监测 58 条河流，有 85 个基本站，92 个水化学调查站，监测参数仅为 12 项左右，分析成果 6251 份。改革开放使甘肃省的工农业生产得到了较大发展，水污染日趋加重，逐步开展了水污染方面的监测。1994 年省水文水资源勘测局化验室经省水利厅批准更名为甘肃省水环境监测中心，1997 年 5 月通过国

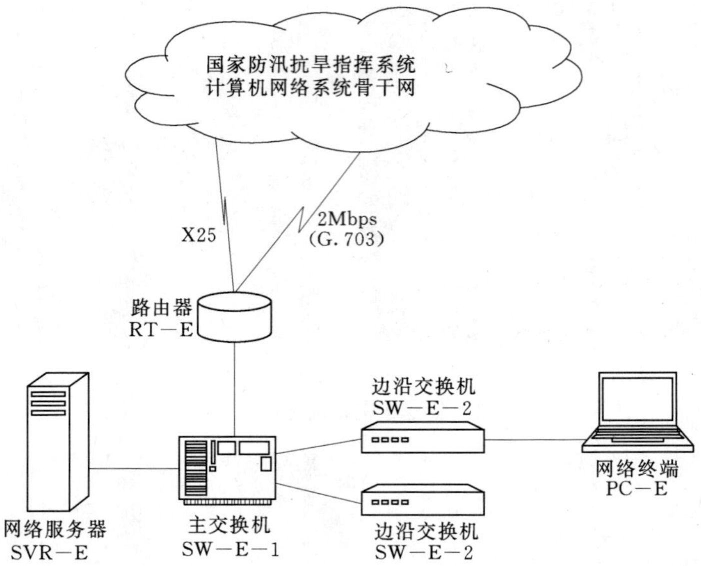

图 5　水情网络系统传输结构

家计量认证评审考核，获得国家计量认证合格证书。现在省中心下设酒泉、张掖、武威、定西、临洮、平凉、陇南等 7 个分中心，省中心监测参数达到 60 项，基层分中心监测参数达到 40 项，全省共监测 71 条河流，监测断面 89 个，调查入河排污口断面 350 个，分析成果达 18600 份，实测水污染资料最长达 31 年。2007～2008 年，经过认真整改，省中心及各分中心实验室的环境设施条件、设备检测能力、人员培训考核、质量保证体系等方面得到了全面的提高和加强，顺利通过国家认监委、水利部的计量认证复审与换证评审。

（五）地下水动态监测为地下水的统一管理发挥了积极作用

甘肃省地下水监测工作从 1980 年开始正式开展，1996 年成立了地下水勘测队，对全省的地下水监测进行统一规划管理。积累了大量地下水动态监测资料，为可持续开发利用地下水、加强水资源统一管理和保护提供了重要的信息资料，为地下水资源评价、水利建设规划、防止地下水超采、遏制生态环境恶化提供了科学依据。

改革开放初期地下水监测全部为人工观测，20 世纪 80 年代后期，有 5 眼地下水观测井采用了水位长期记录仪自动监测。2005 年，中英水资源需求管理技术援助项目在石羊河流域布设了 35 处地下水自动监测仪，实现了地下水监测资料的自动传输。从 2000 年开始实行全省地下水数据集中整编，2007 年编制完成了甘肃省地下水监测资料整编程序软件，使地下水监测资料逐步实现规范化、标准化管理。

（六）水文水资源专题研究取得重大突破

20 世纪 80 年代以来，甘肃省水文行业先后完成的《甘肃省水文统计》、《甘肃省水文图集》、《甘肃省地表水资源》、《甘肃省水文年鉴》、《甘肃省洪水调查资料》、《甘肃水旱灾害》等基础成果和各种水文图集，作为全省水文的权威资料一直发挥着重要作用。先后开展了两次全省范围的水资源综合规划工作，为合理开发利用水资源提供了重要依据。完成了水利部、流域机构和省水利厅下达的《甘肃省行业用水定额》、《甘肃省节水型社会建设

“十一五”规划》、《甘肃省水功能区划》等专项技术工作30余项，编制《甘肃省水资源公报》等各种公报、简报、通报等公益技术报告，为全省水资源管理提供了可靠的评价依据。积极争取水文水资源咨询项目，先后承担了100余项水文水资源调查评价、水资源规划、水资源论证等项目。2002年以来甘肃省水文局承担了中英项目技术咨询工作，为石羊河流域水资源综合管理做了大量工作，充分利用水文水资源基础资料，为流域水资源评价、水资源合理配置、取水许可管理等方面积极开展咨询服务。

积极开展水文科技创新，先后完成《甘肃省暴雨参数研究》、《引大入秦工程供水区水资源优化配置研究》、《甘肃省水资源可利用量研究》、《甘肃省河西地区地表水和地下水相互转化规律及水资源优化配置模式研究》、《河西内陆河流域土地利用驱动水资源格局变化研究》等30余项课题研究，其中荣获甘肃省科技进步二等奖3项，三等奖4项，甘肃省水利科技进步奖20多项。在核心期刊和专业刊物上发表科技论文200余篇，研究领域不断拓展，科技水平有了较大提高，开创了水文科技工作的新局面。

（七）水文水资源信息化建设成效显著

甘肃省水文水资源信息化建设在改革开放后得到了快速发展，现已收集整理了大量的水文水资源数据资料，每年收集的水文资料达1300站年，累计资料总数已达到45000站年，其中改革开放至今资料总数达到10203站年。现已建成甘肃省国家水文数据库和水文数据库查询系统。水文数据库净数据量达到170兆，数据入库率约为70%，数据库运行良好。

2000年建成甘肃水文水资源信息网，全方位地展示西部大开发中甘肃水文的发展，在网上发布公用水文水资源信息，形成了一个展示甘肃省水文战线精神风貌的窗口，网站成为甘肃省水文水资源研究和学术交流的平台。

（八）水文的法律地位和责任得到了加强

2007年4月25日，国务院发布了《中华人民共和国水文条例》（以下简称《水文条例》），甘肃省水文系统加强对《水文条例》的宣传贯彻力度，依法保护水文的合法权益。2008年拉萨“3·14”打砸抢烧事件发生后，甘肃省甘南藏族自治州等部分藏区的水文站遭受严重冲击，测验设施设备受到不同程度的破坏，各水文站宣传《水文条例》，依法保护水文资料和测验设施，确保了各项测验报汛工作的顺利进行。

改革开放的30年，是甘肃水文迅速发展、技术水平不断提高、成效十分显著的30年。30年来，广大干部职工兢兢业业、克己奉公，涌现出了许多先进集体和先进个人。先后获得国家防总、水利部表彰的先进集体14次，省委宣传部、省总工会、省直机关工委表彰的先进集体6次，获得全省水利系统先进集体荣誉称号21次；获得水利部先进个人荣誉称号18人次，全省及水利系统先进个人荣誉称号11人次。这些成绩的取得，极大地推动了甘肃省水文事业的发展。

二、今后展望

改革开放30年来，甘肃省水文事业取得了长足发展，为今后取得更好成绩奠定了坚实的基础。在科技社会高速发展的今天，水文既面临机遇，也面临挑战，要实现水文水资源信息支撑水资源的可持续利用、支撑经济社会的可持续发展，全方位多功能服务于社会，还需要一个漫长的过程。

今后一个时期甘肃省水文需要进一步理顺机构，加强职工队伍建设，为开展水文水资源工作提供组织保障；不断优化站网布局，对地表水、地下水、大气降水、土壤水的水量、水质进行全面监测，积累水文基础资料；以精准的水情信息为各级抗旱防汛减灾指挥提供决策依据，满足民生水利的需要；加强水环境监测，为水环境保护和生态环境建设提供服务，满足生态水利的需要；开展水文水资源研究，为水资源的可持续利用提供服务，满足资源水利的需要；继续加大危旧房改造力度和水文基地建设，为提高工作效率提供基础设施保障；制定《甘肃省水文管理条例》等地方法律法规，为水文工作的顺利开展提供法律保障。

30年沧桑巨变，回顾过去，硕果累累，水文事业蒸蒸日上。展望未来，甘肃水文将以科学发展观为指导，继承优良传统，继续发扬“求是、团结、进取、奉献”的水文行业精神，坚持改革开放，不断创新，为经济社会的发展做出更多、更大的贡献。

（甘肃省水文水资源勘测局供稿）

重 点 项 目 篇

保障农村饮水安全 促进和谐社会建设

——甘肃省农村饮水安全工程建设纪实

水是生命之源，获得安全的饮用水是人生存的基本权利，也是保证人体健康和人类社会发展的基本条件。实施农村安全饮水工程，使广大农村饮用水更加卫生、方便、安全，进一步节省取水时间，减少取水劳力，减轻劳动强度，改善环境卫生和个人卫生，从繁重的劳动中解放农民，从严重的地方性疾病中解脱农民，也为发展小城镇、乡镇企业、设施农业和庭院经济提供水利条件，使农民收入不断增加，健康水平不断提高，精神面貌有新的变化，生活质量达到新的水平。

一、因地制宜图发展，逐步实施显效益

甘肃省水资源缺乏，以干旱为主的多种自然灾害频繁发生，农业生产和人民群众生活一直受到水资源贫乏和时空分布不均、供需矛盾尖锐的严重制约。甘肃省各地农村饮水都不同程度的存在着工程型、资源型和水质型缺水的情况。为了改善农村的基本生产和生存条件，国家投入了大量的资金，大致分四个阶段解决甘肃省农村饮水问题，使广大农民的生活水平日益提高，农村饮水条件得到不断改善。但由于气候变化、降水量持续偏少，河水断流、山泉小溪干涸、地下水位下降，工程设施老化失修，人口增长、自然灾害频繁等多种原因，使部分已解决吃水困难的地方又出现返困现象。特别是部分山区、老区和少数民族地区，群众居住分散，交通不便，经济落后，农村人口吃水处于特困状态。遇到干旱年份要翻山越岭到几公里甚至十几公里以外的地方挑水、拉水，占用了大量的劳动力。在水质不达标地区，因群众长期饮用高氟水、高砷水、苦咸水、污染水，严重影响了身心健康，致使许多人丧失了劳动力，甚至生活不能自理；在饮水困难地区，农村经济发展非常缓慢，与甘肃省内其他地区相比差距很大。农村饮水困难和饮水不安全，严重影响到农村社会稳定，制约着贫困山区农民生活水平的提高和农村经济社会的发展。

第一阶段，从新中国成立初期至1978年。这一时期农村人畜饮水没有正式纳入国家建设计划，水利部门只是结合农田水利建设，改善了一大批农村人口的人畜饮水困难状况，范围仅局限于灌区，解决的标准也很低。主要工程措施是涝池和水窖，少数地下水埋藏较浅的地方打了一些土筒井和大口井，也有少量的机电井。虽然建了一批简单工程，但绝大部分地方仍然未摆脱人挑畜驮、人畜共池和远距离取水的困难局面。受益区的人畜饮水困难问题只能说得到改善，不能说完全解决。至于水质问题，当时根本就没有考虑。

第二阶段，从党的十一届三中全会至2000年。这一时期把解决农村人畜饮水困难正式纳入了各级水利部门的建设计划，甘肃省水利厅按照全国统一的农村人畜饮水困难标

准，结合实际编制了建设规划，制定了兴建各类水利工程必须首先考虑人畜饮水，各类水利资金都可以用于解决人畜饮水困难的工作方针，固定了用于农村人畜饮水工程的投资。甘肃省政府下发了《甘肃省农村人畜饮水工作暂行规定》，确定了2000年基本解决农村人畜饮水严重困难的工作目标。根据规划，当时甘肃省农村饮水严重困难人数为1127万人，甘肃省委、省政府对此非常重视，组织实施了全国著名的“121雨水集流工程”和二年解困工程。甘肃省筹集了10.8亿元专项资金，建成各类工程95.09万项，其中水窖90.5万眼，集中供水工程4.59万项，甘肃省严重缺水地区近900万人的饮水困难不同程度地得到缓解。

第三阶段，2001年至2005年。这一时期是在加快实现社会主义现代化，特别是在全面建设小康社会的新形势下实施的，建设资金主要是中央预算内专项资金（国债资金），在国债资金支持下，通过实施“人饮解困工程”、“氟病改水工程”及“抗旱应急工程”，解困与提高相结合，建成了一批高质量、高标准的农村饮水工程。甘肃省累计投入资金19.46亿元，其中中央补助资金12.03亿元，地方自筹资金7.43亿元。建成各类工程26.21万处，其中集中供水工程5068处，水窖25.28万眼，小电井0.43万处，稳定解决了540.47万人的饮水困难和饮水安全。建成的集中供水工程自来水入户率达到70%，甘肃省农村自来水的普及率由原来的10%提高到24.87%。为甘肃省农村实现小康打下了良好基础。

第四阶段，2006年至2008年。这一时期按照水利部、卫生部制定的《农村饮水安全评价指标体系》，经水质、水量、方便程度和保证率四项评价指标调查评估，截至2004年底，甘肃省农村总人口为2091.01万人，其中饮水安全和基本安全人口为795.51万人，占农村总人口的38%；饮水不安全人口为1295.5万人，占农村总人口的62%。甘肃省自来水受益人口为520.1万人，普及率为24.87%。在饮水不安全人口1295.5万人中，水质不达标650.95万人（氟超标144.35万人，砷超标5.75万人，苦咸水232.52万人，未经处理的Ⅳ类及超Ⅳ类地表水77.86万人，细菌学指标超标严重未经处理的地表水63.55万人，污染严重未经处理的地下水76.71万人，其他饮水水质问题50.21万人），占农村饮水不安全人口的50.21%；水量不达标208.12万人，占农村饮水不安全人口的16.1%；方便程度不达标274.11万人，占农村饮水不安全人口的21.16%；保证率不达标162.32万人，占农村饮水不安全人口的12.53%。甘肃省利用国家实施饮水安全项目的大好机遇，3年来按照“实现四个转变、树立三类典型、规范建设管理”的工作思路，“高起点规划、高质量建设、高效能管理”，通过省、市、县各级共同努力，甘肃省累计投入资金12.61亿元，其中中央补助资金8.66亿元，省级配套资金1.65亿元，市县配套及群众自筹资金2.3亿元。建成各类工程4.51万处，其中集中供水工程850处，水窖4.16万眼，小电井0.26万处，稳定解决了292.25万人的饮水困难和饮水安全，农村自来水普及率由2004年的24.8%提高到35%。

甘肃省农村饮水进展情况统计表见表1。

二、强化措施促建管，饮水安全是关键

（1）强化组织领导、落实目标责任。甘肃省委、省政府高度重视农村饮水安全工作，

表 1　　　　　　　　　甘肃省农村饮水进展情况统计表

年份	工程名称	解决人数（万人）	实施工程（处数）				投资（亿元）		
			合计	集中供水	水窖	小电井	总投资	国家资金	地方自筹
1978～2000	农村人畜饮水工程	900	95.05	4.59	90.46		10.8	2.16	8.64
2001～2005	饮水解困一期工程	206.08	152365	1551	148488	2326	7.51	4.53	2.98
	饮水解困二期工程	190	46738	2815	42403	1520	6.89	4.13	2.76
	氟病改水工程	72.8	60241	281	59960		2.54	1.71	0.83
	抗旱应急工程	27	40	40			0.74	0.5	0.24
	饮水安全工程	44.59	2725	381	1917	427	1.781	1.16	0.621
	小计	540.47	262109	5068	252768	4273	19.461	12.03	7.431
2006～2008	饮水安全项目	292.25	45130	850	41640	2640	12.61	8.66	3.95

项目管理实行分级负责制。甘肃省政府成立了由主管甘肃省长任组长，发改委、水利、财政、卫生、扶贫、审计等部门负责人为成员的农村饮水项目建设领导小组，负责项目的组织、协调、落实及检查指导等工作，并在水利厅设立农村饮水项目办公室，具体负责项目的实施和建后运行管理等工作。各市、县也成立了由分管领导负责的项目领导小组和办事机构，各级政府、水利部门把解决农村饮水作为社会主义新农村建设的重要内容，作为干部年度考核的重要指标，确保了建设任务按期完成。甘肃省政府、水利厅下达分解落实年度工作主要任务目标，市、县政府与水利部门签订目标责任书，层层落实领导责任和技术责任。明确各级水行政主管部门是饮水工程和村镇供水工程的行业管理部门，市、县饮水项目办公室为项目法人。《甘肃省农村饮水项目建设管理实施细则》明确各级发展改革部门商水利部门，负责农村饮水规划的编制报批，可行性研究报告、实施方案审批，投资计划审核下达和建设管理监管。水利部门商发展改革等部门负责工程规划、可行性研究报告、初步设计和实施方案编制、审查，初步设计审批；各级水利部门负责对农村饮水工程经营管理者的监督和行业管理；各级卫生部门负责饮水卫生和环境卫生知识宣传，提高农民饮水安全和健康意识水平，督促建立和完善农村饮用水水质监测网络，加强对农村饮水工程供水水质的检测、监测。

（2）坚持科学规划，实现“四个转变”。一是转变规划思路。转变小型、分散、低标准、低层次的规划思路，坚持因地制宜，科学规划，集中解决与分散解决结合，近期解决与长远发展结合，尽可能统筹城乡，发展集中供水，实现城乡供水一体化。二是转变发展理念。转变仅满足水量、不重视水质的思想意识，坚持水量水质统筹，把水质达标放在首位，实现由饮水解困“有水喝”向饮水安全“喝干净卫生水”转变，大力推进集中供水工程供水入户，实现农村供水自来水化。三是转变管理模式。严格执行 SL 310—2004《村镇供水工程技术规范》，因地制宜确定管理模式，建立由县人饮管理总站、乡镇人饮管理所、乡镇管水委员会、村社群管小组或农民用水者协会、受益户组成的“五级管理网络”。四是转变运行方式。明晰所有权和经营权，明确管护责任，管理人员集中进行技术培训，持证上岗。千吨万人集中供水工程实行企业化经营，水利部门监督建立健全管理制度，按照成本加微利的原则核定水价，实行有偿供水，实现以水养水，良性运行，确保工程良性运行，长期发挥效益。目前甘肃省自流引水工程水价约 1～1.5 元/m³，提水工程水价约 1.5～3 元/m³，地表水工程提水电价在 0.3～0.45 元之间，地下水提水工程在 0.4 元左右，占成本水价的 20%～50%。

（3）精心培育典型，推动全面工作。一是抓好定西、平凉、武威、临夏四市（自治州）区域推进典型。充分利用现有水源，通过远距离、跨流域、跨区域调水，规划了一批大型供水工程。定西市 7 个县（区）每县再建一处日供水规模 1000m³ 以上的集中供水工程，解决 85 万农村人口的饮水安全；平凉市庄浪县按照“有水源就近解决，无水源异地调水，大规模、跨乡镇、跨流域建设”的基本思路，建设梁河北调等 6 处饮水工程，解决全县 23.05 万农村人口的饮水安全；武威市凉州区利用灌区水源，规划了 3 处大型自来水工程，解决 25.3 万人的饮水安全；临夏回族自治州充分利用当地水源，规划了 7 处大型工程，解决 30.4 万农村人口的饮水安全。二是抓好特旱山区典型。近几年甘肃持续干旱，有 8 个市（自治州）、25 个县（区），230 万人饮水困难，其中 45 万人饮水极度困难，一些地方远距离拉水，每吨水费用高达 100～150 元。为了解决特旱山区饮水困难，甘肃省委、省政府 2006～2007 年筹措资金 1.2 亿元，其中补助资金 9800 万元，实施了环县、会宁、靖远三县干旱山区饮水困难工程，解决了 21 万农村人口的饮水极度困难。组织编制了《甘肃省农村饮水极度困难工程规划》，计划 2008～2010 年投资 2.71 亿元，解决 25 个县（区）45 万人极度饮水困难。三是抓好整县推进典型。按照全国饮水安全示范县建设管理要求，坚持“高起点规划、高标准设计、高质量建设、高效能管理”的原则，集中力量抓好和政、华亭、临洮、肃州四个示范县建设，规划用 3～5 年时间全面实现示范县自来水化的目标。

（4）做好前期工作，保障项目实施。甘肃省有 416 个部门和 1650 多人参与“十一五”已建农村饮水安全工程的建设管理。前期工作由各市、县具有水利水电勘测设计资质的设计单位承担，按照 SL 310—2004《村镇供水工程技术规范》、《甘肃省取水许可制度实施细则》要求，坚持以饮水安全调查评估为基础，编制《“十一五”农村饮水安全规划》，《“十一五”农村饮水安全规划》将解决 514 万人的饮水安全人数分解到县，落实到具体乡镇、村或工程，甘肃省 86 个县（区）级规划全部编制完成，并经县（区）级政府批准实施，其中 2006 年批准 33 个、2007 年批准 36 个、2008 年批准 17 个。规划重点解决饮用水中氟含量大于 1.2mg/L，砷含量大于 0.05mg/L，溶解性总固体大于 2g/L 的苦咸水，耗氧量（CODMn）大于 6mg/L 以及其他污染严重的饮水水质超标问题和严重缺水问题，并将村镇所在地的中小学校纳入当地供水工程规划，统筹解决。甘肃省按照“先急后缓、先重后轻、突出重点、统一规划、一次批复、分步实施”的原则合理确定年度工作重点和目标。按照县级“十一五”农村饮水安全规划和《甘肃省农村饮水安全工程建设与管理技术文本》的要求，编制可行性研究报告、初步设计报告和实施方案，进行水资源论证、申请取水许可证，前期工作达到了深度要求。集中供水工程解决范围细化到自然村，家庭水窖、小电井等分散供水工程细化到户。对Ⅲ型以上的工程项目，实行建设项目水资源论证和区域水文地质报告制度，深化对水源地水量、水质、供水保证率和供水可靠性的系统分析论证，确保水源可靠。甘肃省“十一五”解决 514 万人的可行性研究报告已在 2006～2008 年分 3 批 73 捆编制完成并审查批复。各地根据批准的可行性研究报告编制工程初步设计或实施方案，总投资500万元以上的集中供水工程，初步设计经市（自治州）水利部门初审后报甘肃省水利厅批复；总投资50万～500万元的集中供水工程，初步设计由市（自治州）水利部门审查批复，报甘肃省水利厅备案；50万元以下的集中供水工程或分散工程由市（自治州）水利部门打捆审查批复，报甘肃省水利厅备案。根据批准的可行性研究报告、初步设计和年度投资计划编制实施方案，经水利部门提出审查意见后由发展改革部门审批。目前，甘肃省已审查批复在建的骨干饮水安全工程158项，覆盖农村人口达260万人，其中总体设计解决1万人以上的工程92处，9万人以上的9处。

（5）坚持推行“六制”，规范建设管理。集中供水工程严格执行项目法人负责制、合同管理制、招标投标制和工程监理制管理；分散工程（水窖、小电井）实行项目法人负责制和材料招标制。施工招标和材料采购招标，严格执行《甘肃省招标投标条例》相关规定，由市（自治州）组织招标的，招标方案按照项目管理程序，报甘肃省水利厅批准后实施；采取县级招标的，其招标活动由市（自治州）水利部门批准后实施，并报水利厅备案。以规划建卡、社会公示、资金报账、集中采购、巡回监理、落实管理责任等六项制度为重点，全面加强农村饮水安全工程建设与管理。甘肃省水利厅编制印发了《甘肃省农村饮水安全工程建设与管理技术文本》、《甘肃省农村饮水安全工程规划设计与建设管理培训教材》和《甘肃省农村饮水安全项目建设管理实施细则》，进一步明确省、市、县三级建管责任，调动各级部门的积极性。坚持统筹兼顾，突出重点，对工程规划方案好、前期工作质量高、工程建设进度快、建设管理规范的市县给予重点支持。2007年甘肃省开展“农村饮水安全建设管理规范年”活动，甘肃省水利厅和甘肃省发改委召开三次甘肃省农村饮水安全工程建设管理会议，以六项制度为重点，从前期工作、水源论证、建设管理、财务管理、水质监测检验、建后管理、水价核定、项目验收等8个方面严格规范饮水安全工程建设与管理。对农村饮水安全项目分级公示，省级在《甘肃日报》、《甘肃经济日报》、《甘肃水利网站》等新闻媒体进行公示；市（自治州）在当地新闻媒体进行公示，并报甘肃省水利厅备查；省、市公示内容包括工程名称、类型、处数、主要建设内容、投资规模、资金来源、受益范围、解决人数、责任人等；县项目区工程开工前，以村或工程为单元，将拟建工程设计方案、受益人数、投资规模、资金来源、施工单位、监理单位、完成时间、水费标准及运行体制等内容向社会及受益户公示，广泛接受社会监督。推行用水户全过程参与的工作机制，将6300本“农村饮水安全农民读本”和2950套“农村饮水安全宣传挂图”送到农户手中，组织农民认真学习，广泛听取用水户对工程建设方案、管理体制和运行机制的意见，切实维护好用水户的知情权、参与权、监督权和切身利益，充分调动受益农户的积极性。目前甘肃省成立农村饮水工程农民用水者协会1480个，其中已注册550个，2006～2008年成立的有216个。农民用水户协会的建设，促进了群众对供水工程管理认识的根本性转变，调动了农民关心水利、投资投劳建设工程和维护管理工程的积极性，增强了群众的节水意识，减轻了农民负担，推动了工程的良性发展，理顺了政府、水利部门、管理单位和用水农户之间的建设管理关系，水事纠纷明显减少，受到社会各界高度关注和好评。

（6）多方筹措资金，严格资金管理。按照农村饮水安全工程建设资金由中央、地方和受益群众共同筹措的原则，甘肃省根据省情，建立国家补助、省市县配套、受益区群众自筹等多渠道、多元化的投入保障机制，其中省级筹措地方配套资金的30%，市、县和受益群众筹措地方配套资金的70%。甘肃省在积极争取国家投入的同时，从2006年开始省、市、县财政把配套资金纳入财政预算按国家年度计划逐步落实，受益农户投工投劳按“一事一议”原则组织，并按《甘肃省农村水利项目投劳折资管理暂行规定》和《甘肃省农村饮水工程建设用地资金折算暂行规定》折算为自筹资金。为了保证饮水安全资金的及时到位和专款专用，保证资金安全，提高资金使用效率，甘肃省制定的《甘肃省农村饮水安全项目建设管理实施细则》规定，中央补助资金、省级筹措的配套资金和市级筹措的配套资金由市（自治州）农村饮水安全项目办公室设立专户，封闭运行，实行市级报账制；县级各渠道筹集的农村饮水安全工程建设资金，在县级水利部门设立专户，封闭运行，实行县级报账制。饮水安全资金要按照批准的项目建设内容、规模和范围使用，专账核算、专款专用，严禁截留、挤占、挪用和现金大额支付工程建设资金。

（7）加强水源保护，强化水质检测。一是对集中供水工程水源地建立保护区。以库塘、河流、溪流、泉水（包括截引）为供水水源的工程，在取水点划定水源保护区范围，并设立明显的标志牌；以地下水为水源的工程，除取水建筑物设置保护设施外，还以井的影响半径划定水源地保护范围，设立明显的标志牌；部分水源保护区用围栏围封，水源保护区严禁放牧、开矿、采伐、建企业和建生活服务区，绝对禁止工业污水、矿渣、废弃物和生活污水、垃圾向水源保护区排放；水源地保护由供水管理单位负责，环保部门监督。二是以户为主的饮水水窖、小电井等分散工程，必须和厕所、畜（禽）圈保持一定距离，家禽和牲畜必须圈养，对水源地、水厂出水口和管网末端的水质定期监测。三是严格依照GB 5749—2006《生活饮用水卫生标准》、GB 3838—2007《地表水环境质量标准》等有关规定，加强水源管理，确保水源不受污染，供水水质达标。四是保护和改善水源区生态环境，加大水源点周边区域植树种草的力度，设置禁牧区，保护和改善了水源区的生态环境。五是划定管网保护区，在供水管线上每隔一定距离埋设管网界碑，并把其上部和两侧3m以内作为供水工程安全保护范围，禁止从事建造建筑物、挖坑取土等损坏供水设施或者危害供水设施安全的活动，管网做到封闭运行，确保井、减压井全部上锁。六是按照《甘肃省农村饮水安全工程供水水质管理办法（试行）》，加强供水工程的日常管理，适时地对蓄水池、设施设备等进行清洗、除锈，加强巡视检测，严禁外人进入水厂。七是要求定期检测水质，每季度委托县区卫生监督部门，对所有工程现场采集水样，监测1次，每次取出厂水、末梢水水样各1组，对色度、浊度、氟化物等21项指标进行化验，每份水样化验费在1500元左右，费用由供水管理单位从水费中支付。但由于检测费用不落实，检测频率没有达到规范要求，从已检测的水质结果看水质卫生状况达到了生活饮用水卫生标准。八是加强对从业人员的管理，每年对水厂运行管理人员进行体检，对体检不合格的人员，及时调整岗位。从近几年建设的已经投入运行的工程来看，水源水量充足，水质良好，供水保证率达到90%以上。

三、为民服务办实事，综合效益暖人心

农村饮水项目的实施和良性运行，产生了显著效益。一是有利于提高农民生活水平。解决农村饮水安全，改善农村的饮水水质，节省取水时间，减少取水劳力，减轻劳动强

度，从繁重的劳动中解放农民，从严重的地方性疾病中解脱农民，也为发展小城镇、乡镇企业、设施农业和庭院经济提供水利条件，促进农业结构调整和农村经济发展。使农民收入不断增加，健康水平不断提高，精神面貌有新的变化，生活质量达到新的水平。二是有利于维护群众健康生命。解决农村饮水安全，使广大农村饮用水更加卫生、安全，彻底改变过去那种“人畜同饮一池水”、“全家共洗一盆水”的状况，有效杜绝农村与饮用水有关的传染病传染源，降低农村介水疾病发病率，提高农民特别是妇女儿童的健康水平。三是有利于解放农村劳动力。解决农村饮水安全，使广大农村群众取水更加便捷，节省取水工日，改变农村青壮年劳动力翻山越岭远距离找水、挑水、拉水的状况，为年青劳动力外出务工或从事第三产业创造条件，促进农业生产力的发展和农业综合生产能力的提高。四是有利于改变农村村容村貌。解决农村饮水安全，实行供水到户，使农民享受了到了城市、现代文明进步的成果，改变农民的生活方式和卫生习惯，改善村庄环境卫生和个人卫生条件，同时，将农村供水工程供水价格引入市场机制，提高了群众的水商品意识，促进了节约用水，减少了废污水排放，改善了农村水生态环境。在工程实施过程中实行安全供水、节水、生活污水排放处理相结合，有利于改善农村的整体面貌，提高农村的文明与进步水平，形成良好的人居环境。五是有利于推进农村民主政治建设。解决农村饮水安全，建立群众参与评议制度，在工程规划、设计、建设、管理等多个环节让群众参与，广泛征求群众的意见，充分尊重群众的意愿，实行民主决策，民主监督，工程建成后成立农民用水协会，让受益群众积极参与项目的建后管理，农民真正成为工程建设者、受益者、管理者，有利于推进农村民主政治建设进程。六是项目符合群众意愿，持续发展势在必行。目前农村饮水安全工程已成为所有农村基础设施建设中最受群众欢迎的项目，群众对工程建设的热情很高，积极投工投劳、投资，仅2006～2007年投工投劳1190万个工日、折资17850万元，投资4340万元。目前建成的供水工程，水源充足，水质良好，工程质量优良，运行管理责任落实，效益正常发挥，深受农民称赞。受益群众都自觉地组织起来，敲锣打鼓鸣放鞭炮庆贺，并纷纷向人民政府和水利部门赠送锦旗，由衷地表达对党和人民政府的感激之情，有些还在水源地、水厂和村头修建永久性的纪念碑，书写“吃水不忘掘井人”、“饮水思源”、“解困济民、雨露恩泽”等碑文，歌颂党和政府的功绩。未实施项目的乡镇和群众都强烈要求尽快实施饮水安全项目，解决长期以来未能解决的饮水问题，发展地方经济。

四、人水和谐是目标，五化建设是保障

农村饮水安全建设是一项长期而艰巨的任务，做好新形势下的农村饮水安全工作，需要各级领导的高度重视、有关部门的密切配合、社会各界的大力支持、广大农民的积极参与，更需要广大水利部门的辛勤努力。一定要全面贯彻落实科学发展观，进一步认清形势，做到五化发展，让人民群众真正喝上干净水，实现人水和谐、人与自然和谐相处。

（1）坚持规模化发展。做好工程规划设计，确保方案技术适用、经济合理，便于建设和管理。加强对水源水质水量的可靠性论证，因地制宜选择取水水源、工程型式、供水规模和水质净化措施。大力发展适度规模的集中供水，克服分散供水工程规模小，运行成本高，供水保证率低的弊端，促进饮水问题长效解决。优质水源缺乏或工程成本高的地区，

坚持集中供水与分散供水结合，分质供水。在统筹规划的基础上，突出重点，抓好典型，带动全面，根据轻重缓急分步实施，整村、整乡、整县推进。所有项目必须符合规划，必须按建设程序做好前期工作，履行审批手续。进一步充实和加强市县两级技术力量和管理人员力量。千方百计落实前期工作经费，加快前期工作进度，提高质量精度；增加项目储备，避免由于前期工作滞后影响计划安排和建设进度。

（2）坚持市场化运作。建立政府引导、农民参与、社会支持的多元化投入机制。鼓励和引导多种形式的直接和间接融资。积极督促落实市县两级配套资金。按照“一事一议”原则，组织受益群众筹资投劳。按规划统筹项目，按项目安排资金。通过适度调整不同项目补助标准、整合财政支农资金等措施，切实解决资金分散和资金不足问题。饮水安全建设任务较小的县区，集中时间尽快全县消号，规模较小的集中供水工程，集中资金当年建成，并发挥效益。

（3）坚持标准化建设。确保供水水质，特别是水处理工艺不能缺少任何一个环节，确保建设质量。集中供水工程必须严格执行“四项制度”，工程监理要严格执行有关技术标准、规程、规范和批复的初步设计、实施方案。小型、微型工程要继续完善和推广规划建卡、社会公示、资金报账、集中采购、巡回监理、农户参与“六制”管理。因地制宜采用新技术、新工艺、新设备、新材料，提高工程建设标准、供水标准和抵御自然灾害的能力，有效防止水毁、冻灾。完建工程通过逐级验收，尽快移交使用，制定运行管理办法，保证供水安全。加强管理信息化建设，提高管理水平，降低管理成本。

（4）坚持专业化管理。精心抓好饮水工程建后管理，明晰工程产权，落实管理主体和责任，创新体制机制，加强管理维护，确保良性运行。加大农村供水科技创新力度，积极研发、引进便捷实用的供水产品和水处理技术，推动农村供水技术进步。加强对工程的运行管理和技术指导，完善工程养护的社会化服务体系，规模较大的集中供水工程都要实行专业化管理，健全经济责任，确定管理人员，建立以聘用制为基础的用人制度和合理的分配机制。注重为规模较小的供水工程、单户、联户工程提供维修、技术咨询服务。按照补偿成本，合理盈利的原则确定水价，有偿供水、计量收费，定额管理。加快建立和完善饮用水水质监测网络，加强卫生学评价和水质卫生监测。

（5）坚持社会化监督。建立健全项目实施监督检查机制，依法加强对工程经营管理者的监督和行业管理，规范经营管理行为，确保工程建设质量和安全供水，不断提高管理水平和服务质量。加强饮用水水源保护、水质监测和水污染防治，及时采取必要处理措施，确保饮用水水质达标。采取多种形式宣传饮水卫生知识，提高农民饮水安全意识。加强对水费征收使用的监督检查，落实水价决策听证制度，合理确定供水水价，在农村供水工程运行用电、建设用地、税费征收等方面给予地方政策优惠和补助，切实降低工程建设和运行成本，确保工程建得成、管得好、用得起、长受益。

（甘肃省水利厅农村水利处供稿）

绝不能让民勤成为第二个罗布泊

——记正在治理中的甘肃省石羊河流域

一、石羊河流域的生态危机

石羊河流域位于河西走廊东端，流域面积4.16万km^2，行政区划主要包括武威、金昌、张掖三市的凉州、民勤、古浪、天祝、永昌、金川、肃南等七个县（区）。全流域2003年耕地面积556.75万亩，总人口226.89万人。全流域水资源总量16.59亿m^3，现状总用水量28.77亿m^3，耗水量20.75亿m^3，全流域水资源消耗量远大于水资源总量。现状年超采地下水量4.32亿m^3，其中民勤盆地超采2.96亿m^3。流域水资源开发利用率高达172%，已远远超过了石羊河的承载力，水资源供需矛盾十分突出，目前石羊河流域是我国内陆河流域中人口最密集、水资源开发利用程度最高、用水矛盾最突出、生态环境问题最严重的流域之一。

流域生态环境恶化的主要表现是：流域上游祁连山水源涵养林线上升；中下游地下水位大幅度下降，地表植被大片枯死，天然绿洲不断缩小；全流域水资源极度短缺，生活、生产、生态用水矛盾突出；荒漠化土地面积日益扩大，沙尘暴危害加重。

千里河西走廊，古为“丝绸之路”要道，今为“亚欧大陆桥”咽喉，具有极其重要的战略地位。地处下游的民勤绿洲一直是阻断腾格里与巴丹吉林两大沙漠的重要屏障，民勤不保，风沙就会紧逼中游，进而导致整个流域生态经济系统的崩溃，民勤绿洲的消亡，必将危及河西走廊大通道的安全，进而危及整个西部地区的发展与稳定，关系国家发展和民族和谐相处的长远大计。

石羊河流域的生态环境问题引起了党中央、国务院的高度重视，2001年7月，温家宝总理在对《河西走廊石羊河流域生态环境恶化》调研报告的批示中指出：“石羊河流域生态综合治理应提上议程，当务之急是建立流域统一管理机构，大力实施节水工程，有效地控制土地沙化和草场退化。决不能让民勤成为第二个罗布泊”。根据这一精神，甘肃省政府于2001年成立了甘肃省水利厅石羊河流域管理局，2005年成立了流域管理委员会。

二、为了温总理的重托

温家宝总理对石羊河流域和民勤生态危机的重要批示，引起了各级领导的高度重视和社会各界的广泛关注。中央和省级领导多次到石羊河流域和民勤县进行实地考察，多次召开专题会议，研究流域治理的有关问题，指导流域治理工作顺利推进。

时任全国政协副主席钱正英分别于2001年8月和2002年6月，两次带领几十名工程院院士及专家深入民勤，对民勤湖区生态和石羊河流域治理问题进行了深入的考察，所到之处无不使她触目惊心。事后她感慨良深地说，石羊河流域生态环境综合治理必须要有具体规划，规划目标要明确，措施要具体，规划完成后争取国家立项；如果不从根本上治理，恐怕在我有生之年就能看到民勤变成第二个罗布泊。作为一名著名的水利专家，提出这样的警告，绝不是危言耸听。

2001 年 11 月，甘肃省水利厅石羊河流域管理局成立。石羊河流域水资源统一管理提上议事日程。

2002 年 1 月，甘肃省计委组织有关部门开始编制《石羊河流域生态环境综合治理规划》，历时两年，于 2003 年 12 月在兰州召开了《石羊河流域生态环境综合治理规划（初审稿）》审查会。

2004 年 6 月 6～8 日，水利部召开了石羊河流域生态环境综合治理规划审查会，对《石羊河流域生态环境综合治理规划报告》进行了审查。

2005 年 4 月 20 日，甘肃省委书记、甘肃省人大常委会主任苏荣赴民勤县进行专题调研，强调要把石羊河流域综合治理作为甘肃省水利建设的“一号工程”来抓！

2005 年 6 月 14 日，备受各方高度关注的甘肃水利建设“一号工程”——石羊河流域综合治理项目获国家正式批准。

2005 年 7 月 11～13 日，在北京召开了石羊河流域重点治理规划审查会，对《石羊河流域近期重点治理规划》报告进行了审查。会后，按照甘肃省委、省政府的统一部署，水利厅组织有关单位在《石羊河流域近期重点治理规划》的基础上编制完成了《石羊河流域近期重点治理规划五年（2006～2010 年）实施方案》。12 月 21～23 日，水利部水利水电规划设计总院对《方案》报告进行了审查。

2005 年 7 月 16 日，温家宝总理在读过《决不能让民勤成为第二个罗布泊》书稿后，又一次对民勤问题做出了重要批示：“决不能让民勤成为第二个罗布泊，这不仅是个决心，而是一定要实现的目标。这也不仅是一个地区的问题，而是关系到国家发展和民族生存的长远大计。”这是总理对各级党委、政府的谆谆告诫和殷切期望，体现了党中央、国务院对搞好石羊河流域治理的决心。

2005 年 8 月 20 日，国家发改委、水利部召开了“石羊河流域综合治理工作情况座谈会”。

2005 年 9 月 26 日，水利部部长汪恕诚听取了甘肃省省长陆浩、副省长徐守盛关于石羊河流域综合治理的报告。

2005 年 10 月 25 日，甘肃省成立了由省委常委、常务副省长徐守盛任主任的石羊河流域管理委员会，并于 2005 年 11 月 16 日在甘肃省政府召开了石羊河流域管理委员会第一次会议。

2006 年 2 月 18 日，水利部召开了石羊河流域重点治理规划暨应急项目讨论会。

2006 年 2 月 20 日，甘肃省石羊河流域管理委员会召开了第二次工作会议。会议听取了甘肃省发改委关于第一次工作会议后有关工作的进展情况、应急项目和流域生态治理责任书，甘肃省水利厅关于《石羊河流域地表水量调度管理办法》、《石羊河流域地表水量调度和地下水削减开采量实行地方行政首长责任制的规定》、《石羊河流域水事协调规约》等三个规范性文件和《关于加强石羊河流域地下水资源管理的通知》的汇报。

2006 年 2 月 25 日，甘肃省政府在武威市凉州区隆重举行石羊河流域重点治理暨应急项目启动大会。省级及流域内有关领导和群众代表近万人参加了大会。

2006 年 3 月 10 日和 7 月 10 日，根据甘肃省委、省政府确定的“管理先行”的治理思路，石羊河流域管理局两次组织武威市县（区）水利（务）局实施了西营水库向民勤调水。西营水库放水经西营总干渠、二干渠、松涛寺、民勤蔡旗断面进入红崖山水库，总里程 80km。两次累计向民勤蔡旗调水 1051 万 m^3，占年初计划调水任务的 105%，超额完成了 2006 年水量调度任务。

2006 年 8 月 13～15 日，水利部水利水电规划设计总院在北京组织专家再次对规划进行审查。审查认为，本次规划充分吸收了以往的成果，进行了大量调查研究工作，基础资料较系统，指导思想明确，内容全面，工程布局基本合理，各项措施符合石羊河流域实际情况，基本同意该规划。

2006 年 9 月 22 日，甘肃省委书记、省长陆浩一行考察了石羊河流域。同农民群众亲切交谈，同基层干部共同探讨，就搞好石羊河流域综合治理、加快经济社会发展进行了深入研究。11 月 30 日，陆浩在《甘肃日报》上发表了《根本出路在于节水——关于石羊河流域综合治理的思考》一文。文章指出，解决石羊河流域的问题，最根本、最关键、最要害的是要做节水文章。这是对传统流域治理思路的一次重新审视，是一个具有前瞻眼光的科学决断。

2007 年 3 月 7 日～3 月 31 日，石羊河流域管理局圆满地组织完成了石羊河流域 2007 年春季向民勤集中调水的任务。此次调水历时 25 天，西营水库出库水量 1507.82 万 m^3，蔡旗断面调水量 793.44 万 m^3，是石羊河流域向民勤调水最多的一次。

2007 年 4 月 5～9 日，全国人大常委会副委员长许嘉璐来石羊河流域实地考察。许嘉璐强调，民勤的防沙治沙是一项综合性的系统工程，要以科学发展观为指导，统筹规划，保住民勤这块绿洲。他还强调，必须整合各相关部委的力量和资源，共同参与该工作，应尽快将治沙的“地方行为变成国家行为”。

2007 年 7 月 20～22 日，国家发改委、水利部组成联合调研组赴石羊河流域开展现场调研。调研组重点对《石羊河流域重点治理规划》提出的各项治理措施责任制落实情况，以及尊重农民意愿、保障农民权益等问题作了进一步调查研究，并对甘肃省《石羊河流域重点治理规划》给予了积极评价。

2007 年 7 月 22 日，经过多次认真研究论证，《石羊河流域重点治理规划》正式定稿，并将报送国务院审批。

2007 年 10 月 1 日，温家宝总理来甘肃省民勤县进行视察，深入腾格里沙漠和巴丹吉林沙漠交汇处，察看防沙治沙情况，进入村庄走访农户，与干部群众座谈，研究民勤生态保护、沙漠治理的根本大计。在考察中他坚定地说，胡杨一千年不死，死了一千年不倒，倒了一千年不朽。只要发扬这种不屈不挠的胡杨精神，一代一代地干下去，就一定能够实现我们的目标。我们要有决心、信心、勇气和韧劲，发扬“人一之、我十之，人十之、我百之”的精神，树立长期艰苦奋斗的思想，百折不挠，克服困难，完成这项艰巨的任务。民勤不但不能成为罗布泊，还要逐步恢复生态，成为全国节水的模范。

2007 年 11 月 18 日，水利部副部长矫勇率领水利部规划计划司、农村水利司、水资源管理司、黄河水利委员会的负责人一行 8 人，先后考察了凉州、民勤县生态治理工作，详细了解了应急项目实施、农业结构调整、节水型社会建设和民勤湖区生态环境历史变迁等情况。他强调，石羊河流域综合治理是一项国家工程，涉及到国家发展和民族生存的长远大计，流域治理一定要以“十七大”精神和科学发展观为指引，认真落实石羊河流域重点治理规划，把这项国家工程实施好，把温家宝总理提出的“决不能让民勤成为第二个罗布泊”的目标变为现实。

2007 年 12 月 7 日，国家发改委、水利部下发了关于印发《石羊河流域重点治理规划》的通知，规划正式通过国家审批。

三、流域治理规划

（一）治理目标

2010 年，民勤蔡旗断面下泄水量由现状的 0.98 亿 m^3 增加到 2.5 亿 m^3 以上，民勤盆地地下水开采量由现状的 5.17 亿 m^3 减少到 0.89 亿 m^3；六河中游地表供水量由现状的 9.72 亿 m^3 减少到 8.82 亿 m^3，地下水开采量由现状的 7.47 亿 m^3 减少到 4.18 亿 m^3。基本实现六河水系中下游地下水采补平衡，地下水位停止下降，有效遏制生态系统恶化的趋势。

2020 年，民勤蔡旗断面下泄水量由 2010 年的 2.5 亿 m^3 以上增加到 2.9 亿 m^3 以上，民勤盆地地下水开采量减少到 0.86 亿 m^3；六河中游地表供水量由 2010 年的 8.82 亿 m^3 减少到 8.22 亿 m^3，地下水开采量稳定在 2010 年的 4.18 亿 m^3。实现民勤盆地地下水位持续回升，力争北部湖区出现一定范围的旱区湿地；流域生态系统得到有效修复。

（二）重点治理措施

1. 节水型社会建设

建立以水权管理为核心的水资源管理制度体系、与水资源承载力相协调的经济结构体系、与水资源优化配置相适应的水利工程体系；形成政府宏观调控、市场引导、公众参与的节水型社会运行机制；建立水资源宏观总量控制指标和微观定额指标体系，严格实行用水总量控制与定额管理相结合的管理制度，实行行政首长负责制；推进水权制度改革，完善水资源有偿使用制度，建立节约用水的价格机制；建立健全流域统一管理与区域管理相结合，以流域管理为主、区域管理为辅的管理体制，实现水资源的合理配置和统一管理。

2. 产业结构调整

石羊河流域现状产业结构布局与流域水资源承载力不相适应，通过加快流域的城镇化建设、产业结构调整和农业内部结构调整步伐，优化农业种植结构，控制农业灌溉规模，减少农业用水总量，把挤占的生态用水退出来。配水面积由现状的 446.11 万亩减少为 310.59 万亩，减少 135.52 万亩，其中 2010 年前减少与抢救民勤生态关系最为密切的西营、杂木、环河、红崖山等灌区 63.34 万亩。到 2010 年，流域第一、第二、第三产业比例由现状的 24∶46∶30 调整到 17∶47∶36；粮、经种植比例由现状的 76∶24 调整到 65∶35。到 2020 年，第一、第二、第三产业比例调整到 9∶44∶47；粮、经种植比例调整到 50∶50。

3. 水资源配置保障

水资源配置保障主要包括专用输配水渠道工程、景电二期延伸向民勤调水渠下叚河道整治工程等。2010 年前，建成西营河向民勤蔡旗专用输水渠工程，向民勤年输水 1.1 亿 m^3。2011～2020 年，建成东大河向民勤蔡旗专用输水渠工程，向民勤年输水 0.3 亿 m^3；实施景电二期延伸向民勤调水渠下段河道整治工程，提高输水效率。

4. 灌区节水改造

2010 年前，实施与民勤盆地关系密切的西营、杂木、金塔、清源、环河、金羊、永昌以及红崖山灌区的节水改造工程，改造干支渠长 878.1km，田间节水改造面积 181.08 万亩（其中渠灌 109.46 万亩，管灌 19.93 万亩，日光温室 20.53 万亩，大田滴灌 31.17 万亩）。

2011～2020 年，改造干支渠长 780.35km，田间节水改造面积 94.19 万亩（其中渠灌 76.39 万亩，管灌 7.32 万亩，日光温室 7.12 万亩，大田滴灌 3.35 万亩）。

全流域日光温室和大田滴灌分别占总灌溉配水面积的 8.9%和 11.4%；民勤盆地日光温室和大田滴灌分别占盆地总灌溉配水面积的 8.9%和 39.9%；六河中游凉州区日光温室和大田滴灌分别占其灌溉配水面积的 11.0%和 6.4%。

5. 生态移民试点

2010 年前，对民勤湖区北部生存条件十分恶劣、生存成本很高的 10500 人实施生态移民试点，对迁出区约 5 万亩灌溉面积作封育保护，恢复荒漠植被。

2011～2020 年，对祁连山水源涵养林核心区的 13500 人实施生态移民试点，逐步恢复山区水源涵养能力。

（三）投资及实施计划

重点治理工程总投资 47.49 亿元，计划分期实施。

2006～2010 年投资 31.04 亿元，安排六河水系所属的凉州区、民勤县灌区节水改造工程，西营河向民勤蔡旗专用输水渠工程，民勤湖区北部 10500 人的生态移民试点及流域水资源管理设施建设等。

2011～2020 年投资 16.45 亿元，兴建东大河向民勤蔡旗专用输水渠工程，实施六河水系中游的东大河、清河、黄羊、古浪灌区和西大河水系所属灌区的节水改造，改建杂木河渠首，整治景电二期延伸向民勤调水渠下段河道等。

石羊河流域重点治理工程建设所需投资以中央投入为主。其中，建设 27.65 万亩日光温室申请中央投入 13.83 亿元，其余由农民自筹、银行贷款、地方财政贴息解决。

四、石羊河在行动

自 2006 年石羊河流域重点治理应急项目启动实施以来，在温家宝总理的亲切关怀下，在国家有关部委和甘肃省委、省政府的高度重视下，流域内市、县（区）政府和有关部门坚持以科学发展观为指导，按《石羊河流域重点治理规划》的要求，认真落实各项治理措施，治理工作初见成效。

（一）项目前期工作

《石羊河流域重点治理规划》批复后，遵照高质量、高标准、高水平的要求实施好规划，实现流域重点治理目标，按照国家发改委、水利部的有关意见和矫勇副部长考察石羊河流域时提出的具体要求及省级的安排，积极开展了项目前期工作。

2008 年灌区节水改造工程和地下水计量设施安装工程的可行性研究报告和初步设计，于 2008 年 7 月分别由甘肃省发改委和甘肃省水利厅批复（2008 年项目总计 23 个单项工程，总投资 6.97 亿元）。2009 年灌区节水改造项目 29 个单项工程（总投资 8.4 亿元）的可研报告编制工作已完成。

西营河专用输水渠的前期工作，西营专用输水渠工程的可行性研究报告已通过水利部审查，报国家发改委审批；水土保持方案已由水利部审批；环境影响报告已由环保部审批；建设征地及移民安置规划大纲已由甘肃省政府审批，移民规划报告已由甘肃省发改委审核，审核意见已报国家发改委；用地预审意见已由国土资源部审批。2008 年 8 月 5 日可研批复要求的所有审批手续已全部完成，正在与国家发改委协调尽快审批。目前，西营河专用输水渠工程初步设计报告已基本编制完成，建设用地勘测定界报告已编制完成，现会同市国土局正在开展建设用地报批工作。

水资源调度管理信息系统可行性研究报告已于 2008 年 4 月通过水利部审查，报国家发改委审批。

八大灌区节水改造专项规划已通过了水利部审查，由水利部函送甘肃省政府审批；规划的总体实施方案、减少配水面积专项规划、生态移民专项规划和监测评估专项规划正在编制，计划在 2008 年 9 月底完成。生态治理专项规划已通过甘肃省林业厅审查报送甘肃省发改委。

（二）工程建设进展情况

在《石羊河流域重点治理规划》修改报批期间，为了尽快遏制流域生态恶化态势，2006～2007 年，国家安排专项资金先期启动了石羊河流域重点治理应急项目，目前，项目共下达计划投资 88890 万元，其中中央资金 80000 万元，地方配套 8890 万元。

2006 年应急项目工程，于 2006 年 8 月下达投资计划 11115 万元（国家投资 10000 万元，地方自筹和配套 1115 万元），项目于 2006 年 10 月开工建设，于 2007 年 10 月全面竣工，完成干支渠改建 76.11km（其中干渠 3km，支渠 73.11km），实施田间节水面积 23.03 万亩（其中渠灌 15.77 万亩，管灌 6.18 万亩，大田滴灌 0.58 万亩，日光温室滴灌 0.47 万亩，日光温室微喷 0.03 万亩），安装地下水计量设施 1817 套。

2007 年石羊河流域重点治理项目下达投资计划 44448 万元（其中：第一批项目 22227 万元；第二批项目 22221 万元，含西营河专用输水渠工程 2510 万元），在流域武威属区的凉州区、民勤县实施灌区节水改造工程和应急输水专项工程。灌区节水改造工程的建设内容是：改建干支渠 101.34km（其中干渠 47.56km，支渠 53.78km），实施田间节水面积 29.23 万亩（其中渠灌 17.09 万亩，管灌 3.83 万亩，大田滴灌 5.85 万亩，温室滴灌 2.46 万亩），安装地下水计量设施 1352 套。第一批灌区节水改造项目于 2007 年 10 月完成招标投标工作，现已完成投资 80％。第二批灌区节水改造项目于 2008 年 5 月完成招标投标工作，现已完成投资3%。西营河专用输水渠工程目前正在开展工程施工前的临建、施工临时用地的征用准备工作。

2008年石羊河流域重点治理项目资金计划已于8月28日下达，共计33327万元。主要建设内容是：改建干支渠233.68km（其中干渠96.291km，支渠137.42km），实施田间节水面积30.7146万亩（其中渠灌20.8505万亩，管灌5.2886万亩，大田滴灌3.5119万亩，温室滴灌1.0636万亩），安装地下水计量设施7549套。目前，各项施工前的前期准备工作已经就绪，计划于10月开始招标投标工作。

（三）日光温室建设

2007年流域内武威市已累计建成日光温室7.5万亩。2008年计划建设日光温室4.165万亩。截至8月底，开工17764.75亩，完成墙体16993.85亩，扣棚4808.97亩，定植1939.44亩。对日光温棚的建棚户，按照《石羊河流域重点治理规划》的补助标准，农户每亩给予5000元的补助，并协调解决5000～10000元的贴息贷款。同时，全市还组建农产品运销组织160个，兴建交易市场11个，并与哈萨克斯坦和北京新发地市场等国内外20多个地方建立了稳定的供销关系。

（四）关井压田

2010年前，武威市计划关闭农业灌溉机井3300眼，压缩灌溉面积63.34万亩。重点是压缩国营农林场，特别是机关企事业单位、乡镇、村社办的集体和个体农林场、未经批准非法开垦的耕地和农民二轮承包面积以外的耕地。2006年、2007年两年，累计关闭机井1194眼（其中农业灌溉机井1139眼），压缩灌溉面积15万亩。2008年武威市计划关闭机井800眼，压缩灌溉面积18万亩，截至8月底已关闭794眼；压缩灌溉面积17.99万亩。对于关闭的机井，按照省委、省政府出台的《武威市关闭机井补助资金使用管理办法》，甘肃省财政拿出3700万元，对流域内关闭的机井给予补助。

（五）地下水计量设施安装

从2007年开始，流域内的武威市开始对市境内所有应安装计量设施的机井进行地下水计量设施安装，计划于2008年全部安装完成，安装总任务12127套，截至8月底已安装12081套，完成率99.6%。

（六）中游向民勤调水工作

按照甘肃省政府批准的《石羊河流域水资源分配方案》，2006年首次启动了上游西营水库向下游民勤调水，春夏两次调水实现蔡旗断面增泄水量1051万m^3，全年总过水量达1.79亿m^3。2007年春夏两次调水，蔡旗断面增泄1706.8万m^3，全年总过水量2.18亿m^3，为1994年以来的历史最高纪录。2008年，目前正在组织实施第四次调水，截至9月1日，蔡旗断面累计增泄水量2756.46m^3，总过水量1.078亿m^3。

（七）流域法规的建设

2006年2月24日，甘肃省政府批转印发了《石羊河流域地表水调度管理办法》、《石羊河流域地表水量调度和地下水削减开采量实行地方行政首长责任制的规定》、《关于加强石羊河流域地下水资源管理的通知》、《石羊河流域水事协调规约》等4个规范性文件。2007年7月27日甘肃省人大颁布了《甘肃省石羊河流域水资源管理条例》，依据该条例，流域管理机构出台了《甘肃省石羊河流域机井审批暂行规定》和《加强石羊河流域小型自备水源井管理的有关规定》。法规的出台，对于加强流域水资源的开发、利用、配置、保护和节约，规范流域水资源统一管理具有重要的作用，将使石羊河流域走上有法可依、依法治水的良性循环轨道。

（八）水权改革

2007年4月武威市全市农民用水者协会组建完成。全市共组建农民用水者协会816个，参与农户31.06万户，参与率达到100%。2007年4月1日武威市出台了《武威市水权制度改革实施方案》，围绕方案推行，配套制定了《关于推进全市节约用水的若干规定》、《武威市行业用水定额》、《武威市水利工程供水价格改革方案》、《武威市城市供水价格改革方案》、《农民用水者协会经费筹措和管理使用办法》等13个政策性文件，对水权水价进行改革。按照甘肃省政府关于石羊河流域水资源配置方案，将下达的水资源总量逐级分解，确认到各灌区、乡镇、村组（用水者协会）和用水户，每年核发一次水权证。同时，出台了《关于大力发展高效节水农业的指导意见》，把各类项目建设同优质、高效、节水农业紧密结合起来，鼓励、引导农民大力压缩高耗水作物，扶持发展葡萄、瓜菜、日光温室等特色农业。

五、流域治理初见成效

蔡旗断面下泄水量逐年增加。2003年，蔡旗断面下泄水量0.98亿m^3（不包括民调工程黄河调水量）；2006年重点治理工程启动后，当年蔡旗断面下泄水量1.79亿m^3（中游下泄1.38亿m^3，民调工程黄河调水0.41亿m^3）；2007年蔡旗断面下泄水量2.177亿m^3（中游下泄1.727亿m^3，民调工程黄河调水0.45亿m^3）。

流域内年度用水总量逐年减少。2006年总用水量23.264亿m^3，较2005年减少8397万m^3（地表水2897万m^3，地下水5500万m^3）；2007年总用水量21.374亿m^3，较2006年减少1.89亿m^3（地表水0.984亿m^3，地下水0.906亿m^3），其中实施2006年应急项目后节水7875万m^3，减少地下水开采3397万m^3。2008年武威市水资源配置总量为19.868亿m^3，较2007年减少了1.506亿m^3（地表水5060万m^3，地下水1亿m^3）。截至目前，石羊河流域武威属区农业灌溉用水量11.557亿m^3，较去年同期减少1.393亿m^3。

局部地区地下水位上升。据水文部门2006年、2007年两年的观测数据，民勤布设的65眼观测井中有30眼观测井水位在上升，13眼观测井的水位下降的速度有所减缓，19眼观测井的水位下降的速度仍在加剧，3眼观测井的水位没有变化。

局部地区生态环境有所改善。自2007年至今，武威市已完成人工造林25.34万亩、封沙（山）育林（草）19万亩、补植补造21.42万亩、义务植树2017.28万株、通道绿化585.85km、防风固沙林6.93万亩。特别是下游民勤县的湖区通过近几年的退耕封育和人工压沙种植红柳、毛条、梭梭等沙生植物，生态环境有所改善。

（甘肃省水利厅石羊河流域管理局供稿）

引洮河清流　解陇中之渴

——引洮供水一期工程建设纪实

引洮工程是甘肃省自新中国成立以来水利建设史上最大的一项水利工程，也是甘肃省实施西部大开发战略，推进全面建设小康社会的标志性工程，凝聚着甘肃省几代人的心血、是甘肃人民期盼了半个世纪的圆梦工程。被甘肃省确定为“十一五”重点建设项目。甘肃省引洮公司承载着历史的重任，担负着人民的期盼，在这片黄土地上弘扬着“人一之我十之，人十之我百之”的甘肃精神，建造引洮工程，将向陇中地区引来涓涓清流。

一、历史回眸——引洮工程半个世纪的波折

甘肃中部定西、会宁一带地处黄土高原丘陵沟壑区，植被稀疏，干旱多灾，水资源极为紧缺。苦瘠甲天下。长期以来，水资源缺乏导致了该地区生态环境的恶化，并成为限制该地区经济社会发展的瓶颈。洮河作为黄河上游较大的一级支流，发源于甘肃、青海两省交界处的西倾山北麓，在永靖县境内汇入刘家峡水库，全长 673.1km，流域总面积 25527km^2，涉及碌曲、临潭、卓尼、夏河、永靖等 12 个县。河源高程 4260m，河口处高程 1629m，相对高差 2631m，多年径流量 49.2 亿 m^3。根据定西地区水土资源的分布特点，甘肃省在 20 世纪 50 年代就提出了引洮河水到中部地区的设想。1958 年 2 月，中共甘肃省第二次代表大会第二次会议决定引洮河水上董志塬的计划。1958 年 6 月 17 日，引洮工程开工典礼在岷县古城举行，共有 12000 人参加。建设高峰期投入劳动力达 10 多万人，限于当时的技术水平和经济条件，终因工程规模过大，国力民力不支等原因，被迫于 1961 年 6 月停建。1962 年 3 月 8 日，甘肃省委作出引洮工程彻底下马的决定，上报中央和西北局。第一次引洮工程建设以失败告终。1975～1994 年，省（地）水利部门先后提出了多种以解决甘肃中部地区水资源严重短缺问题的方案，并进行了反复论证。

1992 年，甘肃省把引洮工程列为中部地区扶贫开发的重点项目，同年 7 月，成立了引洮工程筹备处，引洮工程前期工作重新启动。引洮工程建设目标根据不同时期甘肃省经济发展情况及当地脱贫致富的要求，不断地进行调整，当时确定的工程建设任务为供水、灌溉、发电等，项目建设旨在实现中部地区水资源的优化调度，从根本上解决该地区水资源匮乏的问题。2001 年，甘肃省委、省政府把引洮工程列为西部大开发的重点项目，多次向国家有关部委汇报和请示。同年，水利部将引洮工程列为西部大开发甘肃省水利建设的标志性项目，促进了前期工作的进度。国家发改委遵照朱镕基就大型跨流域调水工程要“三先三后”的指示和温家宝提出的五点意见，作了《关于洮河九甸峡水利枢纽及引洮一期工程有关问题的复函》，据此，甘肃省政府对引洮工程定位作了调整，将甘肃省引洮灌

溉工程正式更名为甘肃省引洮供水工程，将其定位为优先解决中部干旱地区 11 个国家扶贫重点县城及工业用水、农村人畜饮水、生态环境用水，兼有灌溉、发电、防洪等综合利用功能的大型跨流域调水工程。

二、反复论证——引洮工程立项上马

1993 年 8 月原国家计委批复了《甘肃省洮河九甸峡水利枢纽及引洮灌溉工程总体规划（代项目建议书）》，肯定了工程建设的必要性。之后，甘肃省相继完成了九甸峡水利枢纽可行性研究报告和引洮灌溉工程可行性研究报告。受水利部委托，水利部水利水电规划设计总院和黄河水利委员会先后对两个可研报告进行了技术审查，并将审查意见上报了水利部。期间，甘肃省还按照国家对大型水利工程立项的要求，完成了九甸峡水利枢纽及引洮灌溉工程的环境影响评价报告、水土保持方案、引洮工程取水许可预申请书等文件，这些报告及文件均得到了国家有关部门和流域机构的批准。2001 年 5 月甘肃省政府向国务院上报了《关于立项建设洮河九甸峡水利枢纽及引洮一期工程的请示》。2001 年 7 月，国家计委要求对引洮工程可行性研究报告进行优化和补充。按照国家计委要求，对引洮工程前期研究成果作了修改和补充，对工程的定位做了修订和完善，对水资源的配置做了合理调整，补充编制了 7 个专项规划和研究报告。

根据国家水利项目建设管理程序要求及国家有关主管部门意见，2002 年 2 月甘肃省又编制上报了《九甸峡水利枢纽及引洮供水工程项目建议书》，历经水利部水利水电规划设计总院、水利部、中咨公司审查评估后上报国务院，经国务院常务会议审议通过，2002 年 10 月国家计委批复了项目建议书。2002 年 12 月，水利部对引洮工程水资源报告进行了批复。2003 年黄河水利委员会办理了《取水许可申请书》，国土资源部批复了项目土地预申请。可行性研究报告以及相关报告经国家发改委审查上报国务院。

2004 年 6 月国务院第 54 次常务会议要求，引洮工程可行性研究报告在“生态环境影响、洮河水资源、地方配套资金来源”等方面做进一步评估论证后，报国务院审批。随后，国家发改委、水利部分别对评估论证工作提出了具体要求。当年，引洮公司组织编制完成了相关报告。国家发改委对国务院常务会议提出的问题非常重视，刘江副主任于 2004 年 9 月 27 日召开了由水利部、国家环保总局、中咨公司等部门的领导和专家参加的协调会议，分析研究了工程建设存在的问题。水利部及国家环保总局对补充论证报告组织进行了审查，并分别向国家发改委报送了审查意见。2005 年 2 月，甘肃省汇总以上论证成果向国家发改委上报了《甘肃省九甸峡水利枢纽及引洮供水一期工程可行性研究有关问题补充论证报告》及相关专题报告。

2005 年 4 月 6 日，国家发改委副主任姜伟新带领国家发改委、水利部、国土资源部、国家环保总局、中咨公司相关人员专程赴项目区进行调研，要求除对国务院提出的问题进行全面论证外，对引洮水资源配置调整、节约用水、库区移民搬迁、九甸峡水利枢纽坝型方案等问题做进一步研究论证。经水利部水利水电规划设计总院审查，水利部于 2005 年 9 月向国家发改委正式出具《关于甘肃省洮河九甸峡水利枢纽可行性研究阶段坝型比选方案专题论证意见的函》。2005 年甘肃省在完成各项论证工作后向国家发改委上报了《关于恳请批准甘肃省九甸峡水利枢纽及引洮供水一期工程可行性研究报告的请示》。经过近两年的努力，各项补充论证工作全部完成。2006 年 7 月 5 日，国务院常务会议审议通过了引洮项目可行性研究报告，2006 年 8 月 3 日国家发改委批复九甸峡水利枢纽及引洮供水一期工程可行性研究报告。至此，引洮供水一期工程正式立项。2007 年 1 月 31 日水利部批复了引洮供水一期工程初步设计报告，引洮供水一期工程批复初步设计概算，总投资为 372167 万元。

三、统筹兼顾——确定工程建设规模

甘肃作为一个以农业为主的大省，要解决生存和发展问题，必须解决水资源短缺问题，这也是甘肃省历届省委、省政府和广大干部群众通过多年探索达成的共识，经过省级领导、老同志、老专家等仁人志士对引洮工程方案呕心沥血的研究和探索，在设计单位全面规划的基础上，确定引洮工程由九甸峡水利枢纽及供水工程两部分组成，计划分两期建设，一期工程建设内容包括九甸峡水利枢纽及引洮供水一期工程。引洮供水工程以洮河九甸峡水利枢纽工程为水源，供水范围西至洮河、东至葫芦河、南至渭河、北至黄河，受益区总面积为 1.97 万 km^2，涉及甘肃省兰州、定西、白银、平凉、天水五个市辖属的榆中、渭源、临洮、安定、陇西、通渭、会宁、静宁、武山、甘谷、秦安等 11 个国家扶贫重点县（区），155 个乡镇，总人口约 300 万人。总干渠设计引水流量 $32m^3/s$，加大引水流量 $36m^3/s$，年调水总量 5.5 亿 m^3。一期工程年调水量 2.19 亿 m^3，配置非农业用水 1.53 亿 m^3，约占总外调水量的 70%；农业用水 0.66 亿 m^3，约占总水量的 30%。由 110.47km 的总干渠、3 条总长 146.18km 的干渠、20 条总长 238.18km 的灌溉支（分支）渠、两条总长 47.02km 的县城以上城市供水专用管线、10 条总长 66.26km 的乡镇专用供水管线等构成覆盖全供水区的输供水渠（管）网体系。受益区为定西、兰州、白银三个市辖的安定、陇西、渭源、临洮、榆中、会宁六个县区 39 个乡镇，人口 91.41 万人，发展高新农业灌溉面积 19 万亩。

总干渠工程以隧洞为主要建筑物，初步设计阶段布置隧洞 15 座，92.97km，占全长的 84.2%，其中 3 号、6 号、7 号、9 号隧洞的长度分别为 13152m、15100m、17190m、18245m，大于 10km 的隧洞占总干渠长度的 57.6%。一干渠渠线自总干渠阳阴峡分水，沿内官盆地南缘北侧偏西方向前行，经店子街、称沟至宛川河流域高崖水库下游。二干渠自总干渠阳阴峡分水，渠线向北穿过内官盆地，沿关川河支流西河左岸下行至梁家庄，与安定区已建成的西河渠、中河渠相接，经定西市区以及巉口，沿关川河而下达会宁县境内的头寨子。三干渠自总干渠马河镇分水，渠线沿大咸河左岸山坡脚与陇海铁路平行向南下行，经通安、云田，在小金家门入渭丰渠。陇西专用供水管线自总干渠 7 号隧洞出口分水，沿秦祁河右岸山脚向下游前行，至张家堡后跨秦祁河，在左岸经北寨镇后下行至关门村，再次跨过秦祁河后在右岸行至陇西双泉镇结束，供水管线采用重力流输水，为 DN1000 的预应力钢筒混凝土（PCCP）管。定西市专用供水管线自总干渠阳阴峡分水，沿正北方向前行，经内官营镇后沿内官定西公路至祈家庄后，沿西河右岸至李家嘴与定西现有水厂衔接，直接向水厂供水，供水管线采用重力流输水，为 DN900 的预应力钢筒混凝土（PCCP）管。引洮供水一期工程共布置各类建筑物 2393 座，其中总干渠 138 座，干渠 536 座，支渠工程 1719 座。

四、严抓细管——实施现代化施工管理

2006年11月22日，甘肃省委书记陆浩庄严宣布九甸峡水利枢纽及引洮供水一期工程全面开工。拉开了引洮工程全面建设的序幕，甘肃省人民期盼了近半个世纪的“引洮河清流、解陇中之渴”的圆梦工程，终于进入了实质性实施阶段。引洮工程作为解决甘肃战略性基础设施的水源工程，规模浩大，全省瞩目。工程建设过程中的组织管理和文明形象，不仅直接关系到工程的顺利实施，而且还是衡量工程建设管理水平的重要尺度，展示工程建设者精神风貌的重要窗口。引洮公司以科学发展观为指导，全面实施现代化企业管理模式，又好又快地推进工程建设步伐。

古人云：“无规矩不成方圆”。引洮公司抓管理首先从建章立制做起，规范工程建设行为。2004年以来，公司先后制定了《甘肃省引洮水利水电开发有限责任公司建设期管理大纲》等80多项管理制度，内容涵盖了招标投标、合同管理、设计管理、监理管理、质量管理、安全生产等各个方面，随着工程建设的逐步深入，根据建设管理的需要，公司不断补充、完善、修订管理制度，形成了较为完整的制度体系，对促进引洮工程建设管理发挥了重要作用。为了确保制度的贯彻落实，公司先后举办了招标投标操作实务、公司规章制度、财务管理、档案管理、工程保险管理、工程质量管理等多种培训班，为公司的科学管理打下了良好的基础。几年来，公司依据国家有关法律法规和公司的管理制度，对工程建设计划、合同、招标投标、征地、统计、质量、进度、安全、财务等各项工作实行制度化和规范化管理，保证了工程建设管理行为的规范运作。

引洮工程规模大、建设周期长、地质条件复杂、技术要求高。招标工作成败与否，监理和施工队伍选择的是否优秀，直接关系到引洮工程建设成败，也关系到投资控制。引洮公司坚持“公开、公平、公正、依法、择优”的原则，全面实施阳光招标。为了使参加竞标单位能够平等地获得有关信息，引洮公司做到招标内容、招标时间、招标地点“三公开”，在《甘肃日报》、《中国采购与招标网》或《中国水利报》、《甘肃经济信息网》等指定媒体发布招标公告，保证了信息公布的及时性和公开性，组织投标人认真考察施工现场，充分了解施工环境，并及时澄清投标人对招标文件提出的问题。引洮供水一期工程主体工程项目全部委托招标代理机构组织招标活动。所有公开招标项目均由公司和招标代理机构专家和从甘肃省水利厅评标专家库中随机抽取的评标专家共同组成，实行“三结合”。开标活动监督工作做到“三到位”，主要是人员组成到位，人员职责到位，监督工作到位，邀请甘肃省发改委、甘肃省水利厅、甘肃省监察厅驻水利厅监察室派员进行监督，部分项目邀请甘肃省公证处对开标和评标程序进行了公证，以人员多元化，讲求监督工作科学化。主体工程及临时工程监理、施工招标，一律采用无标底招标。评标委员会推荐的中标候选人一般为3名，其排序按投标人综合得分的多少为序。评标工作结束后，根据招标代理机构提交的招标评标工作报告和评标委员会的评标报告，公司召开总经理办公会议研究确定中标单位，按项目管理权限向水行政主管部门提交招标投标情况的书面报告，待甘肃省水利厅办理备案手续后发出中标通知书。自2003年以来，共签订各类工程建设合同171份，合同总金额为2191279779.95元。中标参与引洮供水一期工程的施工单位有葛洲坝基础公司、甘肃省水利水电工程局、中铁十三局集团、中铁二十局集团、河南黄河公

司、中国水电二局、中铁隧道股份公司、中国水电四局与意大利CMC公司联营体、中铁十八局集团、浙江水电集团、中铁十二局集团等，均获得质量、环保、安全认证，具有丰富的施工管理经验。

科技创新，是引洮公司贯彻科学发展观的具体体现，技术人员立足工程建设实际，积极开展项目科学研究。为了给工程设计和施工提供真实、可靠的依据，确保工程建设质量优良，公司积极开展项目科学研究工作。委托甘肃省水电设计院、西北水科所试验研究的《引洮供水工程总干渠进水口及1号隧洞设计及运行方案》经过甘肃省科技厅、甘肃省水利厅的项目鉴定会审查，确定该项目研究成果达到国内领先水平，荣获“甘肃省水利科技进步一等奖”；在充分利用引洮总干渠已有勘察资料的基础上，选择7号隧洞上第三系地层，经过现场勘探、取样试验、现场变形监测等采集数字进行研究，上第三系红层隧洞围岩工程地质特性研究、隧洞仿真优化集成系统研究以及总干渠输水建筑物水力糙率科学研究课题取得阶段性成果，已在引洮供水一期工程勘测设计和工程建设中得到应用，总干渠输水建筑物水力糙率研究已通过甘肃省科技厅、甘肃省水利厅的专家审查鉴定，达到国际先进水平，被评为省水利科学技术进步特等奖，仅此一项初步测算就可节省投资3170万元。引洮供水一期工程总干渠进水口及1号隧洞设计及运行方案研究获得甘肃省2007年科学技术进步三等奖。与甘肃省水电设计院、同济大学共同开发的引洮供水一期工程隧洞仿真优化集成系统，已完成系统研究报告、系统设计说明、系统使用手册、系统测试及工程实例汇编、系统软件。这些科学试验将会对优化设计、施工方案、改进施工工艺、促进建设进度、提高工程质量起到技术支撑作用。为了使7号、9号两条长隧洞TBM采购和选型更加符合引洮项目现场施工情况，确保TBM设备招标工作的顺利进行，公司组织技术人员赴山西万家寨引黄入晋工程、云南昆明掌鸠河引水工程和新疆八十一大阪工程考察学习TBM施工技术，邀请TBM专家召开技术交流会，听取专家的意见建议，对编制7号、9号隧洞TBM设备招标文件及设备选型起到了很好的指导作用。

引洮公司管理人员编制少，管理长达几百公里的施工现场，要想对每一工作面进行一次全面检查，至少需要10天时间，公司坚持“以人为本，注重实效”的原则，成立了上、下段两个现场管理办公室，常驻施工现场，靠前管理，公司加强对施工单位的协调服务，帮助他们解决施工中存在的困难和问题，特别是针对总干渠上段隧洞地质条件普遍差，局部洞段地下水丰富等各种困难，公司领导和技术人员以及现场办公人员蹲点现场解决，确保工程建设顺利进行。同时，公司充分发挥设计、监理单位的优势，全面落实监理工作“四控制、两管理、一协调”作用，调动各参建单位和全体建设者积极性，坚持检查、评比、奖罚并重的具体措施，狠抓施工现场管理，2007年公司组织开展了大干230天活动，制定了引洮供水一期工程现场检查评比办法和大干活动实施办法，对工程施工进度、质量、安全、文明施工及建设监理情况进行月度考核和检查评比，对评比情况进行通报，紧紧围绕建设一流工程这个中心，坚持质量、安全、文明施工并重，考核、奖惩、引导并举，激发了参建单位的工作热情，鼓舞了广大建设者的斗志。2008年，公司面对冬季和春季冰冻天气、“3.14”甘南藏独分子的干扰、“5.12”四川特大地震灾害等突发事件以及隧洞自然条件恶劣、地下水丰富、围岩条件差、物价涨幅大、劳务供应不足等不利因素，工程建设处于举步维艰的困境，在这关键时刻，公司带领全体职工攻坚克难，十多次召开党委会和总经理班子办公会议，制定出一项项切实可行的办法，打破了制约工程进度的瓶颈，解除了制约工程建设的桎梏，施工进度逐月增长。公司在全力抓好工程建设月度节点目标控制的同时，在全工地掀起大干300天热潮。通过组织各参建单位“三大负责人”相互现场学习先进施工经验，重点开展“六比”，即相互比工程质量，比安全施工、比工程进度、比文明工地、比队伍素质、比内业资料，施工现场已经形成了比、学、赶、帮、超的竞赛氛围。承建4号隧洞施工的甘肃省水电工程局在4号隧洞进口工作面创造了月单口掘进及一次支护204m的月进度记录；承担1号、2号隧洞及其连接段标段的葛洲坝集团也创造了单标段月掘进418m的标段纪录。截至2008年底，累计完成隧洞掘进及一次支护37721.61m，其中主洞掘进及一次支护32960.26m，斜井、平支洞掘进及一次支护4760.35m。累计完成隧洞洞身混凝土浇筑9570.3m，其中主洞洞身混凝土浇筑9450.3m，平支洞洞身混凝土浇筑120m。

“质量责任，重于泰山。”引洮公司建设者认真坚持这一理念，不断加强质量管理，创建优质工程。按照甘肃省委书记陆浩“努力把引洮工程建设成为管理一流、施工一流、质量一流、效益一流的品质工程、样板工程”的要求，公司以“抓质量保安全，抓质量促进度”的总体思路，组织各监理、施工、试验单位技术人员70多人，举办了《水利水电工程施工质量检验与评定规程》宣贯培训班，规范了参建各方质量管理行为，使施工质量检验与评定工作标准化、规范化。编制了《甘肃省引洮供水一期工程施工常用质量评定表填表说明与示例》，统一了《工程质量检验评定》表格，为工程质量控制和竣工验收提供了可靠的基础资料。工程建设进一步落实“三检制”和“报验制”，规范施工程序和方法，组织人员采取跟踪检查和拉网式排查，对围岩不稳定区域，采取钢拱架二次补强支护，增设随机锚杆，加强混凝土喷层厚度，进行回填灌浆和二次混凝土衬砌等措施，及时排除质量安全隐患。目前，整个工程建设在保证进度的基础上，项目管理进一步规范，工程质量稳步提高，工程建设处于受控状态，总体质量良好，实现了公司提出的质量及安全管理的目标。已完成单元工程11021个，质量合格率100%，优良率87.1%。

以人为本，视安全生产为最大效益，切实加强安全施工管理。公司坚持“安全生产、预防为主”的安全生产方针，始终把安全施工放在一切工作的首位，按照“管生产必须管安全”和“谁主管、谁负责”的原则，建立健全安全生产保障体系，并落实各级安全生产责任制，做到安全工作与建设工作同时计划、布置、检查、总结、评比。先后组织开展了“综合治理，保障平安”为主题的安全生产月活动和重大事故隐患排查整改专项治理活动。按照水利部和甘肃省政府的部署，积极开展安全生产百日督查专项活动，深入落实2008年“隐患治理年”的各项工作要求，成立了引洮工程安全生产隐患排查治理检查组，深化在建工程的安全生产专项治理，全面深入开展自查，认真排查消除事故隐患，重点对施工边坡、洞内支护、供电线路、防洪排水以及爆炸物管理等各项安全工作进行全面检查和隐患排除，并督促进行整改。特别是针对可能发生的险情，分析对工程造成的危害，编制和落实工程抢险预案和施工人员的紧急转移预案，并与各参建单位签订了安全度汛目标责任书。正因为安全措施到位，工程建设过程中没有发生重大安全事故。

保障农民的合法权益，做好征地拆迁工作。征地工作是工程建设的老大难问题，直接关系到工程建设能否顺利实施。引洮供水一期工程征地跨地区，战线长，难度大。加之引洮供水一期工程审批时间跨度长，土地征用的投资概算相对现行征地价格比较低，征地拆迁工作成为公司工程建设的难点。公司积极向甘肃省国土资源厅、甘肃省林业厅以及受水区各市（自治州）、县（区）党委、政府请示汇报，加大同市（自治州）、县（区）及乡镇土地部门调协力度，将国土资源规划院和林业调查规划院在占用林地面积差异、森林植被恢复费、耕地开垦费、征占用林地数量等问题上进一步认定复核，并进行了妥善解决。请甘肃省国土资源厅主持，研究解决了引洮供水一期工程征用土地的数量、补偿标准、管理费支付标准等问题，甘肃省政府办公厅批转了《关于甘肃省引洮供水一期工程建设征地工作意见的通知》，定西市政府就引洮供水一期工程征地问题召开市长办公会议，专题研究解决，常务副市长亲自督办。甘南州政府主要领导召开有关会议协调解决征地过程中存在的问题，为工程建设土地征用创造了良好的条件。在征地过程中，公司和地方政府土地部门的同志密切配合，深入农户反复沟通，讲政策，谈道理，尽最大程度得到被征地农民的理解和支持，严格按照国家建设项目征用土地“占补平衡”的使用原则，向地方政府及时、足额地支付了征地和复耕费用。同时对因工程建设造成无法耕种的边角地，通过与当地政府和国土部门积极协商，全部予以征用；对因受施工影响导致农作物减产或损坏的，公司主动调查落实，并给予适当经济补偿，全力保障农民的合法权益。目前，总干渠 1～15 号隧洞永久征地已基本完成，临时征地绝大部分已妥善解决。累计完成征地 2527.29 亩，支付征地拆迁补偿费用 3624 万元。

将引洮工程打造成一个功能上实用、技术上先进、质量上过硬的精品工程，是引洮建设者孜孜不倦的追求，为此须创新思维，不断完善设计功能，积极开展设计优化工作。公司从受水区水资源需求和工程建设的实际出发，通过设计单位的反复论证，在确保完善供水结构和今后能够最大限度发挥效益的前提下，积极开展设计优化工作，完成了总干渠渠线布置与建筑物结构型式的设计优化及部分建筑物设计变更工作。两年来，先后两次邀请江河水利水电咨询中心对工程建设情况技术咨询，完成了总干渠上段隧洞设计断面的调整，7 号、9 号隧洞设计参数的调整，3 号隧洞出口及连接段的调整，Ⅳ类围岩洞段一次支护增设钢拱架，杨家坪至何家岔、黑水沟至何夜沟明渠变更为隧洞方案，15 号隧洞设计断面及纵坡调整，总干渠下段明渠变更为暗渠工程，同时对总干渠 3 号、6 号隧洞控制工期的斜井变更设计断面，对富水的土质隧洞底板采用干硬性混凝土封闭底板。这些设计优化和变更对改进施工方案、施工工艺、节约投资、促进建设进度、提高工程质量起到了显著的技术支撑作用，其中通过总干渠下段渠线布置、断面型式及纵坡调整、部分明渠变暗渠或隧洞等措施的实施，实现了总干渠全封闭运行、冬季不间断供水的功能。

严把物资采购供应关，确保工程建设的顺利实施。公司重点抓住工程建设物资采购和供应这两个关键环节，对直接影响工程建设质量的钢材、水泥等物资，一律实行公开招标，统一由公司组织采购供应，物资供应单位按合同约定的规格、型号、数量、供应范围、供应方式、质量责任等，实行物资采购阳光操作。在物资调拨供应时，严格根据施工进度编制的材料计划，经各方认真审核后及时调拨，并对物资使用情况跟踪检查，严格控制材料质量和使用数量，防止不合格材料进入现场，杜绝施工单位积压、大量库存甚至转手倒卖业主材料的现象发生。在物资结算和统计工作中，定期与物资供货单位和施工单位核对当月供应数量，及时办理货款结算和材料扣款，做到了公司、供货单位、施工单位三方账物一致。在施工单位自购材料的监管方面，坚持定期检验砂石料、速凝剂、锚固剂、止水带等原材料品质，对不符合质量要求的产品一律停止在主体工程建设中使用，有效地保证了工程建设的质量和安全。

引洮工程建设资金来之不易，加强资金监督管理，是事关引洮工程建设成败的关键。"把每一分钱都要用在刀刃上"、确保"资金安全"，有效保证工程建设顺利进行。公司严格执行国家基本建设财务管理制度和公司会计核算制度，组织制定了《甘肃省引洮供水一期工程会计核算账套体系》和《甘肃省引洮供水一期工程基本建设项目竣工财务决算编制管理办法》，从制度上构筑了一道道"防火墙"。成立了监察审计处，对财务收支不定期进行内部审计。财务部门按照建设期企业财务与基本建设财务两种核算要求，理顺了会计核算与项目批准概算、项目竣工决算之间的内在关系。充分调动公司、设计、监理、施工各方控制投资的积极性，在保证工程质量、安全的前提下不断优化设计方案，尽可能节省工程投资。在工程结算方面，合理审核工程变更及工程量结算，严格按照变更程序加以控制，对不符合程序以及不合理的变更不予结算。在资金监管方面，坚持定期和不定期的建设资金动态管理检查，不断构筑资金监管网络，检查工程建设资金流向及财务管理工作，加强对资金使用的检查审计，及时纠正和处理资金管理使用中的违规违纪问题。

为了这一生命工程、德政工程，我们发扬"献身、负责、求实"的水利行业精神，一切围绕工程建设，一切服务工程建设，以饱满的精神和昂扬的斗志，继续开创引洮工程建设工作新局面。

（甘肃省引洮水利水电开发有限责任公司供稿）

建设景电　造福于民

——甘肃省景泰川电力提灌二期工程建设纪实

一、工程概况

景电二期工程地处河西走廊东部，跨景泰、古浪两县，呈西北、东南向弧形狭长地带，东西长60多km，南北最宽处25km。灌区总面积约920km^2。景电二期工程设计提水流量18m^3/s，加大流量21m^3/s，年提水量2.66亿m^3，渠系水利用率64%。兴建泵站30座，装机容量19.27万kW，总扬程713m。国家投资4.88亿元。设计灌溉面积52.05万亩。1984年7月5日开工建设，1999年11月8日竣工验收。

二、建设背景

甘肃省首次建成的景泰川电力提灌一期工程日益发挥出显著的生态及经济、社会效益，为越来越多干旱困难地区的干部群众所注目、所向往。1976年10月15日，在景电一期工程开工7周年纪念日之际，景电二期工程胜利开工。1977年10月25日，由于资金、电力不足等方面的原因，景电二期工程停工缓建。古浪县委、县革委会于1977年10月向甘肃省委呈递了《关于坚持继续建设景电二期翻身工程的请示报告》，全县的干部群众也纷纷联名向中共中央、国务院及国家有关部委写信，请求景电二期工程继续上马。

三、科学决策

甘肃省景电工程指挥部于1976年提出了《景泰川电力提灌二期工程补充规划设计报告》。甘肃省水电设计院于1981年12月提出了《甘肃省景泰川电力提灌第二期工程修改规划报告》，1982年，甘肃省政府将上述《修改规划报告》专文呈报国家计委、水利电力部，申请将景电二期工程列入国家“六五”建设计划，水利电力部于1982年7月9日复函，同意立项建设，建议提水流量12m^3/s，灌地30万亩，重点解决古浪县干旱问题。甘肃省计划委员会、甘肃省水利厅向国家计委、水利电力部报送了《景泰川电力提灌第二期工程设计任务书的报告》，国家计委于1982年12月27日复函，同意工程设计任务书的意见，可据此进行初步设计。甘肃省政府于1983年3月17日，向国家计委、“三西”地区农业建设领导小组、水利电力部上报了《关于请示改变景泰川电力提灌第二期工程规模的报告》，同年5月23日，国家计委及水电部复函：“经我们研究，原则同意报告的意见，将景泰川电力提灌第二期工程规模改为中方案。提水18m^3/s，灌地50万亩”。1984年7月5日，景电二期工程在景泰县举行了隆重的开工典礼和现场剪彩仪式，正式破土动工。

四、工程建设

（一）建设管理

1. 建立精干高效的指挥班子

为了建设一个“工期短、质量好、投资省、效益高”的全优工程，甘肃省委、省政府决定成立景泰川电力提灌工程指挥部为景电二期工程的建设单位，实行“工程大摊子”、指挥部“小班子”。定员 50 人，后增加到 56 人，受省、地双重领导，以省为主。甘肃省景电工程指挥部成立后，立即组织进行开工前的各项准备工作，按规定时间正式开工建设。

2. 加强计划管理

第一，严格按基建程序办事，一切都以设计文件和批准的概算为依据，不擅自扩大规模、不提高标准。如需变更，必须有设计单位的变更通知书，重要的变更必须向上级主管部门请示批准。第二，认真编制年度施工计划。按照甘肃省人民政府确定的阶段性建设目标，每年都认真编制年度施工计划，在与施工单位签署施工合同的同时，还签订年度施工任务责任书，逐级落实。第三，坚持每年召开一次计划工作会议。由甘肃省景电工程指挥部主持，邀请各主要施工单位、省级主管部门、设计单位和设备制造厂家等单位领导、技术负责人参加。主要内容是，衔接施工计划，安排施工任务，确定设备、材料供货数量及时间；部署质量管理；总结上年工程建设经验，提出当年工程建设目标和措施。

3. 实行目标管理

以设计工期 10 年建设为总目标，分别制定阶段性建设目标，以阶段性建设目标确保总目标的实现。

第一阶段目标：从 1984 年 7 月工程开工到 1987 年 10 月，完成总干渠一泵站至七泵站的建设，两机一管联合上水成功，灌区开始受益，当年灌溉 2 万亩。

第二阶段目标：1988 年 10 月，总干渠八泵站、九泵站、十泵站等 3 个泵站建成通水，黄河水首次输入古浪鸡爪子滩灌区，实现了“灌溉 5 万亩，送水到古浪”的建设目标。

第三阶段目标：1990 年 10 月，总干渠十一泵站、十二泵站、十三泵站建成投入运行，实现了“总干渠全线通水”的目标，黄河水开始造福古浪海子滩灌区，受益面积达到 10 万亩。

第四阶段目标：从 1990 年 10 月至 1993 年底，南干各支渠泵站全部建成投入运行，工程达到设计流量 $18m^3/s$，实现了主体工程基本建成的目标。从 1994 年起，景电二期工程建设进入扫尾、完善阶段，部分田间配套、平田整地工程继续加紧进行，逐步实现了受益面积 50 万亩的总目标。

4. 积极协调调度

甘肃省政府每年召开一次现场办公会，及时研究解决资金、材料等重大问题，保证了工程建设的顺利进行。在施工季节，甘肃省景电工程指挥部每月召开一次协调调度会议，研究解决施工中存在的问题。有工程施工建设甲、乙双方各自指派专人，从事随时联络、沟通情况的联络员制度；有领导定期不定期检查制度；有现场办公、日检查、周调度、旬分析等具体措施。

5. 施工图设计实行总承包

景电二期工程的可研、立项和初步设计报告各阶段的所有勘测设计工作，是由甘肃省水利水电勘测设计院承担完成的。施工图设计承包方式，采取了分年度签订勘测设计合同的办法。即按照年度施工进度计划确定设计项目，按项目计算图纸工作量，按图纸量和国家规定的取费标准计算设计费，年终按完成项目进行结算。为了及时解决工程施工中出现的设计问题，确保工程设计质量，甘肃省水电设计院派出设计代表常驻工地，配合建设、施工单位，解决出现的有关施工技术问题。

6. 施工任务切块承包

在工程建设的前期阶段，即 1987 年以前，采用了切块总包的方式。总干渠工程涉及专业门类多，施工技术复杂，工程难度大，质量要求高，由甘肃省水电工程局总承包；干渠、支渠工程以及田间配套、平田整地工程，按受益范围分别由景泰、古浪两个指挥部总承包；永久房屋工程，考虑到泵站运行管理和灌区灌溉管理以及房屋的使用管理等的需要，由景电管理局筹备处总承包。

7. 单项工程招标承包

从 1988 年起，对总干渠及其附属工程中尚未开工的项目，按照招标承包的方法，重新面向社会公开招标承包。

由于在工程建设中，实行承包责任制、招标制，从而增强了工程建设的生机和活力，提高了工程质量，加快了工程进度，节约了工程投资，提高了工程效益，为整个工程按设计工期建成起到了极为重要的作用。

（二）施工管理

1. 狠抓工程建设进度

甘肃省景电工程指挥部在每年年初召开计划会议期间，在与承包施工单位签订年度合同的同时，对每一单项工程，提出具体完成的时限要求，签订年度责任书。承包单位与其下属的施工处、队以至班、组，层层签订责任书，落实了建设任务，保证了工程建设进度。

2. 倒排计划

各施工单位按照甘肃省景电工程指挥部年度计划的安排，将施工任务倒排计划，层层分解任务，以日进度保周进度，以周进度保月进度，以月进度保年度建设任务的完成。

3. 主体工程和田间配套工程同步建设

运用“统筹法”，按照阶段性目标的要求，在工程年度建设任务安排上，把主体工程建设和平田整地、田间配套建设，统一计划，统一安排施工，做到水到、渠成、地平。

（三）质量管理

为了实现“工期短、质量好、投资省、效益高”的建设目标，工程建设一开始就建立了工程质量管理体系。甘肃省水利厅质量监督中心站在甘肃省景电工程指挥部设立了景电工程质量监督站。工程建设中，以建设单位为龙头，建立了有建设、设计、施工和运行管理等单位参加的质量监督管理体系和处、科、组三级质检网络，形成了一个从全方位保证工程质量的组织管理体系。结合工程建设实际，制定了一系列规章制度，质量管理工作达到规范化、标准化、制度化。同时，严格质检程序，坚持按图施工，按规范规程检查验收，严格履行施工质量“三检制”（初检、复检、终检），从管结果变为管因素，工程结算实行“合格证”制度，达不到质量标准的工程，不验收、不发合格证、不予结算，有效地保证了工程质量。

（四）技术管理

建立和实施了图纸会审制度。对设计部门提供的施工图纸，逐一复核。对难以解决的技术问题，会同设计、施工单位共同研究解决。建立和实施了技术交底制度。每项工程的图纸，由甘肃省指挥部技术部门组织设计人员、设计代表、施工单位技术负责人，共同到施工现场进行设计交底，每次设计交底之后，都要形成《纪要》，把商定的意见记载于书面，作为施工、检查、验收的依据。坚持设计代表制度。设计代表由甘肃省水电设计院委派，常驻工地，随时研究解决施工中涉及的设计问题，大大方便了工程建设。进行技术咨询，在工程建设中，多次组织召开技术咨询会议，研究解决了总干渠一泵站进水闸前淤积与围堰拆除、泵站前池清淤、总干渠部分泵站管道排水、高矿化度地下水侵蚀破坏以及总干渠 2 号隧洞中间正交通过五佛断层带的加固等诸多问题。

（五）财务管理

建立了一套工程拨款制度和工程费结算制度。对预付款拨付，按各施工承包单位当年批准计划项目投资总额和国家规定的基建拨款预付款比例，分期拨给，并在拨付进度款时分月抵扣。对工程费结算，采取按月或按季进行。设计变更项目和签证工程量的费用结算，制订了比照单价或重新分析单价、建立结算台账等管理办法，做到账事相符。

（六）物资供应管理

制定了景电工程物资使用管理制度，物资材料、机电设备供货，按照年度施工计划，实行采供一步到位办法。为了保质保量，坚持“货比三家”的原则。各施工承包单位在物资和设备订货中，必须经过市场调查，现场看货，有 3 家以上的询价，报甘肃省景电工程指挥部审核同意后，方能订货。在工程建设前期，对统配物资也有明确规定，须先经过质量和价格比较，并经甘肃省景电工程指挥部审核同意后，才能订货；对定点生产的设备，也须经过由甘肃省景电工程指挥部、施工单位、运行管理单位共同检查、试验，才能接受、付款。从而保证了主要建筑材料和机电设备的质量，确保了工程质量、降低了工程造价。

五、科技创新

在工程建设中，建设、设计及施工单位，同心协力，坚持依靠科技进步，大胆进行科学试验，大力采用、推广新技术、新工艺，积极与国内有关科研单位、大专院校合作，在计算机应用、微波通信、蝶阀集控等方面，研制开发了实用型成果；在施工技术、渠道防渗、沙漠区基础处理和深挖方技术、钢模台车应用、太阳能应用、节水灌溉和次生盐渍化防治等方面也取得了显著的成绩。从而提高了工程建设的科技含量。

在工程管理中，坚持“科学规划，分步实施，因地制宜，急用先建，先进适用，高效可靠”的原则，先后建设了灌区信息门户系统、灌区通信专用网系统、办公局域网系统、泵站综合自动化系统、水量自动计量系统、闸门远程监控系统、景电灌区用水管理信息系统、图像远程监控系统、水费管理系统。开发了以分层、分布、分散式结构形式和以太双网技术为一体的计算机自动优化调度系统为核心的泵站综合自动化系统。该系统通过了鉴定，荣获2005年甘肃省水利科技进步一等奖和2005年全国水利大禹三等奖。

六、工程效益

景电二期工程是国务院“三西”扶贫开发重点建设项目之一，是解决甘肃省中部贫困地区人民温饱、脱贫致富的大型电力提灌工程。景电二期工程的建成，为景泰、古浪两县农业和经济发展奠定了基础，使大批贫困山区的农民走上了致富之路，乡镇企业、交通运输、电力、农机、文化、教育、商业、卫生、科技等各行各业得到了全面发展，开辟了劳动就业途径，稳定、繁荣了农村经济，改善了城乡人民群众的生活，解决了景泰、古浪、天祝、会宁、永靖、东乡等6个县贫困山区的20多万移民的生活问题。从1987年上水至2007年，灌区共生产粮食21.71亿kg，经济作物7.04亿kg，累计生产直接经济效益29.26亿元。灌区农田与三北防护林带，连成一片，形成腾格里沙漠南缘的绿色屏障，阻止了腾格里沙漠的南侵，保护了生态环境，灌区小气候得到了改善，年平均降水量由185mm增加到201.6mm，相对湿度由46%增加到48%，平均风速由3.5m/s降低到2.4m/s，8级以上大风日数由29天减为14天，年蒸发量由3390mm降低到2433mm。景电工程已成为护卫省城兰州的一道绿色屏障。

（甘肃省景泰川电力提灌管理局供稿）

坚持改革开放 再铸引大辉煌
——甘肃省引大入秦工程建设纪实

举世瞩目的引大入秦工程，是伴着改革开放的脚步铸就和发展的。这项工程是新中国成立以来甘肃省兴建的最大的跨流域调水的大型水利骨干工程之一，对于彻底解决甘肃中部地区特别是秦王川地区干旱缺水矛盾，改善农业生产基本条件，实现全面建设小康社会目标，具有重要的、长远的、基础性的作用。引大工程建设 30 多年的伟大壮举和项目区 10 多年的发展变化，完全印证了党的改革开放政策的无比正确。

一、坚持改革开放，铸就了一项举世瞩目的跨世纪工程

新中国成立初期，甘肃水利部门就开始进行引大入秦工程勘测规划。历经老一辈水利工作者和工程技术人员反复比选、论证，几易方案，1973 年完成初步设计，1976 年 11 月，省里批准由兰州市负责开工兴建。由于工程浩大、艰巨复杂，1978 年 2 月，交由省级水利行业部门组织施工建设。1981 年甘肃省贯彻中央国民经济调整方针，工程缓建。随着改革开放的逐步深入和国民经济形势的好转，1985 年省里率先将引大控制性工程、全长 15.7km 的盘道岭隧洞通过国际招标，发包给日本国（株式会社）熊谷组承建。1987 年国务院同意国家计委批复引大工程利用世界银行贷款可行性研究报告，标志这项工程全面复工建设，成为甘肃省第一个世行贷款项目和国内最早实行国际招标建设的项目之一。

引大入秦工程主要项目包括渠首引水枢纽、总干渠、东一、东二干渠、69 条支渠及斗渠以下的田间配套工程，干支渠总长达 1000 多 km，地跨甘青两省四市六县。设计引水流量 $32m^3/s$，加大流量 $36m^3/s$，年引水 4.43 亿 m^3；规划灌溉面积 86 万亩，安置贫困山区移民 8 万人。2002 年，国家发改委批复了引大节水扩灌项目可行性研究报告，确定节水灌溉规模 98 万亩，工程总概算 29.34 亿元。

引大入秦工程全面复工建设后，引进世界银行贷款 1.23 亿美元，主体工程全部实行国际国内公开竞争性招标建设，运用国际通用的“菲迪克”条款模式管理。干渠以上主体工程先后发包，除来自日本的熊谷组、意大利的 CMC 公司等在国际上享有较高声誉的知名承包商外，中国铁道建筑总公司、水利水电工程总公司所属的实力雄厚的大型施工企业以及甘肃省水电工程局等省内著名施工单位，承建了总干渠、东一干渠、东二干渠和电灌分干渠、黑武分干渠等主体工程。全长 87km 的总干渠穿越崇山峻岭，以隧洞群为主，计有隧洞 33 座总长 75km。通过招标，引进了美国罗宾斯公司制造的最先进的双护盾全断面隧洞掘进机（TBM）、日本生产的悬臂式掘进机和瑞士双臂凿岩台车等一流施工设备；采用盾构法、新奥法、光面爆破等先进工艺、技术和高质量的建筑材料；聘请澳大利亚雪山

咨询公司专家提供合同管理、施工技术现场常年咨询服务，邀请13名国内资深水利专家定期不定期地对重大设计、技术问题进行研究咨询；世界银行督导团每年例行督导检查。在中外工程技术人员和管理人员的密切协作下，攻克了道道难关，成功解决了许多技术难题，高速、优质地建成了主体工程，创造了一系列优异成绩。总干渠1994年建成通水，东一、东二干渠先后于1993年、1995年建成通水，黑武分干渠、电灌分干渠分别于1998年、2000年建成通水。

截至目前，主体工程已全面建成，累计建成支渠、分支渠62条780km，完成田间配套64万亩，安置移民56442人。建成后的盘道岭隧洞长度在当时属世界第七、亚洲第一，并且积累了在软岩、极软岩复杂地质条件下运用新奥法施工的经验；TBM掘进机在30A、38号隧洞施工中，连续创造日成洞进尺65.5m、72m、75.2m和月成洞进尺1300m、1400m的世界纪录；先明峡、水磨沟两座倒虹吸由双排管径为2.65m的钢管组成，凌空飞架，长度和设计水头国内领先；庄浪河渡槽全长2194.8m，最大净空高度43m，横跨庄浪河、兰新铁路、312国道及汉、明长城遗址，设计新颖，雄伟壮观，是国内最长的大型渡槽之一。引大工程新技术、新工艺、新材料地运用荣获国家科技进步二等奖、甘肃省科技进步一等奖。

引大工程建设在改革开放大潮中，不仅引进了先进资金、设备、技术，更重要的是引进了先进的项目管理理念，冲破了长期计划经济条件下项目建设方式，引入了竞争机制，实现了项目合同管理与国际接轨。同时，也展示了甘肃人民不畏艰辛、顽强拼搏、集中力量干大事的坚强意志和决心。正如中央领导所评价的，引大工程是现代科学技术与人的力量相结合的产物，一个穷省办成了令人叹服的惊天动地的事情。这项工程一直受到党中央、国务院的亲切关怀，党和国家领导人胡锦涛、温家宝、李鹏、朱镕基、乔石、宋平等先后亲临视察；历届甘肃省委、省政府高度重视，特别是1989年召开专题会议，解决了工程建设中的一系列重大问题，有力地推动了工程建设的顺利进展。

兴建引大入秦工程，充分体现了党和政府为民谋利造福的执政宗旨和对贫困地区人民的关心与厚爱。这一工程的建成，不仅可以稳定解决秦王川地区近40万群众的脱贫致富问题，而且从根本上改变了供水区的生产生活条件和生态环境，为经济社会发展夯实了基础。工程建设历经30余年，取得了辉煌成就，举世瞩目，在国内外有着深远影响，成为展示甘肃改革开放成果的重要窗口和知名品牌。引大工程积累了丰富的跨流域、长距离、大流量项目建设管理经验，锻炼培养了一批水利建设人才。这项工程凝聚了历届省委、省政府领导的心血，凝聚了甘肃人民的汗水，凝聚了几代水利工作者的智慧。引大工程是甘肃乃至中国水利建设史上的一座巍峨丰碑，也是世界银行贷款援建项目的样板工程。

引大工程自1994年总干渠建成投入运行以来10多年来的事实证明，主体工程运行安全、质量可靠；当初确定的“改变农业生产条件，改变贫困面貌，安置贫困山区移民”的三大目标已基本实现，灌区农业、农村、农民和生态基础条件得到根本改善，实现了由旱作农业向灌溉农业的历史性改变，区域经济有了较大发展，农民生产生活条件得到了质的改善。灌区粮食平均亩产由通水前的60kg提高到350kg，人均占有粮食550kg。群众生活水平显著提高，2007年灌区农民人均纯收入达到2400多元，比通水前增长两倍多。伴随灌区上川、秦川、中川、树屏、西岔撤乡建镇，小城镇建设步伐加快，中川、秦川两镇为省列小城镇建设试点，基础设施不断完善，各项社会事业有了长足进步。灌区引进各类项目 200 多项，总投资 20 多亿元。特别是空港循环经济产业基地、农业高科技产业开发示范基地和一批农业产业化项目的启动建设，以及吉利轿车等重大项目的建成投产，对灌区综合开发和中川卫星城的建设起到了巨大的推动作用。中川机场到兰州绿色通道已经形成，灌区渠路田间林带逐年发展，营造各种林木 3 万多亩，灌区生态环境面貌发生了可喜变化。

二、全面推进改革，有效提高了工程运行效益

引大入秦主体工程建成通水之后，尤其是随着改革开放的不断深化，社会主义市场经济的建立完善和全面建设小康社会目标的确立，由于没有适时将建设管理体制向运行管理体制调整转变，体制机制性障碍制约和束缚了引大入秦的改革发展；工程功能定位和供水结构也没有适时调整，丧失了宝贵的发展机遇；工程建设与运行管理中积累的许多问题和矛盾没有得到解决，使工程综合效益不能有效发挥。为了推进引大入秦工程的改革发展，充分发挥工程综合效益，2006 年下半年，甘肃省委、省政府调整理顺了引大入秦工程管理体制，与此同时，调整充实加强了领导班子，使引大入秦工程进入了新的发展时期。2007 年 6 月 14 日，甘肃省省委书记陆浩、省长徐守盛带领省市领导和有关方面负责同志亲临引大视察，并召开引大灌区开发建设座谈会，高度评价了引大入秦工程为改变灌区农业生产条件、解决群众温饱作出的历史性贡献，对进一步深化改革，建立统一、精干、效能的管理体系和经营机制，加快供水结构调整和后续项目建设，进一步发挥工程综合效益，实现工程良性运行，进行了研究部署，为引大工程的改革与发展指明了方向，明确了工作目标。在座谈会上，陆浩书记、徐守盛省长作了重要讲话，深刻阐明了引大工程对兰州市、白银市乃至甘肃经济社会发展所起的重大作用，充分肯定了在管理体制调整理顺之后引大工程改革发展取得的显著成绩，称赞"这是一大德政工程、民心工程，也是一大生存工程、发展工程"。要求着眼于提高引大工程综合效益，加快用水结构调整，加快调蓄项目建设，加快灌区综合开发和中川卫星城实施步伐。

管理体制调整两年来，我们认真贯彻落实温家宝总理"调整工程规划、转变用水思路、发挥引大工程应有效益"的重要批示和甘肃省委、省政府主要领导关于引大工程改革与发展的一系列重要指示精神，稳定队伍、聚合人心，深入调研、理清思路，突出重点、破解难题，迎难而上、真抓实干，大力推进内部改革，强化工程运行管理，加快重点项目建设，着力调整用水结构，顺利实现了工程建设、运行管理以及发展思路的重大转变与调整。

（一）围绕提高效益，调整完善了引大工程的功能定位和长远发展思路

引大入秦主体工程的建成，为秦王川及周边地区的发展奠定了良好的基础。为适应和满足区域经济社会发展、产业结构调整、兰州中川卫星城开发建设对水资源的配置需求，我们按照甘肃省委、省政府引大灌区开发建设座谈会关于"进一步明确引大入秦工程的功能定位，理清发展思路，调整用水结构，更好地发挥工程的综合效益"的要求，以科学发展观为统领，以改革的思维，创新的理念，在深入调研、集思广益、科学论证的基础上，本着解放思想、实事求是、与时俱进、一切从实际出发的原则，将工程目标定位调整为

“以中川卫星城开发建设为依托，以经济、社会、生态效益最大化为目标，统筹农业、工业、城乡生活、生态用水，建立多元化供水格局，为供水区全面建设小康社会提供水资源支撑”；提出了“实现三个转变、突出三个调整，实施三步走发展战略、加强五方面工作、达到四个一流”的长远发展思路。

实现“三个转变”即：转变思想观念，转变用水思路，转变管理体制和运行机制。突出“三个调整”即：调整工程目标定位，调整灌溉规模，调整供水结构。实施“三步走发展战略”即：第一步，稳定农业灌溉规模，促进灌区农业增效和农民增收，完善渠系配套，提高水资源利用效率和灌溉效益。同时，逐步扩大兰州南北两山等生态供水范围，为供水区新农村建设和经济社会全面协调发展提供水资源支撑；第二步，建设中川卫星城尖山庙调蓄水库及供水配套设施，满足以中川新区为中心的现代化卫星城、中川空港循环经济产业基地、秦王川农业高科技示范基地、中川机场等第二、第三产业和居民生活用水需求，为加快中川卫星城开发建设提供水资源保障；第三步，拓展城乡居民生活用水市场，为兰州、白银、永登、皋兰、景泰等城乡居民提供优质生活水源，增加高效用水比重，努力构建多元化的供水格局，全面提升引大入秦工程供水效益。加强“五个方面工作”即：创新体制机制，强化工程管理，加快项目建设，发展多种经营，提高队伍素质。达到“四个一流奋斗目标”即：一流工程，一流管理，一流效益，一流队伍。

工程功能定位和长远发展思路的调整完善，突破了供水区域范围、单一的农业供水结构、季节性的供水方式的局限，按照新时期国家水利发展战略和水资源开发、利用、保护政策，积极培育用水市场，发挥工程综合功能，优化配置水资源，追求工程效益最大化。

（二）着力推进改革，构建引大工程良性发展的管理体制和运行机制

引大入秦工程管理的调整理顺，为构建工程良性发展的新的管理体制和运行机制创造了良好条件。管理局以此为契机，全面推进改革，整合机构，明确职能职责，理顺内外部关系，建立完善制度，体制机制改革取得了阶段性成果。一是彻底理顺了管理体制。按照甘肃省委、省政府决定，从解决主要矛盾和根本性问题入手，积极协调省级主管部门，重新确定了单位性质、单位名称、隶属关系、人员编制、机构设置等一系列重大问题。重新定位了引大入秦工程管理局的职能和任务，管理体制实现了由建设管理向运行管理为主的职能职责的重大转变。二是实现了引大工程与引大灌区的统一管理。协调有关方面完成了引大工程管理体制的划转调整和上收工作。整合重组了省、市、县三级管理机构，撤销了引大指挥部兰州市分部、白银分部、皋兰县引大灌区建设指挥部，永登县引大灌区建设指挥部和永登县东干渠管理处，妥善安置、分流人员，彻底结束了长期以来形成的机构重叠，条块分割、多头管理、各自为政的混乱局面。三是协调落实了单位公益性财政补贴。积极协调争取省级有关部门落实了支持引大尽快走出困境、加快改革发展的相关扶持政策，落实了公益性财政补贴和工程养护维修资金，为职工办理了医疗保险等社会保障，解决了多年来管理经费挤占工程建设投资的问题，稳定了在职和离退休干部职工队伍的思想，消除了干部职工的后顾之忧。四是开展纪律作风整顿，恢复了正常工作秩序。针对干部职工队伍由于体制机制问题和长期疏于管理而形成的观念保守、思想混乱、纪律松弛、作风散漫、精神萎靡等情况，在全局集中开展了为期3个月的纪律作风整顿。通过“学习

教育、自查自纠、整顿提高、建章立制”等几个阶段的整治工作，统一了干部职工的思想认识，增强了遵纪守法的自觉性，严肃整治了纪律作风方面存在的各种不良行为，扭转了长期以来形成的混乱局面，全面恢复了正常的工作秩序。五是精简机构，分流人员，降低了管理成本。按照精简效能原则，将原 18 个处级机构撤并为 13 个，减幅 28%。通过对原各级管理机构和人员进行合理分流后，在岗人员由 1056 人分流精简在总编制 700 人以内，目前实有在职职工 672 人。依据有关政策法规，与 230 名计划长期用工终止了劳动合同。同时，局机关由 285 人精简为 100 人，减幅 65%。通过精简分流，改变了机构臃肿、层次繁杂、头重脚轻、人浮于事的状况，降低了管理成本，减轻了工程运行负担。六是建立健全了规范各项工作的管理制度。先后制定颁布了管理局党务政务、干部人事、经济财务、资产管理、工程建设、质量安全、灌溉运行等各方面的制度、办法，基本形成了靠制度管人、管权、管事的工作机制。七是全面实行全员竞聘上岗。推行全员竞聘上岗，处、科两级干部一律由任命制改为聘任制，公开选拔聘用了一批年富力强、业务精通、群众公认、实绩突出的处、科（所）干部。通过双向选择确定了一般职工的工作岗位，实现了由身份管理向岗位聘用管理的转变。改善了干部职工队伍的年龄结构、知识结构，优化组合了人力资源和专业层次分布，形成了富有活力、充满生机的干事创业局面。八是内部实行目标管理和经营承包机制。按照“行业化管理，企业化运行”要求，推行目标责任制和经营承包机制，明确了目标任务、工作职责，健全管理制度，规范管理程序，强化监督考核，提高管理水平，各项管理工作逐步走上了科学化、制度化，规范化的轨道。

（三）积极调整供水结构，努力构建多元化的供水格局

围绕区域经济社会发展和中川卫星城开发建设用水需求，经过深入调研、反复论证，完成了《甘肃省引大入秦工程供水结构优化调整修编报告》及相关专题报告，已经水利部水利水电规划设计总院审查原则通过。

2006 年 10 月开工建设了库容 104.2 万 m^3、年调蓄水量 300 多万 m^3 的中川卫星城尖山庙调蓄水库，已于 2008 年 6 月 17 日正式运营。并与上海和合工程技术有限公司合作兴建了日供水量 1.5 万 t 的净化水厂。解决了中川卫星城和兰州空港循环经济产业基地、秦王川农业高科技示范基地和中川机场用水急需。取得了调整供水结构、拓展供水领域的重大突破，实现了由单一的农业灌溉供水向城乡居民生活、工业、生态等第二、第三产业多元化综合供水的转变；由季节性供水向常年供水的转变；由传统农业为主向现代高效农业供水的转变。为改善秦王川地区招商引资环境，吸纳产业项目，调整产业结构，加速中川卫星城的发展和灌区新农村建设起到了重要的基础保障作用。为充分有效利用富余的优质水资源，努力实现供水结构的重大调整和工程的良性运行，引大管理局与白银市政府签订了“引大工程白银城市供水项目”协议，供水水库已由白银市政府于 2008 年 10 月开工兴建。

积极配合秦王川灌区综合开发和中川卫星城建设，对灌区公共基础设施、生态改善、开发项目的建设和发展给予了积极支持配合，提供水资源保障，努力发挥引大工程经济、社会、生态综合效益。对灌区市、县政府引导群众实施的砂坑治理改造项目（计划建成蓄水塘 1110 座，总容量 503.42 万 m^3，年调蓄水量 1006.84 万 m^3，有效年供水量达到 792.2 万 m^3），优惠提供施工用水，首次蓄水予以免费。这一项目的建设，对于提高土地利用率，实现局部常年供水，发展现代高效农业，优化农业产业布局，调整种植结构，促进农民增收，改善生态环境，加快新农村建设，具有十分重要的作用，也为提高引大水资源利用效率，发挥工程综合效益，探索了一条路子。

（四）强化科学管理，确保工程安全运行，不断提高工程质量和效益

严格管理是确保工程安全运行，发挥工程效益的有力保证。只有强化管理、科学管理，才能从根本上扭转多年形成的管理松散、经营粗放、效益流失的局面，不断提高工程运行质量和效益，实现引大工程又好又快发展。

在工程管理中，推行划段包干责任制，加强工程日常巡护、检查、维护、维修和防汛、应急处理等工作，运用科学手段，动态管理工程安全与运行状态，推进了安全运行管理规范化、科学化、经常化。针对工程运行10多年来没有进行过系统维修的实际，组织开展工程安全状态全面检查，初步建立了电子信息档案；邀请各方面专家，召开工程安全管理专题研讨会，对工程安全进行了进一步分析会诊，研究提出了加强工程安全运行的管理措施和技术措施，并按轻重缓急原则，制定了消除工程质量缺陷和安全隐患的总体维修改造计划和技术方案。近三年来，投入维修资金2000多万元，对干支渠重点险段和重大安全隐患进行了维修和除险加固，同时改造完善了部分管理设施。通过这些措施，提高了工程安全输水保障能力，总干渠最大引水流量达到了设计的$32m^3/s$，干支渠没有发生大的安全事故。

在供水管理中，以提高工程综合效益为目的，坚持“统一管理、统一调度、分级负责”的基本管理制度和运行机制，实行计划供水，集中水权，强化调度和经营服务，推行“包指标、包经费、降成本”的经营目标责任承包办法，划小核算单位，基层管理处由原来的三个分设为五个，重心下移，扩大基层自主权，严格目标管理与绩效考核，挖潜力，堵漏洞，千方百计提高供水灌溉成效，竭力满足灌区农业生产用水需求。依法执行水价政策，全面推行水票制合同供水，完善量水设施，科学计量，委托银行网点代收水费，水管所凭票供水，配水人员不经手现金或代购水票。挖掘潜力，堵塞漏洞，全面调查摸清灌区配套面积、种植面积、实灌面积底子，核实用水量，以水管所为单位，建立各类用水户台账，做到水费应收尽收。加强监督考核，紧紧抓住渠系水利用率这个关键，建立绩效考核和奖惩机制，不断增强各级水管人员的服务意识和效益观念。积极拓展供水领域、拓宽供水市场，改进服务方式，提高水资源产出效益，大幅增加水费收入，增强引大工程发展后劲，逐步达到良性运行，努力创造一流效益。2008年春夏灌溉完成灌溉面积138.22万亩次。水费收入由2005年的1382万元增长到2008年的2132.16万元，增长54.3％。

（五）充分发挥资源优势，大力发展多种经营

管理局研究制定了多种经营发展规划和优惠扶持政策，积极开展多种经营项目，努力形成“两轮驱动”、“两条腿走路”的改革发展新格局，创收增效，一方面缓解管理经费紧张的压力，另一方面提高职工福利。在整合人才、资产、设备资源的基础上，改制重组了引大监理公司、银河水利水电工程公司，经过竞争聘任法人，完善了法人治理结构，规范了营运机制。目前监理公司具有水利工程甲级监理资质，资信良好，在甘肃省省内外承揽

了10余个监理项目。银河水电公司勇闯市场，争创效益，已中标承建了多个施工项目。开发引大渠道水能，是引大的一个优势资源。通过招商引资，建成了装机2.25万kW的总干渠小水池水电站，已于2005年并网发电；正在建设的东一干香炉山龙林梯级水电站，预计2009年建成运行。与开发商签订了合作建设引大渠首莱子沟水电站的框架协议，正在进行前期准备工作。同时，鼓励基层处所积极开展了小型“种、养、加”项目，也取得了一定成效。

三、不断深化改革，再创引大工程新的辉煌

引大入秦工程管理体制的调整理顺和各项改革的推行，使引大工程进入了快速、健康的良性发展轨道。这充分说明改革创新是发展的不竭动力，不改革、不创新就没有出路，只有改革创新，才能加快发展，才能跟上时代和社会前进的步伐。胡锦涛总书记在党的“十七大”报告中强调：“毫不动摇地坚持改革方向，提高改革决策的科学性，增强改革措施的协调性。”改革就是要顺应时代潮流，坚定信心决心，用改革和发展的办法解决前进道路上的矛盾和问题。

党的“十七大”提出要加快推进事业单位分类改革，按照科学发展观的要求，从适应市场经济发展，引大入秦工程各方面的改革还需要进一步深化、细化。陆浩书记在引大灌区开发建设座谈会的讲话中指出：“要进一步深化改革，建立与市场经济体制相适应的统一、精干、效能的管理体系和经营机制。”根据国务院《水利工程管理体制改革实施意见》和甘肃省委办公厅、省政府办公厅最近印发的《甘肃省事业单位岗位设置管理实施意见》，继续推进和深化体制机制改革，真正达到运转协调、精干高效、统一有序，适应工程建设、安全运行和长远发展的需要。探索创建科学有序的层级管理体系、竞争激励机制、水价形成机制、绩效考核机制和用人机制、分配机制，落实各种社会保障政策，健全各项内部控制制度，加强财务管理和会计核算，规范国有资产管理行为。积极推行“行业管理，企业运行”模式，创新事业单位企业运行、体现效益优先和向基层生产一线倾斜的收入分配制度，以竞争激励机制，激发职工干事创业的热情；创新工程建设、安全运行、供水服务等各方面的管理制度，规范运作运转。创造条件，逐步实行管养分离，严格执行水利行业政策和各项法规制度。实行经营承包、合同管理、目标管理机制，扩大基层自主权，努力拓展供水市场，加快实现引大入秦工程良性运行。

水资源是基础性的自然资源和战略性的经济资源，是生态环境的控制性要素。甘肃省是一个水资源贫乏的省份，倍加珍惜和优化配置来之不易的引大工程水资源，做到水尽其用，提高水资源利用效率和产出效益，必须走建设节水型社会的路子，建立以水权、水市场理论为基础的水资源管理体制，充分发挥市场在水资源配置中的导向作用，形成以经济手段为主的节水机制。引大工程供水市场的形成需要一个过程，现阶段要大力培育供水市场，拓展供水领域，尽快扭转工程引水能力空耗的局面。在保证粮食生产基本满足供水区需求的前提下，努力发展非农产业，促进水资源供给向用水效益较好的城镇居民生活用水、第二、第三产业用水转移。引大供水区具有明显的区位优势，秦王川综合开发和中川卫星城建设已被纳入第四版兰州城市发展规划，这是引大工程发挥综合效益的得天独厚的优越条件。对引大今后的改革发展，我们提出了“管理上水平、调整迈大步、效益跨台

阶、队伍新提高”的工作思路。我们将认真贯彻党的“十七大”和甘肃省十一次党代会精神，紧紧围绕供水结构优化调整、调蓄项目建设、灌溉运行质量和效益的提高、服务中川卫星和灌区新农村建设等重点，不断开拓创新，真抓实干，争创一流，努力做好各项工作，再创引大入秦工程新的辉煌。

（甘肃省引大入秦工程管理局供稿）

科学开发疏勒河流域水土资源确保灌区经济社会可持续发展

——甘肃省疏勒河农业灌溉暨移民安置开发项目建设回顾

疏勒河流域位于甘肃省河西走廊西段，疏勒河干流全长670km，多年平均年径流10.31亿m^3，流域面积4.13万km^2，辖玉门市、瓜州县的27个乡镇、5个国营农垦农场和甘肃矿区，流域内有昌马、双塔、花海三大灌区。

开发建设疏勒河是甘肃几代水利人的梦想。20世纪90年代，甘肃省委、省政府为解决中南部贫困县群众脱贫问题而实施的“兴西济中，开发扶贫”的重大战略决策，把开发疏勒河提到重要议事日程，于1994年完成了《甘肃省河西走廊（疏勒河）农业灌溉暨移民安置综合开发项目可研报告》，1995年10月，世界银行专家对项目进行了正式评估，1996年7月2日中国政府在华盛顿与世界银行正式签署《项目协定》、《开发信贷协定》、《贷款协定》，确定项目利用世界银行贷款1.5亿美元，概算总投资26.73亿元。项目前期工作历时6年，于1996年3月经国家计委批准立项，1996年5月开工建设，1997年被列为国家重点工程，载入了全国八届五次人代会《政府工作报告》。

2002年以来，甘肃省人民政府根据疏勒河流域水资源承载能力、生态环境保护等有关问题与世界银行达成共识，对项目进行了中期调整：移民由20万人调减为7.5万人，新建移民乡（场）由16个调减为6个，行政村由160个调减为57个，新开耕地由81.9万亩调减为42.82万亩，林草覆盖率由11%调增为15%，水资源总利用率由91.6%降为64.5%，总投资由26.73亿元调减为19.71亿元。2006年12月完成了项目建设任务。项目的成功实施，对解决甘肃中南部地区数万移民的贫困问题，增强河西走廊疏勒河流域经济社会和生态的可持续发展后劲具有重要意义。

一、项目建设主要内容

疏勒河项目集水利灌排、农业经济开发、移民安置、生态环境保护于一体，重点建设大（2）型水库——昌马水库枢纽工程，在三大灌区新建和改扩建输水干支渠681.64km，完成排水干、支沟152km，支渠以上渠道147条，总长度1094.6km，新开发土地42.82万亩，安置移民7.5万人，发展灌溉面积106万亩。

二、项目建设成果和效益

疏勒河项目通过10年的开发建设，项目三大目标全面实现，水利骨干工程按期建成，全面发挥效益，移民安置、农林牧等项目按计划完成，项目建设已发挥显著的经济、社会和生态效益。

(一) 建设水利基础设施，发展新型农业灌区

疏勒河项目重点工程——总库容 1.94 亿 m^3 的大 (2) 型水库昌马水库已于 2002 年全面建成运行，与下游的双塔水库、赤金峡水库联合调度，充分发挥调节天然径流、拦洪调蓄、农业灌溉、工业和城镇供水、生态调水、水产养殖、观光旅游等水电产业的综合功能，结束了疏勒河灌区春夏抗旱的历史；在三大灌区新建和改扩建输水干支渠 681.64km，完成排水干、支沟 152km，支渠以上渠道 1300km，渠系水利用系数得到很大提高，昌马灌区由 54%提高到 62%，双塔灌区由 43%提高到 62%，花海灌区由 54%提高到 62%，实现了设计目标；保证了下游 18 座小型水电站的正常发电，年发电 2.8 亿 kW·h；水源引用量从 1995 年的 4.3 亿 m^3 增加到 2006 年的 9.26 亿 m^3，新增灌溉面积 42 万亩，同时保证了原有 65.4 万亩农田的灌溉，使总灌溉面积达到 106 万亩，有效灌溉面积达 133 万亩，是甘肃省百万亩以上自流大型灌区之一，水利水电工程已发挥调节天然径流、拦洪调蓄、农业灌溉、工业和城镇供水、发电、生态调水的综合效益。

2006 年提供工业用水 0.8275 亿 m^3，预留生态用水 2.2 亿 m^3；项目区由 13 个乡镇和 3 个国营农场发展到 27 个乡镇、5 个国营农垦农场，农业人口由项目评估时的 105890 人增加到 208891 人；疏勒河项目的全面建成和流域水资源的统一管理，使水资源得到了充分的调蓄和利用，同时减轻了防洪压力，确保了下游农村、城镇人民群众生命财产的安全；项目建设整体拉动了当地经济社会的发展，带动了农、林、牧及相关产业的发展，不仅为农业综合开发和移民安置提供了有力保障，更为推进当地经济社会的全面、协调和可持续发展奠定了坚实的基础。

(二) 妥善安置贫困移民，帮助移民脱贫致富

疏勒河流域在历史上有过三次大规模的移民。20 世纪以来，党和国家向疏勒河流域组织过三次大规模的移民：20 世纪 50 年代，在“支援建设大西北”的号召下，人民解放军成建制地拓荒屯垦，全国各地的数万支边青年投入河西建设，成为“农垦移民”；80 年代中期，国家实施扶贫开发的“三西”建设，组织以定西为代表的中部地区贫困移民向河西大批迁入，成为“两西移民”；疏勒河项目移民采用“统一规划，建立试点和整村移民的办法，”在 10 年内从甘肃中南部的临夏、和政、永靖、积石山、东乡、岷县、宕昌、武都、礼县、临潭、舟曲 11 个县自愿移民 75378 人。安置昌马水库库区非自愿移民 159 户、580 人。新建 6 个乡场、57 个行政村并建成乡政府、村委会、学校、医院等社区服务设施，移民新灌区渠路林田配套，水、电、路等服务设施完善。在疏勒河新灌区，广大移民依靠种植、养殖和劳务输出，移民人均纯收入由迁入时的不足 300 元提高到 1000 元，生产生活条件逐步得到改善，基本实现了“一年搬迁、两年定居、三年摆脱贫困、四至五年稳定解决温饱，走向小康”的目标。

项目自愿移民是以甘肃省已经实施的主要移民安置计划（又称“两西移民安置计划”）的经验为基础，项目移民安置得到各级政府的关心和支持，以及有关部门和行业的大力合作。因此，在移民安置区建立了高标准和完整的公共服务设施，包括学校、医院、村委会办公室、供水供电设施、道路和农田防护林带等。中央政府通过转移支付和其他渠道为项

目提供了开发资金，支持移民安置区的社会发展。为了确保当地经济社会的稳定发展，移民安置区已经移交给地方政府属地管理。在解决有关移民生产、生活和发展问题等方面起到了良好作用，移民项目为甘肃省的扶贫开发积累了成功经验，同时也为中国其他类似的移民工程产生重大影响，并且具有很好的指导借鉴作用。

在项目建设过程中，甘肃省政府针对移民安置等问题，多次与地方政府、农垦等部门协商，统一认识，地方各级政府从甘肃省大局出发，积极参与了项目的开发建设，新建的6个移民乡（镇）的移民和国营农场所辖的移民，已于2008年10月全部顺利移交酒泉市政府管理，并在移民的社区建设、文化、教育、卫生等方面给予政策和资金的大力支持。

（三）加强灌区科学管理，实现灌区人水和谐发展

1993年疏勒河项目进行可研时，灌区有灌溉面积64万亩，由于受河源来水量时空分布不均和渠道输送能力两方面因素的限制，河水引水率仅为需水量总量的42%，渠系水的利用系数0.49，灌区灌溉保证率不足54%，灌区水利固定资产2.7亿元，灌区农业人口10.59万人，人均水工程资产占有2549元，农业粮经比例为8∶2，农业总产值2.34亿元，农民人均收入2209元。随着项目的建设和投入运行，灌区灌溉面积发展至133万亩，灌溉保证率提高到了85%以上，渠系水的利用系数高达0.62，水利固定资产增至16.05亿元，增长了5.94倍，农业生产能力得到极大提高，2008年流域农业总产值达15.5亿元，与项目可研的1993年相比，增加了12.16亿元，农业人均收入达5600元，提高了3.04倍。

疏勒河项目建成后，管理单位配合地方政府和农垦团场对灌溉面积、灌溉系统、种植比例、林业和畜牧业发展和种植结构进行了大规模调整。完成土壤改良15.4万亩，荒漠防治和防护林建设面积为8.35万亩，林地和草场面积分别达到8.35万亩和1万亩，项目区林草覆盖率达到15%以上。

（四）实行信息化调度管理，提高水资源管理水平

疏勒河项目吸收和借鉴国内先进灌区的管理经验，投资3000万元，已建成了覆盖昌马、双塔、花海三大灌区信息化调度工程，实行对三大水库的联合调度、地下水监测、防洪预报、灌区闸门监控、用水计量、办公自动化信息管理，提高了对水资源合理配置、优化调度、防洪减灾、生态环境监测的科技水平，实现了对农业灌溉用水的准确计量和合理收费，降低了成本，提高了质量和效率。信息化工程的开通实现了对整个流域雨情、工情、水情、墒情、灾情的及时准确的信息掌握，以及科学地制定水资源优化调度方案，为防汛抗旱、节水灌溉、水力发电、农业生产、环境保护等方面的正确决策提供了科学依据，为水资源管理和水利工程运行管理提供了科学的手段和可靠的保证，全面提升灌区现代化管理水平，以水利的信息化带动灌区现代化，以水资源的可持续利用保障经济社会的可持续发展。

（五）改善流域生态环境，实现灌区和谐发展

疏勒河项目实施期间，从水资源可持续利用和生态环境考虑，对项目规模进行了调整，水资源利用率由91.6%降为64.5%，林地面积由11%增加为15%，预留生态用水2.2亿m^3。根据流域水资源配置方案，通过昌马、双塔、赤金峡三库联合调度，确保每

年向玉门市干海子自然保护区、瓜州县桥子生态保护区和西湖国家级自然生态保护区、灌区防风固沙林带输送生态水 2.2 亿 m^3，修复下游胡杨林等大片的天然生态，有效的保护全流域生态环境，实现了人与自然的和谐发展。

在移民安置灌区采取大规模的荒漠防治和防风固沙措施，在瓜州县七墩回族移民乡，当地称之为"世界风库"，采取"草方格"连片治沙 7000 亩，实现了人进沙退的目标。在三大灌区防风林带面积达到 8.35 万亩，林地面积达到 5.7 万亩，草地面积达到 9990 万亩，林草覆盖率达到 15%以上，建起了一条条绿色长城。为了监测疏勒河、石油河、双塔水库、赤金峡水库的水质以及三个灌区移民安置区的生活饮用水质，新开垦地区土壤质量和土壤洗盐排碱以及 11 个迁出县的生态环境恢复和治理情况，还成立了生态环境监测中心。新开垦土地 42 万亩，有一半以上是典型的风沙源地，开垦为耕地后通过耕种将变为绿洲，既治理了风沙源地，又增加了绿洲面积，使原荒滩沙漠变成郁郁葱葱的绿洲。

三、项目建设的成功经验

（一）在各级党和政府的正确领导和关怀下，项目建设单位的规范管理，有坚强的领导班子和爱岗敬业的干部职工队伍

从项目前期工作的 6 年到建设期的 10 年中，中央给予极大关怀，国家计委、财政部、水利部及省属有关部门给予关怀帮助，检查指导。甘肃省委、省政府历届领导李子奇、贾志杰、张吾乐、闫海旺、孙英、宋照肃、苏荣等同志多次听取汇报，研究决策，关怀指导；省委书记陆浩先后两次深入项目区调研指导，现场办公，协调解决有关问题，保证了项目的顺利推进。从项目前期的论证、评估、立项到启动建设，倾注了历届领导和诸位专家、学者的关爱和心血。

世界银行督导团先后 22 次来项目区检查指导，世界银行驻北京办事处三任疏勒河项目经理郑兰生、理查德・芮丁格、沙蕊女士及多名世界银行专家多次赴项目区督导，体现了他们敬业、负责的精神。项目区地、市（县）政府和农垦部门密切配合，积极参与，项目各参建单位干部职工发扬水利人"献身、负责、求实"精神，在项目建设中形成了内外和谐、团结拼搏的良好环境。

在历时 10 年的开发建设中，项目实施始终按照甘肃省委、省政府的部署和世界银行的要求，按项目总体设计和中调方案，实行"业主负责制、工程监理制、招标投标制、合同管理制"，使投资、进度、质量得到有效控制，保证了项目建设有序、顺利进行，并不断取得阶段性成果。目前，以昌马水库枢纽工程为重点的水利骨干工程已建成运行，发挥效益，农经开发、移民安置、生态恢复初见成效。同时在项目建设中，培养和锻炼了一批吃苦耐劳、乐于奉献、精于管理的水利建设人才。建设单位在执行世界银行项目中，按国际惯例和国内基本建设程序管理项目，并得到甘肃省委、省政府和世界银行的充分肯定。

（二）实行流域水资源统一管理，增强流域可持续发展

2004 年甘肃省政府决定成立甘肃省疏勒河流域水资源管理局，与甘肃省河西走廊（疏勒河）农业灌溉暨移民安置综合开发建设管理局一套班子，两块牌子，为正厅级单位，隶属甘肃省水利厅，承担项目建设与水资源管理的任务。甘肃省疏勒河流域水资源管理局成立后，根据《中华人民共和国水法》规定，以科学发展观总揽大局，提出并实施创建

“四个一流”（创建一流的队伍、一流的管理、一流的灌区、一流的效益）、打造“五项工程”（水利民心工程、水利生态工程、水利文化工程、水利经济工程、水利和谐工程）、建设“六型单位”（学习型、服务型、效益型、安全型、花园型、廉洁型）的流域水资源管理与灌区发展的目标。加强水利水电建设与管理，通过对昌马、双塔、赤金峡三大水库的科学调度，联合运行，高效利用，确保了全流域的农业灌排、水力发电、工业和城镇供水、生态调水，从而为大规模移民和农、林、牧综合开发创造了基本的发展条件，为水资源可持续利用和全流域经济社会的和谐发展奠定了坚实的基础。

（三）项目建设增强了灌区发展的可持续性

1. 流域水资源管理体现了可持续性

新成立的疏勒河流域水资源管理机构，制定和实施了水资源可持续利用规划与节水型社会建设的长远规划，从机构和制度上确保了水资源的统一规划、统一管理、统一配置、统一调度，实行水资源的科学规划、有效保护、合理配置和可持续利用。三大灌区管理处实行对干渠、支渠以上工程的管理，协会和用水户实行对斗渠、农渠工程的管理的三级管理网络，形成了“供水管理单位＋用水户协会＋用水户”专管与群管有机结合的管理模式。通过流域信息化管理，实现了流域水资源的可持续利用来支撑经济社会和生态的可持续发展。

2. 灌区民主化管理体现了可持续性

在总结农民用水者协会试点经验的基础上，在三大灌区的玉门、瓜州两个县（市）的14个乡镇83个村组和2个乡镇农（林）场，组建农民用水户协会87个，灌区实现了农民用水协会民主管理，全面实施了“水票制”，建立良好的水费征管机制，杜绝搭车收费，减轻农民负担，调动了农民自主参与灌溉管理和建设的积极性，实现了灌区管理的民主化、规范化。同时，从水费中提取了0.004元/m^3的水利工程维修资金，用于农民用水协会的运行管理和渠道的维修，从制度上保证了灌区发展的可持续性。

3. 移民安置践行了科学发展观

自愿移民总结“两西”移民经验，在各级政府关怀和政策支持、行业和部门合作下，已经建成了标准较高的学校、医院、村委会、配套齐全的水、电、路、农田林带等公共服务设施。同时移民移交地方管理后，经济社会发展有了可靠保证，由于较好地解决了移民生产和生活以及发展的问题，疏勒河项目移民为甘肃省解决贫困问题创出了成功的经验，对国内类似的移民工程具有很强的指导和推广借鉴作用。

4. 信息化管理提升了灌区科学管理水平

项目投资3000多万元，已建成了覆盖昌马、双塔、花海三大灌区信息化调度工程，为水资源管理、防汛抗旱、节水灌溉、水力发电、水利工程运行、环境保护提供科学管理的依据和手段，实现了对流域水资源的合理配置、优化调度，以信息化促进水利现代化，提升灌区现代化管理水平，为灌区可持续发展奠定了很好的基础。

5. 生态环境建设体现了可持续性

按流域水资源配置方案，每年向下游生态保护区、防风固沙林带提供生态水调水2.2亿m^3。在移民新灌区实施大规模防风治沙，在“世界风库”的瓜州县七墩回族移民乡，连片治沙7000亩，实现了人进沙退，建设绿洲的梦想。在三大灌区营造防风林带83595

亩，林地面积达到5.7万亩，草地面积达到9990亩，林木覆盖度达到16.12%以上，建成了绿色屏障。对疏勒河、石油河、双塔水库、赤金峡水库的水质和三个灌区各移民点的生活饮用、新开荒地和洗盐排碱后的土壤、对移民迁出区的11个县的生态环境恢复治理进行监测，建立生态环境保护监测中心。

6. 盐碱地改良实现了农业增产

项目一开始就选择了新垦盐碱地面积大，含盐量高，改良难度大的瓜州县向阳移民点进行了盐碱地改良试验，采取明沟排水洗盐、大定额灌水竖直压盐和黏土夹层竖孔排盐的改良技术，经过技术人员试验研究取得成功后，在新灌区全面推广。通过制定技术规程、操作手册和技术培训，采取生物措施和工程措施，使1万多农民掌握了各项技术，成功地将15万亩新垦盐碱地改良成为稳产高产田，年均增产粮食4000万kg，棉花200万kg，产生经济效益6692.81万元。疏勒河项目对盐碱地的成功改良，不仅使移民对盐碱地改良有了信心和办法，为移民生产和脱贫致富创造了基本条件。

四、世界银行对项目建设的评价

2007年6月27日世界银行东亚和太平洋地区可持续发展局农村发展自然资源和环境处正式完成了《项目实施完成和结果报告》。世界银行认为：疏勒河项目经过10年的开发建设，全面完成了水利工程、移民安置、农业开发、林业和畜牧业开发等子项目，产生了经济、社会和生态效益。甘肃省河西走廊项目同样符合中国政府的扶贫政策和战略。项目已经实现开发目标，许多项目开发目标都已经超额完成了在项目评估和中期调整时所制定的目标。项目竣工报告检查团把项目总体评价为“较满意”，项目实施机构——甘肃省疏勒河项目建设管理局的履约表现评价为“满意”。尤其对甘肃省政府扶贫开发式移民模式和疏勒河流域水资源管理局的成立评价为“不仅是中国的典范，而且也是国际典范”。

10年来，省疏勒河项目建设管理局加强党组织建设和干部队伍建设，内强素质，外树形象，培养和造就了一支德才兼备、结构合理、素质优良的水利技术人才队伍，赢得当地政府、农垦和广大农民的支持和信赖。疏勒河项目建设进展有序，顺利推进，各项事业取得了阶段性成果，一是得益于中央和国家有关部委的关怀和指导；二是得益于甘肃省委、省政府的正确领导及甘肃省水利厅等有关部门和当地政府的大力支持；三是有一个能团结向上、求真务实、开拓创新的坚强的领导班子；四是有一支脚踏实地、真抓实干的干部队伍和兢兢业业、任劳任怨、顾全大局的职工队伍。项目管理高效务实，先后获得了“甘肃省世界银行贷款先进单位”、“甘肃省职工职业道德建设十佳单位”、“甘肃省水利系统文明单位”、“甘肃省水利建设先进单位”、“省级文明单位”等多项荣誉称号。2006年，被水利部命名为“全国水利文明单位”，2008年被中央文明委命名为“全国精神文明建设先进工作单位”。

（甘肃省疏勒河流域水资源管理局供稿）

水济民勤　拯救绿洲

——甘肃省景泰川电力提灌二期工程延伸向民勤调水工程建设纪实

一、工程概况

景电二期延伸向民勤调水工程，是一项利用已建成的景电二期工程的灌溉间隙和空闲容量，充分发挥现有工程设施的作用，从黄河向民勤县红崖山水库调水，以缓解民勤县水资源枯竭、生态环境恶化的一项中型跨流域应急调水工程。工程东起黄河，西到民勤县红崖山水库，南临武威盆地，北靠腾格里沙漠，经景泰、古浪、凉州、民勤四个县区。线路全长260km，由三部分组成。第一部分，利用已建成的景电二期总干渠13座泵站、99.62km渠道，将黄河水提高481.24m，输送到总干渠末端总分水闸（总干渠南北干分水闸）；第二部分，从总分水闸起，新建输水渠道99.46km，将黄河水从总分水闸自流输送到武威市凉州区长城乡半个墩村附近泄入洪水河；第三部分，利用洪水河、石羊河天然河道59km，将黄河水送入民勤县红崖山水库，与红崖山水库天然来水联合调度。工程设计流量$6m^3/s$，加大流量$6.3m^3/s$，年调水量6100万m^3，修改概算总投资3.0159亿元。恢复民勤县灌溉面积15.2万亩。1995年开工建设，2000年基本建成，2001年3月开始向民勤输水。

二、建设缘由

民勤县地处石羊河下游，深居内陆腹地，北、东、西三面被巴丹吉林沙漠和腾格里沙漠包围。民勤人民靠石羊河水保生存、战风沙，阻挡沙漠南侵，使民勤成为保护河西走廊、兰州乃至华北大地的一道生态屏障。近几十年来，石羊河流域气候干旱，气温升高，加之石羊河中、上游工农业生产发展及用水量的增加，使进入民勤盆地的年径流量逐年减少，特别是20世纪70年代以来，民勤县不得不依靠超采地下水生存，致使区域内地下水逐年下降，水质恶化，沙生植物枯萎，土地沙化、盐碱化，民勤县生态环境日益恶化。为了保住民勤这块沙漠中的绿洲，维持当地人民生产生活条件，甘肃省组织专家编写了《石羊河流域发展规划》，确定了开源与节流的发展思路，立足节水，首次提出了从外流域调水，解决民勤水资源紧缺的问题。报经甘肃省人民政府批准，选用“景电二期延伸向民勤调水”方案，作为近期解决民勤水资源危机的应急方案。

三、工程立项

1990年，甘肃省人民政府批准了《石羊河流域初步水利规划》，针对民勤绿洲水资源危机状况，要求采取内部挖潜、外部调水的双重措施，于是，甘肃省水电勘测设计院提出了《景电二期延伸向民勤输水初步可行性研究报告》，经甘肃省建委批复并批准立项。1995 年 10 月 30 日，甘肃省建委《关于景电二期延伸向民勤调水工程开工建设的批复》中指出："景电二期延伸向民勤调水工程各项前期准备工作已就绪，具备开工建设条件，经甘肃省人民政府同意，于 1995 年 11 月 8 日批准开工建设，建设工期四年。望抓紧组织实施，确保工程质量，按计划建成投入使用。"1995 年 11 月 8 日，中共甘肃省委、甘肃省人民政府在景泰县举行了景电二期延伸向民勤调水工程开工典礼。

四、工程建设

在民勤调水工程建设中，甘肃省景电工程指挥部始终把抓好工程质量作为工作重心，严格按照建设程序办事，执行国家和省级有关标准、规范，坚持实施水利工程建设项目法人责任制、招标投标制、建设监理制及合同管理制等四项制度，从而有力地促进了工程建设的顺利进展，保证了工程质量。

（一）坚持按基本建设程序办事

工程的可研、立项、初设、概算、开工，均报经省主管部门批准；工程建设过程中发生的重大设计变更、概算修改，均由省水电设计院进行方案论证，有的经省内专家专题咨询，报经省主管部门批准后实施；一般的设计变更，均由省水电设计院发出设计变更通知书后实施；在工程建设中，坚持不扩大规模，不提高标准；年度施工计划，均由省水利厅批准后实施；建设资金的拨付，工程价款的结算，始终按照国家有关规定办理，从而保证了工程建设有序进行。在水利部的专项稽查和甘肃省审计部门的年度设计中，无论是在建设程序还是资金管理上，均得到了好评。

（二）实行目标管理责任制

工程开工后，甘肃省景电工程指挥部分别编制了各年度施工计划，报送省级主管部门批准后实施。各施工承包单位按照合同文件要求，均编报了年度和分月进度计划，并将具体任务分解落实到施工班组。在施工过程中，施工、质检、监理人员常驻工地，加强监督检查，发现问题，及时解决，有力地保证了年度计划和目标的实现，也保证了工程质量的提高。

（三）实行基建工程四项管理制度

一是严格实行建设工程项目负责人责任制。工程开工前，明确了本工程的建设单位为甘肃省景电工程指挥部，指挥部认真实行了项目负责人责任制，各级领导，各业务处室职责分明，任务具体，各负其责，协同配合，保证了工程建设的顺利开展。二是积极推行招标投标制度。在工程建设中，全面推行了以邀请招标为主要形式的招标承包责任制，从优选择施工单位。三是认真实行建设监理制度。工程开工后，按照《甘肃省水利工程建设监理实施办法》要求，委托"甘肃省水利工程建设监理咨询中心"对工程进行施工监理，对保证工程进度、质量及投资控制，起到了重要的作用。四是认真贯彻合同管理制。甘肃省景电工程指挥部，同设计、施工、监理、设备和材料供应厂家等各参建单位，分别签署了内容比较完备的合同，甲乙双方认真履行合同，从而使工程建设管理工作，走上了法制化的轨道。

（四）加强工程质量管理

景电指挥部始终把质量管理作为工程建设管理的重心来抓，从质检机构、检测手段和规章制度三个方面抓起，甘肃省景电工程指挥部到各施工承包单位及其基层组织，均设有专门的质检机构，施工班组设有质检员；甘肃省景电工程指挥部制定了《工程施工质量检验评定标准与质量管理办法》、《隐蔽工程验收制度》等多项规章制度，各级质检部门，均建立了质检办法和程序，配有较完备的试验、检测设备。为了确保已建工程安全输水，对已完工的钢筋混凝土箱型暗渠，分段进行了充水试验。2000 年对全线工程按 $6m^3/s$ 的设计流量进行了试水检验。经过两次试水检验，工程质量符合设计要求，具备了通水运行的条件。

（五）加强工程建设协调调度

在工程建设过程中，甘肃省景电工程指挥部加强请示汇报和协调调度工作。及时向甘肃省建委、甘肃省计委、甘肃省财政厅、甘肃省两西指挥部、甘肃省水利厅请示汇报，加强与工程所在地、县的协调沟通，争取更多的支持和帮助，较好地解决了投资到位、土地征拨等问题，创造了良好的建设环境。

（六）加强财物管理

根据国家有关基本建设的财经法规和建设单位会计制度规定，结合民调工程建设实际，制定了工程财务拨款、结算、物资设备采购的管理等规定，建立了分科目、分类别、分项目，全面反映工程建设资金使用情况的会计核算体系。坚持制度，严格把关。在财物管理中，坚持按基本建设程序拨款供货；坚持按承包合同和施工计划拨款供货；坚持按施工进度拨款供货；坚持保主体工程、保年度建设目标的实现。做到了结算项目与设计项目对口；与设计概算的分项工程对口；与设计变更单、签证单对口；与验收合格证对口；分部分项工程量与图纸工程量、签证工程量对口；结算单价与合同单价对口，有效地控制了工程投资，保证了工程建设目标的如期实现。

五、科技创新

（一）技术方案的优化设计

对工程线路进行了优化设计，减少了施工难度，降低了工程造价。将管渠改为暗渠，加快了施工进度，提高了工程质量，节约了维修经费，为运行管理创造了便利条件。建成了多层筛网式消力井和半圆形阶梯式消力池，成功地解决了渠道落差集中和人工渠道水流进入天然河道的消能及平稳衔接问题，做到了安全可靠、经济合理、便于运行管理。

（二）沙漠段渠道及建筑物的地基处理

以机械碾压、原土翻夯、砂碎石换基夯填等方法，增强风积沙挖方地基和填方渠基的密实度和承载力，提高砂壤土地基的密实度和承载力，改善和提高饱和土地基的承载力和稳定性。保证了渠道、建筑物的安全运行，为在沙漠中修建长距离输水工程积累了宝贵的经验。

（三）箱型暗渠施工采用了钢模台车

在民勤调水工程穿越沙漠地段84km箱型暗渠施工中，采用了自行设计的钢模台车，装卸方便，操作简单，一次浇筑成型，连续作业，成型的混凝土结构尺寸准确，表面平整光滑，保证了工程质量，加快了施工进度，满足了施工需求。

（四）JD混凝土养护剂在工程中的应用

混凝土养护采用了以养护剂代替洒水养护的办法，解决了在沙漠地区养护用水量大、运水困难、成本较高的问题，有效地防止了少养、不养、漏养的问题，有养护效果可靠、施工操作简便、易于检查、施工现场清洁的特点，有效地降低了养护成本和劳动强度，节约养护经费5%以上。

（五）沙漠地区简易施工道路

在压好的风积沙路基上铺麦草和壤土，上面再铺较薄的砂碎石，以此方法增强路面持力层抗剪、抗拉强度，满足施工运输重型车辆行驶的需要，完全满足了渠道施工阶段对道路的要求，开创了在沙漠腹地就地取材、省钱、省工、成功修建简易公路的先例。

六、工程效益

景电二期延伸向民勤调水工程的顺利建成和安全运行，率先开创了在活动沙漠区修建长距离输水渠道的先河，为解决民勤县水资源危机的燃眉之急提供了现实可靠的条件，从2001年至今共调水32457.79万m^3。从已供水的效果来看，外调水和石羊河天然径流通过红崖山水库调度，使湖区贫困地区人均保灌面积有了较大幅度的增加，确保了口粮田的灌溉，有效地降低了地下水超采量，扼制了生态环境继续恶化，已初步凸现了工程的生态效益、经济效益和社会效益。特别是2004年，红崖山水库首次干涸，下游人畜饮水困难，几十万亩农田灌溉缺水，向民勤调水起到了稳定人心、解决燃眉之急的作用。随着向民勤年调水量的逐年增加，工程将会发挥更大的效益，缓解民勤县水资源枯竭、生态环境恶化趋势的应急调水作用将会进一步体现。

（甘肃省景泰川电力提灌管理局供稿）

青龙出牙塘　甘霖润东乡

——甘肃省东乡南阳渠灌溉工程建设纪实

一、工程概况

南阳渠工程主要内容包括水源工程、输配水工程和田间配套工程。水源工程即牙塘水库枢纽工程，总库容 1920 万 m^3，主要由大坝、溢洪道和泄洪输水洞组成。大坝结构形式为沥青混凝土心墙砂砾石坝，最大坝高 57.2m，坝顶长度 447m，坝顶宽度 6m；溢洪道设计为开敞式宽顶堰，闸孔净宽 12m，消能方式为：一级消力池消能及二级挑流消能，正常泄流量 $183m^3/s$；泄洪输水洞洞径 4m，全长 370m。输配水工程包括总干渠、4 条干渠、14 条支渠。总干渠全长 56.382km，最大设计流量 $4m^3/s$，包括隧洞 13 座，渡槽 10 座，陡坡 4 座，倒虹吸 1 座，泵站 1 座，装机容量 3150kW，总扬程 91.25m；4 条干渠总长 39.7km，14 条支渠总长为 158.6km。工程总投资 5.88 亿元。

二、建设背景

甘肃省东乡族自治县是我国唯一的东乡族人民聚居地，境内干旱少雨，植被稀疏，水土流失严重，自然灾害频繁，人民生活贫困，被国家列为重点贫困县，也是甘肃省扶贫攻坚的“七县一片”之一。总人口 25.52 万人，其中东乡族 20.5 万人，占全县人口的 80.33%。

新中国成立以来，党和政府十分重视东乡县的建设，1983 年东乡县列入“三西”建设范围，依靠专项资金先后建成了唐汪皇渠、达板灌区、王家水库等水利工程，水利建设取得了较大发展。但由于自然条件恶劣，水资源严重缺乏，农业用水和人畜饮水十分困难，严重制约着全县的经济发展。当地政府虽经多方努力，仍无法彻底改变全县的贫困面貌和群众温饱问题，部分已脱贫地区在灾害年份的返贫比例仍很大。

与东乡县毗邻的和政县南部牙塘河一带二阴地区地势高，降雨量大，河道径流丰沛，是引水解决东乡县干旱问题的最佳水源，因此东乡县盼望已久的南阳渠灌溉工程于 1958 年大搞水利建设时期动工兴建，县上曾先后两次出动 8 万劳力，修建从和政县柳梅滩引牙塘河水至东乡县锁南坝的南阳渠工程，总干渠长 88km，但终因当时历史原因及技术经济条件所限而中途下马。1992 年，时任国务院副总理的田纪云同志来甘肃视察工作，亲眼目睹了东乡县的生产生活情况后，十分感慨，心情沉重地告诉省级陪同的主要领导同志：东乡县群众人均发展 1 亩水地。此后，兴建南阳渠工程再次被提上甘肃省委省政府的重要议事日程。

三、项目立项

1992年6月临夏州水电局提出了《南阳渠工程可行性研究报告》。同年9月甘肃省人大、甘肃省两西指挥部和甘肃省水利厅组织专家进行了现场考察和可行性论证，提出了《南阳渠工程可行性研究论证会议纪要》，认为该工程技术上可行，经济上合理。1992年12月，甘肃省人民政府《关于请求将东乡南阳渠灌溉工程列入计划立项建设的报告》上报国务院。1993年5月19日甘肃省人民政府《关于报送东乡族自治县南阳渠等骨干水利工程规划并恳请立项建设的报告》上报国家计委、水利部。同年8月9日，国家计委《关于甘肃省东乡南阳渠等骨干水利工程规划的批复》同意立项建设，核定项目总投资17000万元，明确项目可研与初设合并一次批复。

甘肃省水电设计院于1994年2月完成了该工程的初步设计报告，1994年3月甘肃省建委组织有关单位审查了南阳渠工程初设报告。1994年4月《甘肃省人民政府关于报送东乡南阳渠灌溉工程初审意见的函》报送国家计委和水利部。1994年7月水利部《关于南阳渠灌溉渠工程初设报告的批复》，同意初设报告方案核定工程总投资20590万元。南阳渠工程1995年11月18日正式开工建设。

四、工程建设

（一）组建机构

鉴于工程所在地工程地质的复杂性和工程技术的特殊性，甘肃省委省政府指示水利厅组建工程建设管理机构，实行“大项目、小业主”的体制，定员50人。甘肃省东乡南阳渠灌溉工程管理局成立后，立即组织工程开工前的各项准备工作，按规定时间正式开工建设。

（二）实行“四制”

南阳渠工程立项以后，严格按照基本建设程序办事，并且认真落实招标投标制、建设监理制、项目法人负责制和合同管理制。施工单位普遍实行项目经理负责制。南阳渠工程建设管理局作为项目法人，全面负责工程的建设管理，精心组织，科学管理，积极协调，为工程建设创造了良好的建设环境。

（三）招标管理

工程建设一开始就严格按照基本建设程序办事，积极贯彻执行水利部和甘肃省水利厅有关招标的规定，坚持采用招标竞争方式选择施工队伍。招标工作始终遵循“公开、公正、公平”的基本原则，由甘肃省水利厅、南阳渠建管局、甘肃省水电设计院共同组建了招标领导小组和评标工作组。为工程选择了有资质、有能力、有信誉的施工单位，达到了择优的目的。

（四）合同管理

工程建设中，建管局认真维护合同的法律性和严肃性。以合同管理为核心，严格按照合同办事，避免出现随意性，公正地解决和处理合同纠纷和索赔，以合同条款作为施工质量、进度、投资控制的主要依据，保证了项目管理的科学性。同时，认真推行业主负责制、工程监理制、招标投标制，使业主、设计、监理、承包商四方在合同范围内行使各自的权力、职责和义务，使项目建设按照科学、规范的管理机制运行，保证项目的顺利推进。

（五）质量管理

质量是工程的生命。南阳渠工程量管理一开始实行“制度为先、措施到位、责任明确”的方针。根据“谁施工、谁负责”的原则，建立了质量责任制度。施工单位法人代表负领导责任，项目经理负直接领导责任，施工人员负具体责任。监理人员在职责范围内负监理责任。业主方由分管局长和总工程师全面负责。南阳渠工程质量控制实行业主、承包商、监理单位三位一体分层负责的质量保证体系。同时，根据有关规定成立了甘肃省水利厅质量监督中心站南阳渠工程项目监督站，履行政府监督职能。

南阳渠灌溉工程建管局招标组建了业主实验室，开展施工质量检测。各施工单位组建了现场实验室，配备了必要的检测设备及合格的专业技术人员。两层实验室共同作业，认真落实检测制度。同时，严格履行施工质量“三检制”（初检、复检、终检），工程结算实行“质量合格证”制度，有效保证了工程质量。

（六）安全管理

南阳渠工程在建设管理中切实贯彻“安全第一、预防为主”的安全方针。建立了安全生产管理机构，明确了安全生产责任。南阳渠工程建设管理局依据有关法律和规定，编制了《南阳渠工程安全管理办法》，施工单位建立了安全责任制，法人代表对施工安全负总责，项目经理对现场安全负领导责任，技术负责人对施工安全技术负责，施工员或工长对施工安全负直接责任。主要施工项目配备专职安全员。教育职工遵守安全纪律，并为职工和劳务人员编写了安全手册，定期对职工和劳务人员进行安全教育，要求他们认真遵守安全纪律，严格执行安全操作规程。认真执行安全检查制度，定期检查安全设施，按时发放劳动保护用品。建立了安全技术管理制度，要求安全设施和施工项目同时设计、同时施工、同时落实。实行逐级技术交底制度，技术人员要将安全措施向作业人员详细交底，并且督促落实。同时，甘肃省南阳渠工程建管局制定了专门的安全检查制度。

（七）投资管理

建管局始终把加强财务管理作为一项重要任务来抓，严格按照国家有关财务工作的方针政策和规章制度办事。在控制资金的使用问题上，严格按照合同和月支付手续办理结算。在具体支付过程中建立了比较完善的操作流程，没有监理审定的支付坚决不付，没有合同或认证的项目坚决不付，不符合开支范围和开支标准的开支坚决不付。

建立工程量台账，严格按月进行已完工程量的审核，在工程结算过程中，杜绝超报、虚报现象。强化合同管理，坚持按程序办事，避免工作失误，防止、减少索赔和风险干扰。推广新技术、新工艺，积极采用合理化建议，不断优化设计，达到有效控制投资的目的。

五、概算调整

由于原来设计和概算标准偏低，加上工程地质条件极其复杂，导致工程投资缺口很大，工程任务又十分艰巨，1993年批复的工程投资不能满足建设需要。2001年在国家的大力支持下，对工程概算进行了调整，按照基本建设程序，国家发改委重新批复了工程可研报告，又为南阳渠工程补助投资2亿元，总投资为5.88亿元，工期相应延长了三年。2001年12月，国家发改委批复了工程新的开工报告，下达了新的投资计划，工程得以全面复工。

六、管理体制

2001年1月，为了调动州、县参建工程的积极性，甘肃省委九届69次常委会议决定，将南阳渠工程移交临夏州人民政府建设管理。根据甘肃省委决定，经甘肃省水利厅与临夏州政府协商制定了《实施方案》，由临夏州人民政府组建了临夏州管理局负责，同时具体负责建设干、支渠及田间配套工程。牙塘水库和总干渠继续由甘肃省南阳渠建管局负责建设，建成后移交临夏州管理。甘肃省南阳渠工程建管局在建设任务完成后机构撤销。

七、工程完工

南阳渠工程1995年11月正式开工建设，1998年初，因工程资金缺口，致使在建的大部分项目停工待建。2001年10月，国家发改委批复新的可研报告后，牙塘水库及总干渠工程才全面复工。2004年7月水库工程及总干渠工程全面完工，并一次性通水成功。

八、工程效益及意义

南阳渠灌溉工程是跨流域调水工程。工程区涉及和政、临夏、东乡三县，建成后可发展灌溉面积12.2万亩，改善灌溉面积1.1万亩；解决8万人饮水困难，改善4万人饮水条件，解决32万头畜的饮水问题。南阳渠工程建成后，每年可向东乡县供水3900多万m^3，将从根本上改变东乡县的缺水状况，解决工农业生产和生活用水，为东乡族群众脱贫致富提供了水资源保障。

南阳渠灌溉工程是甘肃省东乡族自治县脱贫致富的关键性工程，项目的实施对促进少数民族地区的社会经济发展有着深远的意义。在改善当地工农业生产的发展、解决当地的城镇及人畜饮水、提高人民的生活水平、促进安定团结、改善生态环境等方面发挥积极作用，为全县经济社会可持续发展奠定了良好的基础。

（甘肃省东乡南阳渠灌溉工程建设管理局供稿）

做好水库除险加固
确保人民生命财产安全
——甘肃省病险水库除险加固工程建设纪实

一、甘肃省水库概况

甘肃省注册登记的水库共 285 座（不包括电力部门管理的水库），其中大（2）型 4 座、中型 27 座、小（1）型 132 座、小（2）型 122 座。水库总库容 24.3 亿 m^3、防洪库容 7.3 亿 m^3、兴利库容 12.3 亿 m^3，年供水量 27.7 亿 m^3。设计灌溉面积 685 万亩、有效灌溉面积 563 万亩。水库电站装机容量 3.35 万 kW，年发电量 1.13 亿 kW·h。保护着下游 42 座县级以上城市、550 多万人口、780 万亩耕地，以及众多工矿企业、村镇的防洪安全，减缓了江河洪水对陇海铁路、兰新铁路、宝中铁路，312、313、316 国道等国家级和地方交通干线的洪水威胁，对甘肃省经济社会的发展和人民群众生命财产安全起着十分重要的作用。

根据水利部办建管〔2007〕2 号《关于对全国水库安全状况进行普查的通知》精神，甘肃省于 2007 年 1～5 月对辖区内水库安全状况进行了普查。经普查：一类坝 32 座，大型 3 座、中型 11 座、小（1）型 17 座、小（2）型 1 座；二类坝 23 座，中型 2 座、小（1）型 10 座、小（2）型 11 座；三类坝 230 座，大型 1 座、中型 14 座、小（1）型 105 座、小（2）型 110 座。

二、做好病险水库除险加固前期工作

自 1998 年以来，甘肃省共有三类坝病险水库 131 座（大型 2 座、中型 24 座、小（1）型 104 座、小（2）型 1 座）列入了全国的病险水库除险加固规划，其中第一批规划 37 座水库（大型 2 座、中型 17 座、小（1）型 18 座），已完成 33 座（大型 1 座、中型 16 座、小（1）型 16 座），有 4 座（大型 1 座、中型 1 座、小型 2 座）在建；第二批规划水库 42 座（中型 3 座、小（1）型 39 座），完成 15 座（中型 1 座、小（1）型 14 座），4 座正在实施（中型 2 座、小型 2 座）；第三批专项规划 75 座水库（中型 4 座、小（1）型 71 座），包括第二批规划未实施的 23 座小（1）型水库。

1. 大坝安全鉴定

按照国家发改委、水利部关于病险水库除险加固前期工作的要求，甘肃省水利厅及时下发了甘水基发〔2000〕2 号《关于全省水库大坝安全鉴定工作有关问题的通知》、甘水办〔2003〕46 号《关于进一步加快病险水库除险加固工程前期工作的通知》以及甘水办

〔2004〕158号《关于切实做好病险水库除险加固工作的通知》对甘肃省水库大坝安全鉴定明确分工，落实责任，提出要求。大型水库的安全鉴定报告由甲级资质的设计单位编制，中小型水库的安全鉴定报告由乙级资质以上设计单位编制，现场安全检查由水库管理部门组织。大坝安全论证及评审严格按照SL 258—2000《水库大坝分析评价导则》进行，在省、市（州）水行政主管部门组织各方面专家对安全论证报告进行评审的基础上形成安全鉴定报告书，作为水库安全鉴定的成果。

甘肃省水利厅组织有关市（州），对列入规划的病险水库进行了大坝安全鉴定工作。87座水库（大型2座、中型24座、小（1）型61座）通过水利部大坝安全管理中心核查。2007年9月，根据水利部关于专项规划内小（1）型水库安全鉴定复核由甘肃省水利厅负责的精神，甘肃省水利厅组织有关部门并聘请专家，完成了其余的44座小（1）型水库大坝安全鉴定复核工作，随后下发了《三类坝安全鉴定成果核查意见》。

2. 初步设计

大型病险水库除险加固初步设计由甲级资质的设计单位承担，中小型病险水库除险加固初步设计由乙级以上资质的设计单位承担，甘肃省水利厅对初设进行审批。设计单位针对安全鉴定中提出的安全问题，认真研究提出处理方案，并多方案比较，优化筛选，设计报告根据审查意见多次修改后基本达到了要求的深度，在某些方面还有创新。比如，在库岸滑坡治理中首次采用浅层削坡、深层抗拉锚索和小截面抗滑桩相结合的处理方案，在防渗处理中引进土工膜防渗技术。

2001年开始，水利部要求初步设计须经流域机构复核后方能进行审批，按此新要求甘肃省共有79座病险水库的初步设计经流域机构复核。其中，水利部黄河水利委员会复核了黄河流域（含内陆河流域）的党河、花园等73座水库初步设计，水利部长江水利委员会复核了长江流域的红河、高峰等6座水库初步设计。通过复核优化了除险加固设计方案，提高了工程投资效益。列入规划的131座水库除险加固估算总投资15.47亿元，其中第一批规划37座水库估算投资7.33亿元、第二批规划19座水库估算投资1.43亿元、专项规划75座水库估算投资6.71亿元。已经批复的107座水库初步设计概算总投资10.30亿元，其中第一批规划37座水库估算投资6.43亿元、第二批规划19座水库估算投资1.37亿元、专项规划51座水库估算投资3.50亿元。

三、加强建设管理，确保除险加固任务的完成

1. 把病险水库除险加固列入甘肃省各年度重点工作目标

甘肃省水利厅根据甘肃省政府分解落实各年度政府工作主要任务的要求，逐年印发了《甘肃省水利厅关于分解落实全省水利工作主要任务的通知》，将病险水库除险加固列当年重点工作目标，明确了责任单位和责任人，并将其作为年终绩效评估考核内容。

2. 成立了领导机构

2008年5月8日，甘肃省水利厅以《关于成立甘肃省病险水库除险加固工作领导小组的通知》，成立了以副厅长康国玺为组长的甘肃省水利厅病险水库除险加固工作领导小组，办公室设在建设管理处，明确了有关处室工作职责和要求。

3. 建立了病险水库除险加固责任追究制

2008 年 7 月 22 日，甘肃省水利厅下发了《关于加快病险水库除险加固工作进度的通知》，要求各市（自治州）、县（区）水务局对照病险水库除险加固工作责任制，对责任不落实、工作进度明显滞后，管理和安全问题突出的，按照有关规定对责任单位和责任人进行责任追究，并进行相应处理。

4. 签订了病险水库除险加固责任书

2008 年，水利部同各省人民政府签订了病险水库除险加固责任书。根据水利部的要求，6 月 25 日，甘肃省水利厅分别与有关市（自治州）水行政主管部门签订了病险水库除险加固责任书，落实了除险加固责任人。随后，各市（自治州）也与有关县（区）签订了病险水库除险加固责任书，特别是酒泉市于 2008 年 5 月 29 日在《酒泉日报》上公布了病险水库除险加固政府、水行政主管部门以及项目法人责任人。

5. 甘肃省水利厅下发了进一步做好病险水库除险加固工作的通知

甘肃省水利厅下发了《关于转发水利部进一步做好病险水库除险加固工作的通知》，对责任落实、前期工作、配套资金、建设管理、质量与安全、监督检查、水管体制改革、信息报送等方面提出了具体要求。

6. 转发了小型水库除险加固项目建设管理办法

根据国家政策调整情况，甘肃省水利厅分别会同甘肃省发改委、甘肃省财政厅，转发了各年度病险水库除险加固管理办法，并以《关于转发重点小型病险水库除险加固项目管理办法的通知》转发了财政部、水利部《关于印发〈重点小型病险水库除险加固项目管理办法〉的通知》。

7. 建立了病险水库信息月报制度

甘肃省水利厅印发了《关于转发水利部建立病险水库除险加固信息报送制度的通知》。要求市县水行政主管部门必须每月 25 日前将水库除险加固项目信息报送甘肃省水利厅，由水利厅汇总上报水利部建管司。并定期不定期在《甘肃水利信息网》上发布病险水库除险加固进展情况。

8. 对在建项目提出了安全度汛要求

每年汛前，甘肃省水利厅都发出通知，对各市（自治州）水行政主管部门及省属重点工程建设管理单位，做好在建水利工程安全度汛工作提出了具体要求，并要求于 5 月 20 日前对在建项目进行全面检查，确保工程安全度汛。

9. 认真落实“四项制度”

甘肃省水利厅高度重视甘肃省病险水库除险加固项目，多次召开会议专门研究部署，全力做好建设管理工作。

（1）全面落实项目法人责任制。各项目都能够按照《国务院批转国家计委、财政部、水利部、建设部关于加强公益性水利工程建设管理若干意见的通知》规定，组建和完善项目建设管理机构，项目法人均经过地方政府批准成立，明确了项目法人在建设管理中的权利、责任和义务，完善了内设机构，充实了建设管理人员，建立健全了内部考核及管理制度。把项目法人组建纳入招标备案内容进行审查，及时纠正项目法人组建中存在的问题。

（2）严格执行招标投标制。根据《招标投标法》、《水利工程建设项目招标投标管理规定》以及《甘肃省招标投标条例》，甘肃省病险水库除险加固工程建设全部采用公开招标。为规范招标工作，甘肃省水利厅制定了招标备案书和评标报告标准格式，实行了招标申请和评标报告备案制度，建立了动态管理的“甘肃省水利工程评标专家库”。评标委员会成员中，除招标人和设计单位代表外，由招标人代表在甘肃省水利厅和当地纪检部门的监督下从甘肃省专家库中随机抽取。为充分体现评标工作的公平、公正、科学性，进一步提高了评标委员会中甘肃省库专家的比例，严格限制项目法人代表的人数，坚决杜绝水行政主管部门或具有行政职能事业单位的人员进入评标委员会。加大对招标工作的监督指导，对重点病险水库工程招标派人进行现场监督，及时解决招标中出现的问题，同时为项目法人提供技术指导。

（3）大力推进建设监理制。甘肃省病险水库除险加固工程施工全部实行建设监理制，同时在有条件的项目上通过招标选择监理单位；规范项目法人对监理工程师的授权，以充分调动监理人员的积极性，发挥监理人员的专业优势；监理单位的监理力量，能够满足项目建设投资、质量和工期全过程、全方位的监理的需要，对重要部位和隐蔽工程实行旁站监理。

（4）强化合同管理。加强了合同示范文本的执行管理，建设单位基本能按规范的合同文本与施工单位签订施工合同，树立全员合同意识。把是否切实履行工程合同作为对建设活动进行监管的中心环节来抓，认真执行合同中的技术条款和商务条款，维护合同的严肃性，提高履约的自觉性。严格合同外项目管理，设计变更由业主委托原设计单位负责完成，提交工程变更设计报告，履行必要的审批手续，并签订补充合同，控制工程成本。杜绝转包及违法分包等问题，使水利建设市场朝规范、有序和健康方向发展。

10. 加强质量和安全管理

进一步完善“法人单位负责、施工单位保证、监理单位控制、政府部门监督”的质量管理体系。各项目法人和监理单位都能严把原材料进场关，建立了较为完善的工程质量与安全的监督和保证体系。要求项目法人落实质量管理制度，明确质量管理责任。督促施工单位建立工地实验室、成立质量检查机构、配备专门的质量检查人员，严格按照“三检制”进行。当地建筑材料使用前必须进行检验，符合设计要求后方可使用。水泥、钢材、橡胶止水、土工织物等外购材料，进场后进行二次检验，坚决杜绝不合格建筑材料进入现场。监理单位成立专门的质量检查机构，对施工质量进行复检，制定监理工作大纲和监理实施细则，并把质量控制措施作为重要部分予以重点说明。监理工程师的监理日志和监理月报基本能够如实反映工程进展和工程质量状况。甘肃省质量监督中心站进行宏观指导和管理，各地（自治州、市）水利工程质量监督站承担具体的政府监督职能，配备一定数量的专职质监员，工作制度基本健全，按照分部、分项、单位工程进行质量评定工作。通过以上较为完善的工程质量监督与管理，及时发现问题，进行补救和处理，使病险水库除险加固工程的质量符合设计和规范的要求。按照甘肃省政府的通知精神，结合甘肃省开展百日安全生产督查专项行动，派出综合工作组赴甘肃省各市专项检查工程建设质量和安全，有力地促进了水利工程建设质量与安全生产工作。

11. 加强资金使用及管理

国补资金主要用于主体工程建设。病险水库除险加固项目法人负责建设项目的财务与资金管理，配备专人管理基本建设财务与会计核算，并按规定建立健全会计账簿和报送有关报表，提前按规定设立专项账户，专款专用。各项目法人大多数都能够重视资金管理，重视制度建立，严格支付程序。建设过程中遵守财经纪律、严格资金支付，按计划、按合同、按进度、按程序付款。为确保严格执行财务与资金管理的规章制度，杜绝资金使用中的违法违纪行为，各级水行政主管部门加强了对病险水库除险加固项目资金的监督检查，及时查处和纠正滞留、挤占、截留、挪用病险水库除险加固项目资金等行为，较好地保证项目的顺利实施。

截至2008年6月底，国家共下达甘肃省107座病险水库除险加固投资9.16亿元（国家补助6.55亿元、地方配套2.61亿元），其中第一批规划37座水库投资6.0亿元（国家补助4.01亿元、地方配套1.99亿元）、第二批规划19座水库投资1.37亿元（国家补助0.92亿元、地方配套0.45亿元）、专项规划51座水库投资1.79亿元（国家补助1.63亿元、地方配套0.16亿元）。

12. 加强检查稽察

自1998年开始，国家发改委、财政部、审计署、水利部、黄河水利委员会、长江水利委员会组织专家对甘肃省病险水库除险加固工程进行了多次检查、稽察、审计、督导、调研和评估，甘肃省发改委、审计厅也组织了不定期检查或审计。检查或稽察的主要内容包括：

（1）项目建设程序执行情况，即初步设计、招标投标方案是否已按照规定程序完成审批；建设规模、内容等是否与批准内容一致，如有变更或调整是否按规定程序履行报批手续等。

（2）项目资金使用情况，即资金是否到位，是否实行专款专用、专账核算；有关财务制度是否落实，有无挤占、挪用资金等情况；是否重点加强了项目资金、质量、进度、安全管理等。

（3）项目建设管理情况，即项目法人是否具备法人主体资格；是否按照招标核准方案进行招标投标，是否存在违规招标、规避招标、规避公开招标和招标弄虚作假等行为；是否严格按照中标结果签订合同，承包、发包双方是否严格履行工程承包、廉政合同；档案管理、月报制等其他管理制度建设和措施落实情况等。经检查，甘肃省病险水库除险加固工程建设管理工作到位、责任能够落实、规章制度基本健全，基本能够严格执行基本建设程序，依法组建项目法人、进行招标，资金使用合理、管理规范。同时对稽察检查中发现的问题要求各级水行政主管部门和项目法人及时进行整改。

四、工程验收

病险水库完成后，甘肃省水利厅及时组织了竣工验收。病险水库在进行竣工验收前，按照SL 223—2008《水利水电建设工程验收规程》必须分别进行分部工程验收、阶段验收及单位工程验收。分部工程验收由项目法人或监理主持，设计、施工、运行管理单位参加。阶段验收和单位工程验收由竣工验收主持单位主持，项目法人、设计、施工、监理、质量监督及运行管理等单位参加。上述各阶段验收在工程建设期间根据工程进度进行。在按批准的初步设计完成全部建设内容，工程投资基本到位，编制了竣工财务决算并申请审计部门进行竣工财务决算审计后，即可准备竣工验收。竣工验收分为技术预验收和竣工验收，竣工验收主要对建设各方提供的工程建设管理工作报告、工程建设大事记、拟验及未完工程清单、未完工程的建设及工期、存在的问题及解决办法、工程运用和度汛方案、工程建设监理工作报告、工程设计工作报告、水利水电工程质量评定报告、工程施工管理工作报告、重大技术问题专题报告、工程建设征地补偿及移民安置工作报告、工程档案资料自检报告等进行审查，检查工程建设情况、鉴定工程质量，检查历次验收中的遗留问题和已投入使用单位工程在运行中所发现问题的处理情况，确定尾工内容清单、完成期限和责任单位等，对重大技术问题作出评价，检查工程档案资料的准备情况，根据专业技术组的要求、对工程质量做必要的抽检等。在竣工验收前，由省水利厅组织专家进行预验收，设计、施工、监理、质量监督及运行管理等有关单位参加。在工程已按批准设计规定的内容全部建成，各单位工程能正常运行，历次验收所发现的问题已基本处理完毕，归档资料符合工程档案资料管理的有关规定，工程建设征地补偿及移民安置等问题已基本处理完毕，工程主要建筑物安全保护范围内的迁建和工程管理土地征用已经完成，工程投资已经全部到位，竣工决算已经完成并通过竣工审计后，建设单位即可申请竣工验收。竣工验收由甘肃省水利厅会同甘肃省发改委或财政厅、地方政府、质量监督等单位进行，项目法人、设计、施工、监理、运行管理单位作为被验收单位列席会议，负责解答验收委员的质疑。竣工验收的主要工作是审查项目法人《工程建设管理工作报告》，检查工程建设和运行情况，协调处理有关问题。竣工验收形成竣工验收鉴定书，由甘肃省水利厅统一印发各参验单位。

五、除险加固效果及效益

1. 除险加固效果

经过除险加固，基本解决了水库存在的病险问题，安全系数、抗震标准等技术指标达到了安全运行标准，水库的防洪能力也达到设计标准。恢复了水库的正常蓄水量，正常发挥了水库的设计效益，水库改建后，管理条件有了明显改善，完善了大坝观测、照明设施；架设了通信线路，管理办公条件得到改善。水库的灌溉、防洪、发电等功能得到了充分发挥。

2. 除险加固效益

水库加固后，水库的蓄水、防洪能力达到了设计标准，大坝稳定性也得到了提高，水库功能得到充分发挥，下游保护区人民生命财产安全得到了有效保护，确保了铁路、公路、通信等公共设施的安全运行。通过水库上游雨水情测报系统、水库自动化监控系统的安装运用，实现了雨水情的遥感测报、水库的自动监控和远程控制，从而提高了工作效率，减低了职工的工作强度，改善了水库的管理条件。

（1）经济效益。工程实施后可恢复增加防洪库容约 1.30 亿 m^3，可恢复增加兴利库容约 1.73 亿 m^3，可恢复增加灌溉面积 82.26 万亩，年恢复增加发电量 3525 万 kW·h，年增加城镇供水约 4.89 亿 m^3。

（2）社会效益。工程建成后，消除了影响水库安全运行的隐患，使灌区农业生产可以持续、稳定发展，水库安全隐患完全消除，水库主汛期限制水位、次汛期限制水位可恢复到水库设计的汛期水位，长期困扰水库安全运行的隐患得以排除，水库的病险情况得到有效治理，使下游 45552km^2，559 万亩耕地，97 万人的生命财产，铁路干线 304km、公路 531km 安全有了可靠保障。水库下游保护区 GDP 增加 492969 万元，工农业总产值增加 495438 万元、农业总产值增加 270007 万元，为灌区农业经济的发展腾飞提供一个安全稳定的环境，其社会效益显著。

（甘肃省水利厅建设管理处供稿）

夯实水利基础设施建设
圆满完成黑河调水任务

——黑河流域近期治理与黑河调水回顾

黑河发源于祁连山北麓，其干流水系主要由黑河、梨园河及其他大小20多条河流组成，流域总面积14.29万km^2，径流总量24.75亿m^3，其中黑河莺落峡断面为15.8亿m^3，梨园河梨园堡水文站为2.37亿m^3，其他支流为6.58亿m^3。黑河干流全长821km，出山口莺落峡以上为上游，河道长303km，面积1万km^2，两岸山高谷深，气候阴湿寒冷，年降水量350mm，是黑河流域的产流区；莺落峡至正义峡为中游张掖绿洲，河道长185km，面积2.56万km^2，两岸地势平坦，光热资源充足，但年降水量仅有140mm，蒸发量达1410mm；正义峡以下为下游，河道长333km，面积8.04万km^2，除河流沿岸和居延三角绿洲外，大部分为沙漠戈壁，属极端干旱区。

张掖市地处黑河中游，集中了全流域95%的耕地、91%的人口和89%的国内生产总值，是全国重要的商品粮基地和蔬菜生产基地。张掖市是典型的灌溉农业区，素有“塞上江南”、“金张掖”之称。

20世纪后期，随着人口的增加、气候的变化，黑河流域水资源紧缺和生态失衡问题，引起了党中央、国务院的高度重视。2001年2月，国务院第94次总理办公会议决定实施黑河近期治理，实现当黑河上游来水15.8亿m^3时，向下游新增下泄量2.55亿m^3，达到9.5亿m^3的分水目标。

黑河分水给张掖市带来了很多难题：一是水资源总量短缺的矛盾更加突出。全市可用水资源量从此将降为人均1250m^3、亩均511m^3，分别为全国平均水平的57%和29%；到2015年人均可用水资源量将降为1000m^3，属严重缺水地区。二是完成分水任务困难很大。黑河向下游新增下泄量2.55亿m^3，意味着张掖必须相应削减黑河引水量5.8亿m^3，相当于60万亩耕地的用水量，亦即相当于依附在土地上的20多万农民群众将失去基本依靠。三是当地经济社会发展用水矛盾更加尖锐。要将黑河干流60%以上的水量分配给下游，给张掖只留下不足40%的水量，而张掖年均降雨量只有110mm、蒸发量高达1400～2700mm，在这有水则为绿洲、无水则为荒漠的干旱地区，面对水资源供需矛盾急速加剧的现实，如何找出一条既能完成分水任务、又能促进地方经济社会发展、人与自然和谐相处的成功之路，成为摆在张掖市面前的一大课题。可以说，是突出的供用水矛盾和严峻的分水现实，使张掖市选择了建设节水型社会、实施黑河综合治理的可持续发展之路。

一、黑河综合治理

黑河，数千年来奔流不息。她孕育了丝路明珠金张掖的文明、富饶，也目睹了内蒙古额济纳绿洲的枯竭……

有水就有绿洲，有绿洲才有人类的生息，水是生命之源，生态水就是生命水。严峻的现实迫使人们重新对待生态环境，重新审视和反思。黑河危机引起了社会各方面的广泛关注，这是维护民族团结，保卫国防，生态保护的大事，居延海连着中南海，一场拯救额济纳绿洲、重建生态环境的工程就此展开。

2001 年 2 月 21 日，国务院总理朱镕基主持总理办公会议，决定把黑河治理作为实施西部大开发战略的重点工程，通过灌区节水改造与配套，水资源统一管理和调控，经济结构调整，生态建设和水资源保护等措施，遏制下游生态恶化的趋势。在第九届全国人民代表大会第四次会议上黑河治理工作正式被纳入了国民经济和社会发展计划。

按照张掖黑河治理三年实施计划，2001～2003 年，黑河干流沿岸灌区干渠、支渠、斗渠高标准衬砌率分别达到 70%、60%、50%，有 8 座平原水库废弃，限制保留的平原水库汛期蓄水；适度发展井灌，使灌区机电规模达到 4130 眼；黑河干流自流引水灌区退耕 30 万亩，在完成建设 40.5 万亩低压管道、滴灌等高效高新节水面积的基础上，形成现代农业示范区的框架。

从 2001 年 8 月开始，张掖按照国务院批复的《黑河流域近期治理规划》，广泛宣传，积极探索，勇于创新，积极实施黑河节水工程，着重开展了四方面的工作。一是以水权制度为核心，开展水资源管理体系建设。在明晰初始用水权总量的基础上，完成了用水权在区县、灌区、乡镇、协会和用水户等各个层面的逐级分配。积极开展大规模制度建设，制定 20 多项规章规范和技术标准，为用水权总量控制和行业用水定额管理提供了较为完备的制度保障。积极推进用水户参与式管理，创新地实行了“水票制”运作形式，创建了“农民用水者协会＋水票”的水权配置与流转的运行模式，有效保障农业用水权的实现。此外还不断深化水管理体制改革，为区域水权制度实施提供体制保障。二是加速经济结构战略调整，促进水资源的集约高效利用。立足于区域优势资源，科学制定产业结构调整和主导产业发展规划，大力推进工业化和农业产业化进程，2005 年第二产业比重历史性地超过了第一产业，单方水 GDP 产出得到大幅度提高。科学调整粮经草种植比例，大力压缩水稻和带田等高耗水作物面积，扩大制种玉米、啤酒花、葡萄、番茄等高效经济作物和林草面积，有效节约了灌溉水量，同时提升了农业水资源利用效益。三是加强基础设施建设，增进各行业节水和水资源管理能力。节水工程与技术方面，结合黑河近期治理项目，开展农业节水工程建设，推广使用农业节水技术。加强水资源和用水管理设施建设，推进节水资源信息化管理建设，水管理能力和现代化水平有了长足的进步。四是通过各种形式深入持久地开展宣传教育，提高全社会公众节水意识。

目前共完成改建衬砌干渠 466.8km，支渠 611km，斗渠 674.3km，田间配套 114.8 万亩，新打机井 464 眼，旧井改造 1025 眼，高效节水面积 40.6 万亩（其中管灌 29 万亩，滴灌 8.5 万亩，喷灌 3.1 万亩），天然林封育 30 万亩，草原围栏 60 万亩，人造水土保持林 1.23 万亩。干渠、支渠、斗渠分别完成下达投资计划建设任务的 106%、104%、116%；田间配套完成下达投资计划建设任务的 117%；新打机井、旧井改造分别完成下达投资计划建设任务的 103%、132%；高新节水工程管灌、滴灌、喷灌分别完成下达投资计划建设任务的 122%、66.8%、86.1%。天然林封育、草原围栏完成下达投资计划建设任务的100%；人造水保林完成下达投资计划建设任务的30.8%。

累计完成投资119789.43万元，占已下达投资121955万元的98.22%，已结算资金109827.24万元，占已完成投资119789.43万元的91.7%。完成总工程量2213.4万m^3。

二、黑河调水

自2000年实施黑河水量调度以来，张掖市各级政府和广大干部群众讲政治、顾大局，发扬团结治水的精神，牺牲局部利益，克服重重困难，精心组织调度，连续9年完成了黑河水量调度任务，16次将黑河水送达东居延海，两次送水到西居延海，累计向下游输水76.2亿m^3，占8年来水总量134.5亿m^3的56.7%，并实现了东居延海自2004年8月以来连续4年不干涸的历史性突破，东居延海形成39.6km^2的水域面积，周边生态环境已恢复到20世纪80年代水平，取得了显著效果和社会效益。

据额济纳旗有关方面调查，额济纳绿洲19条支流总长1100多km河道得到浸润，沿河两岸约30万亩濒临枯死的胡杨、柽柳得到抢救性保护，胡杨林面积增加了5万亩。草场退化趋势得到有效遏制，林草植被种类增多，100m^2内牧草种数增加了5种以上，植被覆盖率较2000年提高了18.3%以上，达到58.9%。地下水多年来持续下降的趋势得到初步遏制，东河地区地下水位明显上升，回升幅度在0.04～0.63m之间。额济纳河下游的柽柳、苦豆子草场，土壤盐渍化程度有所下降，盐碱斑逐渐减少，人工沙枣林比未灌溉前有明显改观，植被覆盖度提高28%，达到68%。

在9年实施黑河水量调度工作中，水利部、黄委会、甘肃省委、甘肃省政府、甘肃省水利厅高度重视，多次亲临现场检查指导；市委、市政府切实加强领导，落实各级责任，精心部署工作，建立健全了行政指挥、技术决策、业务调度和监督检查四大体系，发挥县区各级党政组织作用，广泛宣传动员，化解基层矛盾，为实施黑河水量调度提供了组织保障。

1. 加强组织领导，落实各级责任

甘肃省委、甘肃省政府高度重视黑河分水工作，甘肃省政府主管领导多次要求张掖要站在讲政治、讲大局的高度，做好水量调度工作，采取切实有效的措施，竭尽全力完成任务。甘肃省水利厅加大对黑河水量调度工作的指导，年初召开了黑河水量调度专题会议，研究部署全年调水工作，确立了“讲政治、讲大局，电调服从水调，组织协调到位，确保完成任务”的指导思想，细化了各项保障措施。市委、市政府始终把黑河水量调度列入重要工作议程，多次召开专题会议，研究部署具体工作，明确提出“全年监控、精细调度”确保全面完成年度任务的工作思路，要求各级干部牢固树立大局意识，把黑河分水作为一项重要的政治任务，严格落实工作责任制，层层签订责任书，分解落实调度任务，一级对一级负责，确保完成年度分水任务。市、县（区）各级水务部门积极采取有力措施，把各项工作落到实处，签订调水目标责任书136份，落实各级责任人136名，做到了分级管理，层层负责，责任到人。

2. 完善会商体系，科学制订方案

为了确保年度分水任务和灌溉任务的全面完成，进一步强化了行政指挥、技术决策、业务调度和监督检查四大体系职能，进一步完善了水情会商制度，科学合理确定调度时段和阶段性调度目标，最大限度的减少黑河分水对农业生产的影响。编制了《黑河水量调度实施方案》、《黑梨灌区轮廓灌溉计划》、和《黑河水量调度洪水调度方案》等工作方案。进一步加强与气象、水文部门的会商合作，不断完善以“月初气象预报→水文预报→逐轮灌溉计划→逐月调度计划”为一体的水量调度工作机制。依托水资源管理信息化项目建设的技术平台，科学运用国家气象局发布的气象云图资料，实时监控黑河上游山区气象情况，科学修正调度方案和灌溉计划，尽最大努力做到预报准确、计划周密，调度科学。

3. 加强非关键期调度，努力减轻调度压力

为确保年度水量调度工作任务的完成，要求加强非关键期黑河水量调度及农业灌溉管理工作，采取全年监控的调度措施，实施科学管理。对黑河沿岸各灌区实行严格的取、用水申请制，严格限制平原水库蓄水。春季结合黑河灌区种植结构调整的实际，打破传统分水方式，每年从 4 月开始实施黑河干流水量统一调度，集中闭口，同时继续坚持“小均水”、“大均水”调水惯例，为增加正义峡水量下泄，完成全年调度任务探索出了新的途径，赢得了主动。

4. 结构调整力度不断加大

坚持以水定产业、以水调结构、以水促发展，压缩高耗水作物带田面积 50 万亩，水稻面积约 10 万亩，发展节水高效制种面积 70 万亩，同时，市上下发的《张掖市农业种植结构指导意见》，各县区进一步加大种植结构调整力度，继续压缩高耗水作物种植面积，大力推广节水高产新品种、新作物，充分发挥品种的优良特性与产量潜力，将水资源从高耗水、低效益向低耗水、高效益作物配置，使有限的水资源发挥最大的效益。

5、抢抓有利时机，适时开展调度

针对张掖市种植结构调整后的现状，加强水情分析，确立了以灌溉调度保证水量调度的工作思路。进入灌溉期，组织协调各县区在全力以赴抓好灌溉管理的基础上，适时抢抓来水最佳时机，采取“全线闭口、集中下泄”措施，同时积极探索实施洪水调度和限制引水措施，为降低农业损失，增加正义峡下泄，成功实施调度奠定了基础。

6. 采取工程措施，提高下泄效果

黑河张掖段河道宽浅，流向游荡不定，河道渗漏损失很大。为了确保调度期间水量顺利下泄，在每年 4 次“全线闭口，集中下泄”过程中，都要动员三县区组织机械设备，投入大量资金，对黑河河道进行多次疏浚，封堵散流沟叉，提高闭口质量。同时，组织水管职工，坚守引水口门，闭口期间在闸门上黏贴封条，加链上锁。对部分管理难度较大的引水口门，实施土坯砌封分水闸门的特别措施，对设施落后的引水口门，采取填筑沙土彻底封闭的措施，真正做到了缺口不留，滴水不漏。

7. 强化监督检查，严肃调水纪律

在黑河水量调度中，各级水政监察队伍应把开展黑河水量调度监督检查，作为水行政执法的重要内容，按照《中华人民共和国水法》有关条例依法行政，做到经常查与集中查结合，市上查与县上查结合，重点查与一般查结合，联合查和巡回查结合，使调水监察工作逐步走向制度化、规范化、法制化。对调度期间的违规、违纪行为发现一起，查处一起，形成了严肃、公正、守纪的良好水利执法队伍形象。

2001 年 11 月，时任国务院副总理的温家宝在甘肃省委书记宋照肃、甘肃省省长陆浩的陪同下就张掖市黑河流域综合治理工作情况的汇报信上批示："大旱之年，黑河向下游分水 8 亿多 m^3，实属不易，甘肃省委、甘肃省政府坚决贯彻中央决策，全面调整经济结构，狠抓节水措施，克服各种困难，不仅顺利完成了年度调水任务，而且促进了地区经济发展和农民增收。黑河综合治理的第一步走得很好，要认真总结经验，积极筹划明年以至更长远的工作，继续努力，走出一条建设节水型社会、实现人与自然和谐相处、经济与社会可持续发展的成功之路"。

三、经验与成效

通过努力，取得了四方面的效益。一是水资源利用效率明显提高。农业灌溉水综合利用系数得到有效提高，高耗水作物种植面积大幅度减少，亩均灌溉定额和主要工业行业产品用水定额有明显下降，万元 GDP 取水量年均下降率超过 10%，实现了全市 GDP 增长 73%，城镇化率翻一番的情况下，减少地表引水量 4 亿 m^3，减少国民经济耗水量约 2 亿 m^3。二是实现了节水与增效的双赢。在每年增加下泄水量 2.15 亿 m^3 的条件下，经济社会保持了全面快速协调发展的态势，GDP 年增长速率超过 10%，第二、第三产业增长率更是高达 15%。同时经济增长方式发生了深刻的变化，三次产业结构和用水结构得到明显优化，城乡居民人均收入增长迅速。三是取得了广泛而显著的社会效益。规范了张掖市用水秩序，水事纠纷大幅度减少，促进了区内社会稳定与和谐。中游地区通过节水向下游增泄水量，增进了甘蒙两省各族人民的团结和友谊。有力地推动了张掖社会主义新农村建设进程，增强了公众的资源节约保护和水权意识。四是生态与环境效益明显。2000 年以来，张掖市均圆满完成了黑河水量调度任务，大批鸟类、鱼类又重新在居延海繁衍生息，沿河和下游天然林草面积有所恢复，植被盖度有所增加，沙化面积有所减少，流域生态退化的趋势得到有效遏制。

四、未来展望

黑河流域属于资源型缺水地区，区域水资源难以满足当地经济发展和生态平衡的需要。当前必须在立足于当地水资源条件的基础上，按照以供定需的原则，采取强有力的节水措施，调整产业结构，加强水资源的规划与管理，系统全面考虑流域较长时期的发展需要。

黑河流域综合治理的基本思路是：以科学发展观为指导，以建设节水型社会为目标，以生态建设和环境保护为根本，以水资源的科学管理、合理配置、高效利用和有效保护为核心，从国家全局利益的高度着眼，按照国家黑河流域综合治理的目标要求，统筹规划，突出重点，全面系统地考虑流域较长时期的生态环境建设和经济社会发展对水资源的需要，进一步协调生产、生活和生态用水，上游重点抓水源涵养和植被保护，中游开展生态建设与湿地保护，积极发展高效现代节水农业，增强可持续发展能力，支持和促进下游生态环境进一步得到恢复，实现全流域人口、资源、环境与经济社会的协调可持续发展。

黑河流域综合治理的总体目标是：与上游祁连山国家自然保护区、中游国家级高效节水示范区、下游国家级胡杨林自然保护区的建设与发展保持协调一致。进一步加大中游灌区节水改造力度和调整经济结构，强化管理、科学配置水资源，在保证正义峡多年平均下泄量 9.5 亿 m^3 的情况下，确保进入下游三角洲地区和居延海的水量。同时，加强上游天然林保护和中游湿地及防风固沙林建设，使黑河流域生态系统恢复到 20 世纪 80 年代水平。实现上游有水可涵，中游有水可节，下游有水可调的良性体系建设，具体讲，从现在起到 2012 年需要完成以下三方面的工作。

(1) 上游：通过冰川、湿地、天然植被保护、生态移民等工程措施，遏制上游生态环境恶化趋势，提高上游地区生态自然修复能力，使森林覆盖率由目前的 21.8%提高到 23%，缓解森林带下线退缩的趋势，恢复和增强上游水源涵养功能。通过禁牧、围封管理，对林草地基本实现科学管理和有序利用，增强天然林草地的自我修复能力，通过 5～10 年的自然修复，进一步改善上游生态环境状况，逐步实现植物群落的自然演替，遏制生物多样性减少趋势。最终达到保护和涵养黑河水源，服务于祁连山国家级自然保护区建设的目标。

(2) 中游：通过对黑河流域湿地实施抢救性保护，坚决遏制对湿地资源的破坏、污染和不合理开发，保护湿地生态，恢复湿地水源涵养功能，促进中游绿洲生态文明建设，改善人居环境，优化发展环境，再现金张掖水天一色、“半城芦苇半城塔”的生态风格。通过加强以农田防护林和防风固沙林为主的人工生态建设，结合退耕还林还草和用水管理，改善灌溉方式，治理盐碱地；到规划水平年，使中游防护林面积占耕地面积的比例达到 18%，遏制土地沙化趋势，使盐碱化土地改良率达到 50%。通过发展现代农业，大力调整经济结构，推进节水型社会建设等一系列工程和非工程措施，不断促进生产方式的转变，提高水资源利用效率，提高生态用水比列；使水资源配置更加趋于合理，灌溉水利用系数达到 0.55，单方水的 GDP 产出提高到 17 元，确保正义峡多年平均下泄水量 9.5 亿 m^3。

(3) 下游：通过天然林围栏封育、退牧还林等措施，使林地得到逐步恢复和自然更新，在基本遏制天然林面积大幅减少趋势的基础上，逐步恢复其自然演替状态；通过退耕还草、生态移民、禁止开荒等措施，在基本遏制草场退化、土地沙化的基础上，进一步减轻沙尘暴危害，稳定绿洲规模；使进入下游的水量全部用于恢复额济纳旗绿洲生态环境，逐步恢复到 20 世纪 80 年代水平。

(甘肃省张掖市水务局供稿)

抓好大型灌区续建配套与节水改造
进一步夯实甘肃省农业发展基础

——甘肃省大型灌区续建配套与节水改造项目建设纪实

甘肃省地处西北内陆腹地，是一个以灌溉为主的农业省份，甘肃省总耕地面积 6949 万亩，其中水浇地 2078 万亩，2007 年农田有效面积 1869.7 万亩。新中国成立以来，在党中央、国务院的正确领导下，甘肃省委、省政府带领甘肃省各族人民，发扬自力更生、艰苦奋斗的优良传统，共建成 30 万亩以上大型灌区 22 处（含甘肃省疏勒河、兰州市引大入秦两个灌区），设计灌溉面积 934.03 万亩，有效灌溉面积 848.85 万亩，占甘肃省有效灌溉面积的 45%。这些灌区的水利设施不仅担负着灌区农业灌溉的重要任务，同时也是灌区周围城乡群众生活、工业和环境供水的命脉工程，对保障甘肃省粮、棉、油、果品、蔬菜生产安全，促进灌区农业和城乡经济的健康发展起着举足轻重的作用。

但是由于甘肃省大型灌区骨干工程多建于 20 世纪 50～60 年代，受当时社会、经济、技术等条件的制约，设计标准低，防洪、管理设施不健全，配套率低，施工质量较差，加之灌区多年来粗放经营和缺乏维修养护经费，灌区骨干工程及管理设施严重老化，田间配套差，输水损失大，水资源供需矛盾突出，严重影响了甘肃省经济社会的健康发展和生态环境的改善。

一、大型灌区续建配套与节水改造项目工作回顾

1998 年以来，党中央和国务院对节水灌溉工作十分重视，党的十五届三中全会明确提出要“加快现有大中型灌区水利设施的维修和完善”，“把推广节水灌溉作为一项革命性措施来抓，大幅度提高水的利用率，努力扩大农田有效灌溉面积”。为了贯彻落实党中央国务院的指示精神，实现水资源的可持续利用和国民经济的可持续发展，国家决定对大型灌区进行以节水为中心的续建配套与节水改造。

（一）大型灌区续建配套与节水改造项目的规划

1999 年 8 月 26 日，水利部印发了《关于开展大型灌区续建配套与节水改造规划编制工作的通知》，要求全国各地开展大型灌区续建配套与节水改造规划编制工作。同年 8 月 30 日至 9 月 2 日水利部会同国家发改委在西安召开专门工作会议，对大型灌区续建配套与节水改造工作做了动员和部署。根据水利部要求，甘肃省立即于 9 月下旬召开了甘肃省大型灌区续建配套与节水改造工作会议，对大型灌区的规划工作进行了具体安排。经过相关单位的努力，于同年 12 月编制完成了甘肃省景电一期灌区，白银市靖会、兴电灌区；武威市凉州区西营灌区、民勤县红崖山灌区；金昌市永昌县东河、西河灌区；张掖市甘州

区大满、西浚灌区，临泽县梨园河灌区，高台县友联灌区，民乐县洪水河灌区；酒泉市金塔县鸳鸯池灌区，疏管局双塔灌区，敦煌市党河等15个大型灌区续建配套与节水改造规划，并通过了甘肃省发改委、甘肃省水利厅组织的专家审查，上报国家发改委、水利部申请立项。

2000年3月30日至4月2日，水利部水利水电规划设计总院组织有关专家在兰州召开会议，对甘肃省水利厅上报的景电一期等15个大型灌区续建配套与节水改造规划报告进行了初步审查，并于4月10日印发了水总设〔2000〕41号《关于甘肃省大型灌区续建配套与节水改造规划报告初审会议纪要的函》，根据会议纪要精神，甘肃省对15个大型灌区续建配套与节水改造规划报告进行了修改，于2000年5月18日前先后编制完成了各灌区规划修改（补充）报告，上报国家发改委、水利部。水规计〔2001〕514号水利部以《关于全国大型灌区续建配套与节水改造规划报告的批复》对甘肃省上报的15处大型灌区规划进行了批复。

随后，甘肃省又陆续编制上报了酒泉市肃州区洪临、张掖市民乐县大堵麻、山丹县马营河、武威市凉州区杂木河等4个灌区续建配套与节水改造项目规划，水利部以水规计〔2004〕331号《关于甘肃省洪临、杂木河、大堵麻、马营河灌区续建配套与节水改造规划报告的批复》对甘肃省上报的4处大型灌区续建配套与节水改造项目规划进行了批复。

至此，甘肃省共有19个大型灌区被国家发改委、水利部列入全国大型灌区续建配套与节水改造项目规划。

根据水利部水规计〔2001〕514号《关于全国大型灌区续建配套与节水改造规划报告的批复》和水规计〔2004〕331号《关于甘肃省洪临、杂木河、大堵麻、马营河灌区续建配套与节水改造规划报告的批复》，甘肃省19处大型灌区续建配套与节水改造项目共规划改建渠首23座、泵站27座，更换机电设备1215台（套）；维修、改建干支渠道3131.28km，维修、新建排水干支沟327.91km，建筑物8853座；肃州区洪临、民乐县大堵麻、凉州区杂木河等3个灌区计划铺（架）设灌区通信光缆222km，购置、安装信息化控制管理设备253台（套），配置灌区信息化管理软件15套。计划完成田间配套面积551.53万亩，其中渠道防渗衬砌（渠灌）面积467.50万亩，低压输水管道灌溉（管灌）面积37.14万亩，喷灌面积20.95万亩，微灌面积25.94万亩。项目规划总投资357056.24万元，其中骨干工程计划投资237612.75万元，田间配套工程计划投资119443.49万元。项目实施后，可节水4.9亿m^3，可改善灌溉面积124.88万亩，改造中低产田66.7万亩。另外，景电一期、民乐县洪水河、白银市兴电、靖会、武威市凉州区西营等5个信息化建设试点灌区，共规划铺设灌区通信光缆652km，购置、安装信息化控制管理设备885台（套），配置灌区信息化管理软件110套。项目规划总投资9773.98万元，其中中央财政预算内专项资金6520万元，地方配套资金3253.98万元。项目实施后，可大大改善灌区工程管理状况，促进灌区水资源的优化调度、合理配置和高效利用，为充分发挥灌区工程改造效益，提高灌区管理水平，减少无效弃水，改革灌区人事管理制度、分配制度和水量计量、水费收支、管理系统，逐步建设少人或无人值守的灌区工程管理系统提供一个高效、有序的工作平台，使灌区工程逐步成为经济社会可持续发展的重要保障和可靠支撑。

（二）大型灌区续建配套与节水改造项目的实施

1998～2008年，国家发改委、水利部共下达甘肃省景电一期、白银市兴电、靖会、凉州区西营、民勤县红崖山、永昌县东河、西河、民乐县洪水河、大堵麻、山丹县马营河、金塔县鸳鸯、安西县双塔、敦煌市党河、甘州区盈科等14个灌区续建配套与节水改造项目骨干工程投资计划10.04亿元，其中中央财政预算内专项资金6.46亿元，地方配套资金3.58亿元。计划下达后，甘肃省各级项目管理单位共同努力，截至2006年，大型灌区续建配套与节水改造项目共改建泵站22座，更换机电设备501台（面），防渗、衬砌干支渠道1007.71km，改建各类建筑物4029座，改造维修管理房屋13930.05m^2；完成田间配套面积39.27万亩，其中渠灌39.27万亩，管灌0.83万亩，喷灌0.14万亩，滴灌0.72万亩。并对甘肃省景电一期、民乐县洪水河、白银市兴电、靖会、凉州区西营、金塔县鸳鸯等六个灌区实施了初步的灌区信息化建设。

截至目前，甘肃省列入大型灌区续建配套与节水改造项目的19处灌区，除张掖市甘州区大满、西浚灌区，临泽县梨园河灌区，高台县友联灌区在黑河综合治理项目中实施，凉州区杂木河灌区在石羊河流域综合治理项目中实施外，其余14个灌区均实施了大型灌区续建配套与节水改造项目。

（三）大型灌区续建配套与节水改造项目的建设和管理

（1）加强领导，健全机构，严格基本建设程序，确保项目建设工作顺利进行。为确保续建配套与节水改造项目的顺利实施，甘肃省确定各级水利部门为大型灌区续建配套与节水改造项目责任单位，责成各市、县（区）成立项目建设指挥部（领导小组），协调解决工程建设中存在的各种问题，落实项目建设资金，指导项目实施。同时，根据续建配套项目的特点，依托各灌区管理单位成立了专职的项目建设管理机构，确定了项目法人。在项目建设中，严格执行水利基本建设程序，执行项目法人责任制、招标投标制、建设监理制，严格实行合同管理，使工程管理工作始终处于层层有人抓，处处有人管，分工负责的局面，为项目的顺利实施提供了有力的组织保证。

（2）严格计划管理，认真督促项目建设资金及时足额到位。为切实加强项目计划和资金管理，我们在总结过去几年大型灌区续建配套与节水改造项目建设经验的基础上，建立健全了省级大型灌区项目管理档案，严格进行项目建设计划审核、审批管理。同时，按照财政部、水利部颁布的《水利基本建设资金管理办法》，认真落实财政预算内专项资金管理制度，督促各灌区年度项目中央补助资金及配套资金的及时足额到位，并指导各项目建设管理单位建立健全财务管理制度，对项目资金由专人负责、专户储存、专款专用，严格按工程施工合同、质量验收合格证和财会制度办理资金结算业务，做到账务处理日清月结、账账相符、账证相符、账实相符，保证了项目建设资金及时足额到位和充分发挥项目资金建设效益。

（3）强化项目质量管理，确保工程建设质量和进度。为确保大型灌区续建配套与节水改造项目工程质量，在项目建设管理过程中，我们采取了一系列行之有效的措施。一是严把工程规划设计关。在中央财政预算内专项资金下达后，要求各灌区必须按照灌区规划和年度可研报告编制项目实施方案，由甘肃省水利厅、甘肃省发改委组织专家进行审查、审批后方可开工兴建。二是要求各灌区建设项目严把材料质量关，对使用的设备材料，必须有质检部门颁发的质量合格证书，严格控制不合格材料进入工地。三是严格要求施工单位坚持实行“三检制”，实行工程质量终身负责制。四是由市级水利工程质量监督站在施工单位自检、监理单位终检的基础上，进行工程质量跟踪检查或抽检，甘肃省水利厅、甘肃省发改委依据市级水利工程质量监督部门的意见对工程质量进一步核定。建立了“建设单位负责，监理单位控制，施工单位保证，政府部门监督”的质量保证体系，确保了工程质量和项目建设进度。

（4）依靠科技进步，积极采用先进技术。在大型灌区续建配套与节水改造项目建设过程中，始终把引进和推广先进技术作为一项重要工作来抓。在各灌区续建配套与节水改造项目实施过程中，多方筹集资金，大力发展低压管灌、喷灌、滴灌等高效节水技术，取得了良好的示范效果。在渠道防渗中采用土工织物，采用环氧厚浆涂护渡槽槽身，采用新型液控缓闭蝶阀控制泵站管道系统等。这些新技术、新材料的应用，既保证了工程质量，节省了工程投资，又有效延长了工程使用寿命，充分发挥了工程效益。

（四）大型灌区续建配套与节水改造项目实施的综合效益

（1）消除了灌区骨干工程主要隐患，保证了工程安全运行，提高了灌溉效率，增强了灌区服务能力。通过实施灌区续建配套与节水改造项目，加大对灌区骨干工程的改造力度，减少了工程隐患，降低了工程事故，保障了骨干工程安全运行，节约了灌区年维修费用和抢险费用。甘肃省实施了续建配套与节水改造项目的灌区，骨干工程安全运行率由改造前的平均62%提高到了95%以上，年增加输水能力12.86m^3/s，灌溉周期由改造前的平均19.5天减少到16.69天，灌溉效率由改造前平均439.13亩/昼夜·秒立方米提高到改造后平均476.38亩/昼夜·秒立方米，使灌区的灌溉效率得到了较大提高，增强了灌区工程的服务能力。

（2）缓解了灌区水资源供需矛盾，促进了经济社会的全面发展。1998～2006年，甘肃省12处大型灌区实施续建配套与节水改造项目后，通过改造灌区骨干工程，加大田间配套工程建设力度，推广小畦灌溉（小畦平均面积0.4亩）、地膜沟灌，使灌区渠系水利用系数平均由0.57提高到了0.6，灌溉水利用系数由0.5提高到了0.54；年节水18469万m^3，较好地缓解了灌区水资源紧张状况，促进了灌区经济社会的全面发展。

（3）提高了渠道输水能力，改善了灌区灌溉条件，提高了灌溉质量。通过节水改造，甘肃省12处大型灌区共新增和恢复灌溉面积49.8万亩，改善灌溉面积108万亩，新增粮食生产能力11502万t。灌区粮经比由改造前的平均65∶35调整为49∶51，年增粮食生产能力13295万kg，新增经济作物生产能力18077万kg。项目区亩均粮食产量由改造前的413.65kg/亩提高到改造后的512.29kg/亩，亩均增产98.64kg，使灌区农民人均纯收入由改造前的1921.22元提高到改造后的2873.33元，提高了952.11元，为灌区农业丰收、农村稳定、农民致富作出了贡献。

（五）大型灌区的水管改革

1. 灌区管理体制改革方案制定、上报、批复及“两定”、“两费”的落实

为了贯彻落实国办发〔2002〕45号《国务院国办公厅转发国务院体改办关于水利工

程管理体制改革实施意见的通知》精神，甘肃省人民政府于2003年4月10日批转了甘政办发〔2003〕31号《甘肃省水利工程管理体制改革试点工作指导意见的通知》，甘肃省水利工程管理体制改革工作按照“统一政策、分级管理、分级组织实施、试点先行、积极稳妥推进”的指导思想，在对甘肃省371个水利工程管理单位进行调研的基础上，确定31个有代表性的灌区管理单位进行试点，先行改革，其中甘肃省景电、民乐县洪水河两个大灌区被确定为省级试点。2004年12月，甘肃省政府办公厅印发了《甘肃省水利工程管理体制改革方案》，标志着甘肃省水管体制改革进入全面实施阶段，同时也为甘肃省水利工程管理体制改革进一步明确了方向。

甘肃省大型灌区按照甘肃省水利体制改革总体思路和要求，结合灌区实际情况，制定了水管体制改革实施方案，为灌区管理体制和运营机制改革提供了重要的政策保证。近几年，大型灌区以续建配套与节水改造项目实施为契机，按照水管体制改革方案的目标、要求及措施，在管理体制、经营机制、投资体制、水价改革、劳动人事分配制度等方面都迈出了较大的步伐，参照水利部、财政部《水利工程管理单位定岗标准（试点）》和《水利工程维修养护定额标准（试点）》，本着“精简、高效”的原则，科学核定灌区管理人员编制，合理测算经费，并根据水管单位的类型，确定水管单位性质，积极争取财政支付政策。同时在各大型灌区积极推进人事、劳动、工资等内部管理体制改革。在合理定岗定编的基础上，按照单位自主用人，职工竞争上岗，以及公开、公平、公正、竞争、择优的原则，对所设定的各个岗位，实行双向选择，通过公布条件、自荐报名、资格审查、考核评议、组织决定等程序，全面实行岗位聘用制。截至目前，甘肃省大型灌区水管体制改革方案除景电和疏勒河水资源管理局所属的双塔灌区待批外，其他各灌区都已批复，批复公益性管理人员1771人，经费4326万元，实际落实人员525人，经费988万元；批复公益性工程维修养护经费1660万元，实际落实经费315.57万元。

2. 水价、水费计收机制的改革

为了使灌区续建配套与节水改造项目实施后灌区能够形成自我生存、自我发展的良性运行机制，甘肃省各大型灌区管理单位把加大灌区水价改革作为推进灌区管理体制与运行机制改革的一项重要任务来抓，认真贯彻《国务院办公厅关于推进水价改革促进节约用水保护水资源的通知》、《水利工程供水价格管理办法》和《甘肃省农业用水价格改革指导意见（试行）》，按照补偿成本、合理收益、优质优价、公平负担的原则，在甘肃省物价局的指导下重新核定了供水成本，对水价进行了调整。据调查，甘肃省大型灌区水价均有不同程度的提高，如疏管局双塔灌区水价提高了0.017元/m^3，金昌市永昌县东河、西河灌区水价提高了0.02元/m^3，凉州区西营灌区水价提高了0.04元/m^3；甘肃省平均水费实收率已达到92.4%，白银市兴电、金塔县鸳鸯、疏管局双塔三个灌区水费实收率已达到100%，较好地改善了灌区经营管理状况，有效地改善了生产、生活条件。

水费是水利工程管理单位的重要经济支柱，过去甘肃省大型灌区依托各乡镇代收水费取得了一定的效果，但是经常出现收缴不到位和挪用现象，个别乡镇还出现搭车现象，水费管理工作不够规范。随着灌区管理体制改革的不断深入，甘肃省大型灌区在水费的计收和管理方面有了根本性的转变。一是按《甘肃省水利工程水费计收和使用管理办法》的规定，进一步规范水费计收和使用管理；二是大力整顿水价秩序，加强末级渠系的管理，推行农户终端水价制度，严禁乱加价和乱收费，2007年甘肃省水利厅、甘肃省物价局下发了《甘肃省农业末级渠系水价管理暂行办法》；三是进一步发挥农民用水户参与式灌溉管理的作用，加强对供水收费的监督，提高水费收取的透明度；四是推行分类计价、超额累进加价、季节水价、浮动水价等水价制度；五是加快供水计量设施建设，改进供水计量手段，保证供水计量的准确性、公平性。

3. 用水户协会的建设和发展

在大型灌区续建配套与节水改造项目实施的同时，甘肃省各灌区根据实际情况，按照"让用水户参与灌溉管理"的思路，在甘肃省各灌区逐步推行了用水户参与灌溉管理模式，充分体现了农民的民主参与、民主监督、民主管理，各大型灌区水管单位以建立骨干工程管理专业化、科学化，田间工程管理民主化、社会化的管理体系，形成"灌区专业管理机构＋农民用水者协会"管理机制为目标，大力推行灌区用水户参与式灌溉管理，强化了基层管水组织，激发了灌区农民参与灌溉管理的积极性，提高了工程及灌溉管理效率。各用水户协会均制定了《用水户协会章程》、《用水户协会购水收费制度》、《灌溉管理制度》和《工程管理制度》等一系列规章制度。截至目前，甘肃省已组建农民用水者协会1769个，参与农户156.6万户，管理灌溉面积831万亩。其中实施大型灌区续建配套与节水改造项目的12个灌区已组建各种形式的农民用水者协会768个，其中民政部门注册611个，管理灌区面积315.39万亩。

4. 推行管养分离、分流人员及社会落实保障政策

按照国家水管单位体制改革实施意见，甘肃省各灌区积极推行水利工程管养分离，通过精简机构、提高养护水平、降低运行成本，改革灌区工程维修养护体制。鉴于甘肃省各灌区维修养护资金到位十分困难的实际情况，甘肃省采取分步推进的办法，对工程维修养护任务重、有专业维修养护队伍的灌区管理单位，在灌区管理单位内部试行工程运行管理和维修养护在机构、人员和经费上的分离。逐步对维修养护实行内部合同管理，实行企业化运作，将工程维修养护业务从灌区管理单位中剥离出来，独立或联合组建专业化的养护企业，最终使维修养护企业走上社会化、市场化和专业化的道路。如甘肃省景电一期灌区在单位内部对土建维修队、机电检修队和配件加工厂在机构、人员、经费上分离，维修养护实行内部合同管理，定时间，定进度，定质量，定投资，确保工程"安全、按时、平稳"运行。对分离的专业维修养护队伍划拨资产，扶持发展，逐步将维修养护业务和维修养护人员从管理职能中剥离出来，实行企业化运作，培育维修养护市场主体。在每年维修养护资金足额到位的基础上，管理单位通过招标方式择优确定维修养护企业，逐渐使维修养护企业走上社会化、市场化和专业化的轨道。

二、大型灌区续建配套与节水改造项目展望

按照科学发展观要求，以提高灌区农业综合生产能力和粮食生产能力为核心，以保障粮食安全和农业可持续发展、促进农业和农村经济结构调整、增加农民收入、改善农业生产条件和农村生态环境为目标，突出节水增效。以灌区骨干工程改造和田间工程配套为重点，通过采取工程措施、农业措施、管理措施对大型灌区进行综合改造，提高灌溉水的利用率与效益，通过灌区管理体制和运行机制改革，提高管理效率和服务水平，实现工程良

性运行，为粮食安全、用水安全、生态环境安全提供有力的支撑和保障。

第一，要充分认识灌区的基础产业地位，积极争取国家投资，加大大型灌区续建配套与节水改造项目力度，争取在“十二五”期间完成大型灌区续建配套与节水改造项目规划任务，使大型灌区骨干工程的运行状况得到明显改善，提高灌区用水效率和效益、优化水资源配置、增强灌区农业综合生产能力、促进农业增产、农民增收、提升灌区管理效率和服务水平、改善农村生态环境，美化农村人居环境，推动农村小康建设、促进灌区良性发展。

第二，要因地制宜，突出重点，加快灌区节水改造步伐。要从保障粮食安全，提高农业综合生产能力的高度出发，加快灌区田间节水改造步伐，争取“建一片，成一片，效益发挥一片”；而且要根据不同地域、不同灌区的情况，因地制宜地推广节水潜力大，节水效果明显的高新节水灌溉技术，同时紧密配合农业综合增产措施，调整作物种植结构，实现高产优质高效的目标，不断提升灌区综合服务功能。

第三，调整结构，促进节水，缓解水资源紧缺局面。在加大灌区改造力度的同时，既要注重工程措施，又要注重非工程措施，通过调整作物种植结构及工农业用水结构，促进灌区节水，缓解水资源紧缺局面，改善灌溉条件，提高管理水平，促进灌区粮经作物的高产、稳产，增加农民收入，对促进农村经济的持续稳定发展起到十分重要的促进作用。

第四，注重科技，致力发展，切实提高灌区科技含量。在大型灌区配套改造建设中，要注重新技术、新材料、新工艺的广泛应用，不仅有效解决工程施工及运行中的疑难问题，而且增强水利工程的功能，延长工程使用寿命。同时，对条件具备的灌区，加快信息化建设步伐，逐步建立灌区自动控制及信息化管理系统。实现灌区数据自动采集、处理、存储、传输、查询、计费、遥控和灌区可视化管理，优化水资源配置，切实提高灌区科技含量。

第五，深化改革，创新体制，推动灌区管理工作上水平。认真贯彻落实“两改一提高”政策，加快灌区改革步伐，尽快建立职能清晰、权责明确、管理科学、经营规范的管理体制和运行机制。一是进一步明晰工程产权，理顺政府、灌区、农民之间的关系，明确各方面的责任、权利和义务。明确国有资产出资人代表，规范灌区管理制度，加强民主监督。二是在灌区支渠以下积极推行用水户参与灌溉管理。鼓励农民建立用水户协会等多种形式的农业用水合作组织，让农民广泛参与工程的建设与管理。三是由于灌区承担防洪除涝、生态供水等公益性任务，财政对灌区公益性资产损耗应给予补偿。四是减员增效，积极推行灌区工程管养分离。按照《水利工程管理单位定岗标准》，推进灌区管理单位的定编、定岗、定员工作，精简管理机构，提高养护水平，降低运行成本。五是要按照《水利工程供水价格管理办法》，建立合理的灌溉水价形成机制，推行终端水价制度，减少搭车收费，创造条件逐步实行计量收费，推行超定额累进加价制度。六是灌区要利用自身优势积极发展综合经营，要尽快转变“单纯服务”的理念，树立产业意识、经营意识和商品意识，要向社会服务，增强自我维持能力，尽快实现灌区良性循环，充分发挥水利工程效益。

（甘肃省水利厅农村水利处供稿）

黄土高原水土保持的旗帜工程

——甘肃省黄土高原水土保持世界银行贷款项目建设侧记

甘肃省地处长江、黄河、内陆河三大流域，在黄河流域以黄土高原而著称。她不仅占据着甘肃经济、文化的重要位置，而且是水土流失治理的重点区域。随着我国改革开放的深入，国民经济迅速发展，综合国力不断增强，甘肃省委、省政府高度重视水土保持生态建设工作，抢抓历史机遇，果断决策，组织省、市、县水保部门经过三年多的积极准备，于 1994 年立项实施了黄土高原水土保持世界银行贷款项目。

黄土高原水土保持世界银行贷款项目区位于黄河中游陇东黄土高原，属黄河流域多沙粗沙区，区内沟壑纵横，梁峁起伏，地形破碎、生态环境脆弱，水土流失面积占总面积的 99.2%，属强度侵蚀区。严重的水土流失，使土壤肥力降低，干旱加剧，生态失调，人民群众生活困难，很大程度上制约了区域经济社会的快速发展，且直接危及到黄河中下游地区的生态安全。新中国成立以来，中央和各级政府十分重视水土保持工作，组织带领广大干群坚持不懈地开展了黄河流域的水土保持综合治理。特别是 20 世纪 90 年代以来，国家加大了对生态环境建设的步伐，中央财政预算内国债专项资金水土保持项目，黄河水土保持生态以工代赈项目，生态修复项目及淤地坝建设项目等水土保持生态环境建设工程，为综合治理黄土高原水土流失，建设生态环境积累了许多宝贵的经验。

世界银行贷款项目区经过长达 12 年的强化治理，使项目区生态环境得到改善，水土流失得到初步治理，经济得到发展，农民稳定实现了脱贫致富，而且学习引进了先进的科学技术和管理经验，培养了一大批水土保持技术骨干和管理人才，提高了项目区农民的科学文化素质和技能，为建设社会新农村和水土保持生态建设事业的可持续发展夯实了基础。

一、项目执行情况

（一）世界银行一期项目

黄土高原水土保持世界银行贷款世界银行一期项目于 1993 年 11 月经国家计委审批立项，1994 年 1 月正式启动实施，2001 年底执行结束。项目区总面积 4304km^2，涉及甘肃省西峰、庆城、宁县、合水、正宁、环县 6 个县（区），51 个乡（镇），50 万人。总投资 56200 万元，其中世界银行贷款 33200 万元，国内配套 23000 万元（中央配套 3000 万元，省级专项资金 2400 万元，省农、林、水、牧配套 7915 万元，市县两级配套 2400 万元，群众投劳折价 7285 万元），计划完成水土流失治理面积 1385.78km^2。通过 8 年的实施，兴修梯田、坝地、造林、种草、修路、建窖，合理布设综合配套措施，建立多功能、高效益的水土综合防治体系，实现对水土资源的全面开发和可持续利用。项目区共完成水土流失治理面积 1386.1km²，其中：兴修梯田 30723.2hm²，人工造林 67180.9hm²，种草 30886.9hm²，建果园 9399hm²，新修骨干工程、淤地坝 92 座，果库 225 孔，苗圃 47hm²。项目的实施在较大程度上改善了项目区的交通、医疗、卫生条件，使农业生产水平大幅度提高，人畜饮水困难得到有效缓解，林牧矛盾突出问题逐步消化。2002 年 2 月，世界银行一期项目被联合国粮农组织评为“特别满意项目”和“黄土高原旗帜工程”。2004 年黄土高原水土保持世界银行贷款项目获“世界银行行长奖”。世界银行行长奖，是世界银行的最高奖项，也是甘肃省首次获得世界银行的最高奖项。

（二）世界银行二期项目

世界银行二期项目于 1999 年启动实施，二期项目区地处甘肃东部的泾河流域和渭河流域，其中泾河流域涉及平凉、庆阳两市所辖泾川、崆峒、崇信、灵台、华亭、庆城、环县、华池、镇原，面积 3922.85km²；渭河流域涉及平凉市的庄浪、静宁，面积 500km²，共涉及 11 个县（区），79 个乡（镇）、620 个行政村，140 条小流域。总面积 4422.85km²，项目总投资 6.225 亿元，其中世界银行贷款 4500 万美元，折合人民币 3.735 亿元；国内配套及群众自筹 2.49 亿元人民币。项目实施期 6 年，共完成水土流失治理面积 1390.39km²，占中期调整后计划任务 1381.86km² 的 100.62%，共建设基本农田 32026hm²，其中：兴修梯田 31797hm²，占计划任务的 101.23%，建成坝地 229hm²（含滩地 128hm²），占计划任务的 100%。建治沟骨干工程 17 座，占计划的 100%。总库容 1084 万 m³。新修淤地坝 10 座，占计划的 100%。修建谷坊 788 座，占计划的 100%。修筑水窖 12298 眼，占计划的 105.24%。修建涝池 426 个，占计划的 100%。完成乔木林建设 35143hm²，占计划的 100.08%；完成经济林 17082hm²，占计划的 100%；营造灌木林 16166hm²，占计划的 102.19%；新建果园 7916hm²，占计划的 101.15%；完成以紫花苜蓿为主的人工草 22025hm²，占计划的 100%；11 县（区）建中心苗圃 9 处，面积 84hm²，占计划的 100%。项目实施以来共建农户果品保鲜库 120 孔、中心果品贮藏保鲜库 14 孔；发展养畜 4742 头。

在二期项目建设中，结合治理开发中的技术难点，经过逐级筛选和专家论证，确定了 7 个科研课题。课题分别由甘肃省陇东水土保持科学研究所、平凉市水土保持科学研究所与甘肃省水土保持科研所和兰州大学合作主持，经过三年多的示范研究，7 项课题都通过了甘肃省市验收和鉴定。其中获地厅级科技进步奖一等奖二项、二等奖四项，甘肃省科技进步三等奖一项。通过 6 年的强化治理。促使了项目区农民致富，推动了区域经济的快速发展。2005 年世界银行二期验收被联合国粮农组织评为“特别满意项目”。

二、项目主要成果和经验

在黄土高原水土保持世界银行贷款项目的实施过程中，各级项目单位高度重视项目实施过程中带来的先进治理手段、治理模式，并与甘肃省水土流失现状相结合，探索出甘肃省水土流失治理的新路子。

（一）创新了治理手段和模式

为了提高项目实施的进度和质量，对项目建设的主要措施，采用招标的办法由专业队伍具体实施。骨干工程和淤地坝建设，由县项目办通过招标，选择有资质的施工队按设计和技术要求进行施工，不但加快了工程建设进度，而且提高了工程建设质量。对一些栽植技术要求较高、且不易成活的树种，如油松、落叶松等则采取群众预整造林地，栽植则承包给有栽植经验的专业造林队或国营林场。提高了造林成活率，基本达到一次成林，减少了补植，降低了造林成本。在梯田建设方面，大力推广机修梯田，由各县项目办通过公开招标，选择技术力量强的机械施工队完成。在果库建设方面，全部采用招标修建，由市、县项目办负责招标，并会同工程质量监督部门监督工程进度和质量。在工程措施布设上，各项目区根据实际总结出了“林草盖帽，山杏缠腰，缓坡梯田，退耕种草，阳坡刺槐，阴坡油松，沙棘补空，杨柳垫底，沟道筑坝”等山区治理模式；在发挥比较优势、推进农业结构调整方面，依托项目和资源优势，提出了“修饭碗田，走退耕路，念草木经，发畜牧财”等一系列治理新思路；同时，还积极与国家实施的退耕还林、扶贫整村推进、农业综合开发等项目进行整合，充分发挥项目的整体效益。

（二）规范了水土保持生态建设项目的管理实施

在世界银行水土保持项目的实施过程中，我们始终遵循和不断完善严谨、科学管理理念和先进、实用的管理方法，为项目顺利实施提供了保障。一是项目前期工作规范。从可行性研究报告的科学编制，方法、程序的合理安排到准确、全面的投资概算是项目成功实施的前提。二是项目建设内容设计科学。以小流域为单元编制的初步设计中，坚持因地制宜、因害设防原则，按流域水土流失特点和经济发展要求，合理布设治理措施，还做了与项目紧密相关的支持服务规划、计划。同时，充分利用计算机和“3S”技术进行设计、制图分析计算，大大提高了工作效率和数据指标的可靠性。这是项目顺利实施的基础。三是项目管理手段先进。科学的监测评价是世界银行水土保持项目管理的重要手段。科学、准确地掌握项目进度与质量，反映项目效益、效果影响，分析执行中存在的问题，提出改进措施和建议，提高项目实施水平，以及先监测后申请提款“报账制”的实施，这是项目成功实施的保证。四是项目技术规范严格。按照世界银行项目实施的要求，先后制定了16个具体管理办法和各单项措施技术规程，使项目管理水平、工程质量、效益有了较大提高，这是项目顺利实施的关键。这些手段和措施的引入，为我们水利工程建设实行项目法人制、招标投标制、工程监理制、资金报账制等制度提供了典范。

（三）强化了政府在水土保持生态建设中的职能作用

在项目实施过程中，甘肃省政府和省级有关部门始终对项目给予高度重视和大力支持。甘肃省委、甘肃省政府将项目实施列为甘肃省农村经济和生态建设工作中的一件重要任务，狠抓落实。每年省项目领导小组召开一次项目工作会议。平凉、庆阳市委、市政府每年定期召开项目工作会议，主要领导亲自参加会议安排部署工作，研究解决项目中存在的问题，将项目任务纳入各级政府部门年度工作考核序列，要求各级政府层层签订合同，实行目标管理，严格考核。有些县对乡镇实行项目实施年度工作考核一票否决制，有些县实行末位淘汰制，对完不成任务的乡镇领导实行就地降职使用，不搞易地做官。在每年春、夏、秋三个突击治理季节，各级领导都能亲临第一线检查指导项目实施。两市政府在项目区全面推行了党政一把手亲自抓、分管领导具体抓、业务部门全面抓、农口部门配合抓的经验和做法，有力地促进了项目的实施。

（四）激发了干部群众的积极性

为了提高项目区广大干部群众参与项目建设的积极性，甘肃省在项目区全面推行目标管理责任制，落实奖罚制度。平凉、庆阳市委、市政府每年都要对各县的项目实施进行评比，表彰奖励先进，鞭策后进。省、市项目办对项目实施中技术要求较高的工作任务实行承包责任制，承包给业务能力强、有实施经验的技术骨干完成。在项目建设中实行承包的工程项目有小流域实施规划、科研推广、重点单项工程规划设计、苗圃经营管理、机修梯田施工、骨干坝淤地坝建设以及示范造林工程建设等。实践证明，这些工程项目实行承包后，施工质量和进度都比较好，达到了提高工作效率和经济效益的目的。

（五）夯实了项目区水土保持基础

世界银行项目的实施是庆阳水土保持的里程碑。一是世界银行项目的实施使原来的市、县两级水土保持部门由原来水利部门的站、股建制改为目前的市、县水土保持管理局，健全了组织机构，强化了工作职能。二是培养一支水土保持骨干队伍。项目区水土保持行业由世界银行项目实施前不足百人，发展到目前拥有600多人的一支专业技术和管理人员队伍。三是推动了水土保持事业的发展。继世界银行项目实施之后，省、市、县各级党委、政府不断深化对水土保持生态建设工作的认识，增强紧迫感、责任感和忧患意识，积极实施"项目带动战略"，截至目前，先后组织实施国内外大中小型水土保持生态建设项目14个，为区域经济和水土保持生态建设事业的可持续发展奠定了坚实的基础。

三、项目成效

黄土高原水土保持世界银行贷款项目的实施，开创了甘肃省水土保持生态建设新局面。经过各级政府及广大干部群众的共同努力，建成了一批高质量、高效益的水土保持治理样板工程，取得了明显的经济、生态和社会效益，实现了以小流域为单元的综合治理和整山整村推进，促进了农民脱贫致富及经济收入的增长，为构建和谐社会奠定了基础。

（一）生态环境明显改善

世界银行一期、二期项目累计完成水土流失治理面积2776.48km²，世界银行一期项目区的治理程度由治理前21.5％提高到治理后的56.58％，林草覆盖率由15.8％提高到40.8％；世界银行二期项目区治理程度由22.4％提高到53.6％，使林草覆盖率由治理前的12.37％提高到现在的36.35％，提高了23.98个百分点，项目区生态环境初步改善，与非项目区形成鲜明对照，景观差异较大。随着项目区封禁措施的实施，天然植被得到自我修复，促进了生物多样性的恢复。同时，由于措施布局得当，各项治理措施蓄水保土能力增强，涵养了水源，提高了地下水位，方便了群众生产生活。以小流域为单元建立的综合防治体系正发挥着显著的经济、生态和社会效益，到处出现了看山山绿，看地地平，路通了，水清了的喜人景象。随着项目造林、种草植被建设，植物种类出现多样化，各种伴生植物也随着植被的增加和局部气候的变化繁衍生长，加之封禁措施的实施，使植物种类日益增多，生物群落得到了恢复和改善。项目区部分区域昔日不见的山鸡、大雁、野鸭又重新回到了大自然的怀抱。

（二）水土流失得到初步治理

世界银行水土保持项目以小流域为治理单元，先后在 239 条小流域中运用生物、林草、工程、耕作等措施，建成了“山、水、田、林、路、坝综合治理，护坡、保掌、固沟组装配套”的水土流失综合防治体系，各项治理措施面积占项目区总面积的 32.4%，目前已完成的各项治理措施年拦泥保土 1044.67 万 t，有效地减轻了风沙危害，调节了河川径流，减少了入黄泥沙，改善了生态环境，增强了区域生态抗灾害能力。

（三）农业生产条件明显改善

世界银行水土保持项目区一般选定在甘肃省经济发展滞后，相对贫困的地区，在项目实施中，我们把梯田建设作为基础工程，在项目区统一规划，全面实施，使梯田面积大幅度增长，人均梯田达 0.2hm^2，改善了农业生产条件，为调整土地利用结构打下了基础。农、林、牧、果用地比例分别由治理前的 36%、7%、7%、1%调整为 31%、26%、11%、3%，土地利用率由治理前的 51%提高到 71%。打破了农业占主导产业的单一格局，农、林、牧、副得到了协调发展。同时，结合梯田、骨干坝、淤地坝等工程建设，加强了田间生产道路的修建，方便了农副产品的运输与交流，降低了农民劳动强度，方便了农村机械通行，提高了机械化作业水平，劳动生产率大大提高，增强了农民收入。

（四）农民生活水平稳步提高

果园等经济林园的大规模建设和种草养殖规模的扩大，为农业产业化提供了广阔的空间。在项目区已形成了一批靠畜牧养殖业，果园建设致富的典型农户、典型村、典型乡镇，有力地推动了农业产业化的发展。随着各项措施经济效益的发挥，项目区人均产粮增加了 82kg，达到 462kg，人均纯收入增加 848 元，达到 1520 元。不但解决了温饱问题，较大部分农户已逐步走上致富之路。富裕起来的农民不但注重交通、运输、通信工具的购置，更注重了人居环境的改善，人均住房面积达到 25.3m^2。在生活方面，饮食结构由单一的食粮改为菜、肉、蛋、粮搭配调剂，注重营养。项目实施为改善农村医疗卫生状况创造了条件，项目区新增县级医院 1 处，乡镇中心医院 89 处，村级医疗站（所）1329 个，改善了服务条件。同时，通过建设人畜饮水工程，治沟骨干工程、淤地坝、水泥水窖等，基本解决了项目区长期存在的人畜饮水困难。卫生水源由基期 30.87%提高到 40.94%，提高了人畜饮水质量。

（五）新技术得到推广引用

在项目实施中，市、县项目办从实际出发，推广应用了一批新技术、新成果。在基本农田建设方面大力推广优化梯田技术和应用优良品种、旱作农业、配方施肥、地膜覆盖等集约经营技术成果，积极推广应用机修梯田优化设计与施工技术，采用“简易测量—优化设计—现场放线”的方法，一次性完成的设计放线，比常规方法效率明显提高。据分析，采用优化施工技术比常规施工可减少21.3%的费用。在育苗造林方面，首先大力推广垄畦种、机播、覆膜、间苗、定苗、打顶、抹芽、断根、节灌、容器、温室等科学化育苗技术，提高了苗木质量；其次推广应用药剂和清水处理苗木技术（用ABT生根粉、根宝、保湿剂、清水浸泡、菌根处理苗木）、径流林业、容器苗造林、无性系造林和乔灌混交等五项造林新技术。另外，还总结推广了刺槐、山杏秋季截杆埋根造林、隔季整地造林等抗旱造林技术。在果园建设方面，我们采取引进优良品种、推广先进技术，群众自愿，并加以积极引导的办法，促进建设质量。在畜牧方面，发展种草、推广舍饲养畜、改良畜种、实行封育，促进了畜牧业发展，缓解了林牧矛盾。在项目规划设计中引进系统工程理论、地理信息系统、电子计算机等先进技术，应用到了小流域规划以及项目监测评价和管理等，使项目工作从一开始就有了一个较高的起点。

世界银行水土保持项目的实施，得到了中央、省有关部门的鼎力支持和各级党委、政府的正确领导，经过项目区群众12年持之以恒的奋战和600多名项目工作人员的辛勤工作，已圆满完成了各项治理任务，改善了区域生态环境，夯实了经济发展基础，提高了农民生活水平，极大地改善了项目区群众的生存、生产、生活环境，有效地防止了水土流失的进一步蔓延，生态环境地恢复和基础条件的改善，带来的不仅是脱贫致富和生活水平的提高，更是区域经济社会的可持续发展和人与自然和谐相处的新气象。目前，已展现出良好的生态、社会和经济效益，随着时间的推移，项目的各项效益将日益凸现，必将极大地促进项目区经济社会的协调发展，必将在陇东大地上树立起又一座绿色丰碑。

世界银行水土保持项目的成功实施，既为项目区注入了全新的思维方式和先进的管理理念，同时，为同类型区及甘肃省开展水土保持生态环境建设提供了借鉴，积累了经验，所产生的影响必将发挥重要的推动作用。

四、项目后期展望

今后，项目区各级政府和水土保持管理部门以科学发展观指导水土保持工作，以项目区治理成果为依托，进行资源整合、项目整合，紧紧围绕提高农业综合生产能力、防治水土流失、改善生态环境的目标，与当地经济社会发展、项目区群众意愿相结合，创新机制，明确重点，规范制度，强化监管，充分发挥项目效益，加快水土流失防治速度。坚持把治理水土流失与改善民生紧密结合起来，适应保障与改善民生、提高人民生活质量对水土保持提出的新要求，坚持以人为本，以水土资源的合理配置、高效利用所产生的经济效益来调动群众保护水土资源、治理水土流失的积极性，切实把治理水土流失与解决民生问题紧密结合起来；加强农业基础设施建设，保育水土资源，改善农业生产条件，提高农业综合生产能力；与区域经济发展相结合，大力发展特色经济林果、蔬菜、药材和畜牧业，充分发挥产业开发对防治水土流失、促进地方经济发展的积极作用，促进农村产业结构调整，增加农民收入；围绕梯田的有序开发、产业结构合理调整等发展现代高效农业典型的分析，突出展示水土保持在夯基础、增收入上的作用；把水土流失治理和村容、村貌整治有机结合起来，搞好河道整治，防治面源污染，处置生活污水、垃圾，保护水源，改善人居生活条件。按照“治理抓特色、特色抓产业、产业抓优势、优势抓规模”的发展思路，以项目区水土保持综合治理成果为载体，以梯田等基础设施建设为平台，着意引导、培育和发展具有资源优势和地方特色的农业特色产业，实现了经济结构的优化配置和农业生产的集约经营，让干部群众感受到山区发展的潜力和希望。

甘肃水保看陇原，陇原水保走世界。让我们携起手来承前启后，继往开来，为构建和谐社会，创建美好家园而共同铸造新的辉煌！

（甘肃省水利厅水土保持局供稿）

利用日元贷款　大力发展节水灌溉

——甘肃省节水灌溉（日元贷款）项目建设纪实

甘肃省位于祖国内陆腹地，干旱少雨，水资源十分紧缺。甘肃省人均水资源量1152m³，为全国人均水资源量的1/2；耕地亩均水资源量378m³，为全国平均水平的1/4。随着经济社会的发展，水资源的供需矛盾更加突出。科学开发利用水资源、节约用水，已成为保障经济社会可持续发展的战略性任务。农业灌溉是甘肃省的用水大户，用水量占甘肃省总用水量的80%以上，由于水利工程设施不配套，灌溉技术落后等，水的利用率低，有着巨大的节水潜力。所以，节约用水必须重点抓好农业灌溉用水，加快水利工程设施的节水改造与完善配套，大力推广节水灌溉新技术。

为了加快节水灌溉的发展，按照多方筹集资金的思路，在甘肃省政府的高度重视下，经过甘肃省有关部门的积极努力，甘肃省农业节水灌溉工程项目列入国家第四批日本海外协力基金贷款计划。这是甘肃省首次利用外国政府贷款发展节水灌溉的大型农田水利工程建设项目，涉及河西和中部的5个市、16个县区及甘肃省农垦系统。项目从1998年开展前期工作，到2000年9月甘肃省财政厅与日本国际协力银行签署项目备忘录，于2001年3月由财政部与日本国际协力银行正式签订了贷款协议，甘肃省节水灌溉项目全面启动。2001年10月，国家发展计划委员会批复了项目可行性研究报告。2002年9月，经水利部审核同意，由甘肃省水利厅批复了项目初步设计报告，项目进入实施建设阶段。

经批准后的甘肃省节水灌溉（日元贷款）项目总投资7.92亿元，其中日本国际协力银行贷款60亿日元，国家从水利基建资金中补助1亿元，其余由地方政府资金、灌区水费和受益农户投资投劳配套。项目计划发展节水灌溉面积120万亩，包括干支渠道衬砌、渠灌、管灌、喷灌和滴灌等多种节水灌溉工程类型。项目下设酒泉市、张掖市、金昌市、武威市、兰州市和甘肃省农垦总公司6个子项目，以工程类型和区域划分为32个招标包工程。

通过项目实施，将在河西地区和兰州市近1/10的灌溉面积中建成一批节水灌溉示范工程，以推动甘肃省节水灌溉的发展，对缓解水资源供需矛盾、改善生态环境，构建和谐社会，具有重要意义。

一、加强领导，精心组织

甘肃省节水灌溉（日元贷款）项目涉及范围广、投资构成复杂，是既要按基本建设程序管理，又要组织受益农户投资投劳参与建设的大型农田水利工程项目，管理难度很大。

为了切实做好项目建设管理，甘肃省专门成立了项目执行办公室，市、县也相应成立了管理机构，并明确县级项目管理单位为项目法人。同时，从制定建设管理制度入手，首先由甘肃省水利厅、甘肃省发改委、甘肃省财政厅联合下发了《甘肃省农业节水灌溉工程项目实施管理办法》。然后，根据基本建设管理，日元贷款管理及有关技术规范的规定，结合项目实际和各阶段的要求，及时制定了系统的管理办法，使项目建设管理制度化、规范化。

2002 年底开始，甘肃省节水灌溉（日元贷款）项目在中机国际招标公司的协助下，分三批进行了国内竞争性公开招标，先后有近百家国内的承包商参加了招标投标活动。每批招标均在《中国水利报》、《中国经济导报》发布公告，在公证机关监督下开标，由评标委员会在全封闭情况下评审，使整个招标工作做到公正、公平。到 2003 年 9 月，通过严格审查，从项目 32 个招标包中确定了 23 个承包商中标，签订了建设合同，并于 2004 年 2 月得到日本国际协力银行的正式批准。随后各市县项目管理单位通过邀请招标等方式，确定了监理单位，签订了监理合同。同时，项目管理单位与市级水电工程质量监督单位签订了质量监督协议。由此，整个项目建设严格执行了“项目法人责任制、招标管理制、项目监理制和合同管理制”的“四制”管理。此外，为了组织好受益农户参加工程建设，由县级项目管理单位与受益村社签订了施工建设协议，充分调动了受益农户发展节水灌溉的积极性。为了使项目建设管理有序进行，甘肃省项目执行办公室制定了多种技术性文件，使每个阶段的工作从技术上有据可依、从管理上有章可循。

为了挽回因“非典”造成的工期延误影响，甘肃省决定将建设工期由三年改为两年，建设者们在不误农时的情况下，精打细算巧安排，合理调整施工计划，认真组织施工力量，保证了施工进度和工期。

项目建设过程并不是一帆风顺的。项目开工不久，由于国际上石油涨价，造成塑料原料涨价；由于日元贷款汇率下滑，出现贷款损失；由于前期工作时间长，项目实施区情况有了较大变化，使得多数喷灌、滴灌的建设任务不落实。针对这一情况，甘肃省项目执行办公室及时与各方面进行协调，并经日本国际协力银行方面同意，采取了果断的调整措施。2005 年初，按照建设任务、效益和合同资金基本不变的原则，各级项目管理单位，通过进一步调查落实和与承包商协商，对有关招标包的建设任务类型、部分材料设备价格、合同资金等进行了中期调整，并签订了补充协议。甘肃省水利厅、日本国际协力银行分别对中期调整报告、补充协议做了批复。经中期调整后，减少了 4 个招标包及部分喷灌、滴灌面积，而且节水灌溉面积增加了 19 万多亩，节水增产效益接近原计划，这次调整工作及时、合理，符合受益农户的意愿，促进了工程建设顺利实施，并受到日方的好评。

二、狠抓质量，科学管理

甘肃省节水灌溉（日元贷款）项目的实施，被《甘肃日报》评为 2003 年甘肃省的十大新闻之一，引起社会各界的关注。经国家发改委下达计划批准，2004 年初，甘肃省节水灌溉（日元贷款）项目全面开工建设。在兰州到敦煌的千里古丝绸之路上展开了大规模的节水灌溉工程建设。工程技术人员、工人和数万受益农民齐上阵，各种施工机构、拖拉机、架子车交响轰鸣，掀起了空前壮观的节水工程建设新高潮。

“百年大计，质量第一”。为了保证工程质量，由建设、施工、监理、质检等单位组成了严密的质量管理和监督体系，层层落实责任，人人狠抓工程质量。从测量放线到开挖，从进货检验到安装，建设者们严格按设计施工、按标准要求，认真做好每道工序，争创优质工程。受益农户更是把节水工程建设当作自己家里的事，踊跃参加工程建设。为了工程建成后长期发挥效益，他们顶严寒冒酷暑，就像盖新房、绣花一样，要把节水工程建成最漂亮的工程。

甘肃省节水灌溉（日元贷款）项目的实施，成为甘肃省水利建设的一件大事，受到各级政府和有关部门的高度重视。省、市、县各级领导要经常深入现场，检查和指导工作，协助解决建设中出现的问题，要求一定要严格管理，确保质量和效益，让受益群众满意。

为了进一步加强项目建设和质量管理，各级项目管理单位在抓好日常施工质量监督检查的基础上，分阶段进行了工程检查验收。甘肃省项目执行办公室于 2005 年 11 月到 12 月，会同有关部门对各子项目招标包进行了中期检查评估。经认真检查考核，在 28 个招标包涉及到的 16 个县区及甘肃省农垦系统的 44 个分项招标包工程中，达到优良的有 42 个，良好的 2 个，总平均得分 92.98 分。截至 2005 年底，共完成合同资金 5.08 亿元，占中期调整后计划资金的 94%；完成各类节水灌溉面积 134 万亩，占中期调整后计划任务的 96%，基本实现了三年任务两年完成的目标。

三、以人为本，创新改革

甘肃省节水灌溉（日元贷款）在技术上采用了先进的节水灌溉技术，在建设上执行了国家和外国政府贷款的管理制度和技术规范标准。面对如此面广量大、要求严格的建设项目，关键是要以人为本，突出创新改革，以实现管理科学、质量优良、效益显著的目标。

为了提高项目建设管理人员素质，省、市、县先后举办各类培训班 270 多次，培训人员达 2.4 万人次。从节水灌溉新技术、工程设计与建设管理、贷款程序与财务管理，到监测技术、竣工验收；从国内考察学习，到国外参加培训，结合项目建设实践，项目人员技术素质和管理水平有了极大提高。同时，通过大力宣传、现场示范，使受益农户在节水灌溉认识上、工程管理技术上有了很大提高，使项目发挥了良好的示范和推广作用。

从 20 世纪 70 年代开始，甘肃省大力发展节水灌溉，通过长期的探索、实践积累了丰富的经验，形成了以常规节水为主、因地制宜发展高新节水技术的节水模式。在进一步学习和总结的基础上，这些宝贵的经验在甘肃省节水灌溉（日元贷款）项目上得到进一步继承和发展。

在渠道建设的衬砌形式、防冻涨处理等方面有了新的改进，弧底梯形结构、套衬现浇、土工膜防渗、U 形渠槽等技术更加完善。在施工中，采用了机械开挖、预制块及构件等集中预制、现浇混凝土平面振捣及磨光等技术，保证了施工质量。在管灌设计中更加注重系统的实用型，改进了出水竖管的充填材料，采用了方便耐用的出水阀，安装了统一制作的出水口建筑物，有的还采取机井管网联合运行，良好的管灌工程给群众灌水带来便利。喷灌在用水紧缺的大田灌溉中取得补充灌溉、均衡受益的节水增产效益，也在荒山绿化中发挥了其独特的灌溉功能。滴灌重点加强了日光温室蔬菜和大田葡萄、啤酒花、棉花、甜瓜等高经济价值的系统设计，如改进滴灌毛管布置形式，增加水质处理设备，采用防堵塞滴头、液体肥料等，使滴灌技术臻为完善和实用。以科技创新为基本理念的设计和施工，为保证工程质量，提高节水效益打好基础。

科技是第一生产力。为了加强项目科学研究，准确把握节水技术应用和增产效益情况，不断总结经验推动发展，甘肃省项目执行办公室组织各项目管理单位开展技术效益监测工作，按工程类型和区域在各地确定典型工程监测点 244 个。为此，甘肃省项目执行办公室专门编制了《用户监测手册》，举办骨干培训班，使工程人员掌握了监测技术和方法，再通过他们指导用户开展监测工作。这种把工程建设与科学研究结合起来的方法，成为农田水利工程建设的创新与亮点。

为了节水灌溉工程建成后长期发挥效益，各级水利主管部门和项目管理单位建管并重，以项目为契机，加大水利管理改革力度，做到建成一处、责任落实一处，管好用好一处。有灌区管理单位的工程，要求结合管理改革，进一步加强管理；属群管组织管理工程的，要签订管护责任协议，办理移交手续；属新建工程的，要组织成立新的管理组织，落实管护责任。在项目实施区，共成立新的管水组织 807 个，成立农民用水户协会 1214 个。管理就是责任，管理就是效益。

四、节水增产，成效显著

在甘肃省各级政府和有关部门的大力支持下，经过项目建设有关单位工程技术人员、工人的辛勤努力，以及广大受益农户的积极参与，甘肃省节水灌溉（日元贷款）项目于 2006 年 6 月底全面竣工，圆满完成了建设任务。

项目共改造干支渠道 388.67km；完成节水灌溉面积 140.69 万亩，其中渠灌 95.48 万亩，管灌 39.16 万亩，喷灌 2.16 万亩，滴灌 3.89 万亩。完成各类资金 6.28 亿元，其中利用日元贷款 3.79 亿元。

经过多年的艰苦奋斗，水利工程面貌变了，管理责任落实了，受益农民笑了。有的说，通过渠道衬砌，渗漏减少，灌水时间缩短了，庄稼能及时灌溉，省水又增产。有的说，过去放水扛着铁锨背着草，现在穿上皮鞋去放水。有的说，过去老早听着机器响，不见水到来，现在用管灌，闸一开就有水，省了不少钱。有的说，滴灌就是好，过去放水像打仗，现在闸刀一合能睡觉，太方便。农民真正尝到节水工程的甜头，节水项目成了农村人人争抢的香饽饽。

项目建成后，每年可节水 1.35 亿 m^3，其中可减少河流引水 0.07 亿 m^3，减少提取地下水 0.56 亿 m^3，增加城镇生活和工业用水 0.13 亿 m^3，调配生态建设用水 0.18 亿 m^3，改善灌溉面积用水 0.41 亿 m^3。在项目实施区，每年可产新增农业产值达 1.3 亿元。

2006 年上半年，甘肃省水利厅会同甘肃省发改委、省财政厅组织有关部门和专家，对项目进行了初步验收。通过对各县所属招标包工程抽查，听取建设管理工作汇报和检查资料档案，验收工作组认为：该项目规划设计合理，建设管理规范，工程质量良好，全面完成了建设任务。特别是，由项目经技术效益监测分析总结的节水增产效益真实可信，按统一要求编制的竣工资料完整翔实，是农田水利工程建设管理的典范。根据甘肃省项目执行办公室制定的验收办法和评定标准，28 个招标包均被评为优良等级，全部通过省级初步验收。同时，经县级项目管理单位组织的社会公众调查，社会各界人士对项目给予很高的评价，对工程质量和效益的满意均达到 94%以上，对项目提高全民节水意识和促进生态改善的认同率达到 97%以上，取得了积极的社会效应。2008 年 5 月 10～11 日，经水利部同意，甘肃省水利厅会同寸肃省发改委、甘肃省财政厅等单位组成验收委员会，对甘肃省农业节水灌溉（日元贷款）项目进行了竣工验收，项目综合评定为优良工程，同意验收、交付使用。

甘肃省节水灌溉（日元贷款）项目的实施，是甘肃省利用外国政府贷款发展节水灌溉的成功尝试。项目建设的圆满完成，充分体现了甘肃人民奋发图强、艰苦奋斗的“甘肃精神”。建设者们以科学的管理，良好的质量，以显著的经济、社会和生态效益向甘肃人民交出了一份满意的答卷。

当你走到黄河之滨美丽的兰州城郊，当你来到著名的河西走廊，就会看到节水工程之花在到处开放，它映托着渠、路、林配套的农田，它装点着农民刚盖好的新房。

当你遥望着巍巍的祁连山，当你凝视着新衬砌渠道里的水流，就会听到一个声音在回荡，节水项目坚定了人们节水的信念，节水项目展示着新农村美好的未来，节水项目润陇原。

（甘肃省水利厅水利管理局供稿）

防治水土流失的好路子

——甘肃省小流域综合治理纪实

以小流域为单元的水土保持综合治理，是适合甘肃省特点的一条防治水土流失的成功路子，它在改善农业生产条件和生态环境，促进土地利用、产业结构调整、发展农村支柱产业等方面起到了重要的作用。改革开放 30 年来，甘肃省开展的小流域综合治理 1353 条，累计治理面积达到 16380.29km^2，达到了初步治理目标，有效地推动了广大山区环境资源、经济社会的可持续发展。

一、发展历程

由于长期受水土流失的危害，甘肃省劳动人们在长期的生产实践中创造积累了许多水土保持经验和做法，如修梯田，起垅种植，间作套种，草田轮作等。但由于科学技术水平所限，整个社会生产力低下，水土保持基本处于局部和群众自发阶段。实施的一些水土保持措施发展十分缓慢，大范围的广种薄收，过度放牧，造成植被破坏，加重水土流失。新中国成立以后，党中央、国务院十分重视水土保持工作，制定了一系列防治水土流失的方针政策，努力探索防治水土流失、改善生态环境的途径和方法。特别是改革开放 30 年来，取得了可喜的成绩，主要经历了以下几个发展阶段。

（一）借改革开放的强劲东风，全面启动流域综合治理

党的十一届三中全会以后，甘肃省委、省政府遵照“预防为主、全面规划、综合防治，因地制宜、加强管理、注重效益”的水土保持建设方针和水利部提出的以小流域为单元开展水土保持综合治理的基本思路，在甘肃省范围内实施了以小流域为单元，工程措施与植物措施结合，山、水、田、林、路综合治理。编制完成了《甘肃省黄土高原水土保持专项治理规划报告》，颁发了《甘肃省小流域水土保持综合治理技术规程》（试行）、《甘肃省小流域水土保持综合防治工程管理办法》和《甘肃省“三田”建设管理办法》等相关文件和技术规范，把流域综合治理作为农业增效，农民增收，改善生态环境，解决广大农民群众温饱和脱贫致富奔小康的战略措施，常抓不懈，使甘肃省的水土保持工作进入新的发展时期。

（二）试点引路、示范推广，综合治理初见成效

1983 年甘肃省定西县官兴岔、泾川县茜家沟等 9 条小流域被黄河上中游管理局列为“黄河流域水土保持小流域试点项目”，开始小流域水土保持综合治理的试点。同时甘肃省在不同类型区开展了小流域普查工作，摸清了 579 条小流域的基本情况，并选择了 103 条

小流域，作为省列示范小流域，进行了综合治理，示范推广。

试点、示范项目的实施初步探索了小流域综合治理的途径。遵循自然规律、经济规律，以“合理利用水土资源，防止水土流失，改善农业生产条件，促进农民增产增收，提高人民生活水平”为指导思想。在全面规划的基础上，合理安排农、林、牧各业用地，因地制宜实施水土保持工程措施、植物措施、耕作措施，做到相互协调、相互促进。建立科学的水土保持综合防护体系，发挥最大的效益，实现小流域经济的可持续发展。确立了甘肃省水土保持工作以梯田建设为重点，以小流域为单元的水土保持综合防治体系。并在不同类型区确立综合治理模式．不断总结治理经验、完善治理措施，为促进甘肃省水土保持工作奠定了坚实的基础。

通过5年的小流域综合治理，9条试点小流域治理程度达到70%以上，人均产粮超过500kg，人均收入达到或接近小康水平。有5条小流域分别获得了甘肃省科技进步一、二、三等奖，茜家沟的科技成果还获得了国家科技进步三等奖。103条示范小流域，平均治理程度由38.8%提高到77.7%，拦泥率由34%提高到63.5%，保水效率由30.7%提高到55.8%，农业总产值增长70.8%，农民人均粮食由333kg提高到538kg，水土流失得到有效控制，生态环境明显改善，当地经济步入良性发展阶段。

（三）依托项目，专项治理，综合治理上了新的台阶

为加快水土流失治理，1987年甘肃省与世界银行签订农业贷款开发项目，实施关川河流域水土保持综合治理第一期工程，全面开展了十二项工程建设，初步建立了比较完整的水土保持综合防护体系，促进了农、林、牧、副全面发展，取得了显著的社会、经济、生态效益。6年新增治理面积856km^2，累计治理水土流失面积1510km^2，治理程度达到76.2%，年土壤侵蚀模数由5115t/km^{2}下降到3115t/km^2，林草用地由18.5%增加到53.3%，人均产粮由291kg提高到403kg，人均纯收入增长117.2%。

1989年在甘肃省陇南、甘南、天水三市（州）13个县（区）开展了甘肃省长江流域水土保持重点防治工程，到2007年共实施七期治理工程，有559条小流域列入治理计划，累计完成水土流失综合治理面积11784.99km^2，其中：兴修梯田183.24万亩，营造水土保持林401.83万亩，发展经济林果240.87万亩，种草171.59万亩，总投工2.34亿工日，国家总投资2.64亿元。

之后，又在甘肃省庆阳市马莲河流域实施了甘肃省黄土高原水土保持世界银行贷款一期工程，这是我国第一个利用外资进行水土保持生态环境建设的大型工程，项目总贷款额度4000万美元。通过8年的强化治理，完成水土流失治理面积1385.78km^2。治理程度由21.5%提高到56.6%，人均产粮食由383kg提高到446kg，人均纯收入由302元提高到903元，受益群众50万人。

（四）以江总书记“建设秀美山川”的批示为指针，把综合治理推向新高潮

1997年8月江泽民总书记作出了“治理水土流失、建设秀美山川”的重要批示，是新时期水土保持生态环境建设的宏伟纲领，有力地推动了水土流失地区建设秀美山川的步伐，也使甘肃水土保持工作步入了快速发展的新阶段。甘肃省按照水利部确定的新的治水方略和水土保持生态环境建设的发展思路，在继续坚持以往成功经验和做法的基础上，认真分析甘肃省国民经济和社会发展的新形势，积极调整思路，树立人与自然和谐共处的理念，充分发挥大自然的生态自我修复能力，坚持封育保护与治理开发相结合。陆续开展了甘肃省黄土高原水土保持世界银行贷款二期工程、甘肃省长江流域水土保持重点防治四、五、六、七期工程、国债项目、黄河水土保持生态工程天水藉河示范区、黄河水土保持生态工程庆阳蒲河示范区、黄河水土保持生态工程重点小流域项目、黄河水土保持生态工程生态修复项目、黄河水土保持生态工程砚瓦川项目、临夏州刘家峡库区水土保持综合治理项目、水土保持生态工程葫芦河平凉市项目、国家水土保持重点建设工程等诸多水土保持专项综合治理项目，极大地推动了甘肃省水土保持生态建设步伐，也使甘肃省的水土保持工作由过去分散的小流域综合治理，向集中连片综合治理的大示范区转变，基本上形成了在甘肃省水蚀区各市（州）有一个大示范区建设的局面，有力地带动了甘肃省的水土保持工作。

截至 2007 年甘肃省共完成水土保持综合治理面积 7.92 万 km^2，占甘肃省土壤侵蚀总面积的 21%，其中兴修梯田 2873 万亩，造林 4696.46 万亩，种草 1762.65 万亩，封禁 1412.7 万亩，其他措施 1160.69 万亩。修建小型水利水保工程 22.76 万座（眼、个、道）。其中 1985～2007 年 23 年的治理面积 5.26 万 km^2，是新中国成立后前 35 年治理面积（2.66 万 km^2）的 1.98 倍。并涌现出一批如泾川田家沟，定西九华沟，麦积中山等精品流域。定西花岔等 122 条小流域被水利部、财政部命名为全国水土保持“十、百、千”示范工程。江泽民总书记视察甘肃省九华沟小流域治理工程后给予了充分肯定和高度评价：“你们搞的小流域治理，就是加强农业、脱贫致富的好路子，应该长期坚持下去”。

二、取得的成效

小流域水土保持综合治理，不仅改善了农业生产条件和生态环境，而且对产业结构调整、农村支柱产业的发展及新农村建设发挥了巨大作用，产生了显著的生态、经济和社会效益。

（一）水土流失得到有效控制，水土保持综合防护体系初步形成

现有各项措施平均每年拦蓄径流 38 亿 m^3（占河东地区自产径流 241 亿 m^3 的 15.77%），减少江河输沙量 1.05 亿 t（占河东地区输沙总量 5.68 亿 t 的 18.49%），减轻了水土流失对土地的侵蚀和洪水泥沙危害，保护了农田、道路，使下游人民生命财产和水利设施的安全得到了保障，通过层层设防，节节拦蓄，形成了多层次的水土流失防护体系，从而改变了滑坡、泥石流的形成条件，以小流域为单元的水土保持综合防护体系已初步形成。

（二）改善农业生产条件，促进粮食增产和农业增效

庄浪县，通过近 40 年，特别是改革开放 30 年的不懈努力，将全县 94%的坡耕地改造成了优质梯田，把跑土、跑水、跑肥的“三跑田”变成了保土、保水、保肥的“三保田”，累计修建梯田 97.5 万亩，占坡耕地面积的 94%，人均梯田达到了 2.5 亩，被水利部第一个授予“中国梯田化模范县”的荣誉称号。在梯田建设的同时，新修、拓宽乡村道路 710km，田间道路 473km，发展水窖 3 万眼，新增梯田节水灌溉面积 6 万亩，新建拦蓄工程 44 项，使全县走出了长期困扰“三农”问题的艰难境地，实现了农业生产条件的极

大改善和县域粮食自给。据测算，在正常年份梯田亩产为240.6kg，是坡地产量75kg的3.2倍；在1997年遭受50年不遇的特大旱灾的情况下，水平梯田亩产仍在200kg以上。

在庄浪经验的启迪和推动下，甘肃省掀起了群众性的兴修梯田高潮，截至2007年，甘肃省累计兴修梯田2872.83万亩，现有梯田每年可增产粮食150万t，占甘肃省粮食总产量808万t的18.6%，已成为旱作农业区实现粮食自给、保障粮食安全的基础工程和提升区域综合发展能力的长效工程。

（三）促进农业产业结构调整，发展区域经济，增加群众收入

通过土地利用结构和产业结构的合理调整，打破了以粮食生产为主的传统农业模式，开始向种、养、加一体化，产、供、销一条龙的现代农业迈进，逐步形成以种植、养殖、加工和生态旅游各业协调发展的生态经济体系。目前甘肃省约有30%以上的梯田调整了种植结构，形成了“梯田＋马铃薯”、“梯田＋经济林果”、“种草＋养畜”、“初级产品＋深加工”等多种产业模式。其中经济林果面积达82.8万hm^2，产值35亿元，这些模式都已成为发展现代农业的样板，成为提高农民收入的支柱产业，加快了群众脱贫致富的步伐，促进了全面建设小康社会的进程。

（四）改善生态环境，实现人与自然和谐共处

经过治理的小流域林草覆盖率都能达到40%以上，宜林宜草面积基本得到绿化，治理区水保林、风景林、经果林成带、成片、成网分布。随着植被的恢复，植物种类出现多样化，各种伴生植物也随着植被的增加繁衍生长，加之封禁措施的实施，使植物种类日益增多，野生动物的数量不断增加，生态系统得到恢复和改善，促进了人与自然的和谐共处。

三、基本经验

改革开放30年来，甘肃省流域综合治理有了长足的发展，探索出一条适合甘肃省情的流域综合治理的新路子，基本经验有以下几点。

（一）提高认识，加强领导是搞好流域治理的关键

通过多年的水土保持综合治理实践，甘肃省上下认识到：水是生命之源，土是生存之本，水土资源是人类赖以生存和发展最根本的物质条件；水土流失是造成当地生态环境脆弱，人民生活贫困的主要根源，也是当地的头号环境问题。综合治理水土流失是实现社会经济可持续发展、建设秀美山川的需要，也是干旱半干旱贫困山区群众解决温饱脱贫致富奔小康的需要。水土保持作为生态环境建设的主体，是农村经济发展的基础，在半干旱区没有发达的水土保持，就没有可持续发展的农业和发达的农村经济。安定区区委、区政府率先在全国响亮地提出了“水保立区”战略，并在实际工作中把九华沟流域综合治理作为实施“水保立区”战略的排头工程、示范工程，从而实现了工作思路和战略部署上的重大转变，形成了人人关心水土保持，人人支持水土保持，人人参与水土保持的新局面。在项目建设中，运用“水保立区”的战略思想指导治理开发工作，取得了显著的成效，使水保立区战略思想，深深的扎根于群众之中。

（二）规范项目建设，加强项目管理是搞好流域治理的重要保证

为了适应新时期社会经济发展对水土保持生态环境建设的新要求，积极探索和实践了

一系列项目建设的科学管理运行机制。1998 年在甘肃省实施的“黄河水土保持生态工程天水藉河示范区项目”，是我国第一个流域性大型水土保持生态示范工程，也是第一个按照基本建设程序和“三项制度”管理实施的水土保持生态建设项目。在项目建设过程中，为确保示范区建设的顺利进行，规范项目建设管理，按照国家基本建设“三项制度”要求，实行了项目法人责任制。通过项目法人的确定，明确了项目建设责任主体及各自的权利、责任和义务，为项目建设的正常运行提供了保障；探索了招标投标制，通过招标投标，明确了发包方与承包方的责任、权利和义务关系，节约了工程资金，保证了工程质量和工期；全面推行了监理制，通过项目监理制的推行，一是控制了工程建设的总体进度，保证了项目建设如期完工；二是提高了工程的质量；三是保证了中央投资及时足额到位，防止了资金的截留挪用。“三项制度”的落实，有力地促进了示范区建设的健康发展，探索出了一条市场经济条件下生态工程建设新路子。黄河水利委员会在对藉河示范区进行验收时，给予了高度的评价——“天水藉河成为黄河流域乃至全国同类地区的水土保持大示范区建设的样板”。之后，在甘肃省实施的诸多水土保持专项综合治理项目中努力推行“三项制度”，成为了水土保持生态建设的重要保证。

（三）依靠科技，提升综合治理水平是搞好流域治理的重要环节

水土保持发展的根本动力，在于科学技术的进步，改革开放以来，甘肃省广大水保科技工作者，在不同类型区开展小流域治理的试验、示范，研究流域水土流失的规律与特点，探索治理方法和模式。摸索出了许多行之有效的小流域综合治理模式。

（1）在黄土高原塬区，按照塬、坡、沟不同的地形部位分层布设，对位配置各项治理措施。塬面布设水平条田；塬边布设塬边埂、沟头防护、涝池等工程措施；塬坡兴修梯田、造林种草，建立经济林园；干沟打坝淤地，修建塘坝或营造沟底防冲林；支毛沟底由上而下修建土、柳谷坊群或全面种草。

（2）在黄土丘陵地区，根据降水量和地形部位安排措施，对降水 450mm 以上地区，在梁峁及谷坡牧荒地，种植草灌，封山育草，建立人工牧草地；平缓部位的坡耕地，兴修梯田，陡坡耕地退耕还林还草。在主干沟打坝淤地或修建引洪漫地工程，发展聚流农业。在降水 300mm 左右地区，阴坡采用隔坡整地种植草灌，阳坡封育；主干沟发展沟坝地与引洪漫地，支毛沟内发展沟台地或建立谷坊群。

（3）在长江流域按照长治工程“九龙”治水的治理模式（梁峁戴帽子、荒坡系带子、坡地修台子、田埂锁边子、坎坡挂穗子、缓坡种果子、秋田盖罩子、见缝钉扣子、沟地穿靴子），建立全方位、多功能的水土保持综合防治体系。在滑坡、泥石流危害严重的沟道地段，修建拦挡坝、谷坊等挡蓄工程。

这些治理模式的推广应用，极大地提高了流域综合治理水平。

（四）以治理促开发，以开发促发展是搞好流域治理的根本目的

随着流域综合治理的不断深化和水土保持的各项措施全面落实，各地依托梯田实施产业结构调整、发展商品生产的力度在不断加大，逐步发展起来的马铃薯产业、果品产业、中药材产业及畜草产业等对提高农民收入，加快农业产业化进程，促进当地经济的发展发挥了支撑作用。

泾川县田家沟小流域在得到全面治理后，就将开发的重点放在了生态旅游景区建设上。2002年春季，县上邀请省内外水保、旅游等部门的专家进行现场论证后，决定用3年时间，在经过治理的田家沟核心地带建立集生态旅游与休闲度假为一体的生态风景区，用活生生的事例教育群众，从而促进生态效益、经济效益和社会效益的同步提高。建成了珍稀植物园、动物园和水上乐园，栽植侧柏、油松、竹子等常青树5万多株，樱花、腊梅、棕榈等珍稀树种95种1000多株，银杏110亩，饲养了50多只梅花鹿、鸵鸟、黄羊、水牛等观赏动物，并建成了1处人工湖，7座鱼塘，设有射猎区、垂钓区、采摘区、划船区、沙滩浴场等功能区，并建成可供游客住宿、餐饮的别墅、窑洞等建筑。建成的主景区面积5km^2，形成了以水土保持生态旅游、文化展现、休闲度假为一体的生态风景旅游区，被水利部命名为“国家水利风景区”。2004年4月28日正式开业运营，当年接待游客6.7万人，产生了可观的经济效益。

定西市依托梯田资源，把马铃薯作为全市第一大主导产业来培育，种植规模不断扩大，产业体系基本形成，已成为全国马铃薯三大主产区之一。2007年，全市马铃薯种植面积达到24.4万hm^2，其中梯田种植面积占60%以上；总产量500万t，实现产值17.5亿元，农民人均从马铃薯产业中获利约占农民人均纯收入的2/3。

静宁县依托全县9万hm^2梯田资源优势，大力培育果品支柱产业，全县果园面积达3.3万hm^2，人均0.08hm^2，其中发展山地梯田果园2.5万hm^2，占果园总面积的76%。目前挂果面积1.1万hm^2，年产量18万t，实现产值2.62亿元，人均果品收入590元，占农民人均纯收入的近1/3。山地梯田撑起了静宁果品产业开发的“大梁”，被农业部确定为苹果优势产区。

（五）坚持正确的舆论导向，治管结合，巩固治理成果是搞好流域治理的必要手段

俗话说“三分建、七分管”。这充分说明建固然重要，但管比建更重要。1991年随着水土保持法的颁布实施，甘肃省加大了宣传力度，把舆论宣传贯穿于流域治理的全过程，以宣传水土保持在生态环境建设中的主体地位和水土保持法律法规为主，宣传水土流失的危害和搞好水土保持工作显示的显著经济效益和社会效益。使宣传工作做到了“三个面向”（即面向领导、面向生产建设单位、面向群众）。仅当年，甘肃省在水土保持法颁布实施的宣传工作中，出动宣传车1000多辆（次）、电视及广播宣传600多次，直接听众达800多万人（次）、报刊发表文章100多篇、书写标语5.1万幅、制作固定永久性标语5000多幅、印发布告1.5万份、宣传画4万份、制作录音带7000多盒、放映幻灯100多场、举办简报和板报等专栏1240期。随着《中华人民共和国水土保持法》和《中华人民共和国水土保持实施条例》的深入贯彻，依法防治水土流失的意识不断增强，使甘肃省水土流失治理逐步走上依法防治的轨道。甘肃省已有8个地（自治州、市）、48个县（市、区）成立了水保监督机构，110个重点乡（镇）还配备了村级水保管护人员4900多人次，甘肃省水土保持预防监督体系已基本形成。有效遏制了人为破坏植被及水保设施的行为，巩固了治理成果。

（甘肃省水利厅水土保持局供稿）

利用世界银行贷款　改善农村供水条件

——甘肃省世界银行贷款农村供水与环境卫生项目建设纪实

甘肃省农村饮用水基础设施发展滞后，水致肠道传染病和地方病的发病率较高，对农村居民的身体健康构成了威胁。新中国成立以来，历届甘肃省委、省政府在党中央、国务院的正确领导和关怀下，始终把农村饮水列在工作的重要日程上，纳入到甘肃省社会和经济发展规划中，创造条件，改善农村居民的饮水条件。甘肃省政府于1989～2001年先后申请并执行了世界银行贷款第二、第三期农村供水与环境卫生项目，用于改善农村居民供水条件。

一、甘肃省世界银行贷款第二期农村供水与环境卫生项目

（一）项目立项

1989年1月12日向全国爱卫办提交了《甘肃“农村饮水与卫生”项目建议书》，1990年9月完成了《甘肃省农村供水与环境卫生项目可行性研究报告书》，1991年5月通过世界银行评估，1992年2月11日提交世界银行执董会通过。1992年7月贷款生效开始实施，计划至1997年7月项目关闭，期间世界银行将项目结束时间延长至1998年12月底，将财务关账时间延长至1999年4月。

甘肃省世界银行贷款第二期农村供水与环境卫生项目计划总投资21838.90万元人民币，其中世界银行贷款15806.96万元，占总投资的72.38％；国内配套资金6031.94万元，占总投资的27.62％。国内配套资金由甘肃省、项目县及受益群众分别承担（省级3741.60万元，占总额的17.13％；项目县935.40万元，占总额的4.28％；受益群众自筹及投劳折资1354.94万元，占总额的6.21％）。受益项目县区分别为永登县、榆中县、靖远县、会宁县、秦城区（现秦州区）、北道区（现麦积区）、民乐县、山丹县、武威市（现凉州区）、通渭县、临洮县、徽县、平凉市（现崆峒区）、镇原县、临夏县、永靖县、夏河县，其中：榆中县、山丹县和永靖县为省级扩展县。项目内容为供水工程、环境卫生、健康教育、人员培训、机构建设五个类别。

（二）项目实施

1. 项目组织管理

甘肃省政府以甘政办发〔1990〕82号成立了甘肃省农村卫生改水项目领导小组，张学忠副省长为组长，成员单位包括财政厅、卫生厅、水利厅、农委、地矿局、两西农业建设指挥部、建委、粮食局、商业厅、供销社、兰州铁路局。县级相应成立了农村卫生改水项目领导小组，各项目乡也相应成立了项目管理小组，项目村成立了项目实施小组。省、

县两级领导小组办公室（即项目办公室，省级项目办于1992年按甘机编〔1992〕134号要求整建制移交甘肃省水利厅）也相应成立，负责项目的实施和管理。项目完成后，县级项目办陆续转变为运行管理机构，负责农村供水的管理，确保项目延续发展。省、县配备各类技术和管理人员207人，并进行了技术培训，适应了项目管理工作的需要。省、县从财务、供水、环境卫生、物资采购等方面，都相应制定了管理条例和办法23个，实行财务监督，进行独立的会计核算，每年提请省、县审计部门对项目进行审计，保证资金合理使用，降低了成本费用，提高了投资效益。项目县市区广大干部和群众在国际招标物资不到位的情况下，克服了种种困难，采取多种措施和办法，调剂物资的余缺，保证物资供应和项目建设需要，确保了项目的实施和完成。1999年7月通过了中国农村供水与环境卫生项目办公室对甘肃省世界银行贷款第二期农村供水与环境卫生项目进行的竣工验收，正式进入运营管理阶段。

2. 供水工程

根据各地实际，按因地制宜、统筹规划、适度规模、尽量供水到户原则确立工程项目，工程设计年限为15年。工程设计实行招标制，总投资在50万元以上的供水工程，由甲级设计单位及有从事给排水设计能力的单位投标；总投资在50万元以下的供水工程由甘肃省项目办经过资格审查批准的县（市、区）设计部门承担。设计审批实行分级审批。总投资在200万元以上的供水工程由县项目工程审批小组初审后，由甘肃省项目办审核报中国农村供水与环境卫生项目办公室审批。总投资在50万～200万元的供水工程，由县项目工程审批小组初审后报甘肃省项目办审批。总投资在50万元以下和自营工程由县项目工程审批小组审批。依据世界银行招标指南、中国农村供水与环境卫生项目办公室关于招标管理办法和《甘肃省建设工程招标投标管理办法》对供水工程实行施工招标，把竞争机制引入项目管理过程，以价低、质优、工期短、信誉好的原则予以承包施工建设、管理、监理，通过招标节约了资金，加快了进度，保证了质量，提高了效益。工程竣工后由建设单位会同施工单位和设计单位对工程进行试运营，经试运营后各项技术、经济指标符合或达到设计要求，由施工单位提交竣工验收申请报告书，按审批权限分级组织验收。并对已交付使用的工程，从生产、设备、财务以及人员等方面加强运营管理和技术培训，建立健全各项规章制度和管理办法，保证供水工程的正常运行。完成供水工程37044项，其中管网供水系统271项，非管网供水系统36773项。完成受益覆盖人口134.77万人，其中管网供水系统108.59万人，非管网供水系统26.18万人。通过三次国际招标，共采购钢材4886t、钢管4909t、塑料管4255t、水泵367台、变压器116台、车辆33台及项目用其他设备179台。

3. 环境卫生设施

选择经济基础较好，群众文化素质较高，有一定的卫生意识，人口相对集中，有1000人左右（200户左右）的行政村为示范村。在乡政府和村委会领导下，组建了由村长、妇女干部、卫生人员以及经过培训的工匠参加的环境卫生设施建设实施小组，负责环境卫生设施建设，针对示范村的实际情况和环境卫生建设要求，对示范村的户厕、校厕、公厕、道路、绿化等进行了全面规划，按照规划，进行示范村全方位建设。根据全国爱卫办编制的《中国农村环境卫生设施低造价手册（草案）》中的各类环境卫生设施建设设计原理和设计图，结合当地经济和自然条件以及群众的意愿，进行户厕和畜圈的设计，施工队根据提供的统一标准图纸，统一施工，组织施工队学习有关建造环境卫生设施的意义，提高对建设示范村重要性的认识，增强责任感，组织学习各类环境卫生设施建造原理、方法，进行现场技术培训，提高施工队伍建设环境卫生设施的技术水平。为确保施工质量，环境卫生设施建设实施小组人员，深入现场，坚持在施工第一线，积极参与施工，做好监督和技术指导。同时，动员广大村民积极参与环境卫生示范村建设，为建设环境卫生设施提供资金、劳力和沙石、土坯等地方建筑材料。通过示范村建设，带动了项目地区的环境卫生设施建设。完成示范村建设 15 个。建成户厕 8731 座，校厕 51 座，公厕 22 座，畜圈 3787 座。其中示范村建成户厕 3643 座，校厕 14 座，畜圈 2602 座。

4. 健康教育

建立健全了健康教育机构网络，在示范村以健康教育室为阵地，利用广播、电视、电影、报纸等大众传播媒介，强化教育目标人群，提高目标人群的健康教育知识知晓率和不良卫生行为改变率。系统培训教育者和受教育者，提高健康教育覆盖面。建成了省、县、村健康教育质量监测系统。以示范村为监测点，对项目的执行进行了监测，分别在 1993 年、1995 年和 1998 年，三次对项目进行了全面的监测；采用座谈、访问、问卷、查阅资料等方式，对知识普及率、行为改变率、疾病发病率、劳动出勤率和经济增长率等指标的有关内容进行了调查，并作出了评价，保证了健康教育的质量。健康教育的开展，提高了干部、群众卫生健康意识，激发了干部群众参与项目建设的积极性。

完成培训政府官员 1200 人次，社区领导 1898 人次，中小学教师 2398 人次，县、乡卫生、防保、健康教育人员 2017 人次，使其培训率达到了 100.00%；培训妇女干部 5054 人次，乡村医生 1400 人次，使培训率分别达 87.30%和 91.60%；健康教育覆盖面达 4474 个村庄，163.19 万人，占计划的 121.10%。小学开展健康教育课有 356 所，占计划的 100.00%。编制和发放《家庭主妇课本》、《乡村医生手册》、《卫生改水三字经》、《小学生健康教育课本》等各种培训教材和宣传材料 27 种，13500 册（本）；购买电影片 7 部；摄制《保护水源》电视片 1 部并拷贝 20 部；复制录像片 25 种，375 盒；印发传单、标语、通告等 41 种，261137 张，保证了健康教育的顺利进行。

5. 人员培训

从项目实际需要出发，对专业技术人员和管理人员进行培训。完成各类培训班 393 期，培训人员 8331 人次。其中县级各类培训班 351 期，培训人员 6743 人次；省级各类培训班 42 期，培训人员 1588 人次。

6. 投资

截至 1999 年 6 月底，完成项目总投资 21693.34 万元。其中世界银行贷款完成 14345.13 万元，国内配套资金共完成 7348.21 万元。其中省级 3560.90 万元，县级 811.96 万元，受益地区群众自筹资金（包括受益群众投劳折资）2975.35 万元。

二、甘肃省世界银行贷款第三期农村供水与环境卫生项目

（一）项目立项

为了更好地改善甘肃省农村饮水和环境卫生状况，1999 年底至 2000 年甘肃省水利厅

积极争取实施新的世界银行贷款，及时完成了世界银行贷款甘肃省第三期农村供水与环境卫生项目省及各项目县可研报告，于2001年5月甘肃省水利厅、甘肃省发改委、甘肃省财政厅上报全国爱卫会、国家计委、财政部。财政部以财际函〔2001〕166号、国家发改委以计社会〔2002〕1589号文件批复同意甘肃省列为项目省，确定平川区、靖远县、北道区（现麦积区）、和政县、临夏县为项目县区，世界银行和中国农村供水与环境卫生项目办公室于2001年8月20日评估通过甘肃省为项目省。甘肃省世界银行贷款第三期农村供水与环境卫生项目计划总投资7247.80万元人民币，其中世界银行贷款434万美元（折合人民币3623.90万元），国内配套3623.90万元人民币（地、县1811.95万元人民币，受益群众自筹及投劳折资1811.95万元人民币）。项目内容为供水工程、环境卫生、健康教育、人员培训和机构建设。2001年8月开始实施，2003年12月底完工，项目关账日期2004年6月。

（二）项目实施

项目自2001年8月实施以来，省、县两级项目执行单位面对时间紧、任务重的现状，遵循项目建设程序，努力克服困难，加强协作，积极稳步推进实施进程，从实现农村自来水化考虑，明确项目建设统一规划、分期实施，做到高起点、高标准、自来水入户、水质达标；通过培训和组织项目县区之间交流学习，宣传并明确项目时间、进度，严格按项目规定和基本建设程序办事的项目意识，树立改善农村群众的饮水条件和生存环境，服务农村居民的服务意识；通过设计资质审查及设计审批、施工招标程序控制、监理合同审查、土建报账的审核和落实项目法人责任制、招标投标制、施工监理制、结算报账制对工程设计、施工质量、工程造价进行管理和质量控制。通过建立管理机构，配备管理人员，建立健全各项管理制度，用制度规范运行管理，做到责任到人，任务到人。项目内水厂于2003年4～12月陆续完工进入试运行与管理阶段。水厂运行与管理依照项目水厂运行与管理的规定，结合本地区、同行业的管理方式和经验，在水务（水电）局或改水办下专门成立二级单位：水厂（水管站）或自来水公司，具体负责水厂运行和管理，配备了有农村水厂管理经验的人员，明确了责、权、利，建立健全了管理规章和制度，如《自来水厂管理办法》、《生产运行与管理规定》、《财务管理制度》和责任制、效益工资制、调度稽查制等管理规章和制度。从机构、人员、制度上保证了水厂运行和管理。2003年12月完成项目建设任务。2006年9月通过了中国农村供水与环境卫生项目办公室组织的项目验收。项目进入后续管理阶段。

1. 项目组织管理

从立项到项目实施，各级政府对项目管理给予高度重视，分别成立了项目领导小组，领导小组成员单位涉及项目执行各个相关部门，积极协调项目执行的诸多困难和问题，从政府层面上保证了项目的顺利实施。项目管理机构采用二级直线管理。省级执行单位设立省项目办，县区级执行单位设立县区项目办。分别按照项目规定行使项目管理的职权并承担相应责任。各级项目办采用职能式管理模式，内设项目相关职能部门，配备相关人员。各级项目办实行项目办主任负责制。项目组织管理形式和组织结构具有管理层次少、任务下达快和汇报流程短的特点，有力保障了项目实施。

2. 供水工程

供水管网工程按投资估算分为大型（300 万元人民币以上）、中型（50 万～300 万元人民币）、小型（50 万元人民币以下）。土建合同按投资估算采用国内竞争性招标（40 万美元以上）、询价招标（10 万～40 万美元以下）、邀请招标（10 万美元以下）。用水量标准根据甘肃省农村实际和已有运行工程的经验取 30～40L。供水方式采用重力流或管道压力经管网后供水入户，净水处理工艺依照原水水质采用不同的净水工艺。

项目实施后，供水工程建设的设计与审批、招标文件编制与审批、招标投标、评标授标与审批、施工、合同管理、监理、质检、验收等程序严格按照基本建设和项目建设有关规定执行。按照多程序平行准备，分步实施的办法，尽量减少时间消耗，争取执行时间。委托符合项目规定的合格资质单位进行设计，于 2001 年 9～11 月完成 5 处大型供水工程的初步设计并上报国家项目办审批，2001 年 11 月 14 日至 2002 年 5 月 13 日经国家项目办审查并批复了 5 处大型供水工程的初步设计。按照世界银行《采购指南》于 2002 年 3～5 月编制完成了 5 处大型供水工程土建招标文件并上报世界银行审批，依照世界银行修改意见重新编制后，世界银行于 2002 年 7 月 5 日批准了供水工程土建招标文件。2002 年 7 月 15 日在人民日报市场报发表招标公告进行国内竞争性招标，8 月 15 日开标，通过评标上报评标报告和授标建议给世界银行，根据世界银行意见修改后，世界银行于 9 月 27 日给予了无反对意见。5 处大型供水工程建设进入施工阶段。

由于 5 处大型供水工程土建招标合同价偏低，为了使用好有限的贷款，改善更多农村居民的饮水条件，经与项目县区协商决定采用管网延伸方式增加供水工程受益覆盖区域，并新建 1 处利用已有供水工程进行扩网的中型供水工程。世界银行于 2003 年 4 月 1 日批复同意，新增单位工程和 1 处扩网中型工程土建和供水物资打包招标，方式采用土建工程询价招标。经招标评标于 2003 年 4 月底开工建设。

供水工程施工按照施工合同进行合同管理，监理全部委托专业监理单位监理，签订施工监理合同，明确了责任，确保了工程施工质量。质量检验委托具有质检资质的专业质检部门进行质检，供水工程质检后汇总评价为：90 项单位工程优良率 65.55%，440 项分部工程优良率 86.59%，5161 项分项工程优良率 92.64%。6 处供水工程综合质量评定 2 处合格，4 处优良。

供水工程物资采购采用项目打捆方式进行国际竞争性招标。甘肃省于 2001 年底参加改Ⅲ项目物资第四标的招标和评标工作，通过积极努力，经世界银行批准甘肃省在所报物资规格内上调 15%的额度，保证了工程物资的供应。2002 年 4 月 20 日正式与中标商签订供货合同，2002 年 9～11 月国际竞争性招标采购的货物经验收合格入库。国际竞争性招标采购的工程物资接货验收由项目县区负责，甘肃省项目办提供国家技术标准和其他服务，甘肃省项目办在得到项目县区验收合格入库证明后，统一签单交供货商到财政部报账。国际竞争性招标共采购各类物资 3561.65t，合同价 185.68 万美元。新增单位工程及扩网供水工程物资反映在土建合同中，由项目县区负责管理。

完成管网供水工程 6 处，日供水规模 13929m^3，使 17.79 万人饮用上了安全卫生水，受益乡镇 21 个，受益行政村 156 个，受益农户 34245 户。随着工程从试运行转入正式运营阶段，加大入户管网工程建设与宣传，最终受益人口达到 25.17 万人。

3. 环境卫生设施

环境卫生设施建设按照计划随供水工程建设同步实施，设计参照《中国农村卫生厕所建设图集》执行，推荐甘肃省成熟方案，统一户厕标准。完成双瓮漏斗式或通风改良式卫生厕所1147座，其中户厕1133座，校厕14座。同时改造牲畜棚栏和对畜禽粪便、对生活垃圾、污物无害化处理以及环境的管理和各项卫生制度的建立，全面改善农村环境卫生状况，减少环境对饮用水的污染，有效地控制肠道传染病和寄生虫病的发生和传播，提高农民的健康水平。

4. 健康教育

项目健康教育坚持与供水工程和环境卫生建设同步，通过系统的健康教育活动，提高受益人群对供水与环卫设施的认识和参与建设的积极性，加大对安全饮用水的利用，通过系统的群体行为干预，转变受益人的卫生意识和行为，提高人群的自我保健意识和技能，力求使受益人口的饮水和环境卫生行为得到明显改善，从而提高整个项目的健康效益、重点对妇女、儿童青少年等人群进行生活方式干预和预防肠道传染病、公共卫生和饮水知识等教育，引导农民自觉摆脱不良的卫生习惯，增强自我保健意识和能力，提高生活质量和健康素质。

通过开发领导层，提高领导对健康教育的认识，支持参与健康教育活动；加强健康教育组织建设，配备人员和设备；广泛运用大众传播媒介向重点人群和广大群众进行卫生知识教育；培训施教人员，提高健康教育者的素质等形式的健康教育等活动，编制和发放《家庭主妇课本》、《乡村医生手册》、《卫生改水三字经》、《小学生健康教育课本》等各种培训教材和宣传材料27种1000册（本）；摄制《保护水源》电视片1部并拷贝25部；复制录像片25盒；印发传单、标语、各种图片126500张，同时出动宣传车和制作宣传栏，保证了健康教育的顺利进行。

5. 人员培训

人员培训和技术援助对于项目执行和运行管理有着重要作用，为此确定了按照项目计划和项目执行进度分阶段、分步骤进行的方案。甘肃省及县区项目办举办了供水工程、环境卫生、健康教育、财务管理、水厂运营管理、人力资源管理、土建招标、项目管理等培训班69期，6157人次，参加国家项目办培训班6期，79人次，提高了项目人员的专业素质和执行项目水平。聘请国内专家16人次，进行工程设计、土建招标、项目管理等方面的技术咨询。培训和技术援助活动的开展，提高了项目办工作人员的专业素质和执行项目水平，有力地支持了项目的实施，培训、锻炼和储备了一批项目管理人员。

6. 投资

项目资金的管理依照项目财务管理规定的运行，实行财务监督，进行独立会计核算，提请审计部门对项目进行审计，确保资金合理使用，保障了资金使用的效果，有力地支持了项目的建设。截至2006年12月底共完成投资7834.24万元人民币，其中使用世界银行贷款3623.90万元人民币（折合434万美元），国内配套（地方配套、群众自筹及投劳折资）4210.34万元人民币。

三、成果及效益

甘肃省世界银行贷款第二、第三期农村供水与环境卫生项目均按期完成了项目任务，如期通过了世界银行驻京办和中国农村供水与环境卫生项目办公室等单位组织的项目竣工验收，并于2006年7月通过了审计署的项目效益审计，在给中国农村供水与环境卫生项目办公室的项目审计意见中，甘肃省临夏县项目建设与管理的经验被认为可以在项目内推广和学习。在甘肃省世界银行贷款执行委员会召开的两次甘肃省世界银行贷款工作会议上，甘肃省项目办两次获得了“先进单位称号”，还有七个项目县项目办也被评为先进单位。编制的第三期世界贷款供水工程土建招标文件被世界银行驻京办项目主管作为模板推广借鉴。

从项目立项到执行，项目受益区政府和群众始终投入了极大地热情和努力，把项目建设当作是造福子孙后代和本地社会经济发展的大事来认真实践，通过不懈努力，顺利完成了项目目标，项目受益区农户的饮水条件得到了改善，环境卫生状况和健康意识也得到了改善和提高，非受益区政府和群众积极要求上级政府申请并执行新的项目，改善他们的饮水条件和提高健康及卫生水平。受益区政府也表示了再次执行此类项目，全面解决和改善本地饮水条件和增强发展动力的迫切意愿。项目的顺利实施与目标的实现，使项目诸多效益得以显现，项目的发展效益、经济效益、社会效益、环境效益、健康效益等合力形成的综合效益伴随着项目的深入运行，将不断发挥和扩大，并越来越显著。

1. 发展效益

项目改善了受益区的饮水条件，提高了受益区环境卫生水平和健康水平，为受益区发展提供了基础条件的保障，缩小了与发达地区基础条件的差距，夯实了发展的基础，对带动受益区多方面的发展起了促进作用，提高了受益区的综合竞争力和可持续发展的能力。如临夏县农村自来水入户率已达66%，管网覆盖率已达70.9%。举办各类培训班462期，培训14488人次，学习到了先进的科学的项目管理经验，为甘肃省培养和储备了一批从事项目实施的技术和管理人员。

2. 经济效益

项目为受益区经济的发展提供了动力，满足了受益区经济发展对水的要求，取水时间和医药费用的节省解放了劳动力和生产力，减轻了劳动强度，提高了劳动生产率，促进了劳动力的合理流动，增加了经济收入（如1998年项目县农民人均纯收入比1992年增加261%）。基础条件的改善推动了受益区农村经济结构的优化和资金投入结构的变化，将有利于受益区农村经济的高速增长。

3. 社会效益

项目实现了152.56万农村居民的供水受益覆盖，随着工程规模效益的发挥，将为更多农村居民提供安全饮水。建设了9864座卫生厕所，校厕65座，示范村15处，公厕22座，畜圈3787座，改善了农村环境卫生面貌，提高了群众的自我保健意识和健康水平，推动了社区文明建设，提高了项目区农民的生活质量和发展能力，体现了党和政府对农村、农民和农村发展的重视，其示范作用将在甘肃省农村饮水和供水方面产生积极影响。

4. 环境效益

项目实行水资源的统一规划和合理配置，对水环境的保护发挥了重要的作用，有利于防止资源滥用和过度消费，提高了资源的合理利用率。水环境的保护和改善有助于改善当地生活、生产环境，促进当地社会生存环境的保护和改善。提高和推动了环境质量和精神文明建设。如临夏县确定了三步走的农村供水规划，计划最终解决全县98.5%的农村供水问题，避免了水资源的无序开发，保护了环境。

5. 健康效益

通过在项目受益区修建供水工程、环境卫生设施和进行健康教育活动，一些与水有关的疾病发病率明显降低，如1998年度痢疾、伤寒、副伤寒的发病率分别为75.57/10万和1.03/10万，比1992年分别下降了63.945%和0.099%。群众掌握了初级卫生保健知识并有条件讲究卫生，有助于养成良好的卫生习惯，从而有效地保护了项目区农户的身体健康，提高了健康水平。项目县受益区卫生院收入逐年下降从一个侧面反映了健康效益的良好作用。

四、项目建设的启示

2007年选取了能较全面地反映甘肃省世界银行贷款农村供水与环境卫生项目管网供水工程基本情况的9个项目县区进行调研，通过调研取得142处工程数据，54处管网工程现场调查工程数据。分别从供水工程建设的组织管理，技术规范和标准，工程类型、数量、受益人口，水质净化工艺与消毒，工程投资等方面，从供水工程后续管理的项目执行机构职能和作用，管理模式，水厂管理人员状况，供水工程可持续发展情况等方面，从水厂运行现状，供水受益人口发展，水厂供水率及人均综合用水量，水价标准制定及水费收取，水厂财务状况，水质检验监测和水质消毒等进行了调研和分析。依据调研结果和项目实施经验，我们在利用世界银行或其他外部资金进行农村供水建设，改善农村居民供水条件的项目建设中得到以下重要启示。

（1）外援项目的实施，可引入科学的项目管理理念和市场竞争机制，能培养和储备大量的管理和技术人员，对推动项目区经济社会的发展和甘肃省农村供水、环境卫生和健康教育的发展能起到积极地促进作用。

（2）农村供水工程建设，应结合当地经济社会发展需求，进行科学合理的统一规划，在因地制宜的原则下发展规模适度集中的供水工程。农村供水工程供水规模的确定，应充分考虑供水受益人口和经济发展变化等影响因素，根据当地各类实际用水需求和用水量定额标准合理确定。

（3）强化水质监测和检测，加强水质监管力度，是农村居民的饮水安全和供水要求的保障。

（4）规范农村供水工程运营管理，创新管理机制，加快管理模式向市场化转变，使水厂尽快成为自主经营、自负盈亏的独立法人实体。

（5）发挥政府主导作用，制定针对农村水厂在能源价格、税收、发展资金等有关方面的扶持政策，促进农村水厂的可持续发展。

利用世界银行贷款改善农村供水条件，是针对农村供水资金长期不足与经济社会可持续发展的矛盾所作出的必要选择，此类项目综合效益较为显著，可促进农村地区经济、社会发展，虽然其有贷款偿还的特点，对农村水厂构成很大的经营压力，但从改善项目受益区居民生活、生产条件、完善基础设施条件、缩小地区差别、形成发展后劲、实现地区可持续发展上说有着重大的意义和现实作用。应该继续立项并加以实施，考虑到偿还能力，可通过政府应用一些财政政策免除或承担贷款，以利于农村水厂的可持续经营和发展。

（甘肃省农村改水项目办公室供稿）

建好扬黄工程　造福千秋万代

——甘肃省盐环定扬黄一期工程建设纪实

1992年7月30日，这是一个载入庆阳水利史册的日子，就在这一天，盐环定扬黄甘肃专用工程开工典礼在环县甜水堡隆重举行，工程从规划阶段转入建设阶段，几代人的盼水夙愿终于得以实现。

一、干旱缺水的辛酸历史

环县历来就干旱缺水。凡是到过环县的人，都听过这样的说法："走过古肖关，吃水比油难，宁愿给炒面，不给水半碗"，这是环县缺水状况真实而生动的写照。《环县志》有"山童水劣，世罕渔樵，风高土燥，秋早春迟"的记载。1929年因旱灾环县数千户群众背井离乡，流离失所，逃荒讨饭，饿殍路遗。新中国成立后，据统计，1957～1987年的31年中，30年都有不同程度的旱灾，其中春旱19年，伏旱20年，秋旱15年，两季连旱17年，三季连旱7年。1986年秋季后到1987年全县竟然出现6季连旱，北部8乡14个月总降水量不足120mm。进入20世纪90年代以来，干旱更为严重，平均每10年就有6年大旱，旱段最长的时间达408天，沟河断流，塘坝干涸，井泉水位下降，造成人畜缺水、山上少草、田里断苗，亢旱连日，干渴的农民为水而舍死求生。南湫乡代家洼、党家洼两村群众要到单程58km外的宁夏下马关取水，不少农户一天只吃一顿汤饭，一家人用一碗水洗脸后余水还要喂猪。毛井乡红麋湾村群众赶着几天未喝水的羊畜，日夜兼程到28km外的高家洼村高滩滩饮水，疲于奔命，把肥羊拖瘦，瘦羊拖乏，乏羊拖死。1982年小南沟乡马阴山群众贾世宽爷孙俩为了溶化窖中雪块，先将火盆吊放在窖中，过了一个时辰吊孙子下窖舀水，被窒息而死，爷爷下去抢救亦死。1977年该乡连家川村30多岁的妇女常玉玲，目不忍睹自家牧养集体的50多只羊羔和自己小孩喝不到水的窘况而悬梁自缢。

北部有限的地表和地下水，矿化度和含氟量很高，水质苦涩，每升水含氟量超过正常饮用水1mg的4.5～27.5倍。长期饮用高氟水出现氟中毒，轻者牙齿发黄，关节疼痛，重者骨骼萎缩、肢体变形生活不能自理。仅1.1万多口人的甜水镇氟骨症患者达92例。39岁的万建秀，20岁嫁到甜水时身体强健，后来变得骨瘦如柴、肢体弯曲，卧床两年多了。50多岁的翟玉英、翟玉兰老姊妹俩，从山城嫁到甜水，两家相隔一条百米宽的小沟，氟骨症恶化后一个卧床不起，一个拄拐杖出不了家门，三年没能相见。劣质水像无形"杀手"，在摧残着人们的健康和生命，多少年来人们一直深深地呼唤着生命之水的降临，这如泣如诉的渴饮苦难史，期许着真正"甜水"的到来。

二、曲折漫长的决策过程

陕甘宁盐环定扬黄工程，从酝酿论证到开工建设，经历了一个漫长的过程。20 世纪 70 年代初，宁夏银南地区提出为盐池县引黄河水的设想，1974 年开始工程规划，甘肃闻讯后即派人协商，要求同时为相邻的环县引水，1978 年甘宁两省（区）成立了盐环工程联合设计组，并于当年向国家水电部上报了规划报告，随后陕西也提出同时给定边引水的问题，经三省（区）协商，又经过几年的勘察论证，1984 年三省（区）政府联合向国家计委提出共同兴建盐环定扬黄工程的报告，国家计委复函同意三省（区）意见，肯定了工程建设的必要性。1986 年水电部最终批准工程设计流量 $11m^3/s$，陕西、甘肃、宁夏分配比为 2∶2∶7，工程定名为陕甘宁盐环定扬黄工程。该工程涉及陕、甘、宁三省（区），盐、环、定、同四县，覆盖面积 1.01 万 km^2。工程建成后可解决 36.2 万人，127.13 万头牲畜饮水问题，同时可发展灌溉面积 32.13 万亩。盐环定扬黄工程是目前我国最大的人畜饮水工程、亚洲最大的农村供水工程，投资建设这项以人畜饮水为主亘古未有的大型水利工程，充分体现了党和政府对老区人民的关怀，体现了社会主义制度的优越性，其名蜚三省、誉载中外。工程分三省共用工程和各省专用工程，共用工程 1988 年开工建设，1996 年全面竣工。

甘肃专用工程从 1987 年开始前期工作，甘肃省水电设计院于当年 7 月完成了《陕甘宁盐环定扬黄工程供水规划报告（甘肃部分）》，又经过几年的反反复复，1990 年 8 月甘肃省组织水利专家对该工程规划方案进行了现场专题论证。1991 年 10 月甘肃省政府以甘政发〔1991〕182 号对工程总体规划作了批复，肯定了工程建设的必要性，明确工程主要是以解决环县北部人畜饮水困难为主，剩余水量在条件较好的地区结合发展灌溉。确定人畜供水范围为环县北部 11 个乡镇。考虑到甘肃省财力状况，拟定一次规划，分期实施，先引进水源，部分见效后，再由近及远，逐步达到规划目标。按照甘肃省政府对项目规划的批复精神，甘肃省计委以甘计农〔1991〕998 号文批准一期工程立项，明确一期工程先建成 29km 输水干渠和甜水灌区工程。1992 年甘肃省建委批准一期工程初步设计，核定工程总投资为 6306 万元（1996 年因建材及人工费涨价因素，建委批准追加投资 3659 万元，工程总投资调整为 9965 万元），解决甜水镇的人畜饮水及地方工业用水，发展灌溉面积 2.35 万亩。1992 年 7 月，工程正式动工兴建，广大干部群众欢欣鼓舞，纷纷表示感谢党和政府的关怀，全力以赴投入建设，一心想早日圆了世代盼水梦。

三、各级各界的关心支持

环县是原陕甘宁边区的一部分，早在抗日战争和解放战争时期曾对中国革命作出过巨大的贡献。据史料记载，1936～1949 年全县先后有 5.8 万人（次）参军参战，有 448 名环县籍儿女为创建共和国英勇献身，13 年中全县共投入支前民工 2.2 万人（次），支前担架 3100 多付，投入驮畜 2.6 万头（次），做军鞋 9.5 万双，送军粮 1500 多万 kg，援饲料 670 多万 kg，供饲草 220 多万 kg。老区人民的奉献和牺牲，党和政府没有忘记，50 多年来在社会发展和经济建设中给予了很大支持，人民群众的生活明显得到改善。然而由于自然的原因，北部山区严重缺水，制约着群众生产生活和社会发展。兴建扬黄甘肃专用工程是党和政府对环县老区人民的关心和支持，是一项功在当代、福及子孙的德政工程，在庆阳水利建设史上绝无仅有。从工程酝酿论证到立项建设，各级党政领导都作了不懈努力，许多曾在庆阳生活战斗过的老同志也为之殚精竭虑。新中国成立后曾任庆阳地委第一任书记、后任全国政协常委的王秉祥生前极力为这项工程奔走呼吁，发挥了重要作用。在工程决策的关键时刻，曾任甘肃省委书记、国家计委主任、中共中央政治局常委宋平说："环县是老区，战争年代为革命作出过很大贡献，那里的人畜饮水解决不了，我心里很不安"。水利部原部长、全国政协副主席钱正英在开工前夕提词，"环县水利工程是一项扶贫致富重大措施，希望万众一心，早日建成，不辜负老区人民的热烈期望"。谷牧、马文瑞、林乎加、刘向山等一些老同志也多次询问，这项工程牵动着许多老同志的心。各级人民代表和政协委员十分关注，现场调研视察，提交建议提案，积极呼吁争取。甘肃省省委省政府高度重视，领导多次现场考察，及时决策立项建设，并于1995年列为甘肃省12件大事之一，省长现场办公。水利厅、甘肃省计委、甘肃省两西、财政厅、甘肃省建委等有关部门的领导先后多次亲临现场，协调解决工程建设中存在的困难和问题，给予了多方面的帮助支持，市、县领导更是做了许多艰苦细致的工作，确保了工程建设的顺利进行。曾有35位省（部）级领导和老干部、93位厅（局）级领导、67家报社、电台、电视台记者分别前来视察、检查和采访宣传，有近百名水利专家、数百名技术人员不避寒暑，不畏艰辛，跋山涉水勘测论证，付出了辛勤的劳动，作出了卓越贡献。

在工程建设中，宁夏区、长庆石油等有关单位在征地、施工、供电方面给予了很大支持，工程经过的乡村群众都积极提供了方便。甘肃省电力投资公司以最快的速度建成了为扬黄工程配套的159.5km 旱—环—甜 110kV 输变电工程，完成投资5600万元。在资金紧缺的时候，地、县农行、县信用联社，先后为工程贷款980多万元，甜水营业所、信用社在资金供应上，做到随用随贷随取以解燃眉之急。甜水镇在划拨施工用地上大力支持，随用随划已上千亩。甜水派出所多年来为工程建设保驾护航锲而不舍。甜水卫生院曾多次组织医疗队为施工队员检查身体，诊治疾病。甜水小学编排节目到工地慰问演出，鼓舞建设者的士气。省级有关部门和甘肃省外提供设备及原材料的厂家赊欠款及时供货，参建的施工单位垫资施工，缓解了工程资金困难。

四、可歌可泣的奉献精神

甘肃省专用工程，自1992年7月开工建设以来，先后有甘肃省水利厅工程地质建设公司、陕西省冯家山水利水电建设公司、宁夏军区国防工办、平凉水电工程局、崇信县水利工程公司、庆阳地区安装公司、西峰市电灌局、庆阳县水利施工队、环县水利局施工队等十几家省内外施工企业参与了工程建设。工程区地处毛乌素沙漠南沿，雨量稀少，气候干燥，环境恶劣。全年多为大风天气，大风刮起，黄沙蔽日，闭门塞步，工地临时工房常常被刮掉屋顶，建设者脸被风刮黑了，眼睛被沙打红了，嘴唇手背皲裂了，但未退却，坚持天天在风沙中施工。沙漠气候说来也怪，1993年8月29日，突然一场大暴雨下了40min，1号隧洞井口涌进了8000多m^3洪水，施工单位连夜从260多km外的西峰组织回7台水泵，抢险抽水两天两夜保住了洞身。1994年7月16日，大洪水袭击了沟道中的

2 号隧洞出口，正在洞中施工的张建忠、李中学、李中成，奋力从齐腰深的洪水中游出洞口，被队友们从 80 多 m 深的悬崖下吊上来时，个个成了泥人，被洪水冲走衣服的张建忠说："龙王没请走，越要好好干"。

施工最难的是隧洞工程，在全长 29km 输水干渠中，有 6 条长度 9.76km 的隧洞，其中布设在沟道以上的断层流沙段就有 2.48km，一支"正规军"在搞了临建工程后就怯阵地撤退了，最硬的"骨头"就是 5.3km 的 2 号、3 号隧洞，被甘肃平凉地区崇信县水利工程公司接了下来。在艰难的掘进中，地质复杂多变，险象环生，遇到坚硬的岩石，风镐、风钻、煤电钻、凿岩机等机械能用的全都用上，打不下就放炮，炮一轰就塌，边塌边清边支撑。而且多处遇到了腐蚀性很强的地下水，流到草上，草被毒死，溅到皮肤，奇痒难忍，洞顶漏水如雨下，脚下泥浆尺余深，每天要在这阴暗潮湿的隧洞里涉水往返 10 几 km，队员们只得穿着雨衣雨鞋施工，带水作业举步维艰；在洞内施工，风镐、电钻轰鸣刺耳，爆破的硝烟、运输机的尾气熏呛难忍；冬天洞内洞外温差 30 多℃，洞内作业一身汗，出到洞外一身冰，感冒成了常事。但从指挥部到施工单位，从领导到施工队员无一退却，形成"为了贯通不付代价不行"的共识。指挥部负责人同工程技术人员一道昼夜奋战在施工第一线，隧洞不通，寝食难安，哪里有险情难关就出现在哪里，有时饥餐渴饮，通夜不眠，或一天 24 小时"连轴转"。指挥部财供科、物资站、保卫科、办公室等科室工作人员，为做好材料供应和后勤保障工作，无悔无怨地出力流汗。在建设工地随处可见动人事迹，2 号、3 号隧洞中共发生大小塌方 470 多处，其中塌段最长 521m，塌量在 50～1000m^3 的 98 处，最大一处塌方 4200m^3。处理最严重塌方段，若按一些专家要求，采用"固结灌浆"等洋办法，则需一年多时间。由于工期紧迫时不我待，在既能减少工伤事故，又不浪费时间的情况下，组织专业技术人员认真反复讨论，本着科学对待加拼命精神，毕其功于一役。采用了"打茅干、短开挖、放小炮、强支撑、快衬砌"的速成办法，仅 4 个月就突破了难关，在三处塌高 43～100m 的冒顶段抢险中，几十米高的凌空面下强行支护令人望而却步，但久练科场的施工队员凭着胆识和智慧，冒着生命危险支撑，席彪、刘登明等队员几次被塌方砂岩土块从支架上打下来，洞内旋即形成了五六米的倒进尺，工友们把他们从被埋的沙土堆里拉出来，他们定定神又奋勇冲上去支护。木支架不行就用钢拱架和轻轨，甚至连用麦草、胡麻柴塞缝等土办法也使上了，直至将围岩塌面支住安上拱片为止。民工负责人贾文明在抢险清理隧洞洪水淤泥时，七天七夜未合眼，当任务完成走出洞口，手中的馒头没顾上咬一口就地睡着了。民工苏正北一只脚腕骨折，伤情稍有好转就拄着拐杖开卷扬机。工程建设者不惜流血流汗，甚至献出宝贵生命。39 岁的马国权是西峰市电灌局聘用的助理工程师，施工中经常用手顶着胸部，经工友们再三劝说去医院一查，肝硬化已到晚期，在医院住了 20 多天就悄然离开人世，崇信工队 50 多岁的工程师李彦瑞，在他请假准备回家为儿子办理婚事的当天晚上，去工作面检查时，被摔到 74m 深的竖井下献身。自开工以来，轻度工伤不计其数，重伤中 77 人骨折，6 人献出宝贵生命，他们当中年龄最小的还不到 20 岁。那屹立在茫茫荒原上气势恢宏的泵站和巨龙般的管道、隧洞，为献身者树起了千载丰碑。

在施工中，我们因地制宜，对原设计进行了"开挖变隧洞"、"明渠变箱涵"和"改线移位"等较大修改 13 处，既减少了工程量、缩短了工期，又节约了资金。施工质量从严把关无一疏漏，建成项目分部分项合格率达到100%，优良率达到91.2%，通过运行考验安全可靠。

五、水通甜水镇梦想成真

1996年5月实现了甘肃省政府“水通甜水堡、部分发挥效益”的阶段性目标。涓涓清流淌进了一片片新开辟的袒胸露怀等待滋润的农田，饱经干旱、风沙、氟水之苦的甜水堡群众，真正喝上了甘甜的黄河水，世代梦想变为现实。通水时，农民群众个个笑脸如花，在渠边水头争相放鞭炮祝贺，他们不但喝上甘甜水，而且永远共享灌溉之利。75岁的老妈妈张作英，20多年前因氟中毒引起腰腿疼，黄河水来时她让女儿用车子推上随着人流来到渠边，看到水从1m多粗的管口喷涌而出时，她兴奋地说：“后辈儿孙再也不怕这氟骨症了”。1996年5月13日隆重举行通水庆典时，曾经决策筹建扬黄工程的原甘肃省委书记、全国政协常委李子奇，甘肃省委常委仲兆隆，甘肃省人大副主任姚文仓，副省长洛桑灵智多杰以及老干部王占昌、秦时玮、何志英、谢占儒等同志前来参加祝贺，他们对工程给予了高度评价，并对省级有关部门和地县领导以及建设者提出了更高的要求，“现在完成的仅是第一期的骨干工程，大量工作还在后面，要继续发扬老区人民艰苦奋斗吃苦耐劳的优良传统，一鼓作气，完成一期工程的全部任务，为二期工程打好基础，保证整个工程计划如期完成”。领导的支持希望在激励着我们，艰巨的工作任务在期待着我们。庆典会毕，指挥部立即召开会议安排部署，对已建成投运的工程精心检修，使其臻善臻美。以庆典会为契机进行战地动员，迅速抓好续建工程，建设者们征尘未洗又秣马厉兵，为这恢宏壮丽的事业又吹响新的战斗号角。历经十年努力，人们由原来“遥望黄河数百里，不知何时到我家”的企盼愿望，变成了“星灯石火三千日，涓涓清流过家门”的美好现实。一期工程已如期完成，2002年7月通过省级竣工验收并被评为优良工程。工程建设质量也得到原全国政协副主席钱正英及国家发改委、水利部、黄委会调研组有关领导和专家的较好评价。工程建设期间，指挥部被原庆阳地委、行署命名为“八五”建设先进单位，被甘肃省水利厅评为1996年甘肃省水利建设先进单位，2003年5月被水利水电质量协会评为全国质量管理先进单位受到表彰。

在甜水镇通水的日子里，来宾们啧啧称赞“一业引得百业兴”。平田整地战场上，机平人平一齐上，千人大军战犹酣，一块块平展展的梯田条田层连栉比，一簇簇白中泛蓝的温棚里瓜、菽、茄、柿体美肉肥，一梳梳望天喷头灵动旋转，吐扬彩色雨雾，不时地给田禾润上新色。过去一个个黄岗沙丘，现在变成了一片片碧色农田相映成辉。闻讯报名向甜水镇移民迁户者纷至沓来，移民小区的一排排新居整齐光亮错落有致。从穷山沟里迁来的群众无不喜笑颜开，其情切切，溢于言表。甜水镇声名鹊起生机盎然。1992年开工至今的变化历历在目，城镇规模和档次不断提升，到这里经商的人越来越多，新修房屋已数千间，商业摊点比肩而立，每年从这里销出的活羊活畜1万多头（只），甘草20多万kg，羊绒羊毛4万多kg，从中产生的税收与1992年相比已增加到10多倍以上。有了这生命之水，宁夏区还在甜水街北门外建起了跨步即至的边贸市场，与甜水市场竟相媲美，“甘宁一条街”在这里应运而生。宁夏、陕西、内蒙古、新疆、山西、青海、安徽等各路客商在这里争雄。几千年抱残守缺的甜水镇，将迅速变成商埠重镇，不期之日就会富甲一方，为环县北部10多万人的经济腾飞开启先河。

"四方宾客自此聚，喜看甜水百业兴"。扬黄工程引来的不仅是黄河之水，还有黄河的博大襟怀和千里奋进精神，它将使老区人民走出川原沟壑，放眼甘肃省全国乃至世界。情至亢奋之中的建设者们，举目看到这"百舸争流"的发展势头，更是笑傲扬黄，乐此不疲，对快速、优质、高效地完成工程全部建设任务充满了信心。

六、引水到县城指日可待

完成一期工程只是引来了水源，为了使工程连续实施，尽快达到规划目标，从1997年开始，甘肃省政府委托水利厅组织专家考察论证，1998年10月，甘肃省计委、水利厅同意开展扬黄二期工程的前期工作，甘肃省水电勘测设计研究院进行二期工程可研工作，2000年按原规划方案编制完成了可研报告。

全国政协副主席钱正英2001年5月来甘肃考察期间，专门听取甘肃省水利厅关于盐环定扬黄工程有关情况汇报，2002年5月带领国家扶贫办、水利部、黄委会等有关部门的领导和专家，在甘肃省委书记宋照肃等省、市领导陪同下，现场视察工程，认真听取汇报。钱正英一行对一期工程建设质量和建设二期工程的必要性给予充分肯定，表示积极支持二期工程上马。2002年12月17日，时任国务院副总理的温家宝在新华社《国内动态清样》第3112期《投资逾八亿 引水难止渴——盐环定扬工程配套建设乏力》一文上批示："请培炎同志阅酌。建议计委会同有关省区在调查研究的基础上，妥善解决遗留问题，使这项工程发挥应有的效益，减少损失和浪费。同时要认真吸取教训"。遵照这一批示精神，2003年初，国家发改委、水利部先后组成调研组，对工程进行了全面调研，要求根据新形势的发展需要，重新调整用水规划，进一步优化可研方案。甘肃省计委、水利厅参考有关意见，对原方案进行了审查论证，提出二期以南线工程为主，引水到环县县城，沿途向东西方向辐射的方案优化意见。据此，甘肃省水电勘测设计研究院又及时进行补充勘测，多方案比选论证，重新编制了受水区用水规划，确定了受水范围和用水对象，优先保证人畜饮水、城镇生产生活用水，压缩了农业灌溉用水，既考虑了"水跟人走"又考虑了"人跟水走"，使水资源配置和工程布局更趋合理。2003年5月31日甘肃省计委、水利厅再次组织专家对新方案可研报告初稿进行了审查。甘肃省水电设计院根据审查意见和国家发改委、水利部的指导意见，对报告多次修改完善，完成了《陕甘宁盐环定扬黄工程甘肃专用二期供水工程可行性研究报告》。2004年1月15日，水利部在北京召开盐环定扬黄工程建设管理协调领导小组第一次会议，安排前期工作，明确工作任务和进度要求，委托黄委会对三省（区）可研报告进行审查汇总，报水利部审查并呈发改委批准立项。按照水利部要求，黄委会成立了专门工作机构，并于2004年3月组织现场踏勘调研，之后，多次集中办公，几次技术协调，历经几上几下对三省（区）的可研报告进行审查汇总。于2005年7月完成了《盐环定扬黄续建工程可行性研究总报告》，经水利部审查于2006年4月上报国家发改委审批。按照水利部审定的工程方案及规模，环县扬黄二期续建工程供水主管线自一期工程6号隧洞出口延伸至环县县城，在赵家洼分设西一支管（罗山支管），在洪德新庄子分设东支管（耿湾、四合原、秦团庄支管），在二十里沟口设西二支管（虎洞、小南沟支管）。扬黄二期续建工程输水线路全长194km，其中主输水管线长74.3km，支管线长 119.7km，概算总投资 3.75 亿元。工程建成后，可解决环县县城及乡镇 7.26 万城镇人口，11.16 万农村人口，3.93 万头大牲畜，18.41 万只羊饮水及工业用水问题。二期续建工程前期工作就绪，又一场开工建设的序幕即将拉开，随着扬黄二期工程的续建延伸，必将给环县人民带来新的生机和希望。

（甘肃省庆阳市水务局供稿）

建设引硫济金工程
促进金昌经济社会发展
——甘肃省金昌市引硫济金工程建设纪实

金昌市位于河西走廊中部的腾格里和巴丹吉林沙漠边缘，是一座新兴的资源型工业城市，也是全国镍钴生产基地和铂族金属提炼中心，被誉为祖国的“镍都”，但金昌市又是全国 108 个重点缺水城市和 13 个资源型缺水城市之一。为了镍基地的建设和金昌社会、经济的可持续发展，从 20 世纪 80 年代初起，省、市有关领导带领金昌市相关部门的负责同志多次进京向国家有关单位汇报磋商从外流域调水的问题，原党和国家领导人李鹏、姚依林、宋平等都做出批示，开发建设新的水源工程。在原国家计委和水利部的大力支持下，经过不懈的努力，甘、青两省达成共识，一致同意建设引硫济金工程。

一、工程概况

引硫济金工程是解决金昌市工业和城市生活用水，缓解农业用水的跨流域调水工程。即从青海省门源县境内的硫磺沟引水，穿越祁连山冷龙岭入永昌县西大河水库上游的小平羌沟，再经西大河水库通过西金输水渠入金川峡水库。

引硫济金工程是引大济西工程的一期工程。1985 年水利部兰州勘测设计院经过勘测、技术论证后提出《引大济西可行性研究初步规划报告概要》，初步规划年调水量为 2.5 亿 m^3。根据《引大济西可行性研究初步规划报告概要》，为近期缓解金昌市严重缺水局面，国家有关部门批准先搞引大济西工程一期工程——引硫济金工程。引硫济金工程根据甘、青两省联合开发硫磺沟水资源协议，每年按硫磺沟年来水量的 88％给金昌市输水，平均多年调水量为 4000 万 m^3。

引硫济金工程横跨青、甘两省，地处高寒缺氧的山区，海拔在 3400～3500m 之间，气候恶劣，交通极为不便，引水枢纽区距青海省门源县城约 70km，距金昌市区约 260km，工程为低坝自流引水，工程等别为三等工程。

工程总体布置主要由引水枢纽和引水隧洞两部分组成，引水隧洞是控制整个工期的关键工程，引水隧洞全长 8867.2m，采用半圆拱直墙（部分地段为马蹄形）无压明流洞，断面尺寸为 2.9m×3.4m（宽×高），进口洞底高程为 3436.5m，出口洞底高程为 3421.5m，坡降为 1/600，设计引水流量为 7.5m^3/s，最大限制流量 19.5m^3/s。

二、工程建设情况

金昌市人大代表在 1982 年全国人大五届四次会议就提出“请求解决金昌市工农业用

水矛盾”，甘肃省人民政府于1984年1月以甘政发〔1984〕43号文件正式向国家计委、水电部提出《关于呈请批准开发硫磺沟水资源的报告》，金昌市在省级有关领导及相关部门和国家相关部门的大力支持下，尤其是在原国务院总理李鹏的亲自批示下，完成了大量的基础工作，同时在近10年的协商努力下，最终与青海方面达成了《金昌市人民政府、海北藏族自治州人民政府共同开发硫磺沟水资源协议书》，在做好以上主要基础工作以后，国家计委于1996年4月19日以计农经〔1996〕756号文批准了《引硫济金工程项目建议书》；1997年3月24日，国家计委以计农经〔1997〕410号文批准了《引硫工程可行性研究报告》；1997年6月12日，受国家计委委托，甘肃省建委商水利部后以甘建设〔1997〕181号文批准了《引硫济金工程初步设计》；1997年7月8日，甘肃省建委以甘建重〔1997〕198号文批准了《引硫济金工程开工报告》。

为确保引硫济金工程各项工作有力地进行，1994年7月，金昌市人民政府常务会议研究决定成立引硫济金工程建设指挥部，负责工程的建设工作，并先后由市人大原副主任李秉亮、政府原副市长曹长庚、政府原副市长刘永堂担任领导工作，直至工程建成通水。

引硫济金工程是金昌市水利建设史上投资最多、自筹资金最多、规模最大的一项水利工程，按照国家基本建设管理规定，实行项目法人制、招标投标制和建设监理制，建立完善了建设管理各项规章制度，选择国内经验丰富、实力雄厚的设计、施工、监理单位参与工程建设。工程设计由甘肃省水利行业唯一的甲级综合勘察设计单位省水利水电勘测设计院勘察设计，省水利工程建设监理咨询中心监理，中铁十八局、中铁十五局、中铁一局、金昌市水电工程局参与了工程建设。

工程自1995年开工建设，引水隧洞横穿祁连山山脊冷龙岭，是目前国内海拔最高、独头掘进最长、第一条穿越祁连山分水岭的引水隧洞。再加气候严寒、缺氧、交通不便、地质复杂，给施工带来了诸多困难。冷龙岭隧洞工程分进口段和出口段两个标段施工，分别由施工力量雄厚的中铁十八局、中铁十五局和中铁一局承担施工任务，为解决隧洞出口段施工中的上述困难，引硫指挥部与中铁十八局一处进行了“高原严寒地区小断面长隧洞施工技术”技术攻关，成功解决了上述难题，独头掘进施工达到6818.8m。该科研项目被市政府授予1999年度市级科技进步一等奖和甘肃省科技成果二等奖。隧洞进口段在2000多m的施工中攻克了9次大规模的塌方，其中一次是全国罕见的煤屑流突涌。经过各参建单位和工程建设者8年多的艰苦努力，克服了恶劣的生活环境和施工中的种种艰难险阻，保质保量地完成了引硫主体工程隧洞的建设任务。

引水枢纽工程由金昌市水电工程局承担施工任务，采用两期围堰导流的方式施工，于2000年9月完工验收。引水隧洞工程于2002年9月12日正式贯通，2003年5月9日正式完工通水，同年11月通过了市政府组织的初步验收，2006年1月甘肃省建设厅正式批复通过竣工验收。引硫济金工程曾先后获得省重点工程建设项目优秀奖，金昌市建筑工程“镍都奖”，甘肃省建筑工程“飞天奖”。

三、工程投资情况

工程概算总投资经原国家计委于1997年3月审查通过《引硫济金可行性研究报告》

确定为19850万元，在实际施工过程中，由于隧洞地质与原勘察设计发生了很大变化，施工难度增大，工期延长3年多。2002年6月，省水利厅和省计委依据工程实际情况将总概算投资调整为24982.74万元。工程竣工决算后，确定实际完成总投资为26490.72万元。其中资本金7500万元（金昌市财政5000万元，金川公司1500万元，甘肃省以基建建设投资安排1000万元实际到位600万元），全市人民自发捐款573万元，中国建设银行总行营业部基建贷款9200万元，其余部分金昌市政府每年从全市工业加价水费中自筹解决。在工程建设资金筹措过程中，市政府克服了极度的财政困难，尽最大努力保障了工程建设资金，最终使引硫济金工程建设得以顺利完成。

四、工程引水运行情况

引硫济金工程于2003年5月9日建成正式通水，2005年5月交由新成立的金昌市引硫济金管理局运行管理，引水运行6年以来，共计引水12411万m^3。按每年引水运行情况分析，工程完全可以达到设计多年平均年引水4000万m^3的标准。由于目前西金输水渠输水能力有限（渠道年久失修，因引硫济金配套工程建设资金紧张，原计划西金输水渠的扩建和维修方案尚未实施），引硫水不能按时、足量地调输到市区，目前所引水资源主要用于农业灌溉，再加前几年金昌市水情较好，为充分发挥所引水资源的效益，根据实际情况对每年的引水量进行了适当调整。

引硫济金工程建成通水，有效缓解了金昌市工农业用水的紧张局面，为金昌经济社会稳定和可持续发展提供了有力的基础保障。尽管金昌市政府不惜巨额投入建成的工程每年可从青海省引来4000万m^3的水资源，但它只相当于金昌市目前供需水缺水2.3亿m^3的1/6，显然不能从根本上解决全市尖锐的供需矛盾。

引硫济金工程作为引大济西工程的一期工程，这项工程建成通水却标志着金昌市拉开了从外流域调水的序幕，它的真正意义在于为能够从外流域调来充足的水资源，彻底改变金昌市乃至整个石羊河流域，特别是民勤县干旱缺水的局面做下了前期准备工作，打下了良好的基础。从长远的发展来看，引硫济金工程对金昌社会稳定和经济发展必将发挥越来越重要的作用。

（金昌市水利局供稿）

市 州 水 利 篇

兴修水利　全面提升水利综合服务保障水平

——改革开放30年兰州市水利发展回顾

兰州市地处甘肃中部干旱地区，干旱少雨，生态环境脆弱，水资源紧缺，水土流失严重。改革开放以来，历届党政组织把除水害、治水患、兴水利放在经济社会发展的重要位置，坚持打硬仗，集中抓落实，紧紧围绕“农业增效、农民增收、农村稳定”大局，依法开展水资源的开发、利用、治理、配置、节约和保护等工作，投入大量的人力、物力、财力兴修水利，解决干旱缺水问题，提升水利综合服务保障水平，取得了显著成效。

全市人民发扬自力更生，艰苦创业精神，坚持不懈地发展水利建设。通过修水库、建塘坝、打水窖、建水轮泵、打机井、建小提灌、兴建大中型电力提灌工程和跨流域调水工程，使全市水利设施和用水环境发生了质的变化，建成了以榆中县三角城电力提灌工程、皋兰县西岔电力提灌工程和引大入秦自流灌溉工程为代表的一批大中型水利骨干工程。截至2007年底，全市共建成各类水利工程2208处，其中：提灌工程739处，自流引水工程117处；大中型泵站889座，安装机电设备2301台套，装机容量28.14万kW；水库11座，塘坝19座，总蓄水量达1803万m^3；万亩以上灌区21个；干、支渠5044km，基本形成了地表水利用和地下水利用相补充、电力提灌和自流灌溉相结合、水库、塘坝和集流窖多种形式并存的灌溉网络，形成水利固定资产近10亿元。发展有效灌溉面积131.57万亩，占全市总耕地面积316万亩的41%，加上林草灌溉面积，共发展灌溉面积达154.55万亩；发展干旱山区梯田面积120.18万亩，占宜修坡耕地面积的54.62%；小流域综合治理面积1008.77km^2，治理程度达到70%；解决农村77.74万人的饮水安全问题，占全市农村总人口的58.98%，农村群众的生活质量得到改善和提高。

这些水利工程不仅改变了全市干旱恶劣的生产生活条件，使灌区的农业生产获得了迅速发展，农民收入有了大幅度提高，而且已经发展成为兰州市农业生产、农民安居生存的基础工程、保障工程，同时也是生态林业灌溉、农村人饮、乡镇企业发展和小城镇建设的基础性保障工程，为全市社会主义新农村建设和实现小康社会奠定了良好的水利基础。

一、主要建设成就

（一）防汛抗旱成效显著，有效应对了干旱洪涝自然灾害

防汛抗旱是兰州市水利工作一个永恒的课题。

首先，兰州市充分发挥水利工程的防汛抗旱主渠道作用，不断加强基础设施建设，在工程建设上坚持科学规划、合理布局、防抗结合，建成了遍布兰州三县五区、“提、引、截、蓄、排”功能齐全的防汛抗旱工程体系。这些工程在防汛抗旱中大显身手，多次有效

应对了干旱洪涝等自然灾害。特别是在2006年兰州市发生有气象记录的74年以来最严重的旱情后，全市粮食不减产，人饮不缺水，社会很安定。2008年年初的低温雨雪冰冻自然灾害和“5·12”汶川大地震虽然给水库大坝、饮水工程等带来了一定影响，但工程的防汛抗旱功能经受住了考验，全市人民没有因此而发生恐慌。

其次，全市建立了防汛抗旱工程检修维护机制。针对兰州市实际，把水利工程春检春修、河洪道综合治理、水库除险加固、防汛责任制落实和防汛突发事件应急能力的提高作为防汛抗旱工作的重点常抓不懈。30年来，每年平均投入1000万元资金进行机电设备和水工建筑物的检修维护，坚持每年清淤整修渠道1500km，确保了设备正常、渠道畅通、灌排顺利。编制完成了《兰州市山洪灾害治理规划》，对148条农村洪道加强管理，强化防汛行政首长负责制和岗位责任制，坚持24小时防汛值班制度，加强巡视排查险情工作，落实农村防汛抢险队伍及防汛物资的准备，切实提高防汛突发事件的应急能力。加大水库除险加固力度，榆中县高崖水库、龛谷水库和永登县大东湾水库被水利部列入全国病险水库除险加固项目，水库除险加固后，高崖水库库容达到1160万m^3，防洪标准达到100年一遇洪水设计，1000年一遇洪水校核；龛谷水库库容达到125.16万m^3，防洪标准达到50年一遇洪水设计，500年一遇洪水校核。两座水库有力地保护了下游11万人、15万亩耕地的安全。

第三，把干旱山区“梯田建设、小流域综合治理、集雨节灌工程”等三项工程作为提高山区抗旱能力、发展山区农业产业的重点来抓，在改善生态环境上下工夫，在改变农业生产条件上下工夫，与旱作农业科学示范相结合，进一步夯实农业基础，使山区防汛抗旱基础设施条件发生了根本改变。

（二）水利工程更新改造步伐加快，灌区功能不断提升

随着水利工程服役时间的增长和灌区农业种植结构的不断调整，兰州市水利工程存在着效益衰减和不适应灌区农业发展需求等问题，为此，市政府重点部署，确立项目，加大投资，集中建设，对兰州市重点灌区的一大批工程项目进行了改造。改造大中型泵站25座，完成了大砂沟一泵站迁建和其他主要泵站的改造工程，对榆中三电、青电，皋兰西电，大砂沟、城关皋兰山、草场街、石沟，西固青石台、张家大坪，七里河西津、彭家坪，永登庄浪河、红古谷丰渠、湟惠渠等重点电力提灌和自流灌溉工程的主要泵站、机电设备、引水渠道、涵洞、堤坝分期分批地进行了更新改造，同时还完成了皋兰黑石水库和永登河桥“四大坪”提灌工程的更新改造，对永登庄浪河、榆中宛川河河堤进行了改造加固，有效地遏制了工程日益老化的局面，确保了工程安全运行。

（三）农村饮水安全工程和庭院雨水集流工程发展迅猛

兰州市农村饮水工程经历了2005年之前的“农村人饮解困阶段”和之后的“农村人饮安全阶段”。改革开放后，各级政府十分关注群众的饮水问题，通过广泛发动群众，因地制宜地采取打水窖、挖涝池、兴建集中供水工程等办法，农村饮水问题不断得到解决。截至2007年，全市共修建集中水工程270处，建小高抽75处，打水窖19万眼，挖涝池塘坝2696座，打机电井117眼，引水工程144处，其他工程169项，先后共解决了农村95.85万人的饮水困难，占农村人口的74%。从2005年开始，解决农村饮水困难进入了

一个新的阶段，由过去的人饮解困，走向人饮安全。全市以建设集中供水工程为主渠道，集中财力打硬仗，重点建设水源有保障、人口较集中、用水要求迫切、领导班子强、群众积极性高的集中供水项目，收到了很好的效果。到2007年底，3年新建人饮安全工程42项，增加农村饮水安全人口22.67万人，累计达到77.74万人，自来水入户率达到85%，被群众誉为德政工程、民心工程。

兰州市干旱山区人口众多，既无地表水又无地下水，解决人畜饮水问题，只能以雨水做水源。为此，从20世纪90年代初开始，兰州市广泛实施了“每户农民建1个高效集流场，打2眼新式水窖，发展1处庭院经济”的“121”雨水集流工程，不断解决干旱山区人畜饮水问题。干旱山区庭院雨水集流工程解决了干旱山区2.5万户、11.19万山区群众饮水困难问题，解决了189所山区学校的饮水困难问题，确保在现有降水条件下，干旱山区人畜饮水问题基本得到稳定解决，极大地改善了山区群众的生活条件和饮水质量。该工程的实施收到了良好的社会效益和经济效益，山区群众从缺水变成了有水、吃方便水，结束了山区群众祖祖辈辈无水吃的历史。工程节省大量担水、挑水的劳动力，投入到农业生产和外出从事工副业生产。通过开展庭院经济，户均年收入增加300元。

（四）干旱山区水土保持生态工程取得新突破

“梯田建设、小流域综合治理、集雨节灌工程”三项建设是改变兰州市干旱山区生产、生态环境的主要途径。梯田建设坚持以机修为主，集中连片治理，整村推进，百亩以上梯田连片建设进度逐年加快，发挥了较好的集流和引蓄水效益。小流域综合治理突出淤地坝建设，以坝系建设为重点，带动全市6条重点流域综合治理，流域内封坡育草、植树造林，实行山、水、林、田、路综合治理，取得了明显效果。集雨节灌工程以集蓄雨水径流进行抗旱补灌，调蓄雨水分布不均，把集雨工程建设与农业示范园区和日光温室建设相结合，与水保项目相结合，与便于发展种植养殖业相结合，加强管理和监督，充分发挥了工程效益。截至2007年底，全市治理水土流失面积3741km^2，占全市水土流失总面积12471km^{2}的30%，其中：建梯田791.2km^2，条田505.1km^2，造林1373.1km^2，荒坡种草332.5km^2，封山育林45.1km^2，封坡育草389.9km^2，建成治沟骨干工程29座，建淤地坝117座，谷坊3993道，沟头防护1534处，塘坝涝池457座，每年减少泥沙流失量755.74t，拦蓄径流量4496.12万m^3。全市累计投入建设资金3055.13万元，完成集雨节灌面积33.03万亩，建成水窖17.10万眼、塘坝80座、涝池204个、蓄水池4061个，截引补工程60项，硬化集流面（场）5330.4万m^2，配套节灌面积22.6187万亩，对兰州市干旱山区农业抗旱补灌和解决人畜饮水困难发挥了积极作用，干旱山区水土保持生态工程取得新突破。

（五）水利工程的组织、建设与管理进一步规范

一是建立管理机制，完善建设程序，提高科学管理水平。严格规划和审批拟建工程，重点工程均编制项目可行性研究报告或初步设计，经审查批复后实施；小型工程（打井、建坝、扬水、修渠、排水、节灌）按投资规模分级审批。二是严把设计和施工单位资质关。工程设计上，严格设计资质证制度，依据工程规模，由项目法人委托具有相应资质的水利工程设计单位设计；施工队伍选择上，严格实行招标投标制，选择具有相应资质和技

术条件的施工企业进行施工。三是“三制”制度全面推行。对投资 20 万元以上的农田水利工程，成立项目法人，实行项目法人制；对投资 50 万元以上的水利工程，实行公开招标投标制；重点工程更新改造、病险水库除险加固及防洪工程建设等全部推行了建设监理制。“三制”为实行合同管理、控制施工质量和保证工程进度创造了有利条件。四是加大工程质量监督力度，工程质量保证体系不断完善。建立了“业主负责，施工保证，监理控制，政府监督”的质量管理体制。质量监督站采取巡检抽查、设立质监项目组，配备固定质监技术人员等措施，定期或不定期地对施工质量进行抽查抽检，水利工程建设质量明显提高。

（六）水利建设规划工作全面加强

结合全市水利建设与安全管理的实际，深入调查研究，先后完成了《兰州市全面建设小康社会水利发展规划》、《兰州市山洪灾害防治规划》、《兰州市大中型泵站更新改造规划》、《兰州市水资源综合利用规划》、《兰州市农村饮水安全规划》、《兰州市水利发展与改革“十一五”规划》、《兰州市城市水资源规划及水资源应急预案》、《兰州市电气化县建设规划》、《兰州市小型水利工程建设规划》等规划的编制，进行了兰州市重点中型灌区基本资料汇编和兰州市水利设施用地情况调查，这些规划的完成，为兰州市水利建设的持续发展，提供了依据，明确了目标，储备了项目，绘制了蓝图。另外，全市成立了 3 个水政执法队伍，水行政和水事纠纷处理步入了法制化轨道。

（七）水利工程效益充分发挥，人民生产生活得到改善

改革开放以来，兰州市以黄河、庄浪河、大通河和地下水为水源，建成了数以千计的大、中、小型水利工程，设计年供水能力达到 24.73 亿 m^3，现状年供水能力达到 16.656 亿 m^3，基本形成了以供水、灌溉、发电、防洪为主的水利工程体系。全市在沿黄地带集中修建了以市大砂沟提灌工程、皋兰西岔电灌工程、榆中三角城电灌工程为代表的 12 个万亩以上高扬程电力提灌工程，建成以南北两山绿化上水工程、中川绿化上水工程、大砂沟绿化上水工程为骨干的三大绿化上水工程体系。

这些水利工程在全市的经济社会发展中发挥了举足轻重的作用。一是在农民增收方面发挥了支撑作用。其控制的灌溉面积占到了全市 131.57 万亩有效农田灌溉面积的 85%，灌区内粮食亩产由旱作物时的不足 100kg 提高到了 400kg 以上，生产了全市 2/3 的粮食和近 90%的经济作物，通过种植结构调整，粮经比例平均由 1982 年的 8∶2 提高到 2007 年的 5∶5 左右，大部分灌区已成为兰州高原夏菜的主产区，灌区农民人均纯收入达到了 2100～2500 元左右。二是为生态效益的改善发挥了巨大的作用。灌区群众依托工程积极开展植树造林、绿化荒山活动，使灌区内的森林覆盖率从过去的 2.6%提高到了 5%以上；依托这些工程建设的南北两山绿化工程，发展绿化灌溉面积 58 万亩，极大地改善了兰州市区的生态环境。三是解决了灌区内约 120 万人、90 万头牲畜的饮水、数百家乡镇企业生产用水和小城镇建设供水问题。老百姓形象地把这些工程称为“命根子工程”、“翻身工程”和“发展致富工程”。

二、基本经验和体会

一是明确发展思路和发展重点，坚持突出抓好防汛抗旱、工程建设、水土保持、饮水

安全、建设管理等工作，推进全市水利建设又好又快发展。

二是抓住机遇，借力发展。抓住国家实施西部大开发战略的有利时机，坚持实事求是，因地制宜的科学态度，不断调整水利建设思路，积极争取国债资金，围绕兰州市经济和社会发展目标，把水利建设重点放在原有工程的挖潜改造和农村饮水安全工程建设上。

三是水利建设与管理坚持走科学化、规范化发展道路。规划和目标为水利建设与安全管理指明了方向。坚持“抓项目、促发展”的方针，在水利建设项目引资融资比较困难的情况下，从实际出发，从当前急需要办的事情出发，做好项目储备规划，以重点工程改造项目为载体，推动灌区改造，带动小型农田水利建设的发展。

四是坚持以人为本，始终把解决人民群众的切身利益问题放在水利工作的首要位置。这是水利工作的重大使命。进入20世纪90年代，兰州市在着力解决改善农村生活生产条件、解决农村人畜饮水问题、治理水土流失、改善生态环境等涉及民生的需求上下了很大工夫，树立了水利行业良好形象，受到了广大人民群众的欢迎。

五是充分发扬了“献身、负责、求实”的水利行业精神。始终保持求真务实、敢于实践、开拓创新的工作精神，这是推进水利实现良性循环的动力。水利改革和发展道路上存在着旱洪灾害频发、建设任务繁重、工程资金短缺等实际困难和问题，但我们并没有停滞不前，而是不断克服困难，在实践中解决问题，在改革中寻求发展，水利建设保持了良好的发展态势。

三、今后全市水利建设的重点工作

党的十七大强调，必须在经济发展的基础上，加快推进以改善民生为重点的社会建设，着力保障和改善民生，推动建设和谐社会。今后，我们将结合兰州实际，科学谋划水利工作，理清水利发展思路，认真解决民生水利问题，建设良好水生态环境，加强水资源配置与保护。

（一）统一思想，提高认识，积极倡导“四种意识”

水利建设与发展要自觉树立四种意识：一是要树立以人为本的意识，人类社会的一切活动都离不开水，离不开水利建设。水利工程事关人民群众的生命财产安全，事关社会稳定与和谐发展，要坚持以人为本，为人民提供可靠的防洪、供水等水利保障。二是要树立公共安全意识。水利工程公益性强，与社会公共安全密切相关。水火无情，一定要确保工程安全为首要目标，以工程安全保障生命财产安全，兴办水利，谋利为民，要让水利工程成为兴国利民的一把安全伞。三是要树立公平公正的意识。公平公正是和谐社会的基本要求，也是水利工程建设管理的基本要求。在市场监管、招标投标、质量监督、行政执法等方面，要坚持公平公正的原则，保证水利建筑市场规范有序。四是要树立环境友好的意识。要达到人与自然和谐相处，构建和谐水利，高度重视水利建设中的生态和环境问题，做到水利建设与生态和环境的协调发展。

（二）坚持用科学发展观统筹安排水利工作

以农村饮水安全工程、农业节水灌溉工程及抗旱水源工程为主要建设内容，发展民生水利；积极抓好新修梯田、营造水保林、植树种草、封禁治理、修建淤地坝工程等水土保持建设项目，减少水土流失和洪涝灾害危害，发展生态水利；推进节水型社会建设，完善灌区续建配套、节水改造及节能减排，发展资源水利。特别是要高标准高起点为新农村建设搞好水利配套保障，这也是兰州市当前和今后一项重要的水利工作。新农村建设水利配套保障坚持科学规划，分步实施，与新农村建设协调发展的原则，结合各村的自然条件、产业结构、基础设施和农民收入水平、生活习惯等情况，从村情、民情和水情出发，因村制宜，因地制宜，稳妥推进，协调发展。

（三）把项目储备库作为立项争资的重点环节常抓不懈

按照“论证一批、储备一批、开工一批、推进一批”的思路突破项目前期工作难点，重视和解决前期工作经费投入不足、技术人员缺乏和能力低下等问题，对列入规划的重点项目，积极开展勘测、设计等前期工作，为工程立项创造条件。整合技术力量，因地制宜，突出重点，分门别类地建立完善项目储备库，为水利发展提供依据。要抢抓机遇，围绕国家重点扶持的安全饮水、病险水库、灌区节水改造及节能减排等项目，加大前期工作力度，为立项争资打好基础。

（四）构建方便卫生的农村饮水安全体系

农村饮水安全工程建设继续推行规划建卡制、社会公示制、集中采购和招标投标制、工程监理制、资金报账制、管理责任制等“六项制度”，确保建成一处，合格一处，发挥效益一处。坚持统一规划、规模推进、分步实施、长效解决，突出兴建集中供水工程，优化工程布局，加强建后管理，建设一大批用水方便、水质达标的农村饮水安全工程。

（五）综合治理，依法行政，不断加强河洪道管理

兰州市农村河洪道内倾倒垃圾、乱采乱挖、乱占乱建等问题是河道管理的一个长期存在的问题，严重危及防洪安全、环境安全和社会稳定。今后全市将加强管理和执法力度，进行不定期的专项整治，维护良好的水事秩序。一是加大宣传力度。充分利用身边的宣传媒体和工具，宣传国家河道管理政策和采砂许可审批程序，宣传典型教训，宣传违法采砂带来的严重危害，增强广大群众爱河守法意见。二是加强综合整治力度。加强与公安、安监等部门的密切协同，坚决取缔无证开采、偷采、在禁采区开采等不法行为，确保禁采区和禁采期内禁得住、管得死。三是严格审批发放河道采砂许可证，按照审批程序、审批权限和技术要求进行严格审查、审批，确保采砂合法、有序、有益行洪安全。四是加强现场监管。要加强河道管理单位的事前管理。对于未经报批而开工建设的项目，必须坚决制止。要依照《中华人民共和国防洪法》、《河道管理条例》、《甘肃省实施〈防洪法〉办法》等有关法律法规的规定，坚决查处河道内违章违法建设，按照“谁设障、谁清除”的原则依法清除违法建筑物、生活垃圾、生产废料、堆积物等，并要追究当事人责任。

（六）为城郊农业和农村产业结构调整提供水利服务

兰州市水利工程大多是按照单一的粮食生长需求设计和建设的，供水的季节性较强，不能适应经济作物生长常年需水的要求。要加快建立适应新时期发展要求的灌溉用水制度，按照严格规划、严格论证、严格建设的程序等要求，有条不紊地推进工程建设和改造工作。按照“宜引则引，宜蓄则蓄，宜保则保，宜改则改”的要求，通过大机组改小机组、修建调蓄工程包括水窖、水池等手段逐步解决用水的供需矛盾，逐步适应农业种植结

构调整和设施农业发展的需要，为城乡农业发展提供坚强的水利支撑。

（七）建立小型水利工程建设管理新机制

小型水利工程是农村基础设施的重要组成部分，与人民群众的利益联系最直接、最密切。多年来，兰州市兴建了一大批小型农村水利工程，形成了近5亿元的固定资产，承担着全市85.63万亩灌溉任务，解决了农村37.53万人的饮水问题，在抗御水旱灾害，保障经济社会安全，促进工、农业生产持续稳定发展，保护水土资源和改善生态环境，提高人民生活水平等方面发挥了重要作用。长期以来，小型水利工程存在着有人建、有人用、无人管的现象，存在着建管用脱节、设施损坏严重、资产闲置严重、工程老化失修严重和效益衰减严重等问题，严重制约了新农村建设的进程。小型水利工程建设管理要充分依靠当地政府、依靠当地群众、依靠社会力量进行，切实解决小型水利工程管理产权所有者主体不明，管理责任不落实，社会办水利的新格局不完善等被动局面，逐步建立起与市场经济体制相适应的小型水利管理体制，形成自筹资金、自行建设、自主经营、自我管理的“四自”发展机制。要通过产权改革，活化机制，使目前因各种原因损坏、闲置的小型水利工程尽快得到恢复使用，对确有潜力的工程设施，通过更新改造，挖潜配套，使其发挥更大的效益，进一步改善农业生产条件。

（八）努力造就一支高素质水利管理队伍

水利管理队伍是不断推进水利建设与管理发展的主体，造就一支高素质的管理队伍对于实施“人才强水”战略来说意义重大。目前，不少水利工程单位都面临着人才队伍年龄老化、知识老化的危机，整个水利系统人才匮缺、人才结构不合理、专业技术人员不足，特别是缺乏既懂水利水电工程又懂经营发展、管理的综合素质高的人才。所以要着力推进领导人才、专业技术人才、经营管理人才三支队伍建设，为水利建设与管理提供强有力的组织和人才保证。要抓培训，使水利队伍培训走向规范化、制度化，通过培训，提高管理能力，打牢业务基础，加强经验交流，不断提高各种人才的管理能力和业务素质。要抓提高，素质和能力的提高是队伍建设的目的，要提高就要在队伍建设的深度和广度上下工夫，要善于学会走出去学经验，请进来教方法，管理上精益求精。要抓管理，通过多种渠道发现人才、选拔和重用人才，实行科学合理的人才管理制度，努力形成人尽其才、能上能下、充满活力的用人机制，充分发挥各类人才的积极作用。

（兰州市水利局供稿）

创新管理模式　发展钢城水利

——改革开放30年嘉峪关市水利发展回顾

嘉峪关市地处河西走廊中部，因位于万里长城最西端的嘉峪关而得名。全市总面积 $2935km^2$，地势平坦，海拔1412～1760m，全市常住人口22.43万人。嘉峪关市现代化气息浓厚，城市功能完备，市区环境幽雅，街道宽敞整洁。城市化率达到91%，城市建成区面积 $60km^2$，城市规划面积 $120km^2$，城市绿化覆盖率达到31.5%，人均绿地为 $16.9m^2$，人均城市水面面积达到 $12m^2$。嘉峪关市是1958年依托国家“一五”计划重点项目“酒泉钢铁公司”而建设起来的新兴工业城市，于1965年建市，1971年国务院批准为省辖市。嘉峪关市综合经济实力较强，城市生活质量综合排名居全省第一位。从1990年起，全市综合经济实力一直位居全省14个市（州）的第二位，人均国内生产总值、人均大口径财政收入、城镇居民人均可支配收入多年名列全省各市（州）之首。1992年被列为全国首批36个小康城市之一。2007年，全市生产总值达到120.18亿元，人均生产总值达5.88万元，城镇居民人均可支配收入达到1.34万元，农民人均纯收入达0.58万元。近年先后获得了“全国文明城市”、“中国优秀旅游城市”、“全国园林绿化先进城市”、“国家卫生城市”、“国家环境保护模范城市”、“全国环境综合治理优秀城市”和“全国双拥模范城”四连冠等荣誉称号。

经济社会发展取得如此令人瞩目的成绩，得益于市委、市政府在全面建设小康社会的进程中，把水利事业摆在优先发展的突出位置，提出了“创新管理模式，发展城市水利”的治水思路，坚持了“以人为本、以水为脉、以绿为基”的发展理念，在保障农业发展的同时，把水利工作服务重点转向城市，以确保城市的防洪安全、供水安全和水环境安全，实现节流优先、治污为本、多渠道开源的城市水资源可持续利用战略。改革开放30年来，嘉峪关市优化用水结构，狠抓节水管理，实施开源、调蓄、供水、输水、节水工程建设，以水资源的优化配置推动了经济社会的又好又快发展。

嘉峪关市降水量稀少，不能形成地表径流，自产地表水资源为零。境内只有一条发源于祁连山的讨赖河（下游称北大河）为常年河，从西南入境，由东面流出，境内长40km。嘉峪关市多年平均降水量仅85.3mm，蒸发量却高达2149mm。全市水资源总量为4.9亿 m^3/年。其中地表水为4.8亿 m^3/年，地下水为0.1亿 m^3/年，可利用水资源量为2.7亿 m^3/年，人均占有水资源量为 $1329m^3$，约为全国人均水平的62%。根据《嘉峪关市十一五规划》预测，到2015年人均水资源占有量将降至 $1245m^3$ 左右，需水量接近水资源可开发利用量，干旱缺水问题将更加突出。

多年来，嘉峪关市认真贯彻国家防总和全省抗旱防汛工作会议精神，加强安全监督管理力度，积极落实各项防汛措施，定期进行防汛工作大检查，重点检查各成员单位的度汛措施、度汛方案、抢险物资储备、防汛岗位制度和值班制度的落实，对全市雨情、水情、汛情和灾情等防汛信息做到及时迅速传递。西排洪沟由西大桥起沿环城铁路至树脂厂以北断山口，长10km，南排洪沟由嘉峪关车站西端起开挖至车站东端，经铁路涵洞进入环城铁路内，穿过胜利桥、迎宾桥入讨赖河，长4km；市区东段防洪堤全长4km。可动员抗洪抢险队伍5500人、机动车164台，进一步提高了嘉峪关市抵御自然灾害的能力，确保城乡安全。2007年投资916.17万元，实施了讨赖河嘉峪关段（嘉文公路桥—安远沟村段）河道堤防工程，防洪标准按50年一遇洪水设计，属Ⅲ等中型工程，一期工程治理河道4.25km，治理河宽为210m，新建河堤8.5km，可通过850m^3/s的洪峰流量，有效提高了城市防洪标准，为嘉峪关市南市区的开发奠定了基础。

一、加强民生水利，促进节水型社会建设

（一）抓好开源建设，缓解用水矛盾

嘉峪关市现有地下水水源地4个和截引工程1处，即北大河水源地、嘉峪关水源地、新城水源地、黑山湖水源地和双泉截引工程。北大河水源地现有机井21眼，主要供南市区居民生活、生产和生态用水，酒钢公司工业用水，铁路地区生产、居民生活和生态用水。嘉峪关水源地现有机井16眼，黑山湖水源地现有机井29眼，主要供北市区生活、生态用水及酒钢公司部分生产用水。新城水源地现有机井106眼。

嘉峪关市按照工业强市战略，嘉东、嘉北、双泉工业园区陆续建成，一批高新企业先后进驻，水成为制约企业发展的“瓶颈”。为进一步缓解城乡供用水矛盾和水资源紧缺的状况，从2000年开始，嘉峪关市对双泉水源地、嘉峪关水源地进行了扩建和开发利用。双泉地下水是嘉峪关市工农业生产和人民生活的重要水源，早在20世纪70年代初，文殊乡农民群众就已经开发利用，当时流量为0.39m^3/s；1991年在省水利厅的支持下，嘉峪关市进行了第二次截引开发，出水量增大到0.526m^3/s。随着城市的不断发展，出水量明显不足，为进一步开发利用这一宝贵的资源，2001年9月实施了第三次截引，出水量由扩建前的0.526m^3/s增大到0.925m^3/s，年溢出量2917万m^3。围绕双泉水，1998年投资518.56万元，建成双泉水库，库容70.31万m^3，为四等小（2）型水库，年调蓄总水量358万m^3，对双泉地下水进行有效调蓄。2001年建成了迎宾湖，库容135万m^3，年调蓄水量405万m^3。2002年9月26日开工建设了安远沟水库工程，投资2644.9万元，库容315万m^3，占地面积70万m^2，水面面积55.9万m^2，年调蓄水量748万m^3，为综合型四等小（1）型水库。由于冬季双泉地下水得不到充分利用，水资源浪费十分严重，为支持嘉峪关宏丰实业有限责任公司的发展，实现双泉水资源的优化配置和高效利用，2005年5月嘉峪关市水务局实施了双泉水源冬季向宏丰实业有限责任公司供水工程，铺设供水管线1.35km，在每年冬季由双泉水源工程以0.8m^3/s的流量向酒钢公司厂区供水，减少酒钢大草滩水库冬季用水量，将节省的水量夏季用于嘉峪关宏丰实业有限责任公司葡萄种植基地生产。2004年8月嘉峪关市水务局实施了峪泉小城镇供水工程，铺设输水管道15.13km，建成500m^3清水池2座，完成投资468万元，日供水能力0.8万m^3。2008年通过技术改造，使峪泉小城镇供水工程日供水能力由过去的0.8万m^3提高到1.6万m^3，

新建供水管线2.3km，供水区域基本覆盖嘉北工业园区和峪泉镇区。水资源的有效利用，进一步改善了农业灌溉条件，加快了生态环境建设步伐，缓解了嘉峪关市水资源紧缺的状况和城乡供用水矛盾，有效拉动了嘉峪关工业园区和南市区的开发建设，推动了全市经济社会和生态建设的协调可持续发展。

（二）发展节水农业，提高用水效率

在抓好开源建设的同时，嘉峪关市结合本地实际，按照“提高用水效率，节水调剂城市”的思路，采取多种措施，做活、做好农业节水这盘棋。1998～2007年，先后投资1785万元，通过实施U形渠道、管灌、滴灌配套建设和推广高新节水灌溉技术，嘉峪关市建成各级渠道952条，总长679km，渠道衬砌率由“九五”初的35%提高到目前的70%，渠系水利用率由55%提高到65%，农业灌溉和农村生态用水较1999年下降了10.7个百分点，年用水量占全市用水总量的42.3%，每年向城市调水达1300万m^3，用水结构更加合理。

近年来，酒钢公司为实施资源和环境稳定协调发展的战略，以发展非钢产业作为新的经济增长点，重点发展葡萄酒生产、葡萄种植，带动其他种植、养殖、农副产品加工等高科技农业项目，形成了循环生态产业链，2008年被授予“国家农业产业化重点龙头企业”称号。投资1.26亿元，建成0.28万亩种植园，单体日光温室352座，联体温室4座，建设库容10万m^3种植园调蓄水库1座，成为西北地区最大的高科技农业示范园区之一。投资1.34亿元，建成0.87万亩养殖园，建设库容100万m^3养殖园调蓄水库1座，被列为国家活畜储备基地支持型养殖场。投资3.24亿元，建成5万亩的宏丰实业有限责任公司葡萄种植园，为紫轩酒业公司提供优质生产原料，每年可酿造葡萄酒1万t及饮料0.5万t，灌溉系统全部采用以色列普拉斯托公司滴灌设施及其技术，90%～95%的灌溉水被植物有效利用，宏丰实业有限责任公司葡萄种植园已成为甘肃省节水灌溉示范区。

（三）加快节水改造，促进可持续发展

嘉峪关市按照节水优先、治污为本、合理开源、统一规划的思路，加快工业节水改造和污水回用，提高水资源的承载能力，促进可持续发展。工业节水以酒钢公司为主，通过各生产工序节水项目的实施，提高水资源循环利用率，最终达到年节水700万m^3的目标；对进入尾矿坝的工业废水经过沉淀和生物处理后，再进行软化、中和、过滤，将处理后符合《钢铁企业使用水水质指标》的生产用水全部回用于各个生产工序，实现再次循环利用，年节水达到4600万m^3。2006年酒钢公司建成污水处理厂，日处理污水能力可达到10万m^3，实现了工业污水零排放，工业水重复利用率提高到96%，吨钢新水消耗从1995年的48t降至2007年的6.6t。城市生活污水由嘉峪关市污水处理厂处理，日处理污水达5万m^3，集中处理率74.60%，进一步改善了城市人居环境。

通过开源与节流，配套输水和农业节水工程，实施引水进城，嘉峪关市在短短几年时间就扭转了民生水利只服务于农业和农村的单一格局，水资源配置也一改过去“城乡独立、行业割据”的低效状况，在城乡之间、工农之间形成了高效的水资源配置机制。现在，嘉峪关市的调蓄水库与输水管渠联网贯通，水资源配置实现了采补平衡、结构合理、高效运转，为建设节水型社会提供了重要保证。

（四）改善饮水条件，保障饮水安全

嘉峪关市农村人畜饮水工程始建于20世纪80年代初期，由于设计标准偏低，经过多年运行，管线老化、腐蚀严重，已不适应农村人居生活和新农村建设的需要。全面解决农村饮水安全问题，是省委、省政府和市委、市政府为民办的重要实事。2007年4月一期工程开工，8月二期工程开工。铺设人饮管线207km，完成闸阀井砌筑1702座，配套安装水表5054只，新打机井7眼，配套管理房8座，完成投资1210.82万元。整体项目于2007年11月15日完成并交付运行，使嘉峪关市3镇2万农民全部用上了安全卫生、有人管理的自来水，彻底解决了嘉峪关市农村饮水安全问题。2008年5月，嘉峪关市水务局投资68.3万元，在双泉水源地和峪泉小城镇供水工程人饮水源泵房、调蓄水池、重要的启闭闸门等部位，安装红外摄像机、红外探头等监控、报警设施，铺设视频线、光纤和电源线19.5km，实现了实时监控，加强了人饮水源和供水设施的安全，进一步保障了人民群众的健康。

二、注重生态建设，打造亲水文化

嘉峪关市针对严酷的自然地理条件和人们渴望与水相融的追求，按照因水而设、依水而治的基本思路，把水作为舞动城市经济社会发展、有效改变恶劣气候条件、保护生态环境、营造绿色家园的有力措施。从2000年开始，先后投资6000多万元建成了双泉水库、迎宾湖、安远沟水库、拱北梁水库、九眼湖等10个小型水库，使城市和各灌区蓄水总库容达到7233万m^3，其中城市蓄水库容达到833万m^3，水面面积达到218万m^2，城市人均水面面积达到$12m^2$。

2001年，建成占地$24hm^2$、库容135万m^3的迎宾湖旅游园区，将冬季农闲时自然排放的双泉水引入迎宾湖储存，夏季用于城市绿化灌溉，既避免冬季双泉地下水的浪费，解决城市绿化用水不足、水价较高的突出问题，又节约了城市自来水，降低了绿化费用，改善了城市生态环境。2003年开始，依托安远沟水库，投资4500万元，建成总占地面积165万m^2的东湖生态旅游景区，该工程集农业灌溉、城市绿化、工业用水、调节城市小气候、改善人居环境为主要功能，成功举办了国际铁人三项赛和亚洲铁人三项积分赛，被国家体育总局命名为“铁人三项赛专用赛场”。2005年依托北干渠建成明珠河景观带，有曲线形、台阶形、瀑布形跌水15座，漂流河段0.12km，水车1架，构成了多层次、立体化的生态园林，达到“四季皆有景，季季景不同”的动人景象。与此同时，相继投资1亿多元建成了酒钢公园、水上乐园、和平公园等水面和嘉峪关森林公园等亲水平台，建成雄关广场飘带河、音乐喷泉、叠泉及水坡等水面积0.75万m^2，这些水面的建成，让广大市民真正享受到水，感触到水，提高了城市品位。

嘉峪关市非常注重生态保护。2005年，峪泉镇区道路绿化滴灌工程和昌盛街区节水工程的建成，进一步促进了嘉峪关市节水型社会建设步伐的加快。2005年起全市新建街道绿化均采用了滴灌、喷灌节水技术，全市居民生活节水器具普及率达到70%。新城草湖位于嘉峪关市新城镇，是嘉峪关市北部沙漠与农田的过渡地带，是不可多得的湿地资源。随着人口的增加和不合理的开发利用，导致天然湿地破坏严重。近年来，对新城草湖进行了保护性开发，每年向该区域进行补水，涵养了地下水资源，使新城草湖的生态基本

上得到了恢复，重新成为高原禽类的栖息地和新城镇重要的生态屏障。通过限制地下水开采，嘉峪关城楼脚下干枯多年的九眼泉又溢出了泉水，成为嘉峪关市新的旅游景观。

良好的水环境给这个城市注入了灵性和活力，形成越来越好的人居环境、投资环境，有力促进了工业、旅游业的发展。2003 年，中核四〇四厂生活基地搬迁到嘉峪关市，就位于东湖生态旅游景区，主要原因就是看中了依水而建的优势，紧随着大唐八〇三电厂生活基地也搬迁到嘉峪关市，这两项工程累计投资超过 15 亿元，由此带动的相关产业的发展更是不可估量。据统计，“十五”期间，嘉峪关市累计建成招商引资项目 260 项，引资到位约 17.2 亿元，是“九五”的 11.8 倍，年均增长 34.9%。2003 年投建的嘉峪关市工业园区被确定为省级工业园区，入园企业已经达到 88 家，累计完成投资 6.8 亿元，实现工业产值 2.24 亿元。使嘉峪关市成为名副其实的“戈壁明珠”。

三、强化水政管理，增强服务功能

嘉峪关市切实加强依法治水管水，建立科学行政、民主行政、依法行政的长效管理机制，统筹水政水资源管理，积极推进节水型社会建设，不断提高全社会水忧患意识，有力维护了水法律法规的权威。

（一）加强河道采砂管理和水土保持监督检查

2006 年 3 月，嘉峪关市通过制定《嘉峪关市河道管理暂行办法》，进一步加强河道的保护、清障、防汛和执法力度，杜绝了无序采砂、非法采砂带来的安全隐患，并在全省率先进行了河道采砂权公开招标，为河道治理积累了资金。2008 年 7 月 1 日起，为维护河势稳定和河道行洪安全，全面禁止在讨赖河两岸城市规划区、河道保护区内进行采砂，保障了生态安全。坚决查处非法采砂单位和个人，对西油东送、西气东输、武嘉铁路电气化改建、嘉瓜输变电、酒钢新建项目、清嘉高速公路等重点项目进行了水源地保护和水土保持监督检查，严格落实了水保方案“三同时”制度，限制高耗水、高污染等落后产业的转移。

（二）加快制度建设，节水型社会建设深入推进

制定并出台了《嘉峪关市地下水资源管理办法》、《嘉峪关市农村机井管理办法》、《嘉峪关市水资源费征收使用管理办法》、《嘉峪关市农村人畜饮水管理办法》、《嘉峪关市农民用水者协会各项规章制度》、《嘉峪关市节约用水管理办法》等地方制度。2006 年 7 月，省水利厅将嘉峪关市列为全省第二批节水型社会建设试点城市。2006 年 10 月，嘉峪关市节水型社会建设试点工作领导小组成立。2007 年 11 月，省水利厅会同市人民政府联合批复了《嘉峪关市节水型社会建设试点实施方案》，节水型社会建设取得了阶段性成效。

（三）积极引导和拓宽水市场

优化配置水资源，支撑经济社会可持续发展，实现经济社会“双赢”是嘉峪关市走出的水资源合理利用新路子。近年来，嘉峪关水利人坚持“发展的思路、经营的理念”，积极探索水权转让，不断发展壮大城市水利事业。首先，将供水能力和水资源的承载能力面向社会、和企业公开，准确掌握供水区域内的水量需求；其次，对供水区域内用水进行分类管理，拟订初始水权分配计划，以保证用水区域内供水与需求的平衡。2004 年实施的

峪泉镇小城镇供水工程，首次进行水权有偿转让方面的探索与尝试，将 100 万 m^3 农村人畜饮水的水权有偿向工业转移，筹措工程建设资金 142 万元，提高了供水工程的供水能力。2005 年实施的双泉水源冬季向酒钢供水工程，由宏丰实业有限责任公司出资 376 万元，建成了供水管网和河口日光温室供水工程。计划在每年的 11 月 5 日至次年的 4 月 5 日共计 150 天内，由双泉水源截引工程向宏丰实业有限责任公司供水 500 万 m^3，缓解了宏丰万亩葡萄基地用水紧张的局面。通过水权交易既筹资加快了水利建设，又解决了当前制约企业发展的水资源供需矛盾，实现了水资源的优化配置和高效利用。

（四）积极开展水价改革

嘉峪关市结合水管体制改革，坚持以水权、水市场理论为指导，建立有利于促进节约用水的水价机制。对水利工程供水成本进行核算认定，建立水价形成、水价管理、成本约束、水价调整、水费计收、末端水价"六项机制"，严格按国家规定实现水利工程财务管理制度，充分发挥水价对水资源配置、水需求调节、水污染防治和供水成本补偿的积极作用，建立起灵活的水价调节机制。

（五）加强机构和基础设施建设

为进一步推动水务一体化管理，嘉峪关市水务局于 2004 年 8 月单设，与市水利局、市抗旱防汛指挥部办公室、市节约用水办公室合署办公，内设办公室、水利科、水政水资源科 3 个职能科室，设抗旱防汛办公室、水政监察支队、工程办、河道管理所、峪泉水利站、新城水利站、文殊水利站、双泉水利站等 8 个直属科级事业单位，内设财务结算中心，负责全市的水利建设、水资源管理、水土保持、水行政执法、抗旱防汛、农业灌溉、人畜饮水、河道治理、节约用水等工作。现有干部职工 68 人，具备初级以上专业技术职称的人员为 23 人。先后建成双泉水利站综合楼、新城水利站综合楼和峪泉供水所综合楼。2007 年建成了市水务局综合办公大楼，总建筑面积 7334.5m^2，有大中小型会议室 4 间，办公室 35 间，互联网、政务网等设施配套齐全。使水利职工办公条件得到了根本的改变，初步实现了办公自动化、水量监测数字化、抗旱防汛系统化、水务管理规范化，使水务工作步入了健康快速发展的轨道。嘉峪关市水务局自成立以来，紧紧围绕改革与发展的大局，大力加强水务系统党风廉政建设和精神文明建设，积极推行水务政务公开，不断加大水务纪检监察工作力度，扎实开展水务行风建设，不断强化干部职工队伍，使干部职工思想上进一步解放、工作上不断有新突破、实践上不断有创新。

四、不断强化抗旱防汛措施，确保城乡安全

嘉峪关市始终把抗旱防汛工作作为水务工作的重中之重，通过应急措施和长远措施结合、管理措施与工程措施并重，加强抗旱水源调蓄、田间管理和水利设施维护，确保每年城乡安全度汛任务顺利完成。面对连续数年的旱情，充分发挥水利设施的抗旱作用，合理调节水量分配，保灌率达到 100%，在 3 镇 17 个行政村成立了 12 个农民用水者协会，提高了农民参与式管理的积极性，保证了农业生产和灌溉的顺利进行。2006 年是讨赖灌区的大旱之年，讨赖河来水仅为正常年份的 76%，周边市区旱情形势严峻，面对旱情，嘉峪关市合理调水，在解决好农业用水的前提下，每年向城市绿化、嘉东、嘉北、双泉工业

园区、峪泉镇区、酒钢、宏丰实业有限责任公司供水 1500 万 m^3，保障了城市经济发展，改善了人居和生态环境。

30 年来，嘉峪关市努力开创水务工作新局面，不断提高服务群众的水平和服务质量，全力保障城乡居民生活用水安全，以水资源的可持续利用支撑了经济社会又好又快地发展。今后，将全面贯彻落实科学发展观，建设高效率的水务管理运行机制、高水平的水资源配置网络、高标准的水利防灾减灾体系、高质量的水生态环境，为全面建设小康社会作出新的更大的贡献！

（嘉峪关水务局供稿）

开源节流并重　为镍都经济发展提供支撑

——改革开放30年金昌市水利发展回顾

金昌市是一座典型的资源型工矿城市，地处河西走廊中东段，属典型的内陆干旱地区。金昌是全国110个重点缺水城市和13个资源型缺水城市之一，全市多年平均降雨量为100mm左右，年均蒸发量是降水量的24倍，多年平均水资源总量为5.374亿m^3，其中地表水资源量5.003亿m^3，地下水资源量0.371亿m^3。境内主要河流有东大河、西大河，均发源于祁连山主峰冷龙岭北坡，属石羊河水系，为常年内陆河，河源产流主要依靠大气降水和冰雪融水补给。20世纪80年代以来，由于受全球气候变暖、上游过度开荒等因素的影响，地表水资源量呈逐年减少趋势，1990～2000年，地表水资源量由多年平均的5.003亿m^3减少至4.2亿m^3，减少0.803亿m^3，减幅达16%；全市可利用水量由多年平均的6.3亿m^3减少至5.1亿m^3，减少1.2亿m^3，减幅达19%。目前，全市人均水资源量为867m^3（扣除市区外用水量），亩均水资源量294m^3，远低于全国和全省平均水平。

干旱少雨、水资源短缺一直是制约全市经济社会发展的“瓶颈”，水利建设在金昌经济社会发展中具有举足轻重的作用。改革开放以来，在历届党委和政府的正确领导下，金昌水利工作以邓小平理论和“三个代表”重要思想为指导，几代水利人发扬“献身、负责、求实”的水利行业精神，艰苦创业，励精图治，长期坚持蓄、引、提并举，天上水、地表水、地下水三水齐抓的治水理念，常规节水和高新技术节水并行，建库、修渠、打井、架电、平田整地、改善生态，同严酷的自然环境进行了艰苦卓绝的斗争。在长期的发展历程中，水利事业不断适应经济发展的要求，水利设施从无到有、从小到大，逐步发展成为集防汛、灌溉、供水、发电、水保等为一体的多功能水利网络，形成了一个全面服务于国民经济和社会发展，充满生机与活力的行业，使有限的水资源发挥了最佳的资源保障效益，为经济社会的发展和人民生活水平的提高发挥了巨大作用。

一、水利工程建设成效显著

改革开放30年，是金昌市水利投入最多的时期，也是水利争取项目最多的时期，这30年是水利建设力度最大、任务最重、方位最多、范围最广的30年，也是水利建设取得成就最大的30年，各项水利设施的新建或改建，在抗御水旱灾害，保障城乡生活和生产用水，促进工农业生产的持续稳定发展，提高人民生活水平，保障粮食安全、经济社会安全、保护水土资源和改善生态环境等方面发挥重要作用。

1. 水源工程建设

“秋有余，夏不定，冬春流了干河沟”，生动地概述了金昌市降水时段与工农业用水之间的矛盾。新中国成立后，党和政府对金昌的水利建设事业给予了极大地关注，国家拨出巨款，支持兴建水库。改革开放以来，水库建设和管理进一步加强，以 1985 年 12 月 24 日皇城水库下闸蓄水、发挥效益为标志，全市先后共建成金川峡、西大河、皇城、老人头和大泉等 5 座中小型水库，总库容 2.16 亿 m^3，大大增强了蓄余补缺，调节水源的能力，缓解了来水与用水的矛盾，有效提高了工农业用水的保证率和抗御旱洪灾害的能力。近年来，国家不断加大投入力度，大规模开展水库除险加固工程建设，金昌市积极争取，逐年对建库过程中由于设备和资金限制等原因造成的坝基处理不够、质量不高、防汛标准偏低等隐患，进行全面除险、加固，以彻底消除病险水库险情，恢复水库的防洪和兴利功能。目前，西大河和金川峡水库除险加固工程已全面完工，完成建设投资 2692 万元；皇城水库除险加固项目总投资 1359 万元，已于 2007 年开工建设；老人头水库除险加固项目总投资 363 万元，已于 2008 年 4 月开工建设；大泉水库除险加固工程初步设计通过批复，核定工程总投资 450 万元，计划 2009 年开工建设，除险加固工程建设全面恢复了水库的兴利库容和防洪标准，有效提高了水库的安全性能。同时，由于资源型缺水，金昌市逼迫于 1995 年自筹资开工建设了从青海省海北州的硫磺沟向金昌市西大河水库引水的“引硫济金”工程。这项跨流域调水工程总投资达 2.66 亿元，建设历时 8 年，已于 2003 年竣工通水，从一定程度上缓解了金昌市部分地区的缺水问题。并于 2000 年建成了城市供水工程，日供水能力 10 万 m^3，完成投资 1.28 亿元。

2. 渠道及节水工程建设

新中国成立以来，渠道建设历程形象地概括为“40 年代老河坝，50 年代分水闸，60 年代干砌石，70 年代浆砌化，改革开放标准化”。新中国成立初，从当时老渠系多、弯、烂、斜、低的实际出发，以改建旧渠道，设置控制建筑物为主，进行裁弯取直，合渠并坝。1955 年，在西河灌区和翔坡岸（北干）试建了第一条卵石衬砌、葫麻草捣缝的干砌渠道，长 8.5km。仅几年时间，水利职工和全市人民不断探索总结经验，发明并推广了干砌卵石、植柳固堤等防渗防冲渠道，原始渠系得到了彻底改观。1964 年，建成了金昌市第一条高标准渠道——二坝引洪渠，长 14km。1970 年“北农”（北京召开的农业会议）会议召开后，永昌县委提出了“重新认识永昌，改造永昌”的号召，坚持“因地制宜、重点突出、连片治理、分类指导”的措施，采用“农忙专业干、农闲总动员、一年四季不断线”的办法及“冬备料、春开挖、夏秋衬砌”的施工步骤，加速了全面渠道建设进程。改革开放后，高标准渠道和节水工程建设普遍推广，1993 年和 1996 年的两个渠道年建设，年平均新修、改建渠道 1000km 以上，使金昌市渠系工程建设取得更加光辉的成就。目前，全市共建成高标准干支斗渠 3682.7km，渠系水利用率由 1978 年的 40%多提高到目前的 62%。仅西部大开发以来，金昌市在省水利厅的精心指导和大力支持下，大力实施“项目带动型”发展方略，不断加强水利项目工作，先后争取水利骨干项目 13 项，总投资达 10 亿多元，促进了水利事业跨越式发展。节水工程建设以国债项目为龙头，呈现出了良好的发展态势，东、西河灌区续建配套与节水改造项目累计完成投资 8991.2 万元，建成干、支渠 128.47km；日协贷款节水灌溉工程完成投资 3927.23 万元，衬砌干支斗渠

104.88km，建成节水灌溉面积10.63万亩，有效提高了水资源的利用效率和效益。近年来，金昌市更加重视水利基础设施和节水工程建设，每年将市财政安排的1000万元新农村建设资金中的大部分用于节水工程建设，仅2006年市财政投资3000多万元，有力促进了水利基础设施建设。目前已建成条田47.71万亩，田间配套56.1万亩，节水灌溉面积45.75万亩，推广高新技术节水灌溉面积近10万亩。

3. 机井建设

新中国成立初期，石羊河系部分缺水地区，用原始的人力吊杆提水灌溉，后初步发展成为畜力水车提水。20世纪50年代以来，工农业生产迅速发展，用水量骤增，加之河源来水减少，地下水位下降，泉水几近干涸，全市普遍重视了机井建设。各地因地制宜，试建人工大口井，锅锥井及机械深井。大规模的机电建设和架设农村输电线路始于70年代初期，10多年时间，已初具规模，成为全区抗御干旱、保证农业生产丰收的坚强支柱。党的十一届三中全会以来，机井管理得到加强，建设重点放在了机井的合理布局与规划及更新改造和配套建设上，使机井建设稳步发展，在缓和用水矛盾，抗旱保丰收中起到了十分重要的作用，取得了显著的经济效益。近些年来，随着节水技术的不断革新，结合机井建设，在井灌区引进并推广了节水、节能、省时的低压管道输水工程，实施了滴灌、喷灌等高新技术节水工程，为井灌区节水、节能，缓解地下水位下降，开辟了广阔的前景。

4. 人畜饮水和人饮安全工程

在蓄引提水工程建设的同时，人畜饮水工程有了很大的发展，为全市人民脱贫致富作出了贡献。新中国成立初期，人畜饮水极端困难，部分地区虽有简陋的涝地和水井，但病菌泛滥。20世纪60年代中期以来，有条件的地区，主要是井灌区结合机井建设解决了人畜饮水，绝大部分地区，是在党的十一届三中全会以来，采取国家、集体、个人一起上的办法，集资修建管道、机井、水窖等专项人饮工程。尤其是90年代以来，国家把保障农民的饮水解困和饮水安全作为水利工作的首要任务，金昌市抢抓国家西部大开发和实施人饮解困工程的有利机遇，集中力量实施人饮解困工程，共完成投资2775.06万元，新建小水窖2227座，集中供水工程40项，全面解决了全市农村人口的饮水困难问题。并于2005年顺利实施人饮安全项目，截至2007年底已完成投资2596.41万元，解决了6.31万人的饮水安全问题，农村自来水入户率达到46%。昔日为水而愁的乡村人民，饮上了甘甜卫生的自来水，农民群众把饮水解困工程称为“德政工程”、“爱民工程”，认为这是改革开放以来为农民办的最满意的实事、好事之一。

二、节水工作不断加强

改革开放以来，对金昌市缺水的严酷现实，市委、市政府始终把解决缺水问题当作头等大事来抓，把以节水为中心的水资源开发利用作为一项革命性的措施来抓，以创建节水型城市、节水型社会为目标，多层次、全方位开展节约用水和水资源重复利用工作，努力促进由单项节水向农业、工业和城市生活用水等全社会节水转移，不断提高节水覆盖率。一是加强以节水为中心的水利工程建设。坚持把节水灌溉作为一项革命性措施来抓，通过加大投入、项目带动、开展两次大规模的“千公里渠道年”建设和“科技节水年”活动，使农业抗旱能力大大提高，用水效率大幅度提高。在此基础上，近年来，坚持开展老灌区续建配套与节水改造、日协贷款节水、人畜饮水、节水示范、水库除险加固等工程项目建设，积极搞好农田水利基本建设，努力提高水的利用率，促使了水资源的开发利用与经济社会和生态环境协调发展。到 2007 年底，全市节水灌溉工程面积累计达到 45.75 万亩，占全市有效灌溉面积的 66%。二是坚持强化工业及城市生活节水管理。在加大宣传力度，着力提高全社会节水意识的同时，积极推行按表计量、按量收费、超计划用水加价收费和夏季用水高峰期关闭市区所有高耗水营业场所等办法，努力杜绝浪费水的现象。相继制定了《金昌市城市供水管理办法》和《金昌市城市节约用水管理办法》等地方性规章，坚持依法行政，加大执法力度，进一步加强城市节水管理。加强城市供水设施的管理维护，努力杜绝跑、冒、滴、漏；加大科技节水力度，在城市绿化、车辆清洗、环境卫生、住宅建设等方面积极推广应用喷、滴灌、无水洗车、免冲洗环保公厕、一次冲洗水量为 6L 的坐便器等节水新技术和新设备，促进合理有效地使用城市供水。三是狠抓水价调整工作。随着社会主义市场经济体系的建立完善，金昌市始终把水价改革作为水利改革的重中之重，充分发挥水价对用水的调节作用，切实增强了全民的水商品意识。从 1995 年到现在，金昌市就先后三次大幅度地调整了水价，并对每个单位、每个行业、每个家庭的用水，实行定额管理，超定额、超计划加价等措施，实行层层分解、层层控制，从而奠定了节水型社会的节水制度基础。四是下工夫开展城市污水处理和循环利用工作。市上积极争取城市生活污水处理项目建设，投资 1.54 亿元兴建城市生活污水处理工程，已于 2007 年 5 月正式投入运行，污水处理率达到 70.2%，为生活污水的再生利用创造了有利条件。投资 1 亿多元初步建成了城市中水蓄水池工程（金水湖景区），有效解决了城市污水处理厂建成后中水储存、利用问题，增加了农业灌溉和城市绿化水源，缓解用水矛盾。金川集团公司相继投资近 2 亿元实施了节水综合技改项目，扩建了原污水处理总站，使工业污水日处理能力由原来的 3 万 t 达到 5 万 t，年回用中水 1000 余万 t。目前，金川集团公司万元产值水耗（90 年不变价）已由 2000 年的 169.58m^3 下降到 2007 年的 39m^3，低于全国平均水平。工业用水重复利用率为 86%，远高于全国平均水平。五是着力加大产业结构调整力度。近年来，金昌市按照以水促发展的工作思路，认真组织实施“一特两化”农业发展战略，大力发展优质高效节水型特色农业，着力推进农业产业化经营和标准化生产，坚持以水定地，压缩面积，坚决砍掉了一批耗水量大、经济效益不突出的种植品种，积极发展用水少、经济效益显著的品种，大力推广喷灌、管灌、滴灌等高新节水技术，切实加强设施农业建设，农业结构不断得到优化。2007 年，全市共完成蔬菜种植面积 14.2 万亩，羊达到 142 万只，牧草种植面积达到 20 万亩，啤酒大麦种植面积 35.6 万亩，推动了节水工作的深入开展。同时，大力发展农村二、三产业，提高二、三产业对农村劳动力的吸纳程度，减轻了土地压力和用水量。六是切实加快了节水型社会建设步伐。近年来，金昌市按照水利部和省水利厅的要求，编制完成了试点实施方案和《金昌市初始水权确权方案》，全面启动了节水型社会建设试点工作，促进了全社会节水工作的深入开展。

三、依法治水步入规范化

依法治水、依法管水，是依法治国的重要组成部分，也是实现水资源可持续利用的根本保证。改革开放以来，特别是自 1988 年《中华人民共和国水法》颁布实施以来，金昌市切实承担起《中华人民共和国水法》赋予的各项职责，坚持以宣传《中华人民共和国水法》为先导，以建立健全水利配套法规、水利执法、水利管理体系为主旨，以实施取水许可制度为重点，切实规范水资源的开发利用行为，不断加大水资源保护力度，为促进水利事业发展，保障全市经济社会进步，发挥了积极作用。一是加强水利规章制度建设。为了保证《中华人民共和国水法》及其配套法规的全面贯彻落实，实实在在地推动金昌市水利事业发展，结合金昌市实际，先后制定出台了《水资源管理办法》、《泉域围栏保护管理暂行办法》、《机井管理暂行办法》、《水行政执法错案责任追究制度》等地方性水利规章制度。这些地方性配套法规的出台实施，为加强水资源合理开发利用，打击各种水事违法活动，规范正常的水事秩序起到了积极推动作用。二是加强水利执法队伍建设。为了全面加强水利执法工作，按照水利部颁布实施的《水政监察组织及工作章程》，组建成立了市、县（区）集水资源管理、水土保持监督、河道管理、水利工程管理、防汛和水文设施管理于一体的70多人的水政监察队伍。同时，还制定了《水政监察工作制度》等8个规范性管理制度，为水利执法工作提供了有力的组织保障。三是加强水政执法工作。多年来，金昌市以《中华人民共和国水法》和《甘肃省实施水法办法》等法律法规为准绳，以事实为根据，严厉打击各类破坏水利工程和水利设施等违法行为，累计查处各类水事违法案件和调处水事纠纷59件，为国家挽回经济损失5000多万元。通过不断加强执法工作，金昌市水事违法案件和水事纠纷呈逐年减少趋势，水事秩序明显好转，有力地保护了水利建设成果，促进了水资源的合理配置和综合效益的发挥。四是全面实施取水许可制度，水资源管理成效显著。金昌市属典型的资源型缺水城市，大力实施取水许可制度，不断加强水资源管理十分重要。近年来，金昌市坚持“全面规划、统筹兼顾、综合利用、讲求效益”的指导思想和“首先满足城乡居民生活用水，统筹兼顾农业、工业用水”的原则，从取水许可、合理配置、强化管理三个方面入手，着力加强水资源管理，促进了计划用水、节约用水和科学用水。按照国家和省上关于取水许可的有关规定，在认真核实各用水单位水量的基础上，全面实行了取水许可制度，并不断加强监督管理，保证了取水许可制度的有效贯彻实施。按照“以人定水，以水定地，面积水量双向严控”的配置原则，在认真分析研究、广泛征求意见、反复论证完善的基础上，制定出台了《金昌市水资源合理配置方案》，为金昌市水资源分配提供了科学合理的政策依据和规范。五是加强地下水资源管理，逐步实现采补平衡。严把取水登记、审批、发证及年审等环节，全面贯彻落实石羊河流域综合治理关井压田措施，逐步压缩地下水开采量，尤其在漏斗中心区严禁开凿新井，逐步停封部分深井，进一步减少地下水开采量。积极开展机井普查工作，全面推行“一井一证”的机井管理制度，不断加强地下水资源管理。

四、生态环境治理和水源地保护效果明显

改革开放以来，人们清醒地认识到，在金昌市这样一个干旱缺水的城市，开发利用水资源必须遵循自然规律，一切都必须按照客观规律办事。因此，金昌市十分注重水土保持和流域综合治理工作，坚持走人与自然和谐相处的路子，实现水资源的可持续利用。在水土保持方面，根据金昌市水土资源现状，将全市水土治理区域划分为重点保护区、预防监督保护区和重点治理区，建立了水保监督网络，切实加强了对水土流失的监测预报，编制

水土保持方案，大力开展水土保持工作，为实现再造秀美山川目标打下了基础。金昌市按照“南护水源、北治风沙、中建绿洲”的思路，坚持“宜林则林、宜草则草、宜荒则荒”的原则，以恢复植被、扩大森林覆盖率为重点，积极开展祁连山、大黄山自然保护区和北部草原恢复区建设，坚持不懈地实施退耕还林（草）、“三北”（东北、西北、华北）四期（分期植树造林）、天然林保护、市区北部绿色长廊、永昌县国道百里生态、金川区农田林网示范区和荒漠化治理等重点工程，切实加大生态环境建设力度，取得了比较明显的成绩。目前，全市建立各类防风固沙林 12.5 万亩，营造风沙前沿骨干林带 137km，北部沙区退耕还林还草 7.56 万亩，完成农田防护林 12 万亩，经济林 4 万亩，森林覆盖率由建市初的 4％提高到现在的 5.85％。这些水保工程的实施，不仅对发展农业生产，改善群众生活条件产生了良好效果，同时也对拦蓄径流、治理水土流失起到了重要作用，成为全市农业和农村经济发展的有力支撑。在流域综合治理方面，不断加大金川河流域综合治理及河道清障力度，实施了以退耕还湖、泉眼湿地草甸围栏保护、植树造林等为主的生态保护措施，累计投入资金 200 多万元，共完成流域内围栏建湖保护面积近 2000 亩。

五、治水思路不断创新

改革开放以来，金昌市坚持以邓小平理论和“三个代表”重要思想为指导，深入贯彻落实科学发展观，认真学习贯彻中央的治水方针和水利部新的治水思路，结合西部大开发的形势和金昌实际，适时调整金昌市的治水思路。近年来，无论是在水利项目的前期工作，还是在建水利项目的建设实施，水资源的统一管理、流域的管理和综合治理、节水型社会建设等方面都切实地贯彻了新的治水思路。比如在各项规划和综合治理中充分考虑了水资源承载力和优化配置问题，在水利建设中突出了节水，大中型灌区管理体制和运营机制的改革，水价改革，水资源统一管理等方面都体现了新的治水思路。金昌市按照新的治水思路完成了水资源的优化配置、全市各行业用水定额的测算、水资源保障与发展规划、水利工程规划、水价改革方案的编制等工作。最近，金昌市抓紧在节水型社会、水权水市场建立、水利投融资体制改革等方面做了大量的探索、研究和卓有成效的工作，努力促进水资源由低效益行业向高效益行业流转，由高耗水行业向低耗水行业流转，以缓解各行业用水矛盾，实现水资源的可持续利用，为全面建设小康社会提供有力的水资源保障。金昌市近年来的治水实践就是沿着由工程水利向资源水利，由传统水利向现代水利、可持续发展水利转变的道路前进，走出一条符合金昌实际的水利发展路子。

六、水利地位空前提高

水是基础性的自然资源和战略性的经济资源，水资源可持续利用，是经济社会可持续发展极为重要的保证。基于金昌市缺水的严酷现实，市委、市政府将金昌水利问题作为经济社会发展中的重大问题来对待，明确提出：水是全市人民关注的基本问题，缺水是金昌基本市情，节水是金昌经济社会全面发展的基本出发点。每年多次召开专题会议专门研究，市委、市政府领导多次深入水利一线调研，协调支持水利工作。项目带动，水利建设资金的大量注入，各项水利改革措施的有效推行，有力促进了水利事业的发展，为工农业生产、金川集团公司的做大做强、新项目上马、招商引资等工作提供了有力的水资源保障。

水利工作目前已成为全社会广泛关注的重大问题，人大代表、政协委员对水利工作给予了高度重视，全社会对水资源和水利工作有了新的认识，给予了高度的关注和支持，这是水利发展史上，对水利最深刻的认识和所给予的最高的地位。

回顾过去，金昌水利事业发生了历史性巨变。展望未来，面对全面建设小康社会和构建和谐金昌的新形势，任重而道远。在下一步的工作当中，金昌市将坚持以邓小平理论和“三个代表”重要思想为指导，全面贯彻落实科学发展观，紧紧围绕市委、市政府的中心工作和构建和谐金昌的总体部署，按照“合理开发、综合利用、统筹兼顾、标本兼治”的治水原则，采取更加有力的措施，切实保护好全市人民赖以生存和发展的水资源，为金昌市改革开放和现代化建设提供可靠的水资源保障。一是着力抓好节水型社会创建工作。把建立节水型社会作为解决水资源问题的长远战略和根本大计，大力实施“一特两化”农业发展战略，切实推进城乡水务一体化管理，按照市委确定的通过工程节水、生产方式节水、中水回用、价格引导、工业内部挖潜“五管齐下”抓节水的思路，通过水权确定上的突破、水价改革上的突破、水利设施投融资体制改革上的突破、水资源统一管理与工程管理上的突破，积极探索和建立起一套体现水权、水价和用水市场的节水机制，进一步加强水资源管理和节水工作，科学合理配置水资源，努力提高水资源的利用效率和效益，以水资源可持续利用支撑金昌市经济社会又好又快发展。二是着力抓好水利基本建设。继续抓好灌区续建配套与节水改造、节水灌溉示范、水库除险加固、人饮安全、小水电开发、基本农田水利建设等重点工程建设，不断提高水资源的利用效率和效益，促进经济、资源、环境协调发展。三是着力抓好水利项目工作。按照省上提出的“发展抓项目”的战略要求，立足金昌市干旱缺水的基本市情，认真研究国家产业政策和投资导向，结合全市水利发展“十一五”规划、水资源综合利用规划、石羊河流域重点治理规划和南水北调西线金昌受水区规划，重点围绕提高农业综合生产能力、农村“六小工程”、石羊河流域综合治理、节水型社会和优质农田水利基本建设等，切实加大项目工作力度，促进金昌市水利事业不断向前发展。四是加快推进水权制度、水资源统一管理体制、水利投融资机制、农村水利发展机制、水利工程管理体制、水价形成机制等方面的改革，在打基础、管长远、促发展上狠下工夫。五是着力抓好水利执法工作。认真学习贯彻《中华人民共和国水法》、《甘肃省实施水法办法》等法律法规，高度重视水法规的宣传工作，大力提高全民的水危机意识和水法制观念，进一步加大水利执法力度，切实加强水源地保护，高度重视水土保持工作，严格控制地下水开采，严厉打击浪费水的行为，促进水资源的科学化、制度化、规范化管理。

（金昌市水利局供稿）

不断深化改革　推动科学发展

——改革开放30年酒泉市水利发展回顾

在河西走廊的西端，绵延千里的祁连山雪峰下，有一块千年不衰的绿洲，这就是举世闻名的敦煌艺术的故乡，古丝绸之路的重要通道——酒泉。

酒泉市地处西北内陆，受大陆荒漠性气候的影响，这里干旱少雨，自然条件恶劣，年均降水量仅36.8～176mm，敦煌市不足40mm，蒸发量高达2150～3140mm，属极旱地区。特定的地理位置决定了这里水资源总量不足，水资源承载能力十分有限，生态环境非常脆弱。特殊的人文经济环境又决定了这里战略地位重要，经济建设和生态安全直接影响社会稳定、文脉延续、航天工业发展。全市水资源分属于黑河、疏勒河、苏干湖三个水系的19条河流（包括过境黑河），多年平均地表径流量33.2亿m^3（黑河只计分配给酒泉市的0.9亿m^3），地下水资源的不重复量为1.96亿m^3，耕地亩均占有的水量为1200m^3，低于全国水平，每平方公里国土面积上的占有量为1.8万m^3，占全国平均水平的1/17。人均水资源占有量最少的敦煌市只有1660m^3，属于严重缺水的地区。同时，水资源时空分布上也极不均衡，每年在农业生产的关键时期都因干旱缺水给生产造成损失，俗称“卡脖子旱”。目前，全市地表水引进量已占地表水资源总量的65%，占可利用地表水资源的79%，开发利用率已超过了维持区域生态平衡的极限。从20世纪70年代至今，全市地下水位普遍下降3～5m。数十处湿地干涸，60%的草原重度退化，敦煌等地的文物古迹和旅游景观受到严重威胁，生态保护问题，已引起党和国家的高度重视及全社会的普遍关注。水资源是酒泉生存和发展的根本，是第一资源。

酒泉市历来十分重视水利建设，始终把水利建设作为抗御自然灾害、改善农业生产条件的大事来抓，趋利避害，治水不止，水利发展改革取得了重大成就。

自20世纪50年代初期至70年代末，为改变土坝、土渠、土沟、大水漫灌等落后的水利工程面貌，酒泉市克服经济实力弱、建设条件差、技术手段落后等诸多困难，积极争取国家的扶持，投入了大量的人力、物力、财力，掀起了大规模的水源建设和农田水利基本建设。通过全市人民的艰苦奋斗和不懈努力，建成了金塔解放村、瓜州双塔堡、玉门赤金峡、敦煌党河等66座大中小型水库，总库容达到4.81亿m^3；建成昌马总干渠、讨赖河南北干渠等64条干渠，总长955km（衬砌783km）；支渠357条，总长1976km（衬砌978km）；机井686眼，有效灌溉面积达到155万亩，初步形成了基本配套的灌溉工程网络，辖区内各流域的172万亩农田的灌溉条件得到改善，农业用水基本有了保证。

1978年12月，党的十一届三中全会胜利召开，迎来了我国改革开放、建设现代化的全新时期。在此后的30年中，在各级党委、政府的团结带领下，全市人民乘着改革发展的东风，顺应时代的新要求，励精图治，阔步前进，坚持把水利基础设施建设作为发展农业、稳定农村、保障民生的头等大事来抓，以效益为中心，开源与节流并重，防汛与抗旱并举，挖潜配套与节水增效结合，奏响了从落后走向进步、从封闭走向开放、从贫困迈向小康的宏大交响乐章，实现了一次又一次飞跃，创造了一个又一个辉煌，使这片古老而神奇的热土，焕发出了巨大的生机与活力，展现出了诱人的魅力。大规模的水利建设，不仅使农业生产条件发生了巨大变化，抗御水旱等自然灾害的能力不断增强，而且在确保人民生命财产安全、促进经济社会持续协调发展方面发挥了重要作用。2007 年全市国内生产总值达 203.25 亿元，其中农业生产总值 38.31 亿元，占国内生产总值的 18.9%，财政收入 17.2 亿元，城镇居民人均可支配收入 11269 元，农民人均纯收入 5106 元，综合经济实力居于全省前列，水利建设功不可没。

20 世纪 80～90 年代，国家支持“两西”（甘肃省的河西、定西西地区）农业建设给酒泉市的水利建设带来了良好的发展机遇，酒泉市掀起了新一轮水利建设高潮，水利建设以大中型水库加固扩建、渠道防渗衬砌、灌区配套为重点，发展势头强劲，建设水平明显提高，灌区面貌有了重大改观，水库工程的调蓄能力和防洪标准有了较大幅度的提高。据统计，这一期间酒泉市共完成“两西”建设资金 1.56 亿元，加固扩建了金塔鸳鸯池、解放村、敦煌党河、玉门赤金峡、瓜州榆林河等 5 座水库，新建了金塔大墩门、玉门昌马、肃州观山河等引水枢纽，新建或改建了玉门昌马河新总干渠、金塔鸳鸯总干渠、鼎新总干渠、瓜州双塔总干渠、敦煌党河总干渠、玉门疏花干渠等 6 条总长 162km 的骨干输水渠道，衬砌干支渠 241 条 1334km，新打机井 440 眼，渠系水利用率提高 5.1 个百分点，新增有效灌溉面积 8.82 万亩，保灌面积 33.16 万亩；建成牧区引水渠道 17 条 172km，引水管道 9 条 51km，新打机井 27 眼，使 3160km^2 的草场灌溉条件得到了改善。

进入 21 世纪，随着国家西部大开发战略的实施和着力解决“三农”问题、加强农业基础设施，水利建设又迎来了一个新的大发展时期。全市牢牢抓住党中央、国务院发展现代农业、增加农民收入、建设新农村等一系列支农、惠农政策带来的发展机遇，陆续开展了农村饮水安全解困、大中型水库除险加固、大型灌区续建配套与节水改造、黑河流域治理、日协节水灌溉、棉花膜下滴灌示范、农牧区节水增效示范、小水电开发等水利项目建设，进一步提高了农业综合生产能力，初步形成了各业并举、相互促进、协调发展的产业新格局。

截至 2007 年底，全市共建成大中型灌区 21 个，建成水库 75 座、总库容 7.62 亿 m^3，干渠 85 条 1376km，已衬砌 1291km，配套建筑物 2663 座；支渠 551 条 2614km，已衬砌 2136km，配套建筑物 9733 座；斗渠 5333 条 5578km，已衬砌 2944km，配套建筑物 32099 座；农渠 32678 条 9110km，已衬砌 2962km，配套建筑物 67685 座；配套机电井 8568 眼，总灌溉面积达到 326 万亩，有效灌溉面积 272 万亩，建成节水灌溉面积 102 万亩，其中高效节水灌溉面积 10 万亩，渠系水的利用率由 48%提高到 58%。累计建成高标准条田 210 万亩，改造中低产田和盐碱地 43 万亩，田间工程配套面积达 214 万亩。建成水电站 45 座，总装机 14.48 万 kW，年发电量 4.6 亿 kW·h。全社会用水总量 28 亿 m^3，其中灌溉用水量 24 亿 m^3。全市农民人均纯收入由 1978 年的 140 元提高到 5106 元，增长了 35.5 倍，农村综合经济实力和农牧民生活水平显著提高。据统计，30 年间全市完成的水利建设投资达23亿多元。

30年的光阴在历史长河中，只是弹指一挥间。然而，在这30年间，酒泉市的水利发展改革事业，踏着改革开放的鼓点，遵循科学发展的脉络，进入了改革创新、科技兴水、规范管理的时期，出现了前所未有的发展盛况，水利工程投入之大、建设之快、成效之好，都创下了新的纪录。大规模的水利基础设施建设，星罗棋布的水利工程，夯实了农业生产基础，提高了抗御自然灾害、保障人民生命财产安全和维护社会政治稳定的能力，在推进结构调整、促进农业增效、帮助农民增收、改善生态环境、实现经济社会的可持续发展等方面，充分显示了基础产业的重要性，发挥了举足轻重的作用。同时改革也为水利事业不断注入新的发展活力，水利工作由过去的单纯为农业服务，进一步扩大到为国民经济和社会发展服务，管理体制和发展机制都发生了深刻变化。特别是进入21世纪，通过建设节水型社会、改革水务体制，成立市县两级水务局，逐步理顺水资源管理关系，变“多龙管水”为“一龙管水”，为全市水利事业科学发展、可持续发展、创造灿烂的明天奠定了基础。

30年的建设与发展、30年的奋斗与拼搏、30年的进取与奉献，水利建设和管理者的智慧和汗水，都凝结成六大工程和六大体系，宛然一座座丰碑，矗立在酒泉大地，矗立在人民心中。

一、六大工程

（一）德政惠民工程——农村饮水安全与解困工程成效显著

1984年，省政府发布了《甘肃省农村人畜饮水工作暂行规定》，从此酒泉市的农村氟病区改水和人畜饮水工作摆上了议事日程。在省里的大力支持下，酒泉市积极引导和组织群众掀起了第一轮人畜饮水、氟病区改水工程建设。各县市从实际经济条件出发，因地制宜，采取修水塔、架无塔压力罐、自制高位水箱、修建水窖等多种形式，初步建成了覆盖全市的农村简易人畜饮水系统，并实现了部分供水到户。到1992年，共建成人畜饮水、病区改水工程429项，新打饮水机井292眼，修建水塔277座、大小水窖336座，架设安装无塔压力罐139处，初步解决了70多个乡镇2175个村、82111户、40.18万人、83.38万头（只）大小牲畜的饮水困难问题，全市农村群众中患氟斑牙疾病的状况得到了显著改善，患病率迅速下降，饮用水条件有了很大改观，大部分地区结束了冬春打冰人驮、夏秋车拉人挑的取水历史。

进入21世纪以来，酒泉市抓住国家启动高标准的农村饮水解困和饮水安全建设的机遇，成立了由市级领导挂帅的“酒泉市农村饮水工程项目领导小组”，按照统一规划、分步实施、加强管理、注重实效的原则，在积极争取国家支持的同时，多方筹措落实配套资金，努力把这件利民惠民的大事办实办好。截至2007年底，共投入资金10175万元（其中：中央国债和省级配套6017万元，地县配套及群众自筹4158万元），建成集中供水工程258处，水窖4648处，解决了60多个乡镇258个村24.65万人的饮水困难问题，有一半以上的农户实现了自来水入户。通过实施氟病区改水和饮水安全与解困工程建设，解决了群众最直接、最现实的生存难题，农村生活条件不断改善，饮水安全得到保障，群众安居乐业，为新农村建设创造了条件。

（二）安全保障工程——水库防洪安全及供水保障能力显著提升

酒泉市20世纪50～70年代建设的一批大、中、小型水库工程，虽然在抗旱保灌中发挥了重要作用，但受建设之初的技术、经济、施工等条件制约，大部分水库属“三边工程”（边设计、边施工、边运行），施工质量差、防洪标准低。为此，从20世纪80年代中期开始，在国家支持下，酒泉市对大、中、小型水库先后进行了加固扩建和除险加固，完成了鸳鸯池、解放村、赤金峡、党河、榆林河、黄水坝、桥子东坝、条湖、夹边沟、花园、魏家湾、锅盖梁、大庄子、三屋海子等水库的扩建和除险加固任务。其中利用“两西”建设资金完成了5座大中型水库加固扩建任务，利用国家专项补助完成了27座水库扩建加固任务。至2007年末，大、中、小型水库总数达到75座，总库容达7.6亿m^3，蓄水能力达到新中国成立初期的64倍，除目前列入国家第三批除险加固的16座小（1）型水库外，大部分水库的安全运行状况和蓄水供水保障能力得到了改善和提升。

（三）节水增效工程——农田灌溉用水效率不断提高

随着全市人口的增加、灌溉面积的扩大，灌溉用水量持续增长，供需矛盾日益突出。为此全市在积极开源的同时，把灌区节水摆在同等重要的位置，坚持以节水抗旱为中心，骨干工程改造为重点，末级渠系配套为突破口，挖潜与增效并举，建设与管理并重，走骨干工程抓改造、田间工程抓配套、用水管理抓节水的路子，不断提高水资源的利用率。20世纪80～90年代，全市组织实施了大田常规节水增产灌溉技术推广、干支渠衬砌和斗渠配套工程建设，取得了节水灌溉的阶段性成果。进入21世纪，全市大力实施了大中型灌区续建配套与节水改造、灌区农业综合开发、日协贷款节水灌溉、末级渠系改造、黑河鼎新片节水改造、农牧区节水灌溉示范等项目，完成了4个大型灌区、3个中型灌区续建配套与节水改造阶段性任务和3个中型灌区的农业综合开发水利工程，完成投资24740多万元，改善灌溉面积50多万亩，灌溉水利用系数提高了1.5个百分点，年新增节水约5400多万m^3。其中日协贷款节水灌溉工程于2003年开工建设，共完成节水灌溉38.54万亩，其中渠灌26.71万亩、管灌10.9万亩、滴灌0.93万亩，衬砌干支渠91.5km、斗农渠758.7km，完成投资17464多万元，其中利用日协贷款10400.13万元，国家投资2704.7万元，水费自筹1305.2万元，群众投劳折资及自筹3054多万元；黑河流域鼎新片节水改造从2001年开工，经过6年的建设，完成总投资14763万元，衬砌渠道287.1km，建成渠系建筑物678座，田间配套6.3万亩，管灌1.5万亩。

与此同时，酒泉市结合产业结构调整和发展高效农业，在日光温室、棉花、葡萄、啤酒花、果树等作物中积极示范推广以滴灌为主的高效节水技术，共建成高效节水灌溉面积10万亩。目前，全市田间配套面积达到214万亩，占总灌溉面积的65%，节水灌溉面积达到102万亩，占总灌溉面积的31%，渠系水的利用系数达到0.58。

（四）干旱治理工程——“老三片”综合治理取得重大突破

酒泉市的肃州区洪水片、金塔县鼎新片、玉门市东片，是全市出了名的干旱缺水地区。“老三片”总共有10个乡镇，12万人，播种面积近50万亩，占全市播种面积的22%，是重要产粮区之一。但是，因水文、地理条件的制约，“老三片”的水利基础设施不完善，农业用水矛盾相当突出，年缺水1.2亿m^3以上，临界期净缺水面积19万亩，干旱缺水导致这一区域农业生产一直处于全市平均水平以下，农村经济发展很慢。从20世纪80年代后期开始，三大干旱片采取建水库、衬渠道、打机井、调结构等综合措施，通过不懈努力基本解决了"老三片"干旱缺水的问题。肃州区洪水片兴建了夹山子水库，衬砌斗农渠120多km，对2座小型水库进行了塑膜防渗衬砌，新打机井40眼；玉门市东片建成西水东调工程疏花干渠，年调水达6000万m^3，扩建了赤金峡水库，加固除险了条湖水库，并充分利用企业建设的白杨河水库增加灌溉用水供给量；金塔县鼎新片相继建成大墩门枢纽、黑河总干等输水骨干工程和田间节水工程，并开展了渠道衬砌。通过上述水利设施的建设，使干旱片的水利灌溉条件得到有效改善，基本上解除了干旱缺水的问题。

（五）清洁能源工程——小水电开发建设突飞猛进

酒泉的小水电建设经历了一个从无到有、从小到大，不断壮大的发展历程。发源于祁连山的疏勒河、党河、讨赖河等河流，在养育酒泉人民的同时，也提供了丰富的水能资源。全市水能资源理论蕴藏量达118万kW，可开发量为67.4万kW。改革开放初期，酒泉市装机容量500kW以上的小水电站仅有7座，不仅形不成产业，也无法满足工农业用电需求。20世纪80年代，先后建成敦煌南湖店、肃北大拉排等水电站。大规模的小水电开发从20世纪90年代后期拉开了序幕，以疏勒河昌马总干、党河流域梯级电站的开发为代表的小水电建设进入了高潮。截至2007年，全市已有45座小水电站并网发电，总装机14.5万kW，年发电量达到4.6亿kW·h，在建水电站14个，设计总装机16.01万kW。突飞猛进的水电开发建设，不仅有效地缓解了长期以来酒玉电网电力供应紧张的局面，同时也拉动和促进了地方经济的发展，形成了一个新型产业。全市农电线路覆盖了所有的乡镇村组，100%的农村乡镇，99.8%的村组，99.2%的农户通了电。目前全市还有14座水电站正在建设中，小水电开发方兴未艾。

（六）生态治理工程——生态环境保护取得新进展

严酷的自然条件、脆弱的生态环境、不合理的人类行为，使酒泉的生态日益恶化。进入21世纪以来，生态保护工作被提上重要议事日程。2003年以来，酒泉市人大先后作出了禁止无序开荒、无序移民、加强地下水管理等三个决定，2007年市委、市政府印发了《酒泉市生态保护工作纲要》，确立了生态立市战略，市政府配套出台了《酒泉市地下水资源管理办法》，通过一系列的政策性规定，严格管理资源开发利用，强化生态环境保护。特别是通过新打机井审批权上划市政府、严格审批打井限增量、落实单井取水限额管总量，采取以电控水、智能型水表计量、提高水资源费标准、关井压田等措施，从根本上治理水这一生态环境控制要素在开发利用方面存在的问题。目前，全市已关闭城市自备水源井和超采区灌溉机井262眼，已有40%的机井安装了智能型水表，生态问题突出的敦煌市落实压田任务5万亩并正在实施，已压田24846亩，全市机井总量呈递减趋势，地下水提取量逐年下降。同时为从根本上解决敦煌生态问题，积极开展了引哈济党工程前期工作，取得了阶段性的成果。目前该项目已列入全省"十一五"规划，甘肃省明确要求争取在"十一五"末开工建设。

30年来，酒泉市顺应改革浪潮，解放思想，与时俱进，开拓创新，积极推进各项水利改革，不断健全完善水利发展保障机制，加强干部队伍建设和行业作风建设，水利事业充满了朝气与活力。

二、六大体系

(一) 节约保障机制——节水型社会建设稳步推进

进入 21 世纪以来，酒泉市站在落实科学发展观、建设生态文明、实现可持续发展的战略高度，认真贯彻《中华人民共和国水法》的要求，把建设节水型社会和加强水资源保护作为水利工作最迫切、最重要和最具有战略意义的任务来抓，举全社会之力共同推进。从 2005 年开始，通过争取，全市七个县（市、区），分两批均被列为全省节水型社会建设试点县，敦煌市还同时被列为国家级节水型社会建设试点县级市。2007 年，市委、市政府印发了《关于加快推进节水型社会建设实施意见》，提出了突出“一个重点”（以合理利用和科学配置水资源为重点），加快“两个转变”（积极调整经济结构，加快城市化进程，促进全市由农业大市向二、三产业大市转变；加快节水高效农业建设，促进传统高耗水农业向现代高效节水农业转变），坚持“三个并重”（工程节水与价格调节并重、强化河水调配管理与控制地下水开采并重、节流与开源并重），做到“四个遏制”（坚决遏制农业人口增长、坚决遏制耕地面积增加、坚决遏制地下水超采、坚决遏制各行业高耗水项目的申报审批和浪费水现象）的基本思路，明确了阶段性的目标任务和措施办法，颁布了《酒泉市地下水资源管理办法》，讨论制定了节水型社会建设规划、标准，修订完善了一批节水规章制度。这些政策性文件和规章的出台，为推动节水型社会建设、调整经济结构、优化水资源配置、提高用水效率起到了重要的引导、促进和保障作用。

为加强对节水型社会建设的领导，市政府成立了以市长任组长、市发改委、水务局等 28 个部门为成员的节水型社会建设领导小组，坚持水务部门统一抓、各行业具体抓、全社会广泛参与，明确任务，落实责任，形成了政府推动、部门主抓、社会参与、用户配合的工作新格局。将市县水利局全部组建为水务局，大力推进涉水事务一体化管理的步伐。坚持以节水为主题，在全社会确立了量水调结构、以水定发展的科学理念，促进经济社会与生态环境和谐、可持续发展。坚持以水权、水市场理论为指导，建立了“总量控制、定额管理、超用加价、市场调节、政府指导、群众监督”的用水管理机制。坚持用价格杠杆促进节约用水，2007 年调整了农业水价，并规划在 2010 年达到 2006 年供水成本，2015 年实现补偿成本的目标，城市水价 2010 年达到国内中等发达城市的水价水平。坚持对各类用水实行定额管理，全面推行超定额累进加价制度和阶梯式水价制度。目前，水权制度、总量控制定额管理制度、阶梯式水价和累进加价制度的运行正在走向成熟。

(二) 发展促进机制——水利改革增添活力

酒泉市的水利改革，伴随着国家经济体制改革的不断深入而大胆改革创新并逐步推进，先后在水价制度、水管体制、水务管理、建设管理、水利企业等领域进行了改革探索，努力为水利行业增添发展活力，取得了阶段性成果。

1. 水价制度改革

为促进合理利用水资源、节约用水，根据国家改革政策和提高水利工程经营管理水平的需要，酒泉市分别于 1984 年、1988 年、2000 年开展了供水成本核定工作，由改革开放初期的按亩收费制度改革为按方收费、基本水费加计量水费制度，并5次调整了农业水价，由20世纪80年代初期的0.15分/m^3，调整为1988年的1.18分/m^3、1995年的3分/m^3另加1元/亩基本水费、1997年的4.8分/m^3、2001年的6.3分/m^3和2007年的7.7分/m^3（其中敦煌市达到了1角/m^3），同时开征0.4分/m^3的末级渠系水费。2007年全市还按甘肃省的规定开征了地下水水资源费，在执行1分/m^3的全省统一标准的基础上，敦煌市将征收标准提高到5分/m^3。目前全市水费收入达到5700多万元；水资源费收入达到440多万元。

2. 水管体制改革

按照国务院印发的《水利工程管理体制改革实施意见》和省政府《试点工作指导意见》的精神要求，全市开展了水管体制改革。2005年讨论制定了全市水利工程管理体制改革实施方案，在金塔县鸳鸯、安西县桥子、敦煌市南湖等三个灌区开展了改革试点，2007年加快了改革步伐，讨论印发了《水利工程管理体制改革实施方案》和《加快水管体制改革的安排意见》，认真部署、扎实推进，在全省率先完成了水管体制改革任务。全市21个水管单位全部完成了改革工作，确立了水管单位的性质和灌区的生产经营主体地位。同时深化灌区管理体制和运行机制改革，从2001年开始进行试点推行用水户参与管理的模式，组建100多个用水户协会，收到了很好的效果。2005年市政府批转了《酒泉市农民用水户协会实施指导意见》，在全市全面推行用水户参与管理的模式，普及定额灌溉和供水到户，7个县（市、区）的21个灌区，62个乡镇相继成立农民用水户协会383个，形成了较为完善的基层农村水利服务体系，田间工程管理和用水管理主体的缺失逐步得以消除。

3. 水务管理改革

2001年阿克塞县首先在全市成立了第一个水务局，以后各县市陆续进行了水务管理改革，截至2005年，七县市全部成立了水务局，其中瓜州县、阿克赛县全面实现了城乡水务一体化管理。2007年底市政府又批准成立了“酒泉市水务局”，水务管理体制改革向纵深方向推进。

4. 建设管理体制改革

从20世纪90年代后期开始，在全市水利水电工程建设领域，逐步推行和实施了法人负责制、招标投标制、建设监理制、合同管理制等四项制度，强化了质量管理，全面推行三检制，建立了法人负责、企业保证、社会监理、政府监督的质量保证体系，规范了建设程序和水利建设市场秩序，取得了良好的效果，不仅节约了投资，降低了工程造价，也增强了工程项目管理的针对性和预见性，为保证工程质量创造了条件。

5. 小型水利产权改革

1998年，采取“承包”、“拍卖”、“租赁”、“股份合作”等多种形式对农村“五小”（小机井、小水库、小塘坝、小高抽、小渠道）工程进行产权制度改革。全市先后拍卖机井779眼、机井专用低压输电线路89km、配套井渠74条47.6km，承包机井533眼，确认自建自管机井428眼，承包小型水库2座，回收资金1154.6万元。利用改制回收的资金，兴建和维修改造小型水利工程235项，新建井渠82条79.2km，架设低压输电线路4条2.6km，新打农用机井54眼，测改旧井30眼，其他水利工程67项。

6. 水利投资体制改革

从 20 世纪 80 年代开始，酒泉市积极推进水利建设投资体制改革，逐步拓宽水利投入渠道。从改革拨款方式，实行“拨改贷”，到改革融资方式，实行“谁投资、谁受益”，“谁投资、谁建设、谁管理、谁所有”，逐步建立了以公共财政投入为主、利用国内外贷款、吸收民间资金、鼓励受益者个人投资为补充的水利投资体制，初步实现水利建设由单一投入向多元投入的转变。

7. 水利企业改革

在计划经济条件下，水利系统普遍成立了承担水利工程施工、水电物资供应等任务的水利企业。随着改革的深入，水利企业改革也在不断深化，在最初的承包经营、股份制改造向民营企业转型。目前，市县两级水利部门管理的大部分水利企业全部通过拍卖、出售、破产重组等形式完成了改革，推向了市场，与水利主管部门彻底脱钩。

（三）防灾应急机制——防汛抗旱步入正规化轨道

1980 年以前，酒泉市的防汛抗旱工作归属于一种临时性的业务，两级防汛抗旱指挥及办事机构均为临时机构，大多是汛前凑班子、汛后散摊子，工作未能系统而规范地开展。此后，全市按照国家防总和省防汛抗旱指挥部的要求，大力开展了正规化、规范化、制度化建设，市、县、流域机构均建立了常设指挥和办事机构，水库、城防等设防重点都建立了防汛领导小组及抢险队伍，开通了无线电短波通信网，建立健全了以行政首长负责制为主的责任制和各类规章制度，各级防汛抗旱组织管理体系逐步走向了正规，有效提高了防灾减灾能力。进入 21 世纪以来，市县两级防汛抗旱指挥部门坚持“两个转变”，进一步提高应对和防范洪水、旱灾风险能力，市、县及水库等设防重点全部建立了抢险应急预案，加大了防汛基础设施建设力度，先后建成肃州北大河城市段堤防工程、敦煌市党河城区段堤防工程、玉门市小金湾防洪工程、安西县疏勒河城区段治理工程、敦煌莫高窟防洪堤工程，新建防洪堤近 70km，建成双塔、鸳鸯池等大型水库洪水自动化监测调度系统，开展人工天气影响作业，形成了工程和非工程措施并重、防抢结合的防灾减灾网络，在防御以局部地区暴雨洪水、干旱等为主的自然灾害，保障城乡人民生命财产安全，保证各类用水需求等方面发挥了重要作用，防洪、抗旱、减灾效益明显。

（四）法制保障机制——依法行政创造良好水事环境

改革开放前期，我国没有完整系统的水利法规，水利管理基本无法可依。随着经济社会的快速发展，水利建设规模不断扩大，供需水矛盾逐步凸显，各种水利问题日益突出，迫切需要水利立法。顺应时代要求，1988 年 7 月 1 日《中华人民共和国水法》颁布施行，标志着依法治水、依法管水进入了新的历史阶段。为了加强依法治水，酒泉市积极贯彻落实《中华人民共和国水法》的各项要求。首先，建立健全了与《中华人民共和国水法》相配套的水法规体系。市、县两级人大、政府出台了加强水行政执法的规范性文件多件，对酒泉市合理开发利用保护水资源，加强水行政管理，产生了积极的影响。其次，深化水利行政审批制度改革。按照实施行政许可法的要求，酒泉市开展了水利行政审批项目清理、实施主体清理和实施依据清理，建立了配套制度，用以规范水利行政许可行为，并推行政务公开，通过文件、水利网和报刊等多种形式将水行政许可事项予以公开、公布，接受监督，受到了社会各界的好评，提高了社会管理和公共服务水平。目前，所有水利审批项目，全部进入行政服务中心。第三，扎实推进水行政执法。从 20 世纪 90 年代开始，市县两级陆续建立了水政水资源管理、河道管理、水土保持、水政监察等执法机构，配备了水行政执法人员 199 人和必要的执法工具，通过培训、考核和在实际执法中的锻炼，已经初步形成了一支组织完整、人员齐、素质高、装备良好的水行政执法监察队伍，基本建立了覆盖全市的水行政执法网络，并以查处非法取水、无证取水、破坏水工程、在河道内“乱建、乱倒、乱挖”等违法行为为重点，不断加大水行政执法力度，共查处水事违法案件 400 多起，维护了正常的水事秩序，《中华人民共和国水法》、《中华人民共和国防洪法》、《中华人民共和国水土保持法》、《取水许可和水资源费征收管理条例》、《河道管理条例》等水法规落实执行情况较好。第四，大力开展水利法制宣传教育。每年结合“世界水日”、“中国水周”、“法制宣传日”，运用电视、广播、宣传车、街头咨询、短信、宣传画、标语等多种形式，以水法规以及与水利相关的法律法规为重点，面向水利干部职工和广大群众，学法和用法相结合，普法和依法治理相结合，把水法规的宣传贯穿于普法的全过程，法制宣传教育形式不断创新，全市的水法制意识和水利依法行政的能力明显增强。

（五）水保监管机制——水土流失防治迈出新步伐

新中国成立初期到 20 世纪 80 年代末，酒泉市的水土保持执法监督管理工作一直处于空白。从 20 世纪 90 年代初开始，随着全国性的水行政执法试点工作的全面展开，水土保持执法监督应运而生。各县市相继成立了具有执法主体资格的“水土保持监督工作站”，任命了监督员，制定了 40 多件规范性文件，划定了水土流失重点预防保护区域。1993～1998 年，七个县市先后分两批被水利部列为全国水土保持生态环境监督管理建设试点单位，水土保持工作开始步入正轨。进入 21 世纪，全市进一步加强了水土保持工作，认真落实水土保持“三同时”制度，强化建设项目水土保持执法监督，开展了以煤炭、矿山、水电站等资源开发项目水土流失防治专项执法，有 76 个项目编制了水土保持方案，累计征收水保规费 1000 多万元。投资 250 万元，建成了金塔县鸳鸯池水库群沙害综合治理项目，植被覆盖率从 5％提高到 40％。

（六）组织保障机制——为干部队伍及行业文明建设提供了支撑

30 年来，市县水利部门切实加强干部队伍建设，实施人才兴水工程。改革开放前期，为了缓解了水利专业人员“青黄不接”和人才极度缺乏的矛盾，采取在职职工全面轮训，向大、中专院校选送代培生、建立职教中心等多种形式，不断提高水利队伍的专业技术水平和综合素质，从技术力量上为水利改革与发展提供保证。全市水利职工队伍由改革开放之初的 686 人，发展到目前的 1219 人，大专以上文化学历的干部由 12 人增加到 473 人，水利专业技术干部由 29 人增加目前的 277 人，其中有高级职称的技术人员 15 人，有中级职称的技术人员 68 人；在水利类专业杂志上发表学术论文 200 多篇，有 20 多项科技成果获得国家和省级颁发的科技进步奖项。

为了适应新形势、新任务对水利工作提出的新要求，全市水利系统围绕供水服务、行业管理，不断加强行业作风建设、廉政建设和精神文明建设，弘扬“求实、负责、献身”的水利行业精神，发扬脚踏实地、求真务实、真抓实干的工作作风，狠抓行业文明单位、文明窗口创建活动，认真办理人民代表意见建议和政协委员提案，切实帮助基层和群众解决实际困难，为群众生产和生活做好服务，树立了良好的水利社会形象。全市先后有20多人次受到省水利厅等省级部门的表彰，有10余人次获得水利部等国家部委奖励，获得省水利厅等省级部门授予的先进集体荣誉称号40多个，获得水利部等国家部委授予的先进集体荣誉称号8个。

纵观改革开放30年，经过坚持不懈的艰苦奋斗，酒泉市建成了比较完善的水资源配置利用体系、防洪抗旱减灾体系和饮用水保障体系，基本建立了促进水利事业科学发展的保障机制，水资源配置与调控能力和利用效率显著提高，水旱灾害损失大幅下降，城乡居民的安全饮用水条件显著改善，水利对经济社会可持续发展的保障能力显著增强。水利行业呈现出工程设施配套完善，信息化技术普遍应用，科技含量明显提高，体制机制法制健全，队伍素质能力增强，水利管理水平显著提升的新气象。

展望21世纪酒泉市经济社会发展的宏伟战略目标，水利建设任重而道远。为此，水利建设必须继续坚持兴利除害结合、开源节流并重、防洪抗旱并举，全面提高供水安全、防洪保安、水资源可持续利月和保护水环境的综合能力。届时，一个与酒泉经济社会发展水平相适应，水清天蓝地绿，人人共享水利发展改革成果，充满生机与活力的水利现代化美好蓝图将变为现实，呈现在世人面前。

（酒泉市水务局供稿）

建设节水型社会 保障可持续发展

——改革开放30年张掖市水利发展回顾

张掖市地处河西走廊中段。全市水资源总量26.5亿m^3，人均水资源量1250m^3，亩均水资源量511m^3，分别为全国平均水平的57%和29%，是典型的资源型缺水地区。千百年来黑河两岸各族儿女依托母亲河在这片土地上繁衍生息，水利事业在党的领导下围绕保护和治理展开了一系列卓有成效的建设。截至目前，全市累计完成水利投资43.75亿元，建成中小型水库43座，塘坝35座，总库容2.09亿m^3；配套机电井5007眼；建成干支渠893条4433km，高标准衬砌527条2843km；建成万亩以上灌区24处，灌溉面积达到378.63万亩；建成中小水电站49座，装机容量49.74万kW；解决了59万人、118万头（只）牲畜的饮水困难问题。围绕发展民生水利，强化基础设施建设，基本形成了以中小型水利设施为骨干、推进高效节水为重点、地表水地下水综合开发利用并举、渠道林田相配套的水利体系运行格局。

改革开放30年来，张掖市水利事业进入快速发展期，共完成各类水利投资42.5亿元，占新中国成立以来总投资的97%。期间大体经历了两个快速发展的阶段：第一个阶段10年（1983～1993年），主要依靠国家实施“两西”建设的决策拉动，以扶贫项目为依托，建成了一批中小型水库为重点的调蓄工程，共完成水利投资3.02亿元，占改革开放30年水利投资的7%；第二个阶段8年（2001～2007年），是实施黑河流域综合治理期，在农村饮水、水库除险加固、节水型社会试点建设等项目投资带动下，再次掀起水利建设的高潮，建成了一批以农村饮水安全和灌区节水改造为代表的民生水利工程，共完成投资29.35亿元，占改革开放30年水利投资的69%。

进入20世纪后期，随着人口的增加、气候的变化，张掖市水资源更加紧缺，用水矛盾更加尖锐。要将黑河干流60%以上的水量分配给下游，给张掖市只留下不足40%的水量，而张掖市年均降雨量只有110mm、蒸发量却高达1400～2700mm，在这有水则为绿洲、无水则为荒漠的干旱地区，面对水资源供需矛盾急速加剧的现实，如何找出一条既能完成分水任务、又能促进地方经济社会发展、人与自然和谐相处的成功之路，成为摆在张掖市面前的一大课题。可以说，是突出的供用水矛盾和严峻的分水现实，使张掖市选择了建设节水型社会、实施黑河综合治理的可持续发展之路。

一、思考篇

在实施黑河水量调度前期和节水型社会建设试点确立之初，张掖市县党委政府和各级水利部门，都在思考和探索节水增效的方式和途径。在此期间，水利部领导多次来张掖视察指导黑河分水工作，原水利部汪恕诚部长2001年4月来张掖视察时明确指出：要明晰水权，建立宏观和微观两套指标体系，采取行政、经济、工程、科技四项措施，实行强制节水，改革用水机制和水价制度，促进节约用水，从而建立节水型社会，实现节水与发展“双赢”。在此基础上，通过研究用水现状，分析了张掖市节约用水、提高水资源利用率和效益的潜力与可行性。

1. 改变陈旧的用水观念，节水将有广阔的空间

长期形成的“水是公共资源，取不尽用不竭”的传统认识，在民众中特别是农村群众中仍然根深蒂固。如果人人都认识到水是宝贵的生命之源、是不可替代且已日趋枯竭的稀有资源，特别是当水的商品属性和价格机能充分体现出来、节水成为人们的自觉意识和普遍行为的时候，节水工作将大有可为。

2. 改进落后的用水方式和管水体制，节水将有很大的潜力

过去，滥用无度、大水漫灌、跑冒滴漏、浪费水的现象比较普遍，主要原因是没有完好的工程基础设施配套，无法严格实施总量控制和定额管理，重工程建设轻资源配置，重开源轻节流，重供水轻效益，资源配置手段单一，设施和手段比较落后，缺乏有效的调控措施和激励机制。如果不断改进供用水工程设施和管理体制，节水工作将大有文章可做。

3. 调整不合理的用水结构，水资源利用率和效益将有很大提高

全市2000年三大产业比重为42∶29∶29，农业、生态、工业、生活用水比例为87.7∶7.4∶2.8∶2.1，农业用水“一头沉”问题十分突出，而且单位耗水过高，亩均用水量达610m^3，比全国平均水平高出27%，而每立方米水的GDP产出仅为2.81元，是全国平均水平的1/8。调整用水结构的实质是调整经济结构，加大工业用水比例，实质就是打破全市农业一头沉的局面，加快工业化进程，降低单位耗水量，提高每立方米水的GDP产出值；而加大生态用水比例，则是坚持科学发展观、走可持续发展之路。因此，跳出就水论水的圈子，在调整经济结构上下工夫，节水的路径将会更加宽阔。

4. 明确和落实水权制度，将对节水产生巨大的推动作用

从张掖市的实际看，水是比土地更宝贵的稀缺资源，拥有了水就等于拥有了土地。如果把水资源像土地、矿产等资源一样，实行承包经营制，明确其所有权、使用权、经营权、转让权，并运用市场机制对水资源配置发挥基础性作用，必将极大地释放有限水资源的内在潜力，激励群众珍惜水资源、节约用水，对促进传统用水观念、用水方式和管理模式的变革，调整经济结构，提高水的利用效率和效益，必将产生重大而深远的影响。

二、规划篇

市委、市政府在深入调查研究的基础上，确定了张掖市节水型社会试点建设的指导思想，即以党的十五大、十六大精神为指针，以《中华人民共和国水法》为依据，以提高水资源利用效率和效益为目标，以水资源管理为主要内容，将现代水权和水价理论同区域实践相结合，在积极培育和强化公众节水意识的基础上，建立总量控制与定额管理相结合的水资源管理体制和合理的水价形成机制，形成政府调控、市场引导、公众参与的节水型社会运行机制。通过产业结构调整、经济手段调控、加强需水管理和推广新技术、新工艺等措施，建设包括农业、工业、服务业和生活节水在内的节水型社会，不断提高区域水资源和水环境承载力，以水资源优化配置满足经济社会发展的水资源需求，以水资源可持续利用保障经济社会的可持续发展。

张掖市节水型社会试点建设的基本原则是：

1. 立足全局，与黑河流域综合治理规划相结合

张掖市试点建设是依托于黑河流域综合治理规划框架下开展的，是流域治理规划的重要补充和局部细化，而且实现国务院批复的黑河干流分水方案是试点建设的基本目标，因此试点建设必须从全局出发，将目标和措施与流域治理目标和措施紧密结合，从流域的高度来进行地区经济发展规划，指导水资源开发、利用、治理、配置、节约和保护工作。

2. 节水型社会建设与区域经济发展战略相协调

正确认识地区节水型社会建设与国民经济发展的关系，处理好局部与整体、近期与长远等各种利益关系。要充分认识到在张掖市进行节水型社会建设试点不是要通过限制区域经济发展来实现流域综合治理规划目标，而是在流域和区域水资源承载力的约束下，从流域水循环的角度来界定区域国民经济可利用量，以协调生活、生产、生态用水间的关系。新的区域经济结构要量水而行，坚持以供定用，以供水定区域发展思路，以供水定产业结构和产业布局。通过协调水资源与国民经济匹配关系，实现区域经济社会更高层次上的可持续发展。

3. 全面规划，分步实施，立足地方，突出重点

节水型社会建设是一项与社会各层面密切相关的综合性系统工程，内容涉及生态系统的保护与建设，经济社会发展和规划，以及人们日常生活等各个方面，因此，必须坚持全面规划原则，避免单纯以水论社会，以节水替代节水型社会。在上级政府部门的指导下，立足地方，由张掖市组织多个部门联合制定试点建设总体规划，按计划分阶段分步骤实施，在建立相关保障机制的前提下，集中解决灌区节水和种植结构调整等问题。

4. 管理为本，完善机制，措施配套，分工协作

建设节水型社会的主要内容是水资源管理，因此张掖市节水型社会建设在进行用水结构调整的同时，必须把水资源管理放在突出位置，在完成不同层面的初始水权分配的基础上，深化取水许可和排污许可制度，通过工程措施与非工程措施配套、先进技术与常规技术结合，多部门明确分工，通力协作，全面实现试点建设目标。

三、实践篇

1. 先行试验，探索试点建设的基本方式

本着低重心起步、以点带面、分类指导、区域实施、全面推进的原则，从 2001 年 7 月开始，张掖市首先选择了黑河支流相对独立的临泽梨园河灌区作为试点先期开展试验工作；2002 年 3 月将试点扩大到黑河干流之外的民乐洪水河灌区、依靠地下水灌溉的高台骆驼城灌区、黑河干流的甘州盈科灌区；2002 年 8 月扩大到山丹和民乐整个县区。在各个试点工作中，逐步进行了制度设计和建设、明晰和配置水权、探索和推行水票制运行、建立用水者协会、实施水资源统一管理等方面的尝试和探索，初步形成了总量控制、定额管理、配水到户、公众参与、水票流转、水量交易、城乡一体的节水型社会运行模式。在取得初步经验的基础上，从 2003 年 3 月开始，在全市全面推进节水型社会试点建设工作。

2. 政府调控，建立相关的制度保障体系

建设节水型社会，关键是全民节水意识的增强和用水观念、用水习惯的转变，形成全社会珍惜水资源、节约用水的格局。要从根本上转变千百年来形成的用水观念和习惯，制度的稳定性和约束力所特有的功能是其他任何措施都不能替代的，而制度的建立、推行和落实，离不开政府的强制推动和宏观调控。

充分发挥地方政府的组织、协调、管理职能，做好经济社会发展近期和长远规划、水资源优化配置方案、总量控制和定额管理、水量交易规则等制度体系建设，为建设节水型社会提供机制和体制保障。围绕水资源的优化配置和用水效率、效益的提高，着力改革传统的用水制度，初步建立了保证总量控制和定额管理两套指标体系实施的制度框架：结合各行业各部门的实际，依据《全面建设小康社会规划纲要》，从建设节水型社会试点的要求出发，制定出台并组织实施《水资源配置方案》、《主导产业发展规划》和种植业、畜牧业、生态保护等产业规划；编制完成了工业、城市生活、生态等各行业节水规划及用水定额指标；出台了《张掖市节约用水管理办法》、《河流污染物排放总量控制规划》、水价管理办法等20多项规范性文件。这些规划、方案、规定、制度的编制、出台，为落实两套指标体系、调整经济结构、优化水资源配置、提高用水效率和效益起到了重要的指导、推进和保障作用。

健全机构，加强领导，层层落实行政领导责任制，通过政府强制措施，推进各项规划、方案、规则等制度落实，实现政府宏观调控的目标。建设节水型社会是一个庞大的系统工程，单靠水利部门一家是难以完成的。为此张掖市成立了节水型社会试点建设领导小组，由市委、市政府主要领导担任节水型社会试点建设领导小组的组长，财政、物价、环保及农口各部门为成员单位，并先后成立了高效节水现代农业办公室、节水型社会试点建设办公室、黑河水量调度办公室等组织机构，分别履行高新节水技术的推广应用、试点建设的组织指导、黑河水量的调度职能。各县（区）也成立了相应的管理机构，明确各级目标任务，层层签订目标责任书，落实工作责任，严格考核奖惩制度。在实际工作中，充分发挥领导小组各成员单位的集体优势，发挥各自工作职能和业务专长，建立联席会议和汇报制度，定期检查、及时总结交流试点工作中的经验、问题及做法。正是由于各成员单位的密切配合，各司其职，相互支持，形成合力，有效保证了试点建设各项制度、措施的贯彻和落实。

3. 强化宣传，提高全民节水意识

增强全社会忧患意识，使节水成为人们的自觉行为，是全面推进节水型社会建设的先决条件。因此，充分利用广播、电视、报刊等各类新闻媒体，通过录制专题片、开辟专栏、张贴标语、发放宣传单、制作公益广告、出动宣传车，举办知识竞赛、开展广场文艺表演和举办节水培训班等多种途径和方式，在城乡广大群众中广泛、深入、持久地开展了张掖水情、科学用水知识、树立正确的水观念等方面的教育宣传，在全社会树立珍惜水、保护水、节约水的危机感、紧迫感和责任感，摒弃“水取之不尽、用之不竭”的错误认识和人定胜天、人水相争的传统观念，转变用水观念，树立人水和谐的发展观和水价值观，提高节水意识，使公众普遍接受、理解和积极参与节水型社会建设。自2001年以来，市、县（区）共组织开展声势浩大、内容丰富的“世界水日”、“中国水周”、广场文艺演出、知识竞赛等大型宣传活动23次；组织市、县、乡、村等各级宣传动员会1000多场次，发放宣传单47万份；在公路、街道、村巷、河道、渠首、宾馆、村委会和用水者协会办公地点等制作广告宣传牌270块，张贴和刷写固定标语1.6万条；编印节水知识读本、《中华人民共和国水法》及节水宣传书册等宣传资料10万多份；举办各级各类讲座和培训60场3000多人次；投资建设节水型社会大型展厅，策划和制作了4个展室、108块固定展板和50块活动展板，开办了节水型社会科技图书阅览室，接待了前来视察、参观的省内外领导、专家、干部、群众、中小学生2万多人次。在《人民日报》、《中国水利报》、《甘肃日报》和《张掖日报》刊登了10多期节水型社会试点建设的专版。积极配合水利部，完成节水型社会试点建设在水利部的成就展览和中国水利网站上网宣传工作。同时，张掖节水型社会展厅被水利部、教育部、全国节水办命名为首批全国节水教育基地。结合教育基地建设，尤其注重“节约用水从娃娃抓起”，与中小学联手开展了青少年节水知识讲座和节水宣传活动，增强了青少年对节水型社会试点建设的认识和了解，公众的水危机意识和节水意识进一步增强。

4. 科学规划，确立用水指标和配置方案

用水定额和水资源配置方案的确定，是明晰水权、实施总量控制和定额管理的基础。为建立科学合理的用水定额指标体系，组织技术人员成立专门工作小组，深入实际调查研究，摸底调查，具体分析各行业现状用水定额及节水潜力，考虑未来工农业发展需要，参考有关地区、行业用水定额指标，利用当地长期以来积累的灌溉试验成果，结合区域水资源实际，编制了《黑河干流水资源配置方案》、《各县区水资源配置方案》，明确了流域内各县区用水总量。依据《中华人民共和国水法》及有关法律法规和试点灌区用水定额资料、灌溉试验资料，科学核定各类作物、工业产品、生态和人口的单位用水定额，制定了行业用水定额指标，编制了化工、食品、建材、建筑、冶金等工业重点行业的用水定额指标，完成了小麦、玉米、蔬菜、牧草、林草等农作物的用水定额指标和城乡生活用水定额指标。

5. 明晰水权，实施总量控制和定额管理

明晰水权，是水资源优化配置的前提，更是促进水价机制和水市场形成、实施强制节水、推动自觉节水的关键一步。建立总量控制方面，在全民动员、广泛开展宣传教育的基础上，依据黑河分水指标，把水权与灌溉面积结合起来，在保障社会稳定、粮食安全、黑河分水指标的基础上，按照逐步调整、缺水和用水程度大致均衡、高效用水者优先配水、人均水量逐步接近的原则，参考历史用水、尊重现状用水、结合发展需水，以面积为基准，依据流域内各县区水量配置方案，通过主要干流枢纽水库工程以及机井水表计量控制法，将全市可用水权总量层层分解配置到县（区）、灌区以至乡（镇）、村社，并在各级水权总量中，从行政区域和用水行业两个层面，将农业、工业、生活、生态用水比例控制指标，逐级控制落实到基层和用水户，逐户核发水权使用证书。水权使用证书标明持有者家庭的人口数、经核定的灌溉面积、养殖业、生产经营规模等情况，以及配水依据和所拥有的水权总量。全市发放水权使用证书28.66万册，占农户总数的82%。在实施定额管理方面，结合水资源总量指标，遵照编制出台的用水定额指标，通过宣传普及和行政、经济等手段进行单位用水的定量控制。这样，各级政府、行业部门、基层组织和城乡用水户，都明白了自己的水权总量，也知道了行业生产、作物种植的适宜用水量和用水效益，从而促使用水户根据各自水权主动调整经济结构、合理使用水资源，初步形成了用水者自身当家做主、自觉珍惜水资源、积极投身节水型社会建设的行列中来。

6. 创新机制，推行水票运转方式

实施总量控制和定额管理，需要在政府、灌区、用水户有一种衔接、转换的手段。水既然作为一种商品，也需要有一种流转、交易的载体。为此，张掖市在实践中采用了水票制形式。水管单位根据水权总量和来水量，作出配水计划，用水户根据用水定额，持水权使用证书向水管单位购买水票，双方实行水票制供用水。剩余水量的回收、买卖和交易，也通过水票来进行。

同时，建立合理的水价形成机制，把核算水利工程供水成本、体现水作为稀缺资源的商品价值以及利于节水意识的形成等，与不增加农民负担、照顾老弱病残结合起来，执行基本水价管理办法，推行定额内用水实行基本水价，超定额用水累进加价。

水票作为水权、水量、水价的综合载体，成为连接政府、农户和市场的渠道，使用水户的使用权、经营权、交易权得以确立和充分体现，并为确保总量控制方案和定额管理指标的实现、促进水价到位、方便水量交易和促进水量流转提供了条件，有力地促进了水市场的发育，为推进水的商品化迈出了重要一步。张掖市70%的灌区已实行水票制，并在不断完善水票运行管理方式。

7. 成立协会，促进民主参与式管理

民众是节水型社会建设的主体。为了充分发挥社会各层面和公众参与节水型社会建设的积极性，体现水权分配的公正、公平、公开，为用水户提供了解内情、参与决策、表达意见的民主平台，张掖市把民主政治的思想贯穿到水资源管理配置的全过程，建立了用水者协会，参与水权的确定、水价的形成、水量水质的监督、公民用水权的保护、水市场的监管，并赋予农民用水者协会斗渠以下水利工程管理、维修和水费收取的权力，形成了水资源管理各环节公开透明、广泛参与的民主决策机制。具体方式是，用水者协会以村或渠系为单位，每个用水户确定1名会员组成用水者协会，每5～15个会员选1名会员代表，会员代表大会选举产生协会会长、副会长，组成协会执行委员会。通过协会将水量配置到户，收缴水费、调处水事纠纷、管理渠系内部水量交易等涉水事务和管理维护田间工程，使协会成为连接政府与公众、沟通水务机关与社会的桥梁和渠道。截至目前，全市790个农民用水者协会已全部建立。同时，张掖市还积极建立多部门协作制度，确保水资源总量控制方案的落实；建立水利信息社会公布制度，定期向社会公布区域水资源状况、供需预测、水价信息、灌溉进度以及黑河分水情况等，为公众和社会参与水资源管理，促进节水社会化发挥了重要作用。

8. 调整结构，提高水资源效益和效率

经济结构不合理，是造成用水结构不合理和供需矛盾加剧的关键原因。为此，张掖市把经济结构的战略性调整放在建设节水型社会的基础地位来抓，确立了实施工业强市、产业富民、推进城镇化三大战略，建立工业主导型经济格局的思路，大力发展二、三产业，进一步调整优化农村经济结构，加大劳务转输力度，减轻农业和土地对有限水资源的压力，努力提高水资源的承载能力。

围绕实施工业强市战略，大力开发和建设以电、煤、钨为主的工业项目。截至目前，投资 55 亿元、装机 120 万 kW 的张掖火电厂一期工程已建成并网，黑河 8 个梯级电站中的龙首电站、西流水电站已建成发电，小孤山电站首台机组开始发电，大孤山、二龙山、三道湾等一批电站建设进展良好，年产量 90 万 t 以上的花草滩、平山湖煤矿及钨矿开采、冶炼和加工基地建设正全面抓紧进行。“十五”期间，全市建成投资上千万元、销售收入 3000 万元以上的工业项目 65 个，销售收入上亿元的企业由 1 户增加到 5 户，上千万元的企业由 32 户增加到 72 户。这一大批工业项目的相继建成，为逐步提高工业用水比例、增加每立方米水的产出效益、改变全市高耗水农业占主导地位的局面奠定了坚实的基础。全市农业用水比例由 2000 年的 87.7%降低到 80.2%，工业用水比例由 2001 年的 2.8%提高到 3.8%。

围绕实施产业富民战略，加快了产业化龙头企业的建设步伐。初步形成了制种、草畜、果蔬、轻工原料四大支柱产业发展框架和生产加工基地，草粉加工、番茄酱、浓缩果汁、葡萄酒、麦芽、高烹油、马铃薯全粉、真空冻干食品等一大批农产品加工项目相继建成，产业链条逐步延伸，使全市农业生产由耗水高、产品附加值低的种植业逐步向产业化迈进。

围绕“三禁三压三扩”政策和计划，压缩水稻等高耗水作物面积，扩大林草、中药材等低耗水作物面积，合理调整粮经草比例。截至目前，全市已将水稻种植面积由 2000 年前的 10 万亩压缩到 1 万亩，民乐、山丹、肃南三县走草畜富民的路子，大力建设百万头（只）牛羊基地，全市粮经草比例由 2000 年的 48∶50∶2 调整到了目前的 42∶46∶12。同时，积极开展各类作物灌溉定额试验研究及新作物、新品种和新技术的推广工作，进一步修正完善了农作物用水定额，使其更加科学合理。市水务局平原堡灌溉试验站作为全省重点试验基地，开展了玉米制种、蔬菜花卉制种、葡萄、啤酒花等作物种类试验项目。各县（区）也结合实际分别建立了玉米制种、加工番茄、苜蓿、中药材、林草等新品种、新作物灌溉定额试验基地，为农户调整结构、提高用水效益提供了参考依据。

几年来，通过全方位、多层面的结构调整，形成了经济结构调整与用水结构调整相互促动、相辅相成的良性循环格局。全市三大产业结构由 2000 年的 42∶29∶29 调整为 2007 年的 30∶37∶33，农业、生态、工业、生活用水比例由 2000 年 87.7∶7.4∶2.8∶2.1 调整为 2007 年的 80.2∶13.1∶3.8∶2.9，农业用水比例下降 7.5 个百分点，有效促进了水资源利用效益。

9. 科技推动，大力发展高效节水农业

张掖市把依靠科技进步、发展高效节水农业作为推进农业节水的主要措施，大力推广应用农艺节水技术，挖掘田间灌溉节水潜力，全面推广垄作沟灌、小畦灌溉，膜上灌溉、地膜覆盖等灌溉节水技术，发展管道输水，因地制宜推广喷灌、滴灌等高效节水技术，并采取平整土地、测土配方施肥、大块改小块等相关措施，提高了节水效益，减轻了农业灌溉用水压力。近年来，农业、水利科技项目向节水技术倾斜，组织申报省级以上各类科技项目 70 项（其中节水技术项目 33 项，占项目总数的 47.6%）、市级科技项目 10 项（其中节水技术项目 8 项，占项目总数 80%）。全市每年落实常规节水技术面积 230 万～250 万亩，2007 年落实 252.31 万亩，其中地膜覆盖 107.2 万亩，沟畦小块灌 105.7 万亩，管灌 51.74 万亩；每年推广高效节水灌溉面积 5 万亩左右，2007 年推广 13.26 万亩，其中喷灌 4.11 万亩，滴灌 9.15 万亩。

10. 适时引导，促进水量交易及水市场形成

改变传统用水观念，培育和提高全民的节水意识，首先必须确立水的商品属性，使水资源与用水者的经济利益紧密结合起来。因此，在明晰和落实了水权、用水户调整用水结构和采取有关措施节约用水、一些行业或用水户产生了节余水量之后，张掖市按照建立社会主义市场经济的要求，积极引入市场机制，培育水市场，努力使用水者节约的水量转化为经济效益，从而激励节约用水，实现经济发展用水效益的最大化。为此，市政府制定了水量交易指导意见，规定农业用水交易价不超过基本水价的 3 倍，工业用水交易价不超过基本水价的 10 倍；总体上放开生产经营用水交易，禁止生态用水交易；放开交易价格，用水户之间交易价格可由双方商定；无交易条件和未实现交易的节约水量，由政府水管单位按照基本水价的 120％回购。近几年全市每年农业交易水量超过 400 多万 m^3，交易主要在农民用水者协会与灌水小组之间、灌水小组之间、用水户之间、村与村之间、水管所与各协会之间进行。张掖市的水量交易虽然还没有跨区域和大额量交易，但通过这种方式，不仅大大提高了民众的节水意识和水商品意识，而且有效调节了水量时空余缺，推进了种植结构的调整。

11. 城乡一体，实现水资源统一管理

实现全面建设节水型社会的目标，必须改变过去“多龙管水”的局面，逐步建立统一管理、分级负责、职责明确、运转协调、行为规范的水资源管理体制。为此，张掖市结合政府机构改革，打破城乡分割、行业用水分割的管理体制，将各级水利局组建为水务局，对全市水资源实行统一规划、统一调度，统一发放取水许可证，统一征收水资源费。目前，民乐、山丹等县已将城乡自来水移交水务部门管理，全市核发取水许可证 2464 本，核定取水量 24.63 亿 m^3，严格执行取水许可和水资源费征收管理制度。同时，物价、水务、建设等部门已着手对城市生活水价进行重新核定，将通过召开听证会、广泛进行社会咨询等方式，力争年内水价实行调整，以价格杠杆推动节水工作。

从 2001 年冬季开始，逐步关闭各单位自备水源，实行城区统一供水，农业灌溉机井和工矿企业机井安装计量水表。从 2004 年启动城市生活、工业企业节水试点，发布实施工业用水定额、城市生活用水定额和生态用水定额指标，建立城镇居民区用水户协会，各县（区）新建居民住宅楼全部安装节水型器具和 IC 卡智能化水表；在食品、化工、造纸、酿造、建材、制药等多个行业选择 20 个企业建立工业节水试点，确定在食品、化工、造纸、酿造、建材、制药等 6 个行业的 9 个企业建立工业企业节水试点，明确用水总量和单位产品定额，并将节水指标落实到了车间、班组和职工。引导企业围绕控制水量消耗，加大节水改造力度，并从实际出发，建立了各种节水管理规章制度，控制水量消耗，降低产品成本，把节水指标和经济效益、职工奖罚挂起钩来，并加大节水工艺技术改造力度，形成了管理有制度，节水有指标，控制有手段，企业发展与水资源合理利用相统一的局面。同时，制定了相关考核办法和标准，开展了创建节水型企业、节水型社区、节水型校园等活动。

污水处理和中水回用开始起步。投资 1.06 亿元、日处理 8 万 t 的污水处理厂一期工程已建成运行，全市城市污水可基本得到处理，处理后的中水可满足投资 50 亿元的火电厂一期工程冷却用水，部分用于城郊林草地和农田灌溉。全市先后完成重点水污染源治理项目 13 项，完成水污染治理投资 1679.25 万元。张掖市确定的第二批试点企业临泽雪晶生化有限公司、甘肃昆仑生化有限公司、市纸业（集团）有限责任公司、市农友化工（集团）公司、市人民医院等均建成了污废水处理及循环利用工程。通过加大重点污染治理，污染物排放总量得到了有效控制，保证了黑河水质的稳定达标，黑河水域功能区水质达标率连续五年保持在 100%。

加强水资源监控体系、信息自动化系统、县区间水量监测等系统建设和取水计量设施建设。目前，全市已完成斗渠量测水设施、移动式量水堰等近 600 处，甘州区西浚灌区、盈科灌区、草滩庄枢纽、民乐洪水河灌区、梨园河灌区等已完成信息自动化控制设施建设，全市建成 1 个水量调度中心、5 个水量调度分中心，开通了张掖水务网，在水资源综合规划、统一管理方面取得了突破性进展。

12. 改善设施，加快黑河近期治理、灌区节水改造等项目工程建设

在着力进行节水型社会运行机制和“软件”建设的同时，结合黑河近期治理，大力进行水利工程设施建设，努力改变节水设施“硬件”不硬的状况。2002 年以来大力实施总投资 15.38 亿元的黑河近期治理项目，截至目前，国家先后分 7 批下达 69 项投资 12.1875 亿元（国债 10.9698 亿元），到位专项资金 9.984 亿元，已累计完成投资 11.9561 亿元，目前共完成改建衬砌干渠 466.8km，支渠 611km，斗渠 674.3km，田间配套 114.8 万亩，新打机井 464 眼，旧井改造 1025 眼，高效节水面积 40.6 万亩（其中管灌 29 万亩，滴灌 8.5 万亩，喷灌 3.1 万亩），天然林封育 30 万亩，草原围栏 60 万亩，人造水保林 1.23 万亩。年可少引河水 4.5 亿 m^3，约占计划目标 5.8 亿 m^3 的 77%，增加正义峡下泄量 2.15 亿 m^3。2001 年以来共实施 9 项病险水库除险加固项目，审定工程投资 13343 万元，目前民乐县双树寺、高台县石灰关等 4 座水库已完成所有批复建设内容，张掖市酥油口、甘州区大野口等 4 座水库已完成初步验收，山丹县李桥、民乐县瓦房城等 3 座水库因地震造成新的病险，重新进行震后修复。2000 以来连续实施规划总投资 11591.4 万元的民乐县洪水河大型灌区续建配套与节水改造项目，目前完成投资 6914.63 万元。2003 年以来实施概算总投资 24657.38 万元（其中申请日元贷款 14626.32 万元）的农业节水灌溉项目，中期调整后合同资金为 18268.84 万元，建设内容包括干、支、斗、农渠改建衬砌、田间节水、管灌工程等，目前已完成投资 19525.04 万元（其中日元贷款 12547.82 万元）。上述重点水利项目的实施，为黑河水量调度和节水型社会试点建设提供了有力的支撑。

四、效益篇

几年来，通过推进节水型社会试点建设，张掖市全民节水意识和参与意识明显增强，水资源利用率和效益逐步提高，连续完成了黑河分水任务，保持了经济社会的持续发展。

1. 明晰了水权，全社会节水意识和全民参与意识明显增强

由于张掖市节水型社会试点建设的核心工作便是首先明晰初始水权、层层实施总量控制，从行政区域和行业用水两个层面制定了用水控制指标，并逐级控制落实到基层和用水户，核发了水权使用证，所以让用水户一下子有了用水压力和水危机感，尤其成立用水者协会和实行定额水价、允许水量交易后，用水户特别是广大农民群众参与了水资源管理，关心水、珍惜水的意识明显增强，人们像珍惜自家财产一样珍惜水权，千方百计调整用水结构、珍惜和节约用水、关心和爱护水利工程设施，一种户户明确总量、人人清楚定额的局面已在全市范围内形成，节水和参与节水型社会建设正在演变为全民的自觉行动。

2. 实现了水资源优化配置，水的利用率和效益显著提高

由于制定和执行了相对科学合理的水资源方案及行业用水规划，通过行政、工程和技术手段有效实施了总量控制与定额管理，以及结构调整与水利用率的双向促动，水资源逐步实现了优化配置，干、支、斗三级渠系水利用率由2000年的59%提高到2007年75%；万元工业增加值用水量由2000年的466m^3降为291m^3；工业用水重复利用率由2000年的45%提高到50%；每立方米水的GDP产出由2000年的2.81元提高到5.67元。

3. 缓解了黑河中下游用水矛盾，促进了生态环境的修复和建设

水权明晰、总量控制、定额管理，改变了水资源配置无序状态，安排和限定了各行业用水比例，保障了生态用水，实现了黑河分水目标，使位于黑河中游的张掖市与下游的内蒙古之间的用水矛盾得到化解，为生态环境的修复和改善奠定了坚实的基础。一方面，在全市用水总量削减的条件下，明确了区域内生态用水的水权，生态用水比例由2000年的7.4 %提高到了13.7 %，加之逐步实施祁连山生态移民、天然林封育、浅山区和灌溉农业区生态退耕等工程，黑河中上游的水源地保护和生态环境的建设有了保障；另一方面，大幅度压缩和节约经济社会用水，增加下泄量，在水量控制工程不配套的条件下，张掖市各级政府和广大干部群众讲政治、顾大局，发扬团结治水的精神，牺牲局部利益，克服重重困难，精心组织调度，连续8年完成了黑河水量调度任务，16次将黑河水送达东居延海，2次送水到西居延海，累计向下游输水76.2亿m^3，占8年来水总量134.5亿m^3的56.7%，并实现了东居延海自2004年8月以来连续4年不干涸的历史性突破，东居延海形成39.0km^2的水域面积，周边生态环境已恢复到20世纪80年代水平，取得了显著的生态效果和社会效益。

4. 促进了经济结构调整，推动了区域经济的持续快速发展

由于在节水型社会试点建设实践中始终坚持了“以节水定产业、以节水调结构、以节水增总量、以节水促发展”的经济工作基本原则，有力地促进了区域经济社会的持续快速发展。工业强市实现了新的突破，电、煤、钨、铁、红、种、芋七大项目体系开发建设迈出了实质性步伐，张掖火电厂、西流水水电站、天森番茄酱生产线、花草滩煤田等一批上规模上档次的工业企业项目建设，使全市工业短腿的局面有了初步改观；产业富民成效显著，初步形成了草畜、种子、果蔬、轻工原料四大支柱产业；城镇化进程进一步加快，基础设施水平和城市综合功能明显提升。全市三大产业结构由2000年的42∶29∶29调整为2005年的32∶34∶34。经济增长率由8.5%提高到10.0%，财政收入增速由4.4%提高到13.01%，农民人均纯收入3751元，比上年增幅216元，增长6.1%。

2004年，张掖市节水型社会试点建设课题研究项目被评为甘肃省科技进步二等奖。2006年，张掖市节水型社会试点顺利通过了水利部的验收。2006年11月，张掖市被水利部授予“全国节水型社会建设示范市”称号。今后，在党和政府及全社会的共同关心和努力下，在黑河二期项目的支撑下，张掖市节水型建设必将迎来一个明媚的春天。

（张掖市水务局供稿）

发展水利事业　推进武威节水型社会建设

——改革开放30年武威市水利发展回顾

历史上武威是一块“人烟扑地桑柘稠”的富饶之地。改革开放以来，这片古老而神奇的沃土充满了无限生机，30年来，在中国共产党的正确指引下，在历届政府的领导下，在上级业务部门的指导帮助下，奋发图强，实施蓄引提并举、全面发展、综合治理的方针，水利建设取得了伟大成就，为武威市社会经济的发展和人民生活水平的提高作出了突出贡献。

一、水利建设：形成蓄引提结合的完整的供水体系

30年以来，武威市水利投资16.89亿元，建成了一批为社会经济发展提供水资源保障的基础水利设施。

（一）提灌工程

1978年以前无提灌工程，目前，建成提灌站22处，配套电动机、柴油机各35台1548kW，建成干支渠4条13.31km，灌地2700亩。

（二）调水工程

为解决干旱缺水的古浪县农业经济发展，脱贫奔小康问题，从1984年开始，在景泰川黄河提灌工程建成的启示下，景电二期提灌工程开始建设，把古浪县海子滩、大墩滩等九个滩地的数十万亩荒地列入计划，国家投资4.88亿元，1993年10月实现景电古浪灌区全面通水，设计提水流量18m^3/s，加大流量21m^3/s，调提水量1.36亿多m^3，灌溉30万亩农田；2001年利用已建景电二期工程的灌溉空闲，建成延伸向民勤调水工程，总投资3.02亿元，从总干渠分水闸起修建99.04km自流渠道，经武威洪水河61km的天然河道，将黄河水汇入民勤红崖山水库，年调水总量为6100万m^3。截至2007年底，累计调水29193.4亿m^3，在一定程度上缓解了民勤的水资源危机，日益恶化的生态环境得到初步改善。

（三）渠道及渠系配套建设

1978年，武威市有30万亩以上灌区2个，10万～30万亩灌区8个；30年后，全市建成万亩以上灌区共18个（包括古浪县引黄灌区），其中30万亩以上灌区4个，10万～30万亩灌区4个，1万～10万亩灌区10个，灌区年引提灌溉水量18.257亿m^3，设计灌溉面积22.864万hm^2，有效灌溉面积18.497万hm^2，实际灌溉面积17.649万hm^2，已衬砌干支渠2362km。

1978年有引水渠道51条427km；到2007年，全市建有引水渠道72条827km，其中干渠74条774km，引水流量4～40m³/s之间，支渠447条1588km，斗渠3965条3259km，农渠11609条5831km，渠路林田相配套的现代化标准农田236万亩。

（四）河道治理与防洪工程

武威各河流沿岸有天祝、古浪、武威县城，有75个乡镇和410个村庄，居住人口近80万，是区域政治、经济、文化的中心，因局部暴雨经常发生洪涝，给人民生活、生产、生命财产造成损害。30年来，武威市共修建防洪堤工程17处，防洪堤总长度369.428km，保护耕地万亩，保护人口17.8万。

二、水利政策法规：为综合治理和科学管理提供政策保障

改革开放以来，为适应日益发展的新形式的需要，制定颁布了一系列水利政策法规，促进了水利事业的发展。

2006年以来，为了规范石羊河流域水资源管理，合理配置流域生活、生态和生产用水，促进流域经济社会的可持续发展，省上制定出台了《甘肃省石羊河流域水资源管理条例》，为确保《石羊河流域重点治理规划》的顺利实施，武威市先后制定出台了《武威市水权制度改革实施方案》、《武威市行业用水定额》等规范性政策文件，对水资源的配置、水权制度的完善、地下水的管理以及日光温室建设、关井压田等重点工作进行了规范，为石羊河流域重点治理工作提供了强有力的政策支撑和法制保障。

三、水资源管理：走向流域统一管理

（一）水资源现状

武威市多年平均水资源总量为14.934亿m^3，其中地表水13.918亿m^3，地下水1.016亿m^3。石羊河流域武威属区多年平均水资源量11.273亿m^3，其中地表水10.287亿m^3，地下水0.986亿m^3，人均占有水资源量是全省的1/2，全国的1/3；耕地亩均水资源量是全省的1/3，全国的1/9，是典型的资源型和水质型缺水地区。2006年全市年用水量约24亿m^3，其中地表水约14亿m^3，地下水约10亿m^3，年超采地下水约4.3亿m^3。

（二）水资源管理主要工作和成效

（1）规范和明晰了初始水权。制定出台了《武威市水权制度改革实施方案》、《武威市行业用水定额》等规范性文件，明晰了初始水权。全市用水量逐年减少，2008年全市水权配置总量为19.868亿m^3，比实施水权制度改革以前2006年的实际用水量减少了3.396亿m^3，同时，按照总量控制和定额管理的原则，各县区严格按照所属水权制定水资源配置方案，按行业逐级分解落实到灌区、乡镇、村组（用水者协会）和用水户，建立了四级台账，完成了初始水权配置，初步实现了水票制供水和用水户刷卡取用水。

（2）调整水价，用价格杠杆促进节水。2007年对水利工程供水价格、城市供水价格进行了调整：城市供水平均水价由1.38元/m^3调整为1.87元/m^3，农业用水自流灌区平均计量水价由0.10元/m^3调整到0.157元/m^3，井灌区按0.01元/m^3的标准全面开征水

资源费。

（3）机井安装计量设施，地下水基本实现了计量供水。实施了取水许可制度，通过安装智能化取水计量设施，关闭部分农业灌溉机井，进行灌区节水改造，压减灌溉配水面积，调整农业种植结构，有效地控制了地下水开采。已关闭农业灌溉机井 1933 眼。安装地下水计量设施 12082 套，占计划任务的 99.6%。2006 年民勤县削减地下水开采量 4400 万 m^3、凉州区削减地下水开采量 1100 万 m^3，2007 年民勤县削减地下水开采量 5000 万 m^3、凉州区削减地下水开采量 4058 万 m^3，2008 年民勤县削减地下水开采量 15000 万 m^3，凉州区削减地下水开采量 5633 万 m^3，地下水位下降幅度有所减缓。

（4）推行民主管理，建立完善了农民用水者协会。全市组建农民用水者协会 816 个，参与用水户 31.06 万户，参与率达 100%。凉州区和民勤县制定了农民用水者协会经费筹措和管理使用办法，建立完善了灌溉制度体系，规范了协会的运行管理，调动了广大会员的积极性，充分发挥了协会在水权配置中的基础作用。

（5）积极探索水权有偿转让和水市场运行机制。在灌溉工作中，各灌区结合实际情况，积极引导乡镇、协会、灌水小组、用水户进行水票交易，探索水权有偿转让的有效模式，培育、建立水市场。凉州区西营灌区在 2008 年的夏灌中，在协会和灌水小组间共交易水权 120 万 m^3。

（6）实施水资源统一管理，实施向民勤分水。按照《石羊河流域水资源分配方案》凉州区开始向民勤分调水，实现了流域内水资源的统一调度和管理。2006 年凉州区向民勤下泄水量 2655 万 m^3，2007 年下泄水量 3807.3 万 m^3，2008 年下泄水量 3574.84 万 m^3。

四、水利经济：不断探索水行业发展的新途径

根据水利要实现“两个根本性转变”的总体要求，发展水利经济的基本思路是：一业为主（供水、供电）、多种经营；以提高经济效益为中心，大力推进“两个转变”，把水利建设、管理和发展水利经济紧密地结合起来，巩固基础，优化产业结构，促进良性运行，更好地为国民经济和社会发展服务，努力实现行业脱贫和职工致富。水利经济在 30 年以来有较快的发展，全市每年水利工程水费 9619 万元，电力销售收入 591 万元，开展水利综合经营的单位 44 个，总投入资金达 800 多万元，形成固定资产 99568 万元，年总产值 14427 万元，利税 114 万元，建成经济园林 6000 亩，用材林木保有量达 2000 多万株，从事水利经济的人员有 3369 人。

农村小水电建设是武威市水利经济的主要着力点，随着省第一、第二、第三批 28 个农村水电初级电气化县的建成及“十五”期间 23 个水电农村电气化县建设的全面实施，现已建南营电站等 29 个地方小水电站 52 台，装机容量 21662 万 kW，年发电量 6289 万 kW·h，全部并入国家电网。

五、防汛抗旱：兴利除害再上新台阶

（一）抗旱

武威市由于特定的自然地理条件的影响，降水稀少且在时空上分布很不均匀，频繁发生旱象，大陆性灾害多，旱灾非常频繁，局部旱灾年年有，大旱七八年就出现，具有“十

年九旱”、“三年两头旱”的特性，三年一旱的周期很显著，夏秋期间不同干旱常有连续性。实践证明行之有效的主要抗旱措施有：

（1）兴修水利工程根治水害，发展水利，提高水的利用效率，先后建成5座中型水库，2座重点小（1）型水库，13座小型水库，19座水库总库容2.3989亿m^3，其中兴利库容1.651亿m^3；在沿山和有泉水的地方开挖地下水截引槽多处；改造旧的灌溉渠系，发展抗冲防渗的衬砌渠道，基本做到小旱不减产，中旱不成灾，大旱减轻灾。

（2）利用地下水资源发展井灌，截至2007年，全市现有机电井16285眼，控制灌溉面积79.391万亩，受益人口115.05万人。

（3）发展水窖，解决人畜饮水困难，截至2007年，全市共有水窖30635眼，受益人口1.17万人。

（4）加大科技抗旱力度，推广先进适用的节水抗旱技术。

1）坚持以水定植，以供定需，以秋补夏，以经补粮，大力降低高耗水作物种植面积，围绕节水、高效、增产来调整作物种植结构和比例。

2）灌区推行“小地块、小流量、小渠道、低定额”为主的“三小一低”灌水方法以及沟、畦、小块灌等常规节水措施，大力推广喷灌、滴灌、渗灌和管灌等高新节水技术。全市共落实常规节水面积196万亩，占总灌面积的76%，高新节水灌溉面积14万亩，集雨节灌面积0.78万亩。

3）积极推广地膜保墒、日光温室、抗旱剂拌种、旱地龙喷施等抗旱新技术。全市地膜覆盖面积达165万亩，推广保水剂拌种1.45万亩，喷施旱地龙4.73万亩，日光温室种植面积达6.08万亩（座）。

4）积极开展人工增雨（雪）作业。人工影响天气工作按照“一年四季不放松，每次过程不放过”的要求，适时开展了冬春增雪，春夏秋增雨工作。

5）充分利用在全市不同灌区和山旱地建立的27个农田土壤墒情监测点，适时开展不同区域的土壤水分、农作物生长环境因子、作物水分生理指标及作物生长发育情况等综合指标的测试，为科学抗旱、主动抗旱提供了依据。

6）转变观念，积极推进由单一抗旱向全面抗旱转变。以建立节水型社会、治理水土流失、改善生态环境、调整作物种植结构为出发点，全面拓宽抗旱领域，提高综合抗旱能力，提高水资源的利用率，降低工农业用水总量，扩大生态用水面积，提高生态抗旱效能，切实减轻生态脆弱区的环境压力。

（5）大力发展抗旱服务组织。1994年以来相继成立了市、县、乡各级抗旱服务组织，在坚持抗旱减灾、服务于农业和农村经济的发展、服务于农民增收取得了良好的成效，逐步形成了比较稳定的具有一定实力的社会化服务组织。截至2007年，全市共建成各级抗旱服务队（站）17个，其中市级1个，县（区）级4个，灌区（乡、镇）级12个，现有职工总数413人，拥有机动车13辆，大型机械6台，打井设备21台，水泵428台，喷灌机123台，各种抗旱管带58.8km，年实际抗旱能力流动浇地面积2.4万亩，解决人畜饮水能力分别达到9.05万人和18万头畜。通过抗旱服务共挽回粮食损失103.2万kg/年，挽回经济作物损失138万元/年。

（二）防汛

武威市因气候多变、地理复杂，局地暴雨及暴雨频繁，历史上水灾频发。防洪工程体系采取利用水库拦蓄洪水，削减流入下游河道洪水量级与洪峰流量，和以排为主、筑堤防洪、提高河道宣泄能力，与整治河道、改善河道过水能力状况，改变了武威市河道防洪能力不足、防御城市内涝能力不足、防洪工程不完善的状况。

一是加大防洪投入，随着防洪工程设施的不断建设，有效地降低了灾害造成的损失。二是新中国成立后修建的中型水库和重点小型水库在“十五”以来到“十一五”中期，完成了除险加固，提高了防洪保安能力。截至 2007 年，在河流上已建成防洪堤 92.69km，其中城区和县城河段防洪堤 23.06km，农村河段堤防 69.62km。2008 年又开工修建了大靖河下游（黄灌区）防洪工程排洪渠部分。三是建立健全了抗旱防汛预案制度。四是为了提高水库管理和防洪调度水平，已有 3 座中型水库建立了库区上游自动雨量测报系统。五是全面抓好防汛安全责任制落实工作。根据《中华人民共和国防洪法》的规定，落实了以行政首长为核心的防汛责任制，按照分级管理、分级负责和属地管理的原则，全面落实了水库、城镇、河道等安全责任制。六是每年进行防汛安全大检查，落实抗洪抢险的各项措施，制定并完善水库防洪抢险预案及防御超标准洪水预案，落实抢险组织，建立健全和完善了防汛值班制度，按要求审批水库控制运用计划。加强河道管理确保河道行洪畅通。

六、雨水利用与水土保持：与自然和谐相处

1986 年成立水土保持工作机构以来，在上级水利水保部门的大力支持下，武威市的水土保持综合治理工作速度明显加快，水土保持综合治理工作与水土保持监督执法，监测监理工作齐头并进，有效地遏制了水土流失逐年加剧的势头，水土保持“三同时”制度得到很好的贯彻落实，截至 2007 年底，累计完成了水土流失治理面积 17.102 万 hm^2，占全市水土流失总面积 51.557 万 hm^2 的 33.17％，累计完成“三田”建设任务 3.105 万 hm^2，营造水土保持林 7.386 万 hm^2，荒坡种草 1.849 万 hm^2，封山育林 1.762 万 hm^2，封坡育草 1.162 万 hm^2，引洪漫地 0.339 万 hm^2，修建塘坝 43 座，涝池 1603 座，谷坊 376 道，沟头防护 177 处。基本上建立健全了水土保持监督执法体系，重点工程建设管理体系、示范工程建设体系、科技支撑服务体系、水土流失监测评价体系等五大体系。

雨水集蓄利用工作在武威市是从 1997 年开始实施的，截至 2007 年底，共修建集雨节灌水窖 5.4435 万眼，发展集雨节灌面积 15.3196 万亩。从而使武威市的水土保持生态建设在改善当地农业生产条件，加强农业基础设施，提高农业综合生产能力，促进农民增收，控制面源污染，保障饮水安全和维护良好的生态环境等方面发挥出了积极的促进作用（详见表 1 和表 2）。

七、水利科技：为水利发展插上腾飞的翅膀

（一）科研成果

自 1979 年开始，武威市先后开展了 30 多项试验研究与示范推广，其中有十余项成果获得了省、市（厅）级科技进步奖和农业推广奖，为农业发展以及石羊河流域水利工程规

表1　　武威市水土保持与雨水利用治理成果统计表　　单位：万 hm^2

年份	水土流失总面积	水土流失治理面积	水土保持分项措施本年累计达到治理面积									荒坡种草	
			"三田"建设				水保林						
			小计	梯田	沟坝地	砂田	小计	退耕还林	乔木林	灌木林	其中：经济林	小计	其中：退耕种草
1978	51.557												
1980	51.557	8.945	0.927	0.927			0.341						
1990	51.557	15.295	1.59	0.941	0.178	0.471	3.598		3.598			0.401	
2000	51.557	14.294	2.735	1.619	0.539	0.577	6.38	0.133	4.995	1.585	0.715	0.889	0.033
2005	51.557	16.609	3.093	2.086	0.465	0.542	7.335	0.827	5.60	1.735	0.716	1.694	0.059
2007	51.557	17.102	3.105	2.098	0.465	0.542	7.386	0.827	5.591	1.795	0.707	1.849	0.059

表2　　武威市三要年份水土保持与雨水利用治理成果统计表

年份	封山育林（万 hm^2）	封坡育草（万 hm^2）	引洪漫地（万 hm^2）	塘坝（座）	涝池（座）	谷坊（道）	沟头防护（道）	集雨节灌	
								水窖（万眼）	节灌面积（万亩）
1978									
1980	0.039		0.068		251				
1990	0.765	0.226	0.167		251	207	27		
2000	1.227	0.638	0.339	43	1825	302	157	40.5074	12.0296
2005	1.637	1.012	0.339	43	1672	339	193	5.4435	15.3196
2007	1.762	1.162	0.339	43	1603	376	177	5.4435	15.3196

划、设计、水资源优化配置和农田灌溉科学用水、科学管理提供了翔实可靠的技术资料，为领导科学决策提供了理论依据。

作物需水规律及灌溉制度试验研究成果促进了农业发展。自20世纪80年代末，按照全国主要农作物需水量研究协作计划（旱作部分）要求，开展了春小麦、玉米需水量及需水规律的研究，其成果先后获甘肃省水利科技进步一等奖，武威地区科技进步二等奖；上述项目的成果在1989～1993年"河西百万亩常规节水推广项目"中得到了广泛的推广应用，在农业生产和科学节水中作出了突出贡献，形成了巨大的社会效益。

灌水技术试验研究成果推进了农田基本建设。"畦灌技术要素数解与灌溉效应的研究"、"块灌理论与技术研究"等课题，解决了农田灌水方法，灌水技术评价指标体系等问题。其成果在流域灌区配套工程规划设计、建设、老灌区挖潜改造和农田基本建设中广泛推广应用。

高新节水技术试验研究为发展高效农业奠定了基础。近年来，与中国农业大学、西北农林科技大学的协作，开展了"膜下滴灌条件下作物节水机理与最佳灌溉模式研究"、"控制性分根区交替灌溉技术试验研究"、"瓜类沟灌调亏灌溉制度及灌水技术试验研究"等项目，为发展高效农业奠定了基础。

植物机理与需水规律试验研究推动高科技的发展。随着石羊河流域生态综合治理项目的开展，与中国农业大学、西北农林科技大学、甘肃农业大学联合开展了节水技术项目研究工作，从不同领域、不同方向，运用不同的方法，对石羊河流域的作物需水规律、水资源管理等方面进行多层次研究。

（二）国际合作

中英水资源需求管理援助项目是中英水行业发展项目的一个子项目的延续，2006 年 2 月启动实施。项目在甘肃省石羊河流域开展 3 个案例研究：石羊河流域水资源统一管理规划、武威和金昌节水型社会建设、民勤县水资源统一管理。

武威案例研究涉及节水型社会建设、社会—经济基线调查与监测、取水许可、节水技术、农民用水者协会组建、信息交流等多项水资源综合管理内容。项目探索的水资源管理方式方法，对石羊河流域水资源可持续管理已经产生重要影响：一是引入国际上先进的水资源管理观念和模式；二是 GIS 技术的应用，促进了流域水资源管理现代化进程；三是基于水资源综合规划和 WEAP 模型，为流域重点治理规划和政策分析提供有效的管理工具；四是农民用水者协会示范建设案例研究成果，为全面推行农民用水者协会提供了可借鉴的经验；五是 35 套地下水自动监测传输设备的投入运行，资料的精度、完整性、可靠性和时效性都有了很大的提高。

八、水政执法：为高效用水、科学管水保驾护航

武威市的水政执法工作自省政府 1988 年明确各级水利机构为政府的水行政主管部门开始走上正轨。截至 2007 年底，全市有支队 1 个、大队 6 个、中队 21 个、水政监察员 210 人，形成了市、县（区）、灌区三级水政监察执法网络；共查处违法案件 561 件（其中破坏水资源的案件 230 件，水保违法案件 70 件，破坏河道违法案件 74 件，其他违法案件 187 件），罚款 88.33 万元，调处水事纠纷 975 起，调处水行政复议案件 8 起；发放取水许可证 12691 套，审批取水量 93832 万 m^3；取缔关闭了 72 家污染严重、治理无望的小企业，加强了对城市工业、生活污水的治理力度；严格新、改、扩建项目的取水许可预申请、申请审批制度；强化取水许可年审工作；加强机井管理、压缩机井数量。

九、重点项目建设：推动武威水利跨上新台阶

（一）石羊河流域重点治理：雪中送炭，着力解决武威水危机

石羊河流域以水为核心的生态环境问题引起了党中央、国务院和社会各界的高度重视和广泛关注，温家宝总理先后十多次作出重要批示和指示，“决不能让民勤成为第二个罗布泊”。2006 年，国家先期启动了石羊河流域重点治理应急项目，2007 年 12 月 7 日，《石羊河流域重点治理规划》正式批准实施，总投资 47.49 亿元。规划的总体思路是通过制度建设和高新技术节水，以民勤盆地为重点，实施全流域综合治理，全面推进节水型社会建设，促进全流域协调发展，使流域生态环境状况逐步好转。总体目标是保障生活和基本生态用水，满足工业用水，调整农业用水，提高水资源利用效率和效益，促进农民增收和区域经济社会可持续发展，实现“决不能让民勤成为第二个罗布泊”的目标。

2010年：民勤蔡旗断面下泄水量由现状的0.98亿m^3增加到2.5亿m^3以上，民勤盆地地下水开采量由现状的5.17亿m^3减少到0.89亿m^3；六河中游地表供水量由现状的9.72亿m^3减少到8.82亿m^3，地下水开采量由现状的7.47亿m^3减少到4.18亿m^3。基本实现六河水系中下游地下水采补平衡，地下水位停止下降，有效遏制生态系统恶化趋势。

2020年：民勤蔡旗断面下泄水量由2010年的2.5亿m^3以上增加到2.9亿m^3以上，民勤盆地地下水开采量减少到0.86亿m^3；六河中游地表供水量由2010年的8.82亿m^3减少到8.22亿m^3，地下水开采量稳定在2010年的4.18亿m^3。实现民勤盆地地下水位持续回升，力争北部湖区出现一定范围的旱区湿地；流域生态系统得到有效修复。

（二）人饮解困与饮水安全：民生水利惠及千家万户

2005年进行的全市农村饮水现状调查评估结果显示，全市159.57万农村人口中，饮水存在不安全因素的农村人口还有99.16万人，占全市农村人口的62.14%。自2000年国家开始启动农村人饮解困工程、2005年实施农村饮水安全项目以来，农村人饮问题得到了一定的解决。目前，共建成集中供水工程199处，水窖10219户，解决了47万多人的饮水问题。

（三）景泰川电力提灌工程二期：高扬程提灌使亘古荒原变绿洲

1984年开工兴建，1990年10月全线通水，灌地50万亩，千年亘古荒原变成了绿洲，其中古浪县海子滩地区灌地30万亩，灌区人口12.73万人，其中移民9.34万人，是历史上黄河水第一次跨流域调入内陆河流域。

（四）民勤调水工程：开创沙漠调水的先河

景电二期延伸向民勤调水工程是国家为缓解民勤水资源危机和生态急剧恶化投资建设的应急工程。工程线路穿越腾格里沙漠段，长达84.9km，是国内第一个长距离沙漠的调水工程。1995年11月开工，2000年10月竣工，2001年3月投入运行，目前累计调水29193万m^3，红崖山灌区累计斗口收水量12513万m^3。从景电干渠总分水闸到红崖山水库利用率为68.5%，到红崖山灌区斗口平均输水利用率仅为43%。景电调水到红崖山灌区斗口的水价在不计入工程运行、管理费等部分供水成本费的情况下已达0.523元/m^3，若计入工程运行、管理费等部分供水成本费后，不完全成本水价高达0.846元/m^3。

（五）病险水库除险加固：确保江河安澜的新德政

截至2007年底，武威市登记在册的中、小型水库22座，总库容2.3989亿m^3，兴利库容1.83亿m^3，调洪库容1.2842亿m^3，年供水能力8.2亿m^3。2000年以来，武威市列入全国重点水库除险加固规划并实施了除险加固的水库有8座，其中中型水库5座（凉州区西营水库、南营水库、黄羊水库、古浪县大靖峡水库、民勤县红崖山水库），小（1）型3座（古浪县柳条河水库、十八里堡水库、天祝县鞍子山水库），累计完成投资12829.8万元，完成土石方量211.39万m^3、混凝土5.21万m^3。通过历次改扩建和除险加固，达到了现行规范要求的防洪、抗震标准和渗流、稳定安全标准，提高了水库的调蓄能力。

（六）大型灌区续建配套与节水改造：为农业节水提供坚实基础

1. 流域综合治理项目

截至2007年底，石羊河流域重点治理灌区节水改造工程完成干支渠道改建25条

76.11km；配套田间节水灌溉面积 23.03 万亩（渠灌 15.77 万亩、管灌 6.18 万亩、大田滴灌 0.61 万亩、温室滴灌 0.47 万亩）；安装地下水计量设施 1817 套。完成投资 11115 万元（国家投资 10000 万元，地方自筹和配套 1115 万元）。

2. 日协贷款项目

武威市农业节水灌溉（日元贷款）项目属甘肃省农业节水灌溉（日元贷款）项目的子项目，是国家发改委、财政部列入银行贷款计划的大型农业节水灌溉项目。2004 年开始正式实施，2006 年 8 月圆满完成了工程建设任务。共发展节水灌溉面积 25.7 万亩，其中：渠灌 21.54 万亩，喷灌 1.7 万亩，管灌 2.05 万亩，滴灌 0.41 万亩。完成总投资 9145.93 万元，其中：外贷资金 5316.46 万元，国家补助资金 1357 万元，自筹 2472.47 万元。

30 年来，武威水利在量的增长和质的提升上都取得了长足进展，水利工程管理理念和模式基本实现了由计划经济到市场经济的转变，水利功能和定位不断拓展延伸，实现了从水利是农业的命脉到水利是国民经济发展的命脉的转变。

石羊河流域由于以水为核心的生态环境问题的特殊性、重要性和紧迫性，要求采取快速、高效、强有力的对策进行生态抢救和综合治理，所以，武威已确定以石羊河流域综合治理为社会经济发展的主线，努力破解干旱地区经济发展与生态保护这一世界性难题。今后，武威水利将通过五个方面的创新确保石羊河流域综合治理伟大目标的实现。一是观念创新：转变经济增长方式，以生态重建为持续发展的切入点；二是制度创新：建立科学合理的生态补偿机制；三是产业创新：发展节水型生态产业；四是技术创新：流域尺度节约用水技术研究与开发；五是管理创新：实现流域水资源统一管理、建立面向生态的绩效考核体系，采用自上而下、垂直管理的流域水管理模式，彻底解决水资源管理中的条块分割和低效问题。

展望未来，水利建设任重而道远。武威市将以石羊河流域重点治理为主线，实行兴利除害结合、开源节流并重、防洪抗旱并举，全面提高防洪保安、水资源可持续利用和保护水环境的综合能力。

（武威市水务局供稿）

改革开放谱新篇　兴水改土显辉煌

——改革开放30年白银市水利发展回顾

白银市地处腾格里沙漠和祁连山余脉向黄土高原过渡地带，属欧亚大陆的暖温带与中温带过渡地区，为干旱、半干旱大陆性气候。特点是干旱、少雨、多风，蒸发量大于降水量，年降水量在185～450mm之间，大部分地区降水不超过250mm，且降水分布不均，多集中在7、8、9三个月，约占全年的60%，年蒸发量在1700～3039mm之间。干旱、冰雹、大风等自然灾害频繁，“十年九旱”是白银干旱情况的真实写照。干旱缺水是制约白银农业和农村经济发展及人民生活水平提高的最主要因素，一部白银农业发展史，就是一部白银人民兴水改土、兴水抗旱、战天斗地求生存的发展史。

白银市自产水资源十分匮乏，生产生活靠提取过境黄河客水为主。黄河多年平均径流量328亿m^3，自产地表水1.25亿m^3，地下水1.56亿m^3。全市已开发利用的各种水资源为10.3亿m^3，其中提取黄河水9.45亿m^3（外供宁夏回族自治区和武威市1.7亿m^3）。白银市实际用水量8.6亿m^3，人均占有水资源量605m^3，是全省人均占有量的1/2，全国人均占有量的1/4。水利在白银具有举足轻重的地位，为社会经济发展提供了坚实的基础和保障，为改善全市农业生产基本条件，加快农村脱贫致富奔小康，促进农业和农村经济发展，为保持农村社会繁荣稳定作出了巨大贡献。

面对严酷的自然条件，白银人民为了求生存、求发展，历来有兴水改土，重视水利建设的光荣传统和历史。新中国成立后，在各级党委和政府的关怀和支持下，在上级业务部门的精心指导下，白银市的水利事业得到了长足发展。改革开放为水利发展注入了活力，历届市委、市政府认真审视白银市的市情，高度重视水利工作，坚持兴水改土不动摇，持之以恒地大抓水利基础设施建设，充分利用和优化配置水、土、电、热资源，坚持“三水”齐抓，大中小并举，水利建设、管理、改革三管齐下，30年的建设，30年的巨变，形成了以高扬程提灌为主，井泉库和自流灌溉共用，集雨节灌为补充的灌溉体系，成为全省乃至全国最大的高扬程灌溉集中区。

一、30年来水利建设取得的显著成就

30年来，全市水利建设紧紧围绕发展高标准基本农田、解决人畜饮水困难和饮水安全、改善生态环境三大任务，采取立足发展建项目，强化管理增效益，深化改革求创新，抗旱保粮保稳定的措施，全市水利水保事业全面、协调、快速发展，成为水利发展史上一个全面协调发展的辉煌阶段。

截至2007年底，全市建成各类农田灌溉水利工程1710处，其中万亩以上大中型工程

25 处，发展有效灌溉面积 135.84 万亩（其中高扬程提灌面积占 90%）；累计兴修水平梯田 175 万亩，累计完成水土保持综合治理面积 5347km²，治理程度达 26.47%；先后解决和改善了近百万农村人口的饮水困难和饮水条件。

1. 坚持不懈开展农田水利基本建设，农业生产基本条件得到改善

改革开放 30 年来，全市新增有效灌溉面积 58.57 万亩，兴修梯田 114.1 万亩，合计 172.67 万亩，占全市累计 310.84 万亩高标准农田的 55.55%，农村人均达到 1 亩以上的水浇地，旱山区人均 3 亩梯田。在灌区建设上，对骨干工程先后实施了挖潜改造达标和大中型灌区续建配套与节水改造项目建设，特别是景电、靖会、兴电三大灌区从 1999 年争取列入国家大型灌续建配套建设以来，连续 10 年投资不间断，落实投资 31380 万元。其中市属靖会、兴电灌区落实投资 19680 万元（国家投资 12550 万元，自筹资金 7130 万元），改造泵站 14 座，渠道 420km，渠道建筑物 426 座等，延渠扩灌 20.5 万亩，安置移民近万人，初步实现了灌区信息自动化控制。在梯田建设上，采取人机结合兴修梯田的办法，不但加快了建设进度，而且提高了梯田质量。特别是 1998～2000 年，在白银市梯田大县会宁争取实施了总理预备金“亿元扶贫贷款项目”，形成了一个建设高潮，最多的 1999 年兴修梯田达 13.5 万亩。1998 年开始实施集雨节灌工程建设，新打集雨节灌水窖 24.83 万眼，修建集流场 764 万 m²，发展集雨补灌面积 36.68 万亩。大力推广“梯田＋水窖＋集雨＋结构调整”的旱作农业模式，大大提高了梯田产出效益，增加了旱山区人口承载能力。

2. 着力实施人饮解困项目，群众生存生活质量得到改善

改革开放以来，水利部门始终把解决人畜饮水困难作为改善民生的一项重要任务常抓不懈。实现了两个转变，即因陋就简零散碎小工程向集中供水工程的转变和由有水吃的低标准向干净卫生的自来水高标准的转变。1995～1996 年开展“121”工程建设，两年在干旱山区打水窖 8.87 万眼，有效缓解了 21.6 万人、23.5 万头畜的饮水困难。跨入新世纪，党中央、国务院情系百姓，做出了实施农村人饮解困和饮水安全的重大决策，白银市从 2000～2004 年实施农村人饮解困工程建设，5 年建成农村人饮解困工程 55464 处（其中集中供水工程 90 处，水窖 55374 眼，硬化集流场 444.77 万 m²），解决了 42.14 万人、50 万头（只）牲畜的饮水困难。2006～2007 年又实施了靖远曹若，会宁新庄、大沟等极度干旱地区人饮工程建设，解决了 8.3 万人的饮水困难。从 2004 年开始实施农村饮水安全项目，已建成集中供水工程 37 项，集雨工程 1201 项，解决了 15.12 万人的饮水不安全问题。在人饮解困和饮水安全工程建设上，坚持“一个加强、两个统一、落实‘八制’”（即加强领导、落实责任；统一规划，统一设计；落实项目法人责任制、招标投标制、社会监理制、合同管理制、规划设计逐级报批制、市级报账制、验收销号制和建后管理责任制）的措施，保证了工程的质量和效益，近 80 万农村人口受益。

3. 大抓节水灌溉工程建设，灌区综合效益不断得到提高

白银市 90%的灌溉面积是高扬程提灌，特点是扬水级数多，提水扬程高，输水线路长，灌溉成本大。因此，实行节水灌溉，降低灌溉成本，提高灌区综合效益是高扬程灌区维持良性运行的重要举措。改革开放以来，白银市一直十分重视节水灌溉工作，大力普及常规节水灌溉和积极推广高新节水灌溉技术。特别是党的十五届三中全会作出“把推广节水灌溉作为一项革命性措施来抓”的重大决策之后，白银市节水灌溉工作得到了全面发展。大力普及以渠道衬砌、管道灌溉、大块改小畦、地膜覆盖等为主要内容的常规节水灌溉技术，全市推广节水灌溉面积102.16万亩，占有效灌溉面积的75.2%。其中常规节水灌溉面积97.63万亩。近年来，全市地膜覆盖种植面积一直保持在百万亩左右。1997年，市委、市政府作出“土斗渠不跨世纪”的重大决策，采取“一调六”、“五加强、五统一”的得力措施，大力开展渠道衬砌工程建设，共完成渠道衬砌5418km。推广微喷滴灌等高新节水灌溉面积4.53万亩。争取实施了9个节水示范项目建设，发挥了较好的示范辐射带动作用。创新工作思路，2006年实施了靖远电厂与靖乐渠、工农渠、旱坪川3个灌区水权转让节水改造项目，通过农业节水向电厂每年转让水资源996万m^3，融资2880万元，既保证了靖远电厂发电用水指标，又使3个灌区得到了改造，实现了水资源的优化配置。通过各种措施全市年节约灌溉用水5900万m^3，节水型社会进程明显加快。

4. 狠抓水土保持综合治理工程建设，生态环境得到了改善

白银市地处黄土高原与腾格里沙漠的过渡地带，境内降雨稀少，植被稀疏，水土流失严重。全市总土地面积21158.7km^2，其中水土流失面积20196.8km^2，占总面积的95.45%，年均侵蚀量9683.88万t。改革开放以来，根据市情实际，探索形成了“南保水土、北御风沙、中建绿洲”的水土保持原则，以小流域综合治理为主线，梯田建设为重点，通过大力实施生态修复建设项目、退耕还林还草工程、治黄工程、国家扶贫基础工程、小流域治理工程等，使全市水土保持综合治理工作得到了长足发展。工程和生物措施相结合，兴修梯田175万亩，建成谷坊、涝池等小型拦蓄工程21038处，营造水保林16.248万hm^2，种草10.094万hm^2，实施封山育林和封坡育草3.342万hm^2，探索总结出了会宁大山顶生态建设示范区雨水高效利用体系为典型的南部综合治理模式；白银区楼房沟流域水利工程和荒坡造林相结合为典型的城郊流域治理模式；景泰县范家沟流域土地高效开发利用为典型的中北部综合治理模式，完成了部列重点流域治理4条，省列重点流域治理11条，治理面积2347.4km^2，使生态恶化的趋势得到了初步遏制。

5. 不断改革创新，保障水利工作健康持续发展

一是水费改革促进了灌区发展。全市的水费改革工作从1988年开始，坚持迈小步、勤迈步，逐步到位的原则，逐步向实现按成本征收水费方向迈进。1995年底，扬程在200m以下的713处工程实现了按成本征收水费，扬程200m以上的工程水费征收标准明显提高，2007年全市征收水费5800多万元，是1988年407.32万元的14.25倍。水费标准的提高，改善了水管单位的经营状况，增强了水利工程持续发展的后劲。二是产权制度改革激活了管理机制。“九五”期间白银市本着建立起“投资多元、产权明确、灵活经营、管理科学”的原则，实行小水产权制度改革。在实际操作中坚持因地制宜，不搞一刀切，宜租则租，宜股则股，宜卖则卖，宜包则包，对697处小水工程产权进一步明晰，管理责任进一步加强。三是投入机制改革拓宽了融资渠道。按照“统一管理、统一规划、统一开发、有偿投入、有偿使用、滚动发展、加快速度”和“谁投资、谁受益”的指导原则，制定优惠政策，调动社会力量投入小型水利工程建设，探索出了水利专业开发、群众集资开发、个人独资开发、水利部门联合社会力量开发四种模式，有偿开发小型水利工程35处，吸引社会投资1022万元，发展有效灌溉面积8150亩。四是参与式灌溉管理改革破解了末级渠道管理难题。大力推广参与式灌溉管理改革，全市共成立用水者协会 249 个，涉及灌区群众 55.95 万人，覆盖灌溉面积 86.66 万亩，实行参与管理的灌区群众每年节约水费投资约 14 元。使用水户既是受益者，又是管理者，将末级渠道的管理任务落到了实处，杜绝了水费乱搭车、乱收费行为，减轻了农民负担。五是水务一体化改革实现了突破。认真贯彻落实《中华人民共和国水法》、《中华人民共和国水保法》、《中华人民共和国防洪法》等法律法规，实施水资源许可制度，核发取水许可证 786 本，征收水资源费 350 万元。执行水土保持"三同时"制度，监督落实重点建设水保方案 37 个，核定生产建设单位投入水土流失治理资金 3.29 亿元，征收水土流失危害补偿费 200 万元。积极开展水务一体化改革，平川、靖远、景泰三县区实现了水务一体化管理，实现了城市和农村、地表水和地下水、水量和水质、供水和排水、治污和回用等涉水事务的统一管理。六是事业单位人事制度改革全面推进。2004 年，先行将靖会、兴电两大工程和市水电勘测设计院列为改革试点，并逐步在水利行业全面推开。在用人上，推行了全员聘用管理制度，打破干部工人界限，做到能上能下，中层干部双向选择，竞争上岗；在收入分配上由单纯的按劳分配向按劳分配为主，按劳与技术分配相结合过渡。市级水利事业单位的 122 名中层干部全部实行了竞争上岗，有 35 名工人通过竞争走上了中层领导岗位，极大地激发了广大干部、职工的工作积极性，增强了单位活力，提高了工作效率和管理水平。

白银市的水利事业发展，产生了显著的经济、社会、生态效益。累计向灌区移民 18.53 万人，稳定解决了 62.24 万人的生产生活问题，使全市贫困面由恢复建市初期的 75％下降到了 10.6％。每年以 1/4 的水地粮播面积获得了 3/4 以上的粮食总产量，连续 6 年粮食总产稳定在 5 亿 kg 以上，保证了区域粮食自给平衡，瓜菜、水果等经济作物 90％以上由水地产出。带动了灌区优质农牧业、特色林果业、商贸流通业、科教文卫等社会事业的全面发展。改善了气候生态环境，据气象部门资料显示，以景电工程为例，工程的建成，灌区年平均降雨量由 185mm 增加到 201.6mm，平均风速由 3.5m/s 降低到 2.4m/s，8 级以上大风天数由原来的 29 天减少为 14 天，相对湿度由 46％增加到 48％，年蒸发量由 3390mm 降低到 2433mm。全市的灌区在旱塬荒漠上形成了 4000 多 km^2 的生态绿洲，成为一方水土养活一方人的基础支撑。水利工程，特别是高扬程电力提灌工程随着不断发展，被灌区群众誉为"救命工程、翻身工程、致富工程、生态工程"。

二、未来发展展望

今后一个时期全市水利工作按照中央的治水方略，省、市的重大决策部署，以党的十七大精神为指导，深入贯彻落实科学发展观，围绕省水利厅提出的突出发展民生水利、生态水利、资源水利三大主题，构建方便卫生的农村饮水安全、人水和谐的水生态保护、配置合理的水资源保障、功能完善的抗旱防汛减灾四大体系，加强项目前期工作、水资源、工程建设、工程运行、河道五项管理，提高科学发展、依法行政、社会管理、改革创新、创业奋进、防腐倡廉六种能力，白银市重点切实抓好新建大中型提水灌溉、大中型灌区续建配套与节水改造、大型泵站改造、防洪、饮水安全、冬季高效供水、水土保持生态、盐碱地治理、节水、行业自身建设十项工程，继续加大用水户参与式灌溉管理、水管体制、水价、水利投融资体制、水务一体化五个方面改革的力度，强化现有工程管理，提高水利工程综合效益，为构建社会主义和谐社会和全面建设小康社会提供坚实的物质基础保障。

“十一五”期间白银水利工作的发展目标：

(1) 加快依法治水进程，实现全市水务一体化。

(2) 加快高标准基本农田建设步伐。“十一五”期间，每年新发展灌溉面积 5 万亩，新增水平梯田 10 万亩。到 2020 年，使白银市高标准基本农田建设实现“两个”200 万，即有效灌溉面积达到 200 万亩，高标准水平梯田达到 200 万亩。

(3) 加快生态环境改善步伐。每年完成水土保持综合治理面积 150km² (包括梯田建设、淤地坝建设和小流域治理)。

(4) 努力提高水的利用率。每年完成节水灌溉面积 10 万亩，发展集雨节灌面积 5 万亩。

(5) 努力改善群众生活条件。每年解决 10 万农村人口的饮水安全问题。

(6) 加快防洪工程建设，到“十一五”末，解决会宁、靖远县城的防洪安全问题，完成病险水库的除险加固。

(7) 加快水利工程信息化建设步伐，到“十一五”末，实现靖会、兴电工程自动化控制。

(8) 加快牧区水利建设，改善牧区灌溉条件，实现牧区良性发展。

(白银市水利局供稿)

民生水利暖民心

——改革开放30年天水市水利发展回顾

一道道堤防抵御着暴雨洪水侵袭，保护着人民群众生命财产安全；一座座蓄水灌溉工程引水润田，保障农民增产增收；一层层梯田防止水土流失，搭建起了农业综合开发的平台；一处处供水设施送来干净卫生的饮用水，让受益区群众结束了“吃水难，吃不上干净水”的历史。这是天水水利事业改革开放30年成就的真实写照。

天水市地处甘肃省东南部，横跨黄河、长江两大流域，现辖秦州、麦积两区和甘谷、武山、秦安、清水、张家川回族自治县五县，总面积1.43万km^2，总人口354.76万人，其中农村人口260.1万人，有耕地587万亩，其中山地面积占91%，全市多年平均降水量510.1mm，人均水资源占有量444.7m^3，干旱缺水一直是制约全市经济社会发展的主要问题之一。伴随改革开放的步伐，天水水利建设掀开了快速发展的新篇章，全市各级党委、政府动员和组织广大干部群众，持续深入地开展大规模的农田水利基本建设，初步形成了以灌溉、供水、防洪、水土保持为主的水利工程体系，有力地改善了农业生产基本条件，基本改变了多年来靠天吃饭的被动局面。

一、供水工程泽民惠民

随着“通水啦”“通水啦”……的欢呼声，秦州区扬家寺乡马家山等四村沸腾了，村民们喜气洋洋，奔走相告，许多蹲在家里的村民急切地拧开自家的水龙头，把所有的容器都装得满满的，生怕自来水不再来似的……一位年过七旬的老大爷手捧着纯净的自来水兴奋地说：“终于喝上甜水了!”这是天水市实施农村供水工程带来的激动人心的场景。

天水市农村供水工作起步晚，农村基础设施薄弱。1949年以前，农村根本没有供水设施，农村饮水都是直接从河谷、溪水、坑塘、山泉中取水。“滴水贵如油、年年为水愁”是昔日天水农村100多万山区农民的生活写照。进入20世纪90年代以来，天水市持续干旱少雨，山区溪水断流，泉水干涸，群众饮水十分困难。同时，全市约有51万人长期生活在苦咸水区，64万人长期生活在高氟病区。因旱造成的人畜饮水困难尤为突出。“吃水难，吃水难，十里挑来水一担，这样的日子啥时完”，一曲曲含泪的歌谣，是过去缺水生活的真实写照，也强烈地表达了生活在这片黄土地上、与干旱为伴的群众对水的期盼。1993年，天又大旱，这次的旱象一直延续到1999年，连续七年的干旱，使天水市的一些中小河流断流见底，地下水位急剧下降，机井打不出水来，小水库和塘坝干枯，人缺水，畜无饮，水荒蔓延，全市300多万人中有一半发生饮水困难，120多万人，30多万头大牲畜在水荒中挣扎，有40多万人半夜起身，到20多里地外的地方拉水、背水，水价高达

100元/m^3左右，每担水卖到3元，个别地方卖到5元，此时，滴水贵如油不如说是滴水贵如金啊！

面对严重的旱灾，甘肃省委、省政府紧急启动实施“121”雨水集流工程，就是在一无地表水，二无地下水的干旱山区，每户农民院子里砌100m^2左右的混凝土集流场，挖两口高质量的水窖，发展一亩左右的庭院经济。按年降雨量300mm计算，每户可集水30m^3左右，基本满足五口之家饮水需要。“121”工程向水荒开战，市委、市政府高度重视，根据干旱缺水的实际，坚持民办公助的原则，全民动员，秦州大地大捐款，多方筹资打水窖，五年共建成人饮工程231处，打成人饮集雨水窖8.04万眼，解决了29.5万人、5.7万头牲畜的饮水困难，在大灾之年，为稳定农村大局起到了保证作用。

到了2000年，国家发改委、水利部在全国实施农村饮水解困工程，目标是用五年左右的时间，基本解决全国严重缺水地区5020万人的饮水困难问题。市、县区各级党委、政府高度重视，把实施农村饮水解困工程作为实践“三个代表”重要思想，为广大群众办实事、办好事最直接、最具体的体现。成立了项目建设领导机构，先后实施了一、二期农村人饮解困项目、氟砷改水项目、抗旱应急工程和母亲水窖工程。总投资32591万元，其中国家财政预算内专项资金19821万元，全国妇联妇女发展基金会水窖项目投资195万元，地方配套及群众自筹12575万元。共建成人饮工程115663处，其中水窖工程115370眼，集中供水工程293处，解决了7县（区）、190565户、97.78万人的饮水困难，重点解决了极度干旱缺水地区的群众饮水问题，改善了部分氟病区群众卫生饮水条件。这一阶段仍以集雨水窖为主，同时也建成了6处供水规模5000人以上的集中供水工程。正确的决策深得人心，引来甘泉暖民心，每当新建的饮水工程投入使用，每当新安装的水龙头里流出甘甜的水来，人们都会像过节一样，穿上盛装，欢聚一堂，燃放鞭炮，有的请来锣鼓队，有的请来秧歌队，那种喜悦和幸福，那份激动和兴奋洋溢在每个人的脸上，孩子们欢快地叫着、跑着，老人相邀着前来品尝“幸福水”，老百姓奔走相告，以他们所能想到的，最隆重的方式表达对党、对政府的由衷感激之情。对给他们送来甘泉的农村饮水解困工程，广大农民亲切地称之为“三个代表工程”、“德政工程”、“民心工程”、“幸福工程”，有的老农拉着政府领导的手激动万分地说：“还是共产党好，社会主义好啊！”

全市农村人饮解困项目的实施，取得了显著的社会经济效益。项目的建成，树立了良好的政府形象，密切了党群关系和干群关系。改善了水质，减少了疾病，提高了群众健康水平。为群众节省了取水劳力和畜力，解放了劳动力。美化了环境，改善了个人和家庭卫生，有利于农民发展庭院经济，增加了收入，促进了农村全面建设小康社会目标的实现。同时，还锻炼了水利职工队伍，提高了项目建设管理水平，对天水市农村人饮项目及各项水利工作的规范化、制度化建设也起到了积极的促进作用。

为了300万父老乡亲早日喝上纯净卫生的自来水，天水市已经取得了初步成绩。但是随着经济社会的进一步发展和全面建设小康社会的推进，人们的生活水平不断提高，对水量、水质有了新的更高的要求。当前无论是农村还是城市，饮水安全仍存在着极大的隐患，由于饮水造成的疾病还较为严重。有高氟水、高砷水、苦咸水的问题，还有严重的水污染问题等。从2004年底开始，天水市农村供水进入饮水安全工程建设阶段，以县为单位，制定调查方案，对全市农村饮水现状进行了调查评估，摸清了农村居民饮水状况和供水工程基本情况，编制完成了市级农村饮水现状调查评估报告，通过了水利部复核评估认定。根据《天水市农村饮水现状调查评估报告》，经省级复核全市尚有163.3万人饮水存在不安全。因此，在全面完成农村饮水解困之后，保障饮水安全将成为水利部门和水利工作者义不容辞的职责。“十一五”期间，天水市按照“先急后缓、先重后轻、突出重点、分步实施”的原则，以完善农村供水社会化服务体系、保障农村饮水安全为目标，因地制宜，科学规划，合理确定工程建设方案，加快建设进度，全面加强城乡供水工程建设，完成总投资10559万元，其中国家财政预算内专项资金7104万元，地方配套1209.4万元，群众投劳折资2245.6万元，建成了43处农村饮水安全工程，五县两区183个村50846户的25.03万人喝上了干净卫生的自来水，“十一五”期间全市规划解决67.23万人的饮水不安全问题，力争到2010年使全市农村饮水安全人口由2004年的45.2%提高到79.1%，农村自来水普及率由2004年的16.4%提高到40.8%。到2013年，基本解决全市农村人口的饮水不安全问题。让老百姓尽可能享有城里人的自来水生活，一杯清水承载了农民太多的期望，也包含着党和政府的无限关怀，农村饮水安全“村村通”工程的惠民到户，老百姓发自肺腑地唱到“唐修寺，明修庙，共产党给咱建自来水管道，龙头一开全家笑，过去做梦都想不到”。

二、抗旱防汛保民安民

天水市沟壑纵横，气候多变，降水年内分布不均，干旱洪涝灾害频繁。新中国成立后，在国家支持引导下，各县区兴建了许多灌溉堤防工程，抗御干旱洪水的能力逐步提高。但随着时间的推移和风雨的侵蚀，这些兴建于20世纪50～70年代的灌溉防洪工程，其标准低、质量差等问题也日渐暴露。至改革开放初期，全市大部分灌溉防洪工程水毁严重，防洪标准低，抗旱防洪任务十分严重。

改革开放以来，天水市从解决洪水隐患，为天水经济社会可持续发展提供防洪安全保障，实现人与自然和谐相处的高度出发，投入巨资实施了麦积城区渭河堤防等一批防洪工程。据统计，改革开放以来，全市共计投入资金8239.34万元，在渭河干支流修建堤防工程52.787km，保护了20多万人及10万多亩耕地的防洪安全。在城市防洪工程建设中，积极引进市场机制，实行了以土地换资金，以开发促防洪工程建设，办成了当地人民在传统体制框架内多年想办却无法办成的事，并探索了一条城市防洪工程建设项目融资的新渠道。麦积区城区是全省防洪重点城市，北堤由于年久失修，大部分基础外露，护坡塌陷，严重威胁着城区人民的生命财产安全。为了确保城区防洪安全，麦积区克服了资金不足、工程量大等多方面的困难，创造性地采用“以地顶款”市场化融资方式，通过开发新增土地，吸引社会资金1500多万元用于堤防建设，建成高13m、顶宽8.8m的河堤3.02km，从而使北堤从锻压厂至下曲湾河堤8.6km连成了统一防洪体系，防洪能力均达到50年一遇。清水县将堤防与河道治理相结合、堤防与城市建设相结合、防洪与城区排涝相结合，通过实施牛头河改道工程新增城区用地953.8亩，其中304亩用于城市文化广场、体育场馆等城市公用设施建设，649.8亩用于开发建设，土地开发收益是堤防建设的主要投入来源，建成堤防4km，改道工程完成后，清水县城区防洪标准由10年一遇提高到20年一遇。天水市藉河城区段生态环境治理工程将原堤线向河道内压缩进行加固改建的同时，在河道内修建橡胶坝、中隔墙、子堤等建筑物，利用橡胶坝临时拦蓄河水，形成清水水面，并在河道两岸实施绿化、美化、亮化等景观工程，把藉河城区段建成了集生态绿化、水景、旅游等功能于一体的环境优美、风景秀丽、历史文化特色鲜明的园林化景区。通过治理增加土地，以开发促防洪工程建设，提高城区防洪能力，进一步完善了城市功能，丰富了城市内涵，提升了城市品位，改善了城市人居环境和投资环境，提高了城市综合竞争能力，为河谷两岸百姓安居乐业吃了一颗“定心丸”，也探索出了水利工程建设市场化融资的有效途径，取得了显著的社会效益和生态效益。

天水是典型的雨养农业区，十年九旱是基本市情，从1993年夏末以来，天水发生了连续干旱，立足市情，坚持“三水齐抓，滴水必争”的原则，积极开展了抗旱节水技术的推广和建设工作，以实施集雨节灌工程为重点，把节水农业作为推进农业和农村经济可持续发展的重要措施，牵住牛鼻子常抓不懈，探索出了一条依托集雨节灌工程，发展旱作高效农业的兴水治旱新路子。秦安县把发展集雨节灌高效农业与治旱相结合，利用集雨节灌水窖在干旱地区发展高效节能日光温室，充分利用棚面集流，棚内水窖蓄水、微喷、滴灌技术配套，生产反季节精细瓜果蔬菜，每座种植0.5亩的山地日光温室年均收入高达8000～11000元，共建成157座日光温室，建容积50m^{3}集节灌水窖314眼，配套滴灌和微灌节水设施120亩，同时建设沼气池14个，养殖300头的规模养殖棚4座，建设面积为1300m^{2}可储藏1500t果蔬保鲜库1座，走出了一条在浅山干旱地区利用棚面集流，棚内水窖蓄水，微喷、滴灌，发展果蔬生产，水窖、日光温室、沼气、养殖、储藏“五位一体”的好路子。这种适中投入，高产出，多种技术优化组合的集约化经营体系，为浅山干旱地区防旱治旱，发展设施农业、生态农业、调整结构、增加农民收入起到了良好的典型示范作用。截至目前，全市建成了12个雨水集蓄利用示范点，建成集雨水窖22.55万眼，各类集雨场3593万m^2，使62.6万亩山地农作物和果园能够得到及时补灌和点浇点灌，并为大田喷洒农药提供了可靠的水源，明显改善了天水市农业生产基本条件，提高了防旱抗旱能力，增加了农民收入。

三、水利灌溉富民裕民

改革开放初期，天水水利灌溉工程多属20世纪50～60年代建设，标准低，质量差，加之老化失修，有些已经瘫痪，灌溉效益低下，致使水利作为农业的基础设施地位显得十分脆弱，严重影响了全市农业与农村经济的发展。改革开放以来，针对天水山多川少，人多地少，旱多水少的实际，市（县、区）坚持“山区修梯田、川区兴水利、普遍抓肥料、丰产靠科技”的农业指导思想，加快了灌区节水改造步伐，大力推广以渠道衬砌为主的常规节水技术和以管灌、喷灌、滴灌为主的高新节水技术，先后完成了武山北顺渠、南河灌区、东顺灌区，甘谷渭济灌区、通广渠、新马渠，麦积区渭惠渠、秦安县东坪电灌等10多条较大灌区渠首和渠系建筑物的维修配套，修复机井提灌站213处、恢复机电井680眼，使一些多年失修、水毁的水利设施重新发挥了灌溉效益，恢复和改善灌溉面积16.25万亩。加大小渠道、小塘坝、小提灌等“五小”工程建设力度，新修各类水利工程820处，新增有效灌溉面积26.52万亩。全市渠系水利用系数由改革开放初的0.3提高到现在的0.65，每亩地年灌溉用水量由改革开放初的600m^{3}降低到现在的345m^3。同时，按照自流灌区常规节水化、井灌区低压管道输水化，日光温室、果树蔬菜区实现喷灌、滴灌化的奋斗目标，在全市五县两区选择兴建了秦州太京千亩果园滴灌、管灌示范点、秦安庙咀山地节灌示范点、刘坪集雨节灌示范点、麦积区三阳川农业综合开发区田间渠道U形渠配套工程、武山县东梁渠山地节水增产示范工程等管灌、喷灌、滴灌示范点16处，发展示范面积1.6万亩，面上完成节水灌溉面积28万亩。灌区维修配套与改造和节水灌溉技术的实施推广，不仅提高了水资源的有效利用率，缓解了天水市干旱山区缺水状况，而且改善了当地农业生产基本条件，促进了农村经济从低水平的自然经济向高层次产业化经济发展。

随着我国社会主义市场经济体制的建立和水利改革的不断深化，水利工程管理中长期积淀的体制不顺、机制不活、经费短缺、机构臃肿、管理粗放和社会保障程度低等弊端日益显露，已经影响了水利工程的安全运行和效益的充分发挥。1997年，为规范水利工程管理，天水市政府制定了《天水市水利工程管理改革试行办法》，开始拉开了天水水利工程管理体制改革的序幕，坚持以市场为导向，以效益为中心，采取拍卖、股份合作、租赁承包等形式，对全市1957处现有小水工程进行了产权和管理体制的改革，较好地解决了小型水利工程产权所有者主体不明确，管理责任不落实，工程效益衰减的问题。2002年国务院体改办关于《水利工程管理体制改革实施意见》（国办发〔2002〕45号）出台后，天水进一步加大水利工程管理体制改革力度，采取典型带动，分类指导原则，先期在麦积区渭惠渠、武山县北顺渠进行水管理单位体制改革试点，2007年，全市水利工程管理体制改革全面开展，五县二区和20条万亩灌区均出台了水管体制改革实施方案，经当地政府批准定性为准公益性事业单位17个，纯公益性事业单位3个，核定编制335人，分流人员93人。落实“两费”627.62万元，其中人员经费350.3万元，已落实维护经费277.32万元，分别占应落实经费的100%和64%。实行了管养分离，合并了部分管理单位，水利工程管理和维修养护水平明显提高。同时，全市积极推进用水户参与式管理模式，组建农民用水者协会71个，充分调动农民群众参与水利工程建设管理的积极性，促进了水利工程的良性运行和效益的进一步发挥。

四、流域治理益民利民

天水市是我国开展水土保持工作最早的地区，1942年，建立了全国第一个水土保持试验机构——黄委天水水土保持科学试验站，天水市的水土保持工作正式纳入了科学实验的轨道，并逐步为农业生产直接服务。1950～1980年，天水市主要是调动广大群众积极投入治山治水，以农田基本建设为主的水土保持工作。从20世纪80年代开始，实行以小流域为单元，采取三大措施相配套，进行综合治理。进入90年代，天水市各级党委、政府认真贯彻落实《中华人民共和国水土保持法》，以水土保持监督执法试点为契机，增强国策意识，健全监督体系，划定公告了“三区”范围，加大执法力度，水保工作实现由重治理、轻预防向依法监督、预防为主的重大转变，有效遏制了人为造成水土流失的发生。坚持不懈地推动促进群众脱贫致富的水土保持综合治理工作，在“长治”工程、黄河水保生态工程藉河示范区项目等一批国家重点水保项目的带动下，取得了显著的经济、生态和社会效益，实现了跨越式的发展。30年全市完成水土流失治理面积6744.8km^2，兴修梯田1540.58km^2，水保林3089.60km^2，种草1287.68km^2，生态修复826.94km^2，涝池74

座，谷坊77座，沟头防护5248座，淤地坝66座，走出了一条“以防治水土流失为基础，以培育支柱产业为纽带，以促进生态建设为目标”的可持续发展之路，加快了基础改善、农业增效和农民增收。

自1997年江泽民总书记关于“再造一个山川秀美的西北地区”和李鹏总理“水土流失十五年初见成效，三十年大见成效”的重要批示以来，黄河水利委员会为了探索新形势下水土保持工作的新思路、新特点，研究新方法，总结新经验，为黄土高原的大规模区域治理与开发提供科学依据，树立样板，以适应西部大开发的需要，从改善黄河流域生态环境的全局高度和根治黄河水患的战略高度审时度势，调研选点，于1998年在天水启动实施了以大流域为骨架、以县为单位、以小流域为单元的全国最大的城郊型水土保持生态示范区项目——黄河水土保持生态工程藉河示范区项目，该项目通过六年的规模治理，高效开发，完成治理水土流失面积520.23km^2，建成了一个融水土流失治理、城郊绿化美化、农业结构调整、观光旅游、产业开发、监测科研为一体的具有高质量标准、高科技含量、高产出效益、高示范效应的水土保持生态建设精品示范工程。治理区建成了一批城郊水保生态旅游型、绿色果品型的产业示范基地，形成了以林果业为主体，种植和旅游等各业协调发展的生态经济体系，充分发挥了示范带动作用，有力地促进了全市水土保持生态环境建设步伐。2002年9月，黄河水利委员会在天水市召开了黄河水保生态工程现场经验交流暨表彰会，全面地总结推广了藉河示范区的做法和经验。确认了藉河示范区工程为黄河水土保持生态工程建设项目在前期工作、规范化管理、科技推广、监测体系建设、机制创新等方面发挥了典型示范作用。藉河示范区是全国率先按照国家基本建设程序，开展立项、规划、设计等前期工作，试行项目法人制、全面推行项目监理制和招标投标制的水土保持大型示范项目的工程，通过专家组的论证验收表明其规划成果技术方法先进，图表齐全规范，项目实施中管理规范，全面开展了监测工作，创建了多渠道、多层次、多元化的投资机制。充分利用示范区区域优势，结合城市水土保持试点，吸引了大量的社会资金，发展水土保持生态旅游业，在南郭寺水保生态旅游景区建设天彩花园等景点6处，绿化率达到了90.6%，走出了一条生态与经济互补、协调发展的路子，使水土保持的内涵由控制水土流失、增加粮食产量、解决群众温饱向改善和保护生态环境，发展水保生态旅游型、水保综合治理产业开发型等方向延伸。2004年天水市被水利部命名为“全国水土保持生态环境建设示范城市”。

五、节水型社会建设稳步推进

随着改革开放步伐的不断加快，天水市积极推进治水思路的转变，特别是跨入21世纪，我国开始了全面建设小康社会、加快推进社会主义现代化建设的新征程，中央提出全面贯彻科学发展观，努力构建社会主义和谐社会，这对水利工作提出了新的更高要求。全市水利系统牢固树立和认真落实科学发展观，在中央水利工作方针的指引下，确立了“以防洪保安为前提，以水资源的合理配置、高效利用为核心，以服务于农业产业化和城市化建设为重点，量水而行、全面节水，推动经济社会健康持续发展”工作新思路，结合当地实际，坚持以人为本，促进人水和谐，积极推进工程水利向资源水利、传统水利向现代水利和可持续发展水利的转变。从加强水资源统一管理着手，制定了《天水市水资源费征收管理办法》和《天水市节约用水管理办法》，为水资源管理、节约用水和水资源费征收工作的规范化开展提供了法规依据；每年在3月22～28日“世界水日”和“中国水周”期间，组织开展了大规模的水法规宣传活动，提高了用水单位和干部群众对天水市缺水的现实认识，增强了珍惜水资源、保护水资源、节约用水、依法缴费的自觉性。认真贯彻取水许可制度和水资源有偿使用制度，对全市范围内的取水单位进行了清理登记，发放取水许可证1220本。全面推进节水型社会建设工作，下发了天水市节水型社会建设指导意见，组织开展了水资源综合规划、“十一五”节水型社会建设规划的编制工作，启动实施了秦安、清水、武山三个省列第二批节水型社会建设试点县建设。加强了计划用水、节约用水工作，积极推进水价改革，在城市供水价格上，实行分类水价，工业用水2.0元/m^3，商业服务业2.2元/m^3，居民生活1.5元/m^3，洗车、洗浴、纯净水10元/m^3，污水处理费0.8元/m^3，对自备水供水的单位取消了生活用水包费制，车间用水实行独立核算制等；在农村人饮工程水价上，实行装表计量，按量收费，水价为0.8～2元/m^3；农业灌溉实行按亩收费，自流灌溉每亩每年收费8～12元。加强工业节水技术改造，完成了长开厂、二一三厂、海林厂等14家单位的水平衡测试工作，积极发展节水高效、高新技术产业，建成了天水海林轴承厂、天水卷烟厂等一批节水技改项目，对新建、改造、扩建的建设项目，严格做到节水设施“三同时”制度。通过开展节水工作，工业用水综合万元增加值取水量78m^3/万元，使全市工业用水重复利用率由2000年的25%提高到45%，人均城镇生活用水为76L/（人·日），农村人口日用水量人均22L/（人·日）。降低了用水单耗，减少了废污水排放量，提高了用水效率。在农业生产方面，针对天水市水资源短缺的实际，始终坚持了“建设与管理并重，开源与节流并举”的用水思路，积极推广节水灌溉，按照“试验示范、典型引路、统一规划、分步实施、因地制宜、讲求实效”的原则，编制了《天水市节水灌溉发展规划》。兴建了一批高新节灌示范点，在大田普遍采用小畦灌、膜上灌，在果园、蔬菜基地中普遍采用喷灌、滴灌等节水灌溉技术。通过发展节水灌溉，节约了水资源，增加了有效灌溉面积，使灌区农业生产条件有了一个较大的改善，大大提高了水资源的利用效率，促进了农民群众收入的不断增加。

六、梯田建设跨越式发展

多年来，天水市历届党委、政府高度重视梯田建设工作，始终把梯田建设作为改善农业生产基本条件和发展现代农业的基础性工程和根本措施来抓，使天水市梯田建设取得了显著的经济、生态和社会效益，30年累计兴修梯田231.09万亩。特别是近几年，为了扭转梯田建设工作群众难组织、劳力难保障、工作难开展的被动局面，天水市认真分析总结原因，及时调整工作思路，改进工作方式方法，因势利导，与时俱进，开拓创新，负重拼搏，依靠政府推动、宣传鼓动、政策调动、利益驱动，通过整合项目资金、“一事一议”群众筹集资金、市（县、区）财政出资等多渠道创新梯田建设的投入保障机制，除省上下达的梯田补助费外，市政府每年从市级土地出让金收益的15%中筹集268万元，用于梯田建设。全市逐步建立健全了“国家补一点、市（县）财政拿一点、项目整合匹配一点、群众筹一点”的多层次、多元化的投资体系。2008年天水市共筹措资金6600万元，其中：整合项目资金4300万元、市财政投入268万元梯田专项补助资金，县（区）财政配套 840 万元，群众自筹 1190 万元，从而为全面实行机修提供资金保证。创新管理体制和运行机制，努力实现“三个转变”：由重数量向重质量转变，由办小规模、低标准的小点向办大规模、高标准的精品示范点转变，由分散治理、点面结合向整乡整村梯田化方向转变，保证梯田建设健康有序发展。加强技术指导，提供优质服务，在梯田规划中始终坚持梯田建设与流域治理相结合，与项目建设相结合，与农业产业开发相结合，与扶贫开发整村推进相结合，与新农村建设相结合，充分考虑区域产业优势和地形条件，突出发展主题，以效益为先，跨乡跨村界规划，整山整流域山、水、田、林、路综合配置。对机修梯田按照基本建设“三项制度”的要求，引入竞争机制，确保梯田建设质量，连续五年超额完成了省上下达天水市的 10 万亩梯田建设任务，使梯田建设工作在机制创新、全部机修、资金筹措、验收考核、目标管理等方面取得了突破性进展。目前全市达到梯田化的乡镇有 10 个，梯田化村 398 个，每年评选出了全市梯田建设十佳乡镇，给予表彰奖励。

七、水利人才队伍蓬勃兴旺

水利要发展，人才是关键。改革开放以来，随着天水市各项事业发展步伐的逐步加快，需要水利建设为社会经济快速稳步发展保驾护航，而水利事业的发展必须依靠科技、依靠人才，进一步增强水利队伍整体实力。改革开放初期，天水水利专业技术队伍存在结构不合理，高层次拔尖人才比较缺乏；整体素质不高，创新型人才不足；人才流失比较严重，高学历的年轻人才比例减少等问题。面对水利建设新形势新任务，迫切需要培养与水利发展相适应的高素质的专业技术人才队伍。从推进人才兴水战略高度出发，树立“人才是发展生产力的第一要素”的观念，以提高人才素质为主题，以人才结构调整为主线，以造就创新人才和高层次人才为重点，以服务水利全面可持续发展为目的，全面加强水利专业技术人才队伍建设。在充分发挥在职专业技术人才积极性和创造性的同时，积极引进从大中专院校毕业的急需专业技术人才，逐步改革和完善继续教育制度，建立国家、单位、个人三方负担的继续教育投资体制，鼓励支持在职职工结合单位实际工作需要参加各种层次的学历教育和业务专门培训，全市水利系统每年有 25%以上的专业技术人才参加培训和学历教育。进一步改革专业技术人才管理体制，实行专业技术职务聘任制与执业资格制并举的岗位管理制度，评聘分开，用岗位管理实现专业技术人才的优化配置。在人才的开发应用中，不拘一格，运用竞争性的人才选拔机制，积极选拔优秀管理型人才和业务型人才，注重发现和培养年纪轻、能力强、贡献大、懂业务、会管理的人才，打破论资排辈用人的习俗，对取得优异工作实绩的专业技术人才、管理人才破格评聘、破格提拔，使优秀青年人才脱颖而出，走上领导岗位。通过不断改革完善水利人才管理机制，加大水利人才培养，进一步改善了天水水利专业技术人才的知识结构，增强了专业技术人才的创新能力，提高专业技术人才的综合素质，全市初步建立了一支老、中、青相结合，门类齐全、结构合理、素质精良，适应 21 世纪水利发展需要的水利人才队伍。截至 2007 年底，全市 40 岁左右的中层领导干部占到干部总数的 93%以上，中层干部具有大专以上文化程度的占 98%以上，全市具有大专以上文化程度的在职人员占到职工总人数的 45%以上，具有中级以上专业技术职称的在职人员占到职工总人数的 61%以上。专业技术人员专业知识结构单一状况得到改善，50%以上的专业技术人员达到一专多能。

水利乃民生之基，生存之本，“治国必先治水”，“兴水则兴农，兴水则富民”，水与人民群众的生活生产息息相关。一切为了民生，为了民生的一切，天水市全体水利人决心在市委、市政府的正确领导下，在省水利厅的大力支持下，以更高的起点，更扎实的作风，向更加辉煌的目标奋进，为天水经济社会发展作出新的更大贡献。

（天水市水利局供稿）

苦干实干夯基础　管理改革增效益

——改革开放30年平凉市水利发展回顾

新中国成立以来特别是改革开放以来，在党和政府的正确领导下，平凉市坚持把水利水保工作作为改善农业生产条件，促进全市经济社会发展的一项战略措施，苦干实干，常抓不懈，保持了良好的发展势头，取得了较好的生态、经济和社会效益。截至2007年底，全市累计建成各类水利工程3629项，其中农田灌溉工程2472项［独立从河流开口引水渠道117条，干支渠长1040.97km，衬砌628.03km，占总长的60.33%；中、小型水库32座（闸），总库容1.6764亿m^3，配套渠道38条，干支渠总长547.40km，衬砌243.19km，占总长的44.43%；塘坝15座，总库容195.8万m^3；机电提灌站672座，装机782台25002.5kW；配套机电井1628眼，装机1669台26366.5kW；喷、滴灌9处，装机13台163kW；万亩以上灌区13处］，旱饮和安全供水工程765处，病改工程392处；建成集雨水窖327186眼。累计发展有效灌溉面积66.14万亩、保灌面积56.82万亩、改善面积20.82万亩、配套面积41.28万亩、集雨灌溉面积73.15万亩，解决了113.87万人的安全饮水问题。全市累计建成各类水保拦蓄工程62759道，治理水土流失面积9019km^2，修建梯田492.14万亩、条田102.86万亩、水保造林558.56万亩、荒坡种草148.67万亩、封山治理49.25万亩、沟坝地1.4万亩。

一、发展历程和主要成就

（一）认真开展了调研和论证，在水利前期规划上取得了新进展

为了从源头上防止盲目上马、胡开乱建问题的发生，在深入普查，科学论证的基础上，紧扣水利为经济社会发展提供支撑和保障这一中心，坚持水利规划计划积极适应和服从农村整体规划的原则、优先解决支柱产业配套的原则、改土抓生态全面服务的原则和建管并重、效益第一的原则，根据国家投资政策和导向，编制完成了水利水保发展和改革规划，在此基础上，先后编制了《城市饮用水水源地安全保障规划》、《农村安全饮水规划》、《节水型社会建设规划》、《水土保持及生态环境建设规划》以及《水资源综合利用规划》等，建立了全市水利发展重点项目库和农村饮水工程建设台账，使全市水利水保建设步入有章可循、有序发展、梯次推进的良性轨道。

（二）积极建设了以水库坝系为重点的水利骨干调蓄工程，在水源开发利用上取得了新进展

为了充分利用地表径流水，有效解决工程型缺水的矛盾，先后建成了泾川芮丰渠扩

建、崆峒水库水电站、泾川泾丰渠扩建、庄浪民乐渠改扩建、崇信崇丰渠改扩建、灵台横渠扩建、庄浪金锁灌区改扩建、庄浪竹林寺水库、崆峒白庙电灌、颉河改扩建、静宁梁马灌区改扩建、鞍子山拦河闸、灵台达溪河灌区、崆峒后峡引水等骨干水源开发工程，加固维修了华亭王峡口、庄浪红崖湾、崆峒水库等病险水库，开工了崇信县铜城水库、王峡口水库扩建工程。在抓好中小型水库水源建设的基础上，把沟道坝系建设作为控制水土流失、增加蓄水能力的一项重要措施，在庄浪庙龙沟、榆林沟、泾川田家沟等流域建成水保骨干坝 20 座、淤地坝 31 座。新增水源调节能力 7300 万 m^3，供水能力 11878 万 m^3。这些水库坝系的建设，不但提高了防洪减灾能力，而且在一定程度上解决了阶段性、区域性水源分布不均的问题和经济社会日益增长的用水需求。

（三）大力实施了农村人饮解困和饮水安全工程，在改善民生上取得了新进展

在认真抓好小型农村人畜饮水工程和“121”雨水集流工程建设的基础上，2000 年以来，全市抢抓国家实施人饮解困项目和饮水安全工程的投资机遇，2002 年底完成了农村饮水解困一期及氟病改水项目，2003～2004 年实施了农村饮水解困二期项目，2005 年以来开始启动农村饮水安全工程，按照“统一规划、分类指导、规模建设、精心施工、严格质量、讲求实效”的原则和“规模化、网络化、自供化”的发展路子，先后建成了崆峒区寨河水厂、杨庄水厂、大陈水厂、七府水厂、泾川县拜旗水厂、王家咀水厂、灵台县西张水厂、崇信杜家沟水厂、左营沟水厂、华亭牛舌堡水厂、红崖山水厂、庄浪县洛水北调、北部山区人饮、梁河北调人饮、中部山区人饮、南坪水厂、店峡南调、静宁县五台山水厂、南门水厂、党塬水厂、甘泉调水等供水人口万人以上的集中供水工程 21 处，千人以上工程 101 处，共解决了全市 7 县（区）98 乡（镇）700 村 16.77 万户 77.61 万人的饮水不安全问题，让广大农村群众吃上了安全卫生的自来水，实实在在地解决了群众期盼已久的难题。平凉市农村饮水工程建设，引起了《人民日报》、中央电视台、《甘肃日报》、甘肃电视台等多家新闻媒体的广泛关注，得到水利部及省上有关领导的充分肯定，受到了省水利厅和市政府多次表彰奖励。

（四）有效发展了雨水集流和节水灌溉工程，在推进旱作高效农业上取得了新进展

在抓好地表、地下水源开发利用的同时，从 1996 年起，加大了雨水集蓄利用工程的建设力度，全市累计建成集雨水窖 327186 眼，发展集雨灌溉面积 73.15 万亩，相继建成了崆峒区鸭儿沟、高堡、清街，泾川县五里铺、章村，灵台县什字塬，庄浪县万泉高川、三合坪、三万坪，静宁县城川、河西、大地滩等节水示范工程。针对平凉市灌区工程老化失修、灌溉水利用率较低的实际，把节水灌溉作为一项革命性措施来抓，实施灌区续建配套与节水挖潜改造工程，新增高新节水灌溉面积 11.17 万亩，常规节水 39.13 万亩。这些项目的建成，改善了灌区的灌溉条件，提高了灌区的用水效率和效益，增强了农业综合生产能力，在农业抗旱、农民增收和农村经济发展中起到了积极作用。

（五）长期坚持了以平田整地为重点的工作举措，在治理流失改善基础上取得了新进展

面对平凉市一川二塬七分山，山地占耕地面积 70％以上，粮食产量低而不稳，群众生活长期处于贫困边缘的困境，数十年来，全市上下始终坚持梯田建设决心不动摇，精力不转移，团结和带领群众苦干实干，把大量跑水、跑土、跑肥的“三跑”坡耕地修成了平展展的梯田。近年来，全市新修梯田都以年均10万亩以上的速度递增，1998年，庄浪县被命名为“中国梯田化模范县”，截至目前，全市已有1县68乡实现了梯田化。近年来，为了加快梯田建设步伐，保持长盛不衰的势头，不断完善组织办法和措施，使梯田建设与过去相比实现了四个明显变化：建设时间由夏秋两季向四季常抓转变，建设规模由分片实施向整村、整乡集中连片转变，施工方式由人工修建为主向人机结合、机修为主转变，治理模式由单纯平地造田向综合配套治理转变。在梯田建设中，做到以路定田、以田定窖、全面规划、立体实施，同步配套完善了田间道路和集雨水窖等措施。这些措施的实施，不仅有效遏制了水土流失，而且从根本上改善了山区耕作条件，大大提高了土地产出水平，为贫困山区稳定解决温饱，增强造血功能打下了坚实的基础。与此同时，以世界银行二期、水保专项、坝系建设、生态修复等项目为依托，坚持山、水、田、林、路、窖齐抓，生物措施和工程措施并重，大力开展了流域综合治理与开发，全市共治理水土流失面积9019km^2，有效遏制了水土流失，改善了生产生态条件。相继建成了泾川田家沟、平凉圆通寺、灵台东沟等水保风景区，打造了水保工程新亮点。

（六）不断增强防洪保安意识，在水库除险加固和河堤治理上取得了新进展

“十五”以来，国家开展了新中国成立以来最大规模的病险水库除险加固建设，平凉市先后对11座病险水库进行了除险加固，其中庄浪县红崖湾水库和崆峒水库2座水库除险加固工程已完成建设任务，投入运行。静宁北岔集、王湾、张峡、华亭小川、崆峒寺沟等5座水库除险加固工程正在建设，八里庙、灵台蒋家沟、庄浪贾门和静宁西凡沟等4座水库除险加固工程即将开工建设。这些项目全部完成后，防洪标准将大幅提高，水库的运行状况将明显改善，并可增加年供水量5250万m^3，扩大灌溉面积4.3万亩。与此同时，不断加大力度，连续实施了泾川县泾河城区段、甘家沟段、五里铺段、庄浪县水洛河治理、静宁县葫芦河治理、平凉市泾河城区段河堤治理工程，共完成治理长度180.65km，共新增耕地9.15万亩，保护耕地42.2万亩，保护人口48.2万人。

（七）稳步推进了水利管理与改革，在创新机制和提高效益上取得了新进展

针对长期存在的重建轻管、工程老化失修严重、水利管理体制不顺、机制不活、路子不宽、效益不高等问题，结合水情实际，扎实稳步推进了水利改革与管理，着力提高水利工程效益，逐步改善灌区水利管理单位的困难面貌。从1996年开始，在泾川县开展小型水利工程产权制度改革试点工作，1997年、1998年陆续在其余6县（区）开展，1999年以后在全市全面铺开，截至目前，全市已累计改制小型水利工程达到2142项，占工程总数的69%，其中：租赁19项，拍卖187项，承包1444项，股份合作1项，专管197项，移交村社管理294项，回收资金330.02万元，盘活了存量，调动了社会办水积极性，较好地发挥了工程效益。2003年5月，开展了水利工程管理单位体制改革试点工作，全市共34个基层水管单位参与试点，其中：省列3个，市列13个，县列18个。2006年，水利工程管理单位体制改革工作全面展开，全市共参与改革的水管单位79个，按照分类定性：全市有7个水管单位确定为纯公益性事业水管单位，人员管理经费由县财政全额拨付，72个水管单位确定为准公益性事业单位，人员经费由县财政给予差额补贴。通过分

类定性和定编定岗，初步解决了制约基层水利管理单位的体制问题。为解决水利工程效益不高的问题，在人饮项目实施中，从工程建设一开始，就把管理作为重要内容，同步计划、同步安排、同步实施，逐步探索建立了有利于工程效益长期发挥和适应市场经济要求的三种管理方式：一是县（区）水务局成立农村供水总站，乡镇设立供水分站，由分站具体管理辖区内所有供水工程，实行统一管理和专业化服务；二是对偏远、零散的小型供水工程，由受益村社群众代表组成用水者协会，在乡镇水管站指导下进行管理；三是对供水规模万人以上的集中供水工程，由县（区）水务局成立专门机构，有偿服务，商品化供水，直接进行管理。在节水示范园区建设中，围绕田间工程受益主体不明确、管理责任不到位、工程设施管理不佳的问题，成立了专门管理所，采取一户一表，按方计费，保证供水，到户收费的办法，逐步走出了吃“大锅水”、节水工程不“节水”的怪圈。在灌区管理中，组织开展了以标准化水管所建设和标准化渠堤建设为主要内容的“两化达标活动”，促进了灌区管理由粗放型向规范化的转变。

（八）依法加强了水行政执法和水资源统管，在履行涉水公共管理服务职能上取得了新进展

以《中华人民共和国水法》、《中华人民共和国水土保持法》、《中华人民共和国防洪法》为依据，以水政执法、河道管理、水保预防监督为重点，努力做到依法行政不越位，严格执法不缺位，查办案件及时到位，加大了水行政执法力度。在河道整治方面，针对采砂秩序混乱，河洪沟道乱倒垃圾和建筑废料等问题，出台了《关于加强城镇河洪沟道建设与管理工作的通告》、《河道建设与采砂管理暂行办法》和《平凉市城区河洪沟道垃圾建筑废料管理暂行办法》等，通过大力整治，过度开发、无序开采和因采砂毁堤毁田的现象得到了有效的治理，河道采砂秩序有了明显好转。在水资源管理方面，把水资源的合理开发和可持续利用作为水利为经济社会发展提供支撑和保障的中心任务来抓，认真实施取水许可制度，根据区域水资源承载能力和水功能区划，严格审查取水工程，核批取用水量，从开发入手加强了水资源管理，一定程度上避免了乱取水、掠夺式开发水源现象的发生。依法开展了建设项目水资源论证、防洪安全论证和水土保持方案编制，增强了项目实施的科学性和可行性。

二、启示与体会

总结改革开放 30 年来的平凉水利水保工作，主要有以下几点有益的启示与体会。

（一）必须始终把“改土、兴水、抓生态”作为加强水利水保工作的基础

水利水保建设是一项投入大、周期长、见效慢的公益性基础工作，一旦放松，就会停滞甚至倒退。多年来，平凉市始终坚持“改土、兴水、抓生态”的思路，通过召开安排动员会、经验交流会、建设现场会等形式，定任务、压担子、严奖惩，全面夯实了水利水保发展基础。

（二）必须始终把抓项目作为加强水利水保工作的核心

平凉市水利水保建设任务大、担子重，但自身投入能力十分有限。为尽快改变农田水利基础薄弱的现状，就必须坚持项目带动战略，构建多元化投入机制，按照向上争一点，

农林、水利、扶贫等部门整合项目筹一点，鼓励社会兴办水利融一点，动员群众以劳折资投一点的筹融资新路子，加大农田水利基本建设的投入力度，加强组织领导，强化利益驱动，加快建设步伐。

（三）必须始终把管理和效益作为加强水利水保工作的主题

针对长期存在的先建后管，有能力建、没手段管，效益发挥不充分的问题，近年来，平凉市牢固树立“建管并重”和“效益优先”的理念，把管理与建设同步计划、同步安排、同步实施，明确受益主体，完善管理模式，着力服务经济社会发展，较好地发挥了水利水保工程的效益。

（四）必须始终把苦干实干作为加强水利水保工作的保证

多年来，平凉市调动各方面的积极性和创造性，形成了锲而不舍“苦干”、依靠科技“巧干”、干部群众得到甜头“肯干”的“三干”精神。正是这种“三干”精神，聚合了各方面的力量，弥补了建设资金的不足，形成了坚持不懈、集中力量大搞农田水利基本建设的良好氛围。

三、今后设想和打算

通过全市上下艰苦不懈的努力，水利水保工作取得了显著成效，但是，与经济社会发展日益增长的需求相比，仍然存在许多困难与问题，基础保障能力仍然十分有限，抵御水旱灾害的能力亟待加强。今后，平凉市将认真贯彻党的十七大精神，坚持以科学发展观为统领，突出民生水利、生态水利、资源水利三大主题，努力构建方便卫生的农村饮水安全体系、人水和谐的水生态保护体系、配置合理的水资源保障体系、功能完善的抗旱防汛减灾体系等四大体系，加强项目前期管理、水资源管理、工程建设管理、工程运行管理、河道管理等五项管理，提高科学发展的能力、依法行政的能力、社会管理的能力、改革创新的能力、创业奋进的能力、防腐倡廉的能力等六种能力，全面推动水利水保事业又好又快发展，努力为“推进新跨越，建设新平凉”提供坚实的支撑和保障。

（平凉市水务局供稿）

和谐兴水展新姿

——改革开放30年庆阳市水利发展回顾

“朝可观东山日出，夕可赏平湖晚霞”，这就是碧波荡漾、群山环绕的“高原明珠”——巴家咀水库今日的新貌。这座全国最大的黄土均质坝，凝聚和见证着近半个世纪庆阳水利蓬勃发展的巍巍丰绩。如今，或漫步或驱车在庆阳这块神奇的土地上，一泓泓山峦间荡漾的碧波，一座座高耸林立的水塔，一处处气势如虹的提灌工程，还有随处可见的集雨窖场，都流淌着生命之水和幸福之水，浇灌着广袤无垠的山川大地，滋润着老区人的心田。这是庆阳水利近30年来科学发展、和谐发展带来的巨变。

一、水利建设：为经济社会发展增添活力

庆阳市是一个工程型、水质型、资源型缺水并存的地区。水资源总量不足，一方面是制约地方经济发展的瓶颈，另一方面也显示了水利在国民经济发展中的重要地位。全市地表水资源总量8.817亿m^3，其中入境水1.28亿m^3，自产水7.537亿m^3，人均水资源占有量仅为292m^3，耕地亩均110m^3，分别不足全省、全国平均水平的1/5和1/10，远远低于国际上满足人类生存的最低要求。新中国成立后特别是改革开放30年来，庆阳水利人立足市情水情，解放思想，改革创新，坚持以资源水利、民生水利、生态水利为中心，广泛实践“三水齐抓、大中小结合、蓄引提调并举”的兴水路子，形成了以骨干工程为龙头，以人饮建设、病库除险、灌区改造、节水灌溉、生态建设为重点的水利发展新格局，水利建设取得长足发展，使全市工农业生产和生态环境得到了较大改善。30年间，全市累计建成各类水利灌溉工程2672处，发展有效灌溉面积65.25万亩，建成各类人饮病改工程21.52万处，解决了185.75万人和149万头畜的饮水困难和饮水安全问题，建成集雨补灌及人饮窖场工程75.95万处，以环县扬黄、巴家咀水库加固除险、城市雨洪集蓄利用为代表的一大批骨干水源工程相继建成并发挥效益；以西峰城乡供水、庆城驿熊、镇原庙马人饮、环县北部人饮等为代表的一大批民生水利工程极大改善了城乡群众的生活条件；以巴家咀电灌，环县东风、木钵，镇原开边等为代表的一大批万亩、千亩灌区在抗旱保粮、促进农村产业结构调整、增加农民收入、促进农村经济发展等方面发挥了重要作用；为开发石油、煤炭资源而正在建设或即将兴建的南小河沟水库、泾河提水工程、南庄水库、马莲河水库等供水工程，将在建设全省重要的能源化工基地中发挥重要的保障和支撑作用。

二、亮点工程：点亮了老区人对水的亘古企盼

（一）饮水解渴——汩汩清泉滋润了千家万户

如果说，20世纪八九十年代，是庆阳市实施人畜集中供水工程探索起步阶段的话，

那么2000年以后国家大规模实施的人饮解困和安全饮水工程，才堪称全市构建民生水利、和谐水利的“黄金期”。

2000年，国家决定实施农村饮水解困工程，市、县水利部门抢抓这一历史机遇，艰苦奋战，真抓实干，至2002年底的3年内，全市共建成各类工程2.46万处，完成投资2.16亿元，解决了68.5万人、19.69万头畜的饮水困难，有7.94万农村群众喝上了干净卫生的自来水，实现了庆阳市农村人饮建设上的历史性跨越。

随着改革开放的不断深入，广大城乡群众生活水平不断提高，饮水不安全的问题也随之浮出水面。为此，各级党委、政府和市、县水利部门高度重视，按照全省的统一部署，通过一年多的调查论证，于2005年编制上报了《庆阳市农村饮水安全工程规划》，将饮用水中氟含量大于2mg/L、溶解性固体含量大于2g/L、耗氧量大于6mg/L以及致病微生物、铁、锰等元素严重超标地区和水量不足、水源保证率低、取水极不方便地区群众的饮水问题作为重点列入规划，从供水水质、水量和方便程度三大关键因素去破解这一难题，计划在“十一五”期间解决42万人、“十二五”和“十三五”期间分别解决21万人的饮水问题。2006年8月国务院常务会议原则通过了《全国农村饮水安全工程“十一五”规划》，庆阳市的饮水安全工程规划也随之被省水利厅审查通过。截至目前，全市共投入人饮安全项目建设资金18433万元，修建各类饮水安全工程4.56万处，其中百万元以上集中供水工程467处，集雨场窖及其他工程4.5万处，解决了40.73万人的饮水安全问题。

从2004年9月开始，环县北部连续四年大旱，北部13乡镇人畜饮水极度困难，市、县政府持续半年时间耗巨资为旱区群众送水解渴，送水车辆所到之处，群众争相排队，就连鸟雀也不甘落后，盘旋在空中伺机争水。为了彻底解决这一事关群众的生计问题，省委、省政府及市上领导多次赴环县调研旱情并制定对策措施。省委、省政府还把解决环县极度干旱地区饮水困难列入2006年全省关注民生的“五件实事”之首。2006年6月25日，环县北部人畜饮水工程终于在各方面的关心支持下全面启动，时任市长的张智全同志在建设动员大会上深情承诺：“环县革命老区解放已70年了，如果我们还不能彻底解决群众的吃水困难，就无法向群众交代，各级党政干部必须牢记政治责任，满怀深厚感情，尽早结束群众吃水难、没水吃的历史”。任务就是命令，环县县委、县政府在极短的时间内，组织抽调县乡干部600多人，一律脱离原岗位，联乡抓村，吃住到户，蹲守工地，市、县水务部门主要领导全程跟踪，抓指导、抓落实，两年任务一年完，在七天一次调度会，十天一次汇报会及最严格的干部管理与考核等措施保证下，经过300多个日日夜夜的鏖战，到2007年5月底，历时一年，涉及环县北部甜水、山城、南湫等13个乡（镇）12.8万人、256所学校的饮水解困工程基本完成，建成雨水集流场2.37万处、水泥窖2.45万眼。特别是12处集中供水工程建成，辅之以苦水淡化，井日出水量均在100m^{3}以上，且淡化后的每立方米水成本只有4元左右，仅是山区农民远距离运水的几十分之一。环县的干部群众看在眼里，甜在心理，吃水不忘挖井人，他们无比感激党和政府。

（二）挖潜改造——一座座水库一处处灌区精彩嬗变

庆阳市有23座水库，其中18座存在各种各样的安全隐患，且带病运行，严重影响防洪安全和效益发挥。2007年国务院做出了“集中力量用两到三年时间基本完成全国大中型和重点小型病险水库改造”的决定，市水务局及时编制上报了《庆阳市水库除险加固实施方案》，并通过多次汇报衔接和争取，使全市 18 座病险水库全部列入了省级加固规划。截至 2008 年初，国家和省上共下达庆阳市水库除险加固资金计划 1.42 亿元，先后完成了环县庙儿沟、华池土门沟、正宁庵里、宁县白吉坡四座水库的除险加固任务；巴家咀、合水新村、镇原吴家沟水库除险加固工程已经开工，正在抓紧建设，其中巴家咀水库总投资 17826 万元，为全省病库除险单项工程投资之最；庆城解放沟、环县乔儿沟、庆城刘巴沟、冉河川，环县唐台子、华池鸭子咀水库除险加固工程已经批复，正在进行开工准备；西峰王咀、合水王河、环县樊家川、华池太阳坡、市直王家湾水库除险加固项目的初步设计已经完成，工程实施指日可待。除险加固后的巴家咀、庵里、庙儿沟、新村、冉河川水库，将为西峰、正宁、环县、合水、庆城的城镇供水提供可靠的水源保障，同时，水库功能的恢复也为老灌区的挖潜改造打好了基础。

2007 年，国家对老灌区的维修改造投资力度加大，省水利厅相继启动了中小型灌区维修改造项目。通过市、县水务局的全力争取，截至 2008 年，省上已下达庆阳市灌区维修改造资金计划 1756 万元，目前已维修改造了宁县湘乐川、镇原开边两个万亩灌区，宁县长庆桥、合水县固城灌区正在施工建设，环县东风灌区即将开工建设，其余灌区的维修改造也将逐步展开。灌区功能的恢复和拓展，必将给全市农村经济发展和新农村建设注入新的活力。

（三）扬黄工程——黄河之水天上来

如何解决水资源总量不足，是多年来水利人一直思考并为之不懈努力的话题，跨流域调水正是解决这一难题的有效途径。特别是对于“山童水劣、风高土燥”的环县北部来说，引来黄河水也就是引来了生存和发展的希望。经过 20 世纪 70～80 年代曲折漫长的酝酿论证，1987 年国务院终于批准立项了陕甘宁盐环定扬黄工程。1992 年，甘肃专用工程开工，全体建设者不避寒暑，不畏艰辛，跋山涉水，精心施工，工程于 1998 年建成，实现了水通环县甜水堡的初步目标，解决了 1.1 万人、3.6 万头畜的饮水困难，配套灌溉面积 1.90 万亩，生态移民 250 户、1000 人，使人们由原来“遥望黄河数百里，不知何时到我家”的愿望，变成了“涓涓清流过家门”的美好现实。一期工程完成总投资 9965 万元，供水能力达到了 1.8m^3/s。建成输水干渠 29km，支渠 3 条 13.37km，主要建筑物包括泵站 5 座、总装机容量 8009kW，累计扬程 260.65m；隧洞 9.75km，渡槽 0.374km，箱涵 4.5km，倒虹吸 2.3km，明渠 4.4km，压力管道 7.6km 。客观上一期工程的建成只是引来了黄河水，要更大程度发挥调水效益，从根本上解决环县北部乃至庆阳市西北部的干旱缺水问题，兴建扬黄二期工程才是庆阳人多年的企盼。2003 年以来，市水务局经过六年的不懈努力，先后完成了工程的《可行性研究报告》、项目建设用地规划、水土保持规划、环境影响评价等专业报告。可以说，截至目前，项目的各项前期工作已全部就绪，国家发改委、水利部已几经调研审查，批复立项指日可待。项目规划建设一条主输水管线和三条支管线，管道全长 193.65km，可解决环县县城及北部极端缺水区 10 个乡镇、18.42 万人、3.93 万头大家畜和 18.41 万头羊饮水问题，总投资将达 3.75 亿元。

（四）高原平湖——董志塬一道亮丽风景

进入 21 世纪，随着城市化的发展，庆阳市的城区面积逐年增大，如何解决城市排洪与雨洪资源科学利用的问题，重任再次落到水利人的肩上。通过逆向思维，不断探索实践，庆阳市提出了“由控制洪水向管理洪水转变”的工作思路。经过周密勘察论证，终于在庆阳市新城区建成了占地170亩、湖面66亩、总容量13.2万m^3、年蓄水量40万m^3的“天湖”工程，开创了城市雨洪资源利用的先河，高原平湖已成为庆阳市一道亮丽的风景线。总结“天湖”工程建设的实践经验，全市城市雨洪集蓄利用工程建设即将大规模展开，“庆阳湖”、庆阳“北湖”、正宁、合水等塬区县城雨水集蓄利用工程将为陇东黄土高原镶嵌一颗颗璀璨明珠。尤其是规模空前的庆阳湖，规划占地将达1800亩，总库容可达180万m^3，水面面积626亩，总投资1.45亿元。城市雨洪资源项目的实施，是庆阳市在治水新思路方面的深刻尝试，将会实现城市雨洪水利用向资源化方向转变，将改善旱塬生态环境，提升城市抗旱防汛减灾能力，促进区域水生态、水文化、水经济协调发展。

（五）水利改革——改出一片新天地

庆阳市小型水利工程虽然数量较多，但由于老化失修加之管理不善等原因，有1/3的工程带病运行，1/3的工程濒临报废，仅有1/3的工程可以正常运行。而且普遍存在重建设轻管理甚至边建设边毁坏的不良现象，整体效益难以大幅提升。如改革开放以前修建的40座水库，截至2003年底，已有18座由于长期淤积、库容萎缩，失去了应有的防洪和兴利功能，其余22座水库也基本上带病运行；20世纪六七十年代修建的983处大大小小的灌区，特别是10处万亩灌区、29处千亩灌区，经过近40年的运行，大部分已经损坏，失去了灌溉效益。加之工程管理不善造成的问题更是越积越多。于是从20世纪90年代开始，按照建管并重、深化管理、健全体制、理顺机制、突出效益的工作思路，改革与改制就成为全市水利管理工作的“关键词”。

为了理顺集体水利、民营水利的产权归属问题，从20世纪80年代中后期开始，先后几次在全市范围内开展了小型水利工程产权制度改革，将原来由村组负责管理的水利工程采取拍卖、租赁、股份合作的方式进行了产权划分，并按照成本加微利的原则核定农村供水价格，实行水利工程供水有偿服务，同时还收回了一部分水利建设资金。至“十五”末期，全市已累计完成小水利产权制度改革2565处，其中拍卖159处，租赁117处，股份合作3处，承包经营2286处，基本实现了水利工程经营者“责、权、利”三者相统一，实现了“要我管”向“我要管”的良性转变。

2005年中央1号文件给庆阳市水利管理工作再次带来了春天。庆阳市以农民用水户协会为重点，充分借鉴甘肃省白银市农民用水户协会建设的成功经验，对全市新建的人畜饮水工程和老灌区推行了农民用水户协会管理模式，截至2007年，全市共组建农民用水户协会108个，协会组织涉及了全市287个行政村、4.19万个农户，协会工作人员达到了524人。这一管理模式的推广，群众按照权益主体与责任主体相一致的原则，参与工程管理，较好地解决了国家取消“两工”以后水利工程的维护管理问题。与此同时，还在全市开展了水利工程管理单位体制改革工作，先后将巴家咀、王家湾水管所及镇原开边、宁县长庆桥灌区等39个水管单位由准公益性转换为公益性单位，落实了工程管护经费，为工程长久发挥效益奠定了基础。

加强水资源统一管理，实现水资源科学合理利用，是新时期水利工作面临的重大课题，为此从1999年开始，全市八县（区）均成立了水政监察机构，从落实取水许可管理、建设项目水资源论证等方面，加强水资源监督管理，定期开展执法检查，严厉打击各类水事违法行为，尤其加大了石油开采区水资源的管理保护力度，使水资源管理工作逐步迈上了规范化管理轨道。10 年来，全市共查处各类水事违法案件 421 起，调处水事纠纷 323 件。截至 2008 年初，全市共发放取水许可证 1672 套，许可水量 1.27 亿 m^3，为全市水资源的可持续利用做出了不懈努力。

三、探索发展：治水理念在实践中得到升华

改革开放初期，百业待兴，面对全市人民对水的殷切期盼和全市经济社会对水的急迫需求，应该确立怎样的治水理念和兴水思路，并在其指导下，解决全市的水问题，是摆在全市水利人面前的一个首要问题。通过积极借鉴先辈们积累的取用水经验，大胆融入现代水利发展理念和先进技术，经过理性思考，有针对性地提出了抗旱防汛并举、建设管理并重、改革发展并进的指导思想和在干旱山区建设集雨蓄水工程、在塬区建设机井工程、在沟边咀梢建设泵站扬水工程、在水土流失严重地区实施坡地改梯田、植树保土工程的工作思路。按照这一发展思路，20 世纪 80 年代，以“小提灌、小高抽、小塘坝、小电井、小流域治理”为主的“五小”水利工程建设如火如荼，全面展开。90 年代中后期，全市又大规模开展了“121”雨水集流工程，并在此基础上进行延伸，开展了以滴、渗、喷灌为主要内容的集雨节灌工程建设，为全省发展集雨补灌创造了试点经验。截至 2007 年底，全市各类集雨补灌工程达到了 73.9 万处，补灌面积达到 147.8 万亩，配套高新节水面积 14.7 万亩。进入 21 世纪，随着小康社会建设和社会主义新农村建设步伐的加快，彻底解决人畜饮水问题又迫在眉睫，大规模兴建城镇供水和农村人畜饮水集中供水工程拉开了帷幕。经过勘察规划，市、县水利部门分年度分批次在全市县城周围及 13 条大塬上陆续建设了一大批人饮机井和沟水上塬工程。截至 2007 年底，全市共修建城镇供水工程 8 处，人饮机井 2435 处，小高抽 646 处，其中百万元以上的集中供水工程就达到了 60 多处，既较大程度解决了群众饮水困难，也为农村支柱产业发展和新农村建设打下了基础。这期间也是庆阳市水利建设投资规模最大，发展速度最快，水利化程度提升最快的几年。

随着省委将庆阳建设成为全省重要的能源化工基地和新的经济增长及战略构想的确立，随之，支撑“陇上煤都”、“西部油城”建设的水问题再次引起全社会的高度关注。一个很现实的问题就是，能源化工开发需要大量耗水，庆阳有限的水资源能否支撑起这两大产业，这个问题需要水务部门做出回答。市水务局深知责无旁贷，很快组织工程技术人员根据有关规划和指标算了一笔账，得到的答案是，全市 2015 年、2020 年、2030 年总需水量分别为 3.608 亿 m^3、4.899 亿 m^3、6.840 亿 m^3，按庆阳市水资源可利用量计算，到 2015 年、2020 年、2030 年全市资源型缺水分别是 0.808 亿 m^3、2.099 亿 m^3、4.039 亿 m^3。这无疑是一个让人极感沉重的结论。

严峻的水资源形势迫使水利人不得不做出超常规的努力和超常规的设想。从 2006 年开始，市水务局就着手对全市所有能源化工基地供水项目进行了全面规划，分层次类型，分轻重缓急，分近期远期，先后提出了修建泾河车家沟提水工程和南庄水库，解决正南煤田供水问题；新建泾河长庆桥泾河提水工程和蒲河小盘河水库，解决宁县经济示范园区及宁南煤田供水问题；除险加固巴家咀水库及修建南小河沟水库，为西峰石化基地供水等

10个涵盖全市的大型煤化、石化及城镇供水项目，工程估算投资17亿元。在此基础上，编制完成了《庆阳市中长期水资源配置规划》，并通过省水利厅组织的审查。

凡事预则立，不预则废。随着庆阳市中长期水资源配置规划的出炉，全市新的治水思路全面确立，这就是以科学发展观为指导，以建设节水型社会为目标，以水资源的综合利用及优化配置为手段，坚持“天上水、地表水、地下水”三水齐抓，“大、中、小”工程结合，“蓄、引、提、调”四措并举，用水资源的可持续利用支撑全市经社会的又快又好发展。

四、尾声：水利建设任重而道远

经过30年的改革开放，庆阳市经济社会得到了空前发展，人民群众生活水平日益提高。但全市水资源短缺的问题依然存在，水问题已越来越受到社会的广泛关注。在庆阳，水利已由传统意义上的农业命脉逐渐上升为国民经济的命脉。水利工作任重而道远。为彻底破解制约全市经济发展的水瓶颈问题，庆阳市打算走好“四步棋”：

(1) 充分利用天上水。大力实施大中小型雨洪集蓄利用工程，在北部山区通过建设集流场和蓄水窖，有效解决群众人畜饮水困难，兼顾发展庭院经济；在中南部塬边咀梢大力建设集雨水窖，发展补充灌溉；塬区城镇在实施现有规划雨洪利用项目的基础上，进一步利用现有广场、道路，大力建设城镇雨水拦蓄工程，变水害为水利。

(2) 科学配置地表水。近期主要围绕石油、煤炭开发和煤化、石化产业基地及城乡供水实施项目，中远期围绕泾河干流、马莲河、蒲河水资源开发利用开展工作，形成三河、群库综合调配的水资源配置格局，大幅提高全市水资源供给量和保证率。

(3) 合理开发地下水。通过规范潜层水开发秩序，保证现有机井稳定供水。同时，积极勘探全市深层承压水储量，并加以开发利用，为保障工业用水提供补充。

(4) 创造条件跨流域调水。近期，在扬黄人饮续建工程上马后，立即开展富存水量向庆城县城延伸的前期论证工作，并争取尽早实施，缓解用水压力；开展葫芦河调水的前期工作，以解决合水、宁县县城及两县工业用水问题。中远期配合省水利厅做好南水北调西线受水区——庆阳供水工程的前期勘察论证工作，以图从根本上有效解决全市水资源短缺的问题。

实践证明，思想解放的程度有多大，开拓创新的力度有多大，水利事业发展的空间就有多大。有理由相信，在市委、市政府的坚强领导下，在社会各界的支持配合下，通过水利人卓有成效的工作，庆阳水利事业必将以全新的面貌阔步向前，再铸新的辉煌！

（庆阳市水务局供稿）

改革奋进催伟业　水润山色济民生

——改革开放30年定西市水利发展回顾

1978年，党的十一届三中全会作出全面实行改革开放的新决策，从此改革开放的春风使中华大地再次焕发了活力。改革开放的30年，是定西经济迅速发展的30年，也是定西水利健康快速发展的30年。

一、水利建设快速发展，农业基础保障作用显著增强

定西市分属黄河、长江两个流域。黄河流域境内面积20107km^2，占全市总面积98.9%。长江流域境内面积223km^2，占全市总面积1.1%。全市水资源总量62.9亿m^3，其中自产水资源量16亿m^3，人均占有自产水资源量不足540 m^3，仅为全国的1/4，全省的1/2；耕地亩均占有水资源量200 m^{3}左右，仅为全国的1/10，全省的1/3。水资源短缺严重制约着经济社会的快速发展，因而，水利事业的发展更是受到广大干部群众的关心与支持。

从新中国成立到改革开放以前（1949～1977年），在党和政府的正确领导下，全市上下开展了大规模群众性的农田水利建设，定西市投入各项水利建设资金1.26亿元。共建成各类水利工程2466项，有效灌溉面积达到71.03万亩，水利基础设施有了较大发展，为粮食产量的提高和群众生产生活用水提供了基础条件，但由于受当时国家经济、技术和财力等诸多条件的限制，水利工程设施简陋，标准低，水利发展仍然缓慢，农业基础条件差、生产水平低，群众生活困难。

改革开放以来（1978～2008年），定西市水利基本建设进入持续、健康和快速发展阶段。多年来，市委、市政府高度重视水利工作，把水利纳入国民经济和社会发展的战略高度，紧紧围绕改善基础条件和整体解决温饱的总体目标，大搞农田水利基本建设，不断加大雨水集蓄利用、节水灌溉、小型水利工程、人饮解困、梯田建设、小流域治理建设的工作力度，拓宽了水利建设路子，形成了开源节流并重，大中小并举，三水齐抓的水利工作思路，初步形成了以农田灌溉和梯田建设为主，兼顾防洪保障、乡镇供水和水电能源等综合功能的水利产业体系，水利工作呈现出持续、健康、快速、协调发展的良好势头。1978～2008年，定西市投入水利基本建设的资金累计达13.91亿元，是改革开放前的10倍。共建成各类水利工程3106项，其中：渠道791条总长1743.26km，水库17座总库容4814.5万m^3，塘坝39座库容143.32万m^3，机电提灌站995处装机容量4.57万kW，机电井1253眼2.38万kW，机电喷灌5处746kW，水轮泵6处，修建防洪河堤394km。农田有效灌溉面积累计达到112.93万亩，保灌面积93.9万亩，实灌面积74.7万亩，均

为1977年的1.6倍左右。累计解决151.76万人、81.91万头（只）牲畜的饮水问题；饮水安全人口达到103.48万人；病区改水累计解决5.56万人；年供水能力达到50077.4万m^3；累计建成集雨水窖32.59万眼，发展补灌面积92.37万亩；中小水电站48座，装机容量16.56万kW，年发电量达63110万kW·h。这些水利工程的兴建，极大地改善了农业生产基本条件，有效灌溉面积的扩大和其他农业增产措施的应用，极大地提高了粮食产量，水利设施在抗旱保粮和防洪减灾中发挥了非常重要的作用，为社会主义新农村建设奠定了坚实基础。

二、农村饮水工程迅速发展，群众饮水状况得到极大改善

受特定地理条件的制约，定西市北部的安定区、通渭县、陇西县及临洮县、渭源县北部干旱山区，水资源极度匮乏，无常年径流，地下水资源极少，人畜饮水极为困难。多年来，在国家和省上的大力支持下，全市广大干部群众发扬“三苦”精神，修水窖、建工程，不断改善和解决群众的饮水困难。特别是改革开放以来，全市农村人畜饮水工程建设迅速发展，群众饮水困难状况得到极大改善。

（一）水资源短缺，农村人畜饮水困难

20世纪七八十年代，由于生态环境恶化，使原本水资源就极为匮乏的定西形势更为严峻，北部几县人畜饮水极为困难，只能靠政府组织的车辆拉水维持，全市每年用于拉水的费用高达200多万元。冬春时节，家家户户土水窖里储存的雨水用光了，这时候，沟里梁上，便会出现一幅悲壮的景观：从早到晚，在那一条条土路上，到处响着吆喝牲口拉水的声音。渴极了的鸟儿也在天空盘旋着，一旦发现拉水的队伍，便朝着驴背上的水囊俯冲而去，干渴的驴马看见拉水的车辆在后面紧追不放。1982年甘肃中部地区连续干旱5个月，致使树草枯死，人畜断水，定西地区就有84.87万人、11.7万头大家畜、49.7万头猪羊要靠汽车拉水维持生存，省、市筹集拉水资金210万元，及时解决了最严重地区的缺水问题，在拉水高峰期，全市共组织拉水汽车102辆，大、中型拖拉机88台。1995年开始实施“121”雨水集流工程，以雨水资源为主较低层次地解决了53.52万人的饮水困难。

（二）人饮解困工程实施，农村供水向自来水化迈进

2000～2004年，党中央、国务院顺民心、解民忧，进一步加大农村饮水工程的建设力度，国家先后安排定西市一期、二期农村饮水解困工程、氟病改水工程、抗旱应急工程投资18742万元，全市共建成集中供水工程219处、农村饮水水窖26176眼，解决了218乡、1004村、10.53万户、50.04万人的饮水困难。这一时期农村饮水状况主要以建设集中入户工程为主，工程建设规模大，起点高，工程供水保证率高，科技含量高，农村供水方式发生了历史性的变化。全市实现自来水化乡镇84个，普及率由2000年的8%提高到52.83%；全市实现自来水化村351个，普及率由2000年的1.7%提高到17.36%；全市实现自来水化社1715个，普及率由2000年的0.6%提高到12.58%；全市实现自来水化农村人口45.59万人，普及率由2000年的1.7%提高到17.24%。群众把引来的水称为“致富水”和“幸福水”，使农民真正得到了实惠，深受农民的欢迎，被农民群众誉为“德政工程”、“民心工程”和“三个代表”在农村的具体体现，是一项伟大的历史性成就，是

定西市农村饮水工作的一个里程碑。

（三）饮水安全工程全面实施，开启农村供水工程新纪元

尽管近年来定西市农村人畜饮水工程建设取得了突出成绩，但由于自然条件严酷，建设标准低等因素，广大农村群众饮水水质不达标，水源保证率低等饮水不安全问题仍然十分突出。根据全市农村饮水安全现状调查评估报告，截至 2004 年底，定西市农村人口 266.26 万人，饮水状况达到安全和基本安全的 57.66 万人，占农村人口的 21.66%；不安全的 208.66 万人，占农村人口的 78.34%。

进入新时期，党和国家进一步重视“三农”问题，把农村饮水安全工作摆在了重要位置，加大了投资力度，把农村水利基础建设、解决农村饮水安全问题，作为保障农民身体健康、促进农村经济发展、建设社会主义新农村的重要内容。从 2005 年开始实施农村饮水安全工程，使定西市人畜饮水工程进入了崭新的阶段。

国家饮水安全工程启动后，定西市水务部门认真贯彻国家、省上治水新思路，抢抓机遇，真抓实干，全面推进农村饮水安全工程建设。针对区域水资源现实条件，兼顾今后长远发展的需要，编制完成了《定西市农村安全饮水总体规划和“十一五”规划》，计划“十一五”期间解决农村 90 万人的饮水安全问题，“十二五”期间计划解决 63 万人，力争到 2020 年解决 208 万农村饮水不安全问题。

农村饮水安全工程启动之初，在认真总结人饮工程建设成功经验的同时，通过深入剖析一些效益发挥不理想的工程存在的突出问题，认为规模较小的集中供水工程存在覆盖范围有限、水源水质、水量难以保证的缺陷，同时由于工程分散，给工程管理和日常维护带来诸多不便，不利于工程长期发挥效益。经过反思，统一思想，形成共识，提出了以科学发展观为指导，统一规划、一次批复、分步实施、供水入户、突出效益、注重管理的原则；改变过去小型、分散、低标准的解决方式，以兴建集中供水工程为主，高起点、高标准，规模推进；因地制宜，跨流域、跨行政区域，整合水资源，优先解决深山区吃水最困难群众的问题。如渭源县北部饮水安全工程以漫坝河地表水为水源，跨流域调水，除解决本县北部 13.6 万人以外，还可解决安定区 5 万多人的饮水安全问题。临洮县东部饮水安全工程水源收集马啣山 12 条沟道基岩裂隙水，解决临洮县东部山区 17 万最缺水群众的安全饮水问题。通渭南部饮水安全工程以锦屏水库为水源，解决 17 万多人的饮水安全问题。首批启动的安定区中部、通渭县南部、陇西首（阳）文（峰）、渭源县北部、临洮县南部、临洮县东部、漳县中部、漳县北部、岷县西川及岷县北部等 10 项Ⅲ型以上骨干农村饮水安全工程，计划“十一五”期间逐年安排实施，可解决 7 县区、64 个乡镇、671 个行政村、90.59 万人的饮水不安全问题。

在农村饮水安全工程建设中，全面落实规划建卡、社会公示、集中采购、资金报账、巡回监理、明确管理责任和建立水价机制等七项措施，以群众满意为目标，扎实推进农村饮水安全工程建设。项目实施前分级在省、市、县主流媒体公示，征求各界人士意见；项目实施中实行项目法人负责，监理单位控制，施工单位保证和政府监督相结合的质量管理体制。项目所需管材由市上统一公开招标采购，施工监理由具有乙级监理资质的中东监理咨询中心统一承担。设计单位为每一处工程派驻设计代表，针对省上审批实施方案提出的问题，不断优化工程设计，认真做好全程服务，及时解决出现的技术问题，保证了工程建

设的顺利进行。不断强化资金管理，按照《甘肃省农村饮水安全工程建设管理办法》的要求，设立市安饮办项目资金专户，封闭运行，严格实行市级报账制。根据工程进度，经项目法人申请，市安饮办审核后，方可拨付建设资金。各种措施的落实，保证了工程质量和进度。截至2008年底，省上先后安排定西市10批农村饮水安全工程项目，总投资22278万元，其中国债14334万元，省水利基金补助2028万元，地方及群众自筹5916万元，已全面完成建设任务，共解决7县（区）、34个乡（镇）、270个村、7.02万户、49万农村人口的饮水安全问题。

农村饮水安全工程改变了山区人民的生活状况，广大农村群众吃上了和城里人一样干净足量的自来水，老百姓看在眼里，喜在心上。“共产党好”这句极能表达山里人朴素情怀的言语，在山里乡间一次次广为传颂。群众把引来的水称为“致富水”和“幸福水”，让山区人们看到了希望，看到了生机，使农民真正得到了实惠，深受农民的欢迎。定西市决心以一流的规划设计、一流的工程质量、一流的建设管理、一流的工程效益，全力做好饮水安全工作，实现“农村供水城市化，城乡供水一体化”，为广大农村群众提供洁净足量的安全饮水，为建设社会主义新农村夯实坚实的基础。

三、雨水集蓄利用率进一步提升，旱作农业补灌效益显著

（一）传统土窖蓄水情况

定西市自古就是一个旱灾频繁的地区，社会经济受困于水资源的短缺，发展缓慢，群众生活十分困难。在定西北部的山区群众，历史上依靠打红土窖收集雨水供人畜饮用，由于集流面大多为黄土层，渗漏严重，加上窖池容积偏小，一般为10～20m^3，蓄水有限，在降雨强度弱的情况下，不能产生有效径流，普遍存在“有窖无水吃，多窖缺水吃”的尴尬现象，水量和水质均不能满足一般干旱年的饮水需求。针对定西的实际，为了从根本上解决干旱山区人畜饮水困难，从20世纪80年代末开始，定西水务部门在干旱山区进行了雨水集流工程的试点，用水泥硬化农户院落收集雨水，打窖蓄水，探索解决人畜饮水的新路子。到1994年底，已整乡整村成片示范推广雨水集流工程7300户，硬化混凝土集流场58万m^2，配套打窖6000眼，解决了3.6万人、3.1万头（只）牲畜的饮水问题。

（二）“121”雨水集流工程的实施，有效缓解了用水困难

1995年，省委、省政府作出重大决策，动员机关单位和广大干部捐款，帮助干旱山区群众实施“121”雨水集流工程（即每户利用场院抹砌100m^2左右的水泥集流场，配套2眼水窖，发展1亩左右庭院经济），以解决人畜饮水问题。定西市作为重点受益区，省上一次安排8万户的建设任务，补助资金3200万元。全市实际完成“121”雨水集流工程8.8万户，新打水窖9.3万眼，整修配套旧窖8.62万眼，解决了40.92万人，38.96万头（只）牲畜的饮水困难。

（三）雨水利用向大田补灌延伸，探索旱作农业新路

雨水集蓄利用是旱作农业区解决人畜用水困难、发展庭院经济、进行农作物补充灌溉、促进农业稳产丰产的有效措施。从1995年以来，定西市在既无地表水、又无地下水的干旱山区和旱作农业区，大力开展了雨水集蓄利用试验研究和示范推广工作，特别是在

省委、省政府领导下，实施了“121”雨水集流工程，取得了成功，并从中得到启发，1995年通渭景木岔集雨灌溉试验研究取得成功，使雨水集畜利用从单纯解决人畜饮水向大田补灌延伸，在全市7县（区）120个干旱乡（镇）大范围实施集雨节灌工程，截至2007年底，全市兴建集雨节灌水窖32.59万眼，发展集雨补灌面积92.37万亩。通过配套梯田建设，推广农业适用技术，引导群众调整种植结构，初步走出了一条“水窖＋梯田＋结构调整＝稳定解决温饱”、“集雨节灌＋农业科技＋高效经济作物＝脱贫致富”的旱作高效农业发展路子。集雨节灌工程的建设，使山区群众依托集雨节灌工程，开展抗旱生产，有效地解决了适时播种、正常出苗问题，产生了显著的经济效益、社会效益和生态效益。

（四）雨水集蓄利用工程效益

1. 经济效益突出

集雨节灌工程的大力兴建，夯实了农业基础，改善了农业生产条件，有效促进粮食增产和农民增收。经调查统计，集雨节灌的作物增产增收幅度普遍达到25％～40％，粮食作物亩均增产50kg左右，特别是在干旱年份，无有效降雨的情况下，利用集蓄雨水，点浇点灌玉米，亩产可达450kg。南部几县利用集雨节灌工程浇灌药苗，亩均可获益1000元，使有限的水资源发挥了较大的效益。与此同时，干旱山区的农户依托集雨节灌工程，发展规模养殖、高效日光温室和小型加工业，取得了良好的经济效益和示范辐射效应。“121”雨水集蓄利用工程，为农户提供了水源条件，通过实施以种植、养殖及农副产品加工为主的庭院经济，户均年增收在200元以上，户均年节省挑水劳动力工值500元左右，有效地改善了干旱山区群众的生活生产条件。

2. 生态效益显著

集雨节灌工程的建设，通过打窖、修建蓄水池，拦蓄洪水和地表径流，减少地表土壤的冲刷和侵蚀，有效防止水土流失，生态环境得到了改善。同时，蓄水工程与资源水利的有机结合，还起到了调节河川径流、削减洪峰、降低河流泥沙含量的作用。经测算，全市每年因雨水集蓄利用而减少的地面径流为0.36亿m^3，相应地减少泥沙流失量0.1亿t。

3. 社会效益明显

集雨节灌工程的建设与实施，首先提高了劳动生产率，解放了农村富余劳动力，并可有效解决人畜饮水困难。特别是通过硬化庭院、整修道路、绿化美化环境，农民群众的精神面貌、人居环境同时发生了较大变化，极大地推动了农村物质文明、精神文明建设的健康发展。

四、坚持综合治理，水土保持工作快速发展

改革开放30年来，特别是1983年定西市的安定、通渭、陇西、临洮四县区被列入国务院“三西”建设重点治理以来，全市各级党委、政府立足市情，真正确立了水土保持在经济社会发展中的战略地位。按照“顺应天时、遵循自然规律，顺应市场、遵循经济规律，顺应时代、遵循科技规律”的原则，发扬领导苦抓、社会苦帮、群众苦干的“三苦”精神，以“人一之、我十之，人十之、我百之”的坚强毅力，坚持以梯田建设为主体，以小流域为单元，科学运用防治技术，对位配置各类措施，山、水、田、林、路合理配套，

综合治理，走出了一条通过大搞水土保持、控制水土流失、改善生产条件、解决“三农”问题、促进经济发展的成功之路，成为定西乃至全省对外宣传的一个窗口和全国水土保持战线的一面旗帜。

（一）梯田建设稳步发展

全市上下把梯田建设作为改善农业生产条件、加快社会主义新农村建设的战略措施和基础平台，坚持常抓不懈。特别在农村“税费改革”、“两工”取消的新形势下，通过“一事一议”、进行民主决策，积极探索并总结形成了“水保项目挤一点、‘一事一议’筹一点、受益农户拿一点、地方财政补一点、金融部门贷一点”的多方筹资办法，形成了以实现梯田化为目标，机修为主、人机结合，整村、整流域、整乡（镇）、整县（区）整体推进的良好局面。截至2008年底，全市累计修建梯田608.08万亩，修建条田50.89万亩，农村人均基本农田近2亩。全市有48个乡（镇）实现了梯田化，其中安定区于2003年整体实现了梯田化，通过了省政府的验收。

（二）流域治理成效显著

先后有中央财政预算内专项资金水土保持项目、全国八片水土保持重点治理项目、黄河水保生态工程项目、生态修复试点工程项目、水土保持与水土流失监测项目等一大批国家重点建设项目在定西市相继列项实施。先后有330条小流域被列入重点治理，有187条小流域治理达标并通过验收，有11条小流域被水利部、财政部命名为全国“十、百、千”水土保持示范小流域，安定区被命名为全国水土保持示范区。截至2008年底，全市累计完成水土流失综合治理面积7861.02km^2，治理程度达到47.01%。

（三）坝系建设开局良好

2002年以来，定西市有6条小流域坝系先后批复列项，批复总投资11672万元，建设淤地坝227座，目前已完工151座，在建9座，共完成工程投资7984万元。

（四）水土保持工作成效明显

1. 水土流失状况得到有效遏制

通过水土保持综合治理，建立了水土流失综合防护体系，大大提高了拦泥减沙能力。据测算，定西市现有的各类水土保持措施每年可拦蓄泥沙4832万t、拦蓄径流54424万m^3，减沙效益和减水效益分别达到55%和40%；仅梯田建设一项平均每年可拦蓄泥沙685万t、拦蓄径流5465万m^3、减少土壤有机质及N、P养分流失986万kg。使广大山区的农业生产条件得到初步改善，水土流失状况得到有效遏制，旱作农业水平明显提高，生态环境条件大为改观。

2. 旱作农业水平得到明显提高

由于水土保持生态建设，特别是梯田建设的长足发展，使跑水、跑土、跑肥的“三跑田”，变成保水、保土、保肥的“三保田”，从根本上改变了土地的立地条件和土壤水分的微循环状况，土地生产能力大大提高，有效保证了全市的粮食安全，改善了群众生活水平。据统计，新中国成立初期，全市粮食总产仅2.73亿kg，到1982年，也一直在4亿kg上下徘徊。从1983年起，全市粮食总产一直稳定在5亿kg以上；1989年以来，一直保持在6.5亿kg以上。1995年，尽管遭受了60年不遇的特大旱灾，农作物受旱面积达

592.5 万亩，占粮播总面积的 75%，但粮食总产仍达 4.69 亿 kg，是 1949～1982 年多年平均总产的 114.7%。2004～2005 年，总产突破 9 亿 kg，创历史最高水平。据测产分析，梯田比坡耕地每亩增产粮食 50kg 以上，增产率为 50%；按此推算，全市现有梯田每年可增产粮食 2.65 亿 kg，以每人每年 300kg 口粮计算，增产部分相当于解决 88 万人一年的口粮。

3. 特色农业产业得到大力发展

水土保持综合治理，有效改善了农业生产基础条件，为发展特色农业产业、建设特色经济强市打造了基础平台，提供了支撑和保障。全市上下立足区位优势和资源优势，以水土保持综合治理为依托，以梯田建设为平台，以促进农村经济发展为核心，以解决“三农”问题、加快社会主义新农村建设为目标，把改善生态环境同发展生态循环经济紧密结合起来，确立了以马铃薯、中药材、劳务、畜草等为主导的特色农业产业，基本形成了具有地方优势、各具特色的农业产业化体系。2008 年，定西市马铃薯种植面积达到 366 万亩，其中梯田种植面积占 60%以上；总产量 500 万 t，实现产值 17.5 亿元，占全市生产总值的 1/5，农民人均从马铃薯产业中获利 530 元，约占农民人均纯收入的 1/3。

4. 社会主义新农村建设彰显活力

水土保持综合治理，大大改善了农村的生态环境和基础设施条件，使农村的生产生活环境发生了根本性的变化，经济、文化、医疗、卫生、教育、交通等各项社会事业得以迅速发展，涌现出了一大批人与自然和谐化、村容村貌整洁化、民风乡风文明化、基层管理民主化的先进典型。安定区青岚乡大坪村从 20 世纪六七十年代开始，大规模开展梯田建设，成为当时全省“农业学大寨”的一面旗帜，经过几十年的不懈努力，累计兴修梯田 4075 亩，占总耕地的 90.2%，人均达到 6.9 亩。进入 90 年代，大坪村积极实践区委、区政府提出的“水保立区”的发展战略，探索和总结出了“梯田＋水窖＋科技＝解决温饱”、“结构调整＋支柱产业＋市场引导＝脱贫致富”的生态经济循环模式。特别是 1999 年胡锦涛等中央领导视察大坪后，按照“综合治理与综合开发相结合、生态效益与经济效益相统一”的新思路，依托水土保持措施，大力实施了生态家园富民工程，共建成日光温室 28 座、标准化圈舍 80 间、引进纯种小尾寒羊 260 只、改良土种羊 800 只，修建沼气池 90 眼，建成新农村典型示范户 108 户，成为社会主义新农村建设的一大亮点。2007 年 2 月 17 日，胡锦涛总书记再次到大坪村视察工作时，对大坪村依托水土保持、改善生态环境、建设生态文明、大搞新农村建设的经验和做法给予了充分肯定和高度赞誉。

五、供水引洮一期工程开工建设，为定西经济和社会发展提供有力支撑

（一）引洮工程前期工作回顾

早在 20 世纪 50 年代，甘肃省就有引洮河水到中部干旱地区的设想。从 1958 年到现在，引洮工程前期工作大致经历了引洮上山工程、临定电灌工程（小引洮）、引洮灌溉工程、引洮供水工程四个阶段。

2001 年是引洮工程前期工作发生重大转折的一年，省委、省政府将引洮工程作为甘肃省西部大开发的重点项目，多次向国家有关部委汇报和请示。为此，水利部将引洮工程列为西部大开发甘肃省水利建设的标志性项目，促进了前期工作的进度。甘肃省在原来前

期工作的基础上，论证比选和优化水资源配置、筹资、水价政策、运行管理等问题。据此，省政府对工程定位作了调整，将甘肃省引洮灌溉工程正式更名为甘肃省引洮供水工程，是优先解决中部干旱地区11个国家扶贫重点县城镇及工业用水、农村人畜饮水、生态环境用水，兼有灌溉、发电、防洪等综合利用功能的大型跨流域调水工程。

2002年9月国家批准引洮供水一期工程项目建议书，2006年7月5日，国务院常务会议审议通过引洮供水一期工程可行性研究报告，2006年11月22日，省委、省政府在九甸峡水利枢纽建设工地举行了隆重的开工典礼，2007年1月31日，水利部批复了引洮供水一期工程初步设计报告，核准投资37.2亿元，建设工期74个月。至此，引洮工程正式开工建设，圆了定西人民半个世纪的引洮梦。回顾引洮工程立项建设的曲折经历，勾勒引洮工程酝酿筹建的历史轨迹，无不展现着党中央、国务院的亲切关怀和历届省委、省政府、市委、市政府的正确领导，展现着社会各界的定西情结，展现着参与工程前期工作的工程技术人员及具体负责前期工作的同志们为圆中部人民盼水梦所倾注的心血。

（二）引洮供水一期工程定西市配套项目

为配合好主体工程建设，定西市组织技术人员编制完成了引洮供水一期工程定西市水资源配置及配套工程规划，并已经市政府批复。引洮一期定西市受水区水资源配置规划年用水量18804.16万m^3，其中：城镇生活用水3194.40万m^3、农村生活用水3031.79万m^3、工业及乡镇企业用水5749.25万m^3、农业灌溉6828.72万m^3。配套项目包括城镇及工业用水、农村供水、农业灌溉等配套工程。共规划解决安定、陇西、渭源、临洮、通渭5县（区）62乡（镇）城镇人口30万人、农村总人口115万人，专业户饲养大牲畜14.65万头，小牲畜99.54万只（头），城市工业及乡镇企业产值148.37亿元的用水问题，发展节水灌溉面积16.1万亩，挖潜改造灌溉面积3.96万亩，匡算总投资16.01万元。配水规划的顺利批复，为定西市有序开展引洮配套项目建设，确保引洮总干渠和配套工程同步建设，水到渠成，水到管通，全面发挥效益奠定了坚实基础。

六、节水灌溉进程加快，水资源利用效率进一步提高

多年来，定西市以节水为中心的灌区续建配套与改造，重视旱作农业集雨节灌技术的推广应用，积极推动节水型社会试点建设。一是坚持以灌区节水改造及结构调整为重点，提高水利用率；二是坚持以雨水集蓄利用工程为补充，走旱作高效农业之路；三是坚持以灌区水利改革与管理为保障，突出节水效益；四是坚持以建设节水型社会为目标，实现全方位节水；五是坚持以水资源流域统一管理为基础，实现水资源可持续利用。截至2008年底，全市节水灌溉面积达到78.6万亩，其中常规节水面积68.42万亩，管道灌溉面积5.42万亩，喷灌面积3.66万亩，滴灌面积1.1万亩。同时，节水型社会建设全面实施，继2003年陇西县列为全省第一批节水型社会建设试点县后，2005年底，安定、渭源、临洮又被列为全省第二批节水型社会建设试点县，节水型社会建设稳步推进。

七、水电建设跨越式发展，加快了资源优势向经济优势转化的步伐

改革开放以来，特别是近10年，水力资源开发取得突破性发展，加快了资源优势向经济优势转化的步伐。截至2008年底，全市已建成临洮海巅峡、三甲，岷县古城、清水，

漳县黄土坡等小水电站45座，开发水能资源16.65万kW。目前，临洮杨家河、渭源峡城、岷县坎峰、刘家浪扩机改造等电站正在建设，总装机容量11.65万kW；岷县冰桥湾、龙王台电站准备开工建设，总装机容量3万kW。同时，完成了临洮、岷县农村水电初级电气化县和岷县农村水电电气化县建设。

八、坚持建管并重，全力推进水利管理工作走向规范化

一是强化建设管理。对新建项目，强化基本建设程序，严格落实"四制"。对工程投资在50万元以上、材料造价在30万元以上的均实行公开招标，探索出一些招投标监督管理的经验和作法。同时从项目建设的设计、施工、监理等各个环节不断强化工程建设质量管理工作，使全市水利项目建设逐步走向规范化。二是强化运行管理。逐步探索和推进工程管理体制与运行机制改革。近年来，定西市在小型水利设施产权制度上、水利工程管理单位体制上、供水价格上、推进用水户参与式管理上进行了一些改革和尝试。特别是对近年人饮工程，切实落实管护措施，对跨乡跨村的骨干工程由县水利部门所属的管理单位实行专业化管理；对供水范围以村为主较小的供水工程由乡水管站管理；对地处偏僻、乡镇水管站顾及不到的小型人饮工程，推行用水户参与式管理，成立用水户协会，由本村民主产生管理人员，代表村民行使经营权和管理权，或由受益户民主推荐专管人员，实行承包式经营管理。截至2008年底，全市已成立了灌区农民用水户协会11个，控制面积10.9万亩，管理斗渠414条，涉及灌区行政村73个，参与农户11293户，协会工作人员96人；成立了人畜饮水工程44个农民用水户协会，管理人畜饮水工程102处，涉及行政村133个，19533户，协会工作人员393个。这些农民用水户协会充分发挥用水户参与灌区管理和人畜饮水工程的参与式管理作用，使工程建设和管理同步推进，社会效益、经济效益协调发展，取得了显著成效。

九、依法行政，依法治水社会环境初步形成

多年来，不断增强依法履职意识、权责意识、程序意识、便民服务意识，逐步建立了权责明确、行为规范、监督有效、保障有力的水行政执法体制。有效加强了对重点建设项目、重要河段、重点流域巡查力度，努力把水事违法案件消除在萌芽状态，维护良好的水事秩序。同时，进一步加大了河道管理力度，对于在河道管理范围内无序开发、违规建设、挤占河道事件要加强监督检查和例行巡查，抓源头、抓苗头、抓预防，做到早发现、早制止、早处理，管理在前、防范在先。水行政执法力度进一步加大，组织开展了河道管理专项整治行动，以防洪保障为中心，对水资源无序开采和无证开发、河道内人为设障、乱采滥挖和破坏、侵占水利工程的违法案件加大了查处力度，截至2008年底，全市累计查处各类水事违法案件470起，调解水事纠纷435件，使水资源的开发利用、节约保护纳入法制化轨道。

十、今后水利发展思路

今后一个阶段的水利工作，深入贯彻落实国家有关水利发展与改革的方针政策和新时期治水新思路，全面体现以人为本和全面、协调、可持续的科学发展观，将"五个统筹"

与定西水利实际相结合，紧紧围绕全面建设小康社会的宏伟目标，为全市经济持续快速增长、产业结构调整、粮食安全、生态环境改善和社会进步提供有力的水利支撑和保障。全面规划、统筹兼顾、标本兼治、综合治理、注重实效，坚持兴利除害结合，节流开源并重，抗旱防洪并举，开发保护同步，促进水资源的合理开发、优化配置、高效利用和有效保护，全面提升服务于经济社会的综合能力。强化涉水事务的社会化管理，坚持制度、体制、机制的改革创新，促进水利事业的全面发展。

立足于定西的市情与水情实际，以农村饮水安全工程建设为主线，夯实社会主义新农村建设基础；以节水型社会建设为突破口，着力解决水资源供需矛盾和环境污染问题；以流域综合治理和水土保持生态建设为中心，基本遏制生态环境恶化的趋势；以重点河道险段治理、老灌区挖潜改造、雨水集蓄利用和病险水库除险加固为重点，全面提高水旱灾害的综合防治能力；以改革为动力，强化对水利的社会管理和公共服务职能；以水利信息化、自动化建设为依托，全面提升水利管理的现代化水平。水利工程建设分流域稳步推进。

（一）洮河流域

在总体布局上要点、线、面结合。“点”就是对严重威胁城乡人民生命财产安全的重点河道、沟道险段进行全面治理，确保防汛安全。“线”就是要围绕洮河开发利用，大力发展农田高效灌溉，加强现有工程的节水挖潜改造，把现代节水技术、农业技术和农机技术组装配套，发展一批水利科技创新项目，建立沿河高效水利产业经济带和片区水利综合开发项目。同时，开发水电资源，开展“以电代柴”保护生态环境。“面”就是以小流域治理、牧区水利、农村安全饮水、小型水利为重点，着力改善农村基础条件，努力提高人民生活水平，为建设社会主义新农村打好基础。规划兴建水利灌溉工程、防洪保安工程、水力发电工程、供水工程、水土保持工程五大类95项，规划总投资233294万元。

（二）渭河流域

以水资源保护及综合治理、防洪减灾、水土流失治理为根本，在流域总体规划指导下，根据地形地貌、气候特征、水土资源和社会经济条件，分为北、中、南三大区域，分类指导，分区推进，努力实现水资源的合理配置和经济社会的可持续发展。规划兴建水利灌溉工程、防洪保安工程、水力发电工程、供水工程、水土保持工程五大类114项，规划总投资171389万元。

（定西市水务局供稿）

发展陇南水利　支撑陇南发展

——改革开放30年陇南市水利发展回顾

陇南幅员辽阔，资源丰富，文化悠久，历史发展源远流长。陇南属长江流域嘉陵江水系，共有大小河流、沟溪9330条。境内峰峦叠障，峡谷幽深，沟壑纵横，土地支离破碎，气候复杂多样，自然条件严酷，资源开发比重小，经济发育程度不高，是全省贫困地区之一。全市总土地面积为2.79万km^2，折合4178.5万亩。其中：耕地面积434万亩，2007年全市总人口为275.75万人，其中农业人口234.76万人，占总人口的85.1%，非农业人口40.99万人，占总人口的14.9%。

新中国成立60年来，全市广大干部群众在党的领导下，团结协作，励精图治，发扬“三苦”精神，努力改变贫穷落后的面貌，为陇南经济和社会发展做出了巨大贡献。特别是改革开放30年来，全市人民以经济建设为中心，抢抓机遇，加快发展，开拓进取，扎实工作，有力地推动了经济和社会的全面发展。

一、改革开放30年来水利建设成果

1978年党十一届三中全会后，陇南市水利建设进入了一个崭新的时代。30年来，陇南市水利建设紧紧围绕全市经济社会可持续发展战略，认真贯彻党的各项方针政策，坚持以人为本，树立全面、协调、可持续的治水思路，抢抓西部大开发的历史机遇，以西部大开发促进水利大发展，坚持小康建设与扶贫开发“两手抓”的方针，兴利与除害结合，开源与节流并重，抗旱与防汛并举的原则，统筹考虑生产、生活和生态用水，加强水资源管理，搞好各类抗旱和水源工程和防洪工程建设，加快建立防洪、灌溉、供水三大工程体系建设，深化水利改革。同时抢抓项目机遇，以项目为核心，论证、上报、实施了一批关系全市经济社会发展的建设项目，狠抓了以水浇地建设、人饮解困工程、饮水安全工程、防洪工程和病险水库加固工程为重点的项目实施工作，使全市水利建设保持了持续、健康、快速发展的势态，为全市经济社会发展和全面建设小康社会提供有效的水利支撑和保障。

（一）农田灌溉工程建设成效显著

建设农田灌溉工程和集雨补灌工程，发展有效灌溉面积和集雨补灌面积是改善陇南市农业基础条件最有效的措施之一。多年来陇南市在正确认识市情、水情的基础上，积极组织实施农田灌溉工程和建设集雨补灌工程。截至2007年底，全市已建成各类农田灌溉工程设施5172项，有效灌溉面积达到95.01万亩，是1978年34.97万亩的2.72倍；30年来建成集雨水窖（水池）16.17万眼（个），发展集雨补灌面积55.12万亩；发展节水灌溉面积50.45万亩。这些工程的实施，为发展农业特色产业、建设现代农业、增加农民收

入和促进农村经济发展起了十分重要的作用。

(1) 为实现粮食安全，促进社会主义新农村建设发挥了重要作用。我市的自然条件决定了发展粮食产业，提高粮食产量是农业生产的主要任务。徽成盆地、两江一水沿岸的川坝河谷地区及半山干旱地区是我市粮食的主产区，这一区域各类水利灌溉工程星罗棋布，布满田间地头：礼县红河、西和晚家峡灌区工程；白龙江、白水江沿岸的电灌、水轮泵群；徽成盆地，西和、礼县西汉水河畔机井灌溉群；两当、徽县丘陵区集水塘坝工程以及半山干旱地区的集雨水窖工程等，形式多样，不拘一格，形成陇南水利特色，为“徽成盆地”和“两江一水”沿岸川坝河谷地区总体达到小康，实现全市整体稳定解决温饱，建设“生产发展、生活富裕、村容整洁、乡风文明、管理民主”的社会主义新农村发挥了重要作用。

(2) 为调整产业结构，增加农民收入奠定了基础。产业结构调整是增加农民收入的主要途径，它与农田水利工程密不可分。我市的农田灌溉工程为农业主业结构调整提供了基础条件，并形成了许多亮点：武都马街阳湾、安化沙坪等北峪河流域的集雨水窖灌溉群的花椒基地；礼县永兴捷地等村的集雨水窖灌溉的苹果基地；徽县、成县、两当集水塘坝、集雨水窖灌溉的烤烟基地；文县碧口、康县阳坝、武都裕河渠道灌溉的茶叶基地；成县店村、礼县燕河南山、西和长道、徽县伏镇等高效农业示范区建设，各项水利工程建设起了不可替代的命脉作用。

(3) 为发展农业特色产业，把农业特色产业做到最大化提供了有效的支撑。陇南发展农业特色产业具有得天独厚的条件，市委、市政府提出的在农业特色产业上要“建成十个百万亩工程，树立百面发展旗帜”，水利建设的发展，为这一区域农业特色产业的发展和效益最大化提供了有效的支撑和保障。

(4) 水利建设对改善农业基础条件，实现全市经济增长，增加农民收入，建设生态陇南、文化陇南、和谐陇南、富庶陇南提供了有效的服务。

(二) 重点工程项目实施进展顺利

国债人饮解困工程一、二期共下达资金12573万元（其中国家7539万元，地配5034万元），解决了34.24万人的饮水困难，被群众称为“民心工程”、“德政工程”；礼县红河、西和晚家峡、黄江3座水库除险加固工程总投资2944万元（其中国家1940万元，地配1004万元），已全面完成并通过了省水利厅验收，正在发挥效益；徽县、成县节水增效示范项目、康县明月山渠、宕昌理川万亩灌区、文县石坊灌区、西和漾水河堤防、武都城南堤防、两当河堤防、礼县燕子河楚家沟至塘坝村堤防、文县丹堡河渠堤等工程等大项目建设已完工，并投入运行，效果良好。

(三) 人畜饮水工程建设再创新绩

陇南市山大沟深，人畜饮水一直是困扰人民生产和生活的难题，改革开放以来，市、县各级政府都把解决农村人畜饮水作为水利工作的重中之重，投入了巨大的人力、物力、财力解决人畜饮水困难，特别是近8年来，按照各级党委、政府和业务部门的安排，开展了农村人饮解困和农村饮水安全工程建设工作。从2001年起先后在八县一区实施了国债人饮解困工程，从2005年开始又实施了农村饮水安全项目。圆满完成了中央、省下达的农村人饮解困和农村饮水安全工程建设任务，并初步探索出一套符合我市市情的农村饮水工程建设和运行管理之路。截止到 2007 年底，全市已累计建成人畜饮水工程 3055 项，解决了 120.25 万人、54.54 万头大家畜的饮水问题。

（四）防洪工程建设效益明显

陇南市山高沟深，气候异常，暴洪频发，来势凶猛。30 年来，水利防洪工程的效益巨大，中小型水库和防洪河堤工程充分发挥了除害减灾的作用。本市有 6 座水库被鉴定为病险水库，全部被列入国家第二批中小型水库除险加固专项规划。截至 2008 年已全面完成了礼县红河、西和晚家峡、黄江 3 座水库的除险加固工程建设任务；礼县苗河、成县贾坝、高峰水库按计划正在进行除险加固建设，保证如期完成建设任务。截至 2007 年底，累计建成防洪河堤工程 1276.34km，保护耕地 47.03 万亩，保护人口 75.13 万人。

（五）小水电建设步伐加快

陇南市河流众多，水资源相对丰富，水力蕴藏量大，发展小水电具有得天独厚的条件。多年来按照市委、市政府大力发展水电支柱产业的要求，水利部门充分发挥行业职能作用，正确引导、规范开发、优质服务，小水电开发成为全市项目建设的一道亮丽风景。截至目前全市已建成小水电站 221 处，累计装机容量达 21.9 万 kW。

（六）项目前期工作成果明显

我们按照省委提出的“发展抓项目，以项目促发展”的要求，陇南市水利前期工作按照现代水利和可持续发展水利思路，统筹考虑经济社会和生态效益，认真落实规划编制、项目论证，把水资源的节约、保护和配置放在突出位置，狠抓规划、突出重点、统筹兼顾，论证储备了一批重点骨干项目，为争取投资和加快陇南水利大发展创造了良好的前提。近 10 年来，本市积极完成了山洪灾害防治规划编制工作；全面开展了水资源综合规划编制工作；完成了防汛抗旱预案和规划编制工作；先后编制完成了全市《农村饮水现状调查评估报告》、《小型农田水利工程建设规划》、《小型农田水利工程节水灌溉规划》、《城市供水水源地保护工程规划》、《“十一五”水利改革与管理规划》、《水利发展与改革“十一五”规划思路报告》、《西汉水沿岸农业综合开发水利配套规划》、《十一五饮水安全工程建设规划》、《文县、两当、徽县第五批全国水电农村电气化县建设规划》和《5·12 地震陇南市灾后恢复重建水利规划报告》等，项目前期工作的有效开展，扩大了项目库的储备量，为水利建设打下了坚实可靠的基础。

（七）抗旱防汛工作不断加强

陇南市是全省气象灾害最为严重的市区之一，尤其是暴洪灾害最为突出，每年因暴洪灾害造成经济损失在 2 亿元左右，近 10 年来，最低年份（1998 年）也在 1.57 亿元以上，灾害严重年份（2005 年）甚至高达 3 亿元，抗旱防汛工作一直是我市最重要的水利工作之一。多年来本市抗旱防汛工作始终坚持“以人为本，安全第一，常备不懈”的长期抗大旱、防大汛的思想，积极防旱抗旱，加强洪水管理。认真落实以各级行政首长负责制为核心，以部门责任制、重点单位和重点区域责任制为主要内容的各项责任制，不断修订完善抗旱防汛预案，加强水情、旱情、汛情的预测预警预报工作，落实各项抗旱防汛措施，最大限度减少因灾造成的损失。加强重要河段的河道整治和病险水库除险加固，搞好汛前、汛中、汛后安全检查，抓好抢险队伍、物资的落实，确保重要城镇、重点水库、塘坝和山洪灾害易发区的防洪安全，保证了重要水库万无一失，安全渡汛，确保了人民群众生命财产安全，因旱涝造成的损失逐年递减，取得了抗旱防汛的显著成绩。

（八）水利依法行政和改革管理水平不断提高

随着《中华人民共和国水法》的颁布实施，省上先后出台和完善了《甘肃省实施〈中华人民共和国水法〉办法》、《加快全省水务管理体制改革的意见》、《甘肃省水资源费征收和使用管理暂行办法》等相配套的水利法规制度，陇南市各级水行政部门认真执法，公共服务职能和执法意识不断增强，服务质量和水平逐步提高。在水政执法上陇南市水利部门以整顿河道管理秩序为重点开展专项整治活动。采取切实可行、灵活多样的措施预防和调处水事纠纷，有力地维护了社会稳定，树立了水利人良好的执法形象。同时注重加强水利改革和管理工作，在节水型社会建设上、水功能区管理、地下水保护等方面做了大量卓有成效的工作。通过推进水务管理体制改革，已有两个县组建了水务管理机构；在水价改革上通过调价和整顿水价秩序等方法，促进了节约用水意识，减轻了农民不合理水费负担。在工程建设管理上，严格按国家颁布的有关工程建设程序进行，对重点工程、国债投资建设的大项目，推行建设管理的“四项制度”，规范水利建设市场，加强工程建设管理，市、县设立质量监督机构，加大工程建设监督检查力度，有力地保证了工程质量。在水法宣传上，我们结合“五五”普法、“世界水日”、“中国水周”等活动大张旗鼓地宣传水利法规，利用广播、电视、网络等新闻媒体及《陇南水利》等刊物，及时反映全市水利建设新动态，宣传可持续发展水利，为水利发展营造良好的舆论氛围，形成全民齐抓共管办水利的合力，推动水利事业再上新的台阶。

（九）积极开展教育活动，机关作风明显改善

通过“三讲”教育、“两个务必”教育、“警示”教育、“保持共产党员先进性”教育以及“五型”机关创建活动等，一系列教育活动的开展，进一步促进了水利系统各单位作风和廉政建设工作，提高了拒腐防变的能力，增强了党员领导干部廉洁自律意识、忧患意识和公仆意识，建立健全了抓教育、强素质长效机制，机关作风明显改善，工作效率明显提高。同时，规范了项目报批程序和项目资金管理，建立和完善了《首问责任制》、《限期办结制》、《水利工程建设项目审批程序》、《行政许可审批程序》和《水库调度运用计划、渡汛方案及城市防洪预案审批程序》等，促进了机关各项工作的制度化、规范化和科学化。

二、改革开放30年，陇南水利工作的几点体会

（一）各级领导高度重视水利建设，为项目的顺利实施提供了组织保证

一是历届市委、市政府领导都把水利工作作为各项工作的重中之重来抓，开展大办水利年活动，高唱“水”字歌。市（县、区）领导每年多次召开会议听取汇报、研究水利工作，经常深入工程现场检查工程建设情况；二是水利重点项目建设成立了由分管领导为组长，各有关部门负责同志参加的领导机构、领导协调工程项目的实施；如病险水库除险加固领导小组、饮水安全项目建设领导小组、集雨节灌项目建设领导小组等，各县均成立了

相应的领导指挥机构。三是近年来由市政府出台了《关于十五期间进一步加强水利建设的意见》、《陇南地区水利工程建设管理办法》、《陇南地区水利建设项目资金管理办法》、《陇南地区人饮项目资金管理办法》等文件，有力地促进了工程建设顺利进行。

（二）不断完善治水思路，因地制宜办水利

紧紧围绕市委提出的“举特色旗，走富民路，建小康市”的战略构想，根据全市不同的地理条件和气候条件，分几个层次全面推进水利建设：以解决农村人口饮水安全为中心，紧密结合建设社会主义新农村和构建和谐社会的要求，加快城乡饮用水水源工程建设和水源地保护，着力解决饮水水源不足、水质不达标、安全保障措施薄弱、应急能力低等问题；按照市委、市政府关于特色产业最大化的要求，水浇地建设突出“两江一水”沿岸和现有水利工程设施的维修配套，大力发展高效节水灌溉技术，集中连片建设水利化村，水利化乡。一是在徽成盆地，为发展农业特色产业、服务“十百千万”工程，川坝地争创“万元田”提供有力的水资源支撑。二是在半山干旱区和退耕还林区，以“两亩一窖一场”的集雨节灌工程为主，大力集蓄天上水，因地制宜，兴修小水窖，小水池、小塘坝、小喷灌、小管引等“五小”工程，为大力发展油橄榄等经济作物，争创“双千田”提供水利服务；同时，按照水资源特点，在区域布局上走好六条路子：一是在半山干旱有水源的地方，走集小溪小水，修“长藤结瓜”式蓄水池、塘坝发展灌溉的路子；二是在半山干旱无水源的地方，走户户建水窖，集雨灌溉的路子；三是在沿河沟有水源但水源不足，且地貌破碎、地块分散较小，修建工程设施难度大的耕作区，走发展潜水泵、流动水泵灌溉的路子；四是在大江大河沿岸地带继续走引水、提水规模灌溉的路子；五是在水源比较丰富的地方，走高水渠引、小水蓄引发展灌溉的路子；六是在地下水资源较丰富的平川区走井灌、喷灌的路子。

（三）严格水利建设项目程序，狠抓项目前期工作

多年来，我们对工程项目严格按国家、省上项目管理程序进行，凡投资较大的工程都履行了报批手续，委托有资质的设计单位进行设计，项目建议书、可行性研究报告和初步设计文件基本符合规定的内容，基本达到了规定的标准和要求。同时我们坚持先勘测论证、后技术设计、再进行施工的操作程序，杜绝了“三无”工程和“三边”工程，使每个项目的设计深度标准达到了规范要求。

（四）严格水利建设“四制”，确保工程质量

在水利工程建设中，我们严格执行“四制”，严把工程质量关。较大项目都选择了有资质的单位进行施工，每一个工程都有工程技术人员现场进行质量监督，责任到人，终身负责，同时对规模较大的工程，推行了项目法人责任制，招投标制和工程质量监理制。在工程实施中，普遍实行了“三包”“四定”，即：包工程质量、包工程进度、包投资使用和项目责任人，定质量标准、定工期、定效益，并能正确处理好赶进度与保质量的关系，在保证质量的前提下赶进度，绝不因为抢时间、赶进度而忽视工程质量。

（五）狠抓资金到位，强化资金管理

我们认真执行了《陇南地区水利工程建设管理办法》、《陇南地区水利建设资金管理办法》和《陇南地区人饮项目资金管理办法》等文件精神，积极主动地和财政、计划、扶贫等部门搞好协调配合，争取得到各部门更多、更好的支持，确保项目资金按时到位。同时切实加强资金使用的监督管理，坚决杜绝了胡花乱用水利资金的违纪行为。确保资金专款专用。通过落实资金，加快了项目建设进度，确保了各项任务全面完成。

（六）注重建后管理，充分发挥工程效益

建设是基础，管理是关键。我们对各类工程在前期工作中就确定了管理方式，明确管护主体，采取多种形式，注重工程管理，如小口井、集雨节灌等项目都一次管理到户，明确了产权关系，充分发挥了工程效益。

（七）加强队伍建设，营造良好的发展环境

按照创建“五型”机关的要求，建立学习长效机制，组织干部职工学政治、学理论、学业务；全面加强干部作风建设，在干部职工中树立“八个方面的良好风气”，真抓实干，求真务实，高扬抓班子、树正气、讲团结、求发展的主旋律，形成领导班子同心、同声、同向、同步，干部职工积极上进，干事创业，思上、思进、思变、思富，全局上下心齐、气顺、风正、劲足、干事创业、竞相发展的新局面，为加快水利科学发展，全面实现“建设生态陇南、文化陇南、和谐陇南、富庶陇南”的宏伟目标而不懈奋斗。

展望新世纪陇南经济社会发展的目标，水利建设任重而道远。为此，水利建设必须实行兴利除害结合，开源节流并亘，防洪抗旱并举，全面提高防洪保安、水资源可持续利用和保护水环境的综合能力。

（陇南市水利局供稿）

水利水电为甘南经济社会发展插上了腾飞的翅膀

——改革开放30年甘南州水利发展回顾

甘南藏族自治州（以下简称甘南州）地处青藏高原与黄土高原过渡地带的甘肃省西南部，土地总面积4.5万km^2，地势西北部高，东南部低。境内海拔1110～4900m，大部分地区在3000m以上。全州分三个自然类型区：南部为岷迭山区，重峦叠嶂，气候温和，是甘肃省的主要林区之一；东部为丘陵山地，高寒阴湿，农林牧兼营；西北部为广阔的草甸草原，是甘肃省主要畜产品生产加工基地之一。甘南州是全国30个少数民族自治州、10个藏族自治州之一，现辖合作市、夏河、玛曲、碌曲、卓尼、迭部、临潭、舟曲七县一市，99个乡（镇、街道办）。州内有藏、汉、回、土、蒙等24个民族，总人口68万人，其中，藏族人口占总人口的51%。旅游、水电、矿产、畜牧及山野珍品和藏药并称为甘南州“五大”优势资源，尤以水电资源显著。黄河、洮河、大夏河、白龙江及120条支流纵横全州，全州自产水量101.1亿m^3，入境水总量为153亿m^3，总水量达到254.1亿m^3，水能资源理论蕴藏量316.37万kW，占全省水能资源理论蕴藏量的21%，可开发量247万kW，占全省可开发量的25%。全州地下矿产资源富集，储量十分可观，现已探明金、铜、铁、锑、铅等各种矿产地270处，探明矿种24种，其中14个矿种储量居甘肃省前五位，黄金产量居甘肃省第一位，矿产资源开发潜在经济价值达100多亿元。甘南草原辽阔，水草丰美，畜牧资源独树一帜。全州拥有天然草原4084万亩，其中可利用草场3848万亩，80%的天然草场连片集中，全州耕地101.03万亩，其中：水地21.37万亩，旱地79.66万亩。2007年底全州国内生产总值为35.37亿元，农牧民人均纯收入为1711元，城镇居民人均可支配收入为6877元。

改革开放以来，甘南州水务水电工作从广大农牧民群众最关心、最直接、最现实的利益问题入手，以增强农牧村基础设施建设，改善农牧民生产生活条件和合理开发利用水能资源为目标，不断完善工作思路，创新工作机制，加大工作力度，使水利水电工作得到了长足的发展，也惠及了全州广大农牧民群众。

一、以人饮解困、安全饮水项目为重点的民生水利工程建设，为改善农牧民的生产生活条件，提高农牧民的健康水平作出了极大贡献

改革开放以前的甘南州水利建设工作主要围绕保障农田灌溉，兴修各类农田灌区为主，累计建成各类水利工程473处，其中：建成控灌面积千亩以上的自流引水渠四条，分别是临潭县总寨水渠，控灌面积3500亩；临潭县磨沟水渠，控灌面积1000亩；迭部县九

龙峡水渠，控灌面积2000亩；卓尼县寺下川水渠，控灌面积1000亩；建成千亩以下小灌区水渠198条，发展灌溉面积5万多亩。虽然实施了一部分农牧村水利工程，但工程分散、规模偏小，广大农牧民群众没有摆脱靠天吃饭的状况，宜农区的临潭、卓尼、迭部、舟曲四县一遇到干旱年份，农作物几乎无收成，群众吃粮全靠国家供应，但是，应该承认这个阶段的水利工程对甘南水利事业发展所起到的积极作用。

改革开放至20世纪末，全州水利基础设施进入全面建设时期。国家加大对基础设施建设的投资力度，水利建设从农田灌溉、人畜饮水等方面得到了全面发展。新修人畜饮水工程238处，总投资6650万元，解决了22万人和85万头畜的饮水问题。

2001～2004年水利基础设施快速发展。国家在实施农村人畜饮水工程的基础上启动了人饮解困工程。期间，共建成人饮解困工程338处，国家总投资达到4354万元，解决了16.87万人的饮水困难问题。农牧村自来水普及率达到6.29%；2002年启动了干旱草场节水灌溉试点工程，先后建成了玛曲卓格尼玛、碌曲尕海秀哇、夏河曼尔玛、桑科、合作仁多码、塔哇、临潭扁都、卓尼沙冒等8处干旱草场节水灌溉工程，累计投资达到1000万元，新增干旱草场节水灌溉面积1.63万亩。

2005年至今，水利基础设施快速发展并不断完善。这一阶段国家实施了饮水安全工程，共建成年饮水安全工程295处，投资4815.29万元，解决了13.46万人的饮水安全问题。

2001～2007年，7年时间建设的饮水工程达到了633处，是过去20年的3.04倍，投资达到8791万元，是过去20年的1.32倍，解决的人数达到32.44万人，是过去20年的1.47倍。

改革开放以来，在西部大开发政策的惠及下，全州累计建成各类水利工程810处，其中：塘坝1处、机电提灌344处、水轮泵站4处、农田灌溉工程461处，年供水能力达到4653.97万m^3，有效灌溉面积达到1.358万hm^2，工程处数比1978年以前473处增长58.39%，有效、保灌、改善面积分别比1978年以前增长了7.36%、6.78%和5.21%。

随着全州农牧村饮水安全工程的全面实施，下一步将继续加快实施农牧村人饮安全工程，全面解决农牧村的饮水问题，研究解决草场承包后部分牧民承包区人畜饮水困难的问题。扶持农牧村农田水利建设、农业节水灌溉工程和牧区干旱草场灌溉建设，改善农牧业生产的水利条件，促进水资源的合理开发、优化配置、高效利用和有效保护。加快大江大河的河道治理、重点城镇防洪、重点小流域水土流失治理及地质灾害防治工程。重视城市饮用水水源地安全保障，解决合作市区、临潭县城供水水源的问题。随着草场承包以及休牧禁牧围栏项目的实施，使以往牧民群众共用的小溪流、泉水及人饮工程设施无法共用，牧民群众及牲畜为争水源穿越他人承包草场，而引发户与户、村与村之间的纠纷和矛盾，已严重影响到民族地区社会稳定和和谐社会建设。初步统计有30万人、77.8万头（只、匹）牲畜仍存在饮水困难问题，争取国家立项投资建设。

二、以水能资源开发，农牧村电网改造为重点的小水电建设，已成为甘南的支柱产业和特色产业

改革开放前，在国家“以农业为基础、以工业为主导”生产方针的指导下，农村小水

电发展贯彻“商品粮食基地为重点，排灌用电为中心，实现以大电网为主、电网和农村小水电站并举”的方针，甘南州上马建设了一批农村微小型水电站，用于解决城乡无电的问题，重点解决农牧村居民的生活用电问题。这期间，甘南州共建成农村微小型水电站60多座，装机容量3.47万kW，年发电量1.2亿kW·h。当时的办电能力差，用电水平也很低，小水电独立运行，没有条件与大网连接，农副产品加工用电微乎其微。

从20世纪70年代末到90年代末，是全州水能资源规模开发阶段。国家制定了一系列扶持和保护小水电发展的政策，特别是在工程建设上实行“谁建、谁管、谁所有”的政策；资金上实行国家补助的政策；在管理上实行“建设和管理统一”、“发电和供电统一”的政策，保护各级办电的利益。党的十一届三中全会提出了以经济建设为中心的方针，把能源建设列为基础设施建设的重点，加大了投资和建设的力度，极大地调动了各级地方、群众办电的积极性。80年代初，国家把小水电发展纳入到农村电气化建设计划中。甘南州认真贯彻落实国家的优惠政策，相继建成了一批水电站，建成的电站除了继续向农牧村提供照明和农副产品加工耗能外，还逐步带动了小型农田灌溉，水泥、乳品、皮革等工业企业的快速发展，促进了全州农牧村经济的快速发展。这一阶段，全州共建成水电站30多座，新增装机容量4.27万kW，年新增发电量2.49亿kW·h。截至2000年底，全州累计建成水电站99座，装机容量达到7.74万kW，年发电量达到3.71亿kW·h。

从21世纪初至今，全州水能资源步入快速开发时期。在改革开放新形势的推动下，国家加大了农村电气化建设力度，实施了以小水电开发为主的农村电气化建设，进一步提高了农村用电标准和用电普及率，为小水电的持续发展创造了良好的政策环境。甘南州委、州政府审时度势，提出了水电业跨越式发展的奋斗目标。这一阶段，甘南州逐步完善了各流域的水电开发规划，以大量的项目储备为基础开展了轰轰烈烈的水电开发工作，开工建设的水电站有90多座，其中截至2007年底新增建成水电站37座，新增装机容量29.19万kW，年新增发电量10亿kW·h。截至2007年底，全州已建成水电站136座，装机容量39.09万kW，占可开发量的15.76%，年发电量达到14亿kW·h；在建电站55座，装机容量113万kW，投资92亿元。

今后甘南州水电资源开发将向三个方面延伸：第一，立足于州内经济发展的需求，拉动相关产业的发展。甘南电力能源需求潜力巨大，尤其是矿产开发、畜产品精细加工需要大量的电力能源，为发展提供广阔的市场空间。据统计，过去5年，甘南州新增用电大户超过20户，用电量翻了一番，州内年自耗电量已超过4亿kW·h。今后一个时期，州内自耗电量还将呈现一个快速增长的势头，甘南州将扩大内需作为经济发展的立足点，大力发展无污染、绿色环保的水电清洁资源。第二，着眼于建立能源基地，为西电东送作出贡献。甘南州拥有丰富的水电资源优势，技术可开发量247万kW，若全部建成年可实现发电量150亿kW·h，年可实现送出电量超出120亿kW·h，是西北地区一个较大的电力能源输出基地。据统计，2008年甘南州已实现转供电超过10亿kW·h，发展能源基地的构想正在逐步实现。第三，有效调整经济结构，为经济可持续发展作出贡献。在水电快速发展的过程中，甘南州逐步实现经济结构的调整，将实现以水电业为龙头和支柱的产业结构。

三、以保粮增收和保障安全为重点的抗旱防汛工作，为农牧民实现安居乐业提供了良好的人居环境

1984年6月成立了甘南州抗旱防汛指挥部以其办公室，确定了抗旱防汛成员单位。从此，抗旱防汛工作步入了正规化建设的轨道。抗旱防汛宣传、工程建设、整修加固堤防、建设维修水渠、疏浚整治河道等方面都做了很多的工作，增强了抗御洪涝灾害的能力。

自20世纪80年代初至90年代末，共投入抗旱防汛资金1069.8万元。在抗旱方面，维修农田水利、人畜饮水等抗旱工程78项，恢复抗旱灌溉面积1.52万hm^2，挽回粮食损失约600多万kg、油料10多万kg。建成集雨节灌水窖（池）8657眼，打井14眼，解决了3.62万人、9.3万头（只、匹）牲畜受旱时的饮水困难。在防汛方面，新建防洪河堤25.86km，保护了4.23万人、0.505万hm^2耕地，维修加固防洪河堤6km，保护了13个村0.01万hm^2耕地。在这一时期甘南州防洪工程建设有了长足发展，先后有临潭县西河滩和卓尼县上卓沟重点城防工程建设，有效地控制了泥石流危害，保护了人民群众的生命财产安全。

2000～2007年，国家加大了对抗旱防汛投资力度，甘南州共投入抗旱防汛资金1509.8万元，新建防洪河堤21.26km，维修加固防洪河堤52.98km，保护5.09万人，9.44万头（只、匹）牲畜，0.17万hm^2耕地，0.01万hm^2草场。累计恢复耕地灌溉面积45.85万hm^2，解决了11.25万人、43.17万头（只、匹）牲畜受旱时的饮水困难。

今后甘南州抗旱防汛工作的发展目标是以“农牧业增效、农民增收、农村稳定”为中心，力争基本农田不减产，城乡居民生活不断改善，努力满足生产和生态用水需求，确保合作、夏河、临潭、卓尼、舟曲、迭部、碌曲、玛曲城市防洪和重点乡村重要河流、电站水库大坝、重要设施防洪安全及人民群众生命财产安全。

根据《甘南州水利发展与改革“十一五”规划》及远期建设目标，2008～2015年期间，重点建设大江大河治理工程和山洪灾害防治工程：新建防洪堤46.82km，维修除险加固14.25km，新建防护墙920m，新建排洪渠2600m，拦沙坝23座、谷坊68座，治理防洪河道2000m，保护人口27.64万人。保护耕地0.1万hm^2，保护草场4000hm^2，保护牲畜5.4万头（只、匹），共需投资8567万元。

四、以“长治”工程和环境监测为重点的水土保持工作为实现涵养水源保持水土发挥了重要作用

1984年根据黄委、长江委以及省上的有关要求，成立了甘南州水土保持工作站，相继舟曲等县也成立了机构，同时，把甘南州长江流域的迭部、舟曲两县陆续列为重点治理县，水土保持工作正式启动。多年来在长江委和上级部门的大力支持下，经过数十年的综合治理，截至2007年底，全州累计国家投资达3650万元，共治理水土流失面积2642km^2，其中：完成坡改梯381.9km^2，水保林629.8km^2，经果林9.19km^2，种草288.3km^2，封禁治理1250.1km^2，植物护埂104.82hm^2，塘坝3座，涝池243个，蓄水池20座，谷坊316道，溪沟整治1000m。年均土壤侵蚀模数由未治理前的335～568t/km^2减少到200～500t/km^2。通过治理建设，治理区有了三个方面的明显变化。即治理区的植被覆盖率有明显的提高，生态社会效益显著；群众收入比治理前有较大幅度的提高；治理

区水土流失得到基本控制。

舟曲、迭部是长江流域滑坡泥石流多发区，为防灾减灾，保护人民生命财产安全。舟曲县预警站于1995年对两河口滑坡险情由于预报准确，群众撤离及时，从而避免了许多人民生命财产的损失，曾得到长江委的表彰奖励。其探索出的三角定位观测法由长江委推广全国交流学习。

全州的水土保持监测机构和技术队伍从无到有，逐渐壮大。2003年开展水土保持生态环境监测工作后，已完成了舟曲石门坪、迭部达拉河、合作安果儿水电站的水土保持监测工作。为了向各级领导提供水土流失治理的科学依据，甘南州和迭部县水保部门在迭部建成了水土保持监测场，为全州水土保持监测乃至长江上游白龙江流域的水土保持监测工作创造了条件。

加大社会对水土流失及危害的监督力度，提升水土保持执法工作的层面。多年来，全州水保部门每年于《中华人民共和国水土保持法》颁布之日在主要街道和乡镇进行水土保持法律、法规意识的各类宣传活动，并邀请相关媒体介入。以通俗易懂的语言向人们宣传水土保持的重要性和必要性，宣传活动，搞得有声有色，富有成效，为水保执法营造了良好的氛围，使《中华人民共和国水土保持法》深入民心，同时，州县联合，在有关部门的配合下，以水土保持方案的落实为核心，强化监督检查和技术服务，督促开发建设单位积极落实水土流失的防治责任，履行防治义务，推动了开发建设项目水土保持“三同时”制度的落实，以落实水土保持“三同时”制度为核心，加强了水土保持方案的编报与审批力度，强化了水土保持方案的现场督查，并逐步完善了督察制度。截至2007年底，甘南州方案的编报与审批率从过去的80%上升到90%以上，方案实施的落实率从40%上升到85%。

为了进一步加强水土保持工作，今后从五个方面加强水保工作：一是创新防治思路。以水土保持生态建设工作促进当地经济社会的发展，以经济建设带动水土保持生态建设工作，全面推进“两个可持续”为根本目标，即实现水土资源的可持续利用和生态环境的可持续维护。二是水土保持生态建设工作要融入当地经济社会发展的工作当中。三是加快水土保持生态建设工作法制化进程。随着法制社会的建设，水土保持生态建设工作必须纳入法制化轨道。要争取地方人大对水土保持生态建设工作的立法，以制度来保证这项工作的顺利开展。四是要加强水土保持生态建设工作的宣传。当前，水土保持生态建设面临新的形势、新的任务和新的目标，要把这种新的理念、新的目标和新的任务向全社会宣传，获得各方面的支持，使全社会进一步强化现代水土保持意识。五是坚持因地制宜。根据甘南州自然条件、社会条件和水土流失规律，探索适合甘南州的治理模式，尽快将黄河流域列入重点治理区，同时探索启动开展草原水土保持作业。在农区，对家畜实行国家补贴的方式，逐步消灭羊等非役畜，使人工治理和生态自我修复相结合，治理草原沙化和退化，加快治理步伐。

五、以水务一体化管理及水行政执法为重点的水政工作，为水电工作步入法制化轨道创造了有利条件

为了理顺水管体制，为水资源的可持续开发利用提供组织保障，实现城乡水务一体

化，有效地缓解日益突出的水资源供需矛盾，壮大水利经济，加快水利产业的发展步伐，强化水资源统一管理，提高政府部门工作效率，甘南州于 2002 年 10 月率先成立了全省第一家市州水务水电局，截至 2007 年底，甘南州八县市都已组建成立了集水行政、水事业、水产业于一体，融城乡水资源管理、开发服务、经营于一体的水务水电局。同时，完成了专职水政监察队伍的组建。州（县、市）水利部门内部设置的执法机构有水政监察支队、大队、水土保持监督检查站，州级以及合作、临潭、玛曲、夏河、碌曲、卓尼、迭部、舟曲八县（市）水政监察支队、大队的机构相继全部批复，并挂牌成立。全州共有持证执法人员 102 人，其中专职 58 人，兼职 44 人，并对水务管理执法人员进行培训，颁发行政执法监督证、执法证，做到了持证上岗，亮证执法，为认真贯彻落实以《中华人民共和国水法》为重点的水利行业法律法规起到了积极的作用。

水利管理体制改革工作基本完成。小水电方面：2003 年以来，在州委、政府深化企业改革领导小组的正确领导下，按照“动产权、转机制、变身份、增效益”的总体思路，坚持以产权制度改革为核心，通过产权转让，解除政府对企业的无限责任。通过转换机制，健全企业内部法人治理结构。通过转变职工身份，形成与市场经济相适宜的新型劳动用工关系，95％的小水电企业已经完成改制工作，现已成为独立的股份制企业，运行、效益良好。农牧村人饮解困及饮水安全工程方面：集中式供水方式的工程有 258 处，341 个村，3.08 万户，16.87 万人，管理模式采用村民小组、用水户协会和个人承包形式，成立供水合作协会，由用水户协会根据县市级物价部门核定，核定水价为 1 元/（人·月）。截至 2007 年底，落实集中式供水工程“两费”1100.64 万元。小型农田水利方面：全州发展有效灌溉面积 1.358 万 hm^2。由于特殊的地理环境，境内没有大型灌区，千亩以上集中连片的灌区只有 7 个，管理模式以村民小组、用水户协会和个人承包为主，维修费用及人员工资基本是采取保本微利的原则。

六、水电职工队伍和行业精神文明建设的进一步加强，为保障水电事业又好又快发展奠定了良好的基础

改革开放初期，全州水电专业技术人员 28 人，水电管理人员也不过 50 人。截至 2007 年底，全州已经拥有一支具有相当规模和一定科学技术水平的勘测设计、施工技术、科学研究、经营管理队伍。全州水电系统共有管理人员 243 人，比改革开放初期增加了 4 倍多；专业技术人员 139 人，其中高级工程师 2 人，中级工程师 28 人，初级职称 109 人，比改革开放初期增加了近 5 倍；全系统职工中研究生学历的有 4 人，本科学历的有 45 人，专科学历的有 213 人。在历年的工作中，注重弘扬“献身、负责、求实”的水利行业精神，努力培养和造就作风过硬、技术精通的水电人才。一是大力加强职工政治思想教育和职业道德教育。通过政治理论学习，开展体育、文艺活动，开办学习专栏、知识竞赛等不同形式，认真组织职工学习邓小平理论，广泛学习党的路线方针政策和基本纲领，进行爱国主义、集体主义、艰苦创业教育。二是选送全州水电系统非水电专业的领导参加水利部、省水利厅举办的各类水利培训班。通过培训学习，拓宽思路、增强专业知识，进一步提高水电行业领导的决策能力和指挥能力。三是组织发动全州水电系统职工上千人次参加各业务部门举办的短期培训学习，鼓励参加专业技术等级培训，取得更高技术等级，有效

地提高了职工的专业技术水平。四是认真抓好职工学历教育工作。多年来，组织干部职工参加业务进修班、继续教育培训班、自学考试和成人函授学习，30 年来，共有 80 多名在职职工取得了中专学历，40 多名职工取得了大专学历，20 多名职工取得了本科学历，2 名职工取得了研究生学历。五是加强水电职工教育经费投入。近年来，全州平均每年投入职工教育经费不少于 10 万元。六是积极开展各类活动，为水电发展营造良好环境。近几年，通过开展“三讲”，“两个务必”，形势政策、理想信念教育和实施党务政务公开，“2213”结对帮扶，“1＋1≥3”、“双学双比”、“双培双带”以及开展帮乡扶贫、送温暖、献爱心活动和各类节庆活动，提高了职工的理论水平和道德素质，丰富了职工的文化体育娱乐活动，为水利水电事业的发展营造了风正气顺劲足的干事创业环境。

经过 30 年来的实践和锻炼，甘南水利职工队伍在水利行业的电站建设、人畜饮水、饮水安全、牧区水利、抗旱防洪、水土保持等各个领域取得了显著成绩，州、县水利部门大多数单位和许多同志荣获部、省、州、县三级政府和上级业务部门的表彰奖励。在全体职工的辛勤工作下，甘南州水务水电局先后获得水利部、省水利厅、甘南州委、州政府的表彰奖励。2001 年 11 月，获水利部全国第三批农村水电初级电气化建设先进集体；1998 年 2 月，被省水利厅评为全省水利系统艰苦创业先进集体；2002 年 2 月荣获省水利厅 2001 年度全省水电及电气化建设先进单位；2003 年 3 月，被省水利厅评为甘肃省农村饮水解困工作先进集体；2006 年 11 月，被省水利厅评为全省水利经济财务工作先进单位；2004 年 2 月，被甘南州委评为全州思想政治工作先进集体；2006 年 7 月被甘南州委、州政府评为 2001～2005 年全州“四五”法制宣传教育先进单位；2007 年 3 月，被甘南州政府评为 2006 年度工作目标管理责任考核先进单位；2007 年 4 月，获甘南州委 2005～2006 年度思想政治工作考核三等奖；2008 年 4 月，被甘南州委、州政府评为 2007 年度落实人口和计划生育工作目标责任成绩突出的单位；2008 年 4 月，被甘南州政府评为 2007 年工作目标管理责任考核先进单位。

（甘南州水务水电局供稿）

乘改革开放东风　谱水利发展篇章

——改革开放30年临夏州水利发展回顾

临夏回族自治州（以下简称临夏州）位于黄河上游，甘肃省中部西南边缘，跨黄土高原干旱区和青藏高原高寒阴湿区，地形地貌复杂，水资源短缺，水土流失严重，十年九旱，严酷的自然条件严重制约着经济社会的发展。全州辖8个县（市）、132个乡（镇）、1251个村，其中7个县为国家扶贫重点县；全州总人口197.16万人，其中城镇人口23.3万人，占总人口的11.82%，农村人口173.86万人，占总人口的88.18%，以回族为主的少数民族人口111.2万人，占总人口的56.4%；全州国土总面积8169km^2，占全省的1.79%，其中耕地面积214万亩，人均耕地1.1亩；全州境内有大小河流30多条，均属黄河水系，水资源总量336.15亿m^3，其中入境客水324亿m^3，自产水资源12.15亿m^3，人均自产水资源量只有616m^3，远低于全省和全国人均水平；全州年降水量260～660mm，且时空分布不均。水能理论蕴藏量370万kW，其中黄河干流297万kW，支流73万kW。水土流失区面积6892km^2，占总面积的84%，年土壤侵蚀总量约为3093万t。经济基础薄弱，产业化程度较低，财政收入极不平衡，各项建设投入不足，群众生活普遍困难，发展步伐缓慢是临夏州的基本州情。

一、水利30年辉煌奋斗历程

1978年12月，党的十一届三中全会召开，改革开放扬起风帆，给神州大地带来了惊世巨变。30年来，临夏水利人不为自然环境恶劣所迫，在历届州委、州政府的正确领导和上级水行政主管部门的帮助支持下，立足州情、水情，努力实践由农业水利向经济社会发展服务的转变、由计划经济水利向市场经济水利的转变、由传统水利向现代水利和可持续发展的转变的治水思路，牢牢抓住国家战略机遇期，坚持走大、中、小水利工程齐上，天上水、地表水、地下水齐抓，兴利除害结合、开源节流并重、防汛抗旱并举、开发保护同步，实现人水和谐、可持续发展的路子，使水利事业步入新中国成立以来发展最好的时期，取得了举世瞩目的成就，水利在促进全州经济社会发展、改善农业生产基础条件、保障工农业生产和提高人民生活水平方面作出了巨大贡献。

（1）30年来，全州水利建设投资总额达到31.55亿元，其中中央和省投资16.35亿元，招商引资和社会筹资15.2亿元，是改革开放前29年的64倍。

（2）30年来，建成了临夏州水利建设史上最大规模的东乡南阳渠灌溉工程和一批重点骨干工程，全州各类灌溉工程累计达到1324处，年供水能力达到3.6亿m^3。新增有效灌溉面积34.77万亩，累计达到96万亩，万亩以上灌区达到19个，实现了旱地变水地的历史性变革，基本形成了粮食产量占主导地位的灌溉农业区，水地粮食产量占到全州粮食总产量的2/3以上，水利工程对稳定农业生产起到了决定性作用。

（3）30年来，农业节水灌溉实现了从无到有的突破。以老灌区挖潜增效为基础，自流灌区和提水灌区推行渠道衬砌、小畦灌溉等节水措施，大田大力推广管灌、喷灌、滴灌等高效节水新技术，旱作农业区推行雨水集蓄利用技术，提高了节水的科技含量。截至2007年底，全州新增节水灌溉面积50.1万亩，占现有水地面积的53.1%，发展集雨节灌面积33万亩，年节水量达到4240万m^3。

（4）30年来，临夏农村人畜饮水状况发生了翻天覆地的变化，正在实现从低级的解决饮水困难向高级的安全饮水的转变。2000年以来，先后实施了农村人饮解困工程、氟病改水工程、世界银行贷款改水工程和农村饮水安全工程，重点改善和解决农村生活用水困难、水质不符合饮用水卫生标准及饮水不安全问题，截至2007年底，全州共建成农村饮水工程360处、水窖4.5万眼，使农村93.33万人口的饮水困难问题得以解决。

（5）30年来，面对年复一年的干旱和突如其来的暴雨洪水灾害，临夏水利人进行了艰苦卓绝的抗灾减灾斗争。每年定期召开抗旱防汛工作会议，科学分析旱情、汛情，未雨绸缪，防患于未然。以水库、城防、河道险工险段为重点，开展防汛大检查。实施了大夏河、广通河等一批中小河流治理，新修河流堤防105km，达到132km，整体提高防洪减灾能力，最大限度地降低了灾害损失，保障了全州经济社会健康发展和人民群众生活安宁祥和。

（6）30年来，临夏的水土保持事业实现了跨越式的发展，为全州的生态环境治理作出了积极的贡献。以建设小流域综合治理为主线，以梯田建设为重点，形成了临夏县岗沟、东乡县妥家沟等重点示范流域治理及东乡、永靖等县整县推进梯田化的防治开发典型，全州新增治理水土流失面积2736km^2，达到3920km^2，治理程度达到57%，新修水平梯田160万亩，使新增和改善梯田总面积累计达到211.8万亩，梯田粮食亩产由20世纪70年代末的110kg增加到现在的165kg，增幅达50%，走出了一条防治水土流失、促进生态建设、再造山川秀美新临夏的可持续发展之路。

（7）30年来，依托丰富的地方水电资源，临夏的小水电开发得到迅猛发展。先后实施了初级农村电气化县和水电农村电气化县建设，提高农村用电保证率，解决无电人口用电问题。坚持“科学规划、合理开发”的原则，不懈推介项目，多方招商引资，加快水电能源开发步伐，新增农村小水电站36座，新增装机容量4.4万kW，达到60座，总装机容量达到206万kW，年发电量近100亿kW·h，乡村通电率达到100%，户通电率95%以上。

二、水利改革发展30年的主要工作

1. 农田水利基本建设进展加快

临夏州农田水利工程大多始建于20世纪六七十年代，设计标准低，工程规模小，年久失修，工程老化严重，有近一半的工程濒临报废，另一半工程也长期带病运行，给全州工农业生产和人民生活带来严重威胁。改革开放以来，全州各族人民通过不懈的努力，灌区建设得到了长足发展，为全州农业和社会的发展作出了巨大贡献。共计完成以临夏县北塬灌区一、二期改扩建、临夏市东西川灌区改建、永靖县大坝自流渠干渠改建、东乡县东干渠改建、广河县永红灌区节水灌溉等为代表的灌区新建、改扩建、维修配套和节水改造等工程32处，总投资20188.98万元，新增有效灌溉面积5.62万亩，改善灌溉面积28.65万亩，发展节水灌溉示范面积5000亩。2005年，临夏州的13个万亩灌区被列入《甘肃省1万～5万亩灌区续建配套与节水改造规划》，项目总投资6500万元。工程建成后可改善灌溉面积14.63万亩。临夏市南川灌区、永靖县三塬灌区、大坝自流灌区、临夏县尹集灌区、和政县和广灌区已于2006年开工建设，预计2009年底竣工。这些新老灌区的建设为临夏农业灌溉和173.86万农村群众生产生活等方面发挥出了巨大的成效。

截至2007年底，全州共有万亩以上灌区19处，万亩以下千亩以上灌区116处；千亩以下灌区1250处。以上工程中以农业灌溉为主的水库11座，其中中型水库1座、小(1)型水库5座、小(2)型水库5座，总库容2692万m^3，兴利库容2312万m^3，设计灌溉面积20.19万亩，保灌面积7.595万亩。从河流引水灌溉工程191处，干渠212条1048.63km，支渠433条774.9km，有效灌溉面积45.705万亩，保灌面积38.67万亩。其中：千亩以上66处，干渠72条786.43km，支渠412条759.4km，有效灌溉面积39.525万亩，保灌面积34.38万亩；千亩以下125处，干渠140条262.2km，支渠21条15.5km，有效灌溉面积6.18万亩，保灌面积4.29万亩。提水灌溉工程共计1082处，干渠837条579.01km，支渠719条589.75km，有效灌溉面积32.85万亩，保灌面积27.195万亩。其中：千亩以上54处，干渠135条265.63km，支渠396条431.8km，有效灌溉面积18.33万亩，保灌面积15.3万亩；千亩以下1028处，干渠702条313.38km，支渠323条158km，有效灌溉面积14.52万亩，保灌面积11.895万亩。

2. 农村饮水工程惠及广大人民群众

1995年以前临夏州农村饮水靠远距离人背畜驮解决，主要吃雨水、灌溉水、泉水、沟坝水，水质水量无保障。1996年开始，国家启动了“121”雨水集流工程建设，临夏州干旱山区群众每户修建2眼水窖配套1处集流场，缓解了饮水困难。2000年以来，紧紧抓住国家实施农村人饮解困工程机遇，建成了一批小型人饮工程，供水到村社，方便了群众拉运水，初步改善了农村饮水条件。2005年国家实施农村饮水安全工程，农村饮水进入了崭新时期，临夏州开始建设高标准较大规模的集中供水工程，推动自来水入户，进一步改善和提高了农村饮水条件。

30年来，州委、州政府坚持把解决农村吃水难问题作为贯彻落实科学发展观的战略举措，团结带领全州各族群众全力实施“121”雨水集流工程、农村人饮解困和饮水安全工程建设，全党动员，全民参与，苦干实干，取得了明显成效。先后有15万人纳入全省“121”雨水集流工程建设计划，38万人纳入全省农村人饮解困规划，77万人纳入全省农村饮水安全规划，充分发挥了规划的科学指导作用。通过十多年不懈努力，共计投入资金2.2亿元，相继建成临夏县北塬、南区，东乡县车家湾、河滩，永靖县王台、三塬，积石山县三乡，广河县三甲集，康乐县扎子河，临夏市李孟等农村人饮工程360处、水窖4.5万眼，解决和改善了93.33万人的饮水难问题，农村自来水入户率达到43%，有力地促进了农村经济社会发展。遍及广大农村的人饮工程，真正成为改变农村面貌和群众生活的德政工程、民心工程，为建设社会主义新农村，构建和谐社会奠定了坚实基础。

农村饮水工程建设的特点是：

（1）科学调查摸底。临夏州农村吃水难人口分布广，地域性差异大。多年来，调查统计标准不统一，口径不一致，统计数据的真实性和代表性比较差，情况不明，对科学决策、科学制定方案造成一定影响。从工程建设一开始，临夏州就把摸底调查、查清现状作为重要的基础性工作来抓，严格按照国家《农村饮水安全评价指标体系》，从水质、水量、方便程度和保证率四个方面，全面摸排全州农村吃水难现状成因、分布区域，规模和人口，掌握第一手资料，科学评价，合理分类，有针对性地加以解决，为制定农村吃水难规划提供了科学翔实的依据。

（2）科学规划论证。根据农村吃水难实际，按照科学发展的要求，提出了“先急后缓，先重后轻、突出重点、分步实施”，优先解决对群众生活和身体健康影响较大的饮水安全问题，重点解决高氟水、苦咸水、污染水等饮水水质不达标以及局部地区饮用水严重不足问题的总体发展思路。在规划布局上，水源保证的地方，充分考虑项目发展的可持续性，统筹城乡，重点建设大型集中供水工程，发展集中供水，加快自来水入户，整县推进，科学管理，市场运营，为实现城乡供水一体化创造条件。在边远干旱山区，重点建设雨水集蓄利用、小提灌、小电井等分散供水工程。

（3）科学建设管理。围绕“建一流工程、建精品工程”目标，州县（市）专门成立工程建设领导小组，明确主抓领导、配合部门和乡镇负责人，落实工作责任，形成工作合力。全面落实项目法人责任制、招标投标制、工程建设监理制和合同管理制，在工程质量管理上大力推行施工单位自检、建设单位复检、政府质量监督部门终检的“三检制”，努力推动工程建设管理科学化、规范化和正规化。精心组织施工，优化施工方案，大力推广应用新工艺、新技术、新材料和自动化控制等先进技术，切实提高人饮工程建设的科技含量。强化人饮工程资金管理和审计监督，确保工程安全、资金安全、干部安全。

（4）科学运行管理。把运行管理作为确保工程发挥效益的重要环节来抓，建管并重，以管为主，同步计划，同步实施，突出专管机构建设、群管网络建设和供水服务为重点的建后管理工作，逐步建立有利于工程效益长期发挥，适应市场经济体制要求的管理机制，不断推进农村人饮工程运行管理向制度化、规范化、科学化迈进。全州大型集中供水工程都建立健全了以人饮总站为主，乡（镇）管委会、管理站、村管小组和受益农户“五位一体”的分级管理网络，分级管理，各尽其责。建立健全了管理办法、岗位责任制等一整套规章制度，使管理工作有规可依，有章可循。加大水费征收、维修养护费公开，优化供水服务。管理人员持证上岗，严格按规定收缴水费，上门服务，让群众吃上明白水、放心水、满意水。逐步实现以水养水，良性运行，确保工程长期发挥效益。

3. 防洪工程建设力度不断加大

新中国成立前，临夏州各河道基本没有防洪工程，广大人民的生命财产只能听天由命。改革开放以来，为彻底根治洮河、大夏河、广通河等河流的水患，国家和地方先后投入重点河流防洪工程建设资金达 2300 多万元，建设了大夏河临夏市滨河中路、东路段堤防，黄河永靖县小川段和孔寺段堤防、洮河东乡达板舀水段和陈家段堤防，大夏河临夏市农防一、二期，康乐县三岔河、广河县广通河、和政县牛津河和牙塘河治理等防洪工程，堤防累计达到132km。有效保护了18.33万人的生命财产安全和11.92万亩耕地安全，减轻了重点城镇和部分村庄的防洪威胁，减少了洪灾损失。

（1）黄河治理。黄河治理主要在临夏州临夏县刘家峡库区莲花镇段和永靖县小川段。临夏县黄河莲花护岸工程于1998年7月得到水利部移民开发局的批复建设，核定工程静态总投资1167.24万元。该工程建成后，不仅有效保护了莲花镇库岸沿线1452户、8126人生命财产和6378亩耕地、71.15万株花椒生长安全，同时还改善了当地的自然环境，控制了水土流失，减少了对刘家峡水库的泥沙淤积，延长了水库使用寿命，对稳定民心，发展旅游业，改善交通状况，促进二、三产业发展作用巨大。永靖县黄河小川段涉及永靖县城及新发展起来的太极岛旅游度假区，治理工作从2004年开始，累计投资520万元，建成护岸5.2km。该工程的建成有效缓解了永靖县城及太极岛旅游度假区被洪水冲刷、淹没的威胁，促进了区域经济发展。但由于受建设资金限制，永靖县小川段防洪治理部分微乎其微，防洪形势依然严峻，治理任务任重道远。

（2）洮河治理。洮河在临夏州流经康乐、广河、东乡三县，流程65km。洮河广河县水家险段堤防工程于2006年开工修建，整治河道2.3km，修筑洮河左岸河堤总长2.208km。该工程的建成，有效保护了广河县三甲集镇水家村和临园经济开发区0.9万人、88家企业的生命财产安全，保护农田0.9万亩；广河县五户滩险段堤防工程于2006年新建了总投资199.6万元的长1.18km的堤防工程，保护了0.95万人，0.9万亩农田的安全，还恢复耕地80亩；洮河东乡县达板段堤防工程于20世纪80年代投资250万元修建了25.97km简易石拱堤防工程。洮河东乡县达板陈家拐子段于2002年投资135.2万元修建了1.2km堤防工程。

（3）大夏河治理。1983年4月，省人民政府批准《甘肃省大夏河流域计划报告》后，大夏河在临夏州全长58km的全面治理工作开始实施。经历届政府和群众多年的共同治理，截至2007年底，大夏河修建河堤18.38km，其中南岸修建3.21km，北岸修建15.17km，北岸基本达到了防御20年一遇洪水的防洪标准。临夏市是全省五大防洪城市之一，大夏河临夏市段治理是重中之重。2003年，临夏市借助新城区开发建设机遇，加大了对大夏河北岸的治理力度，先后建成了北滨河中路和北滨河东路，北岸防洪问题基本得到解决，防洪保护区面积达23.57km^2，防洪保护区耕地面积达1.7km^2，防洪保护区人口达8.79万人，在城市建设和保护耕地等方面发挥了不可估量的作用，在一定程度上提高了城市的品位和档次；大夏河临夏县安家坡乡河湾段治理，位于大夏河下游弯道始段，1994年、1995两年防洪堤工程投资51万元，修复堤防500m。工程建成后，治理滩涂、铺土造地180亩；大夏河东乡县东塬林家段、河滩小庄段于20世纪80年代投资120万元，修建了1.08km石拱简易堤防工程，这些堤防工程由于年久失修，现已无防洪能力。

（4）广通河治理。广通河沿岸川区人口13.4万，耕地面积9.5万亩。2005年以前，广通河只建有几处零星防洪堤防，沿岸人民在得益于广通河河水之利的同时，也经常受到洪水的威胁和危害，给当地人民的生命财产造成了严重损失。2005年，中共中央政治局委员、国务院副总理回良玉来临夏视察工作，临夏州紧紧抓住了这千载难逢的机遇，向回良玉副总理递交了《广通河堤防工程项目建议书》，总投资6657万元的广通河综合治理项目正式立项上马，拉开了治理广通河水患灾害的新篇章。2006 年、2007 年、2008 年，广通河新建堤防 45.7km。防洪标准达到 10 年一遇洪水，堤防工程级别为 5 级。有效保护了沿岸 5 个乡镇、13.4 万人口、1537 家乡镇企业、4 座学校、5.01 万亩农田的安全，保护道路 37km，通信及输电线路 116km。随着该工程的日益完工，广通河将得到彻底根治，沿岸群众将安居乐业，集中精力发展生产，不再受到来自洪水的灾害。

4. 水土保持综合治理稳步推进

临夏地处黄土高原丘陵沟壑区，境内山大沟深，沟壑纵横，由于自然和人为因素，水土流失面积达到 6892km²，占总面积的 84.4%，平均每年有 3093 万 t 泥沙流入黄河，沉积于水库。30 年前，这里的土地贫瘠荒凉，除西南沿山一带稍有植被外，其余绝大部分地方山岭突兀，人们面黄肌瘦。改革开放 30 年中，临夏人民自力更生、艰苦创业，回眸三十汗洒处，青山碧水两悠悠，而今迈步科学发展、和谐发展的道路，水土流失治理达到了一个新境界、新高度。水土保持在改善生态环境、推动民族地区经济社会发展中的作用越来越明显，临夏的山绿了、水清了、天蓝了，水土保持工作发挥了较好的社会效益、生态效益和经济效益。

（1）法规体系不断完善。《中华人民共和国水土保持法》颁布实施以来，临夏州先后出台了《临夏回族自治州水土保持管理规定》、《临夏回族自治州水土流失危害补偿费、防治费征收使用管理办法》、《临夏回族自治州水土保持监督检查人员管理暂行办法》、《临夏回族自治州自然资源开发利用建设项目水土保持方案编报审批管理办法》、《临夏回族自治州“三田”建设管理办法（试行）》及《刘家峡库区水土保持综合治理一期工程项目实施与资金管理办法》等六项地方性配套规章。随着法规体系的不断完善，进一步加大了监督执法力度，全州开发建设项目已编报水土保持方案 43 个，已审批 29 个，水土保持方案编报率提高到了 52.4%，水土保持宣传覆盖面达到 79%，水土保持监督执法开始步入法制化、规范化的轨道。

（2）生态治理效益明显。30 年来，全州水保战线上的广大干部职工与各族干部群众一道，紧紧围绕水土保持预防监督、综合治理、生态修复、监测预报、面源污染控制和秀美家园建设六项工作，艰苦奋斗，扎实工作，努力提高综合防治效益，使全州水土流失综合治理面积累计达到 3920km²，使 57%的水土流失面积得到了初步治理，每年流入黄河的泥沙量减少 1533 万 t，增加蓄水量 5.85 亿 m³。根据调查，在正常年景下，每亩梯田比坡耕地增产 50～78.5kg，仅此一项临夏州每年可以增收粮食约 14 万 t。水保的防护功能、生态功能、经济功能和社会功能初步显现。

（3）项目建设成效显著。30 年来，临夏州先后组织实施了康乐、广河、临夏、永靖、积石山各县水保国债项目、东乡县农业综合开发黄河流域水土保持项目、和政县陈家沟、东乡县八牙沟重点小流域治理项目等。投资 1.33 亿元的刘家峡库区水土保持综合治理一期工程、投资 2433 万元的永靖县盐槽沟小流域坝系工程和投资 1841 万元的东乡县陈家沟小流域坝系工程等较有影响的水保项目已相继开工建设；《临夏州洮河流域水土保持生态建设工程立项建议书》、《临夏州太子山麓水土保持生态修复工程可行性研究报告》、《广河县北山水土保持综合治理工程可行性研究报告》、《永靖县八盘峡、盐锅峡库区水土保持综合治理项目可行性研究报告》等十多个项目前期成果已编制完成，部分已上报；

临夏州国家水土保持重点工程东乡、永靖、积石山、临夏四县的初步设计正在编制，刘家峡库区水土保持综合治理二期工程、黄河上游水源补给区生态环境保护项目前期工作正在论证之中。临夏水保项目建设竣工验收一批、开工建设一批、论证储备一批的新格局已初步建立。

(4) 机构设置不断完善。为了适应水土保持事业不断发展的需要，水土保持机构设置不断完善。1994 年经临夏州政府批准将临夏州水土保持工作站由科级升格为副县级建制的临夏州水土保持工作总站，隶属于州水电局，2007 年更名为临夏州水土保持管理局。临夏州水土保持预防监督总站、临夏州水土保持监测分站相继挂牌成立，一套人马，三块牌子，内设办公室、规划治理科、监察科，2007 年底时有干部职工 46 人，其中：职员 9 人、技术干部 20 人、工人 17 人，在技术干部中有高级工程师 4 名、工程师 7 名、初级技术人员 9 名。各县（市）水土保持工作站、水土保持预防监督站也相继成立，永靖县水土保持管理局、临夏县水土保持工作站按科级建制设置。

5. 地方小水电开发势头强劲

新中国成立以来，临夏州的地方小水电经历了从无到有、从小到大，并逐渐走向辉煌的历程。特别是近 30 年来，经过第一、第二、第三批电气化县建设，在小水电规划、设计、施工、技术开发等方面积累了丰富的经验，培养了一大批人才，促进了社会进步和地方经济的发展。水电建设为增加全州经济总量、培植地方财源，实现节能减排，建设生态文明注入了新的活力。

起步阶段（20 世纪 50～60 年代）。1951 年，在爱国人士马辅臣先生的资助下，采用公私合营的形式，建成了装机容量为 150kW 的临夏州第一座地方小水电站——西川民生水电站，该电站的建成投产标志着临夏州小水电事业开始起步。从 1958 年开始，国家先后在临夏州永靖县黄河段建成刘家峡、盐锅峡、八盘峡 3 座大中型国有水电站。同时，临夏州也开始在大夏河、广通河等河段开发建设小水电站，到 20 世纪 60 年代末，全州先后建成了西川、泄湖峡、沈家庄 3 座小水电站，总装机容量 4860kW，当时所发电量主要用于照明。

发展阶段（20 世纪 70～80 年代）。1968 年国家提倡大办小水电，实行依靠群众，自力更生，县、乡、村三级办电，国家适当扶持的方针，贯彻“谁建、谁管、谁所有、谁受益”的政策。水电站建站资金由国家进行补助，有力地促进了小水电站的发展。到 20 世纪 80 年代末，全州共有小水电站 21 座，总装机容量 15922kW，小水电不仅供照明，而且成为加工、排灌及城镇骨干企业用电的电源。1987 年临夏市被列为甘肃省第一个全国农村水电初级电气化县，项目电源建设对该市的泄湖峡、西川电站进行了改造维修，对临夏市四个乡镇的农村电网进行扩建和改建，经过两年实施，1990 年 11 月经省计委、省水利厅验收，达到水电部颁标准，临夏市进入全国第一批 100 个农村水电初级电气化县行列，电炊户达到 1.75 万户。

快速发展阶段（20 世纪 90 年代以后）。进入 20 世纪 90 年代，临夏州水电站建设进入了快速发展的阶段。全州水电建设不仅加大了建设力度，也改变了以往全部由国家无偿拨款的做法，实行了多渠道、多层次、多形式集资办电。特别是近几年来，全州水电建设以每年完成 1 万 kW 的速度发展。通过引进开发和利用新技术、新工艺、新设计、新材料、新设备，使水电建设的科技含量逐年提高，全州新建的小水电站基本实现了控制保护综合自动化装置。地方电力系统通过一、二期全国农村电网建设（改造）工程，使原有电网结构更趋于优化、合理，供电可靠性得到了极大改善和提高，达到了资源利用更为合理、少投入多产出、生产能力成倍增长、经济效益显著上升的目的。1991年临夏州和政县被列入全国第二批200个农村水电初级电气化县，于1992年正式开工建设，1995年10月完成规划项目，各项考核指标均达到了《农村水电初级电气化县标准》，并通过省级验收。1996年临夏县、康乐县、东乡县、积石山县被国务院批准列入第三批全国农村水电初级电气化县，2001年项目实施后，共计投入电气化建设资金4亿多元，其中电源建设国家投资970万元，社会筹资1.1亿元，电网建设国家投资2.8亿元，新建水电站8座，新增装机容量5220kW。2005年8月该项目通过省级验收。

临夏州委八届八次全委（扩大）会议提出了“实施工业强州战略，努力把临夏州建设成甘肃省重要的水电能源基地”的宏伟目标；临夏州第十次党代会提出了做大做强水电能源工业，正式把做大做强水电能源工业列为全州特色经济发展战略和特色主导产业之一；临夏州委十届二次全委（扩大）会议提出了全力实施特色经济发展战略，进一步加快水电能源等特色优势产业培育的要求。面对前所未有的水电能源发展机遇，全州上下认真贯彻这些会议精神，采取独资、合资、入股、招商引资、社会集资等多种融资形式，加快水电开发建设步伐，呈现出了强劲的发展势头，水电能源已初步形成了“以国有大中型水电站为主体，地方小水电站为辅助”的产业格局，为区域经济建设的健康发展提供了可靠的电力保障。

临夏州地方小水电站建设分类为：

（1）中型电站。全州在建的中型电站2座，总装机容量30.6万kW，总投资21.5亿元。其中：黄河炳灵水电站，总投资16.7亿元，装机容量24万kW，预计2009年底并网发电；洮河莲麓水电站，总投资4.8亿元，装机容量6.6万kW，也预计2009年底并网发电。

（2）小水电站。康乐县冶木河二级电站和东乡县小庄电站2座电站已建成正在试运行，总装机容量7190kW，总投资6997万元。在建临夏县古城、土门关一、二、三级、和政县倒槐沟、东乡县达板、广河县齐家坪、大庄禾等8座小水电站，总投资4.78亿元，装机容量5.4万kW。积石山县黄河大河家、广河县洮河白马浪、三角洲、康乐县洮河吉利、永靖福川、白川电站等6座电站进入勘测设计阶段，总装机容量32.59万kW，总投资27.7亿元。全州目前已探明有可开发价值的地方小水电站38座，总装机容量40万kW，总投资35亿元。

三、水利发展改革展望

展望未来，临夏水利建设任重而道远。在州委、州政府“打民族牌、走民营路、谋富民策、建和谐州”的发展思路指引下，全州水利工作将全面贯彻落实党的十七大、十七届三中全会精神，坚定不移地用科学发展观统领全局，突出“发展民生水利、发展生态水利、发展资源水利”三大主题，创新“投入机制、建设机制、管理机制”三项机制，坚持“兴利除害结合、开源节流并重、防汛抗旱并举、开发保护同步”四项原则，努力构建

“方便卫生农村饮水安全体系、人水和谐的水生态保护体系、配置合理的水资源保障体系、功能完善的防汛减灾体系”四大体系，加强“项目前期工作管理、水资源管理、工程建设管理、工程运行管理、河道管理”五项管理，提高“科学发展的能力、依法行政的能力、社会管理的能力、改革创新的能力、创业奋进的能力、防腐倡廉的能力”六种能力，实现人水和谐，可持续发展，为临夏州经济社会发展作出新的更大的贡献。

（临夏州水电局供稿）

事 业 企 业 篇

改革开放促进水利水电勘测设计事业蓬勃发展

沐浴着改革开放的春风，甘肃省水利水电勘测设计院走过了30年的发展壮大历程，在为水利水电事业和经济社会发展作出积极贡献的同时，发展成为一家拥有9项国家甲级资质的综合性工程勘测设计单位。

一、解放思想，锐意改革，迎接市场新挑战

伴随着改革开放的脚步，市场经济体制打破了过去单靠上级部门下达任务的计划经济工作方法和分配方式，维系了多年的工作思路、工作方式已经不适应形势的发展，新技术、新标准、新规范接踵而来，市场经济模式逐步形成并深入到各个领域。面对时代的潮流，甘肃省水利水电勘测设计研究院领导班子积极顺应市场经济的发展规律，在职工中开展解放思想大讨论，强调实施变革，引入竞争机制，引导职工在激烈的市场竞争中求生存、求发展。及时调整工作思路，制定了“以服务为宗旨、以质量求生存”的发展宗旨和“精心勘察、精心设计”的工作方针，建立健全一系列规章制度，推行目标岗位责任制，实施考核奖惩制度。20世纪80年代，采用“一业为主、两头延伸、多种经营”的策略，依托市场信誉、技术实力和专业优势，全方位开拓市场，积极向社会广泛承接任务。1985年初，顺应时代发展的要求，实行企业化管理，向市场化过渡迈出了更大的步伐。20世纪90年代，推行技术经济承包责任制，充分调动职工的积极性和创造性。新世纪，贯彻落实国家关于勘察设计单位改企转制的精神和要求，积极稳步推进本院的事改企工作，为建立现代企业制度创造了必要的条件；紧紧抓住“西部大开发”的战略机遇，强化服务手段，提升服务水平，确保服务质量，占领和扩大市场份额；努力提高单位资质，扩大从业范围，为更好地参与市场竞争创造有利条件。

二、艰苦奋斗，无私奉献，陇原大地树丰碑

随着改革开放的不断深入，在祖国百废待兴的大地上呈现出一派生机勃勃的发展景象，水利水电建设也迎来了新的春天。从此，甘肃省水利水电勘测设计院的工程技术人员走遍陇原大地的山山水水，他们以山为家、以水为邻，艰苦奋斗、无私奉献，在甘肃水利水电建设史上写下了可歌可泣的动人篇章。30年来，甘肃陇原大地上灿若繁星的水库、水电站、供水输水工程、防洪治河工程，留下了他们艰苦创业、奋发进取的足迹。这个时期甘肃省水利水电勘测设计研究院全院承担和完成的规划项目有：《黑河干流（含梨园河）规划》、《大夏河流域规划》、《甘肃省中型水电资源开发规划》、《甘肃全省水资源综合规划》、《甘肃全省防洪规划》、《黄河流域水利发展“十五”规划》、《甘肃石羊河流域规划》

等。承担的主要勘测设计项目有：引大入秦工程、景泰川电灌二期工程、莺一梨联合工程（含草滩庄引水枢纽及西总干渠）、兴堡川电灌工程、西岔电灌续建工程、双塔堡水库及西营水库加固改建工程、党河水库及赤金峡水库扩建工程、海潮坝水库、景电二期向民勤调水、南阳渠灌溉工程、疏勒河项目、洮河九甸峡水利枢纽及引洮供水一期工程、四〇四厂供水工程、引硫济金工程、甘肃全省大型灌区节水改造工程、甘肃全省病险水库除险加固、甘肃石羊河流域重点治理项目、黄河柴家峡水电站、黑河梯级水电站、洮河梯级水电站、大通河梯级水电站等工程。完成了甘肃省水力资源普查、甘肃省石羊河流域水资源承载能力与可持续发展研究、甘肃省河西走廊（疏勒河）项目灌区地下水动态预测研究等科研项目。完成新疆库尔勒、青海西宁市、宁夏1236、海南大广坝、甘肃西峰市等十多项城镇供水、防洪治理工程以及甘肃省文艺活动中心、金昌市中水利用综合项目等多项建筑工程的规划设计。承担了新疆引额济乌、深圳东部供水、引洮工程、南水北调中线工程、兰州市南北两山绿化等数十项综合水利工程全部或部分标段的监理任务。

就工程建设规模而言，这期间建成和即将建成的工程项目在甘肃省是前所未有的，有的在全国也是有影响的。主要有：

引大入秦工程是一项跨流域大型调水工程，设计引水流量 $32m^3/s$（加大流量 $36m^3/s$），年引水量 4.43 亿 m^3，灌溉面积 86 万亩，总干渠长 87km，包括修建穿过不同地层岩性的 33 座隧洞，共长 75.15km，已于 1994 年 10 月通水运行。

景泰川电灌二期工程设计提水流量 $18m^3/s$（加大流量 $21m^3/s$），年提水总量 2.66 亿 m^3，灌溉面积 52.05 万亩，灌区最高提水 18 级，最大提水高度 612.88m，总扬程 712m，建成泵站 30 座，总装机容量 19.27 万 kW，已于 1993 年建成。

疏勒河项目是甘肃省省委、省政府为解决中东部贫困县群众脱贫问题而实施的“兴西济中”的重大战略决策，工程总投资 19.71 亿元，是一项涉及农林、水利、移民、生态等多个方面的大型综合开发项目。该项目于 2006 年 12 月竣工，对解决甘肃中南部地区数万移民的贫困问题，增强河西走廊疏勒河流域经济社会和生态的可持续发展后劲具有重要意义。

引洮工程是旨在解决甘肃中部干旱地区 11 个国家扶贫重点县城乡用水困难问题、改变该地区贫穷落后面貌和生态环境恶化状况的大型跨流域调水工程，是甘肃省“十五”计划首推建设的重要基础设施。引洮工程包括九甸峡水利枢纽及引洮供水工程两大组成部分，总调水规模为 5.5 亿 m^3，具有供水、灌溉、发电等综合效益。工程分两期实施，一期工程建设九甸峡水利枢纽工程和引洮供水一期工程。2006 年 7 月 5 日，温家宝总理主持国务院常务会议审议通过了九甸峡水利枢纽及引洮供水一期工程可行性研究报告，2006 年 10 月工程正式开工。

石羊河流域重点治理项目是国家重点水利项目，总体思路是通过制度建设和高新技术节水，实施以民勤盆地为重点的全流域综合治理，通过建立公平、合理的水资源利用秩序，优化水资源配置；大力调整产业结构，强化节约用水，全面推进节水型社会建设步伐；加强水资源保护和生态体系保护与建设，加强水资源的统一调度和管理。通过不懈的艰苦努力，使全流域生态环境状况逐步好转。总体目标是必须在保障生活和基本生态用水、满足工业用水、调整农业用水、提高水资源利用效率、适度外调水量和生态移民的总体治理思路下，实现“决不让民勤成为第二个罗布泊”的重点治理目标。治理措施主要包括实施产业结构的调整、水资源配置保障工程、灌区节水改造工程、生态环境建设与保护工程、水资源保护工程等5个部分。目前，该项目已进入全面实施阶段。

三、坚持科学，精益求精，技术创新结硕果

在长期的水利水电工程勘测设计实践中，甘肃省水利水电勘测设计研究院继承和发扬科学求实、精益求精的优良传统，立足实际，自主创新，坚持优化设计，促进技术发展，工程设计中的技术创新绚烂多彩。在景泰川电力提灌二期工程设计中，积极总结景电一期工程的经验，并吸取国内其他电力提灌工程的成功经验，合理布局，精心设计，成功完成了湿陷性黄土地基的泵站、渠道及渠系建筑物的设计；研制两阶段液压缓闭蝶阀控制管道水锤压力，采用降低水泵叶轮出水边相对流速的办法改善水泵的抗泥沙磨损性能，以及利用微波、载波、计算机实现了灌区通信和泵站计算机监控等多项技术措施，经过实践的考验达到了当时的国内先进水平。景泰川二期工程总扬程712m，居全国之首。在引大入秦灌溉工程的规划设计中，依托当时国内外先进的设计施工技术方法，通过经济技术比较，选定了以隧洞为主的调水方案。采用长隧洞及隧洞群、高水头大跨度桥式倒虹吸和预应力钢筋混凝土空腹桁架拱渡槽相结合跨越高山峡谷，为在地形地质条件极为复杂的地区完成跨流域调水工程开拓了新路。引大入秦工程先明峡倒虹吸两排直径2.65m的巨型钢管蜿蜒于山崖之间，水头落差107m，为亚洲之最；全长15.7km的盘道岭隧洞（埋深大、岩石极软弱）是我国当时最长的无压输水隧洞。引大入秦工程创三项国际领先水平，两项国内领先水平，并荣获国家科技进步二等奖。在九甸峡水利枢纽的设计过程中，紧跟国内坝工技术的发展方向，利用国内外在面板堆石坝设计和施工技术上取得的最新研究成果，突破了在复杂地形地质条件下、深厚覆盖层上筑面板堆石坝的设计和施工技术难题，确定枢纽挡水大坝采用混凝土面板堆石坝方案，其最大坝高为133m，大坝高宽比为1∶1.74，坝址区设计烈度为8度，为目前国内在深厚覆层上修建的最高的面板堆石坝。九甸峡水利枢纽总库容9.43亿m^3，电站总装机容量300MW，是以供水为主，兼有发电、防洪、环保、旅游等综合效益的大型水利枢纽工程。在黄河柴家峡水电站和积石山县大河家水电站设计中，采用低水头、大流量、灯泡贯流式发电机组，使厂房布置更加合理、经济，结构紧凑，在满足使用功能的前提下，最大限度的节省了投资，特别是柴家峡水电站的机组选定水轮机转轮直径达6.6m的大型灯泡贯流式机组，填补了我国当时超大水轮机在水电站中运用的一项空白。承担完成的黑河龙首二级（西流水）水电站，设计坝高146m，总装机容量157MW，其面板堆石坝为西北地区最高，高趾墙为全国最高，坝体宽高比为全国之最，新鲜辉绿岩筑坝系全国第一座，加纤维混凝土在西北首次应用，挤压边墙技术应用在同行中居于前列。除此之外，在疏勒河项目、引洮供水一期工程、各流域梯级水电站开发等项目中均采用了许多新技术、新材料、新工艺，取得了十分显著的成效。总之，30年的勘测设计技术创新硕果累累，在重点河流与地区规划与治理，大型跨流域调水工程设计，高扬程、长管道、大流量电力提灌工程设计，流域梯级水电开发规划设计等方面形成了自己的优势和独具的特色。自1978年以来，全院共荣获省部级以上奖项115项，主要技术成果奖见表1。

表 1　　甘肃省水利水电勘测设计研究院 1985 年以来获得的主要技术成果奖

获　奖　项　目	颁奖级别	获奖等级	获奖时间
《中华人民共和国水力资源普查成果（甘肃卷）》	国家级	科技进步一等奖	1985 年
中国年最大 1 小时和 6 小时点雨量均值、变差系数等值线图（甘肃部分）	国家级	科技进步三等奖	1985 年
《中国水资源利用》	国家级	科技进步二等奖	1989 年
甘肃省皇城滩水库	国家级	国家优秀设计奖	1989 年
静宁东峡水库防洪抗震加固改建工程	省级	优秀设计一等奖	1991 年
景泰川电力提灌工程第二期工程设计	省级	优秀设计一等奖	1995 年
甘肃省引大入秦输水隧洞管片式衬砌结构的研究	省级	科技进步二等奖	1997 年
公路隧道微机辅助设计系统（结构 CAD）	省级	科技进步二等奖	1998 年
甘肃省临洮县洮河三甲水电站	省级	优秀设计一等奖	1999 年
甘肃省引大入秦工程新技术、新工艺应用	国家级	科技进步二等奖	1999 年
甘肃省石羊河流域水资源承载能力与可持续发展研究	省级	科技进步二等奖	2000 年
遥感及地理信息系统在引洮工程中的综合应用	省级	科技进步二等奖	2001 年
甘肃省靖会灌区总干渠二泵站技术节能改造工程	省级	优秀设计一等奖	2002 年
甘肃省陕甘宁盐环定扬黄工程甘肃专用部分一期工程	省级	优秀设计一等奖	2003 年
甘肃省临潭县洮河青石山水电站工程	省级	优秀设计一等奖	2004 年
甘肃省景电二期延伸向民勤调水工程	省级	优秀设计一等奖	2005 年
黑河龙首水电站工程地质勘察	省级	优秀勘察一等奖	2005 年
甘肃省金昌市引硫济金工程	省级	优秀设计一等奖	2006 年
甘肃省石羊河流域综合治理方案研究	省级	科技进步二等奖	2006 年
甘肃省河西走廊（疏勒河）项目灌区地下水动态预测研究	省级	科技进步一等奖	2007 年

四、继往开来，团结奋进，共谱和谐新篇章

30 年来，甘肃省水利水电勘测设计研究院坚持以经济建设为中心，积极深化改革，强化内部管理，提高产品质量，促进技术进步，着力提高技术经济实力，走出了一条致富兴院的发展道路。坚持把全面建设适应企业发展的高素质人才队伍，作为振兴企业的长远战略任务来抓，不断完善人才培养、选拔和激励机制，充分发挥人才的积极性和创造性，优化人才资源的配置，努力营造有利于各种人才成长的良好环境，为企业发展提供人才保障。遵循“立足省内、渗透周边、面向全国”的经营思路，在巩固甘肃省水利水电勘测设计市场的同时，积极开拓省外市场、国外业务，涉及新疆、青海、宁夏、山西、广东、深圳、海南、上海等省（自治区、直辖市）以及巴基斯坦、印度尼西亚、白俄罗斯等国家。坚持“质量第一、信誉第一、用户第一”的服务宗旨，先后通过全面质量管理和 ISO9001 质量管理体系认证，探索建立了一整套较为完整的质量保证体系和质量管理制度，提高了产品质量、服务质量和管理水平，树立了良好的社会信誉。坚持诚实守信的经营理念，赢得了社会和业主的信任，铸造了有广泛影响力和美誉度的企业品牌，荣获全国水利系统文

明单位、先进集体、质量效益型先进单位、省级文明单位等各种荣誉 20 多项。筚路蓝缕，历尽艰辛。回眸改革开放 30 年来的发展之路，全院上下坚持不懈探索，在竞争中求生存，在奋进中求发展，成就了今天的辉煌业绩。

面向未来，改革发展依然任重道远。全院干部职工正以前所未有的热情和创造力，与时俱进，开拓创新，以自己的智慧和勇气，在波澜壮阔的市场经济洪流中摸索出了一条企业和谐之路，绘制了一幅新时期发展的锦绣蓝图：以科学发展观统领全局，以和谐建院的宗旨维护全局，调动一切积极因素，转变发展观念、创新发展模式、提高发展质量；居安思危，开拓进取，在稳住现有市场的前提下，结合市场的变化趋势，以体制创新、管理创新、技术创新为动力，逐步实现企业的战略转型；建机制、树品牌，科学管理、大胆创新，再铸大型中型水利水电工程勘测设计的品牌，做强做优设计院；增强市场观念，强化竞争意识，不断拓展新的业务方向和扩大市场拥有份额，提高综合竞争能力，使企业与改革发展、市场变革同步，逐步跻身于国内同行业省级设计单位的前列，为建成全新的科技型企业不懈努力，在甘肃、西北乃至全国的水利水电行业发展史上书写华章。

（甘肃省水利水电勘测设计研究院供稿）

强化流域管理
促进石羊河流域经济社会协调发展

石羊河流域是甘肃省三大内陆河流域之一，扼守着河西走廊的门户，流域涉及武威、金昌、张掖和白银4市9县（区）现状流域总人口227万人，耕地面积557万亩。年降水量50～600mm，年蒸发量700～2600mm，其中下游民勤县地处腾格里沙漠和巴丹吉林沙漠之间，年降水量100mm，年蒸发量2600mm，为全国最干旱地区之一。全流域自产水资源总量为16.6亿m^3，加上景电二期延伸向民勤可调入水量6100万m^3和“引硫济金”调水4000万m^3，流域内现状可利用水资源量为17.6亿m^3，按现有人口和耕地计，人均775m^3，耕地亩均280m^3，低于黑河人均1400m^3和耕地亩均529m^3，也低于全省人均1150m^3和耕地亩均378m^3，属典型的资源型缺水地区。因过去水资源一直实行区域分割管理，缺乏对流域水资源的统一规划、统一管理、统一调度，随着人口增加和经济社会的快速发展，上下游各自为政，无序开发水土资源，中游地区超量用水，致使进入下游水量逐年锐减。据统计，20世纪50年代，石羊河进入民勤绿洲的年径流量为4.6亿m^3，2000年只有0.98亿m^3。下游地区为了生存和发展而大量开采地下水，每年净超采3亿m^3左右，水位每年下降0.5m以上。随着地下水位的持续下降，天然植被和人工林大面积枯死，流域荒漠化日益加剧，昔日民勤绿洲北端水草丰美、湖泊荡漾的青土湖，近50年来已干涸见底，这一地区已成为我国四大沙尘暴策源地之一，流沙以每年3～4m的速度逼近和侵入绿洲，民勤北部湖区“罗布泊”景象已经显现，湖区地下水因矿化度剧增，不仅人畜不能饮用，而且也不适用于农田灌溉，当地部分群众因无法生存而背井离乡，沦为“生态难民”。

石羊河流域的生态恶化，以及潜在的社会危机，立即引起了日理万机，又明察秋毫的温家宝总理的高度重视。2001年7月，温家宝总理在看到《国内动态清样》上的《河西走廊石羊河流域生态环境恶化》一稿后，站在事关国家发展和民族生存的战略高度做出了“石羊河流域生态综合治理应提上议事日程，当务之急是建立流域统一管理机构，大力实施节水工程，有效控制土地沙化和草场退化，决不能让民勤成为第二个罗布泊”的重要指示。

雄关漫道真如铁，而今迈步从头越。为加强石羊河流域水资源统一管理，根据温总理的批示精神，甘肃省于2001年10月成立了甘肃省水利厅石羊河流域管理局，统一管理调配流域内地表水与地下水资源，积极督促中、下游分水。自此，拉开了流域管理的序幕。为进一步强化流域统一管理，2005年10月，省政府又成立了以省委常委、省政府常务副省长任主任，主管农业的副省长任副主任，省直有关部门及武威市政府、金昌市政府和张掖市政府和流域管理机构等主要负责人为成员的流域管理委员会，专门解决流域治理中的重大问题。

流域管理机构成立后，作为甘肃省真正意义上设立的第一个流域管理机构，是甘肃省实施流域管理的带头兵，肩负着探索流域管理的重任，几年来，在内陆河流域水资源管理体制、机制和职能定位等方面进行积极探索，流域管理起步良好，治理工作初见成效。

强化管理，一靠制度，二靠法规，三靠落实。在制度建设方面，建立水权分配制度，促进公平用水。针对石羊河流域水资源利用秩序的混乱的问题，流域管理机构认真贯彻落实水利部治水新思路，在省水利厅的领导下，狠抓流域水资源统一管理，从界定流域水权入手，制定了《石羊河流域水资源分配方案》，并于 2005 年 12 月报请省政府批准实施。该方案确定了在不同来水频率下，流域内中下游各市县区用水总量、地下水允许开采量、削减量，和分年度进入民勤地表水资源量，为流域水资源统一管理与调度奠定了基础。

为保障水资源分配方案的贯彻落实，流域管理机构加快水法规体系的建设。2005 年，报请省政府批转印发了《石羊河流域地表水调度管理办法》、《石羊河流域地表水量调度和地下水削减开采量实行地方行政首长责任制的规定》、《关于加强石羊河流域地下水资源管理的通知》、《石羊河流域水事协调规约》等 4 个规范性文件，做出了流域地表水实行统一调度、地下水流域管理机构统一审批，并实行地方行政首长负责制等一系列规定。

2007 年，甘肃省人大出台了《甘肃省石羊河流域水资源管理条例》（以下简称《条例》），这是甘肃省首次为一条河流的水资源管理单独立法。该《条例》以法律的形式，在水资源管理体制、流域管理的职权范围做了大胆创新。

一是确立了流域管理的主体地位。《条例》第三条第二款规定："流域水资源管理实行流域管理和行政区域管理相结合，行政区域管理服从流域管理的管理体制"。《中华人民共和国水法》规定了水资源管理实行流域管理和行政区域管理相结合的管理体制，《条例》在《中华人民共和国水法》这一规定的基础上，做了进一步充实和完善，打破了省级流域管理机构因缺乏上位法的支持，难以真正发挥协调和管理等职权的尴尬局面。

二是强化了水资源的统一管理。《条例》明确了甘肃省石羊河流域管理委员会和甘肃省水利厅石羊河流域管理局的职责，规定"省人民政府设立的石羊河流域管理委员会统一管理流域内的水资源工作"，"甘肃省水利厅石羊河流域管理局是管理委员会的办事机构，负责流域水资源统一管理的具体工作"，并规定"流域内各级人民政府和流域管理机构应当依照各自职责，互相配合，共同做好流域水资源的管理和综合治理工作"。这些规定都将为流域水资源的统一管理提供坚实的法规保障。

三是特别强调了对地下水的保护。《中华人民共和国水法》规定的水资源包括地表水和地下水，但从其内容来看，更侧重于保护地表水。针对流域内地下水超采严重这一现实情况，《条例》就地下水的保护作了重点规范。第一，强化审批管理。《条例》规定，"流域内地下水取水许可，经取水口所在地县（区）、市水行政主管部门逐级审核后，报流域管理机构审批"。第二，严格控制开采地下水。首先规定了必须制定流域地下水开采总量控制方案。其次要划定地下水禁止开采区和限制开采区，在禁止开采区内除保留人畜饮水和生态用水机井外，其他机井应当有计划地关闭；在限制开采区内禁止新打机井，严格控制旧井更新，逐步压减开采量。确需更新的，应当报流域管理机构批准。并规定了在整个石羊河流域，旧井更新后，原井"凿井取水的施工单位应当在每次作业前到所在地县

（区）水行政主管部门办理相关手续，经流域管理机构登记后方可作业”。

流域管理机构和地方各级党委政府高度重视以上法规、制度的贯彻落实。在地表水调度方面，根据省政府批准的《石羊河流域水资源分配方案》，2006 年首次启动了上游西营水库向下游民勤调水工作，采取“全线闭口、集中下泄”的调度方式，春夏两次调水实现蔡旗断面增泄水量 1051 万 m^3，全年度过水量达 1.79 亿 m^3。2007 年春夏两次调水，蔡旗断面增泄 1706.8 万 m^3，全年度过水量 2.18 亿 m^3，为 1994 年以来的历史最高纪录。2008 年，目前正在组织实施第四次调水，截至 9 月 1 日，蔡旗断面累计增泄水量 2756.46m^3，总过水量 1.078 亿 m^3。

在地下水的保护方面，认真贯彻落实《甘肃省石羊河流域水资源管理条例》和《关于加强石羊河流域地下水资源管理的通知》的要求，开展了全流域机井普查工作，利用 GPS 对每眼机井进行定位，并逐个编号、造册登记，建立电子档案，全面掌握机井的井位、井深、开采层位、取水量和灌溉面积等情况；强化地下水的审批，将流域内地下水取水许可的审批权全部上收至流域管理机构，出台《甘肃省石羊河流域机井审批暂行规定》和《加强石羊河流域小型自备水源井管理的有关规定》，从严审批流域地下取水，旧井改造遵循“一证一改”的原则，新打机井，除人畜饮水工程外，认真落实取水许可论证制度和水权转让制度；强化凿井施工单位的管理，在全流域推行凿井作业“准入制”和“登记制”，从源头上控制乱打井的行为；采取关井压田，减少地下水开采。2006 年关闭机井 500 眼，压缩灌溉面积 5 万亩，减少地下水开采量 5500 万 m^3，2007 年关闭机井 694 眼，压缩灌溉面积 10 万亩，减少地下水开采量 9058 万 m^3。2008 年武威市计划关闭机井 800 眼（其中民勤县 700 眼、凉州区 80 眼、古浪县 20 眼），压缩灌溉面积 18 万亩（其中民勤县 11 万亩、凉州区 7 万亩），截至 8 月底已关闭 794 眼，压缩灌溉面积 17.99 万亩，减少地下水开采量 1.219 亿 m^3；强化定额管理，安装计量设施。对武威市 12127 眼机井安装地下水计量设施，截至 8 月底已安装 12081 套；加大宣传力度，多形式、多角度的宣传水资源管理相关法律、法规，提高流域内广大干部群众的水法律意识；加大监督力度，公布举报电话，严肃查处流域内出现的违法违规打井行为。

流域管理实施前，流域下游民勤县地下水水位普遍下降，随着流域管理的逐步强化，中游下泄水量的逐年增加，地下水开采量逐年削减，流域下游局部地区地下水水位开始回升，生态环境得到改善。

长风万里会有时，直挂云帆济沧海。

展望甘肃石羊河流域的明天，有甘肃省省委、省政府的高度重视，有甘肃省水利厅的正确领导，有流域内各级党委政府和人民群众的大力支持，甘肃石羊河流域的水利人一定会扎扎实实地做好各项工作，不断强化流域管理，谱写下流域管理的新篇章。石羊河绿水长流，民勤绿洲生机盎然，这个全国人民共同期盼的美景一定会出现。

（甘肃省水利厅石羊河流域管理局供稿）

改革发展中的甘肃省水利厅讨赖河流域水利管理局

讨赖河属于河西内陆河流黑河水系，发源于祁连山地。讨赖河流域甘肃省境内包括上游的张掖市肃南县部分，中游地区的嘉峪关市、酒泉市肃州区及下游的金塔县。讨赖河主河道全长约360km，流域总面积为2.55万km^2。流域内自西向东共有大小河流9条，多年平均径流量11.62亿m^3，地下水资源为0.51亿m^3，灌溉面积约137万亩。讨赖河出山口多年平均径流量6.25亿m^3，讨赖河渠首多年平均径流量5.05亿m^3，渠首枢纽及南、北干渠（总长51km）直接控制下游灌溉面积57.96万亩。

甘肃省水利厅讨赖河流域水利管理局是甘肃省省属流域管理机构，准公益性事业单位，在讨赖河流域行使水行政管理职能，统一管理该流域甘肃省境内的水资源和河道。担负着该流域内嘉峪关市、酒泉市肃州区、金塔县、农垦边湾农场以及酒泉钢铁集团公司的工农业水资源调配任务。现设有四科一室、四所一站，成立有水政监察支队、水利工会，现有职工106人，其中在职职工70人。

伴随着改革开放30年，甘肃省水利厅讨赖河流域水利管理局也经历了改革发展新的阶段，在流域内对水资源合理开发、利用和保护，协调流域内上下游、左右岸、工农业之间的利益发挥了积极的作用，为流域内经济和社会发展作出了应有的贡献。

坚持不懈，在改革中不断推进流域管理。由于体制性障碍的制约，导致了讨赖河流域水资源开发利用上，至今沿用历史上“定时不定量”的分水制度，造成水利管理工作中一系列现实问题。该管理局深深地认识到改革的紧迫性和必要性。多年来，讨赖河人坚持改革的信念不变，面对体制性障碍因素的制约，全局“水难管、费难收、职责难落实”的“三难”深层次矛盾和问题不断凸现，致使流域管理各项工作面临严峻考验。为解决“三难”问题，局党委带领全局干部职工进行了艰难的探索，从内部管理上下工夫，出台各项管理制度，强化责任制，进一步树立服务观念，加大管理力度，从挤出有限资金对骨干工程修修补补到全额争取国家和省厅拨款完成渠首引水枢纽改建等等，做了大量卓有成效的工作。特别是1998年，随着改革的深入发展，经省政府同意，省编委以甘机编发〔1998〕003号文件通知，讨管处划归省水利厅领导，成立了甘肃省水利厅讨赖河流域水利管理局。全省第一个流域管理机构的成立，标志着讨赖河流域实现了由区划管理向行业管理的历史性转变，讨赖河流域的管理从此迈上了新的台阶，这是讨赖河流域水利发展史上一件大事，具有里程碑的意义。1998年，省人事厅和省水利厅授予了讨赖河管理局水行政管理职责，2000年10月成立了水政监察支队，2004年，依法实施了取水许可管理，取得了省政府对管理局法律法规授权实施行政许可权主体资格的认定，实现了行政许可实施机构由省厅委托到具备主体资格的根本转变；2003年，管理局抓住全国水利工程管理体制改革试点的有利时机，通过争取，被列为全省水管体制和事业单位改革试点单位之一，同时又成为全省唯一的水利部试点联系单位。管理局双重试点改革工作，在省厅的正确领导下，根据中央和省上关于改革的有关政策，省政府、省人事厅、省编办、省水利厅相继批复了有关方案。2007 年经过近 4 个月的扎实工作，顺利完成了改革试点工作任务，水管体制改革工作初见成效，取得了明显进展和阶段性成果。本次双重改革试点工作，重新核定了编制，明确了管理局准公益性事业单位性质，争取了占在职职工总数 44%的全额拨款公益性人员编制，实行了以竞争上岗、双向选择、按岗聘人为主要内容的全员聘用制，建立了内部分配机制，出台了目标管理责任制考核指导意见，实施了积极的人员分流，落实了社会保障政策，完成了水利工程供水定价成本核算、上报工作。通过改革，初步建立了适应社会主义市场经济体制要求的、充满生机与活力的水利工程管理新体制，达到了改革预期目的。通过水管体制和事业单位双重改革试点的实施，实现了由单纯供水向履行流域综合性管理职能的转变。

管理局抓住水价改革机遇，于 1999 年实现了管理费向水费的过渡，2001 年实现了水费基本上按成本到位，从提升管理费标准到水价的两次核批，实现了由收取管理费向收取水费的转变，尽管收取困难，但在一定程度上为管理局的良性运行和事业的长足发展奠定了较好的物质基础。

创造条件，争取渠首工程立项改造，同时加大骨干工程加固维修。讨赖河渠首及南北干渠等引输水共用骨干工程超期服役，大部分老化失修，隐患较多，为确保安全引输水，讨赖河渠首改建工程在省厅的大力支持和帮助下，于 2001 年底正式纳入国家病险水闸改造计划，2002 年 4 月 8 日开工建设。主体工程于 2002 年 11 月底建成竣工，并投入试运行，2003 年底，批准的建设项目全部建成竣工，完成总投资 1300 万元。工程改建竣工投入运行以来，有力地改善了供水条件，保证了下游农业灌溉用水，工程的经济效益得到了充分发挥。同时，管理局先后安排各类维修改造项目 100 多项，据不完全统计，近几年来管理局共累计完成渠道维修加固长度 19.61km，累计投入资金近 500 万元。

讨赖河上游水能资源蕴藏丰富，理论蕴藏量达 20.7 万 kW，已建成冰沟一级、镜铁山电站装机容量 4.755 万 kW，已并网发电，正在开发建设的电站装机容量 4.43 万 kW。

始终坚持用发展的办法解决前进中的困难和问题，很好地阐释了发展的要义。十多年来，管理局工作的理念和思路经历了不断充实和完善的过程，完整地描绘了管理局依据发展变化了的实际情况，不断调整发展思路的过程和轨迹。坚持“水利管理与综合经营并重，物质文明和精神文明并重”和水利综合经营“四句话”到“六个开发”的思路，引领水利综合经营步入快车道。在“三个代表”重要思想指引下，管理局理性地总结过去，思考未来，及时提出了“坚持第一要务，突出发展兴局”的指导思想。明确把发展放在第一位，把“兴局”作为总目标。用发展的眼光、发展的思路、发展的办法解决前进中的问题，并先后提出了“抢抓机遇、加快发展”、“抓主抓重、整体推进”、“先干起来、逐步完善”等一系列指导意见，始终贯穿于各项实践工作当中，获得了较好的效果。管理局围绕发展问题，动员各方力量，不断创新思路，促新发展，发扬先干起来和艰苦奋斗的创业精神，创造性地开展工作，促进了水利管理和水利经济的快速发展。

从职工的根本利益出发，以发展聚人心，不断满足职工群众日益增长的物质文化需要，让发展的成果惠及全体职工。从改善职工工作生活环境条件、安定基层职工人心的实事做起，结束了“四个历史”，即为基层所站投资打机井、建水塔、通管道，结束了管水人长期饮用窖水吃不上洁净水的历史；从管理局改装车辆接送职工到支持所站购买工作车接送职工，结束了基层职工节假日回家乘车难的历史；从更新启闭设施到渠首改建完成，结束了40多年手摇启闭机的历史；从更新通讯设施到架通程控电话，结束了长期使用手摇磁式电话机的历史。20世纪80年代初，将局机关办公危旧平房建成了办公楼，自1999年开始，先后对基层所站危旧房屋全部进行了改建、改造，办公及工作、生活场所得到彻底改观。安居才能乐业，管理局千方百计筹措资金，修建住宅楼，基本上解决了职工住房问题；创造条件逐步解决了部分老职工子女就业问题；随着综合经营的发展，全局职工福利水平不断提高，创造条件丰富职工文化生活，为机关和基层单位建起了电教室和职工之家，修建了培训中心，成立了医务室，成立了离退休人员管理领导小组，组建了困难职工基金会。管理局创造条件改善基层职工工作生活环境，2001年制定了以生态环境建设、开发和保护为主要内容的禹园风景区建设规划，并组织了实施。近几年在搞好园区环境综合整治的同时，狠抓了园区绿化工作。园区内栽植各类树木23000余株，形成绿茵面积30余亩。2003年在通往水管所道路两旁植树约8000株，建成绿色通道近2000m。目前，水管所及周边地带现有林木近5万株，整个园区绿化率达80%以上，已形成戈壁腹地一块耀眼的绿洲。禹园旅游园区于2005年被水利部命名为国家级水利旅游风景区。园区内建成了二星级宾馆和各具特色的餐饮区及民俗风情区，建成了甘肃省水利厅河西水利培训中心，同时被命名为甘肃省专业技术人员继续教育基地。基层各单位从加快基础设施建设入手，在戈壁上种草种树开始，逐步向园林式绿化单位目标迈进，把环境整治作为近几年日常管理工作的重点来抓，对管理房进行维修装饰、院内外环境进行整治同时，加大绿化工作力度，吸引客商育苗、种植风景树种、培植草坪等，使单位环境面貌焕然一新。

回顾流域事业的改革发展过程，创业是艰辛的，发展变化是显著的，成绩来之不易。对于困难和问题同在、机遇和挑战并存的管理局来说，每前进一步，都要为之付出艰辛的努力。在过去的工作中，讨赖河管理局在加强流域水利管理、实施依法治水战略、推动水利经济发展、加强精神文明建设、全面推进党的建设等方面取得了显著成绩。上交省水利厅管理的十年，是局领导班子及其全局职工经受住严峻考验，从困难中逐步走向良性发展的十年；是全局上下进一步解放思想、转变观念、抢抓机遇、开拓进取，流域各项事业快速发展的十年；是在市场经济条件下，水利管理和水利经济取得显著成绩的十年；也是在改革与奋进中全局面貌变化之突出，职工生活改善之明显，管理局对外声誉影响之大，形象和地位明显提高的十年。总的来看，这十年，管理局对外影响力大幅提升，发展方式逐步转变，发展潜力不断提高，发展活力持续增强，流域水利事业开创了新局面。这表明，全局上下对科学发展观的认识更加深化，贯彻措施更加有效，行动更加自觉。2003年12月，由中共甘肃省委授予中共甘肃省水利厅讨赖河流域管理局委员会全省思想政治工作先进集体称号。2003年12月，由甘肃省省直机关工委授予中共甘肃省水利厅讨赖河流域管理局委员会2002～2003年度省直机关创建“双有一文明”活动优秀基层党委称号。管理局先后被厅党组表彰为厅系统先进工作单位、文明单位、安全生产先进单位；管理局机关和局属各单位多年均被驻地政府命名为市级文明单位和市级文明标兵单位，管理局连续三年被驻地政府表彰为绿化先进单位和绿化模范单位。

展望未来，任重道远。新一届领导班子将全面贯彻落实科学发展观，按照新时期治水思路的要求，毫不动摇地坚持发展的主题，改革的精神，向管理要效益，靠人才求创新，以和谐促进步，抓住重点，突破难点，牢牢把握着力点，以流域水资源统一管理和依法治水为目标，进一步深化各项改革，推进流域水资源信息化建设和流域立法进程，加强规划管理，提升各项管理，创造条件逐步实现流域水资源的科学统一管理，促进水资源的统一调度和有效利用，为流域内经济和社会的可持续发展做出积极努力。

（甘肃省水利厅讨赖河流域水利管理局供稿）

狠抓科研求生存　改革创新促发展

改革开放30年，甘肃省水利科学研究院从无到有、由小变大、从弱到强，为甘肃水利事业发展作出了应有的贡献，培养和造就了一支高素质、懂技术、能吃苦、肯钻研的水利科研队伍，目前已经成为甘肃水利科技发展的主要骨干力量，在水资源开发、利用、节约、保护、配置、区域水循环、河流水生态、雨水利用以及农业节水、材料试验、质量检测等领域取得了较多的重要研究成果，为政府决策及甘肃水利发展提供了科学依据和强有力的技术支撑。

一、立足科研求生存，发展中不断壮大

甘肃省水利科学研究院成立于1979年，其前身是甘肃省水利厅科技处，成立前为甘肃省水利科学研究所，仅有职工十多人，只能承担很有限的一些科技任务，随着业务的不断增加和人力物力的不断投入，甘肃省水利科学研究所由小变大，2003年4月16日更名为甘肃省水利科学研究院。现有在职职工50人，其中正高级职称人员6人，高级职称人员16人。大专以上学历44人，其中博士后1人，硕士8人。享受政府特殊津贴专家7人，甘肃省学科带头人1人，甘肃省“333”科技人才工程第一、第二层次首批人选7人，国家优秀专家1人，省优秀专家2人。经过30年的发展，初步形成了一支具有较高水平的科研团队，为实现水利科技进步奠定了人才基础。

甘肃省水利科学研究院是以开展水利科研与技术推广为主，兼有技术咨询、技术培训业务的省级水利科研院所。目前已经形成了3个研究所、2个培训中心、1个试验基地、1个质量检测站的研发体制，可在水文水资源、农业水利、雨水资源利用与水利工程建筑4个专业研究方向进行研究工作，承担对外国际雨水利用技术培训、开展水利工程技术的示范推广、水利水电工程质量检测、灌溉试验技术培训、水利科技信息交流等任务。

多年来，甘肃省水利科学研究院共承担完成国家水利部、科技部、商务部、甘肃省水利厅、甘肃省科技厅的重大科研项目80多项，30多项研究成果达到国内领先和国际先进水平，获国家科技进步三等奖1项，省科技进步二等奖12项，三等奖14项，省农业技术推广奖3项，发明专利5项。在国内外学术刊物上发表论文百余篇，出版专著5部，主持、参编行业标准2个，省级标准1个。先后有32人（次）出国考察学习并进行学术交流。

立足科研，制度先行，科研成果的取得离不开制度的建立健全。30年间甘肃省水利科学研究院在常抓不懈人才建设和科研工作的同时，始终注重制度建设这一根本性工作，通过长期的探索和总结，甘肃省水利科学研究院建立起了一套完善健全的管理体制。这套

体制涵盖了行政管理、科研项目、人事财务和收入分配等各个方面，有力地保障了甘肃省水利科学研究院各项工作的顺利进行，很好的推进了科研工作的深入开展，为甘肃省水利科学研究院在新时期又好又快发展营造了良好的制度环境。

二、结合生产搞研究，实践中硕果累累

自 1984 年起，甘肃省水利科学研究院紧密结合甘肃水利建设实际和农业生产发展的需要，在人力物力非常有限的条件下，开展了水库排沙清淤技术、灌溉节水技术、盐碱防治技术、渠道防渗抗冻技术、雨水集蓄利用技术、水资源高效利用等多方面的科学研究和技术推广工作，并以科研和所取得的成果为依托，大力发展技术推广和咨询，形成了甘肃水利科研在“文化大革命”之后恢复生产中取得的第一批成果和优势技术，直接被应用与生产实际当中，解决了面临的技术问题，创下了上亿元的直接或间接经济效益，为甘肃农业发展和农民生活水平的提高以及生态环境保护作出了应有的贡献。

“九五”计划实施以来，甘肃省水利科学研究院在现有工作的基础上，积极向上争取，在承担甘肃水利重点项目的同时，申请到了国家“九五”重点科技攻关项目——“疏勒河流域水土资源合理利用与生态环境保护研究”、“干旱缺水地区大田滴灌技术研究与示范”等 2 项科技部向全国招标的项目，初步展示了甘肃水利科研的科技实力，之后又参加完成了“黑河流域水资源合理利用与社会经济和生态环境协调发展研究”项目；承担完成了国家重大科技产业工程项目“农业高效用水与科技产业示范工程”第三分项“天然降水富集灌溉类型区农业高效用水模式与产业化示范”等重大项目，并取得国内领先水平的科研成果，从此，初步确定了甘肃水利科研的重点专业方向和科研人才队伍雏形。

进入“十五”、“十一五”以来，甘肃省水利科学研究院进入较快发展的阶段，所承担的项目数量越来越多，层次越来越高，专业面也越来越宽，如承担完成的科技部西部开发专项计划项目“甘肃河西内陆区水资源战略安全及优化节水技术体系研究与开发”以及国家重大科技专项（863 计划）项目“北方干旱内陆河灌区（甘肃张掖）节水农业综合技术体系集成与示范”课题专题——“输配水技术研究与示范”、专题八“微咸水高效安全利用技术研究与示范”等研究工作均取得了国际或国内领先的技术成果，并在生产中得到应用。其中，“疏勒河流域水土资源合理利用与生态环境保护研究”、“天然降水富集灌溉类型区农业高效用水模式与产业化示范”项目成果均应用于当时正在建设的“疏勒河流域综合开发项目”和“甘肃农村雨水利用建设项目”，起到了很好的技术指导作用。除此之外，还承担完成了“干旱半干旱地区雨水集蓄利用技术研究”、“甘肃水资源可持续发展战略”、“秦王川灌区水盐动态预测及土壤盐渍化防治对策研究”等 30 多项省重点科研计划项目和《甘肃水利发展与改革“十一五”规划》专题——“甘肃水利发展‘十五’计划执行评估”、“甘肃中东部地区雨水利用工程后评价及发展模式研究”。特别是雨水集蓄利用技术研究和甘肃水资源可持续发展战略研究成果为政府部门制订计划和决策提供了依据，同时也将成为实现甘肃农村可持续发展的重要技术支撑。至今，甘肃水利科研进入了有序较快发展的阶段，形成了具有自己特点的 4 个专业方向和人才梯队，并开始着意打造特色专业，向国际国内雨水利用的科研、示范、培训与咨询市场进军。

三、充分发挥技术优势，积极开展示范推广

多年来，甘肃省水利科学研究院通过不断承担重大科研项目和业务培训与学历教育提高等手段，锻炼了一支专业基础知识扎实、业务能力强并掌握国内外科技动态与先进技术的科研队伍，特别在雨水利用专业方面具有国际领先的水平，是国际雨水利用协会副主席单位，在国内甘肃省水利科学研究院还承担着中国水利学会雨水利用专业委员会秘书处的工作，目前已形成了雨水利用技术研发与咨询团队，承担着国内外雨水集蓄利用方面的许多研究与示范工作。

干旱半干旱地区雨水集蓄利用技术是甘肃省于20世纪80年代最早提出的一项利用收集雨水解决缺水地区人畜饮水困难的技术，该项技术的应用，缓解了甘肃省干旱半干旱山区人畜饮水困难，为旱区农业发展提供了补充灌溉水源，为甘肃省广大农村地区的经济发展带来了新的希望。基于此项技术的推广应用，1995年甘肃省开始实施“121”雨水集流工程，1996实施“集雨节灌”工程。在这一技术的推广过程中，甘肃省水利科学研究院主编完成了“甘肃省雨水集蓄利用工程技术标准”，并作为主编单位参与执笔编写了水利部颁雨水集蓄利用工程技术规范，之后又承担完成了国家重大产业工程示范项目“半干旱山区雨水利用技术集成与创新研究”、“旱地集水农业高效用水技术研究”，逐步形成了雨水利用综合技术体系（主要包括不同条件下的集雨利用技术模式、旱地集水农业高效用水技术模式、主要农作物最佳灌溉模式、工程建设投资模式和运行管理机制）。为这一技术的推广应用提供了技术支撑和保障。

甘肃省雨水利用人畜饮水工程的建设以1995年开始实施的“121”雨水集流工程为代表，在不到两年的时间内，甘肃全省有8个市（州）的27个县（区）建成了各种集流面3716万m^2，蓄水窖50.53万眼，基本解决了中东部地区129.9万人、97.7万头牲畜的饮水困难问题。旱地农业补充灌溉工程的建设自1996年开始实施，截至2004年底，在甘肃全省10个市（州）的63个县（区），共新建和改造利用各类集流面37109万m^2，累计建成集雨节灌水窖208.0万眼，发展灌溉耕地面积416.6万亩，多年平均情况下，每年可收集利用雨水0.943亿m^2。

雨水利用人畜饮水工程的建设，使得大部分地表水地下水极度匮乏的干旱山区，不再依靠人拉畜驮勉强解决饮用水问题，也不再依赖于政府组织车辆拉水救济，广大群众依靠收集雨水就基本能够解决生活用水问题，通过集雨补灌，田间地头建起了蔬菜大棚，房前屋后种上了果树和经济作物，农民群众收入有了较大幅度的提高。

目前甘肃省雨水利用工程累计新建和改造利用各类集流面40825万m^2，集雨节灌水窖258.53万眼，每年可收集利用雨水1.086亿m^3，为甘肃农村经济的发展提供了难得的水源条件。

四、打造自有特色品牌，积极开展对外合作

甘肃省是中国雨水利用研究、示范比较早的省份，也是整体规模效益最好的省份，在雨水利用方面积累了丰富的经验，取得了显著的社会经济效益，为国内其他缺水省份实施雨水集蓄利用工程提供了可供借鉴的技术和经验，成为我国实施集雨节灌的样板，这一成

就也曾获得2003年在日本举行的第三届世界水论坛水行动大赛特等奖。雨水利用技术现已成为甘肃省水利建设的一大亮点，在抗旱生产、扶贫解困，促进农村区域经济发展等方面发挥着十分重要的作用，是甘肃省推进社会主义新农村建设的切实可行的重要举措，也成为实现甘肃省水利经济发展的不可忽视的重要应用性技术之一。

在甘肃取得一系列雨水利用技术研究与应用成果之后，国外参观学习的人员络绎不绝，甘肃省水利科学研究院适时紧抓这一发展机遇，充分利用自有技术优势，开展技术培训。在水利部和商务部的支持下，从2003年起，甘肃省水利科学研究院现已连续举办4期国际雨水利用培训班，为47个发展中国家的195名学员提供了雨水利用技术培训。通过培训，扩大了交流，增进了友谊，使这一技术推广应用到了世界范围的类似地区，为解决缺水问题贡献了一份力量。由于培训工作的宣传和推动作用，使甘肃的雨水利用技术走向了世界。近年来，甘肃省水利科学研究院雨水集蓄利用技术不但得到了非洲缺水国家的青睐和认可，同时也引起了国际社会的广泛关注。目前甘肃省水利科学研究院已与沙特阿拉伯、尼日利亚、阿尔及利亚、加勒比海诸岛国等十多个国家或组织在该领域的合作，开展技术咨询、样板工程建设等服务，并与UNEP、FAO、UNDP等组织开始合作普及推广雨水利用技术。

五、开拓创新谋发展，立足优势做贡献

30年足够漫长却又极为短暂，甘肃省水利科学研究院伴随着改革开放的大潮，见证了甘肃水利发展改革的积淀与辉煌。今后一个时期内，在构建和谐社会，实现经济、社会与环境协调、持续、稳定、健康发展的过程中，以水资源的可持续利用支撑经济社会的可持续发展，成为关键和根本。甘肃省水利科学研究院作为甘肃省水利行业的科技支撑力量，将继续立足优势技术，争取更多的科研项目，特别是在水资源高效利用，生态环境治理方面，力求以水资源的可持续利用促进区域经济、社会的可持续发展，并加大对雨水资源的开发研究力度，不断开拓创新，使雨水利用工作进一步向着深层次、高效益、多元化、规模化、产业化以及高保障化的方向发展；继续加大雨水利用科研力量的投入，争取该项技术产业化的突破，早日形成技术产品，直接服务于用户；继续加大国际雨水利用的技术培训和咨询工作，争取在世界范围内不同类型区建成雨水利用示范区，积极传播这一技术，为同类缺水地区提供技术支撑；继续积极开拓城市雨水利用的研究与示范工作，争取在较短的时间内形成以城市雨水利用的为突破口的科研方向，全面实现城市农村水资源的可持续发展。立足科技优势，为甘肃水利事业作出新的更大的贡献。

（甘肃省水利科学研究院供稿）

改革进取　奋发图强
为甘肃水保科研事业做贡献

甘肃省水土保持科学研究所在改革开放的30年中不断创新，锐意进取，发展壮大。回顾30年来改革与发展的进程，人们不难发现，经过几代水保科研人的拼搏进取、不懈努力，使甘肃省水土保持科学研究所在科研、技术服务、内部管理、人才培养和所区建设等方面取得了丰硕成果，走出了一条基础理论研究与应用技术推广、科技与生产相结合，面向市场、服务社会的良性发展的路子，为保护和改善区域生态环境，推进甘肃水保科技事业的发展做出了重要贡献。

一、立足实际，奋发图强，在改革开放中不断发展壮大

甘肃省水土保持科学研究所始建于20世纪60年代。建所初期，由于历史原因，水保科研所基础设施落后，技术人员匮乏，开展的基础理论研究和新技术应用推广方面的课题不多，一般承担一些水保植物的引进栽培和试验示范项目。改革开放以后，甘肃省水土保持科学研究所从实际出发，解放思想，转变观念，以市场为向导，以改革为动力，强化内部管理，引入竞争机制，大力引进和培养人才，实施人才强所战略。经过30年的不懈努力，已培养和造就了一支高素质、懂技术、能吃苦、肯钻研的水保科研队伍，涌现出一批技术带头人，使科研课题数量、水平和技术含量有了质的飞跃，研究的领域和范围不断拓展。目前，甘肃省水土保持科学研究所有在职职工118人，专业技术人员81人（正高工2人、副高工18人，中级职称22人，初级职称39人），管理干部8人（其中高级政工师3人），技术工人29人（技师1人、高级工14人、中级工10人、初级工4人）。技术干部占职工总数的68.64%。有硕士研究生5人，本科52人，大专29人，中专6人，高中以下26人；享受政府特殊津贴专家3人，省优秀专家1人，涉及水土保持、水利工程、农业、林业、气象、计算机、自然地理、园艺、农经、英语等10多个专业。研究任务主要是：开展水土流失规律和水土保持基础理论研究；水土保持与生态建设应用技术的试验、示范和推广；水土保持优良植物引种、试验和培育；编制水土保持生态建设项目可研、初步设计和开发建设项目水土保持方案；水土保持生态建设项目和开发建设项目水土保持监测以及水土保持科普宣传、技术培训等。

截至2007年，甘肃省水土保持科学研究所共承担完成国家水保基金课题、国家“九五”科技攻关西部大开发专项课题、黄河水利委员会、甘肃省水利厅、甘肃省科技厅等部门科研项目50多项，20多项研究成果达到国内领先水平，其中：获得省部级以上科技进步奖20项，地厅级科技进步奖29项。在《中国水土保持》、《水土保持通讯》等各类刊物上发表论文百余篇。

二、面向社会，服务生产，推进甘肃水保科研事业发展

改革开放以来，甘肃省水土保持科学研究所以水保科研和技术服务为重点，坚持面向社会，面向市场，为经济建设和生态环境建设服务。坚持基础理论研究与应用技术研究相结合，坚持引进培育与试验、示范和推广相结合，坚持科研课题与技术服务相结合。面向社会，通过市场竞争和横向联合，协作攻关，先后开展了大量多学科、多层次的科学研究、试验、示范和技术服务工作，在水土流失规律和水土保持基础理论研究、小流域综合治理技术试验示范及推广、梯田建设新技术研究与推广、水土保持优良树、草种的培育、引种与推广等方面取得了一大批有价值的科研成果。《甘蒙圣柳在甘肃中部半干旱地区的适应性及其技术研究》、《计算机新技术在水土保持规划、管理中的应用研究》等课题，不仅为甘肃省干旱地区水保植物的引进栽培提供了成功经验，为小流域治理规划提供了科学方法，同时也提升了甘肃省水保植物栽培技术和计算机技术在水保工作中的运用水平，推进了甘肃水保科技事业的发展。

（一）积极开展水土流失规律和水土保持基础理论研究

甘肃省涉及黄河流域、长江流域及内陆河流域三大流域，地形复杂，水土流失严重，水土流失治理任务艰巨，治理模式差异很大。根据甘肃省实际，甘肃省水土保持科学研究所在流域水土流失规律和水土保持防治措施体系方面作了大量研究与试验，取得了《祖厉河流域数理地貌及侵蚀特征分析研究》、《甘肃中部重点地区生态环境遥感本底调查及动态监测系统开发》等一批基础理论方面的研究成果，对指导面上的治理工作发挥了重要的作用。同时，通过对流域水土流失规律研究，针对其特点提出相应的防治措施体系，因地制宜，分类指导，为水土流失综合治理提供科学依据，对提高治理水平具有十分重要的意义。

（二）大力开展小流域综合治理技术试验示范及推广

从1983年起，甘肃省水土保持科学研究所先后参与了榆中县孙家岔流域、定西县官兴岔流域和复兴流域、甘肃省黄土高原水土保持一期、二期世行贷款项目、甘肃省长江上游水土保持重点防治工程水土保持科研与综合治理技术示范推广等一大批国家和省上水保综合治理重点项目，通过与省地县水保部门共同努力，完成技术推广面积达380多km^2，获得了显著的经济、生态和社会效益，对改善区域生态环境、促进经济发展发挥了重要作用。

（三）大力开展梯田建设新技术的研究与推广

梯田建设是甘肃省农田基本建设的主要工作。根据甘肃省梯田建设任务重、难度大的实际，多年来甘肃省水土保持科学研究所坚持开展梯田建设新技术的应用研究和推广。经过多年努力，先后取得了《水平梯田试验研究》、《梯田优化设计及测设仪的研制》、《机修梯田优化设计与施工技术研究》等一批有甘肃特色和较高应用价值的成果，获得较好经济效益社会效益，为推进甘肃省大面积、规模化梯田建设提供了有力的技术支持。

（四）积极开展水土保持优良树、草种的培育、引种与推广

水保优良植物的引种栽培是提高水保植物措施质量效益的关键。多年来，甘肃省水土

保持科学研究所从甘肃自然特点出发，特别是水土流失严重的中部干旱、半干旱地区的生态环境比较恶劣的实际，大力开展各种耐旱、耐瘠薄的水保草树种的研究、引种与试验推广，取得了一大批具有较高价值的科研成果。《甘肃中部干旱、半干旱地区灌木资源调查及主要水保灌木树种研究》、《黄土高原利用药物提高造林成活率的研究》等多项研究成果，为解决甘肃中部干旱、半干旱地区造林成活低、保存率低、效益低等“三低”现象，探索了途径和方法，并获水利部、甘肃省科技进步奖。

在开展水保科研的同时，甘肃省水土保持科学研究所积极示范推广水土保持造林技术，建立了厅属大砂沟和窦家山两个造林绿化示范基地。经过多年不懈努力，取得了显著成效。从20世纪60年代开始，在兰州市东大门窦家山900多亩荒山进行绿化和水保综合治理，经过40多年的努力，窦家山示范基地的900多亩荒山全部披上绿装，植被覆盖率达90%以上，目前山峦葱绿，林草茂盛，已成为兰州市东大门一道亮丽的风景线。1998年又承担了甘肃省水利厅大沙沟绿化基地的治理管护任务，经过近10年的努力，在应用水保科研成果，推广干旱地区造林技术方面取得较大成绩，大砂沟示范基地1657亩荒山基本绿化，植被覆盖率达到80%。2001年，被甘肃省政府授予“全省国土绿化先进单位”光荣称号。

三、发挥优势，抢抓机遇，积极为经济建设服务

甘肃省水土保持科学研究所利用自身优势，以市场为导向，抢抓西部大开发和产业政策宏观调控的历史机遇，按市场的需求，不断扩大水土保持技术服务的领域和范围。从编制水保生态建设项目的规划设计到编制公路、铁路、电厂和煤矿等开发建设项目水保方案；从开展项目前期服务工作到项目实施过程中的监理、监测等，不断拓宽技术服务领域和范围，扩展服务内容和项目，提高技术服务的深度和广度。在开发建设项目方面，先后承揽完成了《馋柳高速公路水保方案》等数十项水保方案编制任务。在生态环境建设项目方面，先后完成了《甘肃省刘家峡库区水土保持综合治理一期工程可研设计》和《甘肃省刘家峡库区水土保持综合治理一期工程初步设计》等一大批水土保持生态建设项目的可研和设计。同时，还完成《兰州市皋兰县朱家井流域坝系建设可行性研究报告》等多项被水利部列为重点工程的淤地坝建设项目。

四、加强管理，抓好培训，夯实发展基础

30年来，甘肃省水土保持科学研究所以全面推进水保科研发展为目标，以改革和完善内部管理机制为重点，加强管理，完善制度，先后制定了《省水保所职工考勤管理办法》、《省水保所项目承揽管理办法》、《省水保所合同管理办法》等一系列规定和办法，做到以制度管人，按制度办事。为了提高科研技术服务水平，增强市场竞争能力，采取请进来派出去的方式，以学历教育和技能培训为重点，引进人才，鼓励职工参加各种形式的学习培训，全面提高干部职工的业务能力和技术水平。据统计，多年来甘肃省水土保持科学研究所邀请有关专家举办水土保持等各类专业培训班10余次，先后派出参加水资源论证、水土保持方案编制等各类资质培训班学习人员达120人（次），取得造价工程师资质、监理工程师资质等各类资质人员近百人（次）。近年来，根据水土保持科学研究和技术服务

发展的需要，甘肃省水土保持科学研究所不断加大设备更新力度，购置更新了一大批科研仪器和办公设备，提高了工作效率，实现了办公自动化和资源共享。

五、以科技创新为目标，积极研究和应用新技术

在科技快速发展的新时期，甘肃省水土保持科学研究所始终站在水保科研的前沿，努力把最新科技成果运用到水土保持科研中，以提高科研成果的科技含量。在省内较早地开展了《计算机新技术在水土保持规划、管理中的应用研究》课题研究，开创了甘肃省水保信息化的先河。近年来，又利用遥感技术对水土流失进行动态监测，与相关单位协作完成的国家"九五"科技攻关专项课题《甘肃中部重点地区生态环境遥感本底调查及监测系统开发》获得省科技进步三等奖。负责完成的中国和加拿大科技合作示范项目，《定西县复兴流域水土保持综合治理》课题获得水利部水土保持设计一等奖；《孙家岔流域水土保持综合治理试验示范》等多项研究成果获甘肃省科技进步奖。

多年来，甘肃省水土保持科学研究所结合科研和技术服务，大力培训县乡水保技术干部和农民技术员，共编写各种水保教材 5 种，培训地县及农民水保人才 5000 多人次。另外，甘肃省水土保持科学研究所在科研成果的利用和科技资料整编方面也取得了较好成绩，所档案室获得"国家档案管理二级"称号。

六、不断创新，开拓进取，努力为甘肃水保科研事业发展做出新贡献

30 年来，甘肃省水土保持科学研究所通过改革创新、奋发图强，取得了较好的成绩。不平凡的发展历程见证了甘肃水保科研事业的成长和发展，折射出改革开放给我国经济、社会等方面带来的巨大变化。展望未来，在构建和谐社会，实现经济、社会与环境协调、持续、稳定、健康发展的过程中，甘肃省水土保持科学研究所将迎来一个新的发展机遇期。在甘肃省省委、省政府和水利厅党组的领导下，甘肃省水土保持科学研究所将认真贯彻落实科学发展观，以机制改革和技术创新为突破口，进一步发挥技术和人才优势，加大技术创新力度，不断提高科研成果的技术含量和水平；面向社会，加大技术服务力度，更好地为经济建设服务，为甘肃水保科研事业发展做出新贡献。

（甘肃省水土保持科学研究所供稿）

创新办学理念　培养水利人才

始建于 1956 年的甘肃省水利水电学校，隶属于甘肃省水利厅，1959 年秋，在清华大学等院校支持下戴帽为甘肃省水电学院，1979 年经甘肃省省政府批准筹建甘肃省水利专科学校，1982 年经甘肃省人民政府批准定名为甘肃省水利学校，1997 年 10 月更名为甘肃省水利水电学校。回顾甘肃省水利水电学校已经走过的半个多世纪的风雨历程，已累计为我国水利水电建设事业培养各类人才 2 万余名。尤其是自改革开放 30 年来，甘肃省水利水电学校在甘肃省水利厅的直接领导和关怀支持下，广大教职员艰苦创业，辛勤耕耘，以精湛的教育教学水准，以振兴甘肃水利事业的强烈使命感，准确把握人才市场需求，努力在学与用之间、在人才培养与社会需要之间架起沟通之桥，筑起宽广的就业之路，从而使甘肃省水利水电学校实现了跨越式发展。由于办学成果显著，办学特色突出，经教育部组织专家评审认定，甘肃省水利水电学校被审定为国家级重点中等专业学校。

一、深化教育教学改革，实现跨越式发展

随着办学规模逐步扩大，甘肃省水利水电学校于 1979 年迁址另建，在新征的 98 亩土地上，经过 3 年多时间的基础设施建设，至 1982 年初步具备了基本的办学条件。此后经过近 10 年的全面发展，甘肃省水利水电学校在水利工程建筑、水利工程管理等已有专业的基础上，根据本校实际和社会需求，又创办了陆地水文、水土保持两个新型专业，在校学生人数达到了 700 人的设计规模，并由此翻开了新的篇章。

20 世纪 90 年代，甘肃省水利水电学校结合自身发展优势，深化教育教学改革，本着“勤奋、严谨、求实、创新”的精神，以兢兢业业的工作态度，深入水电建设工地和企事业单位，进行论证分析，根据各方反馈意见及时调整专业结构和课程结构，积极探索中等专业教育发展的新思路，培养和造就了一大批适应能力强、特别能吃苦、特别能奉献的有真才实学的水利水电专业人才。

进入 21 世纪，随着国家教育改革的深入，全国高中、大学纷纷开始扩招，每年有近千万名大中专毕业生进入社会，寻求就业，这给学校带来了巨大的生存压力。招生难、就业难的问题成为中等专业技术学校中普遍存在现象。面对这一严峻形势，甘肃省水利水电学校及时调整思路，确定了“以质量求生存，以管理求效益、以改革求发展”的办学宗旨，按照“以就业拉动生源”的新思路，在狠抓教育教学质量的同时，积极开拓和扩大就业市场，取得了令同行瞩目的成效。根据用人单位对专业人才的需求，科学设置专业，在办好水利水电工程技术、工程测量技术等专业的基础上，新开办了工程地质、工程施工机械应用与维修、公路与桥梁、水工金属结构制作与安装、机电设备安装与维修等专业，与兰州石化职业技术学院联合开办了水工专业高职班，与华北水利水电学院、丹江口水利职

工大学联合开办了成人高等函授教育，形成了多层次、多规格多渠道的办学格局。在这一发展时期，为了彻底缓解招生难、就业难的压力，甘肃省水利水电学校按照“校企联合、订单培养”的模式，在全体教职员工的共同努力下，先后和中国水利水电建设集团总公司下属 12 个工程局，中国铁路建设集团公司下属十四局、隧道局、电气化局省内 10 多个大型水利水电建设、施工单位和地矿、测绘、工业与民用建筑等单位达成了校企共建关系，有效拓宽了招生渠道，扩大了就业范围，取得了良好的效果。同时，学校还和中国水利水电第一工程局、第六工程局、第十一工程局、第十四工程局等用人单位签订了部分专业毕业生的合作培养意向，保证了学生的就业方向为学生鼓足信心、努力学习增添了新的动力。这种具有水电学校特色的办学模式，进一步促使办学质量的提高，办学规模的不断扩大，毕业生就业率稳步上升，受到社会各界的普遍关注和认同，甘肃电视台、甘肃日报、中国水利报等新闻媒体对此给予了多次报道，甘肃省水利水电学校也被甘肃省教育厅评为“甘肃省招生工作先进单位”、被甘肃省人事厅评为“甘肃省毕业生就业工作先进单位”，被甘肃省省直机关工委授予“先进党组织”称号，甘肃省水利水电学校还多次获得甘肃省水利系统“先进单位”称号。2003 年 12 月，甘肃省水利水电学校被教育部审定为国家级重点中等职业学校。

二、进取创新的办学理念，务实有效的管理特色

创新是发展的关键，制度是学校管理的保证。多年来，甘肃省水利水电学校积极创新办学理念，建立健全各项规章制度，对甘肃省水利水电学校的教学工作起到了有力的保障作用。甘肃省水利水电学校相继实行了半封闭式管理学生办法、餐饮食堂“三禁三不准”管理办法和学生公寓管理规定，全校安全生产大检查制度化，保障师生人身财产交通安全，很好地做到了“预防为主，警钟长鸣”。

随着甘肃省水利水电学校办学规模的扩大，硬件设施也得到很大改观。目前，甘肃省水利水电学校校舍面积达 4.5 万 m^2，包括教学楼、图书实验楼、学生公寓楼等设施，还设有化学、水化、水保、土工、钢材、建材、电工 7 个实验室，拥有甘肃省内规模最大、实验项目最全、可进行 30 多项水力实验及水工模型试验的水力实验馆，这些基础设施和实验设备不仅能满足教学需求，还可承担科研、生产及社会服务项目。甘肃省水利水电学校拥有计算机 560 多台，教学用机 500 台，有多媒体教室 6 个。校园局域网的建成和互联网接入使学校在现代化教育教学、远程教育、电子阅览、语音、电教、多媒体教学及信息化管理等方面得到了提升。图书馆现有藏书 10 万余册，完全能够满足 3000 多名在校学生的阅读需求。学校体育设施齐全，其占地面积达 1.9 万 m^2，拥有 300m 跑道的田径场，有足够的百米跑道，能够开展各种体育活动。

截至 2007 年底，全校 165 名教职工中，专职教师占到了 120 名，其中在读博士 5 名，硕士 10 名，90%以上具有本科以上学历。甘肃省水利水电学校在抓好课堂理论教学的同时，十分重视认识实习、毕业实习和综合实训等实践性教学环节，有效提高了学生的实际动手能力。通过班级值周、各类文体活动对学生进行“三观一德”（即人生观、价值观、择业观和社会公德）教育，使学生毕业后能够在各自的就业岗位上树立起水校学子的良好形象。根据用人单位意见通过教学资源整合、专业设置调整和校企共建等一系列卓有成效

的工作，目前已形成普通中专、高职班、技能鉴定、“OSTA”考核、本专科函授班等高中低 3 个层次的办学格局，全校开办专业也由 1979 年复校之初的 2 个发展到现在的近 20 个。

甘肃省水利水电学校一贯倡导“尊师爱生”、“以校为家”的道德风尚，利用各种机会努力营造团结紧张、严肃活泼的校园氛围，收到了良好的效果。还利用课余时间，认真组织举办各种丰富多彩的文体活动（如歌咏演唱会、诗歌朗诵会、主题班会、运动会，异程接力赛、演讲比赛、广播操比赛，参观、春游活动），创建心理咨询中心、舞蹈队、足球队、书画社、校报、禹人书屋等兴趣小组，开展第二课堂。开放各种文化、娱乐设施，设立宣传栏、黑板报和固定标语牌，以多种形式宣传学校改革措施，展示“水利人”的精神风貌。

三、坚定奋斗目标，明确工作方向

面对充满机遇与挑战的明天，甘肃省水利水电学校的师生员工满怀信心，将充分利用国家大力发展职业教育、西部开发以及拉动内需投资基础产业的这一良机，抓住我们的发展机遇。预计未来 10 年，随着一大批水利铁路、公路等基础设施的立项开建，对人才的需求必将成倍增长。

根据 2005 年全国职教工作会议精神，甘肃省水利水电学校作为甘肃省唯一一所中等水利职业学校，在“十一五”期间，必须坚持“五个立足点”，即在人才规格上，立足于中等和高等职业技术教育，开展包括高等函授教育、干部培训、工人等级培训考核、“OSTA”计算机信息技术考试、继续教育在内的多层次、多规格办学；在专业设置上，立足于水利水电类，面向包括土木建筑、能源交通、经济管理、人文科学在内的社会市场；在招生工作上，立足于甘肃，稳步开拓青海市场；在就业出口上，立足于水利行业，不断扩大全国各地、各行各业用人市场；在经费渠道上，立足于财政拨款与自我创收相结合，多渠道为人才培养筹措资金。切实加强内部管理，不断完善基础设施和实验实习设施，提高师生员工整体素质，把学校建成“教学一流、管理一流、服务一流”的学校。

抚今追昔，我们心潮澎湃；展望未来，我们豪情满怀。走过半个世纪的风雨历程，经过几代人的艰苦创业和辛勤培育，甘肃省水利水电学校这棵幼苗如今已是参天大树，硕果累累。甘肃省水利水电学校干部职工上下一心，开拓创新，甘肃省水利水电学校的前途与未来会更加灿烂辉煌。

（甘肃省水利水电学校供稿）

风雨 30 年　铸就新辉煌
——记改革开放中不断发展的甘肃省水利水电工程局

甘肃省水利水电工程局组建于 1969 年 10 月。成立之日起到 2003 年 4 月是隶属于甘肃省水利厅的正地级施工企业。2003 年 4 月，甘肃省政府国资委成立后，划归甘肃省政府国资委管理。

甘肃省水利水电工程局是国家建设部审批的全省唯一具有水利水电施工总承包一级，同时具有房屋建筑施工总承包二级、公路工程施工总承包二级、送变电工程专业承包三级、市政公用工程施工总承包三级资质的综合施工企业。

甘肃省水利水电工程局现有在册职工 2512 人，离退休职工 750 人。各类专业技术人员 998 人，其中具有高级技术职称的 63 人，中级技术职称的 702 人，技术工人 1243 人。

甘肃省水利水电工程局下属生产单位有：五个工程处、安装公司、陇南公司；具有独立法人资格的公司（厂）有：甘肃预应力制管厂、甘肃省水利水电建筑安装公司、甘肃九龙水利水电有限责任公司、甘肃九洲水利水电有限责任公司、甘肃科瑞水电工程试验检测有限公司、甘肃三维水电工程建设监理公司。非生产单位有：职工医院、物业公司、景泰基地管理处。

甘肃省水利水电工程局是被国家劳动部门授权确定的国家职业技能鉴定所，是甘肃省水利厅基本建设机电安装工程质量检测站，也是甘肃省水利水电工程专业技术人员继续教育基地。

甘肃省水利水电工程局现有注册资金 6932 万元，截至 2008 年 8 月底总资产 33059 万元，其中，固定资产原值 9231 万元，净值 6181 万元；流动资产 24541 万元；无形资产 2330 万元，主要是兰州、景泰基地住宅占用土地。

甘肃省水利水电工程局多年来一直坚持不懈抓质量管理。2000 年通过了 ISO 9002 标准质量管理体系认证；2004 年通过了中国方圆标志认证委员会颁发的 ISO 9001：2000 标准质量管理体系、ISO 14001：2004 标准环境管理体系、GB/T 28001—2001 职业健康安全管理体系认证证书。并分别在 2005～2008 年接受了现场监督和复评审核，现在运行管理更趋完善，标准化管理步入正轨，企业管理水平上了一个新台阶。

甘肃省水利水电工程局成立后，在“文化大革命”的艰苦岁月中，扎根景泰川，住地窝、吃炒面、斗风沙、战寒暑，自力更生、艰苦创业，经过 3 年的奋斗，初步建成了景泰川电力提灌一期工程，实现了引黄河水到景泰川的目标，为改变甘肃省中部沿黄干旱地区农业的落后面貌作出了突出贡献。

进入改革开放的 1978 年后，甘肃省水利水电工程局和全国其他行业一样，迎来了新的历史发展机遇。1978 年，甘肃省水利水电工程局挥师永登，扎营大通河畔，开始了引大（通河）入秦（王川）工程建设。从此之后，甘肃省水利水电工程局作为甘肃省水利建设的主力军，先后承建了引大入秦、靖远兴堡子川电力提灌工程、靖会电力提灌工程、景泰川电力提灌二期、临夏东乡南阳渠工程、景电二期延伸向民勤调水工程、张掖黑河节水工程、疏勒河移民安置工程等省内大中型水利工程；参建了内蒙古乱井滩引黄工程、宁夏固海引黄提灌工程、青海引大济湟引水工程、青海黑泉水库工程等外省区重点水利工程；承建了张掖龙渠、武都白鹤桥、积石山黄河大河家、临潭青石山、岷县清水、迭部尼傲加尕、虎家崖、舟曲石门坪、天祝朱岔峡、永登连城、天王沟、青海雪龙滩、卡索峡、金沙峡和山西万家寨等三十多座水电站工程；参建了庆阳巴家嘴、榆中高崖、高台小海子、嘉峪关安远沟等十多座水库工程；承建了靖远电厂、玉门石油管理局豆腐台、内蒙古鄂尔多斯、宁夏宁东等水厂工程。司时，甘肃省水利水电工程局以水利水电为主，积极开拓经营领域，向公路工程、工业与民用建筑工程等相关领域拓展。1998 年以来，先后承建了甘肃省尹中高速、兰临高速、兰海高速、馋柳高速和青海黄循公路、环湖公路等高等级公路的施工建设。参与了北京平谷开发区的市政建设。甘肃省水利水电工程局 30 年来立足陇原，转战西北各省区，用自己的勤劳、智慧和血汗，在西北的山水间树起了一座座利在当代、功在千秋的丰碑，谱写了一首气壮山河的感人诗篇。

30 年来，沐浴着党的改革开放的春风，甘肃省水利水电工程局经历了从计划经济体制向市场经济体制的巨大转变。在激烈的市场竞争中，甘肃省水利水电工程局经受了转型的痛苦。面对新的挑战，甘肃省水利水电工程局全体职工解放思想、积极进取、主动适应市场竞争方式的变化，对内加强企业管理，调整内部结构和经营思路；对外以质量求生存、以信誉求发展，努力干好每一项工程，树立起企业的形象。

30 年来，甘肃省水利水电工程局职工不懈努力，企业施工生产能力发生了巨大变化。年施工产值已由改革开放之初的百万元增长到现在的数亿元。2007 年上缴国家税金 890 万元，完成施工产值 2.34 亿元。2008 年，全局在建工程合同额近 8 亿元，计划完成施工产值 4 亿元，是 1978 年年产值的 400 倍，给国家上交利税和职工收入随着施工产值的增长而不断增加。

改革开放 30 年来，甘肃省水利水电工程局在物质生产快速发展的同时，精神文明建设也有了很大提高，取得了可喜的成绩：

1994 年被甘肃省水利厅授予全省水利工作先进单位。

1995 年被甘肃省水利厅授予全省水利系统工作先进施工单位。

1997 年被甘肃省水利厅授予全省水利系统文明单位。

2001 年被甘肃省水利厅授予全省水利系统先进工作单位。

2001 年被中共甘肃省委、省政府授予省级文明单位。

2002 年被水利部授予全国水利系统文明单位。

2002 年 10 月被中央精神文明建设指导委员会授予全国精神文明建设工作先进单位。

2004 年经水利部复审授予全国水利系统文明单位。

2007 年 10 月经甘肃省精神文明指导委员会复审，继续保持省级文明单位荣誉称号。

在取得以上奖励的同时，甘肃省水利水电工程局职工大力弘扬“团结、诚信、创新、发展”的企业精神，积极培育健康向上的企业文化，涌现出了以王银为代表的全国劳动模范和以马世华、张永瑛等为代表的省部级劳动模范。在他们的影响和带动下，甘肃省水利水电工程局职工立足水利，以顽强拼搏、敢打硬仗、无私奉献的精神，为甘肃省水利建设事业的迅猛发展作出了突出贡献。

甘肃省水利水电工程局在几十年来的工程建设中，坚持人才兴局、科技兴局的战略，大力学习引进新技术、积极推广新材料、新工艺，为推动水利水电施工技术的进步作出了重要贡献。

甘肃省水利水电工程局预制厂试制生产的大口径预应力混凝土压力管，广泛应用于省内外高扬程大流量输水工程，1978 年在第一次全国科学大会上被授予全国科技进步奖。

参加试验研究的引大入秦工程设计施工技术 1999 年获省水利科技进步特等奖，省科技进步一等奖。

临夏黄河大河家草土围堰施工技术 1999 年被评为省水利科技进步二等奖、省科技进步三等奖。

临夏南阳渠牙塘水库沥青混凝土心墙施工工艺 1999 年获省科技进步三等奖。

酒泉昌马水库发电洞、排沙洞全断面混凝土衬砌施工工艺 2001 年获省水利科技进步三等奖。

庆阳巴家嘴水库泄洪洞衬砌施工工艺获省水利科技进步二等奖。

参与设计生产的液压式蝶阀设计技术获省科技成果三等奖。

参与设计施工的景电二期延伸向民勤长距离跨流域沙漠调水施工工艺获省水利科技进步一等奖、省科技进步二等奖。

同时，甘肃省水利水电工程局在水电站隧洞工程施工中独用的“隧洞全断面混凝土衬砌施工工法”，2007 年被省建设厅确定为省级工法。

甘肃省水利水电工程局研制采用的“钢筋混凝土箱型暗渠全断面钢模台车衬砌施工工法”2007 年被省建设厅确定为省级工法后被建设部确定为国家级工法。

在黄河等江河上采用的“高流速下草土围堰快速进占施工工法”被省建设厅确定为省级工法。

由于甘肃省水利水电工程局多年来不断采用新工艺、新材料、新技术，遵循严格科学管理，精心组织施工，因此，承建的工程质量好、信誉优。景泰川电力提灌二期工程 2001 年被水利部评为优质工程；引大入秦东二干渠 3A 标工程 1999 年荣获甘肃省建筑工程飞天奖。

靖远电厂净化站工程 1991 年获甘肃省优质工程奖。

青石山电站工程被评为 1999 年省级优质工程。

庆阳渠巴家嘴水库泄洪洞工程被评为省级优质工程，泄洪洞被誉为“陇原第一洞”。原甘肃省委书记贾志杰视察省水电工程局后，对这支队伍做了很高的评价，称赞甘肃省水利水电工程局是一支能打硬仗的队伍。

30 年来，甘肃省水利水电工程局修建的一座座水库、泵站、渠道输送着清澈的甘露滋润着陇原大地；修建的一座座水电站像一颗颗明珠，照亮了千家万户。甘水人，为甘肃农业打翻身仗，解决粮食自给自足及推动甘肃经济发展做出了积极的贡献。

甘肃省水利水电工程局也和其他许多同类企业一样，在前进的道路上遇到了许多困难。目前由于企业内部改制滞后，市场竞争力不强，面临着工程施工任务不足，企业负担重，冗员多，技术装备水平落后，资金运行困难等许多问题，缺乏抗击市场风险的能力。面对这些困难和问题，甘肃省水利水电工程局上下同舟共济，力求通过不断深化企业改制来破解发展中的难题。甘肃省水利水电工程局相信有省委省政府的正确领导，有上级有关部门的大力支持，全局坚持以科学发展观为指导，解放思想，拓宽思路，对外以抓好在建工程，重塑企业形象，扩大市场份额；对内以强化经营管理，提高经济效益为目标，紧密团结和依靠广大职工，调动全局职工的积极性，多方拓展市场，扩大经营领域，提高经营管理水平，一定能克服前进道路上的困难和问题，走出企业经营的低谷，重振水利铁军的雄风。

（甘肃省水利水电工程局供稿）

改革迎发展　奋斗创辉煌

——记改革开放30年甘肃水利机械化工程公司

甘肃水利机械化工程公司组建于1956年，是隶属甘肃省水利厅的直属施工企业，实行自主经营、独立核算、自负盈亏。现已发展成为一个以水利水电工程施工为主的具有水利水电施工总承包二级资质、拥有大量管理人才和技术人才的新型企业。30年来，甘肃水利机械化工程公司随着甘肃省水利事业的发展而发展，在不断深化改革中成长和进步，为甘肃省水利事业做出了贡献。

甘肃水利机械化工程公司的发展，从1978年开始分为以下三个阶段。

一、改革取得初步成效的十年（1978～1987年）

党的十一届三中全会确立了“一个中心、两个基本路线”，为甘肃水利机械化工程公司的发展提供了一个良好的发展机遇。随着经营业务的拓宽，甘肃水利机械化工程公司的经营范围由单一的汽车运输变为承接土石方工程为主的综合经营。这段时间由甘肃省防汛指挥部、甘肃省水利厅拨专款及甘肃水利机械化工程公司自筹资金分别从美国和日本购入土石方设备共30台（辆/套），具备了承接大中小型土石方工程的生产能力，同时采用调入、分配、派出、培养等几种方式，增强了公司的技术力量，在甘肃省水利建设中做出了突出的贡献，多次被评为水利系统的先进单位。

二、改革遇到挫折的十年（1988～1997年）

计划经济时期组建起来的甘肃水利机械化工程公司，在当初，其实仅是一个以土石方机械化作业的工程队。办公环境差，地处兰州市红山根备战路北侧一带，远离繁华整洁的城区主街，一栋破旧的简易二层砖混小楼，矗立在凹凸不平的院子里，周边四处遍布肮脏的垃圾；职工队伍结构不合理，绝大多数是卡车司机、修理工、焊工、油漆工、技术含量低；人员结构老化，大多职工年龄在40～50岁之间；传统的企业运作模式，早已不适应社会飞速发展的需求。企业如同一个步履蹒跚的老人，艰难地前行。

从1990年开始，甘肃水利机械化工程公司逐年走下坡路。1991年开始出现亏损，加之社会上一些别有用心的人钻国有企业普遍出现危机的空子，不仅使企业原有的包袱越来越重，而且还被缠上了大量的经济官司。到了1997年，公司负债上千万元，亏损上千万元，账面上只有200元，职工连续8个月领不到工资，企业经营执照、资质证书、税务登记证等企业证件，因缴不起年检费而被有关部门吊销，各路债主的频繁索债，法院方面一张又一张的传票，这一切都将甘肃水利机械化工程公司拉向事业的低谷。

三、改革促使步入正轨的十年（1998～2007年）

1998年7月，甘肃省水利厅党组经过反复分析、慎重研究之后，决定调整甘肃水利机械化工程公司的领导班子。一届年轻的班子走马上任了，给甘肃水利机械化工程公司带来了春天。

（一）立足水利水电施工，积极承揽工程

甘肃水利机械化工程公司新一届领导班子上任后，首先在思想上达到高度统一，人事上达成共识，紧紧抓住发展这个第一要务，想方设法承揽工程任务。

根据甘肃水利机械化工程公司原有大型设备老化，已不具备较强竞争力的现状，公司领导班子确定了“摒弃传统运作模式，向水利水电综合拓展经营”的思路。找项目，揽工程奋力拼争。对外抓企业形象认可，对内抓该公司基础管理。对外来的经济纠纷与官司沉着应对，对内部的经济结构进行积极调整。

在当时，甘肃水利机械化工程公司必须承揽到工程任务，否则一切都是空谈。而要承接工程任务，就必须先解决营业执照问题，解决资质证书问题，这是最起码的生存条件。该公司领导班子成员分头行动，经过上下努力，三级水利水电资质证恢复了，营业执照恢复了，税务登记证恢复了。

值得一提的是，2002年，甘肃水利机械化工程公司中标安西双塔水库除险加固工程。当时，虽中的标不大，但技术难度很高，而且，8000多m^3钢筋混凝土要求在180天内完成。业主担心工程难以完成，要求该公司经理给他们写下承诺保证书，这显然是对该公司实力存有疑虑。甘肃水利机械化工程公司调配精兵强将，在施工中严密组织、精确计算，工程进度由最初的每天70～80m^3，逐步提高到100多m^3，这其中，还不包括钢筋捆扎和焊接的时间。最终，该工程按期完工，并创下了三个之最：报价最低、技术难度最大、工程质量最好。该除险加固工程，重点解决了双塔水库副坝坝坡不稳定、集中渗流，泄洪渠渗漏问题等危及水库安全运行的重大问题，保证了下游农田灌溉。该工程的圆满完成，也为发展安西旅游事业奠定了基础，现今位于县城50km的安西双塔湖，又名百岛湖，已是甘肃省最大的农业灌溉水库。总库容2.4亿m^3，水域面积40km^2。312国道也由该湖北侧穿过，是通往敦煌、嘉峪关、酒泉这条旅游热线上的必经之地，这给安西的经济发展带了巨大的机遇。

凭借着快速的工程进度和优良的施工质量。甘肃水利机械化工程公司第六项目部被安西县双塔水库除险加固工程项目部评为“先进项目部”并授予荣誉证书。

此后，只要是这个范围内的工程，业主就会主动来邀请甘肃水利机械化工程公司参与投标。从不信任到主动邀请，其中的变化说明了重塑企业形象已见成效。不多时间，该公司的资质等级由三级晋升到了水利水电总承包二级资质。

甘肃水利机械化工程公司自1998～2007年共完成产值2亿元，相当于公司1982～1997年完成产值的3倍；企业实现利润200万元；上缴税金660万元；归还以前欠款300余万元；新增固定资产550万元；2007年公司人均年收入达1.5万元，是1998年以前人

均年收入的 3 倍；公司新修经济适用房 16000m²，新修办公楼及单身宿舍 2000m²。公司于 2002 年实现扭亏增盈，结束了连续亏损 12 年的历史。

（二）视质量为生命，努力创造企业品牌

作为工程施工企业，工程质量就是企业的命脉。甘肃水利机械化工程公司始终把狠抓工程质量放在各项工作的首位。不论工程规模大小，不论技术难度高低，不论工期紧松，一律由该公司副经理坐镇指挥。工程的各个环节、各道工序均做到责任到人、严格把关，不允许出现半点纰漏，不允许出现一丝疏忽。

1996 年，甘肃水利机械化工程公司的一个项目部承接了兰州市安宁区某绿化上水泵站工程，但该项目部只修建了一个围堰和一条 U 形渠，未达到设计要求，黄河汛期一到，围堰和 U 形渠便被泡在水里，全部报废。虽说这不是现任公司领导班子的事，但是为了维护企业形象，树立企业信誉，甘肃水利机械化工程公司承诺重建该工程。1999 年，该公司派出经验最丰富的工程师组织力量对原泵站围堰和 U 形渠进行了拆除，重建了整个工程。经过近 10 年的运行，该工程完全达到了设计要求，赢得了业主和业内人士的广泛赞誉。

1998 年以来，公司先后中标承建了疏勒河昌马西干渠三支渠、引大电灌工程、敦煌党河大泉河防洪应急工程等水利水电工程 100 多项，所建工程质量合格率全部达到 100%，优良率始终保持在 86%以上，安全生产达到 100%。引大电灌工程、阿克塞“引党济红”工程等工程均被当地政府或业主树立为样板工程，多次被建设单位授予先进施工企业荣誉称号。

其中，黑河治理节水工程是完成国务院省际分水方案，建立节水型社会，促进区域经济可持续发展的重点工程。在该工程中，甘肃水利机械化工程公司严把施工质量，重抓安全生产。该公司针对安全事故大部分是由“小问题”引起的现象，将安全施工的重点放在查“小问题”上。工程项目部专职安全员，定期或不定期对安全生产进行巡查，项目部经理督查；做到派专人负责管理施工材料，要求严格按规定领用，防止意外事故的发生；在有安全隐患的工作面上均挂起了安全警示牌，并对带电作业、机械作业可能存在的有重大安全隐患的工作面严格专人检查，经安全人员检查通过后，方可操作；在施工过程中严格操作规程和运行规程，定期检查机械设备，并对其进行维护和保养；现场电工对施工线路和生活用电线路隐患经常进行排查，对裸露和破旧的线路及时予以更换；该公司还要求职工在工作时必须戴安全帽，以保证职工的人身安全；同时，在施工工程中定期检查施工现场，对影响安全施工的重点部位和安全死角做到心中有数；对任何存在安全隐患的工作面，及时予以纠正或责令整改，并在施工现场挂起安全生产制度条文、安全警示牌和大幅安全标语等，大大加强全体施工人员的安全生产意识和安全防范技能。由于重视安全、措施得力，组织有方；上下齐抓共管，该公司在张掖黑河节水工程的施工过程中未发生任何安全事故。甘肃水利机械化工程公司在黑河节水工程中的出色表现为防治草原“三化”，遏制水土流失，增强水源涵养能力做出了较大贡献。在 2003 年 5 月和 2005 年 3 月两年被张掖市黑河流域节水工程建管处评为“先进施工企业”。

同时，甘肃水利机械化工程公司 2001 年被甘肃省水利厅评为先进工作单位，被甘肃省水利厅评为安全生产先进集体，被甘肃省水利厅党组评为文明单位；2003 年被甘肃省

水利厅党组评为文明单位，甘肃水利机械化工程公司机关党支部被甘肃省水利厅党组评为优秀党支部；2004年被兰州市城关区委、区政府评为文明单位；2005年被甘肃省水利厅党组评为文明单位，甘肃水利机械化工程公司机关党支部被甘肃省水利厅党组评为优秀党支部，被共青团甘肃省委、省政府国资委、省劳动和社会保障厅评为“青年文明号”；2006年、2007年先后两次被中共甘肃省直属机关工作委员会评为“省直机关创建‘双优一文明’活动文明单位”；2007年被甘肃省工商行政管理局评为“守合同重信用企业”。

（三）加强企业内功，促进企业快速发展

甘肃水利机械化工程公司一面依靠质量和信誉带领公司全体职工走出困境，一面以企业曾经的衰败史为鉴，加强企业内部的改革。

针对甘肃水利机械化工程公司职工队伍科学技术含量不高，部分职工观念滞后，原有的企业各项规章制度不适应新时期要求等问题，该公司采取多项措施。首先，积极为职工提供学习机会、创造学习条件，鼓励原有的技术人员自学深造、专业转岗培训；其次，千方百计引进大中专学生，吸收系统内的专业技术骨干加盟到公司来工作，同时还聘用社会上的优秀人才，并委以重用。

近十年来，公司大胆改革用人机制，引进大中专生及专业技术人才共60余人，调进、聘任各类专业技术人才30余人。为了加强管理，公司还相继制定了《生产经营管理办法》、《安全生产管理办法》、《岗位职责制度》等二十余项规章制度，规范和约束了公司的经营行为。由于较好的执行规章制度，几年来在生产经营中从未出现过违法违纪行为、责任事故和安全事故。

甘肃水利机械化工程公司于2006年底搬进了崭新的办公楼，先后为职工解决住房219套，将住宅小区建设成为管理有序、服务完善、环境优美、治安良好、生活便利、人际关系和谐的新型小区。

今后，甘肃水利机械化工程公司将继续围绕“以质量求生存、靠信誉谋发展、争创一流”的发展目标，在“团结、文明、遵纪、争优、奉献”的工作思路下，开拓创新，与时俱进，努力实现“内强素质、外树形象”，为甘肃省水电建设事业发展作出积极贡献。

（甘肃水利机械化工程公司供稿）

在竞争中发展　在改革中前进

——记改革开放30年甘肃省水利厅工程地质建设公司

甘肃省水利厅工程地质建设公司始建于1963年，隶属甘肃省水利厅。是以水利水电建筑安装施工为主的县级国有企业单位，具有水利水电工程施工总承包二级资质、公路工程施工三级资质、水利水电勘测设计乙级资质、水利水电监理乙级资质。该公司主要经营范围为：大坝建筑、病险库加固、帷幕灌浆、基础处理、隧洞、溢洪道、渠道枢纽、水库枢纽、明渠、渡槽、箱形暗渠、倒虹吸、人工湖、防渗墙、石窟渗水、防洪、打井、疏浚、截流、电站厂房、泵站、公路、桥梁、机电安装、金属结构安装、岩石控制爆破等工程施工及水利水电建筑勘测设计、水利水电工程监理。2006年6月28日通过了北京恩格威认证中心质量管理体系资格认证。

甘肃省水利厅工程地质建设公司现有职工355人，专业技术人员165人，其中高级职称人员22人、中级职称人员66人、初级职称人员77人，各种技术工人190人。拥有各类大、中型施工机械设备、仪表仪器324台（套），办公设备78台（套），价值622.9万元。

一、发展历程

1963年5月，根据甘肃省干旱地区打井抗旱的需要，成立了甘肃省水利厅农水局机械打井队，始属甘肃省水利厅农水局领导，系全民所有制科级事业单位。主要给全省的工农业生产、国防工程供水、水文地质勘探打井。

1972年3月，甘肃省省上水电机构合并，甘肃省水利厅农水局机械打井队更名为甘肃省水利电力局机械打井队。隶属甘肃省水利电力局。

1975年8月，由于甘肃省内一些大、中型病险水库基础需要除险加固处理，甘肃省水利电力局机械打井队更名为甘肃省水利水电工程局基础处理队，隶属甘肃省水利水电工程局管理，仍为科级事业单位。主要承担省内大、中型水库的建设和病险水库的除险加固处理及打井任务。

1978年9月，甘肃省省上水电机构分设，经甘肃省编委甘编〔1978〕55号文批准，甘肃省水利水电工程局基础处理队更名为甘肃省水利厅工程地质队，从科级事业单位晋升为县级事业单位，直属甘肃省水利厅。经营范围由基础处理、打井扩展到水利水电建筑施工、水利水电勘测设计、桥梁建筑安装、隧洞回填灌浆等综合经营。

1989年5月，为进一步扩大经营规模，经甘肃省编委甘编〔1989〕050号文批准，甘肃省水利厅工程地质队更名为甘肃省水利厅工程地质建设公司，仍为县级事业单位，隶属甘肃省水利厅。独立经营，自收自支。1990年5月，经甘肃省建委资质审查，该公司被定为水利水电二级施工企业，主营大、中、小型水利水电建筑工程施工，兼营三级公路施工，注册资金2180万元。原甘肃省水利厅工程地质队设计室改为甘肃省水利厅工程地质建设公司设计所，为丙级设计单位。1993年3月，经建设部审定批准成立甘肃省甘兰水利水电建筑设计院，设计资质由丙级升格为水利水电建筑勘测设计乙级资质，仍隶属甘肃省水利厅工程地质建设公司。主要承担电站、渠道、水库等水利水电建筑工程的勘测设计任务。

2002年10月，成立甘肃省甘兰水利水电建筑监理处，2003年4月8日由水利部核定为丙级资质。2007年5月，甘肃省甘兰水利水电建筑监理处更名为甘肃省江河水利水电建设监理有限责任公司，2007年8月30日，由水利部核定为乙级资质，注册资金100万元。隶属甘肃省水利厅工程地质建设公司。主要承担各类水利水电工程及堤防工程监理任务。

2004年6月，经甘肃省编委甘机编〔2004〕28号文批准，甘肃省水利厅工程地质建设公司由自收自支事业单位改制为企业，实行企业化管理。

二、不断扩大经营领域，不断开拓进取

甘肃省水利厅工程地质建设公司自1963年成立以来，职工队伍不断发展壮大，施工机械设备和施工技术力量不断增加和提高。1991年1月～2007年12月所承建的工程涉及巴基斯坦及国内甘肃、青海、内蒙古、新疆等四个省份，先后承建或参与建筑、安装的大、中、小型水利水电工程和公路、桥梁等工程共225项；完成水利水电建筑勘测设计项目107项；完成水利水电工程监理项目17项，成为甘肃省水利水电施工及水利水电建筑勘测设计的骨干力量。

（一）水利水电工程施工

1990年8月～1991年8月，甘肃省水利厅工程地质建设公司承建完成了国际中标项目巴基斯坦220kV输变电线路拉哈尔—让威40km段的勘探、测量和基础灌柱桩的施工。为开辟水利水电施工国际市场、探索国际技术合作和开发项目积累了经验。

1990年12月～1991年3月，该公司参加了新中国水利史上规模最大的跨双流域调水自流的引大入秦灌溉工程渠首枢纽一期工程的会战。引大渠首会战是在冰天雪地滴水成冰的季节进行的，加上地质条件差，施工难度相当大。河滩上的气温在零下25℃左右，寒风刺骨，机械分队的同志冒着严寒日夜奋战，完成了引大渠首枢纽一期工程的导流渠开挖、一期截流、进水闸和冲砂闸基坑开挖及围堰的加固和备料等施工任务。共开挖、拉运石、砂、土料12000m^3，配合兄弟单位，使截流提前一个多小时合龙成功。该公司在大型水利水电建筑工程施工的历程上前进了一大步。

1991年1月～2007年12月，甘肃省水利厅工程地质建设公司先后承建的工程主要有：引大入秦灌溉工程、疏勒河项目移民安置暨灌溉工程、南阳渠灌溉工程、民勤调水工程、双塔总干渠改造工程、昌马西干渠田间配套工程、景电一期灌渠续建配套与节水改造工程、张掖黑河流域节水与灌溉工程、引洮供水一期工程、石羊河流域灌区节水改造工程等大型灌区水利工程项目；敦煌党河水库帷幕灌浆工程、张掖大野口水库固结灌浆及锚杆

喷护工程、南阳渠牙塘水库枢纽工程、兰州市南北两山环境绿化上水工程、敦煌研究院榆林窟文物保护防洪工程、靖远寺儿湾石窟病害治理工程、景泰县五佛寺石窟渗水治理工程、酒钢3号门外人工湖工程、嘉峪关人工湖工程、内蒙古阿拉善盟黑河下游额济纳绿洲抢救与生态保护工程、青海省民和县西沟灌区中低产田改造工程、青海省共和县切吉乡土地整理工程、黄河兰州段什川水质监测站工程、敦煌市党河风情线水体工程、高台县马尾湖水库除险加固工程、桌尼多架山水电站厂房工程、临洮中铺电灌泵站工程、引大盘道岭隧洞侧墙灌浆工程、上坝公路桥工程、古浪十条公路工程等综合性工程建设项目、引洮工程临时道路工程、石羊河流域综合治理工程、甘肃西和县黄江水库除险加固工程。

甘兰水电建筑设计院完成的项目主要有：东乡族自治县库区人畜饮水渴望延伸工程、甘肃省东乡族自治县大夏河小庄水电站工程、临夏土门关电站工程、青海门源县东旭电站工程、靖远兴电续建配套工程、白银市兴电灌区配套与节水改造工程、敦煌月牙泉水位下降应急治理工程等项目。

所建工程被评为优良的有：引大东一干新1号隧洞工程、引大东二干第四标组工程、引大东二干电力提灌工程、引大东二干黑武分渠工程、黄河大峡水电站防渗墙工程、景电二期延伸向民勤调水长城乡工程、岷县中寨电力提灌工程、兰州市南北两山环境绿化曹家沟水库工程、西河县晚家峡水库除险加固工程、张掖大野口水库帷幕灌浆及砌石护坡工程。

1997年，临夏北塬渠倒虹吸工程获水利建设优质工程奖；2000年，甘肃西河县晚家峡水库除险加固工程获优质工程奖；2003年，甘肃省敦煌市月牙泉湖水位下降应急治理工程可行性研究报告获地质灾害防治成果一等奖；2004年，白银市兴电灌区续建配套与节水改造项目获甘肃省优秀工程勘察设计三等奖。

甘肃省水利厅工程地质建设公司以优质的工程质量和完善的施工组织、文明的施工形象博得了业主和上级主管部门的好评和嘉奖：2001年被甘肃省水利厅评为水利安全生产先进集体，并颁发了铜牌；2001年被中国西部扶贫世界银行贷款项目岷县办公室评为安全施工先进单位；2001年被疏勒河移民安置综合开发管理局评为安全生产先进单位；2003年被金塔县鼎新调水建设管理处评为安全文明先进单位；2003年被西河县晚家峡水库建设管理处评为质量、安全生产先进单位；2004年被国家电力公司西北勘测设计研究院镜铁山水电站工程总承包项目部、陕西省水电工程局（集团）有限责任公司镜铁山水电工程项目经理部评为优秀施工单位和安全生产先进单位。

（二）工艺、技术革新

1989年5月～1993年10月，甘肃省水利厅工程地质建设公司承建引大入秦东一干新1号、2号隧洞工程任务。该工程1号隧洞长4630m，2号隧洞长1920m。隧洞洞身之长、预制底拱与侧拱构件之大，均属省内已建同类隧洞之最，在国内亦属罕见，而且质量要求高、工期要求紧，给施工带来很大的难度。面对这一艰巨任务，引大工程经理部从统一职工思想入手，采取多种形式，激励全体职工发扬主人翁精神、团结协作精神、苦干实干精神、刻苦钻研精神，大搞设备、工艺革新，解决了许多工程难题，节约了一笔可观的资金，加快了工程进度，提高了工程质量。

一是研制安装了能在轨道上行驶的底拱和侧拱台车，解决了过去靠人力搬运、安装劳动强度大、质量没保证、施工不安全的难题。从实践看，侧拱台车比过去提高工效 60%，底拱台车提高工效 40%。此套预制构件安装台车施工方便、速度快、造价低，获甘肃省 1992 年度水利科技进步二等奖。

二是将常规的钢模预制改为地模预制。传统的钢模预制费工、费时、费力、费材料、易变形。地模预制不仅占地少，还节约钢模用材 70%左右；地模跨度大，较易于保证预制构件轮廓尺寸的精度；地模底板顶面用木制泥抹抹平，使其表面粗糙，又利于与洞底砂浆沾结；地模底部铺薄铁皮，使其表面光滑，达到了设计要求；构件平置预制，起吊方便，克服了过去需将构件翻转 90°之弊。

三是取消了洞内轨道枕木，直接在底板上预埋轨道，安装螺栓，不仅解决了弧形底拱难铺枕木的难题，又节省了枕木用料。

四是将每填一组混凝土，构件需搭架拆架一次的旧工艺进行改造，自制了上下两层回填料车，提高工效 50%。

五是设计制造了三辆容量为 4m^3 的矿斗车，使隧洞开挖工效提高了 20%。

六是将原施工方案采用 6.5km 隧洞内机械通风改为利用竖井自然通风，为该公司节约资金 30 万元。

七是研制安装了一台电动单梁吊车。原计划每个洞口工作面需安装一台价值 6 万多元的吊车，用于卸装混凝土构件，工程技术人员仅用 1.5 万元自行设计安装了电动单梁吊车，即节约了资金，使用又十分方便。得到了引大指挥部和世界银行的称赞。

以上几项工艺、技术革新的成功，既赢得了时间又赢得了效益，不仅加快了施工进度，使工程任务提前 4 个月完成，而且为提高工程质量、保证施工安全、降低工程造价、提高公司信誉起到了重要作用。

1991 年 6 月～1992 年 3 月，该公司承建临夏北塬渠倒虹吸工程，工程技术人员攻克施工难题，研究、设计、制造了一台吊装大型混凝土管的行车。行车的试制成功，解决了运送大型混凝土管到位的难题，提高了工程质量，保证了施工的顺利进行。该工程荣获水利建设优质工程奖。

1993 年 4 月～1994 年 3 月，甘肃省水利厅工程地质建设公司承建黄河大峡水电站下游围堰防渗墙工程。冬季混凝土防渗墙施工在地建公司是史无前例的。公司成立了大峡指挥部，组织大峡冬季施工大会战。公司党委带领全体职工全力以赴，打破常规、大胆尝试，克服种种困难，战胜严寒的气候条件，攻克冬季施工的技术难关，高速、优质、低耗、安全的按期完成了施工任务，为冬季防渗墙施工积累了经验，延伸出公司生产经营的效益时限。

1995 年 12 月，甘肃省水利厅工程地质建设公司中标承建甘肃省东乡南阳渠灌溉工程总干渠 3 号隧洞工程。3 号隧洞位于和政县境内南阳山南麓，总长 7994m，属全国同类隧洞之冠，卵形断面，净宽 1.73m，净高 1.92m，洞径小、洞身长，地下水丰富，地质条件复杂多变，是南阳渠的“咽喉”工程。这个地区阴雨、雪天气多，施工的外部环境很差。就在 1996 年 7 月隧洞开挖刚刚开始的时候，出口首先遇到的难题是因围岩大量涌水，一开挖便是塌方，使施工无法正常进行。甘肃省水利厅工程地质建设公司经理亲临现场和施工技术人员冒着洞内大量渗水、塌方造成的生命危险，采用钢拱架和钢模板支撑，现浇钢筋混凝土的方法，强行开挖进洞，探索出了隧洞遇水掘进的经验，终于 2002 年 12 月 8 日使 3 号隧洞全线贯通。

1996 年 4 月～2000 年 9 月，公司承建景电二期延伸向民勤调水长城乡工程。民勤县位于石羊河下游，南靠武威，东、西、北三面被腾格里沙漠、巴丹吉林沙漠所包围，是沙漠中的一块绿洲。民勤调水工程穿越腾格里沙漠，公司承建的工程地处沙漠腹地，昼夜温差很大，这对混凝土的凝结非常不利。民勤调水经理部的职工宿戈壁、战风沙、攻难点，采取防风沙、防暴晒、环氧树脂裂缝处理等一系列技术措施，成功解决了沙漠中暗渠混凝土浇筑等技术难题，完成箱型暗渠工程 11.5km。工程质量经专家结论认为，全段面浇筑，可与日本熊谷组、意大利 CMC 等公司相媲美。

甘肃省水利厅工程地质建设公司在激烈的市场竞争中，以顽强的拼搏精神和优质高效的施工信誉，使该公司赢得了较好的社会信誉和经济效益，产值连年稳步增长，工程质量逐年提高，优良率为 92.5%，合格率均为 100%。

（甘肃省水利厅工程地质建设公司供稿）

发扬大禹精神　促进节水事业发展

——记改革开放中成长起来的甘肃大禹节水股份有限公司

甘肃大禹节水股份有限公司是一家2003年改制的水利企业。几年来，面对日趋激烈的市场竞争，公司坚持走改革创新、科技带动、快速发展的路子，增强了企业的竞争力和自身实力，取得了良好的经营业绩，连续5年保持了快速增长发展。2007年甘肃大禹节水股份有限公司实现销售收入1.44亿元，利税2109万元，比改制初的2003年销售收入和利税均翻了5番还多，资产总额达到2.50亿元，比改制前增长了8倍。2008年1～9月，实现销售收入1.8亿元、利税2600万元，分别比去年同期增长了35%和26%；净资产收益率达到21.8%，主要财务指标处于行业中等水平，为企业上市奠定了坚实的基础。企业综合效益指标在全国节水灌溉行业排名前列，省内同行业排名第一。连续多年荣获“守合同、重信用”、“AAA”级信誉企业称号，“大禹”牌商标和产品被誉为甘肃省著名商标和名牌产品，2007年认定为国家重点高新技术企业，2008年命名为甘肃省节水灌溉技术及装备工程技术研究中心，成为国内节水灌溉行业的排头兵，名列前茅的知名节水灌溉公司。回顾近几年走过的发展道路，我们的主要做法有以下几方面。

一、实施人才工程，夯实企业技术进步基础

通过制定优惠政策，不断加大高新技术人才引进和员工岗位培育力度，共从全国各地引进380多名具有大专以上学历、中高级技术职称的工程技术人员，先后选送80多名员工参加了省内外各类院校和专业机构的培训学习，共有8人获清华大学、兰州大学MBA和研究生证书，65人参加自学考试取得了大本文凭和专业技术职称。同时，大胆实施科技创新激励机制和措施，支持和鼓励工程技术人员搞新产品开发和技术攻关，并在工资、福利、奖金、待遇上给予倾斜，对作出突出贡献的工程技术人员让他们有荣誉、有地位，近年先后有160名工程技术人员受到了该公司和有关政府组织的表彰奖励，科技贡献奖金达到了568万元，占到公司奖金总额的68%以上，该公司55名中高层管理人员中具有本科和中级职称以上学历职称的占到了70%以上，企业人员的知识化使企业接受新科技、新管理理念的水平与能力得到了相应的提高，为企业抓好技术进步奠定了雄厚的基础。该公司董事长王栋同志先后被授予酒泉市十佳青年企业家、甘肃省人民政府发展研究中心特约研究员、甘肃省555创新人才工程学术带头人、甘肃省劳动模范、甘肃省评标专家。2006年当选中共酒泉市第二届党代会代表、肃州区第十六届人大代表和政协、酒泉市第二届委员会委员、常委。2008年被推选为享受国务院特殊津贴专家，北京2008年奥运会火炬手。

二、实施科技兴企工程，提高企业创新建设水平

近年来，在国家和省、市水利科技部门及有关各方的关心支持下，甘肃大禹节水股份有限公司通过科技创新带动及产业化发展，科技创新工作迈出了坚实的一步。

一是创建了以市场为导向，以企业为主体产学研相结合的技术创新体系。在企业的发展中始终注重与科研院校（所）的技术合作与交流，通过引进国内外著名院校和企业共建创新载体，共建创新工程，携手节水灌溉专家及有实力的企业家强强联手、联袂搭台，展开战略性合作。先后同中国水利水电科学研究院、国家节水灌溉北京工程技术研究中心、甘肃省水利科学研究院、以色列耐特菲姆公司、瑞士托马斯公司等国内外知名科研院所建立了长期的协作关系，2006 年与水利部农科院新乡灌溉研究所、中国农业大学、西北林业大学等单位产学研结合联合承担了“863 计划”课题研究，2008 年上半年公司与中国水利水电科学研究院达成投资入股协议，以科技创新为纽带建立了牢固的技术合作关系。先后承担实施了国家火炬计划、星火计划、“863”计划、948 计划等国家重点科技研究项目 18 项，自主创新技术实力不断增强，在全国同行业中占据了较强的技术市场竞争优势和地位，完成了 5 项具有国内领先和国内先进的灌溉科研成果，获国家重点新产品 3 项、省部级科技进步奖 1 项、市科技进步奖 4 项；申报省部级科技进步奖 3 项；发表优秀论文 2 篇；取得专利 26 件，获甘肃省十大优秀专利 1 件，申报发明专利 2 件；取得国内商标 26 件、国际商标 1 件。该公司科技创新能力显著提高，在行业内自主知识产权创新地位和企业无形资产含金量逐年上升，跻身于国内节水灌溉设备知名生产企业。

二是把投入作为兴企战略，靠投入推动企业创新。加速设备更新进程，提高产品加工水平。近年投入亿元资金，购进了国际一流进口先进滴灌管（带）生产线 7 条、配套注塑机 24 台（套），UPVC 管材生产线 10 条，PE 管材生产线 8 条。主营业务从原先的单一管材生产线，逐步拓展到包括生产滴灌管（带）、施肥器、过滤器和输配水管材等 5 大类 20 多个系列近 1000 个品种节水灌溉器材，具备了年产滴灌管（带）4 亿 m，UPVC 和 PE 输水管材（件）8000t，施肥过滤器及其自控系统 2000 台（套）的生产能力。在乌鲁木齐、酒泉、武威、定西等地区建起四大节水灌溉基地和 28 家海内外营销服务分支机构，产品辐射甘肃、宁夏、云南、内蒙古、新疆等省份 80 多个市（县、区），远销韩国、日本、澳大利亚、泰国、印度、伊朗等十多个国家和地区。业已建成国内规模最大、品种最齐全的内镶式滴灌材料生产科研基地。

兴建科技中心，加速创新平台建设。2005 年投资 600 万元兴建了 $2800m^2$ 技术研发中心大楼，健全了总工程师室、中心实验室、化学实验室、检测中心、工程设计室、工程技术中心、设备检测室、质量部等机构体系，装备了一批先进仪器设备，配置了专业技术人员，将技术开发经费纳入了企业年度财务预算，占到企业年销售收入的 5%以上，实行单独列账，单独核算。2005 年、2006 年、2007 年技术研发中心技术开发费分别支出了 1030 万元、1320 万元、1620 万元，分别占到了企业年销售收入的 5.01%、5.06%、5.15%，并且保持了 5%的增长幅度。经过近 3～4 年的建设，该公司技术研发中心现有各类试验设备、仪器 265 台/套，资产净值达 1100 万元。现已有员工 150 人，其中：高级职称 18 人、中级职称 34 人、助理职称 30 人，博士 3 人、硕士 6 人；拥有了一支多年从事节水灌

溉研究推广的专业技术队伍。

加大信息化建设投入，推进企业管理水平不断提高。甘肃大禹节水股份有限公司投入200多万元资金，完成了该公司计算机网络系统集成和局域网络系统建设。该公司和各子公司按照要求和工作需要，在关键岗位新增配备笔记本电脑60多台，使该公司电脑总数达到150台以上，全部实现了互联网联网，大大方便了各级信息的沟通渠道，提高了沟通速度。2008年通过对公司局域网及互联网站进行整体性的改版升级，安装布置了OA协同办公系统和防火墙设备，增设了双向4兆光纤网线，完成了公司网络视频会议系统的集成，搭建起以视频会议系统为主要形式的公司与各子分公司共享的OA办公平台，首先在财务管理上形成公司本土化的ERP管理模式，建成覆盖公司每个工作点的“信息高速公路”，逐步在产品生产、销售、人事、设计、办公自动化等方面实现信息化管理。实现信息互访交流，为推进公司的信息化建设，全面实施ERP奠定基础。计划于2009年完成公司总部投标管理系统和社会保障管理系统网络版设计。

三是加速科技成果产业化转化生产能力，迅速将开发新技术成果形成既定规模的产业化生产转化，在“企业、基地、农户”之间建立了紧密的协作体系，在国内节水行业享有了很高的声誉。甘肃大禹节水股份有限公司先后在甘肃、新疆、宁夏、内蒙等省份，招标实施日协节水灌溉、防风治沙、安全饮水等国家重点节水增效示范项目工程128项，其中“生态节水内镶扁平紊流压力补偿式滴灌管滴头高技术产业化示范工程”被国家发展和改革委员会列入2007年国家高技术产业化示范工程授牌项目。在国内各大灌区建起农业节水灌溉基地80万亩，经农技部门检测：亩均节水234m^3，节肥15kg，节约人工投入20元，增产13.8%，亩均节支增收338.47元/年，年均总节水量达1.88亿m^3，为农民增收节支近2.71亿元。共建成各类安全饮水工程468处，解决了58.6万人、11.5万头牲畜的安全饮水困难问题；完成各类防风治沙工程32项，1.8万hm^2。大幅度提高了水、土资源有效利用率，有效促进了滴灌技术的大面积发展，对促进节水产业的发展做出了积极贡献，为我国现代农业节水技术的发展做出了重要贡献。

今后，随着形势的发展及市场的变化，甘肃大禹节水股份有限公司还将下更大的工夫，用科技引领企业发展，全面提升企业的技术水平，研制生产出高科技、高附加值的产品，力争在2009年成功上市，运用国家的优惠政策和社会资金来加快企业高新技术成果的商品化，从而加速该公司的发展壮大，同时给社会更多的回报。把企业做大做强、为我市乃至全省的经济发展作出新的、更大的贡献。

（甘肃大禹节水股份有限公司供稿）

后　　记

为隆重纪念改革开放30周年，甘肃省水利厅党组决定编辑出版《奋进中的甘肃水利1978～2008》一书。厅党组对该书的编辑工作十分重视，专门成立了以厅党组书记、厅长许文海为主任，水利厅党组成员、副厅长康国玺、周兴福、魏宝君，水利厅党组成员、驻厅纪检组长何春三、副巡视员徐登为副主任，水利厅机关各处室、厅属各单位及省直属有关单位负责同志为成员的编委会。编委会多次召开会议，研究策划该书内容、文稿征集、组稿原则、编辑出版等工作。

在编辑过程中，许文海厅长多次对本书的编辑工作进行具体指导，对收编的文稿和图片认真审定。厅机关各处室及厅属各单位、全省十四个市（州）水利（水务、水电、水保）局及有关单位领导高度重视，精心组织撰稿，确保了资料数据的真实可靠和文稿的质量，编辑同志严格审订，付出了辛勤劳动。中国水利水电出版社对出版工作给予了大力支持，在此一并表示衷心感谢！

本书坚持以客观真实反映改革开放以来全省水利发展历程和取得的成就为基点，坚持资料性与宣传性、交流性与收藏性相结合的原则，历时两个多月完成了文稿的征集、审定、出版工作，为甘肃水利科学发展提供了可借鉴的阶段性历史资料。

由于时间紧、资料涉及年限长，编辑水平有限，难免会有疏漏和不足之处，欢迎读者批评指正。

编　者

2008年10月